ILLUSTRIERTE GESCHICHTE
DER OPER

ILLUSTRIERTE GESCHICHTE DER OPER

HERAUSGEGEBEN VON ROGER PARKER

AUS DEM ENGLISCHEN VON
UTE BECKER, DIETER FUCHS UND
DOROTHEE GÖBEL

Verlag J. B. Metzler
Stuttgart · Weimar

»This translation of The Oxford Illustrated History of Opera *originally published in English in 1994 is published by arrangement with Oxford University Press.«*

Kapitel 1–8 hat Ute Becker, Kapitel 9 Dieter Fuchs und Kapitel 10–12 Dorothee Göbel übersetzt.

Die Deutsche Bibliothek – CIP-Einheitsaufnahme

Illustrierte Geschichte der Oper / hrsg. von Roger Parker. Aus dem Engl. von Ute Becker ...
– Stuttgart : Metzler, 1998
Einheitssacht.: The Oxford illustrated history of opera <dt.>
ISBN 3-476-01335-9

Gedruckt auf säure- und chlorfreiem, alterungsbeständigem Papier

ISBN 3-476-01335-9

Einbandgestaltung: Willy Löffelhardt
Satz: Dörr + Schiller GmbH, Stuttgart
Druck und Bindung: Franz Spiegel Buch GmbH, Ulm

Printed in Germany

Verlag J. B. Metzler Stuttgart · Weimar

INHALT

VORWORT

ROGER PARKER

An Worten über die Oper und über all das, was mit ihr zusammenhängt, hat es nie gefehlt – und sei es aus dem einfachen Grund, daß sie von allen musikalischen Gattungen die wohl größte Fülle an Text hervorbringt. Ihrem Charakter nach ist sie ein gemeinschaftliches Unternehmen, das Werk von Komponisten, Dichtern, Bühnengestaltern und Interpreten jeglicher Art, und diese Tatsache hat vor allem in den letzten beiden Jahrhunderten immer wieder zu einem sehr regen schriftlichen Gedankenaustausch unter den verschiedenen Schöpfern der Oper geführt, zu einer gut dokumentierten, zuweilen sogar sich in der Öffentlichkeit ereignenden Entstehungsgeschichte. Die Oper geht von einem literarischen Text aus, einem Libretto, das sich gewöhnlich wiederum auf frühere Texte bezieht, und in dessen Mittelpunkt häufig Archetypen stehen, die noch weiter zurückreichen und manchmal eine enorme literarische Vergangenheit aufzuweisen haben. Das Opernereignis ist in der Regel ein großer öffentlicher Anlaß und erzeugt einen weiten öffentlichen Widerhall – eine beispiellose Rezeptionsgeschichte. Schließlich führt die hybride Natur der Oper, ihre seltsame Verschmelzung verschiedener Systeme künstlerischer Kommunikation noch immer zu umstrittenen ästhetischen Fragen, die eine Art uralte polemische Kontroverse auslösen, die sich thematisch verlagern mag, aber nie endgültig beigelegt sein wird.

Angesichts dieser Tatsache mutet es zunächst seltsam an, daß verhältnismäßig wenig Geschichten der Oper geschrieben wurden. Natürlich enthielten die im späten 18. Jahrhundert erschienenen, ersten bedeutenden umfassenden Geschichten der Musik (deren berühmteste Charles Burneys *A General History of Music from the Earliest Ages to the Present* ist) viel über die Oper, da Vokalmusik immer als hauptsächliches und ureigenstes Anliegen der musikalischen Entwicklung betrachtet wurde und die Oper als ihr großartigster Ausdruck galt. Um die Mitte des 19. Jahrhunderts jedoch hatte sich der Schwerpunkt in der Geschichtsschreibung verlagert: in der großen Blütezeit der erzählenden Biographie wurde der einzelne Komponist nun eher als »Gestalter« der Musikgeschichte gesehen denn als bloßer Illustrator ihres Fortschritts. Und mit der bemerkenswerten Ausnahme von Wagner, dessen Biographie und literarische Schriften eine der umfangreichsten Bibliographien der Neuzeit hervorgebracht haben, wurden diese Komponisten meistens in erster Linie als Schöpfer »reiner« Instrumentalmusik betrachtet.

Obwohl in unserem Jahrhundert ein oder zwei ausgezeichnete Geschichten der Oper erschienen sind – die bekannteste englische ist Donald Jay Grouts *Short History of Opera* (erstmals 1947 veröffentlicht), die bekannteste deutsche Osar Bies *Die Oper* (1913) –, war man bis in die jüngste Zeit geneigt, die Oper am Rande der Musikgeschichte anzusiedeln. Inzwischen zeichnet sich jedoch ein entschiedener Wandel ab. Seit die Musikwissenschaft die Zweckmäßigkeit rein formalistischer Untersuchungsmethoden mehr und mehr in Frage zu stellen scheint und nach Anregungen und neuen Methoden in verwandten Disziplinen, insbesondere in Literaturwissenschaft und Anthropologie, sucht, ist die Oper zunehmend Gegenstand eines wissenschaftlichen Interesses. Einer der wegweisenden Meilensteine in dieser jüngsten Entwicklung – und vielleicht der bemerkenswerteste – war eine neue, mehrbändige Geschichte der italienischen Oper, die *Storia dell'opera italiana* (herausgegeben von Lorenzo Bianconi und Giorgio Pestelli), in der zugunsten einer breiten kulturellen Annäherung an dieses Phänomen weitgehend auf musikalische Analyse verzichtet wird. Viel von dieser »neuen« wissenschaftlichen Forschung ist vor einigen Jahren in *The New Grove Dictionary of Opera* (herausgegeben von Stanley Sadie) zusammengetragen und dargestellt worden: die vier umfangreichen Bände bilden ein modernes Monument dieser explosionsartig anwachsenden Aktivitäten.

Das vorliegende Buch stammt von Fachleuten, die sich sehr für diese jüngsten Entwicklungen engagiert haben (wir alle haben beispielsweise ausführlich zum *New Grove Dictionary of Opera* beigetragen), und die mit ihm einem breiteren Publikum ein wenig von der neu ausgerichteten wissenschaftlichen Opernforschung nahebringen möchten. Der Hauptteil ist als lockere historische Erzählung gestaltet und nach chronologischen Einschnitten und zuweilen auch nationalen Grenzen in der Operngeschichte gegliedert. Wie es einem Band, der sich an ein breiteres Publikum richtet, wohl angemessen ist, haben wir den Inhalt in ungefährer Übereinstimmung mit den Vorlieben des gängigen Repertoires aufgeteilt. Demnach beansprucht das »lange 19. Jahrhundert«, eine Periode, aus der ein sehr großer Teil der beständig in aller Welt wiederbelebten Opern stammt, mehr als die Hälfte des zur Verfügung stehenden Umfangs. Innerhalb der Einschränkungen durch diese groben Kapitelunterteilungen war den Mitarbeitern jedoch verhältnismäßig viel Freiheit gegeben hinsichtlich Methode und Inhalt. So konnten die Autoren ihre Aufmerksamkeit vorzugsweise auf den Brennpunkt ihres Interesses richten und ein Thema oder eine Argumentationskette entwickeln, anstatt bloße Fakten aufzuzählen. Dies bedeutete jedoch zwangsläufig, daß in diesem Buch nicht alle Bereiche erschöpfend behandelt sind. Das Opernschaffen an Orten wie Australien, Südamerika oder auf der iberischen Halbinsel beispielsweise wird kaum erwähnt, noch werden die begeisterten Anhänger der britischen Oper des 19. Jahrhunderts viel Bestätigung finden. Solche –

WIEVIEL VON DEM HEUTE sprunghaft ansteigenden Interesse an der Oper verdankt sich der Art und Weise, in der es einer kleinen Anzahl von Opernsängern gelungen ist, ihre Talente durch die unaufhörlich expandierenden globalen Massenmedien zu verbreiten? Das Phänomen der »drei Tenöre« gibt einige Hinweise darauf, was durch wirksames Marketing, gute zeitliche Koordinierung und effektvolle Darbietung erreicht werden kann. Zum Entsetzen vieler sind einige Aspekte der Oper zum ersten Mal in ihrer vierhundertjährigen Geschichte zu einer echten Massenunterhaltung geworden.

und weitere – Lücken sind bedauerlich, doch hielten wir sie für einen annehmbaren Preis für eine umfassendere Erörterung der wichtigsten und zentralen Orte des Opernlebens.

Die letzten Kapitel des Buches befassen sich mit drei Aspekten der Oper, die, wenngleich im Hauptteil vielfach erwähnt, eine eigene Behandlung durch Fachleute nahelegten. Ein Kapitel ist den Opernsängern gewidmet. Natürlich bilden Interpreten ein wesentliches Element fast jeder musikalischen Praxis, doch spielten Opernsänger sehr oft eine beispiellose Schlüsselrolle in der Geschichte ihrer Gattung. Zuweilen waren sie intensiv in den Entstehungsprozeß der von ihnen aufzuführenden Werke miteinbezogen und trugen so wesentlich zu deren grobem Umriß und endgültiger Gestalt bei. Ein Grund hierfür liegt darin, daß sich das öffentliche Interesse an der Oper meistens sehr gezielt auf die Sänger richtete und ihre Erfolge und ihr Scheitern das Schicksal einzelner Werke erheblich – und manchmal auf Dauer – beeinflussen konnten. In manchen akademischen Kreisen ist es Mode, auf diejenigen herabzuschauen, die sich mit Sängern beschäftigen, aber das ist gefährlich: die meisten Opernliebhaber, seien sie Akademiker oder nicht, sind durch die Faszination der menschlichen Stimme bis zur Besessenheit verführt worden, und die zentrale Bedeutung der Sänger für die Oper herabzuspielen heißt, ein entscheidendes Element des extravaganten Zaubers zu leugnen, der von dieser Gattung ausgeht.

Ein anderes »Fach«-Kapitel beschäftigt sich mit der Oper als gesellschaftlichem Ereignis, einem weiteren, kaum zu überschätzenden Aspekt der Operngeschichte. Aufgrund ihres deutlich sichtbaren Aufwands, ihrer verschwenderischen Verschmelzung theatralischer und musikalischer Mittel war die Oper fast immer mit wohlkalkulierter gesellschaftlicher und politischer Repräsentation verbunden, mit Demonstrationen wirtschaftlicher Macht und elitärem kulturellen Denken. Zwar scheinen derartige Manifestationen in den ersten beiden Jahrhunderten der Operngeschichte – insbesondere in der Phase der sogenannten höfischen Oper – am naheliegendsten zu sein, doch haben sie sich mit bemerkenswerter Unverwüstlichkeit bis in neuere, demokratischere Zeiten erhalten. Einen Gipfel sozialer Macht erreichte die Oper vielleicht sogar im 19. Jahrhundert, als das Opernhaus einer der wichtigsten gesellschaftlichen Treffpunkte des Bürgertums war, und die Oper auf diese Weise eine kaum überraschende, bedeutende Rolle in den großen bürgerlichen Revolutionen des Jahrhunderts spielte. Wenngleich ihr Einfluß seitdem deutlich abgenommen hat, hat sich die staatlich subventionierte Oper des 20. Jahrhunderts dennoch als außerordentlich anpassungsfähig an alte, aus absolutistischen Zeiten stammende Verhaltensmuster erwiesen.

Das zentrale dieser drei Kapitel – und ganz angemessen das längste des Buches – beschäftigt sich mit der visuellen Seite der Oper, insbesondere mit den Problemen, die mit ihrer Inszenierung verbunden sind. Gegenwärtig gibt es kein umstritteneres Thema in der Opernwelt, und viele glühende Verehrer – Wissenschaftler und ungeschulte Enthusiasten gleichermaßen – glauben, daß ihre geliebte Kunst von einer Gruppe »moderner« Regisseure übernommen und bedenklich entstellt werde in der Absicht, persönliche Ansichten auf Kosten der zu interpretierenden Werke vorzuführen. Welchen Standpunkt man auch immer in dieser Debatte einnimmt, das Niveau der Argumentation ließe sich gewiß heben, würde der Geschichte der Aufführungspraxis größere Aufmerksamkeit geschenkt – dieses Gebiet wird erst in jüngster Zeit erforscht. Triftige historische Zeugnisse verweisen darauf, wie heikel sich das Verhältnis zwischen Aufführungspraxis und musikalischem Drama immer wieder gestaltete, wie übermächtig Modeerscheinungen in Schauspiel- und Opernhäusern oft waren. Es stimmt, daß wir derzeit ein extremes Auseinanderdriften erleben, doch existierte die Spannung immer, da die Gesetze, die die verschiedenen Vermittlungssysteme der Oper – Worte, Musik, visuelle Aspekte – bestimmen, höchst unterschiedlich sind. Um nur das augenfälligste Beispiel anzuführen: Worte und Musik können auf einem Blatt festgehalten, für die Nachwelt aufgezeichnet werden, während die theatralische Geste stets in dem Moment stirbt, in dem sie entsteht.

Die aktuelle Debatte läßt sicher keine einfachen Antworten zu, und der Kampf zwischen »modernen« und »traditionellen« Formen der Operninszenierung wird wohl weitergeführt werden. Die Kenntnis unterschiedlicher historischer Aufführungspraktiken jedoch vermag ebenso die ästhetischen Prämissen der Debatte zu erweitern, wie sie dazu dienen kann, die rhetorischen Forderungen um einiges zu mildern, die so schablonenhaft aus beiden Lagern erhoben werden. Einerseits verdeutlichen gründliche historische Studien, daß heutige »traditionelle« Inszenierungen von Opern des 19. Jahrhunderts meistens sehr weit von dem entfernt sind, was ein zeitgenössisches Publikum zu sehen bekam, auch wenn sie häufig vorgeben, ursprüngliche Intentionen des Schöpfers zu »achten«. Eine als »traditionell« etikettierte Inszenierung der *Meistersinger* zum Beispiel versetzt uns eher in die Zeit der dreißiger Jahre in Deutschland zurück als in die der ersten Aufführungen. Andererseits wird die historische Forschung den avanciertesten der modernen Regisseure in Erinnerung rufen, daß viele ihrer Schöpfungen für ein heutiges Publikum gewiß weit weniger anstößig sind, als es Aspekte einer getreu wiedererschaffenen, »authentischen« Inszenierung wären. Der Schock des Alten könnte in diesem besonderen Zusammenhang weitaus heftiger sein als der Schock des Neuen. Und sollte eine solche Schlußfolgerung einen Strich durch die Rechnung der Ultra-Modernen und Postmodernen machen, um so besser.

Ich habe die mit der Oper verflochtenen und verknüpften Worte hervorgehoben, doch darf ich die eigentliche Ausrichtung dieses Buches nicht unerwähnt lassen, das von Anfang an als *Illustrierte Geschichte* geplant war. Frühere historische Darstellungen der Oper zeichneten sich allzuoft durch eine vage, sogar ausgesprochen negative Haltung gegenüber den visuellen Aspekten aus. Einige Bühnenbilder, Kostümentwürfe, oder – schlimmer noch – Abbildungen moderner Inszenierungen fungierten üblicherweise als schmückendes Beiwerk zu den Ausführungen, selten aber wurden ihre Bedeutung und die Informationen, die sie vermitteln können, erörtert. Mancher Autor legte gar nahe, die Beschäftigung mit den visuellen Aspekten habe regelmäßig die Vernichtung der »wahren« Oper, den Verrat an ihren humanistischen Wurzeln zur Folge gehabt. Natürlich gibt es einige hervorragende neuere Ausnahmen, allen voran die *Storia dell'opera italiana*, die dem Visuellen einen ganzen Band widmet, oder Carl Dahlhaus' maßgeblicher Überblick *Musik des 19. Jahrhunderts* sowie *The New Grove Dictionary of Opera*, an deren reichlichen und mit informativen Legenden versehenen Illustrationen man sich – neben vielem anderen – erfreuen kann.

An diesen herausragenden Vorgängern möchten wir uns in dem vorliegenden Band hinsichtlich Vielfalt und Reichtum des Bildmaterials orientieren. Eine wesentliche und bei den allerersten Planungen des Buches getroffene Entscheidung war es, die Abbildungen nicht stets knechtisch an den Text zu binden, sie nicht bloß zur Veranschaulichung des Textes zu benutzen. Worte und Bilder folgen natürlich einer groben Chronologie, doch werden die Illustrationen und ihre Legenden idealerweise eine Art paralleler Operngeschichte anbieten, eine, die je nach Gelegenheit ergänzen, erweitern oder sogar ein ironisches Licht auf den Text werfen mag, den sie begleitet. Im Hinblick auf diese Wirkung haben wir stets nach Bildern gesucht, die den Platz, den sie einnehmen, ausfüllen und deren Implikationen weit genug reichen, um interessante Legenden anzuregen. Wir hoffen kurzum, daß es möglich ist, durch die Folge der Abbildungen »hindurch zu lesen« und einen unmittelbaren Zugang zur Vergangenheit zu finden, der den Text bereichert und ergänzt. Wenn eine derartige Vielstimmigkeit auch nur eine Ahnung vermitteln kann, was das Seltsame und Aufregende der Oper ausmacht, wird unsere *Illustrierte Geschichte* ihren Zweck mehr als erfüllt haben.

Editorische Notiz zur deutschen Übersetzung
Die »Chronologie« wurde von Uwe Schweikert ergänzt, von dem auch der letzte Absatz auf Seite 394 stammt. Dorothee Göbel hat die »Weiterführende Literatur« übersetzt, ergänzt und um deutschsprachige Titel erweitert.

DAS SIEBZEHNTE JAHRHUNDERT

TIM CARTER

Wenige Gattungen der Musikgeschichte haben derart präzise zu bestimmende Ursprünge wie die Oper: wir wissen, daß die ersten durchkomponierten Musikdramen in Florenz Mitte der neunziger Jahre des 16. Jahrhunderts auf die Bühne kamen, und wir kennen die politischen, gesellschaftlichen und kulturellen Zusammenhänge, die zu ihrer Entstehung führten. Darüber hinaus gab es wenige Gattungen, über deren »raison d'être« von Anfang an derartig intensiv theoretisiert wurde: Die für die Oper bis zum heutigen Tag charakteristische – und bisweilen heftig polemische – Infragestellung ihrer selbst begann früh in ihrer Geschichte. Unter anderem erzeugte die wissenschaftliche Orientierung des intellektuellen Lebens an den Höfen im Italien der Spätrenaissance ein fast zwanghaftes Bedürfnis, die strittigen Kernfragen der zeitgenössischen kulturellen Bestrebungen zu dokumentieren, zu erläutern und zu diskutieren – sie folglich zu legitimieren. Aber die Oper warf als komplizierteste der Gattungen auch entscheidende, nicht zu ignorierende Probleme auf, die Ziel und Wirkung von Musik und Drama, ja der Künste ganz allgemein betrafen. Diese Probleme sind heute noch ebenso aktuell wie sie es für die ersten Komponisten, Librettisten und Mäzene der Oper waren; und so ist die Geschichte der Oper die Geschichte wiederholter, durch Zeit, Ort und Umstände unterschiedlich bedingter Versuche, deren Lösungen zu finden. Im Kern der Sache stellt sich eine grundlegende Frage: Was macht die Oper zu mehr als »einer exotischen und irrationalen Unterhaltung«, wie der englische Aufklärer Samuel Johnson bekanntlich behauptete?

Natürlich wurde Musik im Theater verwendet, lange bevor die Oper die Bühne eroberte: ihr kam in der Politik des Prunks, die das eigentliche Anliegen der höfischen Bestrebungen war, eine wesentliche Rolle zu. Im 15. und 16. Jahrhundert gab es an den oberitalienischen Höfen fest begründete Methoden, fürstlicher Verherrlichung Ausdruck zu verleihen. Die Geburt eines Erben, die Hochzeit eines Fürsten, der Tod eines Herzogs waren Schlüsselmomente des höfischen Lebens, die auf privaten wie öffentlichen Podien angemessen hervorgehoben werden mußten. In der Tat hing der Zusammenhalt des politischen und gesellschaftlichen Gefüges entscheidend von Feier und Krisis ab, die Ausdruck des Ruhmes und der Beständigkeit des herzogli-

chen Staates waren. Und theatralische Unterhaltungen boten ein Mittel, diese beiden wichtigen Gesichtspunkte zu artikulieren und zu kontrollieren.

Die Höfe und Akademien der Renaissance verfügten über verschiedene Formen der Unterhaltung. Das durch den Humanismus angeregte Wetteifern mit dem Griechenland und dem Rom der Antike, das generell ein so mächtiger Impuls der Renaissance war, fand ein Ventil in Tragödien und Komödien, seien sie klassisch oder klassisch inspiriert. In Anbetracht des anerkannten Ranges, den die Musik auf der klassischen Bühne einnahm, erlaubten diese Werke den Komponisten, der legendären Musik der Antike nachzueifern (so entstanden Andrea Gabrielis Chöre für die Übersetzung von Sophokles' *Oedipus tyrannus*, der zur Eröffnung von Palladios Teatro Olimpico in Vicenza 1585 aufgeführt wurde). Auch mit Schäferspielen ließ sich wie mit den klassischen Autoritäten Staat machen: zu wichtigen Vorbildern wurden zwei in Mantua im späten 15. Jahrhundert auf die Bühne gebrachte Unterhaltungen, Angelo Polizianos *Orfeo* (? 1480) und Niccolò da Coreggios *Il rapimento di Cefalo* (1487). Zweifellos bedeutsamer war jedoch die Tatsache, daß die pastorale Verherrlichung des Goldenen Zeitalters – dieser idyllischen Zeit des Wohlstands und des Friedens – ohne weiteres allegorische Interpretationen ermöglichte: Tassos *Aminta* (1573) bewies, wie entscheidend dieser Gesichtspunkt war. Dies machte die Pastorale zu einem machtvollen Werkzeug in den Händen der Renaissancefürsten und ihrer Propagandisten. Noch wirksamer für die Propaganda waren die als Intermedien bekannten »entr'acte«-Unterhaltungen, die zusammen mit Tragödien und noch häufiger mit Komödien aufgeführt wurden. Zum einen verschafften sie eine willkommene Abwechslung zum Drama: 1536 berichtete Bernardino Daniello, daß zwischen den Akten eines Schauspiels, »damit die Bühne nicht leer bleibe, Musik und Lieder und Morescas und Possen miteinander vermischt gebracht werden«. Zum anderen legten sie den zeitlichen Rahmen der Handlung fest. Bald aber kam den Intermedien, besonders in Florenz, eine weitaus eindrucksvollere Funktion zu.

Laut dem Florentiner Bühnendichter Alessandro Ceccherelli

> wird allgemein von denen, die es am besten wissen, die Ansicht vertreten, ... daß von allen Schauspielen, die aufgeführt werden, die Komödie das lohnendste und am meisten wert zu hören und zu sehen ist, ... besonders seit es seit einiger Zeit üblich geworden ist, sie durch die Aufführung wunderbar erfindungsreicher und kunstvoll bewerkstelligter Intermedien zwischen ihren Akten noch reizvoller und reich geschmückter zu machen. (1566)

UFFIZIENTHEATER IN FLORENZ, Innenansicht, mit dem ersten Intermedium von Marco da Gaglianos *La liberazione di Tireno e d'Arnea, autori del sangue toscano*, 6. Februar 1617; Stich von Jacques Callot nach der Zeichnung von Giulio Parigi. Die von der Bühne in den Zuschauerraum führenden Stufen waren typisch für die frühen barocken Hoftheater.

Nicht umsonst bemerkte sein Kollege Antonfrancesco Grazzini bitter: »Einst wurden Intermedien geschrieben, um der Komödie zu dienen, aber jetzt werden Komödien gemacht, um den Intermedien zu dienen.« Zum Beispiel das erste der Intermedien für Francesco d'Ambras *La cofanaria*, aufgeführt 1565 anläßlich der Vermählung des Fürsten Francesco de' Medici mit Johanna von Österreich:

Entsprechend ist eine kurze Weile nach dem Heben des Vorhangs, der vor den Augen der Zuschauer die Ansicht des gewölbten Himmels der Eröffnungsszene enthüllt, zu sehen, wie ein zweiter, höchst erfinderisch entworfener Himmel erscheint, aus dem sich allmählich eine Wolke nähert, in die mit einzigartiger Erfindungskraft ein goldener und mit Edelsteinen reich verzierter Wagen eingebaut ist, den man als den der Venus erkennt, weil er als von zwei schneeweißen Schwänen gezogen zu sehen ist, und in den als Gebieterin und Wagenlenkerin die lieblichste der Göttinnen gesetzt ist, völlig nackt, mit Girlanden von Rosen und Immortellen, und, die Zügel in der Hand, geschmückt mit dem wunderschönen Gürtel, den die Alten Cestus nannten. In ihrem Zug folgen die drei Grazien, gleichermaßen zu erkennen an ihrer völlig nackten Erscheinung, an ihren blondglänzenden Locken, die frei über ihre Schultern fallen, aber noch mehr an der Art, in der sie einander an den Händen halten ... Die allmählich herabsteigende Wolke scheint im Himmel Jupiter, Juno, Saturn, Mars, Merkur und die anderen Götter zurückzulassen, aus deren Mitte dennoch eine sanft vorüberziehende Harmonie hervorströmt von eher göttlichem als menschlichem Wesen, während der ganze große, dunkle Saal von den süßesten und kostbarsten Düften erfüllt ist.

Die Pracht und der gelehrte Symbolismus der Intermedien spiegelten in idealer Weise fürstliche Erhabenheit wider. Die Herzöge und Großherzöge der Medici in Florenz nutzten solche Unterhaltungen zweifelsohne für politische Zwecke.

Schäferspiel beziehungsweise Intermedium sorgten für zwei unmittelbare Vorläufer der ersten Florentiner Opern: Giovan Battista Guarinis *Il pastor fido*, vollendet in den achtziger Jahren des 16. Jahrhunderts, wurde in einer prächtigen Aufführung anläßlich der Hochzeitsfeier Philipps III. von Spanien und Margarethes von Österreich 1598 in Mantua gegeben. Das Stück selbst und der durch dessen angeblich regelwidrige Form und Inhalt veranlaßte akademische Skandal schufen einen wichtigen Kontext für die ersten Bemühungen um die Oper. Die Gattung der Intermedien hingegen erreichte einen Höhepunkt in dem großartigen Zyklus, der anläßlich der Feierlichkeiten zur Vermählung des Großherzogs Ferdinando de' Medici mit Christine von Lothringen 1589 in Florenz aufgeführt wurde. Ferdinando hatte gute Gründe für verschwenderische Feste – mit seinem Erbantritt nach dem Tod seines unpopulären Bruders, des Großherzogs Francesco, leitete er eine glänzende Periode der Florentiner Geschichte ein –, und so wurde die Hochzeit mit aufsehenerregenden Lanzenstechen und Turnieren zelebriert, mit einer Seeschlacht in dem überfluteten Hof des Palazzo Pitti, einer »sacra rappresentazione« und mehreren anderen theatralischen Unterhaltungen, deren Höhepunkt eine Komödie mit prachtvollen Intermedien war, Girolamo Bargaglis *La pellegrina*. Bezeichnenderweise standen in diesen Intermedien verschiedene Aspekte der Macht von Musik im Mittelpunkt (das

JACOPO PERI als Arion in dem fünften der Intermedien von 1589; Zeichnung von Bernardo Buontalenti. Peri sang ein von ihm komponiertes Echo-Lied, in dem er die mythische Kraft der Musik beschwört. Das Thema sollte in den frühen Opern wiederaufgenommen werden.

dritte und das fünfte handelten konkret von den mythologischen Musikern Apollo und Arion), und die für die Produktion engagierten Komponisten entfalteten einen dem Thema entsprechenden großen musikalischen Aufwand. So steigt im ersten Intermedium (»Die Harmonie der Sphären«) Harmonie auf einer Wolke herab und singt ein von einer Laute begleitetes Sololied; die Sirenen und Planeten bildeten einen fünfstimmigen Chor, gefolgt von einer Sinfonie für Lauten, Violen, Posaunen, Flöten und Harfen; die Schicksalsgöttinnen und Sirenen dialogisieren in zwei fünfstimmigen Chören; und alle Musizierenden auf der Bühne singen und spielen ein

DAS HINABSTEIGEN VON RHYTHMUS UND HARMONIE im letzten der Intermedien von 1589; Stich von Epifanio d'Alfiano. Hervorgehoben wird das grandiose Finale der Unterhaltung, in dem der gottgegebene fürstliche Auftrag und ein höfisches Ethos, das auch in der frühen Oper eine wesentliche Rolle spielen sollte, betont werden.

GUARINIS *IL PASTOR FIDO* (Venedig 1602). Francesco Valesios Stich des dritten Akts verbindet Giovan Battista Aleottis Entwurf für das Bühnenbild mit einer »comic strip«-artigen Darstellung der Handlung. Die Pastorale bot einen wichtigen Kontext für die frühe Oper; tatsächlich wurde Guarinis Schauspiel als Oper unter anderem von Händel (1712) und Salieri (1789) vertont.

dreißigstimmiges Madrigal, in dem der Großherzog und die neue Großherzogin gepriesen werden. So geht die Unterhaltung weiter bis zum letzten Tanz am Ende des sechsten Intermediums, dem berühmten »Ballo del Granduca«, in dem die Götter Florenz und seinem Hof huldigen.

Frühe Oper in Florenz

Zu den für die Intermedien von 1589 Verantwortlichen gehörten Giovanni de' Bardi (1534–1612), der auch zu den Texten und zur Musik beitrug, der Architekt und Büh-

AMAR
AMAR
MIRT
SATIR
MIRT
MIRT
CORIS
COR.
AMAR.
AMAR
MIRT.
AMAR
CORIS.
MIRT.
MAR.
MIRTILO

nenbildner Bernardo Buontalenti sowie Emilio de' Cavalieri (um 1550–1602), ein römischer Musiker, der mit Ferdinando nach Florenz gekommen war und nun die musikalischen Einrichtungen des Hofes leitete. Die Texte der sechs Intermedien stammten hauptsächlich von Giovanni Battista Strozzi und Ottavio Rinuccini. Großherzog Ferdinandos »maestro di cappella«, Cristofano Malvezzi, und der namhafte Madrigalist Luca Marenzio (der eigens zu diesem Anlaß nach Florenz geholt wurde) komponierten den größten Teil der Musik; einzelne Stücke schrieben auch Cavalieri, Jacopo Peri, Giulio Caccini und andere. Eine ganze Reihe dieser Künstler beteiligte sich in unterschiedlicher Weise an den Experimenten, die im nächsten Jahrzehnt zur Entstehung der Oper führen sollten. Bardis sogenannte »Camerata« – ein Kreis von Künstlern und Dilettanten, der in den siebziger und achtziger Jahren des 16. Jahrhunderts zusammenkam, um den Zustand der Künste, insbesondere der Musik zu erörtern – äußerte beispielsweise ihre allgemeine Unzufriedenheit darüber, daß es der modernen Musik nicht gelang, die emotionale Kraft zu erreichen, die der Musik der klassischen Antike zugesprochen wurde. Emilio de' Cavalieri schuf dann mit seiner (heute verschollenen) Musik zu pastoralen Unterhaltungen im Florenz der neunziger Jahre, zu denen *Il satiro* und *La disperazione di Fileno* (1590) sowie *Il giuoco della cieca* (1595, nach Guarinis *Il pastor fido*) gehörten, wichtige dramatische und musikalische Vorbilder. Und Ottavio Rinuccini schrieb die Libretti zu einer bedeutenden Anzahl früher Opern mit Musik von Peri, Caccini und später Claudio Monteverdi.

Bardi verließ Florenz jedoch 1592 und ging nach Rom. Seine Stellung als oberster Schirmherr der Künste in Florenz übernahm der jüngere Jacopo Corsi (1561–1602). Corsi war tatsächlich ein Neuling auf der politischen Florentiner Bühne und verkörperte die Generation jüngerer, unternehmerischerer Adliger, mit denen sich Großherzog Ferdinando umgab, statt weiterhin mit den recht verkrusteten Patriziern, zu denen auch Bardi gehörte, zu verkehren, die während der ungeliebten Regierung des Großherzogs Francesco I. im politischen Leben von Florenz den Ton angegeben hatten. Durch seine Handelsgeschäfte mit Wolle und Seide (einer aufstrebenden Industrie in Florenz) und seine Beteiligungen im Bankwesen kam Corsi zu beträchtlichem Reichtum. Er war zudem stark in die Staatsgeschäfte involviert und umgab sich mit den für den Adel typischen Statussymbolen: mit einer gut ausgestatteten Residenz in der Stadt, zwei Landvillen, einer umfangreichen Sammlung von Skulpturen, Gemälden, Büchern und mit einem erlesenen Kreis von Künstlern, Dichtern und Musikern.

Der Dichter Ottavio Rinuccini (1562–1621) und der Musiker Jacopo Peri (1561–1633) waren geschäftlich wie künstlerisch mit Corsi befreundet. Ihre Idee, Musik in der Art der bekannten Aufführungen der griechischen Tragödie auf das Drama anzuwenden, festigte sich wohl Mitte der neunziger Jahre (Peri gab 1594 an). Das erste Ergebnis ihrer Zusammenarbeit war *Dafne*, die Anfang 1598 aufgeführt sowie 1599 und einmal oder vielleicht zweimal im Jahr 1600 wiederholt wurde – ihr Stoff geht auf das dritte der Intermedien von 1589 zurück, die Musik ist vollständig verschollen. Dann bot Corsi dem Hof ein zweites Musikdrama für die im Oktober 1600 stattfindenden Feierlichkeiten zur Hochzeit Maria de' Medicis mit Henri IV. von Frankreich an, bei deren Zustandekommen er eine erhebliche Rolle gespielt hatte: *Euridice* wurde am 6. Oktober im Palazzo Pitti aufgeführt, Peris Partitur im Februar 1601 veröffentlicht.

Die Themenwahl der ersten Opern ist bezeichnend. Wie eine beträchtliche Anzahl ihrer Vorläufer im Laufe der Jahrhunderte wandten sich die Florentiner dem klassischen Mythos zu und benutzten ihn sowohl als Inspirationsquelle (dies war er lange

GIANLORENZO BERNINI (1598–1680), *Apollo und Daphne* (1622–1624). Daphnes Flucht vor den amourösen Avancen Apollos und ihre Verwandlung in einen Lorbeerbaum bildeten den Stoff der ersten Oper.

2
Non ſangue ſparſo d'innocenti vene,
Non ciglia ſpente di Tiranno inſano,
Spettacolo infelice al guardo vmano
Canto ſu meſte, e lagrimoſe ſcene.

3
Lungi via lungi pur da regij tetti
Simolacri funeſti ombre d'affanni
E co i meſti coturni, e i foſchi panni'
Cangio e deſto ne i cor piu dolci affetti

4
Hor s'auuerra, che le cangiate forme
Non ſenz'alto ſtupor la terra ammiri
Tal ch'ogni alma gentil ch'Apollo inſpiri
Del mio nouo cammin calpeſti l'orme.

5
Voſtro Regina ſia cotanto alloro
Qual forſe anco nõ colſe Atene, o Roma,
Fregio non vil ſu l'onorata chioma
Fronda Febea fra due corone d'oro

6
Tal per voi torno, e con ſereno aſpetto
Ne Reali Imenei m'adorno anch'io,
E ſu corde piu liete il canto mio
Tempro al nobile cor dolce diletto.

7
Mentre Senna Real prepara intanto
Alto diadema ond'il bel crin ſi fregi,
E i manti, e ſeggi de gli antichi Regi
Del Tracio Orfeo date l'orecchia al canto.

PROLOG ZU CACCINIS *EURIDICE* (Florenz, Giorgio Marescotti, 1600). Die gestochene Initiale enthält das Wappen der Medici.

Zeit für die Humanisten der Renaissance gewesen) wie auch zur Rechtfertigung ihres Versuchs, aufs neue die Macht der Musik zu offenbaren: Apollo und Orpheus, die Protagonisten der ersten Opern, waren berühmt für ihr überragendes musikalisches Können. Solche Stoffe vermochten auch dem Vorwurf entgegenzuwirken, es sei in hohem Maße irrational, die Figuren singen statt sprechen zu lassen, denn Götter äußerten sich durch Verse, nicht Prosa, und Musik, nicht Sprache. Der Verwendung des Mythos ist aber auch zuzuschreiben, daß die frühen Opern über reine Unterhaltung hinausgingen. Die an den ersten Opern Beteiligten glaubten, eine wirkungsvolle Aussage nicht nur über ihre Zeit zu machen – in der die Künste einen derartigen Gipfel erreicht hatten, daß selbst Orpheus ins Leben zurückfinden konnte –, sondern auch über ihren fürstlichen Schutzherren, den Apollo/Sonnenkönig, um den sich die politische, gesellschaftliche und kulturelle Welt drehte.

Peris zentrales Anliegen war es, einen musikalischen Stil zu erfinden, der den Forderungen nach klarer Diktion und dramatischer Flexibilität gewachsen war, und dennoch zumindest einen gewissen Grad an strukturellem Zusammenhalt und musikalischer Einheit zu gewährleisten. So schrieb er im Vorwort zu *Euridice*:

Erkennend, daß es eine Frage der dramatischen Dichtung war und daß man deshalb mit Gesang denjenigen, der spricht, nachahmen sollte ... urteilte ich, daß die alten Griechen und Römer (die nach verbreiteter Meinung ihre Tragödien auf der Bühne vollständig sangen) eine Harmonie benutzten, die, über die der gewöhnlichen Sprache hinausgehend, so nahe der Gesangsmelodie war, daß sie eine Zwischenform annahm ... Jede andere Art des bisher gehörten Gesangs verwerfend, setzte ich mich selbst daran, die für diese Dichtungen notwendige Form der Nachahmung zu entdecken, und ich zog in Erwägung, daß die Art des Ausdrucks, die von den Alten zum Singen bestimmt war und die sie diastematisch nannten (so wie sie war, anhaltend und ausgesetzt), sich teilweise beschleunigen konnte und einen Zwischenpfad einschlug zwischen den schwebenden und langsamen Bewegungen des Gesangs und den fließenden, schnellen der Sprache und die solcherart meinen Zielen entsprach (genau so, wie sie diese Art des Ausdrucks beim Lesen ihrer Gedichte und epischen Verse verwendeten), mich dem anderen Ausdruck der Sprache annähernd, die sie fortlaufend nannten ... In ähnlicher Weise erkannte ich, daß in unserer Sprache einige Worte in solch einer Art und Weise intoniert werden, daß die Harmonie auf ihnen gründen kann, und daß man während des Sprechens durch viele andere hindurchgeht, die nicht intoniert werden, bis man zu einem anderen Wort zurückkehrt, das geeignet ist, durch einen neuen harmonischen Zusammenklang bewegt zu werden. Dieses, ebenso wie die Akzente beachtend, die uns in Schmerz, Freude und ähnlichen Zuständen dienen, ließ ich den Baß sich im Takt mit diesen bewegen, mal schneller, mal langsamer, entsprechend den Affekten, und ich hielt ihn fest durch die Dissonanzen und Konsonanzen, bis die Stimme des Sprechers, durch verschiedene Töne hindurchgehend, an dem ankommt, der, in gewöhnlicher Sprache intoniert, einer neuen Harmonie den Weg öffnet. Ich tat dies nicht nur, damit der Fluß der Sprache das Ohr nicht beleidigen möge (wie stotternd, wenn auf die wiederholten Töne treffend wegen der häufigeren Konsonanzen) oder daß sie nicht irgendwie zu tanzen scheint zur Bewegung des Basses und dies besonders bei traurigen oder ernsten Stoffen, denn fröhlichere Stoffe erfordern durch ihre Natur häufigere Bewegungen; sondern ich tat dies, weil der Gebrauch von Dissonanzen entweder die hierdurch gewonnenen Vorzüge vermindern oder verber-

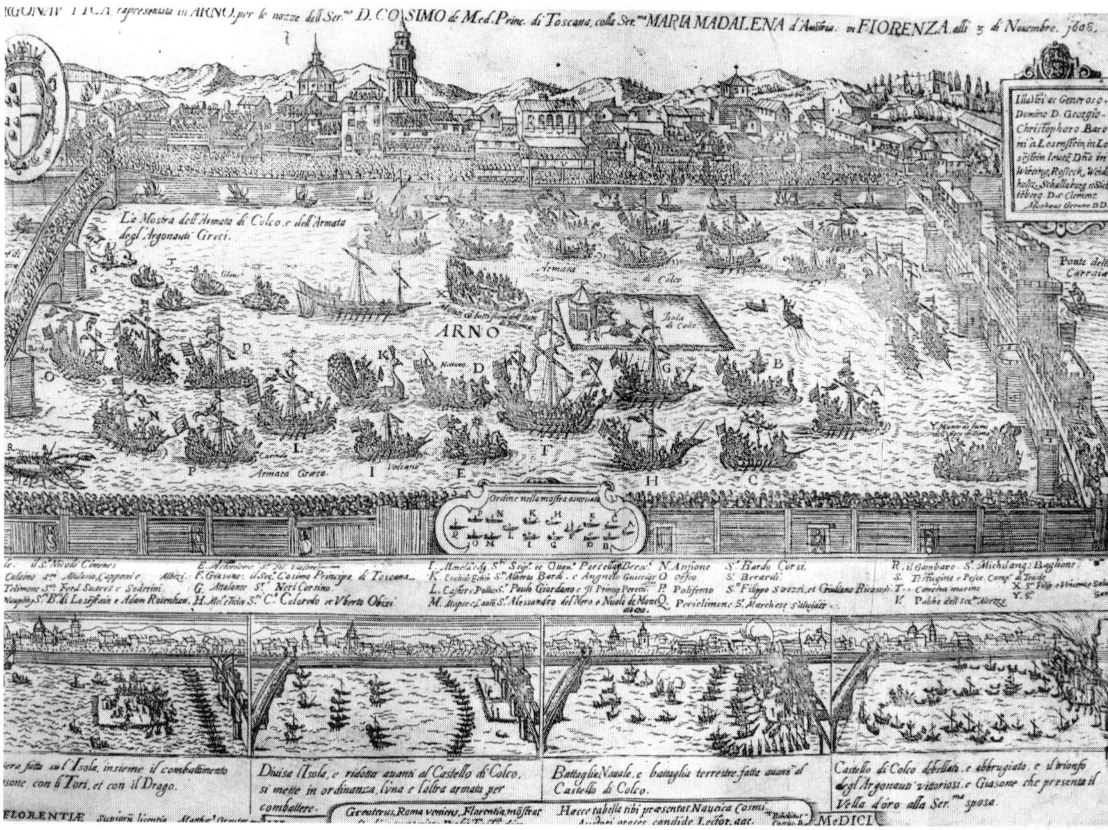
rapresentata in ARNO, per le nozze dell Ser.mo D. CO SIMO de Med. Princ. di Toscana, colla Ser.ma MARIA MADALENA d'Austria. in FIORENZA alli 3 di Novembre. 1608.
La Mostra dell' Armata di Colco, e dell'Armata degl' Argonauti Greci.
ARNO
Armata di Colco
Isola di Colco
Armata Greca
Ponte della Carraia
Ordine nella mostra osservato
Divisa l'Isola, e ridotta avanti al Castello di Colco, si mette in ordinanza, l'una e l'altra armata per combattere.
Battaglia Navale, e battaglia terrestre, fatta avanti al Castello di Colco.
Castello di Colco debellato, e abbrugiato, e il trionfo degl' Argonauti vittoriosi, e Giasone che presenta il Vello d'oro alla Ser.ma sposa.
FLORENTIÆ

gen würde wegen der Notwendigkeit, jeden Ton zu intonieren, wozu die alten Musiker vielleicht weniger das Bedürfnis hatten. Und so (obgleich ich zögern würde zu behaupten, daß dies die Art des Gesangs war, wie er in griechischen und römischen Schauspielen verwendet wurde) habe ich ihn für die einzige Art und Weise gehalten, in der die Musik sich unserer Sprache anzupassen vermag.

Dieser letzte Satz stellt die häufig vermuteten antikisierenden Tendenzen der frühen Oper in Frage. Gewiß waren Peri und Rinuccini ebenso wie Cavalieri darauf bedacht, ihre eigenen Bestrebungen mit der Wiederbelebung der Klassik in Verbindung zu bringen, aber diese humanistischen Untertöne scheinen eher dazu bestimmt gewesen zu sein, ein im Grunde modernes (und modernistisches) Unternehmen mit akademischer Achtbarkeit zu übertünchen. Im Prolog der *Euridice* bekennt die allegorische Figur der Tragödie, sie sei nicht hier, um von typisch tragischen Ereignissen zu singen: »Seht, ich wechsle meine schwermütigen Kothurne, die dunklen Gewänder, und wecke in den Herzen süßere Empfindungen.« Dies war dem Anlaß der Aufführung völlig angemessen (entsprechend änderte Rinuccini den Schluß des Mythos und läßt Orpheus Euridice erfolgreich aus dem Hades führen). Doch verdankt *Euridice* der Pastorale mehr als der klassischen Tragödie und steht so in der Tradition der Florentiner Intermedien, selbst wenn sie in kleinerem Stil und ohne kunstvolle Maschinen auf die Bühne gebracht wurde.

Sehr viel verdankt *Euridice* dem glänzenden Libretto Rinuccinis. In ihm werden Formen begründet, die in der italienischen Oper bis in das 19. Jahrhundert hinein und darüber hinaus fortbestehen sollten. Der Rezitativ-Vers – für Handlung, Dialog und einige Monologe – besteht aus frei gereimten sieben- oder elfsilbigen Zeilen: die anpassungsfähige poetische Struktur wirkt sich deutlich sowohl auf die musikalische Einrichtung als auch auf das Tempo der dramatischen Handlung aus. An Schlüsselstellen jedoch – wenn das Drama einen konventionellen Gesang erfordert oder wenn eine Figur oder eine Figurengruppe zu einer bestimmten Situation Stellung nimmt – wählt Rinuccini unterschiedliche poetische Formen und verwendet regelmäßigere Reime und manchmal unterschiedliche Zeilenlängen, zum Beispiel vier- oder achtsilbige Zeilen. Dieser stärker strukturierte Vers erfordert einen stärker strukturierten musikalischen Stil, dem sich Peri mit herkömmlichen Arien (Duetten, Chören etc.) anpaßt, in denen er eine flexible Deklamation zugunsten des der Musik eher Wesensgemäßem (klare melodische und harmonische Muster, regelmäßige periodische Phrasen etc.) aufgibt. Die Unterscheidung zwischen rezitativischem und ariosem Stil

ANSICHT DES ARNO während der *naumachia* über den Argonautenstoff anläßlich der Hochzeit des Fürsten Cosimo de' Medici mit Maria Magdalena von Österreich in Florenz am 3. November 1608; Stich von Matthias Greuter.

DIE BARKE DES GLAUCUS, gezeichnet von Giulio Parigi für denselben Anlaß; Stich von Remigio Cantagallina. Unter den Musikern sind (von links nach rechts) Spieler von Viola bastarda, Kornett und Laute.

bleibt entscheidend für die Oper, obwohl deren jeweiliges dramatisches und emotionales Gewicht sich, wie wir sehen werden, in der ersten Hälfte des 17. Jahrhunderts verlagern wird.

Die Vermählung Maria de' Medicis mit Henri IV. von Frankreich war ein beachtlicher politischer Schachzug, denn sie unterstrich nachdrücklich eine Neuorientierung der Florentiner Außenpolitik weg von Spanien und dem Kaiserreich, und es kam dem Hof vermutlich gelegen, seine neue Politik mit einer neuen musikalisch-dramatischen Gattung assoziieren zu können. Doch war *Euridice* nicht die wichtigste Unterhaltung, die während der Festlichkeiten von 1600 auf die Bühne kam: diese Ehre wurde Gabriello Chiabreras *Il rapimento di Cefalo* zuteil, zu dem hauptsächlich Giulio Caccini (1551–1618) die Musik schrieb. *Il rapimento* scheint ebenfalls vollständig vertont worden zu sein (nur ein Teil ist erhalten in Caccinis Sammlung von Sologesängen, *Le nuove musiche*, 1602), obwohl das Libretto eher auf eine Folge von imposanten, mit einem dramatischen Faden lose verknüpften Intermedien schließen läßt. Im Gegensatz dazu wurde *Euridice* in kleinem Rahmen aufgeführt. Tatsächlich war es wahrscheinlich eher Jacopo Corsi als dem Hof zu verdanken, daß sie überhaupt dargeboten wurde: Corsi zahlte den größten Teil der Aufführungskosten und wirkte selbst am Cembalo mit. Das Publikum zeigte sich kaum beeindruckt: in einem Augenzeugenbericht wurde *Euridice* gänzlich ignoriert; andere fanden, das Rezitativ »gleiche dem Gesang der Passion«; und Bardi merkte an, daß Rinuccini und Peri »sich nicht mit tragischen Texten und anstößigen Themen hätten befassen sollen«.

Euridice verblaßte neben den vom Hof unterstützten Unterhaltungen, die 1600 in Szene gesetzt wurden. Darüber hinaus wurde ihre Inszenierung von Zänkereien der Hofkünstler beeinträchtigt. Caccini bestand darauf, daß seine Sänger seine und nicht Peris Musik singen sollten, und trieb überdies Peri an die Druckpresse – seine eigene Vertonung der *Euridice* erschien etwa sechs Wochen früher als die Peris, obwohl sie nicht vor Dezember 1602 vollständig aufgeführt wurde. Dabei gab es grundsätzlichere Probleme: als im wesentlichen private Unterhaltung eignete sich *Euridice* äußerst schlecht für eine öffentliche Feier, die die Medici auf der nationalen wie internationalen politischen Bühne verherrlichen sollte. Bezeichnenderweise wandten sich die Florentiner 1608 bei der Hochzeit des Fürsten Cosimo de' Medici mit Maria Magdalena von Österreich von der Oper ab und kamen mit Michelangelo Buonarottis *Il giudizio di Paride* auf die traditionelle Form einer Komödie mit Intermedien zurück. Die Festlichkeiten von 1589 dienten jetzt wieder als Modell: man wollte, wie es hieß, die 1600 offensichtlich gemachten Fehler vermeiden.

Mantua

Vincenzo Gonzaga, Herzog von Mantua, besuchte 1600 in Florenz die Hochzeit von Maria de' Medici und Henri IV., zu seinem Gefolge gehörte der Hofsekretär und ehemalige Dichter Alessandro Striggio (?1573–1630). Sieben Jahre später arbeitete Striggio zusammen mit dem »maestro di cappella« des Herzogs, Claudio Monteverdi (1567–1643), an einer neuen Oper, *Orfeo*. Zweifellos war dies ein bewußter Versuch, sich auf dem Gebiet des Theaters mit Florenz zu messen, denn zwischen den beiden Städten bestanden enge politische und künstlerische Beziehungen. *Orfeo – favola in musica* (»Spiel in Musik«) genannt – war sicherlich eine vom Thronerben Fürst Francesco Gonzaga geförderte Unterhaltung für den Hof. Doch kam sie bezeichnenderweise zuerst innerhalb der Grenzen einer Akademie, der Accademia degli Invaghiti, heraus und somit in einem für ihre humanistischen Ansprüche eher empfänglichen Klima.

Striggio und Monteverdi hatten offensichtlich Zugang zum gedruckten Libretto und zur Partitur der *Euridice*: *Orfeo* zieht beträchtlichen Nutzen aus von Rinuccini und Peri gezogenen Lehren. Doch übertrifft die Oper ihre Florentiner Vorläuferin in nahezu jeder Hinsicht. Zum einen ist Striggio ein besserer Librettist denn ein Dichter; ein Vorzug sind seine klareren, weniger komplizierten Verse, die dem Komponisten größere Flexibilität ermöglichen. Mehr noch aber ist dies zum anderen Monteverdis Kunstfertigkeit im Bereich der dramatischen Musik zu verdanken, die er bereits in seinen mehrstimmigen Madrigalen ausgebildet hatte.

Orfeo weist auf Florentiner Modelle zurück, insbesondere auf die Intermedien: man denke an die spektakulären Bühneneffekte, den mythologischen Stoff, die allegorischen Figuren, den Gebrauch der Instrumente und die ausgedehnten Chöre. Offensichtliche Bezüge gibt es auch zur klassischen Tragödie und, wie in *Euridice*, zu den neueren pastoralen Schauspielen von Tasso und Guarini. Entsprechend erinnert Monteverdis Musik stark an ältere Techniken: selbst in den Rezitativen »neuen Stils« verwertet er Ausdrucksmittel, die er zuerst in seinen fünfstimmigen Madrigalen »alten Stils« probiert hatte und zu denen sorgfältig gearbeitete Dissonanzen und die Chromatik zählen. Diese rückwärts gewandten »Renaissance«-Aspekte der Oper werden verstärkt durch ihre vielfältigen humanistischen Botschaften über die Macht des Menschen und der Musik.

Orfeo weist aber auch in die Zukunft. Monteverdi beweist seine Offenheit für die von seinen Zeitgenossen entwickelte Manier insbesondere in seinem Gebrauch neuer Möglichkeiten der Arien- und Duett-Komposition. Am Beginn des zweiten Akts steht beispielsweise eine Folge von Arien (für Orfeo), Duetten und Chören – jeweils ausgelöst durch die wechselnden Metren und Reimschemata in Striggios Versen –, die dazu dienen, die dramatische Wendung bei der Ankunft der Botin hervorzuheben, die Euridices Tod verkündet. Ferner ist Orfeos formvollendeter Klagegesang vor den Toren des Hades im dritten Akt (in dante-ähnlichen »terza rima«-Strophen), das Herzstück der Oper, ein kunstvoll gearbeiteter Satz strophischer Variationen mit instrumentaler Begleitung, in dem vokale Virtuosität zur Beschwörung von Orfeos Zauberkräften dient (ein Vorbild hierfür gibt es in Peris Intermedium von 1589). Im vierten Akt dann preist Orfeo seine Leier mit einer feierlichen Arie, »Qual onor di te fia degno« (mit obligaten Stimmen für zwei Violinen über einem »Laufbaß«), die Erinnerungen an die modernen Sätze wachruft, die Monteverdi in seine *Scherzi musicali* (ebenfalls 1607) aufnahm. Weitere neuartige Aspekte in Monteverdis Partitur sind sein deutliches Anliegen, großangelegte Formen zu entwerfen (mit Ritornell- und Refrain-Strukturen) sowie die Genauigkeit, mit der er seine Intentionen hinsichtlich Instrumentation und Auszierung notiert. Auf solche Weise enthält *Orfeo* eine faszinierende Mischung alter und neuer Elemente. Anstatt früher perfektionierte Techniken in bilderstürmerischer Suche nach Neuerung zu verwerfen, deutet Monteverdi das Alte im Lichte des Neuen – und umgekehrt –, um eine Synthese von unbestreitbarer dramatischer Kraft zu erreichen. Fraglos verfaßt er mit *Orfeo* auch die erste große Oper.

DIE PIAZZA SAN PIETRO IN MANTUA mit Feuerwerken zur Hochzeitsfeier von Eleonora Gonzaga und Kaiser Ferdinand II. im Januar 1622; Stich. Zu den Unterhaltungen gehörte ein Schauspiel mit Intermedien, *Le tre costanti* (die Musik stammte teilweise von Monteverdi); der Palazzo Ducale, in dem Monteverdis frühe Bühnenwerke zum ersten Mal aufgeführt wurden, ist rechts zu sehen.

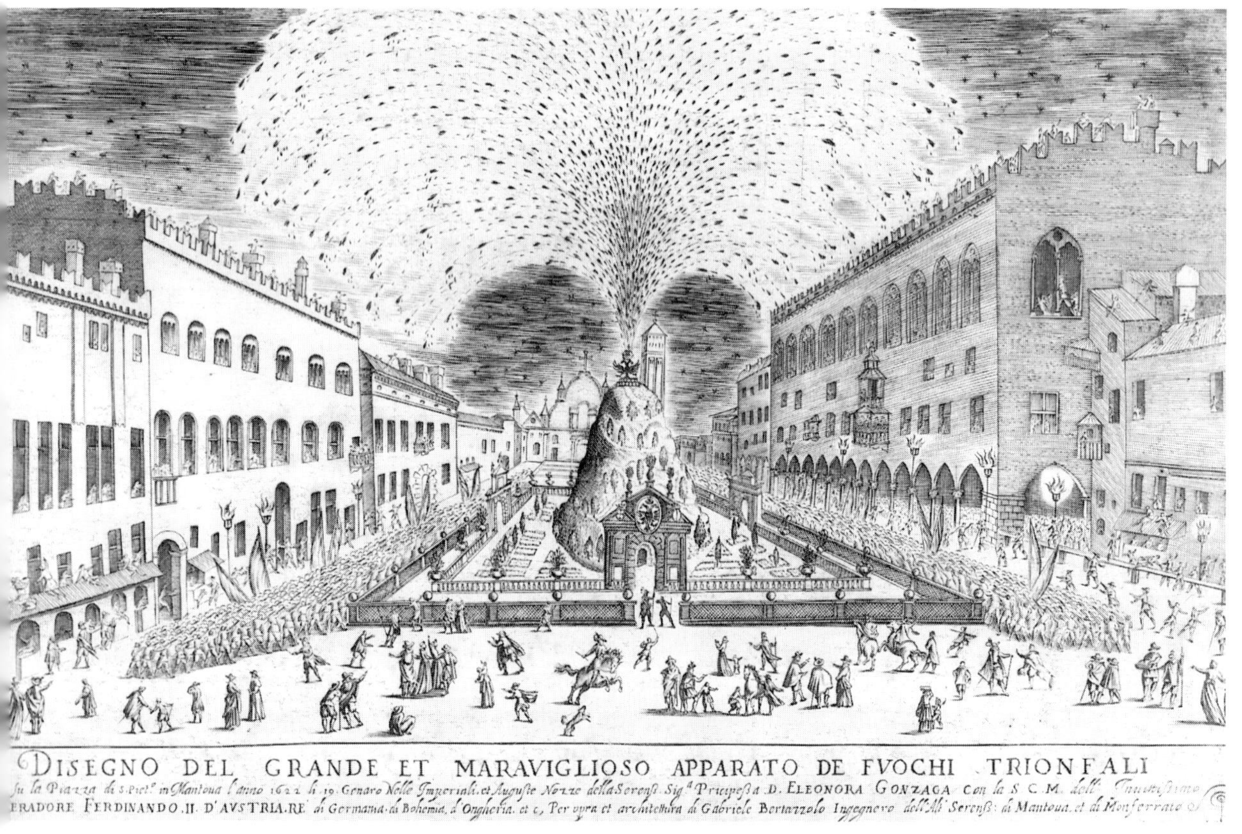

Mantua förderte die Oper weiterhin in einem höfischen Kontext. Kurz nach den ersten Aufführungen des *Orfeo* am 24. Februar und 1. März 1607 wurden Pläne für die Feierlichkeiten anläßlich der Vermählung Francesco Gonzagas mit Margherita von Savoyen initiiert. Rinuccini und – sehr zu Monteverdis Verdruß – der Florentiner Komponist Marco da Gagliano (1582–1643) wurden nach Mantua geholt, um die Unterhaltungen für die Festlichkeiten zu bestreiten. Die Hochzeit verzögerte sich jedoch aus politischen Gründen, und so wurde Gaglianos *Dafne* – zu einer überarbeiteten und erweiterten Version von Rinuccinis erstem Libretto – Ende Februar 1608 vorzeitig aufgeführt. Schließlich hielt Margherita von Savoyen am 24. Mai ihren triumphalen Einzug in die Stadt; am 28. Mai wurde Monteverdis und Rinuccinis Oper *Arianna* in Szene gesetzt; am 31. Mai gab es eine großartige Schiffsschlacht auf der Lagune; im Mittelpunkt der Feste stand am 2. Juni eine Aufführung von Giovan Battista Guarinis *L'idropica* mit eindrucksvollen Intermedien von Chiabrera; und am 4. Juni wurde Monteverdis dramatisches Ballett, *Ballo delle ingrate,* aufgeführt (eine überarbeitete Fassung hat er später in seinen *Madrigali guerrieri, et amorosi* von 1638 veröffentlicht). Die Feste umfaßten noch weitere Komödien, Ballette und Turniere. Das Publikum der *Arianna*-Aufführung zeigte sich besonders von Ariannas Lamento bewegt, daß Teseo sie verlassen habe, dem einzigen erhaltenen Stück der Oper. *L'idropica* wiederum erzielte ihre Wirkung durch eine spektakuläre Inszenierung insbesondere ihrer glänzenden Intermedien: Federico Zuccaro berichtete sogar, daß das Schauspiel, obwohl »schön und gut aufgeführt … als reines Intermedium den Intermedien diente«.

Arianna ist als »tragedia in musica« bezeichnet, und gewiß vermittelt das Lamento den Geist des Tragischen im Einklang, so mag es scheinen, mit den ernsten Idealen der frühen Oper. Doch als Rinuccini sein Libretto im Februar 1608 zunächst der Herzogin von Mantua vorlegte, fand sie es »ziemlich trocken« und der Dichter wurde angewiesen, es »mit etwas Handlung« anzureichern. Folglich finden sich in *Arianna* viele Elemente, die eher den Intermedien entsprechen als der hochgesinnten Oper. Abermals scheinen in einer höfischen Oper Zugeständnisse gegenüber den fest etablierten Archetypen notwendig gewesen zu sein, die der Macht und höchster Staatsgewalt immer noch wirksamen Ausdruck zu verleihen mochten. Dann wiederum verübelten Opernkomponisten Forderungen ihrer Mäzene: als Monteverdi es für unmöglich hielt, eine Oper nach einer typisch höfischen »favola marittima«, nach Scipione Agnellis *Le nozze di Tetide* zu verfassen, blieb er eisern: »*Arianna* bewegte mich zu einem wohlbegründeten Klagegesang, *Orfeo* zu einer echten Bitte, doch diese Fabel führt mich ich weiß nicht zu welchem Ende.« (Er war bezeichnenderweise zufriedener, als er feststellte, daß Agnellis Text als Intermedium aufgeführt werden sollte.) Die offensichtlichen Probleme, die frühe Oper mit den Anforderungen des Hofes auszusöhnen, erklären zu einem erheblichen Teil ihr ständig wankelmütiges Schicksal in der ersten Hälfte des 17. Jahrhunderts.

Nicht umsonst mieden viele oberitalienische Herzogtümer die Oper überhaupt oder hielten sie andernfalls als lediglich eine von mehreren Möglichkeiten höfischer Unterhaltung. Intermedien blieben, besonders in Florenz, beliebt, während eine Reihe von Höfen – Savoyen ist ein gutes Beispiel – sich auf Turniere und Ballette konzentrierte. In ihnen konnten die fürstlichen Botschaften leichter vermittelt werden, nicht zuletzt durch die aktive Teilnahme der Höflinge, die ihr militärisches Können in der Schlacht und ihre gesellschaftliche Gewandtheit im Tanz zur Schau stellten. Dieser Zweck wurde bei Unterhaltungen in Innenräumen durch Theaterbauten unterstrichen, in denen – in welcher Weise auch immer – ein freier Durchgang von der Bühne zum Zuschauerraum eingerichtet wurde. Die Oper hingegen drohte, eine konzeptionelle, wenn nicht tatsächliche Grenze zwischen der Bühnenhandlung und dem Publikum zu errichten und so die Verschmelzung von Leben und Kunst aufzuheben, die so zentral war für den höfischen Geist. Im großen und ganzen waren die

MARAZZOLIS *LA VITA HUMANA*, zweiter Akt, Teatro Barberini, Rom, 31. Januar 1656; Stich von Giovan Battista Galestruzzi nach der Zeichnung von Giovanni Francesco Grimaldi. Die pastorale Szene ist von der Abbildung S. 7 vertraut.

APOLLO UND DIE MUSEN erscheinen in der vierten Szene des dritten Akts in dem Turnier *Ermiona*, Padua, 11. April 1636 (?); Stich von Alfonso Chenda nach der Zeichnung von Alfonso Rivarola. Trotz aller Unterschiede zwischen höfischer und »öffentlicher« Unterhaltung blieben viele Themen die gleichen.

oberitalienischen Höfe von musikdramatischen Experimenten wenig angetan, und neue Arten der Unterhaltung waren im Grunde zu schlecht ausgestattet, um es mit den traditionellen Formen fürstlicher Verherrlichung aufnehmen zu können.

Rom

Der in Florenz unpopuläre Emilio de' Cavalieri fand größeren Anklang in seiner Heimatstadt Rom: seine geistliche Oper *Rappresentatione di Anima e di Corpo* wurde dort zuerst im Oratorio di Santa Maria in Vallicella im Februar 1600 inszeniert. Unter dem Einfluß von Filippo Neri hatten sich die römischen Oratorien die Funktion von Bruderschaften zu eigen gemacht, die sich für das geistige Wohl ihrer Mitglieder einsetzten, und theatralische Unterhaltungen konnten – die Jesuiten wußten das gut – ungeachtet ihrer scheinbaren Weltlichkeit der Kirche als machtvolle Propaganda dienen. Dennoch ist die *Rappresentatione* voll »sanfter« Moral und die Musik eher melodisch als dramatisch. Ihren wichtigsten Einfluß übte sie auf Agostino Agazzaris *Eumelio* aus, eine ziemlich fade Schuloper, die 1606 im römischen Seminar aufgeführt wurde.

Da ein höfischer Mittelpunkt fehlte, beschränkte sich in Rom die Förderung der Oper, so wie sie war, auf Einzelpersonen und auf einige wenige Institutionen. Stefano Landis (1587–1639) *La morte d'Orfeo*, eine weitere Bearbeitung des Orpheus-Mythos, wurde vermutlich 1619 auf die Bühne gebracht (aber nicht sicher in Rom); Ottavio Corsini ließ zu Ehren des Kardinals Scipione Borghese im Februar 1620 *Aretusa* des Florentiners Filippo Vitali aufführen, eine schwache Imitation Peris; Domenico Mazzocchis (1592–1665) *La catena d'Adone* (Text von Ottavio Tronsarelli nach Giambattista Marino) wurde im Februar 1626 vom Marquis Evandro Conti produziert. Diese wenigen Beispiele konnten wohl kaum eine kontinuierliche Tradition nähren. Doch boten die Wahl Maffeo Barberinis zum Papst Urban VIII. im Jahre 1623 und das allgemeine, politisch eigennützige Engagement der Barberini-Familie für theatralische Unterhaltungen der Oper zumindest eine potentielle Stabilität. Die Aufführung von Landis *Sant'Alessio* (1631, Libretto von Giulio Rospigliosi) in dem 3000 Plätze fassenden Theater der Barberini im Palazzo alle Quattre Fontane am 18. Februar 1632 leitete eine richtiggehende Serie von Opern unter ihrer Ägide ein.

War für die Themenwahl der römischen Opern früher die Lust an Ausstattungsstücken wichtig gewesen, so reichten die Stoffe jetzt von der Pastorale über das Epos – Michelangelo Rossis *Erminia sul giardino* (1633, Libretto von Rospigliosi) ist nach Tassos *Gerusalemme liberata* entworfen und Luigi Rossis (1597/8–1653) *Il palazzo incantato, overo La guerriera amante* (1624, Rospigliosi) nach Ariosts *Orlando furioso* – bis hin zum Leben der Heiligen (*Sant'Alessio, Santa Teodora* 1635 und *San Bonifatio* 1638). Die auffällige Themenerweiterung ging einher mit einer Offenheit für Modelle, die der an den oberitalienischen Höfen entwickelten Oper sehr fremd waren. Beispielsweise inspirierte die Commedia dell'arte die erste komische Oper, Virgilio Mazzocchis und Marco Marazzolis (um 1602 oder 1608–1662) *Chi soffre speri* von 1637 (sie ist in einer Bearbeitung von 1639 überliefert; der Text stammt von Rospigliosi nach Boccaccio). Kaum geringere Bedeutung kam dem offensichtlichen Einfluß des spanischen Theaters zu, der sich deutlich im Verzicht auf die klassischen Einheiten zeigt, in der Mischung ernster und komischer Elemente und (später) im Gebrauch eher dreiaktiger als fünfaktiger Strukturen.

Die römische Oper des zweiten Viertels des Jahrhunderts verwendete ähnliche musikalische Quellen wie die früheren höfischen Opern – das wichtigste Ausdrucksmittel, die Handlung weiterzuführen, blieb das Rezitativ –, und selbst der auffällige Einsatz des Chores, der häufig als für dieses Repertoire typisch angesehen wurde, hatte ein Vorbild. Einige Anzeichen lassen jedoch darauf schließen, daß man das einfache Rezitativ, wie 1600 in Florenz, als völlig ermüdend empfand und richtige Arien oder schließlich »mezz'arie« (»Halb-Arien«) – der Begriff erscheint im Vorwort zu *La catena d'Adone* – unentbehrlich wurden, um das Interesse der Zuschauer aufrechtzuerhalten – eine bezeichnende Andeutung künftiger Entwicklungen.

Rom verhielt sich jedoch der Oper gegenüber zwiespältig und mehr noch gegenüber dem Einsatz von Sängerinnen (Frauenrollen wurden häufig von Kastraten übernommen). So blieb die Gattung Spielball der Launen einzelner Mäzene. Beim Tod Urbans VIII. im Jahr 1644 wurden die Barberini aus Rom verbannt wegen ihres verschwenderischen Umgangs mit päpstlichem Vermögen für diese Unterhaltungen. Als sie zurückkehrten, wurde die Oper von 1653 bis 1656 neu installiert – zu den Produktionen zählte Marazzolis großartige *La Vita humana, ovvero Il trionfo della pietà* (1656) zu Ehren Königin Christinas von Schweden –, doch wurde das Barberini-Theater unter der Regierung Papst Alexanders VII. erneut geschlossen. Wiederum förderte Giulio Rospigliosi (1600–1669), der Librettist einer Reihe von Barberini-Opern, die Gründung des Teatro Tordinona als einem öffentlichen Opernhaus, als er zum Papst (Klemens IX.) gewählt wurde. 1671 wurde es mit einer Wiederaufnahme von Francesco Cavallis *Scipione affricano* eröffnet (mit einem Prolog und zusätzlicher Musik von Alessandro Stradella), aber 1675 wie alle römischen Theater wegen des Heiligen Jahres geschlossen und aufgrund der Opposition der Nachfolger Klemens IX. nicht vor 1690 wieder eröffnet.

So wird verständlich, warum Musiker, die auf irgendeine Weise mit Rom verbunden waren, das Entstehen der »öffentlichen« Oper in Venedig wesentlich beeinflußten. Der Komponist und Sänger Francesco Manelli (gestorben 1667) beispielsweise und seine Frau Maddalena, selbst eine Gesangsvirtuosin, wohnten um 1630 im Haus Stefano Landis: Maddalena war später für das 1636 in Padua aufgeführte Turnier *Ermiona* (mit Musik von Giovanni Felice Sances) engagiert. Ähnlich war Francesco Manellis späterer Mitarbeiter, der Dichter, Komponist und Lautenist Benedetto Ferrari (1603 oder 1604–1681) in Rom ausgebildet worden, auch wenn er später eine Anstellung in Parma fand (zumindest von 1619–1623). Manelli als Komponist und Ferrari als Librettist schrieben mit *Andromeda* (1637) und *La maga fulminata* (1638) die ersten Opern, die im venezianischen Teatro San Cassiano auf die Bühne kamen. Bezeichnenderweise wurde die Oper nun von neuen Formen des Mäzenatentums abhängig und fand in verschiedenen politischen Institutionen sowie gesellschaftlichen und kulturellen Umgebungen ihr Zuhause. Man könnte sogar behaupten, daß hiermit die Geschichte der Oper erst wirklich beginnt.

Venedig

Venedig, schon immer und bei jeder Gelegenheit außergewöhnlich und unermüdlich, seine Größe zu zeigen, entdeckte das Besondere auch in der virtuosen Unterhaltung, als es vor einigen Jahren

TITELSEITE VON GIOVAN BATTISTA MARINONIS *FIORI POETICI* (Venedig 1644), die an den Tod Claudio Monteverdis erinnern. Der Komponist ist von den Instrumenten umgeben, die für seine musikalische Tätigkeit wichtig sind.

Aufführungen großer Dramen mit Musik präsentierte, deren Kulissen und Bühnenmaschinerien alle Vorstellungen übertrafen; und was aus den reichsten Schatzkammern in königlichen Sälen nur unter Schwierigkeiten (und nur selten) geschaffen werden kann, sehen wir hier mühelos aus privaten Mitteln vollbracht, nicht nur in einem, sondern in drei Theatern gleichzeitig; und miteinander um höchste Vollendung wetteifernd, zieht jedes von ihnen an. (Maiolino Bisaccioni, *Apparati scenici per lo Teatro Novissimo*, 1644)

Der schnelle Erfolg der neuen Gattung, die Ferrari und Manelli nach Venedig gebracht hatten, ist bemerkenswert. Gewiß, Venedig besaß eine lebhafte Theatertradition, die sowohl in privaten Häusern gepflegt wurde (man denke an Monteverdis *Combattimento di Tancredi e Clorinda* und *Proserpina rapita*, zwei musikalische Unterhaltungen, die 1624 bzw. 1630 im Palazzo Mocenigo gegeben wurden) als auch in den öffentlicheren Veranstaltungen der Commedia dell'arte. Theatralik zeichnete zudem das staatsbürgerliche Leben der Stadt und ihre Zeremonien aus – vor allem während des Karnevals. Doch die Oper scheint einen besonderen Nerv des venezianischen Publikums getroffen zu haben. 1637 begann das Teatro San Cassiano mit Opernaufführungen, rasch folgten das Teatro SS Giovanni e Paolo (1639), das Teatro San Moisè (1640) und das Teatro Novissimo (1641). Erstmals öffneten sich diese Opernhäuser für ein zahlendes Publikum. In den ersten drei Spielzeiten nach der Eröffnung des Teatro San Cassiano wurden dort fünf neue Opern aufgeführt, gut fünfzig sollten es bis 1650 sein.

Die Oper unterhielt sowohl die begüterten Klassen der Stadt wie den stetigen Strom der Reisenden, für die Venedig ein unverzichtbarer Zwischenhalt auf ihrer »großen Reise« war. John Evelyn beispielsweise zeigte sich überaus beeindruckt von Giovanni Rovettas *Ercole in Lidia* (1645):

Heute abend ... besuchten wir die Oper, das sind Komödien & andere Stücke, die von den exzellentesten Musikern vokal & instrumental mit Rezitativ Musik aufgeführt werden, dazu kommen eine Vielfalt an Bühnenbildern, gemalt & ersonnen mit einer nicht geringen Kunst der Perspektive, und Apparate, um in der Luft zu fliegen & für andere erstaunliche Handlungen. So ist die Oper alles in allem zweifellos eine der prächtigsten & kostspieligsten Zerstreuungen, die der menschliche Geist erfinden kann. Die Historie war *Hercules* in Lydien, die Bühne verwandelte sich 13mal, die berühmten Stimmen waren *Anna Rencia*, eine Römerin & angeblich der beste Frauensopran; doch gab es einen *Eunuchen*, der sie meiner Meinung nach übertraf, und einen *Genueser*, der einen unvergleichlichen Baß sang: dies fesselte unsere Augen und Ohren bis zwei Uhr morgens ...

Sogar in der vorgeblich demokratischeren Umgebung, die eher einer Republik als einem Herzogtum glich, fungierte die Gattung als einflußreiches Werkzeug der Politik. Wie alle Künste wurde die Oper sofort dazu benutzt, den sogenannten »Mythos Venedig« zur Geltung zu bringen, indem sie Macht, Glanz und Reichtum nachdrücklich unterstrich. Am sichtbarsten wurde dies in der Wahl der Opernstoffe. Wie in Rom waren weiterhin mythologische Themen beliebt, ebenso Erzählungen phantastischer Geschichten und Heldenepen, die spektakuläre szenische Effekte nahelegten (siehe S. 420). Besonderen Anklang fanden bei den Bewohnern des »neuen Rom« jedoch die klassischen Geschichten von Troja und seiner Nachfolgerin Rom: an drei für Venedig geschriebenen Opern Monteverdis ist diese Entwicklung abzulesen – an *Il ritorno d'Ulisse in patria* (1640), *Le nozze d'Enea in Lavinia* (1641, verschollen) und *L'incoronazione di Poppea* (1643). Noch größere Bedeutung gewannen historische Heldensagen während der langen Kriege Venedigs gegen das Osmanische Reich, die über die Mitte des Jahrhunderts hinaus die Politik dominierten.

Die neuen sozialen und wirtschaftlichen Zusammenhänge, in denen die »öffentliche« Oper stand, verlangten nach anderen Funktionsweisen – und Schwerpunkten – für die Opernproduktion. Noch immer wandte sich die Oper an die Oberschicht; sie war keineswegs so volkstümlich wie oft unterstellt wird. Charakteristisch für die neue kommerzielle Ausrichtung sind vielmehr der Aufstieg des Impresario (manchmal Theaterbesitzer, manchmal freischaffender Agent) und das Auftauchen des »Star-Systems« für die Gesangsvirtuosen, mit deren erfolgreichem Engagement eine Produktion stehen oder fallen konnte. Ähnliche Auswirkungen auf Kontinuität und Tradition der Oper, die ihr bislang so sehr fehlten, hatten der stete Fluß neuer Werke, nach denen das zeitgenössische Publikum heftig begehrte sowie die Entwicklung fester Regeln, die zahlreiche Opern zu Variationen über ein Grundthema machten – sei es zum besseren oder zum schlechteren. Die venezianischen Theater fanden ein Erfolgsrezept, nach dem sie, wenn auch nicht ohne Risiko, auf Gewinn zielen konnten. Man kann in der Tat von einer buchstäblichen Opernfabrik sprechen mit Impresari, Librettisten, Sängern, Bühnen- und Kostümbildnern und – als den vermutlich letzten in der Hackordnung – Komponisten, die alle in dieser deutlich wachsenden Industrie ihren Lebensunterhalt verdienten.

Daß Monteverdi fähig war, sich den neuen Anforderungen einer »öffentlichen« Oper anzupassen, zeugt eindrucksvoll von seinem Können und von seinem Einfühlungsvermögen. 1613 war er nach Venedig gekommen, um die renommierte Stellung des »maestro di cappella« an der Basilika San Marco zu übernehmen, dem Zentrum der geistlichen Liturgien und städtischen Zeremonien. Inzwischen über Siebzig, hätte es nahegelegen, daß sich der Komponist für einen friedlichen Ruhestand entschieden hätte. Weil sich jedoch jüngere Persönlichkeiten schnell einen Namen machten, bemühte sich Monteverdi gezielt, seine bedeutende musikalische Ausstrahlung zu festigen. Die Wiederbelebung seiner berühmten *Arianna* in den frühen vierziger Jahren galt diesem Zweck – und war eine Möglichkeit, neues Terrain zu erkunden –, aber selbst die revidierte Fassung der Oper entsprach kaum dem Zeitgeschmack. Dagegen wird *Il ritorno d'Ulisse in patria* (mit einem Libretto von Giacomo Badoaro) dem neuen musikalischen Markt vollauf gerecht. Wenn auch weniger spektakulär als andere in Venedig auf die Bühne gebrachte Opern – am Teatro Novissimo unter dem Einfluß des Bühnenbildners Giacomo Torelli (1608–1678) in vorzüglicher Weise –, enthält sie doch eine ansehnliche Reihe von Bühnenaktionen, die das Publikum in Erstaunen setzen sollten: Götter tauchen aus dem Meer auf und thronen im Himmel; das Schiff der Phäaken verwandelt sich in einen Felsen; Telemach und Minerva fliegen auf einem Wagen durch die Lüfte; Ulysses wird von Himmelsflammen ergriffen und versinkt in der Erde; und Jupiters Adler schwingt sich durch die Lüfte. Weitere Kunstgriffe der venezianischen Oper waren schon normal, wie wir sie hier finden: ein Prolog, der die im Verlaufe des Dramas zu gestaltenden moralischen und emotionalen Themen formuliert, skurrile und komische Charaktere (hier der Schmarotzer Iro), zänkische Ammen (die häufig von Männern en travestie gespielt wurden), kokette Diener und die regelmäßige Zuflucht zu Zauberei und Maskierung.

Die Charaktere in *Il ritorno d'Ulisse* mögen noch immer die Macht des Mythos beschwören, doch sind ihre Belange eher menschlich als göttlich. Sie erforschen Gemütsbewegungen – zum Beispiel Penelope, die Rückkehr ihres lang verschollenen Gatten Ulysses aus den Trojanischen Kriegen erwartend –, die dem Empfinden des zeitgenössischen, modernen Publikums vertraut sind. Die Direktheit solcher Themen stellte zunehmend die überlieferten Verbindlichkeiten in Frage, die das Singen auf der Bühne rechtfertigten. Orpheus singt, weil Singen ein selbstverständlicher Teil seines alltäglichen Lebens ist. Ob Singen ein ähnlich naheliegender Faktor im Dasein von Penelope und Ulysses ist (oder von Nero und Poppea), mag dahingestellt sein. So meinte der anonyme Verfasser von *Il corago*, einer um 1630 in Florenz geschriebenen Abhandlung über die Oper: »Wenn wir als Charaktere Menschen wählen, die denen unserer Zeit ähneln und deren Sitten sehr offensichtlich den unsrigen entsprechen, stellt sich uns diese Art und Weise der gesungenen Rede nur allzu deutlich als unwahrscheinlich und nicht naturgetreu [«inverisimile«] dar.«

Ein bezeichnendes Licht auf den neuen Kontext, in dem die Oper steht, werfen die theoretischen Erörterungen, die jetzt weniger auf die pseudo-klassischen Ursprünge hinweisen (ausgenommen die des konservativen Giovanni Battista Doni) als auf das zwingendere Problem der Wahrscheinlichkeit und auf die Frage, ob die Oper die Regeln befolgen solle, die gewöhnlich auf das gesprochene Drama angewandt wurden. Der einfachste – und vielleicht auch beste – Weg war es, die Irrationalität der Oper als unvermeidlich zu akzeptieren und es dabei bewenden zu lassen. So merkte Giacomo Badoaro im Vorwort zu seinem *L'Ulisse errante* (1644), einer »Vorstufe« zu *Il ritorno d'Ulisse*, den Francesco Sacrati vertont hatte, an:

Um das Entzücken der Zuschauer zu steigern, sorgt sich heutzutage niemand darum, etwas nicht Naturgetreuem Raum zu geben, solange es der Handlung nicht schadet. Also haben wir, um den Bühnenverwandlungen mehr Zeit zu geben, Musik eingeführt, in der wir etwas nicht Naturgetreues nicht vermeiden können – daß Menschen ihre wichtigsten Angelegenheiten singend ausführen. Zudem sind wir gewohnt, Stücke für zwei, drei und mehr Stimmen zu hören, um alle Arten von Musik im Theater zu genießen: das erzeugt etwas anderes nicht Naturgetreues – daß miteinander redende Menschen ohne nachzudenken zufällig die gleichen Dinge sagen sollten. So ist es nicht erstaunlich, daß wir uns, um den modernen Geschmack zu befriedigen, mit Recht von den alten Regeln gelöst haben.

Ähnliches räumt Vincenzo Nolfi im Vorwort zu seinem *Bellerofonte* (1642) ein:

Du verschwendest deine Zeit, o Leser, wenn du mit der *Poetik* des *Stagirita* [Aristoteles] in Händen den Fehlern in unserem Werk nachgehst, denn ich gestehe freimütig, daß ich bei der Komposition weder anderen Weisungen gefolgt bin als den Wünschen des Erfinders der Maschinen, noch ein anderes Ziel hatte als das Vergnügen des Publikums, für das sie aufgeführt wird.

Schließlich zog man unter die Debatte, Oper einzig nach dem Kriterium der Glaubwürdigkeit (»Wahrscheinlichkeit« ist der wohl authentischere Begriff) im Sinne der Konvention zu beurteilen, einen Schlußstrich.

Die Probleme spitzten sich zu, wurden aber letztlich gelöst durch grundlegende Änderungen des musikalischen Stils. Einerseits war die venezianische Oper der späten dreißiger und vierziger Jahre des 17. Jahrhunderts gekennzeichnet durch eine Einschränkung der kompositorischen Möglichkeiten. Die kommerziellen Einschränkungen der öffentlichen Opernhäuser verboten ausgedehnte Chöre und groß instrumentierte Orchesterbesetzungen, wie sie beispielsweise charakteristisch für *Orfeo* waren: *Il ritorno d'Ulisse* hingegen ist nahezu chorlos, erfordert nur ein kleines Streicherensemble und wenige Generalbaßinstrumente. Andererseits wurde die Ausdrucksvielfalt der Opernmusik enorm erweitert. Im Laufe der dreißiger Jahre rückten strenger gegliederte und melodischere musikalische Stile und Formen in den Vordergrund, wie sie in den Arien der zeitgenössischen Liederbücher beliebt waren. Diese Arien sind strophische Vertonungen strophischer Dichtungen: die regelmäßige Struktur der Poesie begründet auch maßgebende musikalische Charakteristika – klar umrissene Melodien, starke harmonische Stütze und rhythmischen Elan. Die Entwicklung neuer sinnlicher dreier- oder zweiertaktiger Formen gehört zu den auffallendsten Merkmalen der zwanziger und dreißiger Jahre (man denke an Monteverdis Achtes Madrigalbuch). Wesentlicher jedoch erscheint in unserem Zusammenhang die Tatsache, daß sowohl in den Liederbüchern wie in den (späteren) Opern solche strukturierten Melodien zunehmend die Rezitative eroberten – die von Peri so bewußt als eine »natürliche« (und naturalistische) Weise der musikalischen Sprache eingeführt worden waren –, um die Ernsthaftigkeit der musikdramatischen Aussage zu bezeichnen. Daraus folgt nicht notwendigerweise, daß die Komponisten dem bürgerlichen Geschmack entgegenkamen. Vielmehr scheinen sie erkannt zu haben, daß sich – vielleicht paradoxerweise – formale Distanz in den Arien sehr viel enger mit den jeweiligen Emotionen verbindet. Erneut wird auch Musik selbst als Beweggrund für Musik eingefordert und nicht länger als eine wie auch immer nachgeahmte Form von Sprache verstanden. Liebeslieder und Klagegesänge im Dreiertakt sind der Ausgangspunkt einer neuen Opernästhetik, die grundlegende Folgen für die weitere Entwicklung der Gattung haben sollte.

Doch selbst wenn das musikalische Rezitativ als glaubwürdige Darstellung von Rede anerkannt werden konnte, wie verhielt es sich mit den Arien? Es gab verschiedene Versuche, vernunftgemäße Prinzipien aufzustellen, nach denen Gesang (Arie) und nicht nur »Rede« (Rezitativ) in der Oper erlaubt sein könnte – vor allem in der historischen Oper –, ohne deplaziert zu erscheinen. Götter und allegorische Figuren vermögen dank ihrer übermenschlichen Kräfte ohnehin eher zu singen als zu sprechen. Tatsächlich bezeichnet Gesang solche Macht, insbesondere wenn er mit virtuoser Verzierung verbunden ist (eine bis ins 20. Jahrhundert reichende Konvention). Singen können Hirten dank der Tradition der Pastorale, ebenso wie »niedere« Charaktere, Ammen und Diener: deren gesellschaftlicher Stand wird nicht thematisiert, und deshalb hörte man solche Figuren im zeitgenössischen komischen Theater häufig singen. Arien werden akzeptiert von edlen Charakteren in Maske (unter der Zwänge gelockert sind und die Täuschung wirklich gesteigert wird). Und allemal konnten Librettisten strukturierten Gesang rechtfertigen durch eine annähernd natürliche Umgebung (Trinklieder, Wiegenlieder und ähnliches). Im übrigen sahen sich zeitgenössische Librettisten gezwungen, das Beste aus einer heiklen Aufgabe zu machen. Im Vorwort zu seinem *Alessandro vincitor di se stesso* (1651) gestand Francesco Sbarra zu:

> Ich weiß, daß einige Leute die von Alexander und Aristoteles gesungenen *ariette* unpassend finden angesichts der Würde solch großer Persönlichkeiten, ... dennoch ist sie nicht allein zulässig, sondern sogar voller Lob anerkannt ... Wird der rezitativische Stil nicht mit solchen *scherzi* vermischt, würde er eher Verdruß als Vergnügen bereiten. Gesteht mir diese Freiheit zu, die ich einzig nahm, um euch weniger zu ermüden.

Monteverdi machte sich dieses Problem in *Il ritorno d'Ulisse* mit einigem Gespür zunutze: die ganze Oper hindurch wird Penelopes Rolle wirkungsvoll auf Rezitative beschränkt bis zu dem Augenblick, in dem sie Ulysses endlich erkennt; ihre letzte, dreiertaktige Arie ist ein wunderbarer Moment emotionaler, geradezu sexueller Befreiung, denn nun vermag sie es, die Sprache der Liebe zu singen. Aber für viele zeitgenössische Kritiker erwies sich in diesem umstrittenen Punkt der Mißerfolg seiner letzten Oper, *L'incoronazione di Poppea*, in der die illegitime Affäre eines römischen Kaisers und seiner Geliebten auf Kosten von Tugend und Ehre überhöht wird (der weise Seneca begeht Selbstmord, Kaiserin Ottavia wird verbannt). Anscheinend verletzen in dieser Oper die sinnlichen Arien und Duette Neros und Poppeas den moralischen und sonstigen Anstand.

Abgesehen von ethischen Fragen, ist *Poppea* problematisch aufgrund der Quellenlage. Diese Probleme sind jedoch typisch für die venezianische Oper und offenbaren viel von der Arbeitsweise ihrer Schöpfer. Die beiden erhaltenen Partituren zum Beispiel entstanden in den fünfziger Jahren und überliefern musikalisches Material aus der Hand eines oder mehrerer weiterer Komponisten (deren Musik in der Uraufführrung benutzt worden sein mag oder auch nicht). Als Komponist der Schlußszene – mit ihrem hinreißenden Liebesduett für Nero und Poppea – scheint vor allen anderen Monteverdis jüngerer Zeitgenosse Francesco Sacrati (1605–1650) in Frage zu kommen, dessen kürzlich wiederentdeckte *La finta pazza* (1641) einer der ersten großen Erfolge auf den Opernbühnen Venedigs war. Diese Schlußfolgerung ist Kritikern unbequem, die auf die aus dem 19. Jahrhunderte stammende Idee fixiert sind, Meisterwerke seien von einem einzigen Komponisten. Sie stimmt aber mit der Arbeitsweise in den Theatern des 17. Jahrhunderts völlig überein.

Die Librettisten von *Il ritorno d'Ulisse* und *Poppea*, Giacomo Badoaro (1602–1654) und Giovanni Francesco Busenello (1598–1659), waren beide Mitglieder der Accademia degli Incogniti (die ihrerseits ein wichtiger Mäzen des Teatro Novissimo war): der in der Akademie ausgebildete freidenkerische Skeptizismus mag sich auf die Stoffe der Opern ausgewirkt haben, die unter ihrem Einfluß entstanden sind (dies ist zumindest eine mutmaßliche Erklärung für die »Unmoral« der *Poppea*). Aber als literarische Dilettanten – Adliger und Jurist – mußten Badoaro und Busenello bald denen das Feld überlassen, die man professionelle Librettisten nennen könnte. Rückblickend war es wohl deren Aufgabe, der venezianischen Oper einige Stabilität zu geben in einem Jahrzehnt, das immer noch der Formbildung diente. So begründete der Librettist und spätere Impresario Giovanni Faustini (1615–1651) in seinen elf Operntexten dramatische und formale Charakteristika, die auf Jahre hinaus eine ganze Reihe von Librettisten versorgen sollten – ein exotischer Schauplatz, zwei miteinander verstrickte Liebespaare, komische Diener sowie konventionelle Bühnenaktionen (Verkleidungen, Briefe, Schlaftränke), um die Handlung zu verknüpfen und im allerletzten Moment zu entwirren. Diese Regeln, die sich stark an die italienische Commedia dell'arte und das spanische Theater anlehnten, wurden weiter kodifiziert von Faustinis Nachfolgern, darunter Giacinto Andrea Cicognini (1606- um 1650), Nicolò Minato (um 1627–1698) und Aurelio Aureli (vermutlich 1652–1708). Cicogninis *Giasone* ist ein vollkommen typisches Beispiel für die Gattung in seiner nachgerade grotesken Mischung von ernsten und komischen Elementen, seiner Betonung des Überspannten und Ungeheuerlichen (einer der Diener ist ein stotternder Buckliger), seiner hoffnungslos unrealistischen Zusammenstellung der Bühnenbilder und seiner Mixtur aus philosophischem Moralisieren und pragmatischer Unmoral. Darüber hinaus wird an *Giasone* deutlich, daß die Oper in die Jahre gekommen war: Scherze über Kastraten und die Einbeziehung zumindest eines populären venezianischen Lieds lassen vermuten, daß die Gattung in einem Maße an Reife gewonnen hatte, sich selbst nicht allzu ernst nehmen zu müssen.

Eine entprechende Stabilität für die Musik gewährleistete wohl Faustinis hauptsächlicher musikalischer Mitarbeiter Francesco Cavalli (1602–1676). Organist an San Marco, war er eigentlich *der* überragende Theatermusiker der Jahrhundertmitte. Nahezu dreißig Opern schrieb er für die venezianischen Theater, viele von ihnen wur-

CESTIS *IL POMO D'ORO*, Hoftheater auf der Cortina, Wien, 12. und 14. Juli 1668. Adrasto und seine Soldaten nähern sich, von Athena aus der Höhe beobachtet, der Festung des Mars in den Szenen 14 und 15 des vierten Akts; Stich von Matthäus Küsel nach der Zeichnung von Ludovico Burnacini.

den auch auf Gastspielreisen gegeben. In Opern wie *Egisto* (1643), *L'Ormindo* (1644) und *Calisto* (1651) legte Cavalli in der gleichen Weise musikalische Merkmale fest, wie Faustini es in den Libretti tat. Typisch für die früheren Werke (und an Monteverdi erinnernd) ist ein fließender Wechsel von rezitativischem und ariosem Stil, mitunter im Abstand von nur wenigen Takten. Solche Wechsel folgen im allgemeinen einem oder mehreren Winken im Text, die sich entweder auf den Inhalt beziehen (das Bedürfnis, ein bestimmtes Bild zu »malen« oder einen besonderen Gedanken einzuführen) oder auf die Struktur (wenn frei gereimte sieben- oder elfsilbige Zeilen abwechseln mit regelmäßig gegliederten Versen, deren Zeilen vielleicht andere Längen haben). Doch nach und nach werden Aufbau und Ausdruck der Rezitative weniger stereotyp, die Arien werden stärker ausgestaltet und abstrakter in ihrer formalen Anlage. Dies zeigt sich noch deutlicher in zwei Opern Cavallis zu Texten anderer Librettisten, in *Giasone* (1649, Cicognini) – der, den etwa zwanzig Wiederaufnahmen bis in die späten achtziger Jahre hinein nach zu urteilen, seine bekannteste Oper war –, und in dem beliebten *Xerse* (1655, Minato). In deren Arien macht er wiederum Gebrauch von konventionellen Zweier- oder Dreiertaktern, die bestimmten dramatischen Situationen zugeordnet werden: die »plappernde« Arie im Zweiertakt über

ZUSCHAUERRAUM DES OPERNHAUSES AM SALVATORPLATZ IN MÜNCHEN (vollendet 1654), von Domenico Mauro und Francesco Santurini im Auftrag Ferdinand Marias; Stich von Michael Wening. Die Mittelloge für den Kurfürsten wurde 1685 hinzugefügt.

einem »Laufbaß« für komische Rollen, das dreiertaktige Klagelied, über einem ostinaten, im Quartgang (entweder diatonisch oder chromatisch) absteigenden Baß oder die Zauberarie, in der oft auf der drittletzten Silbe betonte Schemata benutzt wurden (Medeas »Dell'antro magico« in *Giasone* ist typisch, obwohl es frühere Beispiele gibt). Daß Cavalli mitunter Zuflucht zur Routine nahm, liegt in der Natur der Gattung; fing seine lyrische Inspiration jedoch Feuer, vermochte er Musik von ungewöhnlicher Ausgeglichenheit und dramatischer Wirksamkeit zu schaffen.

Oper auf Reisen

In seiner Abhandlung *Della cristiana moderatione del teatro* (1652) unterteilte der Jesuit Giovan Domenico Ottonelli musikalische Schauspiele in drei Kategorien, in diejenigen, »die in den Palästen der vornehmen Fürsten und anderer weltlicher oder geistlicher Herren aufgeführt werden«, diejenigen »die zuweilen von gewissen Männern von Stand oder begabten Bürgern oder gelehrten Akademikern herausgebracht werden« und diejenigen, »die von lohnabhängigen Musikern gegeben werden, die von Beruf Schauspieler [«comedianti«] sind und die, in einer Gesellschaft versammelt, von einem ihrer Mitglieder angewiesen oder geführt werden«. Ohne Zweifel würde er die venezianische Oper zur dritten Kategorie gezählt haben, zu jener, die auch in moralischer Hinsicht am freimütigsten war. Tatsächlich verschmolzen in der Organisation der Oper in Venedig die zweite und dritte Kategorie, und der Einfluß der Accademia degli Incogniti beispielsweise erinnert daran, daß sogar in der Welt der »öffentlichen« Oper die Akademien immer noch eine Funktion in der Produktion und Rezeption dieser Werke inne hatten. Dies traf noch weitaus stärker zu in Zentren, die ohne etablierte Einrichtungen für öffentliche Vorstellungen auskommen mußten. So lag die Oper in Florenz in der Mitte des 17. Jahrhunderts weitgehend in den Händen der Accademia degli Immobili und der Accademia dei Sorgenti. Die Immobili weihte ihr Theater in der Via della Pergola Anfang 1657 mit Jacopo Melanis (1623–1676) *La Tancia* (oder *Il potestà di Colognole*, Libretto von Giovanni Andrea Moniglia) ein und führte bis zu dessen Schließung 1663 sechs weitere Opern auf, darunter eine Reihe ländlicher Dialektkomödien. Größeren kommerziellen Erfolg jedoch erzielten bezeichnenderweise die Sorgenti mit ihren Inszenierungen venezianischer »Klassiker«. Ottonellis dritte Kategorie wird besser von den Wanderbühnen repräsentiert, die von Stadt zu Stadt zogen und verschiedene Bindungen von unterschiedlicher Dauer zu lokalen Mäzenen und Institutionen eingingen. Ungeachtet des Makels der Kommerzialität (und ihrer zweifelhaften Moral) spielten solche Gesellschaften eine Schlüsselrolle für die Verbreitung des Repertoires in ganz Italien und – ungeachtet aller regionalen Varianten – für die Begründung einer Art nationalen Stils.

Die ziemlich kurzen Spielzeiten für die Oper in Venedig (die wichtigste war Karneval und dauerte traditionell vom 26. Dezember, dem Stephanstag, bis zum Fastnachtsdienstag) ließen Zeit für Reisen: die Aufführungen von Monteverdis *Il ritorno d'Ulisse in patria* und anderen Opern in Bologna ab 1640 sind wichtige frühe Beispiele. Wanderbühnen waren keineswegs neu. Ihre Wurzeln lagen in den »comici dell'arte«, fahrenden Schauspielergruppen, die sich gegen Lohn für improvisierte, halb-improvisierte und ausgeschriebene Stücke, die oft Musik enthielten, zur Verfügung stellten. Das bekannteste Beispiel sind die »Comici gelosi« und ihre Nachfolger, die »comici fedeli«, denen der Schauspieler, Dramatiker und Dichter Giovanni Battista Andreini

(1579–1654) vorstand. Sie dienten den Herzögen von Mantua mit kurzen Unterbrechungen bis etwa 1647/1650, spielten in ganz Ober- und Mittelitalien und reisten nach Frankreich, Prag und Wien. Andreinis Schauspiele enthielten häufig Musik, zuweilen in einem beträchtlichen Ausmaß und nicht zuletzt, um die Talente seiner Frau Virginia Ramponi (1583-?1630) zu nutzen, die eine solch virtuose Sängerin war, daß sie nach dem vorzeitigen Tod der jungen Caterina Martinelli kurzfristig die Titelrolle in der Uraufführung von Monteverdis *Arianna* (1608) übernahm.

Solche Truppen bildeten ein Modell für reisende Operngesellschaften. Bis um die Mitte der vierziger Jahre des 17. Jahrhunderts führte eine als Febiarmonici (»Musiker Apolls«) bekannte Gruppe Opern in Oberitalien (so 1644 Sacratis *La finta pazza* in Piacenza) auf und möglicherweise auch in Paris (Anfang 1645). Das Reisen wurde begünstigt durch die Tatsache, daß die venezianischen Opernhäuser von 1645 bis 1647 geschlossen blieben aufgrund des Luxusgesetzes, das wegen des Krieges um Kreta (zwischen Venedig und den Türken) verhängt worden war. Vorstellungen der Febiarmonici – es mag mehrere Gesellschaften gleichen Namens gegeben haben – mit Opern wie *La finta pazza* und Cavallis *Egisto* und *Giasone* sind nachgewiesen in Genua (1644), Florenz und Lucca (1645), Genua und Florenz (1646), Genua, Bologna und Mailand (1647), Bologna, Turin, Reggio Emilia, Ferrara und Rimini (1648), Mailand (1649) und Lucca (1650). Zu Beginn des Jahres 1650 holte der Vizekönig Graf d'Oñate die Truppe nach Neapel in dem Bestreben, theatralische Unterhaltungen als ein Mittel zu verwenden, um nach Masaniellos Aufstand von 1647/48 den Alltag wiederherzustellen. Cavallis *Didone* wurde im Oktober inszeniert, 1651 führten die Febiarmonici *Egisto* und *Giasone* sowie Monteverdis *L'incoronazione di Poppea* (als *Nerone*) auf. Sie gaben ferner die Uraufführung von Cavallis *Veremonda*, um den spanischen Sieg in Katalonien (und den Geburtstag der Königin) im Dezember 1652 zu feiern. Mit dem Weggang des Grafen Oñate Ende 1653 wechselte die Gesellschaft im April 1654 ins Teatro San Bartolomeo. Ihre unsichere finanzielle Lage verschärfte sich durch die Pest von 1656, doch wurden ab 1657 größtenteils überarbeitete venezianische Opern wieder gespielt; bis 1668 sind durchgehend Vorstellungen nachzuweisen.

Nicht zuletzt konnten Komponisten ihr Können von Stadt zu Stadt verbreiten. Die ziemlich wechselvolle Karriere Antonio Cestis (1623–1669) beispielsweise brachte ihn von seiner Heimatstadt Arezzo über Volterra, Florenz, Venedig, Innsbruck, Rom und Wien zurück nach Florenz, wo ihn im Alter von 46 Jahren der Tod ereilte (möglicherweise wurde er von einem seiner Rivalen vergiftet). Er war Tenor, Organist und vor allem Komponist von Kantaten und Opern für die Theater in Venedig, Innsbruck und Wien. Zu seinen Werken zählt die aufwendige höfische Oper *Il pomo d'oro* (siehe S. 29) mit vierundzwanzig verschiedenen Bühnenbildern und einem großen Orchester, die 1668 in Wien aufgeführt wurde (ursprünglich war sie zur Vermählungsfeier Kaiser Leopolds I. 1666 geplant gewesen). Weitaus charakteristischer für die aktuellen Tendenzen waren jedoch seine Opern für Venedig (darunter seine Ver-

REITERSPIEL IM PALAZZO BARBARINI IN ROM, 28. Februar 1656, zu Ehren der Königin Christina von Schweden; die Musiker sitzen auf dem Triumphbogen links. Selbst angesichts eines so prachtvollen bildlichen Zeugnisses fällt es heute schwer, die Wirkung dieser großartigen Spektakel zu würdigen.

LUDWIG XIV. ALS APOLLO in der letzten *veille* (Wache) des *Ballet de la nuit*, Salle du Petit Bourbon, Paris, 23. Februar 1653; Gouache aus der Werkstatt von Henry de Gissey.
In diesem Ballett trat Ludwig erstmals in der Rolle auf, die zu seiner berühmtesten wurde; seine tänzerische Vollkommenheit trug beträchtlich zur Beliebtheit des *ballet de cour* bei (siehe auch Abbildung S. 36).

CAVALLIS *HIPERMNESTRA*, Teatro della Pergola, Florenz, 12. Juni 1658; Kostümentwurf von Stefano Della Bella für Hypermnestra in der ersten Szene des ersten Akts.

INNENANSICHT DES THEATERS IM PALAZZO DI SAN GIOVANNI, TURIN, anläßlich der Eröffnungsvorstellung von Giovanni Maria Pagliardis *Lisimaco*, 1681; Aquarell von Tomasco Borgonio. Logen und Orchestergraben waren in italienischen Opernhäusern inzwischen zur Norm geworden.

tonung von Sbarras *Alessandro vincitor di se stesso*, 1651) und für Innsbruck, zu denen *L'Argia* (1655), *Orontea* (1656) und *La Dori* (1657) gehörten. Der Anzahl an Aufführungen nach zu urteilen war *Orontea* (auf ein Libretto von Giacinto Andrea Cicognini) eine der erfolgreichsten Opern ihrer Zeit: sie wurde gespielt in Genua (1660, 1661), Rom und Florenz (1661), Turin (1662), Ferrara (1663), Mailand (1664), Macerata (1665), Bologna (1665, 1669), Venedig (1666), Bergamo, Brescia und Palermo (1667), Lucca (1668), Portomaggiore (1670), Neapel (1674), Reggio Emilia (1674), Hannover (1678) und Venedig (1683).

Daß die Oper seit der Mitte des Jahrhunderts in ganz Italien verbreitet war, zeugt von der Vielseitigkeit einer Gattung, die sich inzwischen sehr unterschiedlichen sozialen und politischen Umgebungen anpassen konnte. Dies resultiert zum Teil aus den für die Oper des 17. Jahrhunderts typischen Stoffen, die eine Vielfalt symbolischer Interpretationen – sollten Interpretationen notwendig sein – zuließen, spiegelt aber auch die Überzeugungskraft und die Beliebtheit zeitgenössischer Opernstile wider. Natürlich konnte die Übernahme eines Werks von einer Stadt zur anderen Veränderungen und Überarbeitungen zur Folge haben, um es sowohl der neuen Situation anzupassen (unter diesem Aspekt konnte es besonders klug sein, Prologe zu ersetzen) wie den unterschiedlichen Erwartungen der Zuschauer. Als zum Beispiel Jacopo Melanis *Ercole in Tebe* – 1661 in Florenz von der Accademia degli Immobili anläßlich der Hochzeitsfeierlichkeiten von Cosimo III. und Marguerite Louise d'Orléans aufgeführt – ein Jahrzehnt später in Venedig wiederaufgenommen wurde, waren die Handlung überarbeitet, die Intermedien entfernt, die spektakulären Bühneneffekte eingeschränkt, die Rezitative gekürzt oder gestrichen und das Ganze von fünf Akten auf drei verdichtet worden. Allein die Möglichkeit solcher Veränderungen bestätigt indes die wachsende Solidität der Gattung: die Kodifizierung literarischer und musikalischer Konventionen sowie die Stabilisierung fester textlicher und musikalischer Formen erlaubten die leichte und wirkungsvolle Einfügung oder Auswechslung einzelner Elemente innerhalb des Ganzen, ohne zwangsläufig dessen Einheit zu sprengen.

Dies erleichterte auch die Übernahme der italienischen Oper in Nordeuropa. Cestis Beitrag zur Oper in Innsbruck und Wien offenbart die Vorherrschaft der italienischen oder in Italien ausgebildeten Komponisten nördlich der Alpen; die einzigen bedeutenden Ausnahmen brachten Frankreich und England hervor. Die Macht der italienischen Oper erstreckte sich weit über Deutschland bis hin sogar nach Polen (zumindest von 1635 bis 1648 unter dem Einfluß des Sekretärs des königlichen Hofes, Virgilio Puccitelli). In gewissem Maße reflektiert diese Tatsache die Interessen der nordeuropäischen Fürsten, die häufige Besucher des venezianischen Karnevals und später politische Verbündete in den Kriegen gegen die Türken waren. Zwar spielten in Deutschland auch einheimische Komponisten eine Rolle. Heinrich Schütz (1585–1672) schuf mit *Dafne* (nach Martin Opitz' Übersetzung von Rinuccinis Li-

bretto) die erste deutsche »Oper« (genaugenommen handelt es sich um ein gesprochenes Schauspiel mit musikalischen Einschüben); sie wurde 1627 in Torgau anläßlich der Hochzeit des Landgrafen Georg II. von Hessen-Darmstadt mit Prinzessin Sophia Eleonora von Sachsen aufgeführt. Sigmund Theophil Stadens *Seelewig* (1644) war ein Singspiel nach dem Vorbild zeitgenössischer Schul-Dramen und als solches eher eine moralische Allegorie als eine Oper. Und nach den Schrecken des Dreißigjährigen Krieges erlebte das jüngst eröffnete große Opernhaus in München den glänzenden *Oronte* (1657) von Johann Caspar Kerll (1627–1693). Aber sowohl Schütz als auch Kerll hatten in Italien studiert und bezeichnenderweise war die erste in München aufgeführte »Oper« 1653 Giovanni Battista Maccionis kurze allegorische *L'arpa festante*. Cestis Vorgänger am kaiserlichen Hof, Benedetto Ferrari, arrangierte dort Turniere und Ballette und schrieb das Libretto zu *L'inganno d'amore* (Regensburg, 1653, Musik von Hofkapellmeister Antonio Bertali). Agostino Steffani (1654–1728), Kammermusikdirektor des Bayrischen Hofes von 1681 bis 1688, komponierte fünf Opern für München – unter ihnen *Servio Tullio* zur Vermählungsfeier des Kurfürsten Maximilian II. Emanuel mit Maria Antonia, Erzherzogin von Österreich 1686 –, bevor er von 1688 bis 1703 nach Hannover ging, wo er etwa acht Opern auf Libretti von Ortensio Mauro für die von Herzog Ernst August dort gegründete, ständige italienische Opernkompagnie verfaßte. In ähnlicher Weise befand sich die Oper in Dresden in der Hand von Giovanni Andrea Bontempi (1625–1705) – dessen großartiger *Il Paride* 1662 anläßlich der Hochzeit von Christian Ernst, Markgraf von Brandenburg und Erdmunde Sophia, Prinzessin von Sachsen inszeniert wurde – und später von Carlo Pallavicino (um 1640–1688), der sich als Musikdirektor des Ospedale degli Incurabili in Venedig von 1674 bis 1685 einen Namen als führender venezianischer Opernkomponist gemacht hatte. Die einzigen fundierten Schritte hin zu einer einheimischen Oper machte Hamburg, wo nach dem venezianischen Modell das bedeutende Theater am Gänsemarkt gegründet wurde, das das ganze Jahr hindurch deutsche Opernvorstellungen zeigte. Das Theater eröffnete 1678 mit Johann Theiles *Der erschaffene, gefallene und auffgerichtete Mensch* nach der Geschichte von Adam und Eva und leitete so eine reiche Tradition ein, die sich mit den Opern von Reinhard Keiser, Georg Friedrich Händel und Georg Philipp Telemann ausbreiten sollte.

BALLET DE LA NUIT, SALLE DU PETIT BOURBON, Paris, 23. Februar 1653; Gouache aus der Werkstatt von Henry de Gissey, die den Schauplatz für die erste *veille* (Wache) zeigt, in der Nereiden erscheinen, während Proteus im Meer seine Seeherde in eine Grotte treibt; die Sonne sinkt und die Nacht tritt in einem von Nachtvögeln gezogenen Triumphwagen auf, dem die zwölf Stunden vorangehen (siehe auch Farbtafel S. 34).

DIE GROTTE DES ZENTAUREN CHIRON in der ersten Szene des ersten Akts von Carlo Capriolis *Le nozze di Peleo e di Theti*, Petit Bourbon, Paris, 14. April 1654. Peleus' Wagen kehrt auf die Erde zurück. Giacomo Torellis Bühnenbilder wurden wegen ihrer spektakulären Effekte gerühmt.

Paris

Die italienische Oper wurde auch nach Frankreich exportiert, wo sie allerdings weitaus weniger erfolgreich war. Hier kreiste die Kultur nahezu ausschließlich um den königlichen Hof in Versailles und mit ihm verbundene Institutionen in Paris. Ludwig XIV. hatte eine klare Vorstellung vom politischen Nutzen öffentlicher Unterhaltungen als Mittel, seine Untertanen zu ergötzen und zu beherrschen, Fremde zu beeindrucken, die körperliche Gewandtheit seiner Höflinge zu fördern und vorzuführen sowie bei jeder Gelegenheit sein persönliches Emblem, die Sonne, als Symbol aufgeklärter Regierung auszustellen (siehe seine *Mémoires pour l'instruction du Dauphin*). Einige dieser Unterhaltungen wie Turnier und Ballet de cour gingen auf Vorbilder der späten Renaissance zurück. Das höfische Ballett bestand aus einer Reihe von »entrées« und Tänzen in spektakulären Bühnenbildern und Kostümen, die durch einen dramatischen Zusammenhang mehr oder oftmals auch weniger miteinander verbunden waren: Urform war die prachtvolle *Circé, ou Le Balet comique de la royne* für die Hochzeit des Duc de Joyeuse mit Marguerite de Vaudemont im Jahr 1581; einige Werke aus dem zweiten Jahrzehnt des 17. Jahrhunderts, die auf mythologischen und ritterlichen Stoffen basierten – *Le Triomphe de Minerve* (1615), *La Délivrance de Renaud* (1617), *Ballet de Tancrède* und *Ballet de Psyché* (beide 1619) – wurden wegen ihrer Thematik für spätere theatralische Bestrebungen wichtig. Andere Unterhaltungen verbanden ältere Modelle mit neueren Strömungen und machten sich die vielfältigen Entwicklungen des französischen Schauspiels im 17. Jahrhundert – der Komödie wie der Tragödie – zunutze. Ein Beispiel ist das von Molière und Jean-Baptiste Lully etablierte Comédie-ballet. Lully (1632–1687) war 1646 von Italien nach Paris gekommen und 1661 von Louis XIV. zum *Surintendant de la musique et compositeur de la musique de chambre* ernannt worden. Molière und Lully strebten nach einer Verschmelzung der gesprochenen Komödie mit einer Reihe von gesungenen oder getanzten »entrées« sowohl zwischen wie manchmal in den Akten; das Ganze konnte auch von schauspielartigem Prolog und Finale umrahmt sein. Als bestes Beispiel sei Molières berühmter *Bourgeois Gentilhomme* (1670) erwähnt, der oft als Schauspiel aufgeführt wird, seine wahre Wirkung aber erst in der Verbindung mit dem Tanz und Lullys reicher Musik entfaltet.

Das Schicksal der italienischen Oper in Frankreich war zwangsläufig und unlösbar mit politischen Belangen verknüpft. Die Pariser Vorstellungen von Sacratis *La finta pazza* 1645, Cavallis *Egisto* 1646 und Luigi Rossis prachtvollem *Orfeo* (Libretto von Francesco Buti) 1647 wurden von Kardinal Mazarin (1602–1661) gefördert, dem Ersten Minister Frankreichs und selbst Italiener. Doch obwohl diese Werke eigens mit Balletten und eindrucksvollen Bühneneffekten (entworfen von dem jüngst in Paris eingetroffenen Giacomo Torelli) dem französischen Geschmack angepaßt wurden, war die allgemeine Reaktion zwiespältig. Darüber hinaus erwies sich Mazarins Ein-

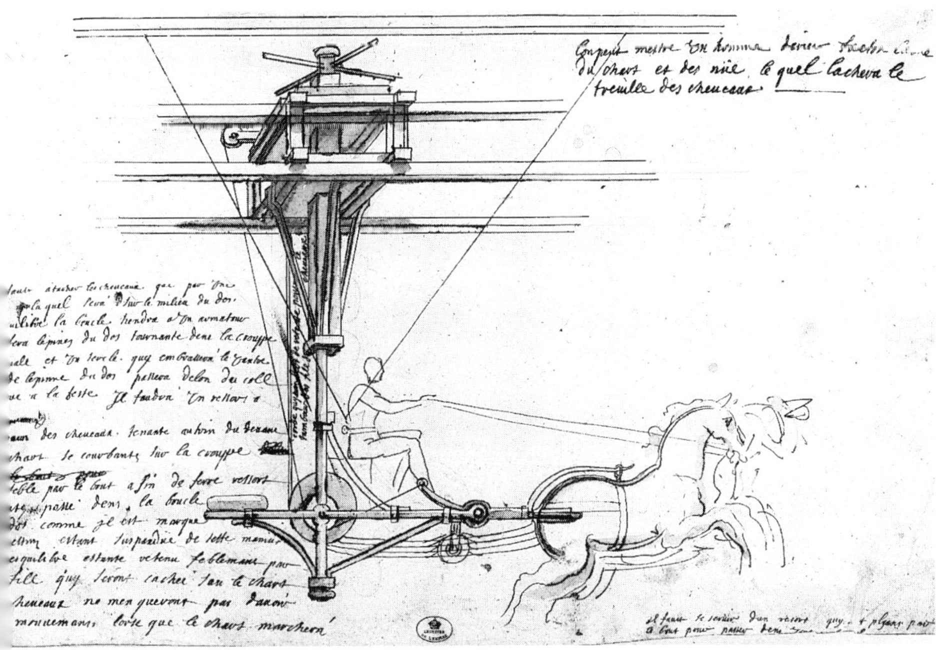

JEAN-BAPTISTE LULLY; Stich von Jean-Louis Roullet nach Paul Mignard. In den Versen wird behauptet, daß Lully Orpheus mit »göttlichen Werken, die den Größten der Könige entzücken«, übertreffe.

LULLYS *PHAETON*, Versailles, 6. Januar 1683; Jupiters Blitz läßt Phaetons Wagen im fünften Akt auf die Erde stürzen; Zeichnung aus der Werkstatt von Berain.

DIE MASCHINE, mit der solche spektakulären Effekte erzielt wurden.

satz als Verbindlichkeit, und die italienische Oper – die von vielen als Vergeudung öffentlichen Vermögens empfunden wurde – fiel den Ressentiments gegen Mazarin (und gegen Italien) zum Opfer, die während der Fronde (1648–1653) ausbrachen. Als Mazarin nach Paris zurückkehrte, engagierte er Carlo Caproli, *Le nozze di Peleo e di Theti* zu komponieren (1654, Libretto von Buti), und für die Feierlichkeiten zur Vermählung Ludwigs XIV. 1660 gab er eine große höfische Oper in Auftrag, Cavallis *Ercole amante* (wiederum zu einem Libretto Butis). Die Produktion war zur Hochzeit nicht fertig: Cavalli ersetzte sie durch *Xerse*, dem er wie gewöhnlich Ballette mit

LULLYS *ARMIDE*: die Einleitung des fünften Akts (das Theater verwandelt sich und zeigt das Zauberschloß der Armide) in der Erstausgabe (links), mit beweglichen Lettern gedruckt (Paris, Christophe Ballard, 1686), und in der Zweitausgabe (rechts), gestochen von H. de Baussen (Paris, 1710). Der Stich stellte die Musik sehr viel klarer dar (man beachte die handschriftlichen Vorzeichen im früheren Druck) und erlaubte die Einbeziehung von Holzschnitten der Opernszenen (in diesem ruft Armide Dämonen herbei, die ihren Palast zerstören sollen, während sie auf einem von zwei Drachen gezogenen Wagen nach Syrien zurückkehrt).

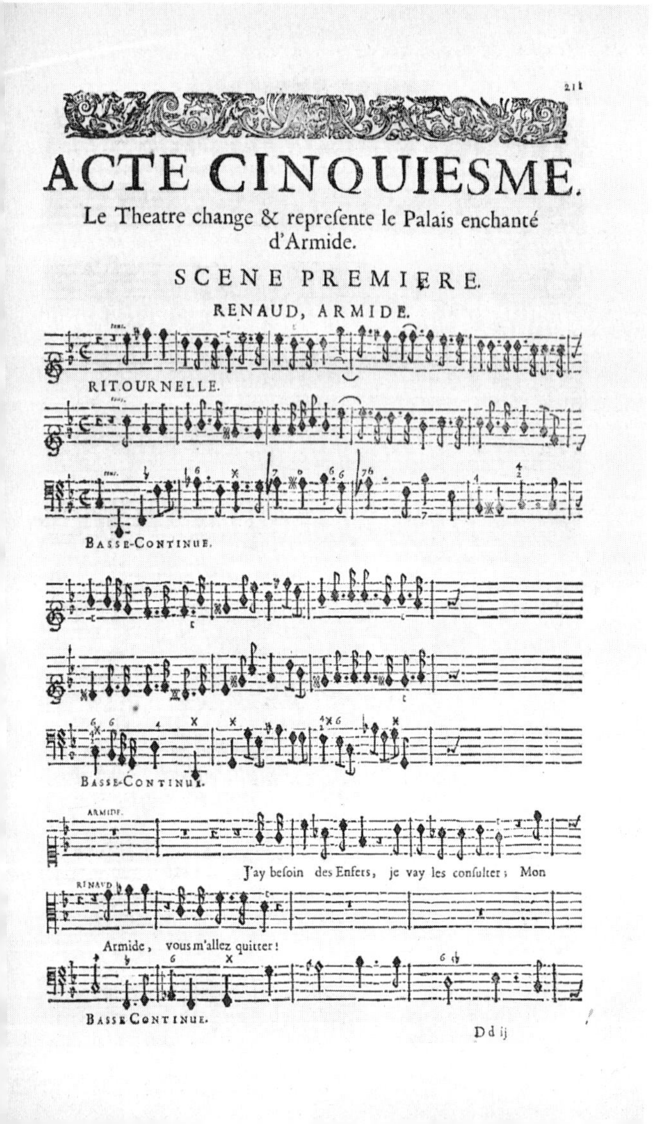

Musik von Lully hinzufügte. *Ercole amante* wurde erst im Februar 1662 auf die Bühne gebracht. Beide Opern fielen durch.

Aber die Stimmung gegen Mazarin reicht nicht aus, die Ambivalenz der Franzosen gegenüber der italienischen Oper zu erklären: ein allgemeiner Kulturchauvinismus war ebenso ausschlaggebend. Torellis spektakuläre Entwürfe wurden gewiß geschätzt und sie wirkten nachhaltig auf die einheimischen Theaterbemühungen, in beträchtlichem Maß auf die sogenannte »tragédie à machines«, die in der Mitte des Jahrhunderts eine gewisse Popularität erreichte (Corneilles *Andromède* von 1650 mit Musik von Charles Dassoucy ist ein gutes Beispiel). Darüber hinaus wurde die französische Kultur stark durch das Bedürfnis geprägt, mit den Italienern zu wetteifern, ja sie sogar zu übertreffen – zweifellos ein Impuls für die Pastoralen mit Musik, die in den fünfziger Jahren erschienen, unter ihnen Dassoucys *Les Amours d'Apollon et de Daphne*, komponiert während der Fronde 1650, und *Le Triomphe de l'Amour sur les bergers et bergères* (Text von Charles de Bey, Musik von Michel de la Guerre), eine »französische Komödie mit Musik«, die 1655 im Louvre vor dem König aufgeführt wurde. In ähnlicher Weise fühlte sich Pierre Perrin (um 1620–1675), der Verfasser der *Pastorale d'Issy* (1659), angespornt von der »Leidenschaftlichkeit, unsere Sprache, unsere Dichtkunst und unsere Musik über eine fremde Sprache, Dichtkunst und Musik triumphieren zu sehen«. Abgesehen davon sagten viele Aspekte der italienischen Oper vor allem in ihrer barocken, antiklassischen Erscheinung dem französischen Geschmack kaum zu. So stellte Perrin seinem Stück – fälschlicherweise als »erste in Frankreich aufgeführte französische Komödie mit Musik« bezeichnet – eine langatmige Kritik der italienischen Oper voran, in der er die Schwächen von Libretti (zu lang; gesprochenen Schauspielen zu ähnlich und daher schlecht geeignet für Musik; die Dichtung zu geschwollen und archaisch), Musik (ermüdende Rezitative; zu wenig Vielfalt im Gebrauch der Stimmen; Verwendung von Kastraten) und Inszenierung abhandelte.

Die (verschollene) Musik der *Pastorale d'Issy* stammte von Robert Cambert (um 1627–1677), der einen wichtigen Schritt hin zu einem wirkungsvollen französischen Opernstil gemacht zu haben scheint. Auch Perrin plante weitere Werke, um seinen Vorrang nicht nur in der Pastorale, sondern auch in der Komödie (*Ariane, ou Le Mariage de Bacchus*, geschrieben möglicherweise 1659; von Luis Grabu 1674 in London wiederaufgenommen, die Musik ist inzwischen verschollen) und in der Tragödie zu begründen. Sicherlich taten Perrin und Cambert alles, um Ludwig XIV. von der Lebensfähigkeit der französischen Oper zu überzeugen und sie erreichten sogar, daß er ihnen am 28. Juni 1669 ein zwölfjähriges alleiniges Privileg gewährte, für die Aufführungen solcher Werke eine Académie d'Opéra speziell nach dem italienischen Modell einzurichten. Derartige Akademien – man denke an die Académies Royales de Danse, des Inscriptions, Médailles et Belles Lettres und die Académie de Peinture et Sculpture, die auch in den sechziger Jahren gegründet beziehungsweise neu organisiert wurden – gestalteten sich mehr und mehr zu einem wichtigen institutionellen

ENTWÜRFE VON INIGO JONES FÜR MASQUES AM HOF DER STUARTS. Links ein Kostüm für Camilla (gespielt von Catherine Somerset, Lady Windsor) in der *Masque of Queens* von Ben Jonson (Musik von Alfonso Ferrabosco d. J.), aufgeführt in Whitehall, London, 2. Februar 1609. Rechts ein Entwurf für die zweite Szene in Jonsons Masque *Love Freed from Ignorance and Folly* (Musik von Alfonso Ferrabosco d. J.), Whitehall, London, 3. Februar 1611. Die Wolken teilen sich, um Königin Anne und ihre Damen als die Töchter des Morgens erscheinen zu lassen.

Bestandteil des französischen Kulturlebens unter Ludwigs XIV. Generalkontrolleur der Finanzen, Jean-Baptiste Colbert. Die Académie d'Opéra wurde am 3. März 1671 mit der Pastorale *Pomone* eröffnet, von der nur Fragmente erhalten sind; es fanden 146 Vorstellungen statt (Grabu nahm sie 1674 in London wieder auf). Perrin jedoch wurde von seinen gewissenlosen Theatermanagern ausgenommen und endete in Schuldhaft. Trotz eines Versuches, die Académie Anfang 1672 mit *Les Peines et les plaisirs de l'amour* (Musik von Cambert, Libretto von Gabriel Gilbert) wieder zu beleben, ging Perrins Monopol an Lully über, der seine neue Stellung als Leiter der Académie Royale de Musique mit den schnell zusammengestellten *Fêtes de l'Amour et de Bacchus* aufbaute (November 1672). Lully schuf nahezu jedes Jahr bis zu seinem Tod eine neue Oper, von *Cadmus et Hermione* (1673) bis zu *Armide* und *Acis et Galathée* (1686).

Die meisten der Libretti verfaßte der gewandte Dichter und Dramatiker Philippe Quinault (1635–1688).

Lully und Quinault vertrauten hinsichtlich der Stoffe (klassische Mythologie oder mittelalterliche Versromane), der Struktur (die Handlung wird mit deutlich hervorgehobenen Tanzepisoden durchsetzt) und des Bühnenbilds stark auf Traditionen der französischen höfischen Unterhaltung – in der Tat war *Psyché* (1678) eine direkte Neufassung einer Tragédie-ballet, die erstmals 1671 inszeniert worden war. Doch wurde durchgehend gesungen in diesen Tragédies lyriques – ein wohlklingender Name in den Ohren derjenigen französischen Mitglieder der Akademie, die der italienischen Oper wegen ihrer Frivolität und ihren antiklassischen Zügen mißtrauten. Lully bewies trotz seiner eigenen Befürchtungen, eine solche Aufgabe sei unlösbar, mit Erfolg, daß sich französische Verse zu gesungener Rezitation eigneten, indem er, wie berichtet wird, dem Vorbild der Schauspielerin La Champmeslé folgte, die berühmt für ihre Deklamation von Texten Racines war. Ebenso bezog er Schauspiel, Instrumentalmusik und Tanz in das Drama ein. Vor allem anderen widersprach er denjenigen, die wie Corneille – man vergleiche das Vorwort zu seiner *Andromède* – glaubten, Musik könne die dramatische Aktion nur trüben und solle deshalb in jeglichen theatralischen Bestrebungen nur eine Nebenrolle spielen.

Obwohl Lullys Privileg ihm gestattete, seine Opern vor zahlendem Publikum aufzuführen, sind sie unauslöschlich von höfischem Ethos geprägt: es war unvermeid-

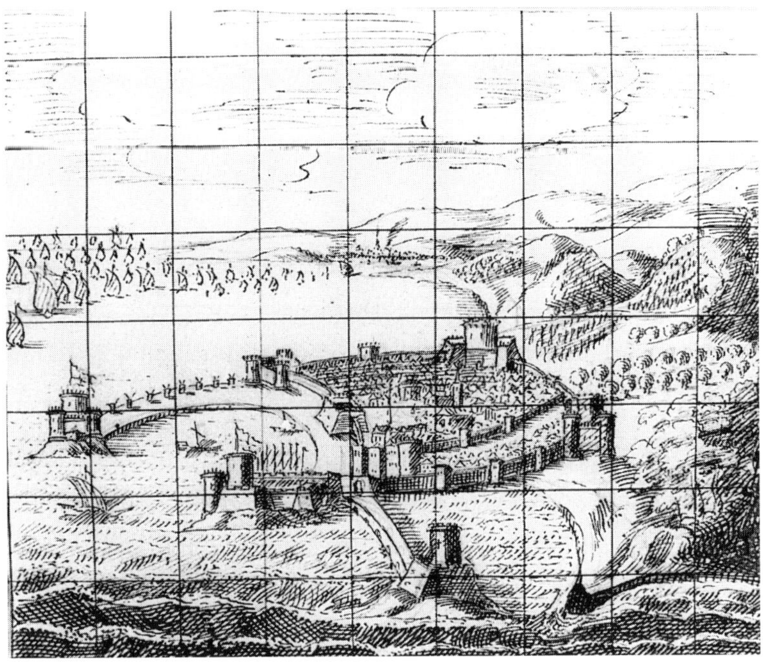

DIE BELAGERUNG VON RHODOS, Rutland House, London, September 1656; John Webbs Entwurf für die Schieber (oder Soffitten) der ersten Szene (Rhodos im Frieden).

VENUS UND ADONIS (um 1635) von Peter Paul Rubens (1577–1640). Von diesem Mythos handelte die erste vollständig überlieferte englische Oper, komponiert von John Blow.

lich, die Verherrlichung des Sonnenkönigs in den Brennpunkt zu stellen. Im Prolog zu *Alceste* (1674) beklagt die Nymphe de la Seine die Abwesenheit Ludwigs auf Feldzügen in den Niederlanden: in der Oper selbst wird seine Rückkehr gleichgesetzt mit der Apollos, der für das glückliche Ende sorgt. Nicht weniger typisch für *Alceste* ist die Betonung spektakulärer »divertissements« und »merveilleux«, die abwechslungsreich in die Handlung einbezogen werden: ein prächtiges Schiffsbild im ersten Akt, die Belagerung und Eroberung von Scyros im zweiten Akt, Alcestes Begräbnis im dritten, eine Höllenszene im vierten Akt, ganz zu schweigen von der Erscheinung verschiedener Götter am Ende jeden Akts und dem schließlichen Hinabsteigen Apollos und der Musen, um das Drama zu einem Ende zu bringen. Dieses prunkende Schauspiel bildet den Rahmen für edle Charaktere, deren Handlungen und Zwangslagen das hohe Drama des gesprochenen Theaters nachäffen, dazu kommen kokette Diener und komische Figuren – nicht zuletzt der ausgelassene Charon – in venezianischer Gestalt. So versuchen Lully und Quinault, die Tragödie mit der Komödie, akademische Sensibilität mit den Erfordernissen der Oper zu vereinen.

Auch in seiner Musik vermengt Lully Elemente der venezianischen Oper mit früheren höfischen Formen. Zumindest prinzipiell folgt er den wechselnden Versstrukturen, um sich in Rezitative hinein und aus ihnen heraus zu bewegen und ruft so den italienischen Stil von etwa zwanzig, dreißig Jahren zuvor in Erinnerung. Seine kurzatmigen, häufiger in offenen als in geschlossenen Formen geschriebenen Arien mögen einen ihnen eigenen Konservatismus widerspiegeln, aber Lully versucht mit ihnen vermutlich, die drohende Negierung des Prinzips der Wahrscheinlichkeit auszugleichen. Darüber hinaus tragen die kraftvollen Chöre und die reiche, charakteristischerweise fünfstimmige Instrumentation zu einer musikalischen Tiefe bei, die nach Meinung vieler in der zeitgenössischen italienischen Oper fehlte. Vielleicht fanden aus diesem Grund die Kompositionstechniken Lullys anderswo in Nordeuropa Anklang. Lullys Lösungen der Aufgabe, eine französische Oper zu etablieren, waren

STILLEBEN MIT MUSIKINSTRUMENTEN, VON EDWAERT COLLIER (1673 bis etwa 1700). Im Mittelpunkt befindet sich eine aufgeschlagene Abschrift der posthumen Musikanthologie von Purcell, *A Choice Collection of Ayres, composed for the Theatre, and upon other Occasions* (1697); das gestochene Frontispiz zeigt ein Porträt des Komponisten nach dem Ölgemälde von John Closterman (in seitenverkehrter Darstellung).

so erfolgreich und so einzigartig, seine Herrschaft über das Theater war so mächtig, daß er durch die Festlegung einer Tradition und spezifischer Techniken tatsächlich einen Maßstab setzte, der die Richtung der Oper in Frankreich für das nächste halbe Jahrhundert und länger bestimmen sollte. Seine Werke wurden veröffentlicht – etwas in Italien seit den dreißiger Jahren des 17. Jahrhunderts nahezu Undenkbares – und bis in die zweite Hälfte des 18. Jahrhunderts hinein regelmäßig wiederaufgenommen.

London

Nach dem Debakel der Académie von Perrin und Cambert ging Cambert nach England, um sich einem früheren Schüler, dem Komponisten Luis Grabu (etwa 1665–1694), anzuschließen. Das London der Restauration bot französischen Künstlern eine willkommene Heimat, nicht zuletzt, weil Charles II. selbst einen großen Teil der Cromwell-Herrschaft im Pariser Exil verbracht hatte. So beeinflußten französische Vorbilder sehr direkt die frühe englische Oper. In dem kosmopolitischen London waren englische Musiker jedoch ebenso gut über die italienischen Vokal- und Instrumentalstile unterrichtet: Cavallis *Erismena* (1655) scheint beispielsweise bekannt gewesen zu sein. Dryden und Purcell behaupteten im Vorwort zur Partitur von *The Prophetess, or The History of Dioclesian* (veröffentlicht 1691), daß die englische Musik »nun italienisch lernt, welches ihr bester Lehrer sei, und daß sie ein wenig die französischen ›ayre‹ studiert, um ihr etwas mehr Fröhlichkeit und Vornehmheit zu geben«. Die Engländer seien »weiter von der Sonne entfernt später gewachsen« und müßten also »ihre Barbarei nach und nach abschütteln«. Nichtsdestoweniger »scheint das gegenwärtige Zeitalter bereits dazu geeignet, veredelt zu werden und zwischen wilder Phantasie und richtiger, geschlossener Komposition zu unterscheiden«. In der Folge vereinen sich in der englischen Oper und verwandten Gattungen sowohl französische wie italienische Züge mit einheimischen Traditionen in faszinierender und vielleicht einzigartiger Weise.

Wie in Frankreich und Italien existierten am Hof der Stuart Könige Karls II. und Jakobs II. und in den ihnen zugehörigen Institutionen fest begründete Methoden, den Feierlichkeiten der Herrscher bemerkenswerterweise in der Form der Masque Ausdruck zu verleihen – einer Gattung, in der sich Tanz und Schauspiel verbanden, die manchmal in einem dramatischen Zusammenhang standen; die Masques von Ben Jonson mit Bühnenbildern von Inigo Jones bildeten wichtige Vorbilder. Diese Unterhaltungen bezogen sich sowohl auf französische (Ballet de cour) wie italienische Modelle

DAS DORSET GARDEN THEATRE, LONDON; Frontispiz zu Elkanah Settles *The Empress of Morocco* (1673). Alle größeren Semi-operas von Purcell erlebten ihre Uraufführung in diesem Theater am Themseufer unweit der Fleet Street.

(Intermedien), später experimentierte man mit dem italienischen Rezitativ bis hin zur Neubearbeitung spezifischer ausländischer Werke. Bürgerkrieg und Protektoratsherrschaft schränkten zwangsläufig die Möglichkeiten für solch verschwenderischen Prunk ein, obwohl diplomatische Spitzfindigkeit immer noch eine Entschuldigung für glänzende Unterhaltungen zu finden wußte wie im Fall von James Shirleys *Cupid and Death*, die 1653 zu Ehren des portugiesischen Botschafter aufgeführt und 1659 wiederaufgenommen wurde (die Musik von Matthew Locke und Christopher Gibbons ist erhalten). In ähnlicher Weise suchte in den fünfziger Jahren der Dichter William Davenant (1606–1667), Autor einiger Masques auf Karl II., die englischen Theatertraditionen – und sein eigenes schwindendes Glück – mit einer Reihe von Unterhaltungen mit Musik zu erhalten und auf diese Weise das puritanische Verbot von Theaterstücken zu umgehen (Masques, Opern und »moralische Darstellungen« waren nicht verboten). Davenants *The Siege of Rhodos* (1656) wurde durchgehend vertont: die Vokalmusik schrieben Henry Lawes, Henry Cooke und Matthew Locke, die Instrumentalmusik Charles Coleman und George Hudson (die Musik ist verschollen). Es folgten zwei Propagandastücke, *The Cruelty of the Spaniards in Peru* (1658) und *The History of Sir Francis Drake* (1659), wiederum mit Musik von Locke.

Nach der Restauration (1660) wurde Davenant Leiter der Duke's Company. Die Oper war als Gattung zwar nicht umstritten (*The Siege of Rhodos* wurde sogar als gesprochenes Stück wiederaufgenommen), doch umfaßte das Repertoire der Gesellschaft auch Schauspiele mit häufig beträchtlich viel Musik oder mit Masques, die nach dem elisabethanischen Modell in die Handlung eingegliedert wurden (man vergleiche die Masques-Szenen in Shakespeares *A Midsummer Night's Dream* und *The Tempest*). Insbesondere enthielten Davenants Wiederaufnahmen von *Macbeth* (1663) und *The Tempest* (1667, gemeinsam mit Dryden) ausgedehnte vertonte Szenen. Diese Entwicklung führten Davenants Nachfolger Thomas Betterton und Henry Harris weiter; zu den am Dorset Garden Theatre aufsehenerregend inszenierten Semi-operas gehörten eine Wiederaufnahme von *The Tempest* (1674), Shadwells Tragödie *Psyche* (1675, Musik von Locke und Giovanni Battista Draghi) und *Circe* (1677). Hier werden französische Modelle besonders augenfällig: tatsächlich scheint *Psyche* direkt nach Lullys und Molières Tragédie-ballet von 1671 gestaltet zu sein.

Die französisch gesungene Aufführung von Perrins und Camberts *Ariane, ou L'Amour de Bacchus* anläßlich der Feierlichkeiten zur Hochzeit des Herzogs von York (dem späteren Jakob II.) mit Maria de Modena 1674 läßt auf das Interesse des Hofes an Opern im französischen Stil schließen (entsprechend wurde 1686 in London Lullys *Cadmus et Hermione* aufgeführt). Doch einheimische Musiktheatertraditionen und die Vorliebe für sie setzten der Oper mehrfach Widerstände entgegen. John Blows (1649–1780) *Venus and Adonis* (um 1683), eigentlich eine Miniaturoper, wird noch immer »A Masque for ye Entertainment of the King« betitelt; sie enthält eine Reihe maskenspielartiger Szenen und Tänze und dürfte wohl als private Unterhaltung für

Karl II. von seiner früheren Mätresse Mary Davies, die in der Aufführung sang, auf die Bühne gebracht worden sein. Entsprechend erörtert der Dichter John Dryden (1631–1700) in seinem langatmigen Vorwort zu *Albion and Albanius* – ursprünglich als Prolog zu *King Arthur* geplant, dann aber erweitert – die Probleme, die die Oper für den englischen Geschmack und sogar die englische Sprache aufwirft. Drydens Text wurde sehr zum Verdruß einheimischer Komponisten von Luis Grabu vertont und zu Beginn des Jahres 1685 geprobt, obwohl er wegen des Todes Karls II. erst im Juni aufgeführt wurde.

Venus and Adonis war ein direktes Vorbild für Henry Purcells (1659–1695) *Dido and Aeneas*, die zweifellos bedeutendste englische Oper dieser Zeit. Sie wurde 1689 in der Mädchenschule in Chelsea aufgeführt, der Josias Priest, ein ausgebildeter, auch an den Londoner Theatern engagierter Tänzer vorstand. Schul-Schauspiele und Masques waren nicht unüblich in dieser Zeit, doch weist einiges, wenngleich noch nicht schlüssig, darauf hin, daß Purcells Oper eigentlich einige Jahre zuvor für den Hof konzipiert und dort inszeniert worden war, vielleicht sofort nach *Venus and Adonis* (die wiederum 1684 in Priests Schule aufgeführt wurde). Nahum Tate bezieht sich in seinem Libretto auf eine Reihe von Modellen: auf sein eigenes Schauspiel *Brutus of Alba, or the Enchanted Lovers* (1678), die allegorischen Prologe des französischen Dramas (die Prologmusik von *Dido and Aeneas* ist heute verschollen), auf die Hexenszenen, die in den Wiederaufnahmen des *Macbeth* während der Restauration so beliebt waren, und auf die für die Masque charakteristischen Bühnenspektakel und Tänze. Auch Purcells vorzügliche Musik ist in hohem Grad eklektizistisch mit ihrer typisch französischen Ouvertüre und Liedern, Chören und Tänzen im französischen Stil, einem vornehmlich in der englischen Tradition der Deklamation verwurzelten Rezitativstil und italianisierten, konventionellen Arien über einem Grundbaß, zu denen Didos herzzerreißender Klagegesang über dem sinnbildlich absteigenden, chromatischen Tetrachord gehört.

Dido and Aeneas mag politischen Verhältnissen zum Opfer gefallen sein: die Erzählung von einer, von ihrem königlichen Geliebten verlassenen Königin paßte schwerlich zur neuen Regierung von William und Mary. Purcell hingegen konzentrierte sich fortan auf Musik für die Hauptrichtung des öffentlichen Theaters und schuf eine hervorragende Serie von Semi-operas für die Londoner Bühne: sein Anteil an *The Prophetess, or The History of Dioclesian* (1690) ermutigte Dryden, mit ihm *King Arthur, or The British Worthy* neu zu bearbeiten (1691), während die Tradition der »play-with-masque« mit *The Fairy Queen* (1692) weitergeführt wurde, einer glänzenden Adaption von *A Midsummer Night's Dream* mit Masques am Ende der Akte nach dem Modell der französischen Comédie-ballet. Selbst *Dido and Aeneas* wurde 1700, fünf Jahre nach Purcells Tod, revidiert und in eine Bearbeitung von *Measure for Measure* eingefügt, und 1704 sowohl mit Edward Ravenscrofts dreiaktiger Farce *The Anatomist* wie auch mit George Ethereges *The Man of Mode* verbunden.

Der Weg zur Reform

Im Gegensatz zu dem offenkundigen Ineinanderfließen von Oper und verwandten Gattungen in Frankreich und England war man in Italien, vor allem in Venedig, im dritten Viertel des 17. Jahrhunderts zunehmend bestrebt, feste Formen und Konventionen sowohl für Inhalt und Form der Libretti als auch für die Musik zu kodifizieren. Dadurch wurde, zumindest vorläufig, das Bedürfnis verringert, sich theoretisch mit der Oper und ihren Bestandteilen auseinanderzusetzen: die Gattung und das Verlangen des Publikums nach ihr bestanden von alleine fort. Diese möglicherweise willkommene Unterbrechung des sich selbst Infragestellens erlaubte es wiederum, die verschiedenen Facetten der Gattung innerhalb klar definierter Parameter weiterzuentwickeln: man denke an die Arien, in denen die Komponisten mit einer Reihe von Techniken experimentieren konnten, seien sie bezogen auf die Form (beispielsweise strophische, Da-capo- und andere Formen), die Harmonik (»tonale« Gliederung, zum Beispiel durch Ritornelle) oder die Textur (unterschiedliche Behandlung der instrumentalen Begleitung). Unter diesem Aspekt verdienen Carlo Pallavicinos Opern genauere Untersuchung. Doch konnte sozusagen die Selbstzufriedenheit, die durch die Konvention hervorgerufen wurde, nur allzuleicht trockene, zuweilen törichte Versuche in dieser Gattung fördern.

So stellt Antonio Sartorios *Orfeo* (1672, Libretto von Aurelio Aureli) ein ziemlich trostloses Beispiel einer Gattung dar, die alle Symptome des Verfalls aufweist. Sartorio (1630–1680) war ein bedeutender Opernkomponist im Venedig der sechziger und siebziger Jahre des 17. Jahrhunderts und pflegte Verbindungen zu Hannover. Doch sein Orpheus ist nicht der edle Erbe der in Florenz und Mantua zu Beginn des Jahrhunderts angelegten Tradition. Er steht auf der Bühne mit Aristeo (seinem Rivalem hinsichtlich Eurydikes Zuneigung), mit der in Aristeo verliebten Autonoe, mit einer komischen Amme und einem Diener sowie mit Achille, Chirone, Ercole und Esculapio (und verschiedenen Göttern) in einer Reihe von belanglosen Nebenhandlungen. Orfeo befindet sich eher nicht im Zustand ehelicher Glückseligkeit, und seine Reise in den Hades erinnert eher an einen Sonntagsschulausflug; überdies handelt es sich nur um komisches Geschwätz, wenn er schließlich den Frauen entsagt. Nicht länger der Musiker-Held der Antike, besingt Orfeo nicht einmal mehr inständig flehend die Unterwelt. Ob nun Satire oder nicht – dies ist wirklich eine klägliche Geschichte.

Selbst Cristoforo Ivanovich, der große Verteidiger und Chronist der venezianischen Oper, beklagte in seinem historischen Bericht *Minerva al tavolino* (1681) den Verfall der Gattung in den Händen von skrupellosen Librettisten und Komponisten sowie von Impresari – ausgenommen seine Mäzene, die Grimani, wie er sogleich hinzufügt –, die glücklich darüber sind, ihre Eintrittspreise zu senken und so die Oper den niederen Ständen öffnen zu können. Schon Francesco Fulvio Frugoni hatte im Vorwort zu seinem *Epulone* (1675) angemerkt, daß »die Kunst Dramen zu produzieren ausschließlich zu der Kunst geworden ist, die menschliche Gesellschaft zugrunde zu richten. Anstatt die Natur nachzuahmen, um die Menschheit moralisch zu bessern, sind Literatur, Malerei und Theater zu monströsen, verderblichen Phantasien geworden.« Und Giovanni Maria Crescimbeni griff im Namen der Arkadischen Akademie in seiner Abhandlung *La bellezza della volgar poesia* (1700) beredt die Verstöße der Oper an, die, wie er behauptete, auf Giacinto Andrea Cicogninis *Giasone* zurückzuführen seien:

Er brachte das Ende des Theaterspielens mit sich und folgerichtig das der wahren und guten Komödie ebenso wie der Tragödie. Um durch Neuerungen den abgestumpften Geschmack der Zuschauer stärker anzuregen, die von der Gemeinheit des Komischen und von der Ernsthaftigkeit des Tragischen gleichermaßen angeekelt waren, ... vereinte er diese und mischte mit noch nie dagewesener Ungeheuerlichkeit Könige und Helden und andere erlauchte Persönlichkeiten mit Possenreißern und Dienern und den gewöhnlichsten Menschen. Dieses Gebräu von Charakteren war der Grund für den völligen Verfall der Regeln der Dichtkunst, nach denen man sich so höchst selten richtete, daß sogar der Redeweise keine Beachtung mehr geschenkt wurde, die so, gezwungen, der Musik zu dienen, all ihre Reinheit verlor und von Schwachsinn erfüllt wurde. Die sorgfältige Entwicklung von Figuren, die die Redekunst veredelt, wurde mißachtet, und die Sprache auf die Worte der gewöhnlichen Rede beschränkt, die der Musik dienlicher sind; und schließlich nahmen jene kurzen Versmaße, wie sie gemeinhin genannt werden, die mit großzügiger Hand über die Szenen verstreut sind, sowie die überwältigende Unschicklichkeit, daß Figuren im Gesang sprechen, den Kompositionen die Kraft ihrer Affekte und die Mittel, diese in den Hörern anzurühren.

Die Opernbühne war reif für Reformen.

DAS ACHTZEHNTE JAHRHUNDERT: ERNSTE OPER

THOMAS BAUMAN

Die Opera seria im Zeitalter Metastasios

»Italienisch, nicht teütsch, serios nicht Buffa«, schrieb Mozart Anfang 1778 an seinen Vater über seinen brennenden Wunsch, eine Oper schreiben zu dürfen. Seine beiläufige Bemerkung könnte gut als Überschrift über einem Jahrhundert stehen, in dem von Anfang bis Ende die italienische Oper in ganz Europa trotz Entwicklungen und Erneuerungen in anderen einheimischen Traditionen einen überragenden Einfluß ausübte. Und in der Welt der italienischen Oper stand die Opera seria während der ganzen Epoche auf dem Gipfel des Ansehens; Komponisten, Librettisten und Interpreten erhielten Spitzenhonorare. Als Institution wurde die Opera seria im 18. Jahrhundert für lange Zeit entweder von der höfischen Kultur unterhalten – von Neapel bis St. Petersburg und von Lissabon bis Wien – oder in Städten wie Venedig, Mailand oder London von aristokratischen Vereinigungen gepflegt. Selten war die Opera seria Gegenstand der Zensur, die von beunruhigten Herrschern über das Sprechtheater und die Druckpresse verhängt wurde, denn in jeder Hinsicht wahrte die Gattung ein Gefühl für Würde, Stabilität und Anstand, die der von der herrschenden Klasse getragenen Kultur so sehr am Herzen lagen. Aristokraten hatten die literarische Reform initiiert, die in den Jahrzehnten um 1700 zur Entstehung der Opera seria führte. Die Maßlosigkeiten, denen sich die Gattung im Laufe des Jahrhunderts zuweilen hingab, beruhten jedenfalls nie auf literarischer Unschicklichkeit.

Typisch für die Opera seria waren Aufführungen in großen, gut ausgestatteten Theatern, und so wurden das ganze Jahrhundert hindurch in Italien wie im Ausland neue kostspielige Gebäude eigens zu ihrer Kultivierung errichtet. In Neapel ersetzte man 1737 das alte Theater San Bartolomeo durch das Teatro di San Carlo, das zur Stätte der vom Hof geförderten Opera seria wurde. Als in Mailand 1776 das Regio Ducal Teatro niederbrannte, ließen seine aristokratischen Logenbesitzer ein neues und größeres Gebäude, das Teatro alla Scala, errichten, und in Venedig hob die Republik das Verbot neuer Theater auf, nachdem ein Kreis patrizischer Logenbesitzer sein San Benedetto in einem Rechtsstreit verloren hatte, und erlaubte 1792 den Bau des Teatro La Fenice für die ausschließliche Aufführung von Opera seria und Ballett. In Dresden eröffnete 1719 ein neues Opernhaus, das mit 2000 Zuschauerplätzen als eines der größten in Europa für fast 150000 Taler in der Nähe des Zwingers errichtet worden war. Als Friedrich der Große 1740 preußischer König wurde, ordnete er – dies war eine seiner ersten Amtshandlungen – den Bau eines verschwenderischen Opernhauses an der heutigen Prachtstraße Unter den Linden an. Eingeweiht Ende 1742, gab es dort ein Kanalsystem für Kaskaden und Wasserfälle, das zudem Feuerschutz bot.

Der Aufbau der Verwaltung unterschied sich von Ort zu Ort ein wenig. Vor allem in Italien wurde gewöhnlich ein Impresario mit der Führung der Geschäfte betraut, insbesondere in Theatern, die ihren Logenbesitzern gehörten. An Hoftheatern beaufsichtigte in der Regel ein aristokratischer Administrator als »Directeur des spectacles« oder Intendant die theatralischen Unternehmungen. Auch die Spielzeiten der Oper unterschieden sich bis zu einem gewissen Grad. Das Verbot jeglicher Bühnenaufführungen während der Fastenzeit und in Zeiten offizieller Trauer wurde jedoch überall beachtet. Selten fanden Opera-seria-Aufführungen zwischen Mai und Oktober statt, denn deren patrizische Geldgeber verbrachten den Sommer gern auf ihren Landsitzen, wo sie die Landwirtschaft überwachten, von der ihre Einkünfte meistens abhingen. In katholischen Ländern kam dem Karneval, der vom 26. Dezember bis Fastnachtsdienstag dauernden Hauptsaison der Oper, eine weitaus größere Bedeutung zu als einer ein- oder zweimonatigen Herbstspielzeit. In Neapel wurde der Karneval in zwei Phasen unterteilt, in denen jeweils eine neue Oper groß herausgebracht wurde. Die »seconda opera di Carnevale« war oft die wichtigere – zum einen fand sie ein größeres Publikum, zum anderen hatten die Sänger mehr Zeit für die Proben. Nach Ostern gab es manchmal eine kurze Opernsaison, die von kleineren höfischen und städtischen Theatern bevorzugt wurde, weil sie erstklassige Sänger engagieren konnten, die während des Karneval an den großen Häusern sangen. Am protestantischen Berliner Hof dauerte die Opernspielzeit von November bis März mit zwei Vorstellungen pro Woche. Der auf Mitglieder des Hofes, Heeresoffiziere und höhere Gesellschaftsschichten beschränkte Zugang war frei – eine übliche Gepflogenheit an von Höfen geförderten Theatern. Zu einer typischen Saison gehörten zwei neue Opern als Ergänzung zu kleineren Werken wie Intermezzi, Schäferspielen und Serenaden. Neue Opern markierten regelmäßig die Geburtstage des Königs und der Königinmutter, ein Brauch, der auch in Wien von Karl VI. und Kaiserin Elisabeth Christina anläßlich ihres Geburtstages und seines Namenstages gepflegt wurde.

Der Vorrang äußerst regelmäßiger und stilisierter, verbaler wie dramatischer Strukturen in der Opera seria des 18. Jahrhunderts spiegelt sich in der weiten Verbreitung des Begriffs »metastasianische Oper« wider. Doch erzeugte das neue Phäno-

NEAPEL, TEATRO SAN CARLO, mit Dekorationen für einen Ball (1747), von der Bühne aus gesehen; Stich von G. Visis nach Vincenzo Re. Obwohl der Grad der Kontrolle, die der Bourbonenkönig Carlo III. über das San Carlo ausübte, unterschiedlich war, blieb das Theater ein höchst aristokratischer Schauplatz und war die einzige Quelle theatralischer Unterhaltungen für den König. Nach 1741 erließ er ein Dekret, daß in Neapel nur auf der Bühne dieses Theaters Tanz erlaubt sei – entweder festliche Bälle wie der hier abgebildete oder Ballette, die die komischen Intermezzi zwischen den Akten der ernsten Opern ersetzten, denen sich das San Carlo weiterhin zielstrebig widmete.

men in der Opernpraxis ungeachtet der einzigartigen Bedeutung Pietro Metastasios ein komplexes Gewebe gegenseitiger Abhängigkeiten – zwischen Librettisten, aristokratischen Kennern und der patrizischen Welt, in der sie lebten, einerseits und Komponisten, Sängern und den institutionellen Strukturen, in denen sie ausgebildet und beschäftigt wurden, andererseits. Auf die Opera seria des 18. Jahrhunderts wird manchmal als auf die »neapolitanische Oper« verwiesen. Wenn auch kein einziges Zentrum beanspruchen kann, Geburtsort der neuen Gattung zu sein, so bot Neapel immerhin eine prägende kulturelle und musikalische Umgebung, in der die in Venedig und Rom geförderten literarischen und intellektuellen Errungenschaften umgesetzt werden und blühen konnten.

Die Probleme, die sich am Ende des 17. Jahrhunderts durch die Exzesse der italienischen Oper stellten – niedrige farcenhafte komische Szenen, bis an die Grenze des Unverständlichen komplizierte Handlungen, Vertrauen auf das Übernatürliche oder das Phantastische und auf alles, was zur Rechtfertigung spektakulärer visueller Effekte diente –, hatten einen wichtigen Stellenwert in den von Crescimbeni initiierten Debatten der italienischen »literati« in den Arkadischen Akademien in Rom und anderswo. Versuche zu einer literarischen Reform der Oper unternahm bald darauf eine Librettistengeneration, an deren Spitze der venezianische Patrizier und Gelehrte Apostolo Zeno (1668–1750) stand. Die Fünfaktigkeit seiner frühen Libretti bezeugt, wie weitgehend sie sich an den Vorbildern Corneilles und Racines orientieren.

DRESDEN, OPERNHAUS NAHE DEM ZWINGER, Seitenansicht des Innenraums, Feder- und Tuschezeichnung von C.H.J. Fehling. Entworfen von M.D. Pöppelmann und ausgeschmückt von Alessandro Mauro, konnte das Theater etwa 2000 Zuschauern Platz bieten, die auf Einladung des Hofes freien Eintritt hatten, bis der Siebenjährige Krieg zu Einsparungen zwang. Bei der in der Zeichnung wiedergegebenen Oper handelt es sich um Lottis *Teofane*, die am 13. September 1719 zur Hochzeitsfeier des Kurfürsten Friedrich August auf die Bühne kam. Händel besuchte diese Vorstellung.

Die eher antiker Geschichte als der Mythologie entnommenen Handlungen entwickeln sich nach rationalen Prinzipien und umfassen eine – entgegen früherer Praxis – auf meist sieben Personen reduzierte Besetzung. Der unmusikalische Zeno zeigte kaum Interesse für die musikalischen Möglichkeiten seiner Texte. Mit wenig Sorgfalt oder Konsequenz brachte er seine zahlreichen kurzen Arien unter und förderte Aufführungen seiner Schauspiele ohne Musik, in denen die Texte der Arien, die in Momenten moralischer oder emotionaler Reflexion stets Gemeinplätze liefern, einfach gestrichen wurden. Als Zeno später mit Pietro Pariati zusammenarbeitete, überließ er es ihm, die Arientexte zu schreiben.

Zenos erstes Libretto, *Gli inganni felici*, wurde 1695 im venezianischen Teatro S. Angelo mit Musik von Carlo Francesco Pollarolo (um 1653–1723) herausgebracht. Ein idyllischer Schauplatz wie der arkadische, dem wir hier begegnen, war für eine einfachere Handlung gedacht als diejenigen Orte, die für Opern mit politischen oder heldischen Stoffen typisch waren, und die Vermeidung extremer Situationen zielte auf ein vetrauteres Spektrum von Emotionen. Ein Komponist wie Pollarolo wich bei den neueren Texten von Zeno und seinen Anhängern nicht eigens von seiner musikalischen Routine ab. In all seinen Werken zeigt sich wie in denen anderer italienischer Komponisten eine wachsende Neigung zu einer mehr homophonen Struktur und zu einer klareren Unterscheidung zwischen einfachem Rezitativ und Arie.

Alessandro Scarlatti (1660–1725), produktiver als der Venezianer Pollarolo und selbst nach seinem Tod hochgeschätzt, schrieb die meisten seiner neunundsechzig Opern ebenso wie viele andere Bühnenwerke entweder für Rom, wo ihn Patrizier unterstützten, oder insbesondere für Neapel, wo er von 1684 bis 1702 als »maestro di cappella« in Diensten des Vizekönigs stand. In diesen Jahren gewann Neapel nationale und internationale Bedeutung als Mittelpunkt der italienischen Opernpflege und der Ausbildung von Sängern, Komponisten und Instrumentalisten an seinen vier Konservatorien. Scarlatti wird zuweilen als der Vater einer neapolitanischen Komponistenschule bezeichnet, die in den ersten Jahrzehnten des 18. Jahrhunderts berühmt wurde, aber eine solche Behauptung entbehrt jeder stilistischen und historischen Grundlage. Ungeachtet seiner enormen Produktivität veränderte sich Scarlattis Auffassung der Opera seria während seiner achtzehn Jahre in Neapel nur wenig, nicht einmal durch die neuen venezianischen Libretti Zenos und anderer, die er ab 1699 vertonte (und denen er, wie es in Neapel Brauch war, komische Szenen hinzufügte). Wie andere Komponisten gab er nach und nach die strophische Arie auf und reduzierte die Anzahl der nur von einer Continuo-Gruppe begleiteten Arien, doch blieb sein Idiom kontrapunktisch. Er scheint nicht länger als ein oder zwei Monate an den neapolitanischen Konservatorien gewesen zu sein, und von den späteren Komponisten bekannte sich nur Hasse dazu, bei ihm studiert zu haben. Scarlattis Pflichten als Direktor des San Bartolomeo beanspruchten während dieser ganzen Zeit zweifelsohne einen großen Teil seiner Energie: er überwachte die Proben, dirigierte neue

DIE RUINEN EINES ALTEN HIPPODROMS, Feder- und Aquarellzeichnung von Giuseppino Galliari für die erste Szene des dritten Akts von Metastasios *Olimpiade* (Turin, 1790). Giuseppino Galliari wurde gemeinsam mit seinem Bruder Giovannino von seinem Vater Fabrizio ausgebildet, um in Turin das Handwerk der Familie weiterzuführen, deren Mitglieder Bühnenbilder für komische Opern am Teatro Carignano und für ernste Opern am Teatro Regio entwarfen. Der hier gezeigte Entwurf, den er für ein Bühnenbild für die Vertonung des Metastasio-Librettos von Vincenzo Federici zeichnete, zeigt das Wechselspiel von architektonischer Form und Natur und den Zahn der Zeit, die die strengere Betonung von Symmetrie und Herrschaft über die Natur ersetzten, wie sie in der ersten Hälfte des Jahrhunderts praktiziert worden waren (siehe Abbildung S. 62).

Werke in ihren ersten wenigen Aufführungen und komponierte praktisch jede zweite Oper, die an diesem Theater auf die Bühne kam.

Seine späten, für Neapel wie für Rom geschriebenen Opern offenbaren eine sich steigernde Meisterschaft, aber keine grundlegenden Wandlungen, selbst wenn man sie mit seiner ersten Oper vergleicht, die gleichzeitig eine seiner erfolgreichsten war, *Gli equivoci nel sembiante* (1679). Seinem Abschiedswerk *Griselda* (1721) lag eine Übertragung eines der weitschweifigsten und altmodischsten Texte Zenos zugrunde, der selbst in der Bearbeitung von Prinz Ruspoli noch siebenundvierzig Nummern um-

Scena 3.

faßt. Wie die anderen seiner in den letzten beiden Jahrzehnten geschriebenen Opern stieß sie auf wenig Begeisterung außerhalb des Umfeldes römischer Mäzene, die den Komponisten weiterhin unterstützten.

Pietro Metastasio (1698–1782), Patrizier durch Adoption, unterschied sich wesentlich von Zeno und seiner Generation. Er fühlte sich ebenso zu einer musikalischen wie literarischen Konzeption der Opera seria verpflichtet. Zu diesem Zweck verkehrte und korrespondierte er sein Leben lang ebenso mit Komponisten und Sängern wie mit Mäzenen und patrizischen Literaten. Er inszenierte regelmäßig seine Dramen selbst. Die charakteristischen Eigenschaften, auf denen seine Libretti fußten, gestaltete er mit einem feinen Gespür für ihre musikalische Realisierung. Er gliederte die Arientexte in zwei Strophen, deren kontrastierende oder ergänzende Empfindungen quasi von allein zur Da-capo-Form führten, die die Komponisten bis um die Jahrhundertmitte bevorzugten. Anders als Zeno stellte Metastasio seine Arien an das Ende der Szenen, wo sie nicht nur der im vorhergehenden Rezitativ entwickelten emotionalen Situation konkrete Gestalt gaben, sondern auch den Abgang des Sängers von der Bühne musikalisch hervorhoben. Er fügte Verben der Bewegung ein, wo voraussichtlich zu einer neuen Tonart übergegangen werden sollte, und vermied die Vokallaute »i« und »e« an Stellen, an denen die Sänger eine Kadenz üblicherweise verzierten. Und fast immer beendete Metastasio jede einzelne Strophe mit einem »verso tronco« (in dem die letzte Silbe betont ist), so den starken musikalischen Akzent der letzten, emphatischen Kadenz des Vokalparts vorwegnehmend, die jeden Abschnitt einer Arie beschloß.

Ensembles maß Metastasio wenig Bedeutung bei. Seiner Meinung nach bot die zweistrophige Arie ein perfektes Forum für die inneren psychologischen Kämpfe zwischen Pflicht und Neigung, zwischen Vernunft und Begehren, die den zentralen moralischen Konflikt in nahezu allen seinen Libretti bilden. Im glatten Fluß seiner Verse, in der stilisierten Schicklichkeit seines poetischen Wortschatzes und der Raffinesse seiner Gefühlspalette fand Metastasio in der Operngeschichte nie seinesgleichen. Im Laufe des 18. Jahrhunderts wurden seine Texte über achthundertmal vertont, und das nicht nur, weil sich die Komponisten von ihrem musikalischen Wert angezogen fühlten – selten konnten sie frei entscheiden, welche Libretti sie vertonen wollten. Weitaus wichtiger war, daß Metastasio die wesentlichen Eigenschaften, die Adel und Machtausübung in einem Zeitalter der Vernunft charakterisieren sollten,

FILIPPO JUVARRA, Skizze für ein für Scarlattis *Il Ciro* (Rom, Palazzo Cancelleria, 1712) verwendetes Bühnenbild. Das Libretto von *Ciro* – und auch von Scarlattis *La Statira* (1690) – verfaßte Kardinal Ottoboni. Tempel, Thron und Obelisk sind in der Zeichnung in einem Apollo gewidmeten Hain angesiedelt. Juvarra, der das Cancelleria-Theater 1709 für Ottoboni entworfen hatte, wirkte bahnbrechend, indem er natürlichere und gehaltvollere Bühnenbilder als Alternative zu der vorherrschenden symmetrischen Bühnenarchitektur des frühen 18. Jahrhunderts gestaltete (siehe auch S. 423).

mit einer verfeinerten und befriedigenden Sinnlichkeit deutlich zum Ausdruck brachte.

Mit den acht »drammi per musica«, die er zwischen 1723 und 1730 in Italien vollendete, begründete Metastasio seinen Ruf als meistbegehrter Librettist ernster Opern. Sie waren das Experimentierfeld einer jungen, in Neapel ausgebildeten Generation von Komponisten, die im Einklang mit der in diesen Texten verkörperten Ästhetik eine neue musikalische Sprache verwirklichten. Durch eine neue elegante, prägnante und nicht überfrachtete musikalische Struktur verringerte und vereinfachte sich die harmonische Bewegung, so daß die Stimme stärker akzentuiert wurde als in den Werken Scarlattis und Pollarolos. In sorgfältig ausgearbeiteten Melodien entwickelten sich aus kurzen, lieblichen Phrasen klare, weittragende Linien in perfekter Syntaktik und ausdrucksvoller Harmonie mit jeder poetischen Zeile. Kopf dieser jungen Komponisten war Leonardo Vinci (1690–1730). Seine Vertonungen früher Texte Metastasios, insbesondere seiner *Didone abbandonata* (1726), wurden so hoch geschätzt, daß sie nach Vincis frühem Tod mehr als ein Jahrzehnt lang weiterhin gegeben wurden. Francesco Algarotti schwärmte noch in der Mitte des Jahrhunderts von dem eindrucksvollen obligaten Rezitativ, mit dem Vinci *Didone* beschloß: »Vergil selbst hätte Gefallen daran gefunden, eine so lebendig gestaltete und so außerordentliche Komposition zu hören, in der Herz und Seele sogleich von allen Gewalten der Musik bestürmt werden.«

Didone, Metastasios erstes »dramma per musica« und eine von nur zwei Tragödien unter seinen siebenundzwanzig dreiaktigen ernsten Opern, ist ein außergewöhnliches Werk, und ebenso außergewöhnlich war Vincis Rückgriff auf ein höchst aufgeladenes obligates Rezitativ für die Szene von Didos Selbsttötung. Im Gegensatz dazu verdient sein transparenter und geschmeidiger melodischer Stil als einer der ersten die Bezeichnung »galant«, einer Manier, die Tartini definieren sollte als glückliche Verbindung von »chiarezza, vaghezza e buona modulazione« (»Klarheit, Anmut und heiterer Tonfall«). Viel verdankte dieser Stil Vincis Gesellenjahren als Komponist neapolitanischer Dialektkomödien zwischen 1719 und 1724. Seine Laufbahn hatte er als Schüler eines der vier neapolitanischen Konservatorien eingeschlagen, dann schrieb er komische Opern für die kleineren Theater der Stadt und erhielt schließlich attraktive Aufträge für ernste Opern zunächst vom Teatro San Bartolomeo in Neapel, später von den großen Opernhäusern Roms und Venedigs. Diese Karriere wurde zu einem Modell, dem die meisten italienischen Komponisten des 18. Jahrhunderts folgten.

Anfang 1730 übernahm Metastasio in Wien als Nachfolger Zenos die Stellung des kaiserlichen Poeten. Der selbst komponierende Kaiser Karl VI. widmete als letzter in der Habsburger Dynastie der Pflege der Opera seria verschwenderische Mittel. Er bevorzugte einen schwerfälligen und zuweilen akademischen Stil, wie ihn seine Kapellmeister Marc' Antonio Ziani (1653–1715) und Johann Joseph Fux (1660–1741) be-

METASTASIO, *NITTETI*, zweiter Akt, zweite Szene, aus der Hérissant-Ausgabe (Paris, 1780–1782). In einem Konflikt zwischen Neigung und Pflicht, der nahezu alle Libretti Metastasios beherrscht, fleht die ägyptische Hirtin Beroe ihren Geliebten Sammete an, sie dem heiligen Tempel der Isis zu übergeben und die mit ihr befreundete Prinzessin Nitteti zu heiraten, wozu er durch königliches Versprechen gebunden ist. Wie in anderen illustrierten Werkausgaben Metastasios, die während der letzten Jahrzehnte des Jahrhunderts erschienen, idealisiert der Stich die Szene für den Leser, ohne Kostüme oder Bühnenbild getreu wiederzugeben. Die Oper wurde 1756 in Madrid mit Musik von Nicola Conforto uraufgeführt.

reitwillig lieferten. Zur Krönung Karls VI. zum König von Böhmen 1723 in Prag schrieb Fux die Musik zu einer der extravagantesten Opernproduktionen überhaupt, zu *Costanza e fortezza* (der Titel war das Motto der Habsburger). Noch in der zweiten Hälfte des Jahrhunderts erinnerte man sich der Partitur als eines Beispiels für den alten gelehrten Stil, der seit etwa 1740 in der Oper nicht mehr verwendet wurde. Besonders begünstigte der Kaiser Antonio Caldara (um 1670–1736), der von seiner Ernennung 1717 bis zu seinem Tod Vize-Kapellmeister war. Metastasio mußte bei den von ihm erwünschten neuen Schauspielen und Gelegenheitsstücken mit Caldara zusammenarbeiten, wenngleich er wenig Gutes über die Unempfindlichkeit des Komponisten gegenüber dem emotionalen Gehalt seiner Arientexte zu berichten wußte.

COSTANZA E FORTEZZA VON FUX, Hradschin, Prag, 1723; die Königlichen Gärten von Tarquin, dritter Akt, erste und zweite Szene. Birckhart fertigte eine Serie von Stichen an, um an die großartigen Bühnenbilder zu erinnern, die Giuseppe Galli-Bibiena, der erste Theaterarchitekt Wiens, für das Amphitheater entworfen hatte, in dem Fuxs *festa teatrale* anläßlich der Krönung Karls VI. zum Kaiser von Böhmen inszeniert wurde. Die Freiluftbühne hatte eine Tiefe von mehr als 60 Metern.

Metastasios Wiener Texte waren ebensosehr gefragt wie seine früheren in Italien. Mit eindrucksvollen Vertonungen von Metastasios *Adriano in Siria* (1734) und *L'Olimpiade* (1735) versuchte Giovanni Battista Pergolesi (1710–1736), sich als Nachfolger seines Lehrers Vinci durchzusetzen. Beide Texte waren zuvor von Caldara vertont worden, und Pergolesis Ruhm begann erst posthum mit Wiederaufnahmen des letzteren Werkes 1738 in Venedig und München.

1722 kam der junge Deutsche Johann Adolf Hasse (1699–1783) nach Italien. Nach seinem Studium in Hamburg und ersten Auftritten als Sänger komponierte er schließlich ernste Opern für das Teatro San Bartolomeo. Internationale Aufmerksamkeit erlangte 1730 jedoch seine Vertonung von Metastasios *Artaserse* für Venedig. Er wurde zum Kapellmeister des Kurfürsten von Sachsen, Friedrich August I., ernannt und nahm Verbindung zum habsburgischen Hof auf, an dem er zum Favoriten der zukünftigen Kaiserin Maria Theresia avancierte. Ein anderer junger Deutscher, der prägende Jahre in Italien verbracht hatte, Georg Friedrich Händel (1685–1759), errang bei seinem ersten Besuch in London 1711 mit seinem *Rinaldo* einen entscheidenden Triumph. Während Händels Londoner Jahren wurde die Oper viele Male wiederaufgenommen. Die hohe und stete Wertschätzung von Maschinerien, Kostümen und Tänzen sowie die hinreißenden Stimmen der größten Kastraten Italiens begünstigten Opern, die von Magischem und Übernatürlichem handelten.

Mit der Eröffnung der Royal Academy of Music am King's Theatre am Haymarket 1720 und Händel als ihrem Musikdirektor etablierte sich die Opera seria fest im Londoner Kulturleben. Daß die vielfältigen Aktivitäten in den ersten acht Jahren immer wieder zu Höhepunkten führten, war Händel zu verdanken, der in dieser Zeit seine glänzendsten Opern schrieb (*Giulio Cesare*, *Tamerlano*, *Rodelinda* und *Admeto*, alle vier nach von Nicola Haym übertragenen Libretti), insbesondere aber auch der Ausstrahlung dreier großartiger Sänger – dem Kastraten Senesino und den rivalisierenden Primadonnen Cuzzoni und Bordoni. Offene Feindseligkeiten zwischen den letzteren und Streitigkeiten unter den Mitgliedern des Adels, die das Unternehmen begründet hatten, führten 1728 zu dessen Verpachtung. Händel und Johann Jakob Heidegger, der geschickte Theatermanager der Unternehmung, verpflichteten sich vertraglich, eine »Second Academy« am King's Theatre für fünf Jahre weiterzuführen. Mit bedrückender Regelmäßigkeit scheiterten jedoch die von ihnen in Szene gesetzten Opern, so daß man auf Wiederaufnahmen populärer Werke und Pasticci zu setzen begann. Die Situation verschlechterte sich mit der Gründung der Opera of the Nobility 1733. Mit dem nachlassenden öffentlichen Interesse an der italienischen Oper verschärfte sich zudem die Rivalität zwischen den Gesellschaften. Eigensinnig hielt Händel bis 1740 an der italienischen Oper fest, obwohl sich die Gunst des Publikums entschieden anderen musikalischen Gattungen wie den englischen Oratorien zuwandte, die seit 1732 aufblühten.

Wie vor ihm Scarlatti bildete Händel schon früh einen reifen Opernstil aus, an dem er stets festhielt. Seine herausragende Stellung in der Geschichte der italienischen Oper vor Mozart läßt sich auf die psychologische Durchdringung und die überzeugend ausdruckvolle Gestaltung seiner Arien zurückführen, die zuweilen weit über den Text oder die dramatische Situation hinausgehen. Innerhalb der formalen Grenzen der Da-capo-Arie behielt er – wie die von Karl VI. favorisierten Wiener Komponisten – einen streng kontrapunktischen Stil bei, doch waren Einfallsreichtum und Kraft seiner Ritornelle mit ihrer kunstvollen neuartigen Verknüpfung der Grundmotive einer Arie sowie seine Experimente mit thematischen Verbindungen und Zitaten früheren Materials völlig ungewöhnlich. Dreimal vertonte er Bearbeitungen von

KING'S THEATRE IN THE HAYMARKET, LONDON, Aquarell des Bühnenbildners William Capon (1783). Das Haus wurde ursprünglich als Queen's Theatre 1705 errichtet und trug bis zum Tod der Königin Anne diesen Namen. Bis in die vierziger Jahre des 19. Jahrhunderts dienten vier verschiedene Gebäude – hier oder in der Nähe – als Londons wichtigste Bühne für die italienische Oper. Größere Umbauten verdoppelten 1782 die Kapazität auf fast 1800 Plätze; nachdem dieses Theater 1789 bis auf die Grundmauern niederbrannte, wurde 1793 ein neues, noch größeres errichtet, daß etwa 3300 Zuschauern Platz bot.

Metastasio-Libretti und hielt doch ungeachtet seiner italienischen Jahre Distanz zu dem modischen »galanten« Stil der jungen Italiener wie Vinci, wenn er auch einige ihrer Kompositionen in die von ihm zusammengestellten Pasticci aufnahm. Zahlreiche Opernpartituren Händels (ohne die einfachen Rezitative) oder zumindest die »Favourite Airs« wurden in London veröffentlicht, auf dem Kontinent jedoch blieben seine Opern außer in seiner niedersächsichen Heimat im großen und ganzen unbekannt.

Das Händel verwehrte internationale Ansehen galt weiterhin Hasse, selbst nachdem dieser sich in Dresden niedergelassen hatte. Dort wurde mit dem Regierungsantritt Friedrich Augusts II. eine Ära der uneingeschränkten Unterstützung der italienischen Oper eingeläutet. Der König und seine Frau, die österreichische Erzherzogin Maria Josepha, hegten ein ebenso lebhaftes und eingehendes Interesse für die Oper wie ihre Schwiegertochter Maria Antonia Walpurgis, die älteste Tochter Karls VII., des Kurfürsten von Bayern: letztere verfaßte nicht nur Text und Musik, sondern sang auch die Hauptrolle in *Il trionfo della fedeltà*, 1754 inszeniert für einen kleinen Kreis von Höflingen. Das Werk ist ganz dem in Dresden, Wien und Venedig herrschenden Geist Hasses und Metastasios verpflichtet. Hasse schrieb, probte und dirigierte von 1734 bis zum Ausbruch des Siebenjährigen Krieges 1756 in Dresden nahezu jedes Jahr eine, manchmal zwei neue Opern für die Karnevalssaison, die in immer aufwendigeren Inszenierungen auf die Bühne kamen. In seinem *Dictionnaire de musique* rühmte Rousseau das Dresdner Opernorchester und seine von Hasse vorgenommene Aufstellung. Geringen Wert maß man indessen dem Chor bei, der weiterhin aus Studenten der örtlichen Schule rekrutiert wurde.

Aus Hasses wachsender Begeisterung für Metastasio, die Algarotti entfacht hatte, entwickelte sich in den vierziger Jahren des 18. Jahrhunderts eine enge persönliche Freundschaft. Dies mag ein Grund dafür sein, daß Hasse entgegen der in dieser Zeit zunehmenden Praxis die Texte des kaiserlichen Hofpoeten nicht veränderte. Die Sänger, unter ihnen Hasses Frau Faustina Bordoni, verlangten immer umfangreichere und herausforderndere virtuose Arien. Überdies war es allgemein üblich, Arien durch Arien aus anderen Opern zu ersetzen oder durch »arie di baule« (»Kofferarien«), die ausdrücklich für einen bestimmten Sänger geschrieben waren, der sie überall mit hin nahm und in alle möglichen Opern einfügte. Der immer größere Umfang der Arien hatte zur Folge, daß die alte Da-capo-Form – in der auf einen eröffnenden Teil A ein kontrastierender Abschnitt B und eine verzierte Wiederholung von A folgten – durch Streichungen im A-Teil gekürzt wurde. Selbst die Gesamtzahl

SENESINO UND FAUSTINA in Geminiano Giacomellis *Gianguir*, Venedig, San Cassiano, 1729, Karikatur von Marco Ricci. Sowohl der Altkastrat Senesino (Francesco Bernandi) als auch die Primadonna Faustina Bordoni genossen die große Gunst des Publikums am Londoner King's Theatre, bevor sie 1728 wegen der Auflösung der Akademie auf den Kontinent zurückkehrten. In Venedig taten sie sich wieder zusammen.

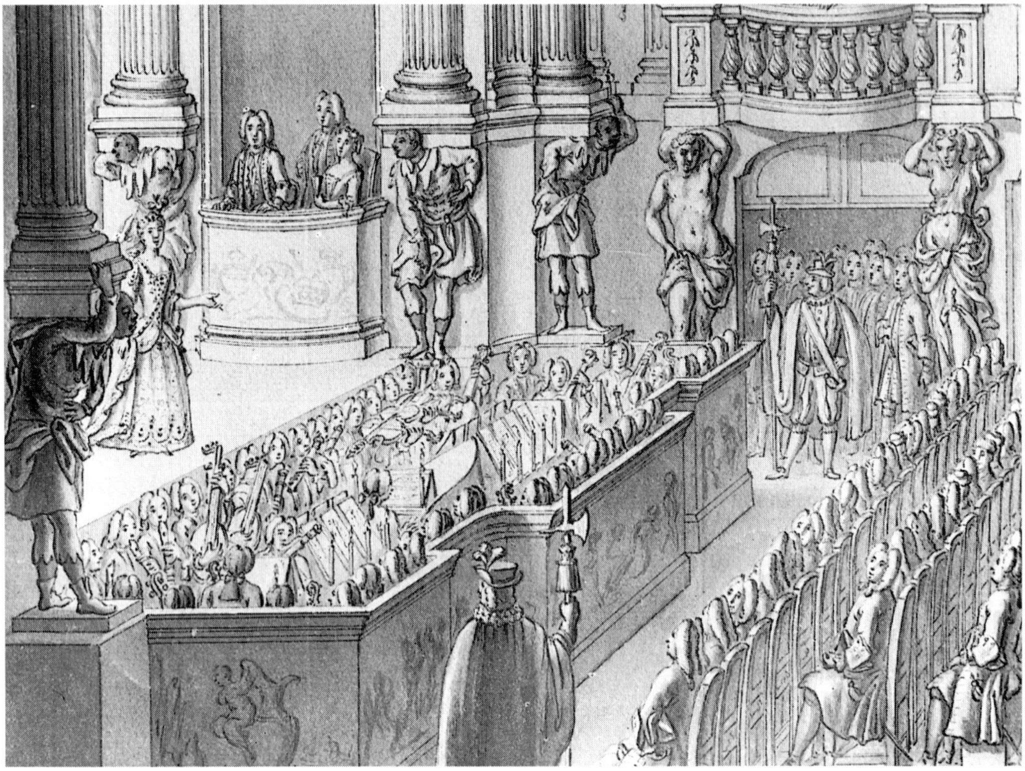

DRESDEN, OPERNHAUS NAHE DEM ZWINGER. Dieses Detail des Orchesters, nach Fehlings Zeichnung von 1719 (siehe Abbildung S. 55), mag mit Rousseaus Schema der Einteilung des Dresdner Opernorchesters von 1754 verglichen werden.

DRESDEN, »Distribution de l'Orchestre«, aus Jean Jacques Rousseaus *Dictionnaire de musique* (Paris, 1768). Rousseau behauptete, daß die hier dargestellte Einteilung der Instrumente – sie basiert auf der des Opernorchesters des Sächsischen Hofes 1754 – die beste sei. Der Gebrauch zweier Cembali war in den italienischen Opernorchestern während nahezu des ganzen Jahrhunderts üblich, und dies nicht aufgrund unterschiedlicher Aufgaben, sondern um die Balance des gesamten Orchesters zu wahren.

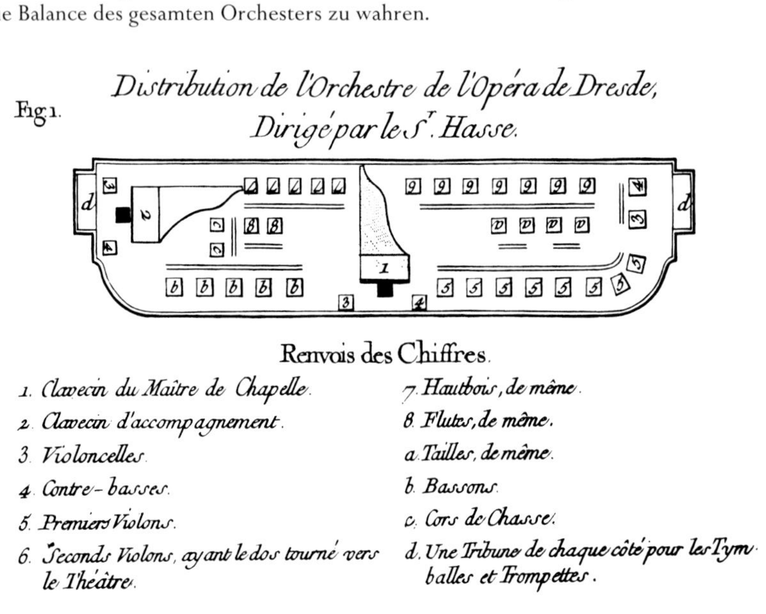

der Arien, die in einer Oper untergebracht werden konnten, mußte entweder durch Weglassungen oder gegebenenfalls durch die Verbindung verschiedener Arien zu einem Terzett oder Quartett reduziert werden. Baldassare Galuppi (1706–1785) wagte mit seinem Quartett im zweiten Akt seiner Vertonung des *Artarserse* für Wien 1749 eine solche Änderung vor Metastasios Augen. Hasse dagegen folgte in seinen Neuvertonungen bereits früher komponierter metastasianischer Libretti, die er in den fünfziger Jahren schrieb, den originalen Texten weitaus getreuer – der Dichter lobte ihn denn auch als idealen Komponisten seiner Libretti.

Parallel zu Hasses Dresdner Karriere gedieh in Berlin die Oper unter Friedrich dem Großen. Die meisten der dort geschaffenen Opern stammten entweder von Hasse selbst oder von Friedrichs Kapellmeister Carl Heinrich Graun (1703/4 –1759), der sich stilistisch an Hasse orientierte. Der König kontrollierte in einem noch nie dagewesenen Maß jeden Aspekt der Opernproduktion. 1743 verursachte er einen internationalen Zwischenfall, als er von der Tänzerin La Barbarina verlangte, ihren Berliner Vertrag trotz ihrer Heirat mit Lord Stuart Mackenzie einzuhalten. Stets beteiligte sich Friedrich an der Auswahl der Libretti und begann 1749, eigene Opernhandlungen in französischer Prosa zu skizzieren, die sein Hofpoet für Graun in italienische Verse brachte. Der König beaufsichtigte auch die Bühnen- und Kostüment-

NICOLA LOGROSCINO, Karikatur des Komponisten beim Continuo-Spiel von Pier Leone Ghezzi (1753). Über das Spiel des Continuo-Parts hinaus schlug der Cembalist auch häufig den Takt, um das Orchester zusammenzuhalten, sei es auf dem Gehäuse des Instruments (wie hier gezeigt) oder auf den Kerzenhaltern. In dieser Zeichnung begleitet Logroscino seine Oper *Olimpiade* am Teatro Argentina in Rom.

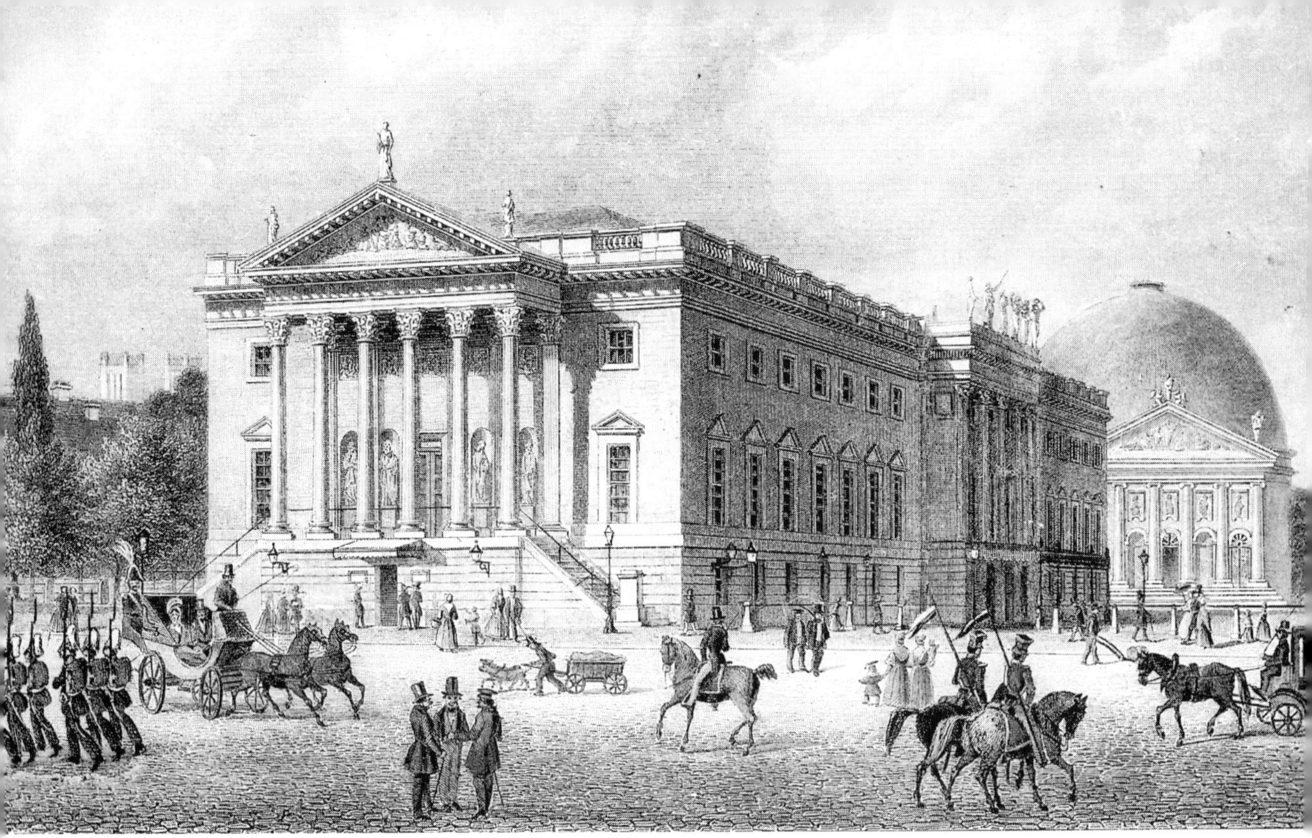

Re Americano

Americana

würfe, besuchte Proben und bestand darauf, daß sich die Sänger nahezu strikt an die geschriebene Partitur hielten. Zu einem Glanzpunkt wurde 1755 *Montezuma*, die vierundzwanzigste der siebenundzwanzig Opern Grauns für Berlin. Deren ungewöhnliches Thema hatte Friedrich, ein Feind des Christentums, im wesentlichen aus ideologischen Gründen gewählt – die Oper handelt vom Zusammenprall der spanischen mit der aztekischen Kultur. Der König befahl Graun, wo immer möglich, anstelle von Da-capo- oder Dal-segno-Arien (von denen nur vier übrigblieben) die kürzere Kavatine zu verwenden (das Äquivalent gerade des ersten Teils der alten Da-capo-Form). 1756 brachte Graun seine letzte Oper, *Merope*, auf die Bühne. Während des Siebenjährigen Krieges (1756–1763) wurde fast das gesamte Opernpersonal entlassen und Berlins schöpferischer Beitrag zur Opera seria fand sein Ende.

Rameau und die Tragédie Lyrique

Auch nach dem Tod Ludwigs XIV. (1715) behauptete die von Lully und Quinault geschaffene Form der Tragédie lyrique weiterhin ihr Recht, der Selbstdarstellung des französischen Absolutismus auf der Opernbühne Gültigkeit zu verschaffen. In ihrer Rolle als Kuratorin suchte die Académie Royale de Musique den Vorbildcharakter von Lullys Stil zu bewahren, fühlte sich aber doch unabhängig genug, bedeutende neue Werke aufzunehmen, die einige seiner zentralen Grundzüge abwandelten. Gleichzeitig beobachtete die Institution mit Besorgnis die an anderen Pariser Theatern angebotenen Alternativen – die aus den in den Jahrmarkttheatern gespielten derben Vaudeville-Komödien erwachsene Opéra-comique und die italienische Oper, die nach Paris zurückgekehrt war. An beiden Fronten führten lebhafte Parteinahmen zu hitzigen Debatten, zu Pamphletkriegen und gelegentlich sogar zu Faustkämpfen. Daß solch heftige Leidenschaften aufkommen konnten, zeigt, welche Bedeutung ein unverwechselbar französischer Stil der ernsten Oper für die nationale Identität besaß, zumindest für die Gemeinschaft von Opernliebhabern und Intellektuellen, die regelmäßig die Cafés in der Nähe der Opéra besuchten. Doch beschränkte sich die Wichtigkeit der Gattung keineswegs auf Paris und seine Umgebung. Als klar defi-

KÖNIGLICHES OPERNHAUS UNTER DEN LINDEN, BERLIN. Dieser Stich entstand 1842, ein Jahrhundert nach der Errichtung des Gebäudes und ein Jahr, bevor es niederbrannte. Entworfen hatte es Georg Wenzelslaus von Knobelsdorff; am 7. Dezember 1742 war es mit Carl Heinrich Grauns *Cesare e Cleopatra* eröffnet worden. Seine glänzendste Epoche fiel mit dem Aufstieg Grauns als Kapellmeister Friedrichs des Großen zusammen, bevor der Siebenjährige Krieg Einsparungen erzwang.

C. H. GRAUNS *MONTEZUMA*, Berlin, 6. Januar 1755. Kostümentwürfe von Christian Gottlob Fechthelm. In seiner *tragedia per musica*, der vierundzwanzigsten seiner Opern für Friedrich den Großen, vertonte Graun ein Libretto des Hofpoeten Tagliazucchi nach einem französischen Entwurf, den der König selbst verfaßt hatte. Friedrich überwachte die Inszenierung von *Montezuma* und mischte sich möglicherweise auch in Fechthelms Kostümentscheidungen ein – es entsprach seiner Art, jeden Aspekt der Inszenierung genau zu kontrollieren.

nierte, fest etablierte Alternative zur Opera seria, deren internationale Überlegenheit immer offensichtlicher wurde, beeinflußte die Tragédie lyrique während dieses Jahrhunderts die musikalische und literarische Praxis ebenso wie das ästhetische Denken in ganz Europa. In der zweiten Hälfte des Jahrhunderts regte die französische Tradition den beginnenden durchgreifenden Wandel der Opera seria unmittelbar an, während sowohl die ernste wie die komische italienische Oper nur eine partielle und untergeordnete Rolle in den vorrevolutionären Veränderungen des Erbes von Lully und Rameau spielten.

In ihrem Prestige unbestritten, war die Tragédie lyrique jedoch nicht die einzige Art Spektakel, die in der Opéra und am Hof gepflegt wurde. Während der Regentschaft Philippe d'Orléans' war die charakteristischste Form der Unterhaltung eine den Modeströmungen in Dichtkunst und Bildenden Künsten viel enger verwandte – die Opéra-ballet. Sie bestand aus einem mythologischen oder allegorischen Prolog (oft einer schmeichelnden Huldigung an den anwesenden Mäzen oder Gönner) und drei oder vier Akten, die besser als »entrées« zu bezeichnen sind, denn der in jedem von ihnen enthaltene Opernanteil diente als reiner Vorwand für ein dominierendes »divertissement«. Die Gattung war die Schöpfung André Campras (1660–1744), der schon 1697 in *L'Europe galant* angeregt hatte, charakteristischerweise die stilisierte, mythologische Welt der Tragédie lyrique durch ein modernes kleinbürgerliches oder exotisches Milieu zu ersetzen, in dem eine Reihe mehr oder weniger unabhängiger komischer Intrigen angesiedelt waren.

Die wichtigste Persönlichkeit der französischen Oper zwischen Lully und der Revolution war Jean-Philippe Rameau (1683–1764). Nachdem er sich als Achtzehnjähriger für eine musikalische und gegen eine juristische Laufbahn entschieden hatte, studierte Rameau kurze Zeit in Mailand, bevor er eine Reihe von Anstellungen als Organist in Frankreich antrat. Seine Opernkarriere begann bescheiden 1726, als er im Alter von dreiundvierzig Jahren für die Jahrmarkttheater komponierte und arrangierte. In intellektuellen Kreisen war er zu dieser Zeit bereits durch seine einflußrei-

GRUPPENPORTRÄT VON METASTASIO, CASTELLINI UND FARINELLI, Ölgemälde (1750–52) von Jacopo Amigoni (rechts neben Farinelli). Der berühmte Kastrat wird gezeigt, wie er ein Lied seiner eigenen Komposition Teresa Castellini überreicht. Das Gemälde entstand kurz nachdem der Spanische Hof Farinelli zum Komtur des Ordens von Calatrava ernannt hatte, dessen Medaillon er trägt.

MOZARTS *LA CLEMENZA DI TITO*, Bühnenbildentwurf von Giorgio Fuentes für den zweiten Akt, Frankfurt, 1799. Sieht man die europäische Opernszene als Ganzes, war *Tito* Mozarts beliebteste Oper in den Jahrzehnten nach seinem Tod. Sie kam in zweierlei Gestalten in Mode. Die eine wurde von Constanze gefördert, die ausgiebigen Gebrauch von Ausschnitten in Konzerten machte, um den Unterhalt der Familie zwischen 1794 und 1797 zu sichern. Die andere, theatralische Gestalt entsprang den musikalischen und dramatischen Vorzügen der Partitur, die auf der Höhe ihrer Zeit waren. Ein Kritiker lobte die Frankfurter Aufführung wegen ihrer historischen Genauigkeit im Wiedererwecken des Glanzes des antiken Rom, zu dem in nicht geringem Maß die gewaltigen und würdevollen Bühnenbilder beitrugen.

GLUCKS *ORFEO ED EURIDICE*, dritter Akt, erste Szene in einer Stockholmer Inszenierung vom November 1773; Gemälde von Pehr Hilleström dem Älteren. Die Besetzung der Kastratenrolle des Orpheus mit einem Tenor (gesungen von Carl Stenborg) nahm Glucks eigene Umarbeitung der Partie für die französische Fassung der Oper 1774 vorweg. Für die nächsten sechs Jahre war die Oper das populärste Werk auf der Bühne der Königlichen Oper in Stockholm.

CARLO SCALZI, von Charles Joseph Flipart. Dieses Porträt des Kastraten wurde offenbar 1738 in Venedig ausgeführt, wo Scalzi 1719 sein Debüt gegeben hatte. Er trat in allen bedeutenden Opernhäusern Italiens auf und verbrachte 1733/34 eine Spielzeit unter Händel in London. Flipart malte ihn im Kostüm für die Rolle des Sirbace in Nicola Porporas *Rosbale* (San Giovanni Grisostomo, Herbst 1737).

DIALOG ZWISCHEN LULLY, RAMEAU UND ORPHEUS IN DEN ELYSISCHEN FELDERN; Stich (1774). Orpheus hält ein Blatt, das den Namen »Iphigénie« trägt, und neben Rameau liegt eine Partitur, deren Titel »Castor et Pollux« lautet. Bei seiner Wiederaufnahme 1754 hatte Rameaus *Castor et Pollux* im Buffonistenstreit zu einem großen Gegenangriff zugunsten der *tragédie en musique* geführt; eine zweite Wiederaufnahme 1764, in Rameaus Todesjahr, besiegelte seinen Ruf, künstlerisch ebenso unsterblich wie Lully zu sein. 1774, in dem Jahr, in dem dieser Stich erschien, hatte Gluck mit der ersten seiner französischen Tragödien, *Iphigénie en Aulide*, gerade sein angekündigtes Ziel in die Praxis umgesetzt, »die lächerlichen Unterscheidungen zwischen nationalen Stilen der Musik« aufzuheben.

che, 1722 erschienene *Traité de l'harmonie* bekannt, deren Forderung, die Harmonie sei die strukturelle Grundlage der Melodie, eng an seinen eigenen musikalischen Stil geknüpft war. In den dreißiger Jahren wandte sich Rameau, bereits über fünfzig, der Tragédie lyrique und dem Ballett zu. Zwischen 1733 und 1760 fanden vierundzwanzig seiner dramatischen Werke ihren Weg auf die Bühnen der Opéra von Versailles und Fontainebleau. Nur vier davon sind Tragédies lyriques, aber gemeinsam begründeten sie Rameaus Ruhm als dem ersten Komponisten, der Lullys Erbe auf dessen Gebiet erfolgreich herausforderte. Der alte Campra erkannte den Grund für Bewunderung wie Verdammung dieses neuen musikalischen Phänomens. Als er 1733 in der Opéra Rameaus *Hippolyte et Aricie* hörte, erklärte er, dieses Werk enthalte genug Musik für zehn Opern und prophezeite, sein Komponist werde bald jeden anderen in den Schatten stellen.

Rameau gab in seinen Partituren weder den für Lullys Stil typischen Mittelweg zwischen Arie und Rezitativ auf, noch verzichtete er auf den dramatischen Gebrauch

chorischer Mittel oder das Ballet d'action. Doch anders als Lully und die Lullyisten begriff er die Musik als primär wirkende Kraft in der französischen Oper und begnügte sich folglich mit von mehr als einem Dutzend Mitarbeitern geschriebenen Texten, in denen die erwähnten überlieferten Ingredienzien wahllos und opportunistisch verwendet wurden, und deren Geist und Konstruktion im Vergleich zu den Libretti Quinaults einen jähen Verfall darstellten. Einer der besten Texte, Pierre Joseph Justin Bernards *Castor et Pollux*, überwältigte 1737 die Zuschauer gleich zu Beginn mit einer Klageszene an Castors Grab, die die elegische Stimmung des ganzen Werkes anlegt. (Glucks *Orfeo* von 1762 ist nur eine der diesem Vorbild verpflichteten Opern.) Der Erfolg des *Castor* festigte zwar Rameaus Ansehen, löste aber auch anhaltende Feindseligkeiten zwischen den Anhängern Lullys und den Verfechtern seines eigenen Stils aus. Der Kampf kulminierte in der heftigen Aufregung, die Rameau 1739 mit seiner dritten und wirkungsvollsten »tragédie en musique« auslöste, mit *Dardanus*, der in der fünf Jahre späteren Bearbeitung durch den Komponisten sogar noch spannender wurde. Die letzte der an der Opéra inszenierten Tragédies Rameaus, *Zoroastre* (1749), bezeichnet seine Abwendung von den Mythen der Antike hin zu einem orientalischen Stoff, wie er ihn ein Jahr zuvor in dem Ballet-héroïque *Zaïs* entdeckt hatte. Louis de Cahusac, der beide Libretti schrieb, scheint Rameau in diesen Werken zu einem besonders flüssigen Wechsel zwischen Gesang, Deklamation, Schauspiel und Tanz inspiriert zu haben, wie er in ihren besten Momenten die eigentliche Stärke der französischen Oper war. In der Partitur finden sich ebenso Merkmale von Rameaus Stil, die einige seiner Kritiker zur Verzweiflung brachten – komplexe, »akademische«, unaufhörliche Modulationen, ebenso schnell wieder aufgegebene wie aufgegriffene Melodien und ein Orchester, das mit den Sängern wettstreitet, anstatt sie zu unterstützen.

Ein Vorzug, den Rameau – der seinem Wesen gemäß seinem Einfallsreichtum gern freien Lauf ließ – gegenüber Lully genoß, war das wortlose Interesse, das Ludwig XIV. an seiner Musik bekundete. Die Königin freilich hegte eine große Vorliebe für die italienische Oper und initiierte die Concerts de la Reine, die zweimal wöchentlich in Versailles abgehalten wurden und in denen die ersten Sänger Italiens auftraten. Überdies begünstigte Madame de Pompadour – solange ihr Einfluß als bestimmend galt – einen verschwenderischen Aufwand in der Oper und veranlaßte den Bau zweier neuer Theater in Versailles. Doch in der Stadt konnte die Académie ihre eige-

RAMEAU, *DARDANUS*, Stich nach dem Bühnenbild des vierten Akts in der Pariser Wiederaufnahme 1760, gemalt von Machi. Direkt auf einem der berühmten »Carceri«-Stiche basierend, wurde dieses bemerkenswerte Szenenbild nicht nur von der in ganz Europa verbreiteten Piranesi-Mode inspiriert, sondern auch von dem herrlichen f-Moll-Monolog, den Dardanus in seiner Kerkerszene singt, »Lieux funestes«. Der *Mercure de France* behauptete, daß in der Opéra nie eine effektvollere *mise-en-scène* zu sehen gewesen sei, eine, die beweise, »daß mit Genie etwas Großartiges in einem sehr kleinen Raum gemacht werden kann«. Mit nur zwei Hängelampen wurde das ganze Bühnenbild beleuchtet.

nen Wege gehen, und so traten um die Mitte des Jahrhunderts Lullys Tragédies in den Hintergrund zugunsten größerer Experimente mit Opéra-ballet, Ballet-héroïque und Pastorale-héroïque.

1763 brannte die Grande Salle du Palais Royal, in der die Académie neunzig Jahre lang Opern und Ballette aufgeführt hatte, bis auf die Grundmauern nieder. Sie war eine der beengtesten Bühnen Europas für die ernste Oper gewesen, auch wenn Besucher die Maschinerie vorzüglich fanden. Ein neues Theater wurde an gleicher Stelle geplant, eines, das erstmals nach dem italienischen »Tränentropfen«-Grundriß gebaut werden sollte und nicht nach dem in Frankreich vertrauten rechtwinkligen Modell. In der Zwischenzeit verlegte man die Aktivitäten in die Salle des Machines in den Tuilerien. Hier wurde François-André Danican Philidors (1726–1795) eindrucksvolle Tragédie lyrique *Ernelinde* 1767 uraufgeführt. Poinsinets im mittelalterlichen Norwegen angesiedeltes Libretto ist eigentlich eine Bearbeitung eines italienischen Textes (Matteo Noris' *Ricimero*), und Philidors Musik verdankt italienischen Vorbildern weitaus mehr als irgendeiner Komposition Rameaus. Neben ihren ausgedehnten Arien enthält die Oper einige Passagen, die denen in Glucks oder Jommellis Opern so nahe sind, daß spätere Generationen die Erinnerung an Philidor mit dem Vorwurf des Plagiats trübten. Nichtsdestoweniger stellt *Ernelinde* in den Jahren zwischen Rameaus Tod 1764 und Glucks Ankunft in Paris 1772 einen Höhepunkt dar in einer Ära, die im übrigen von den Entwicklungen in der Opéra-Comique dominiert wurde.

Die Ernte der ernsten Oper fiel in diesen Jahren in Frankreich so mager aus, daß die Académie beschloß, die neue und stark vergrößerte Grande Salle im Palais Royal 1770 mit einer Neuinszenierung von Rameaus *Zoroastre* zu eröffnen. Das neue Theater, das schon 1781 ebenfalls durch einen Brand zerstört werden sollte, faßte mehr als 2000 Plätze. Gelegentlich besuchten Ludwig XV. und sein Gefolge die Vorstellungen, aber der König zeigte kein Interesse, es zu einem vom Hof unterhaltenen Betrieb zu machen. Mit seinem Vermögen unterstützte er exklusivere Aufführungen ernster und komischer Werke in den Theatern von Versailles und Fontainebleau. Wie in der früheren Grande Salle mußten alle Sitze und Logen erworben oder abonniert werden, die Preise verdoppelten sich bei der Uraufführung eines neuen Werks und vervierfachten sich, wenn der König selbst anwesend war. Auch war der Besuch der Oper ebensosehr eine Inszenierung wie das Geschehen auf der Bühne: ein Foyer wurde zur Verfügung gestellt und keine Kosten gescheut, das Vestibül auszuschmücken.

Dem an der Oper und nicht an der Gesellschaft interessierten Theaterbesucher schlug 1770 ein völlig anderes intellektuelles und ästhetisches Klima als 1733 entgegen, dem Jahr der Uraufführung von Rameaus *Hippolyte*. Die Debatte zwischen Lullyisten und Rameauisten hatte die Pariser damit vertraut gemacht, daß Vielschichtigeres und Reicheres möglich war als das strenge Werk Lullys. Wenig später wurden die Vorzüge der der Tragédie lyrique zugrundeliegenden Struktur, die Rameau nicht verändert hatte, einer kritischen Prüfung unterzogen in der eigenartigen Kontroverse, die als »Querelle des Bouffons« bekannt wurde. Baron von Grimm, ein seit 1749 in Paris ansässiger deutscher Diplomat, nutzte Anfang 1752 eine Wiederaufnahme von André Cardinal Destouches' *Omphale* als Vorwand, die französische Oper anzugreifen. Als Alternative hatte Grimm eine Art Opera seria im Sinn, wie er sie an der Dresdner Oper unter Hasse gehört hatte – Musik, die dem französischen Publikum unbekannt war. Das Fundament hierfür wurde ein Jahr später gelegt, als die italienische Kompagnie Pergolesis Intermezzo *La serva padrona* zwischen den Akten von Lullys *Acis et Galatée* aufführte. Die anfängliche Reaktion war positiv und erst als eine neue Tragédie lyrique in der Opéra (Mondonvilles *Titon et l'Aurore*) Grimm die Gelegenheit zu einem noch sarkastischeren Pamphlet bot, begannen die Feindseligkeiten. Die Enzyklopädisten und besonders Rousseau machten gemeinsame Sache mit Grimm. Die Unbekümmertheit, mit der Rousseau in seinem *Lettre sur la musique française* (1753) die ganze französische Oper pauschal verunglimpfte, bestärkte zwar in gewissen Kreisen Empfindungen patriotischer Loyalität, führte aber auch zu einer durchdachteren und gemäßigteren Reflexion über den einzigen Begriff, der für den Rest des Jahrhunderts die Kritik an der ernsten Oper beherrschen sollte – Wahrscheinlichkeit.

Neoklassizismus und Reform

Zwei italienische Autoren, die die französische Oper unmittelbar erlebt hatten, unternahmen praktische und theoretische Schritte hin zu einer Neuorientierung der Opera seria in den fünfziger und sechziger Jahren des 18. Jahrhunderts. Als gebildete Literaten fühlten sich Francesco Algarotti (1712–1764) und Ranieri de' Calzabigi (1714–1795) den intellektuellen Strömungen eng verbunden, die nach der Jahrhundertmitte alle Künste hin zu einem neuen Geist der Natürlichkeit, Unmittelbarkeit und Einfachheit drängten. Künstlichkeit und Rokoko-Geziertheit, die unter der Regentschaft Philippe d'Orléans' (1715–1723) in Frankreich wie unter Regierungen anderswo eingeführt worden waren, wichen im Theater, in der Malerei, in Kleidung und Konversation nach und nach diesem neuen Geist. Ein imaginäres Arkadien verblaßte angesichts von Katastrophen wie dem Lissaboner Erdbeben 1753 oder der Wiederentdeckung »edler Einfalt und stiller Größe« der antiken Welt durch die archäologische Forschung.

Autoren wie Algarotti und Calzabigi sahen sich vor die interessante Aufgabe gestellt, die Opera seria mit den Veränderungen in Einklang zu bringen, die die ihr verwandten Künste belebten. Metastasio galt inzwischen wie Petrarca als europäische Größe, und selbst seine ärgsten Kritiker leugneten weder die kultivierte Präzision und Ökonomie seiner Sprache, noch den schlichten, doch befriedigenden formalen Rhythmus, der durch die Rezitativ-Arien-Struktur seiner Szenen erzeugt wurde. Die metaphernreichen Arien und die langatmigen logischen Gedankengänge, die die inneren Kämpfe seiner Charaktere begleiteten, erschienen jedoch kalt und karg, wenn sie ihrer eleganten sprachlichen Hüllen entbehren mußten. Und als die extremen Situationen und Emotionen, für die das 17. Jahrhundert eine Schwäche gehabt hatte, aus der Erinnerung schwanden, schienen Metastasios selbstgezogene Grenzen die Ausdrucksmöglichkeiten einzuschränken.

ANTONIO MARIA BERNACCHI, Karikaturzeichnung des Altkastraten von A. M. Zanetti. Die bizarre Notengirlande, die aus Bernacchis Mund strömt und über den Campanile der Piazza San Marco fließt, ist eine Melodie, die er in der Titelrolle von Giovanni Maria Cappellis *Mitridate Re di Ponto* singt (Venedig, San Giovanni Grisostomo, Karneval 1723). Bernacchi hatte sich seinen Namen in Italien gemacht; in den späteren Jahren seiner Karriere sang er in München und London und gründete eine bedeutende Gesangsschule in seiner Heimatstadt Bologna, nachdem er sich von der Bühne zurückgezogen hatte.

Die anhaltende Popularität seiner Texte jedoch ließ einen direkten Angriff nicht ratsam erscheinen. Eine andere Sache war hingegen die musikalische Praxis. Unter dem Druck von Sängern und Publikum hatten die Komponisten die Balance von poetischer und musikalischer Syntax aufgegeben, die das Kennzeichen von Vincis Generation gewesen war. Nun wurden die gleichen eleganten acht oder zehn Verse über grandiose Da-capo- und Dal-segno-Arien gedehnt, die von langatmigen Ritornellen eingeleitet und von Rouladen und Kadenzen unterbrochen wurden, die der früheren Praxis, solche Verzierungen in einem einzigen Atemzug zu singen, Hohn sprachen. Das schauspielerische Niveau war insbesondere in Italien skandalös. Für die französische Opernbühne sprachen – gleichsam als Gegengewicht – verschiedene Vorzüge. Natürlich glaubte niemand ernsthaft, daß der französische Gesangsstil dem italienischen Belcanto technisch ebenbürtig sei, und manch ein Parisbesucher zeigte sich verwirrt darüber, daß sich in Frankreich ein Mittelding zwischen einfachem Rezitativ und großer Arie durchgesetzt hatte (Rousseau hatte es als »eine Art Psalmodie ohne Melodie oder Rhythmus« verunglimpft). Andere hingegen anerkannten das Fehlen von »ad libitum«-Verzierungen in der Tragédie lyrique, und viele, unter ihnen David Garrick, priesen das eindrucksvolle Gespür für dramatische Illusion, die durch hochrangige Darstellungskunst und das präzise Zusammenspiel aller Elemente des Dramas – Aktion, Deklamation, Ballett, Chor, Programmusik und visuelle Effekte – erzeugt wurde.

Nachdem der Venezianer Algarotti in Italien eine klassische Ausbildung abgeschlossen hatte, reiste er nach London und Paris, lebte eine zeitlang bei Voltaire, diente Friedrich dem Großen, war Berater an der Dresdner Oper und kehrte schließlich nach Italien zurück, wo er einen der einflußreichsten und am weitest verbreiteten kritischen Essays über die Oper veröffentlichte, den *Saggio sopra l'opera in musica* (1755). Seine Erfahrungen in Frankreich und Deutschland klar vor Augen, griff Algarotti nicht nur die großspurigen Stars des zeitgenössischen italienischen Opernsystems an, sondern auch das ungebärdige und hedonistische Publikum, das ihretwegen in die Opernhäuser strömte. Nach flüchtigen Worten der Bewunderung für Metastasios Kunst schlug Algarotti am Ende des Essays ein eigenes Libretto in französischer Sprache vor, *Iphigénie en Aulide*. Es veranschaulicht seinen Wunsch nach mehr Schauspiel, entschiedeneren Situationen und einer unmittelbareren Konfrontation mit dem Tragischen in Opernhandlungen. Insbesondere fand Algarotti in dem Thema von Agamemnons Opferung seiner Tochter ein Mittel, die vielen, die Oper konstituierenden Elemente durch eine einzige starke und zwingende poetische Kraft zu vereinen.

Bei einem Besuch am bourbonischen Hof in Parma 1759 muß Algarotti erfreut gewesen sein zu entdecken, wie der aufgeklärte Intendant Guillaume du Tillot mit der begabten Sänger-Darstellerin Catterina Gabrielli, dem Dichter Carl Frugoni und dem jungen Komponisten Tommaso Traetta (1727–1779) an *Ippolito ed Aricia*, einem italienischen Gegenstück zu Rameaus erster großer Tragédie lyrique, arbeitete. Dieser frühe Versuch, die beiden nationalen Traditionen miteinander zu versöhnen, erinnert manchmal an spätere Bemühungen in der gleichen Richtung. Zum einen fand er ganz und gar innerhalb des höfischen Systems des Mäzenatentums und in einem brodelnden weltoffenen und intellektuellen Zentrum statt (Parma wurde zu der Zeit als »Athen Italiens« bezeichnet); zum anderen gingen Inspiration und Leitung nicht von einem reformbegeisterten Komponisten aus, sondern von der Theaterverwaltung in einem gemeinschaftlichen Unternehmen, das alle Aspekte der Aufführung berührte. Wurden als ästhetische Ziele die Ideale der Einfachheit und der größeren Wahrscheinlichkeit verfolgt, um die Opera seria als Ganzes in Übereinstimmung mit den einzelnen Bestandteilen der Gattung zu bringen, die sich schon lange vom Ornamentalen und Künstlichen abgewandt hatten, so wies die literarische Neuorientierung hin zu Opferdramen, zum Übernatürlichen und zur Unterwelt den Weg zu menschlicheren Protagonisten, weil Kräfte jenseits der Macht selbst des aufgeklärtesten Herrschers dessen Vermögen durchkreuzten, durch gerechte Verteilung aller Güter an möglichst viele eine geordnete Welt zu entwerfen.

Wie viele Librettisten vor ihm stammte Calzabigi aus Verhältnissen, die es ihm selbstverständlich erscheinen ließen, sich mit der für die Pflege der Opera seria immer noch maßgeblichen Elite zu identifizieren. Seine frühen neapolitanischen Operntexte fanden zwar wenig Anklang, zeigen aber bereits die charakteristische Strenge seines Stils. Von 1750 bis 1760 verbrachte er ein prägendes Jahrzehnt in Paris, wo er eine vollständige Ausgabe der Werke Metastasios herausgab. In einer einleitenden *Dissertazione* rühmt Calzabigi leidenschaftlich Metastasio, äußert aber auch Bewunderung für einige Wesensmerkmale der Tragédie lyrique, obwohl er sich in der Hitze des Buffonistenstreits anderen unverschämten Ausländern wie Grimm und Rousseau angeschlossen hatte, um die Gattung als Ganzes anzugreifen und die Tauglichkeit des Französischen als einer musikalischen Sprache in Frage zu stellen.

1761 ließ sich Calzabigi in Wien nieder. Hier konnte er seine Ideen von der Oper in die Praxis umsetzen in einer Arbeitsgemeinschaft, der ein Komponist mit internationaler Erfahrung in der Person von Christoph Willibald Gluck (1714–1787) angehörte, ein energischer Intendant in Giacomo Durazzo, ein führender Kastrat, der bei Garrick Schauspiel studiert hatte, in Gaetano Guadagni, ein Wiener Pendant zu Noverre in dem Choreographen Gasparo Angiolini und ein erprobter Bühnenbildner in Giovanni Maria Quaglio, der mit feinem Gespür Formales mit Natürlichem zu verbinden wußte. Ihre erste Arbeit, *Orfeo ed Euridice* (1762), gehört einem Genre an, das Metastasio selbst in seinen späteren Wiener Jahren rege kultiviert hatte – der »azione teatrale« oder »festa teatrale«. Diese feierlichen Stücke gehen insofern von Richtlinien aus, die Metastasio für die Opera seria aufgestellt hatte, als eher mythologische denn historische Stoffe die Regel waren und größerer Gebrauch von Chor, Ballett und sogar Schauspiel gemacht wurde. *Orfeo* wurde zur Feier des Namenstages von

PORTRÄT DES KOMPONISTEN NICCOLÒ JOMMELLI, Ölgemälde. Zu der Zeit seines Todes, 1774, hatte Jommellis Ruhm als eines der kraftvollsten Musikdramatiker Italiens in der ernsten Oper wie in der Kirchenmusik seinen Höhepunkt erreicht. Trotz seiner Aktivitäten in Italien und, in seinen letzten Jahren, in Lissabon, ist Jommelli hauptsächlich wegen seiner innovativen ernsten Opern in Erinnerung, die er in Stuttgart schrieb und die unter Herzog Karl Eugen verschwenderisch inszeniert wurden.

Franz Stefan, dem Gemahl Maria Theresias, gegeben. Er enthielt ungewöhnlich viele Tanz- (vier Ballette) und Chorszenen, zu denen die französische Truppe herangezogen wurde, die im Burgtheater Opéra-comique und Ballett aufführte. Die Ansichten darüber, warum das neue Werk einen so tiefen Eindruck hinterließ, waren geteilt – verdankte er sich Calzabigis griechisch beeinflußten Chortableaus oder Guadagnis Stimme und Bühnenpräsenz oder Glucks »göttlicher« Musik oder den prächtigen Bühnenbildern? Durazzo nützte diesen Moment aufs beste und konzentrierte durch eine Reihe kluger Schachzüge – unter anderem einer Bearbeitung von Glucks Partitur für eine Veröffentlichung in Paris – die internationale Aufmerksamkeit auf die innovativen Unternehmungen in der kaiserlichen Hauptstadt, zu denen Ballett, italienische Oper und selbst Opéra-comique gehörten.

Im folgenden Jahr kam Traetta nach Wien. Er hatte 1761 für das Burgtheater (und für Catterina Gabrielli) eine *Armida* zu einem nach Quinault bearbeiteten Libretto geschrieben und im darauffolgenden Jahr für den kurfürstlichen Hof in Mannheim eine *Sophonisbe* komponiert, deren tragischer Schluß ähnlich wirkungsvoll war wie die legendäre Kraft der griechischen Tragödie. Der Dichter der *Sophonisbe* war ein weiterer bemerkenswerter Italiener, Mattia Verazi, der gemeinsam mit dem Komponisten Niccolò Jommelli (1714–1774) verschiedene gewaltige, französisch inspirierte Werke für Herzog Karl Eugen in Stuttgart verfaßt hatte. Jommelli, in Diensten Karl Eugens von 1753 bis 1769, nutzte glänzend die von ihm selbst dort geschaffenen orchestralen Möglichkeiten. Trotz der Vorliebe des Herzogs für die französische Oper, die er in Paris und Versailles gehört hatte, vermieden Jommelli und Verazi, dieser unmittelbar nachzueifern. Sie suchten stattdessen die dramatische Energie der Opera

GABRIEL DE SAINT-AUBIN, Schlußszene von Glucks *Iphigénie en Tauride* (August 1779); Aquarell und Gouache. Saint-Aubin zeichnete den Moment, in dem Pylades und die Griechen in den Tempel der Diana eindringen, die man auf einer Wolke herabsteigen sieht, als Andenken an eine Aufführung, die er an der Opéra gesehen hatte. Dieses Werk bewirkte einen radikalen Wandel in seinem Urteil über Gluck. Zwei Jahre zuvor, beim Salon 1777, hatte er Glucks Musik zusammen mit der berühmten Büste des Komponisten von Houdon abgetan als »dur à l'oreille comme aux yeux«.

seria in die Höhe zu treiben, indem sie dem obligaten Rezitativ größeres Gewicht gaben. Es ist aufschlußreich, daß sich Jommelli gezwungen sah, selbst diesen Neuerungen abzuschwören bei seiner regelmäßigen Rückkehr nach Italien, wo er neue Opern für Neapel und Rom komponierte.

In Wien wurde Traetta aufgefordert, ein Libretto von Calzabigis Livorneser Landsmann Marco Coltellini zu vertonen, das auf einem der großen Opferdramen der antiken griechischen Tragödie beruhte, *Ifigenia in Tauride.* Sie war die erste einer Reihe abendfüllender ernster Opern, die sich auf *Orfeo* bezogen – bis hin sogar zu direkten Nachahmungen seiner einprägsamsten Tableaus. Orests Szene mit den Furien wurde praktisch von den gleichen Erneuerern konzipiert, die mit Gluck an der entsprechenden Szene in *Orfeo* zusammengearbeitet hatten, Guadagni eingeschlossen. Auch *Ifigenia* war, wie im Jahr zuvor *Orfeo*, ein Auftragswerk für den Namenstag des Kaisers. Obwohl es wegen des größeren Ruhms seiner Oper Grund genug gibt, Glucks radikalem musikalischen Neubeginn in *Orfeo* Anerkennung zu zollen, so zeigte er selbst sich doch tief beeindruckt von Traettas Musik – er dirigierte dessen Oper 1767 in Florenz mit einem hinzugefügten eigenen Prolog und schien *Ifigenia* nicht vergessen zu haben, als er 1778 seine eigene Oper über den gleichen Stoff komponierte.

Drei für diese beiden Opern wichtige Punkte herauszustreichen, wird sinnvoll erscheinen. Erstens war keine hauptsächlich das Werk ihres Komponisten – beide entstanden vielmehr durch die Bemühungen von Erneuerern, die sich in Wien getroffen hatten, wo sie die volle Unterstützung des kaiserlichen Hofes genossen (selbst die Kaiserin besuchte entgegen ihren Gewohnheiten das Theater zu eigentlich allen frühen Vorstellungen des *Orfeo*). Zweitens bedeutete sie keine direkte Ablehnung von Metastasios Erbe. Im gleichen Jahr, in denen die Wiener Glucks neue Oper sahen, konnten sie ebenso einundzwanzig Vorstellungen von Hasses Vertonung des neuesten Librettos von Metastasio genießen, *Il trionfo di Clelia*; außerdem setzte Gluck selbst im folgenden Jahr diesen Text in Musik als Eröffnungsoper für das neue Teatro Comunale in Bologna. Und schließlich schöpften nach Meinung der Zeitgenossen beide Opern ihre ästhetische Kraft aus der griechischen Tragödie als geistiger Quelle, wenngleich die Tragédie lyrique für viele formale Neuerungen in *Orfeo* wie in *Ifigenia* ein deutliches Vorbild war.

Die trauerumflorte und strenge Atmosphäre in den von Gluck, Calzabigi und Angiolini geschaffenen neuen Opern und Balletten festigte den Bezug zur antiken Welt, die Winckelmann und andere gerade entdeckten, sie stellte aber auch eine gewisse Schwierigkeit für das Wiener Publikum dar. Die dunkle Tragik des Balletts *Semiramis* war kaum angemessen, die zweite Hochzeit Josephs II. 1765 zu feiern; zwei Jahre später kam Glucks neue italienische Oper *Alceste* – nach Euripides' Tragödie über eine Frau, die anstelle ihres todkranken Gatten stirbt – gerade auf die Bühne, als Franz Stefan gestorben war. Die Oper gewann nur langsam kritische Anerkennung, und eine dritte Zusammenarbeit von Calzabigi und Gluck, *Paride ed Elena*, fiel 1770

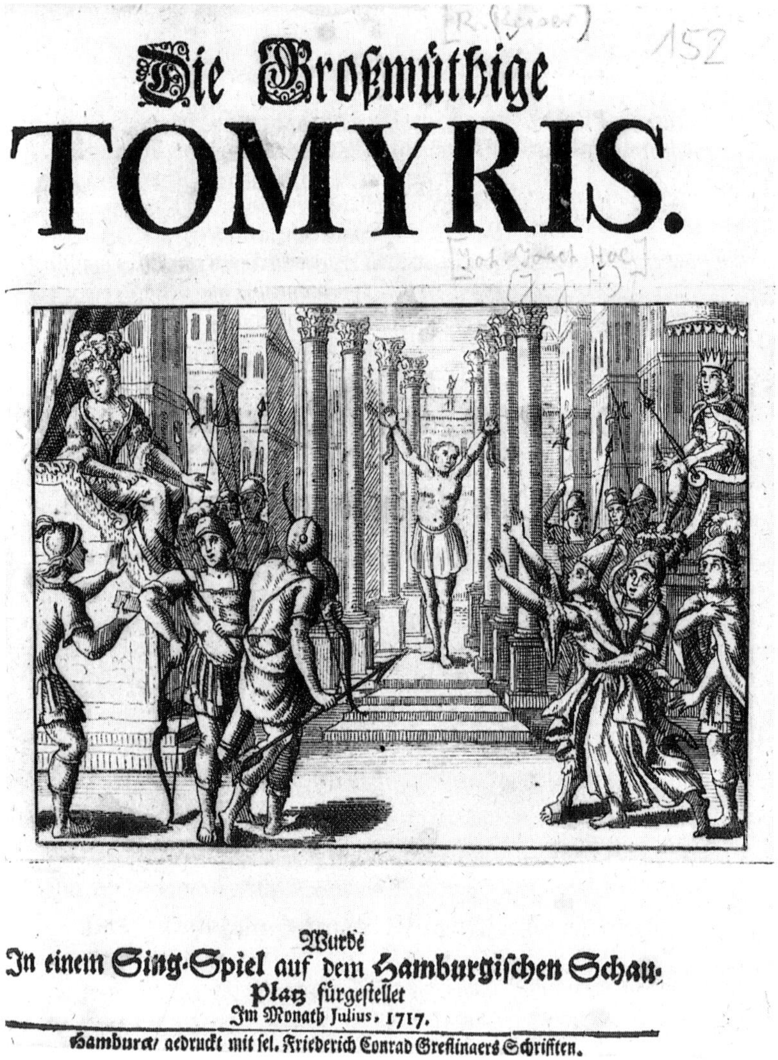

TITELBLATT DES LIBRETTOS ZU KEISERS *TOMYRIS*, Hamburg, Theater am Gänsemarkt (Juli 1717). Anders als die Illustrationen, die im 18. Jahrhundert die Ausgaben der Werke Metastasios begleiten sollten, dürfte diese wohl eher die Bühnen- und Kostümpraxis des Hamburger Theaters widerspiegeln als die Traditionen der klassischen Ikonographie, die mit diesem Stoff verbunden sind. *Tomyris* war eine der letzten von mehr als vierzig Opern, die Keiser als Musikdirektor für die Hamburger Bühne schrieb – unerklärlicherweise wurde er aus dieser Stellung 1718 von der neuen Verwaltung entlassen.

trotz Balletten von Noverre und der Mitwirkung des berühmten Kastraten Giuseppe Millico »aufgrund ihres unausgeglichenen und ziemlich bizarren Stils« durch, wie ein Zeuge berichtete.

Dementsprechend gab es einigen Streit, wer der Autor des berühmten Vorworts in der ersten Partiturausgabe der *Alceste* war, die 1769 in Wien erschien. Es trägt nur Glucks Namen, doch ist stark zu vermuten, daß ebenso Calzabigi und vielleicht Durazzo bei seiner Abfassung ihre Hand im Spiel hatten. Komponisten waren in der Regel keine Literaten und nahmen nur ausnahmsweise Zuflucht zum gedruckten Wort als Mittel der Polemik. Den »literati« hingegen war es seit langem vertraut, gegen hochmütige Sänger zu protestieren, und alle in dem Vorwort formulierten neuen musikalischen Prinzipien, die eine Korrektur dieser Zustände versprachen, haben einen gemeinsamen Nenner – die Musik auf die Rolle zu beschränken, das vom Dichter bereits Geschaffene zu kolorieren und zu beleben. Nichts im Vorwort deutet darauf hin, daß die Musik in der Oper eine formbildende Funktion haben könnte oder daß diese der Dichtung nicht zukäme.

Ein Jahr später arbeitete der junge Antonio Salieri (1750–1825) zusammen mit Coltellini an einer neuen Oper für Wien, der Tassos Erzählung von Rinaldo und Armida zugrunde lag. Salieris *Armida* war ein geglückter Kompromiß zwischen Glucks Manier und der Tradition des Belcanto; sie begründete seinen Ruhm in Wien. Salieris Schüler Ignaz Mosel hob in seiner Biographie des Komponisten einen wesentlichen Punkt hervor, in dem Salieri und Gluck übereinstimmten – »die vollkommen *szenische* Konstruktion des Ganzen«.

1773 unternahm Gluck seine erste Reise nach Paris. Seine Entschlossenheit, in den späten Lebensjahren die französische Hauptstadt zu erobern und die französische Oper zu prägen, ist ein einzigartiges Ereignis in der Operngeschichte des 18. Jahrhunderts. Obwohl der Poet Du Roullet ihm ein Libretto nach Racines *Iphigénie en Aulide* angeboten hatte, hatte Gluck keinen festen Auftrag der Pariser Opéra in der Tasche, als er mit der Vertonung des Textes begann. Eine Reihe sorgfältig inszenierter Manöver führten das Werk bei seiner Premiere 1774 zu einem Triumph. Ein weiteres Kuriosum der siebziger Jahre ist die List des neapolitanischen Botschafters, den Komponisten Niccolò Piccinni als expliziten Rivalen Glucks nach Paris kommen zu lassen, denn anders als Gluck besaß Piccinni weder Kenntnisse der französischen Sprache noch der französischen Oper. Er war unschuldig an dem leidenschaftlichen Spiel, dem die »Gluckistes« und die »Piccinnistes« frönten, was ihm ebenso angerechnet werden muß wie seine bemerkenswerte Anpassung an das französische Empfinden mit *Roland* (1778), einer Neubearbeitung nach Quinault von Marmontel. Vier Monate zuvor hatte Gluck mit seiner Komposition von Quinaults *Armide* zwar eine hitzige Debatte entfacht, doch taktvoll ließ er Pläne zur Vertonung eines *Roland*-Librettos fallen, als er von denjenigen Piccinnis erfuhr, genauso wie Piccinni die Vollendung seiner *Iphigénie en Tauride* verschob, als Gluck eine Oper mit dem gleichen Stoff schrieb.

Glucks *Iphigénie en Tauride* (1779) war der letzte und glänzendste Erfolg in seinem beachtlichen Werdegang. Nie zuvor hatte der Komponist Arien, Chöre und Ballette zu Tableaus von stärkerer Bildhaftigkeit und größerem dramatischen Gewicht zusammengefaßt. Die einzelnen Elemente unterschieden sich nicht sehr von denen der mit Calzabigi erarbeiteten Wiener Opern, doch gewinnt ein schlichtes Chorgebet wie »Chaste fille de Latona« seine Ausdruckskraft nicht durch seine genuine musikalische Struktur, sondern durch die Disposition innerhalb der Szene, des Aktes und letztlich des ganzen Dramas.

Mit seiner Bemerkung, er sei in *Armide* – die er als sein bestes Werk betrachtete – bestrebt gewesen, mehr Maler und Poet zu sein als Musiker, bestätigt Gluck unzweideutig die Rolle des Komponisten, wie er sie im Vorwort zu *Alceste* verkündet hatte, und erinnert überdies an die gemeinsame Grundlage seiner neo-klassischen Opern und derjenigen Lullys, dessen Partituren Gluck in den siebziger Jahren studiert haben soll. Gluck wie Piccinni wirkten deutlich anders auf die französische Oper als Rameau, der der Dichtung eine untergeordnete Funktion zuschrieb. Im übrigen fand Rameau keine Nachfolger, Gluck und Piccinni hingegen stehen am Anfang einer langen Reihe ausländischer, in Italien ausgebildeter Komponisten, die die französische Oper bis in das Zeitalter Meyerbeers hinein dominierten. Salieri wurde feierlich zum Erben Glucks gesalbt, als ihm der alte Komponist erlaubte, über *Les Danaïdes* im voraus zu verbreiten, es sei sein, Glucks, Werk, und es erst nach seinem erfolgreichen Start an der Opéra als das Salieris enthüllt wurde.

Ohne sich je zum Schüler zu erklären, übernahm Wolfgang Amadeus Mozart (1756–1791) einige der von Gluck verfochtenen und praktizierten neo-klassischen Prinzipien in seine eigene, stärker italianisierte und auf die Musik konzentrierte Konzeption der Oper. Mit *Idomeneo* (1781) bot sich ihm die einzigartige Gelegenheit, das literarische Vorurteil herauszufordern, es sei die untergeordnete Funktion der Musik, eine im wesentlichen poetisch-dramatische Struktur zu kolorieren. Mozart überwachte die konzeptionelle Formgebung des Dramas von Anfang an und schuf am Ende eine musikalisch-dramatische Synthese, in der er sich die Stärken der französischen, der italienischen und der deutschen Praxis zunutze machte. Wie Traetta in Wien übernahm er Elemente der Tragédie lyrique in ein französisches Opferdrama, das im wesentlichen von italienischen Prinzipien beherrscht wurde. Der erste und der zweite Akt schließen mit eindrucksvollen Chortableaus, die unmittelbar von Rameau und Gluck inspiriert sind: von den die Akte beendenden Chaconnes des ersten und insbesondere von den komplexen Chören des letzteren in der *Iphigénie en Aulide*, in der ebenfalls ein Vater versucht, dem Sühneopfer seines eigenen Kindes zu entfliehen, dessen Ursache Navigationsprobleme waren. Dennoch herrschen, diesen Szenen am Ende der Akte vorausgehend, in *Idomeneo* italienische Ideale vor. Ritornelle, Arien, orchesterbegleitete und einfache Rezitative gliedern noch immer den dramatischen Rhythmus, und ein sinnlicher und sogar spielerischer Klang hellt zuweilen die dunkle Handlung auf. Musikalische Ruhepunkte werden jedoch nicht länger durch die einzelnen Nummern, sondern stärker durch die dramatische Situation bestimmt. Wenngleich konventionell strukturiert, werden die Nummern nun miteinander verbunden, und eine Verflechtung wiederkehrender Motive trägt dazu bei, Sänger und Figuren Mächten jenseits menschlicher Herrschaft unterzuordnen. Um einen solch ununterbrochenen Ablauf auszuführen, vertraute Mozart auf das berühmte Mannheimer Orchester, das Karl Theodor mit nach München gebracht hatte. Er schrieb für diese Musiker nahezu wie für seine Sänger und schuf eine Stimme für das Orchester, die von der menschlichen Tragödie sowohl aus der Perspektive der an ihr Teilnehmenden wie von außen zu künden wußte.

SCHINDERLIN UND RAUZZINI in Sacchinis *Montezuma*, King's Theatre, London (7. Februar 1775). Venanzio Rauzzini war sowohl als führender Soprankastrat wie als Komponist von 1774 bis 1777 in London tätig, wo auch viele andere seiner Werke veröffentlicht wurden. Es wird berichtet, daß Garrick von Rauzzinis Spiel in der Rolle des Montezuma beeindruckt war. Sacchinis Oper erschien, als seine enorme Beliebtheit in London ihren Gipfel erreicht hatte. Diese anonyme Radierung gibt eine Vorstellung von den Versuchen am King's Theatre, exotische Kostüme zu gestalten.

Die deutsche Oper und das Melodram

Fast das ganze 18. Jahrhundert hindurch war die ernste Oper in den deutschsprachigen Ländern an denjenigen Hoftheatern, die sich der italienisch gesungenen Opera seria widmeten, zuhause. Die wichtigste Stätte für deutschsprachige Opern war im ersten Drittel des Jahrhunderts die 1678 in Hamburg gegründete, bedeutendste bürgerliche Bühne Deutschlands, das Theater am Gänsemarkt. Obwohl sich einheimische Diplomaten und Adlige gelegentlich für sie einsetzten, war die Unternehmung im wesentlichen öffentlicher Natur. Sie unterhielt sich selbst, indem sie ihr Repertoire auf den Hamburger Mittelstand zuschnitt, einen der größten und blühendsten in Deutschland. Dennoch gab es häufige Wechsel in der Verwaltung, und 1738 schloß die Oper schließlich ihre Pforten. Die Komponisten, die dem Unternehmen ihr Können zur Verfügung stellten, waren bezeichnenderweise in anderer Funktion angestellt. Johann Mattheson (1681–1764) kam beispielsweise als Sänger an die Hamburger Oper und Händel war als zweiter Violinist und Cembalist engagiert. Nur kraft seiner außergewöhnlichen Produktivität und seines Talents konnte Reinhard Keiser (1674–1739) eine Karriere als mehr oder weniger unabhängiger Komponist verfolgen, nachdem er von 1702 bis 1707 das Theater am Gänsemarkt geleitet hatte.

Vor der Jahrhundertwende hatte man sich in den neuen, für Hamburg geschriebenen Opern auf biblische Stoffe konzentriert, wie sie für die frühe deutsche Oper typisch waren – wohl um den Widerstand der kirchlichen Autoritäten gegen jegliche Form der Oper zu beschwichtigen. Doch als Keiser um 1695 dorthin kam, spielten italienische Modelle eine zunehmend führendere Rolle. 1703 unternahm Keiser in *Der verführte Claudius* den ungewöhnlichen Schritt, italienisch und deutsch gesungene Arien miteinander zu vermischen, und ihre Anzahl stieg danach. Nahezu alle Komponisten legten den Akzent auf eine eklektische Vielfalt in Stil und Ausdruck, die von herausfordernd einfachen deutschen Liedern über das Pathos der begleiteten Rezitative bis zur atemberaubenden Virtuosität der Bravourarie reichte. Nach antiker Historie und Mythologie entworfene Handlungen und historische oder sonstige Fabeln

GEORG BENDAS MELODRAM *ARIADNE AUF NAXOS* (Gotha, 1775), mit Charlotte Brandes in der Titelrolle; Stich nach Georg Melchior Kraus. Benda schrieb sein erstes Melodram (eine gesprochene dramatische Szene mit eingefügtem orchestralen Kommentar) für die Frau des Librettisten des Stückes, Johann Christian Brandes. Das fließende griechische Gewand, in dem sie auftrat, steigerte die heftige realistische Wirkung der neuen Gattung und stellte den ersten Versuch auf einer deutschen Bühne dar, historisch passende Kostüme für einen Stoff aus der klassischen Antike zu verwenden.

aus allen Gegenden Europas – Mattheson komponierte 1710 einen *Boris Godunow* – gesellten sich zu den biblischen Stoffen. Die mit Zeno und Metastasio verbundenen Reformen wurden nahezu ignoriert. Die meist einheimischen Librettisten streuten eine Überfülle an Arien hier und da aus, und der szenische Prunk wurde insbesondere in den letzten Jahrzehnten zu einem wesentlichen Faktor. Obwohl ein mehr oder weniger ernster Tonfall vor allem für die Opern Keisers typisch war, blieben komische Szenen nicht ausgeschlossen: der Triumph, den Keiser 1707 mit *Der Carneval von Venedig* errang, beruhte zum Teil auf den volksliedhaften Arien in den komischen Szenen, die im einheimischen niederdeutschen Dialekt gesungen wurden.

Von den besseren Sängern wurde die Bewältigung einiger glänzend figurierter Passagen erwartet, aber es war nichts dem italienischen Belcanto Vergleichbares zu hören. Mattheson – selbst Tenor – vermochte zwar flüssige lyrische Melodien zu schreiben, hohes Ansehen jedoch genoß Keiser wegen seiner verblüffenden und erfinderischen Themen, an denen er das Orchester aktiv beteiligte. Der Vokalstil des jungen Händel ist sogar noch rücksichtsloser instrumental, abgesehen von den wenigen komischen Szenen in seiner einzigen erfolgreichen Oper, *Almira* (1705). Christoph Graupners (1683–1760) *Dido, Königin von Carthago*, ein »Singe-Spiel« in drei Akten nach einem Libretto von Heinrich Hinsch und im Frühjahr 1707 uraufgeführt, veranschaulicht den Kontrast zur italienischen Praxis. Hinschs Libretto ist voll von Nebenhandlungen und übernatürlichen Heimsuchungen, obwohl es keine komischen Szenen enthält. Graupner verbindet in seiner Partitur, seiner ersten für Hamburg, neunundzwanzig deutsche und sechzehn italienische Arien mit zwölf Ensembles. Dido singt den größten Teil ihrer Partie in Moll; ihr Selbstmord findet auf der Bühne statt.

Nach dem Zusammenbruch des Hamburger Unternehmens gab es in Deutschland in den nächsten fünfunddreißig Jahren kaum eine ernste Oper zu hören. Das System der privaten Unternehmensführung, das in den deutschen Theatern dieser Jahre vorherrschte, brachte zwar nach dem Siebenjährigen Krieg die populären Singspiele von Christian Felix Weisse und Johann Adam Hiller hervor, doch die ernste Oper blieb den großen Hoftheatern und ihren italienischen Sängern überlassen. Eine zufällige Verknüpfung von Umständen an dem kleinen herzoglichen Hof von Weimar ließ 1773 überraschend eine Opera seria mit deutschem Text erscheinen. Die Schöpfung der *Alceste*, die ihr Dichter Christoph Martin Wieland, ein glühender Verehrer Metastasios, initiiert hatte, genoß die volle Unterstützung der Herzogin Anna Amalia, die in Braunschweig mit italienischer Opera seria aufgewachsen war. Die deutsche *Alceste* hatte so gut wie nichts mit Glucks Reformoper zu tun, die Johann Friedrich Agricola, der Kapellmeister Friedrichs des Großen, scharf kritisiert hatte. Wielands musikalischem Mitarbeiter Anton Schweitzer lag wenig daran, mit der neo-klassischen Zurückhaltung von Glucks Musik zu wetteifern, wenngleich er dessen Vorliebe für das Dunkle und Ernste vollkommen teilte. Musikalisch wird die Oper von ihren ausgedehnten, schwerfällig strukturierten Arien beherrscht (zwölf von sechzehn Nummern) und von zwei gewaltigen obligaten Rezitativen, die reich an harmonischen und melodischen Überraschungen sind. Als Musikdirektor der Seylerschen Theatercompagnie hatte Schweitzer verschiedene hervorragende Sänger engagiert, ohne deren Fähigkeiten seine anspruchsvollen Arien undenkbar gewesen wären.

Alceste wurde sofort nicht nur in Weimar und an anderen deutschen Höfen erstaunlich populär, sondern auch auf bürgerlichen Bühnen verbreitet. Theatertruppen, die ihre musikalischen Talente über das in Hillers Singspielen Geforderte hinaus verbessert hatten, nahmen sie auf, und in Städten, in denen das nicht möglich war, wurde sie häufig konzertant aufgeführt. Eine ihrer glänzendsten Produktionen erfolgte durch eine Gruppe hervorragender deutscher Sänger, die Schweitzers Oper vor dem Pfälzischen Hof Karl Theodors in Schwetzingen und Mannheim aufführten. Umgehend schrieb der einheimische Dichter Anton Klein (Gründer einer Gesellschaft zur Reinigung der deutschen Sprache) eine weitere deutsche ernste Oper, *Günther von Schwarzburg*, die mit einem Stoff aus der deutschen Geschichte Wielands patriotische Bemühungen weiter führte. Ignaz Holzbauer lehnte sich in seiner Musik eng an den Stil Jommellis an, der in Süddeutschland einen beträchtlichen Einfluß ausübte. Die heftigen Leidenschaften der Heldin Alberta und die Todesszene Günthers entlockten dem alternden Komponisten eine weitaus animiertere Partitur, als es Schweitzers »trauerige *Alceste*« (wie Mozart sie nannte) war.

Verschiedene andere italianisierte ernste Opern in Deutschland, darunter zwei weitere Vertonungen von Wielands Libretto, folgten dem in diesen beiden Werken eingeschlagenen Weg. Doch keine von ihnen erreichte annähernd die Originalität der ernsten deutschen Werke, die Georg Anton Benda (1722–1795) Mitte der siebziger Jahre als Kapellmeister für das Hoftheater in Gotha schrieb. Im Rahmen seiner Kampagne gegen Französisch als Opernsprache hatte Rousseau ein neues experimentelles Genre des Musikdramas erfunden, in dem gesprochene Deklamation mit orchestralen Zwischenspielen abwechselt. Das eine Beispiel, das er schuf, *Pygmalion*, wurde zuerst 1770 in Lyon und später in Paris auf die Bühne gebracht. Die Franzosen zeigten kein Interesse für Rousseaus »mélodrame«, doch in Deutschland, wo alles, was er schrieb, ernsthaft aufgenommen wurde, entstanden plötzlich Imitationen. Schweitzer komponierte Musik zu einer Übersetzung von Rousseaus Text, die 1772 in Weimar aufgeführt wurde. Das Melodram nutzte die beiden Stärken einer deutschen Theaterkompagnie, indem es die hohe Kunst des tragischen Monologs mit dem obligaten Rezitativ vereinte, der musikalischen Technik, die in der ernsten Oper ihren leidenschaftlichsten Szenen vorbehalten war.

Als die Seylersche Theatercompagnie Ende 1774 nach Gotha ging, schuf Benda zwei neue Melodramen, *Ariadne auf Naxos* und *Medea*, die mit einem Schlag die neue Gattung und seinen eigenen Ruhm begründeten. Geschrieben für die führende Tragödin der Truppe, entfaltet sich jedes, als sei es ein einziger, krönender Akt eines griechischen Dramas. Das Publikum, das die Neuerung für theoretischen Unsinn hielt, war überwältigt von ihrem unwiderstehlichen Realismus und ihrem Schwung, und diese Wirkungen wurden in der *Ariadne* noch gesteigert durch den erstmaligen Gebrauch historischer Kostüme auf einer deutschen Bühne. Bendas epochemachende Partituren eroberten im Sturm jede Bühne Deutschlands und gelangten bis nach Frankreich und Italien. Ihre abwechslungsreiche musikalische Sprache enthält viel Textmalerei, zeigt aber auch ein entschiedenes Bewußtsein für die Gestaltung des Ganzen. 1776 ließ sich Benda mit seiner dreiaktigen ernsten Oper *Romeo und Julie* auf ein weiteres Experiment ein, das gleiches Aufsehen wie seine Melodramen erregte. Die Partitur ist ganz dem Stil der Opera seria verpflichtet mit der Ausnahme, daß ein gesprochener Dialog an die Stelle des einfachen Rezitativs tritt, eine Entscheidung, die Benda im Druck der Partitur pointiert verteidigte. Die Hauptszene, ein feierlicher Trauerchor zu Beginn des dritten Akts, bildet ein nördliches Gegenstück zu Glucks erhabenen Chortableaus. Die Idee zu dieser Oper rührte offenbar von David Garricks Inszenierung des Shakespeare-Stücks aus dem Jahr 1750 her.

Opera seria im Schatten der Revolution

Nach Metastasios Tod 1782 behaupteten sich seine Texte weiterhin auf den italienischen und den ausländischen Opera-seria-Bühnen. Allgemeine Veränderungen und insbesondere Reduzierungen der Arienanzahl blieben zwar die Regel, doch selbst wo Streichungen und Ersetzungen am skrupellosesten vorgenommen wurden, blieb das eigentliche Handlungsgefüge unverändert. Die bekannteste Vertonung eines Textes von Metastasio im späten 18. Jahrhundert ist natürlich Mozarts *La clemenza di Tito*, in großer Eile komponiert zur Krönung Leopolds II. in Prag 1791. Leopolds Regierungsantritt auf dem Thron der Habsburger und des Heiligen Römischen Reiches signalisierte auch die Rückkehr der Opera seria nach Wien, nachdem sie in der josephinischen Ära auf die konzertante Aufführung von Ausschnitten begrenzt worden war. Leopold ließ im Burgtheater die Opera seria und das Ballett so wiederaufleben, wie er sie in Florenz – einem der bedeutendsten Orte für beide Gattungen im letzten Viertel des Jahrhunderts – in seiner Zeit als Großherzog der Toskana kennengelernt und gepflegt hatte.

In *La clemenza di Tito* vereint Mozart viele, aber gewiß nicht alle der neuen Eigenschaften, die die Opera seria während dieser Jahre angenommen hatte. Der zweite und der dritte Akt sind zu einem verschmolzen, der Schluß des ersten Akts zu einem echten Finale umgeformt, die Zahl der Abgangsarien verringert worden, und in den vorletzten Szenen singen der Primo uomo und die Primadonna jeweils eine zweiteilige Arie, die gewöhnlich als Rondo bezeichnet wird. Mozarts Katalogeintrag für dieses Werk lautet »opera seria ... ridotta a vera opera dal Signor Mazzolà«, und verweist so nicht nur darauf, daß die Umwandlungen der alten Gattung radikal genug waren, um eine neue Bezeichnung zu verdienen, sondern auch auf die Tatsache, daß diese Veränderungen zum Teil literarischer Natur waren, das Werk seines Mitarbeiters Caterino Mazzolà, des Dresdner Hofpoeten.

Mit der Verherrlichung dynastischer Kontinuität und aufgeklärter Regentschaft verkörpert *La clemenza di Tito* eine ziemlich konservative Haltung in der Welt der Seria der neunziger Jahre. Nach Mozarts Tod beharrten Wien und andere Höfe nördlich der Alpen, die weiterhin die italienische Opera seria pflegten, anders als im Zeitalter Glucks auf der Konvention, während die italienischen Bühnen bei der Umgestaltung der metastasianischen Oper zum »melodramma tragico« des 19. Jahrhunderts in neue Richtungen wiesen. Neapel, Mailand, Turin und Florenz trugen dazu bei, doch die führende Rolle übernahm wie zu Beginn des Jahrhunderts Venedig. In all diesen Zentren existierten neue und fortschrittliche Werke neben der weiterhin kultivierten metastasianischen Oper und vereinzelten, mehr oder weniger von Gluck geprägten neo-klassischen Opern.

Das von Mozart in den achtziger Jahren verwendete zweiteilige Rondo war nur ein gemeinsamer Wesenszug von Opera seria und Opera buffa. Er erlaubte, den gesamten Stimmumfang eines Sängers in einer einzigen Arie auszuloten und forderte in seinem langsamen Teil das emotionale Engagement des Publikums heraus – ein Zeichen für viele andere Veränderungen in der Struktur der Opera seria. Der Chor beispielsweise erscheint häufiger, vor allem in den Finali (die dem französischen Beispiel ebenso verpflichtet sind wie der Opera buffa), und übernimmt weniger eine formal-architektonische als eine interagierende Funktion. Das zweiteilige Duett, das sich im kommenden Jahrhundert verbreiten sollte, wird durch den Wechsel von die Handlung vorantreibenden und reflektierenden Abschnitten in jedem seiner Teile ebenfalls flüssiger.

Am bemerkenwertesten jedoch ist die spürbare Zunahme von Spektakel und Gewalt, die von einer neuen Librettistengeneration eingeführt worden waren, und die mit dem »lieto fine« eines der bezeichnendsten Merkmale der metastasianischen Oper in höchstem Maße aushöhlten. Noch 1772 hatte Antonio Planelli das glückliche Ende in der Opera seria als ein willkommenes Zeichen für die Verpflichtung der modernen Welt zu Vornehmheit, Kultiviertheit und Milde verteidigt. Um 1790 jedoch genoß eine ganze Generation von »morte«-Opern weitverbreitete Popularität. Die venezianischen Librettisten Giuseppe Foppa und Antonio Sografi waren – dem Vorbild des exzentrischen Grafen Alessandro Pepoli folgend – die ersten, die sich intensiv mit dem tragischen Ende beschäftigten. Schon 1786 hatte Abate Pietro Giovannini Voltaires *Semiramis* zu einer blutigen Tragödie, zu *La vendetta di Nino,* umgearbeitet (sie wurde in Florenz mit Musik von Alessio Prati aufgeführt), in der ein Sohn, der unwissentlich in eine inszestuöse Liaison mit seiner Mutter verstrickt ist, sie nicht nur vor den Augen eines von Entsetzen gepackten Publikums ermordet, sondern auch vor dem Geist ihres Gatten, den zu töten sie sich verschworen hatte.

Die Mailänder Scala brachte in der Karnevalssaison 1796 eine »tragedia per musica« nach Shakespeare auf die Bühne, Niccolò Zingarellis (1752–1837) *Giulietta e Romeo*. Foppa verwendet in seinem Libretto, das er über den Umweg der französischen Übersetzung von Ducis von Shakespeare übernommen hatte, eine besonders effektvolle Variante des Schlusses, wie sie Garrick spielte: Romeo stirbt in Julias Armen. Im Mittelpunkt der Oper steht Romeo, der sowohl in heroischer wie erotischer Gestalt gezeigt wird. Die Rolle wurde geschrieben, um die Kunstfertigkeit des großen Kastraten Giuseppe Crescentini auszustellen, der in ganz Europa als »l'Orfeo italiano« bekannt war. Sowohl die Musik der Oper als auch Crescentinis Gesang erzielten einen so durchschlagenden Erfolg, daß Werk und Interpret noch im gleichen Jahr nach Venedig geholt wurden (wo gerade die Proben zu einem anderen Drama über einen Zwist zweier Familien, zu Cimarosas *Orazi e Curiazi*, begonnen hatten). Ein einheimischer Kritiker bezeugte, daß in dem neuen Geist geschriebene Tragödien mit Musik wie diese im Begriff waren, sich ein Publikum zu schaffen. »Die Hoffnungslosigkeit der Geschichte«, so berichtete er über Zingarellis *Giulietta e Romeo*, »die all ihre Schrecken für den dritten Akt aufbewahrt, erscheint denen ein wenig bedrückend, deren Geist nicht der Melancholie zuneigt, und ebenso denen, die daran gewöhnt sind, sich im Theater unterhalten und nicht peinigen zu lassen. Doch vorausgesetzt, die Handlung verlangt dies und die Musik reagiert auf den Text, so kann man nicht umhin, die Dichtung und den Komponisten zu preisen, der sie mit solch schönen und ausdrucksvollen Tönen ausgestattet hat.«

Die Verbindung von sich steigernder tragischer Kraft und Belcanto, die hier beschrieben wird, erforderte Sänger, die bereit waren, an das schauspielerische Niveau wenigstens einige wenige Gedanken und Mühe zu verschwenden. Sie faßt überdies das nach-metastasianische Vermächtnis der italienischen ernsten Oper zusammen, dessen Erbe das Zeitalter Rossinis und Verdis war.

DAS ACHTZEHNTE JAHRHUNDERT: KOMISCHE OPER

THOMAS BAUMAN

Italien bis 1770

Die politischen, kulturellen und wirtschaftlichen Faktoren, die das Leben in Norditalien von dem in Süditalien unterschieden, verliefen in der ersten Hälfte des 18. Jahrhunderts parallel zur Kultivierung verschiedenartiger Stilmerkmale in der komischen Oper. Doch wogen diese Unterschiede nicht schwer, und gegen Ende des Jahrhunderts waren sie nahezu verschwunden. Eine größere Kluft trennte die komische Oper von der ernsten Oper, und sie wurde um 1800 nur teilweise überbrückt. Die Distanz zwischen den beiden Gattungen machte sich in fast jedem Bereich bemerkbar – in Stoffwahl und literarischem Ton, im Können und in der Ausbildung ihrer Interpreten, beim Publikum und in der jeweiligen Verpflichtung gegenüber der zeitgenössischen Gesellschaft, in Aufwand und institutioneller Struktur und nicht zuletzt in den voneinander abweichenden dramaturgischen Idealen und musikalischen Mitteln.

Während die ernste Oper aufgrund ihrer Affinitäten zu den Dynastien in Charakteren aus der antiken Geschichte nach einem scheinbar zeitlosen Gleichgewicht der menschlichen Leidenschaften suchte, erkundete die komische Oper eine Typologie der menschlichen Natur in der vertrauteren Umgebung des zeitgenössischen bürgerlichen Lebens, die keiner Übersetzung in eine entfernte Vergangenheit bedurfte. Ebenso zeitgemäß war die Sprache der komischen Oper mit ihrem weitaus größerem Vokabular, das weniger »literarisch« als das der ernsten Oper war und lokale Dialekte einbezog. Daß Librettisten sich gern in der einen oder anderen Gattung spezialisierten, überrascht kaum. Auch die italienischen Sänger bewegten sich vor 1770 nicht sehr frei zwischen diesen beiden Feldern, hatten sie ihren Ruf auf einem einmal begründet. Auf der komischen Bühne waren neben einer guten Stimme schauspielerische Fähigkeiten gefragt. Die Förderung eines für die Handlungen der komischen Opern erforderlichen geübten Ensemblespiels wurde dadurch erleichtert, daß die Komödientruppen gern unter einem Impresario zusammenblieben. (In der Welt der

AUFFÜHRUNG EINES INTERMEZZOS IN EINEM ITALIENISCHEN THEATER, G. de Albertis zugeschriebenes Gemälde. Der Künstler betont die entspannte Atmosphäre der kleineren Bühnen, auf die die Intermezzi übersiedelten, nachdem in Italien zwischen den Akten der Opera seria Ballette üblicher geworden waren. Die fehlende Trennung zwischen Publikum und Akteuren und die Hervorhebung der menschlichen Figuren auf der Bühne, die gegen einen schlichten, natürlichen Hintergrund abgesetzt sind, gehören zu den Charakteristika, die die Intermezzi mit den abendfüllenden komischen Opern in dieser neuen Umgebung teilten.

Opera seria wurden Sänger gewöhnlich für eine einzige Saison engagiert; der Impresario war in erster Linie dem Theater und dessen Besitzern verpflichtet.)

Komische Opern waren weniger kostspielig zu produzieren als Opere serie und ihr Besuch war weitaus billiger. In Süditalien verhinderte die Agrarwirtschaft die Entwicklung einer großen Mittelschicht, und deshalb zielten die komischen Opern darauf, die Theaterbesucher aus der Oberschicht zu befriedigen, die mit amüsierter Distanz dem Gekasper der Personen aus der Unterschicht zusahen, welche die Komödienunterhaltungen in den kleineren Theatern bevölkerten. Im Norden existierte eine breitere kulturelle Grundlage, auf der die Bürger in einer Zeit relativen Friedens und Wohlstands unter der österreichischen Herrschaft Maria Theresias die gesprochene wie die gesungene Komödie unterstützten. Um die Jahrhundertmitte führte ein unverwechselbarer Ton in den venezianischen Komödien und komischen Opern zu einer freundlicheren und verständnisvolleren Beziehung zwischen Publikum und Schauspielkunst.

Anders als die Librettisten bewegten sich die meisten italienischen Komponisten frei zwischen den Welten der ernsten und der komischen Oper. Ein junger Komponist, der gerade das Konservatorium in Neapel absolviert hatte, mochte in seiner Gesellenzeit vielleicht für eine Komödienkompagnie an einem der kleineren Theater der Stadt schreiben, bevor er sich einen Opera-seria-Auftrag für eines der großen italienischen Opernhäuser sicherte. Andernorts gehörte es gewöhnlich zu den Aufgaben des Leiters einer höfischen oder städtischen Musikeinrichtung – typischen Anstellungsmöglichkeiten für einen Komponisten des 18. Jahrhunderts –, neue Musik jeglicher Art zu schreiben, zu der verschiedene Opernkategorien gehörten. Die Opernsaison der auf die komische Oper spezialisierten Theater unterschied sich etwas von dem »stagione«-System, das an den größeren Seria-Häusern praktiziert wurde. Waren während der ganzen Fastenzeit in Italien wie in allen katholischen Ländern Bühnenaufführungen verboten, so konnten komische Opern nahezu den Rest des Jahres über einigermaßen gewinnbringend gespielt werden; und dort, wo die komische Oper – anders als die Opera seria – unabhängig von einem wohlhabenden, patrizischen Publikum war, waren ihre Aufführungsmöglichkeiten kaum durch dessen Gewohnheit eingeschränkt, den Sommer auf dem Land zu verbringen (die sogenannte »villeggiatura«).

Zu den Veränderungen in der italienischen Opernpraxis des 17. Jahrhunderts, die zu dem literarischen, musikalischen und institutionellen Phänomen der Opera seria geführt hatten, gehörte die Verbannung komischer Episoden. Diese enthielten – durch Gewohnheit zur Regel gewordene – Nebenhandlungen, die in, meist am Ende der ersten beiden Akte stehenden, Szenen von ein paar Dienern vorangetrieben wurden. Die Fabel dieser »scene buffe« hatte – wenn überhaupt – nur wenig mit der Hauptgeschichte zu tun, und schließlich löste sie sich auch in den Aufführungen von ihr. Schon 1706 präsentierte das Teatro San Angelo in Venedig solche Szenen als zwei- oder dreiaktige musikalische Komödien. Jeder Akt wurde vor dem Vorhang im Wechsel mit den drei Akten der im gleichen Theater gegebenen ernsten Opern gespielt, und mit der Zeit bezeichnete man diese komischen Einschübe insgesamt als »intermezzi«. Das San Cassiano übernahm diese Praxis im folgenden Jahr, und bald waren Intermezzi eine vertraute Attraktion in ganz Oberitalien.

Die neue Gattung wurde zu einer Spezialiät männlich-weiblicher Paare von Sänger-Darstellern, die regelmäßig von Bühne zu Bühne reisten. Die Handlungen enthielten derb-komische häusliche Zänkereien und nahmen in einem gewissen Maß Züge der Commedia dell'arte an. Erhalten sind nur wenige musikalische Texte, doch wurden sie wahrscheinlich bei ihrer Wanderung von Stadt zu Stadt ohnehin verändert. Um 1720 schrieben auch bedeutende Opera-seria-Komponisten Intermezzi. Johann Adolf Hasse beispielsweise komponierte Intermezzi für zwei der Opere serie, die er für das San Bartolomeo in Neapel 1726 geschaffen hatte. Eines von ihnen, *L'artigiano gentiluomo*, basiert auf Molières *Le Bourgeois Gentilhomme* von 1670. Antonio Salvis Text war bereits 1722 von Salvis Florentiner Landsmann Giuseppe Maria Orlandini vertont worden. Bezeichnenderweise erlebte er in Hasses Vertonung einige größere Veränderungen. Deren drei Akte enthalten acht Nummern – fünf Arien (drei für die schlaue Larinda, zwei für den einfältigen Hanswurst Vanesio) und drei Duette, die jeweils einen Akt beschließen –, von denen nur drei der originalen Version entnommen sind.

Das berühmteste aller Intermezzi war *La serva padrona* des jungen Komponisten Giovanni Battista Pergolesi (1710–1736), das zwischen den Akten seiner Opera seria *Il*

PERGOLESIS *LA SERVA PADRONA*, zweiter Akt, in einer frühen Pariser Inszenierung, Stich von Nilsson. Diese Illustration steht wahrscheinlich in keiner Beziehung zu den in den frühen fünfziger Jahren des 18. Jahrhunderts von Eustache Bambini gegebenen Aufführungen von Pergolesis Intermezzi, die in den Buffonistenstreit verwikkelt wurden. Sie fanden in der Académie Royale zwischen den Akten von Tragédies lyriques statt. Das Werk gewann die Gunst des französischen Publikums wie bei seiner ersten Pariser Aufführung 1746.

prigioniero superbo 1733 in Neapel uraufgeführt wurde. Zu seiner Zeit kaum beachtet, wurde es später national und international als stilistisches Vorbild für eine neue komische Manier anerkannt, die knappe Strukturen, geistreiches motivisches Spiel in Gesang und Begleitung sowie eine allgemeine Lebhaftigkeit kennzeichneten, die bei jeder Gelegenheit Bühnengesten andeuteten. Seine Handlung ist wie die des *L'artigiano gentiluomo* aus einer Reihe von Tricks konstruiert, mit denen das Dienstmädchen Serpina ihrem Herrn Uberto einen Heiratsantrag abschwatzt. *La serva padrona* und andere erfolgreiche Intermezzi wurden schließlich aus dem Zusammenhang ihrer Opere serie gelöst und als unabhängige Werke aufgeführt. Um die Mitte des Jahrhunderts ersetzten praktisch in ganz Italien Ballette die Intermezzi zwischen den Akten der ernsten Opern.

Neben den Intermezzi entstanden abendfüllende komische Opern, die sich jedoch in wesentlichen Punkten von ihnen unterschieden. In Neapel tauchte die »commedia per musica« kurz nach der Jahrhundertwende zuerst in Privathäusern einheimischer Aristokraten auf, dann in den kleineren Theatern der Stadt. Das Genre konzentrierte sich mit der Zeit im Teatro dei Fiorentini und nach 1724 im Teatro Nuovo und im Teatro della Pace. Seine Texte waren oft teilweise oder ganz im neapolitanischen Dialekt geschrieben je nach den dramatis personae, zu denen normalerweise Handwerker und Angehörige der unteren Mittelschicht gehörten. Einen ersten Höhepunkt erreichte die Kultivierung der neapolitanischen komischen Oper mit Alessandro Scarlattis *Il trionfo dell'onore* (1718). Später trugen zu ihr ebenso die Meister der neapolitanischen Opera seria bei. Leonardo Vincis *Li zite 'ngalera* (1722) veranschaulicht die Vielfalt der Stimmtypen, die die neue Gattung zuließ (Kastraten, Hosen- und Falsettrollen), und ist beispielhaft für die ausgedehnteren Ensembles, die sowohl in den Intermezzi wie in der Opera seria der Zeit fehlten. Mit *Amor vuol sofferenza* (1737) führte Leonardo Leo neben dem derben komischen einen sentimentalen Ton ein, der in der »commedia per musica« dominiert hatte.

Pergolesis *Lo frate 'nnamorato* (1732) illustriert, wie früh die Eigenschaften, die der italienischen komischen Oper fast ein Jahrhundert lang Gestalt geben sollten, stetig und fruchtbar verwendet wurden. Klassenunterschiede werden sprachlich wie musikalisch genau gezeichnet – vom Seria-Tonfall der römischen Besucher bis hin zu dem frischen komischen, mit Volkselementen gefärbten Ton der einheimischen Bewohner des neapolitanischen Vororts Capodimonte, die im Dialekt singen. Zwischen ihnen steht Don Pietro, ein junger Exzentriker ungewisser Herkunft. Ein einfaches, nur mit Streichern besetztes Orchester (in einer Arie erklingt eine Flöte) trägt über zwei Dutzend Nummern, die ein breites emotionales und psychologisches Spektrum auffächern. Im Klangcharakter herrscht indes der muntere, kurzatmige Stil der Intermezzi vor. (Pergolesis »commedia per musica« wurde in der Tat wie die zeitgenössische Opera seria mit einem Intermezzo und einem Ballett zwischen den Akten aufgeführt.)

GOLDONI: *IL MONDO DELLA LUNA*, zweiter Akt, erste Szene, Illustration aus Zattas dreiundvierzigbändiger Ausgabe, *Opere teatrale* (Venedig, 1788–1795). Ecclitico, der den einfältigen alten Amateurastrologen Bonafede betäubt hat, verschwört sich mit Ernesto, um ein vorgetäuschtes Spektakel vorzubereiten mit dem Ziel, Bonafede davon zu überzeugen, er sei auf den Mond gebracht worden. Goldoni probierte in den fünfziger Jahren des 18. Jahrhunderts verschiedene ähnliche Stoffe aus – Kritik an der Realität des Alltags durch ihre Umkehrung, befreiende Unordnung des Karnevalesken und Tadel an einer törichten Obsession oder (wie hier) deren Ausbeutung.

Die nächsten wesentlichen Entwicklungen in der Gestaltung der italienischen komischen Oper des 18. Jahrhunderts ereigneten sich nicht in Neapel, sondern in Venedig. Im Laufe seiner langen Geschichte hatten in Venedig mannigfaltige kulturelle Bräuche friedlich nebeneinander existieren können, und dies galt ebenso für die verschiedenen Formen der komischen Unterhaltungen mit Musik im frühen 18. Jahrhundert. Um 1740 flossen diese verschiedenartigen Quellen in einer neuen Art der komischen Oper zusammen, die »opera buffa« genannt werden sollte (der Begriff festigte sich erst einige Zeit nach der Gattung selbst). Ihr hauptsächlicher literarischer Schöpfer Carlo Goldoni (1707–1793) spielte gleichzeitig die wichtigste Rolle in der Förderung der gesprochenen italienischen Komödie. Nach einem unglücklichen Versuch mit der Opera seria hatte sich Goldoni während seiner Anstellung an Venedigs San

Giovanni Grisostomo von 1734 bis 1741 dem Schreiben von Intermezzi zugewandt. Doch erst zwischen 1748 und seinem Weggang aus Venedig 1762 gab Goldoni dem neuen venezianischen Gegenstück zur neapolitanischen komischen Oper (die 1743 Venedig erreicht hatte) seine endgültige Gestalt. Wie in seinen Theaterkomödien dieser Jahre entwirft er in seinen abendfüllenden dreiaktigen Opera-buffa-Libretti ein Ensemble von Charakteren in einem breiten sozialen Spektrum – der Konvention gemäß jeweils sieben Gesangsrollen, die Goldoni zuweilen ausdrücklich in »parti buffe«und »parti serie« unterteilte, denen er gelegentlich »parti di mezzo carattere« hinzufügte.

Ein typisches Goldoni-Libretto berücksichtigte in angemessener Weise auch die visuelle und musikalische Vielfalt, die das italienische Publikum inzwischen von seinem komischen oder ernsten Musiktheater erwartete. Das Bühnenbild verwandelt sich mehrmals in jedem Akt, sei es auf der halben oder auf der ganzen Bühne. Fünfundzwanzig bis achtundzwanzig musikalische Nummern wechseln mit einfachen Rezitativen, die Goldoni weitaus kürzer hielt als es früher üblich war. Wie in der Opera seria der Zeit wurden Ballette zwischen den Akten getanzt (all seine abendfüllenden Libretti sind dreiaktig). Die schärfste Abkehr von früheren formbildenden Verfahren vollzog Goldoni, indem er großes Gewicht auf die musikalischen Möglichkeiten an den Enden der Akte legte. Die äußeren Akte erschienen ihm weniger wichtig: ein statisches Ensemble beschloß den ersten Akt, und am Ende des dritten standen gewöhnlich ein Versöhnungsduett der Protagonisten und ein finaler »Chor« (ein kurzes homophones, von allen Solisten gesungenes Ensemble). Am Schluß des zweiten Aktes von *L'Arcadia in Brenta* hingegen führte Goldoni 1749 eine der bedeutendsten Neuerungen in der Geschichte der Gattung ein – ein vielgliedriges Handlungsensemble, das als »Finale« bezeichnet wurde. Dieser erste Versuch gehörte zu seinen genialsten, er war ein Stück im Stück, in dem sich die Protagonisten auf Fabrizios Landsitz an der Brenta damit vergnügen, verschiedene Masken der Commedia dell'arte anzulegen und ein selbständiges kleines Drama zu spielen.

Goldonis wichtigster musikalischer Mitarbeiter war der von der Insel Burano stammende (und folglich oft »Il Buranello« genannte) Baldassare Galuppi (1706–1785), der sich der Opera buffa erst zuwandte, nachdem er sich als einer der herausragenden Opera-seria-Komponisten durchgesetzt hatte. Galuppi folgte der neapolitanischen Praxis und verwendete spezifische Idiome für jedes Genre. In Ausdehnung, formaler Struktur und emotionaler Spannweite zeigen seine komischen Arien eine weitaus größere Vielfalt als seine ernsten. Kurze, in fließenden Formen arrangierte Phrasen beherrschen sowohl die größeren Ensembles als auch seine Arien und Duette. Zuweilen ermöglicht ihm ein scharf konturierter motivischer Stil einen fesselnden Dialog zwischen Vokalpartien und Orchester; dann wieder legt sich ein sanfterer, eher einschmeichelnd lyrischer Klang von spezifisch venezianischem Gepräge über die Szene. Den Seria-Stil nutzt Galuppi in einigen seiner früheren komischen Opern für die wichtigen Arien der »parti serie«.

Faßt man ihr Opernschaffen zusammen, so etablierten Goldoni und Galuppi ein neues Verhältnis zwischen Musik und Text, das es ihnen ermöglichte, die dem Publikum des 18. Jahrhunderts vertraute vielfarbige zeitgenössische Welt intensiv zum Leben zu erwecken, und dies taten sie mit Leichtigkeit, Eleganz und Witz. Galuppi erlangte als erster Komponist vor allem durch die komische Oper internationale Anerkennung, und Goldoni legte mit seinen entscheidenden technischen Neuerungen das Fundament für die Kultivierung der Opera buffa bis in das nächste Jahrhundert hinein. Zahlreiche Handlungen in Goldonis komischen Opern drehen sich um den bürgerlichen Alltag oder Probleme leichterer Art; in anderen wiederum denkt er sich phantastische Welten aus, um zeitgenössische Sitten und Gebräuche zu verspotten. Während eines Aufenthalts am Hof von Parma 1756 fügte er eine dritte Kategorie, ein musikalisches Äquivalent zur französischen »comédie larmoyante«, hinzu mit *La buona figliuola*, einer Bearbeitung von Richardsons *Pamela* (die er 1750 bereits einer gesprochenen Komödie zugrundegelegt hatte) für den Komponisten Egidio Duni. Niccolò Piccinnis vier Jahre später für Rom geschriebene prägnante, melodische Vertonung des gleichen Textes fing die schlichte Redlichkeit der Heldin so treffend ein, daß die Oper schnell internationales Aufsehen erregte.

Galuppi hatte in den fünfziger Jahren mit seinen Opere buffe vornehmlich auf italienischen Bühnen Erfolg, doch verbreiteten sich während der sechziger Jahre die besten aus Italien stammenden komischen Opern – wie seine Vertonung von Pietro Chiaris *Il marchese villano* (1762) – rasch an ausländischen, insbesondere mitteleuropäischen Theatern. Manchmal wurden diese Werke italienisch aufgeführt, ebenso häufig aber in die Sprache des einheimischen Publikums übersetzt. Sacchinis populärste Opera buffa, *L'isola d'amore* (Rom, 1766) wurde im Ausland französisch, deutsch, spanisch, dänisch, polnisch, holländisch, schwedisch und russisch gegeben.

Bald etablierten sich italienische Buffa-Kompagnien an den ausländischen Höfen, die früher die Opera seria gepflegt hatten, und italienische wie nicht-italienische Komponisten steuerten dort bedeutende neue Werke zur Gattung bei. Florian Gassmanns Vertonung von Goldonis *L'amore artigiano* für Wien 1767 hatte den gleichen internationalen Erfolg wie die besten Werke von Galuppi, Sacchini und Piccinni. Bezeichnender jedoch ist, daß sogar glänzende Beiträge wie die komischen Opern Joseph Haydns (1732–1809), die er – beginnend 1768 mit einer Vertonung von Goldonis *Lo speziale* – für Esterházy komponierte, nicht so ohne weiteres zirkulierten wie aus Italien stammende Werke.

Frankreich vor Grétry

Zu Beginn des 18. Jahrhunderts bestand die komische Oper in Paris aus einer einheimischen Form der volkstümlichen Unterhaltung in den kleinen Theatern, die auf den jährlichen Jahrmärkten der Stadt betrieben wurden, auf St. Germain (vom 3. Fe-

INNENANSICHT DER COMÉDIE-ITALIENNE, PARIS, Feder- und Tuschezeichnung mit Wasserfarbe (1772). Das Hôtel de Bourgogne, das bespielt wurde, seit die Comédie-Italienne 1716 dort Vorstellungen gab, wurde zur Heimat der gemeinsamen Kompagnie, die durch den Zusammenschluß von Comédie-Italienne und Opéra-Comique 1762 entstanden war, bis das Unternehmen 1783 in die neue Salle Favart umzog. Als Symbol bescheidener Häuslichkeit war das Spinnrad ein Zubehör vieler Opéras-comiques, die von der Kompagnie produziert wurden, darunter das hier dargestellte unbekannte Werk.

bruar bis Palmsonntag) und St. Laurent (von Mitte Juni bis September). Bei diesen »comédies en vaudevilles« handelte es sich um gesprochene Stücke, die mit bekannten Melodien durchsetzt waren, den »vaudevilles«, die im 17. und 18. Jahrhundert in großer Zahl mündlich wie gedruckt in Umlauf waren und die nun mit neuen Texten versehen wurden. Tänze, Instrumentalstücke und Parodien von Lullys Opern ergänzten die Vaudeville-Melodien. Insgesamt als Théâtres de la Foire bekannt, waren diese Jahrmarkttheater enorm beliebt, und die rivalisierenden Institutionen unter dem Monopol der Regierung, die Opéra und die Comédie-Française, taten ihr Äußerstes, um sie zu behindern, indem sie vor allem die Verwendung von gesungener Musik in deren Darbietungen einschränkten.

1715 wurden die Théâtres de la Foire als Théâtre de l'Opéra-Comique einer einzigen Verwaltung unterstellt. Im gleichen Jahr starb Ludwig XIV. Eine der ersten Än-

BALLETTAUFFÜHRUNG IN EINEM UNBEKANNTEN FRANZÖSISCHEN THEATER, Miniatur (Mitte des 18. Jahrhunderts) von M.J. van Blarenberghe. Dieses erlesene Gemälde auf dem Deckel einer Schnupftabakdose fängt den intimen Charakter vieler kleinerer Bühnen ein. Hinter dem ausgedehnten Proszeniumsbereich mit seinen Logen – dem Brennpunkt des Geschehens – reicht eine Serie von Kulissen bis zu einem kleinen gemalten Prospekt zurück.

derungen, die der Regent Philippe d'Orléans im Theaterwesen vornahm, war die Wiederbegründung der Comédie-Italienne 1716. Sie zog 1723 auf die Foire St. Laurent und gab dort Vorstellungen bis 1762, bis sie in der Opéra-Comique aufging und in das Hôtel de Bourgogne zog. Der Opéra-Comique gelang es, von 1724 bis 1762 auf der Foire St. Germain auszuharren, obwohl ihre Aktivitäten zeitweilig – ausgehend von der Comédie-Française – unterdrückt wurden. Die geistreichen Stücke, die Le Sage, d'Orneval und andere lieferten, sollten später der französischen komischen Oper als Fundus dienen. In ihrer Zeit wurden die Vaudevilles – weiterhin das wichtigste musikalische Element dieser Komödien – von Komponisten (unter ihnen Rameau) arrangiert und orchestriert, die selbst auch Musik beisteuerten.

Der berühmte Buffonistenstreit, der 1752 in Paris ausbrach und nahezu zwei Jahre dauerte, bezog sich nicht unmittelbar auf die französische komische Oper; er entzündete sich an einer Aufführung von Pergolesis *La serva padrona* durch eine italienische Truppe. Die logische Grundlage für einen Vergleich mit dem italienischen Stil, den Pergolesis Intermezzi repräsentierten, waren nach Meinung der Franzosen die Darbietungen der Opéra als die einzigen auf den Pariser Bühnen erlaubten durchkomponierten Musikwerke. Und als sich Jean-Jacques Rousseau (1712–1778) in den Kopf setzte, ein neues französisches Werk im Geist der italienischen Oper zu schaffen, war das Ergebnis ebenfalls ein durchgängig gesungenes Stück, sein »intermède« *Le Devin du village*, dessen Uraufführung im Oktober 1752 vor dem Hof in Fontainebleau stattfand. Doch hat dieses geniale und anrührende Werk im Grunde nichts gemein mit der französischen Opernpraxis, die Rousseau ein Jahr später in seinem *Lettre sur la musique française* verunglimpfte.

Abgesehen von seinen Vorzügen, die Rousseaus Intermedium bis weit in das nächste Jahrhundert hinein die Gunst des Publikums erhielten, war es den Jahrmarkttheatern ein Ansporn. Im folgenden Jahr erzielte Antoine Dauvergnes einaktiges Intermedium *Les Troqueurs* einen Triumph auf St. Laurent. Der Komponist orientierte sich entschieden an den italienischen Modellen, die Rousseau sich zu eigen gemacht hatte, verwendete jedoch mehr gesprochene Dialoge als Rezitative (wie es in den Jahrmarkttheatern Pflicht war). Spätere Werke folgten diesem Beispiel und eliminierten allmählich das Vaudeville zugunsten neu komponierter kurzer Melodien, den »ariettes«. Bezeichnet als »comédies mêlées d'ariettes«, stellen diese Werke eine neue und unverwechselbar französische Kategorie der komischen Oper dar, die wir heute »opéra comique« nennen. Die wichtigste Figur in deren Anfängen war überraschenderweise kein Franzose, sondern ein Italiener. Egidio Duni (1709–1775), der sich zwischen 1735 und 1755 in Italien einen Namen als Opera-seria-Komponist gemacht hatte, fühlte sich während seines Aufenthalts am französisch orientierten Hof in Parma von Paris und der französischen komischen Oper angezogen. In Paris komponierte er 1757 Louis Anseaumes *Le Peintre amoureux de son modèle* für die Opéra-Comique, eine der ersten und erfolgreichsten neuen »comédies«, in der sich die nur

ANNETTE ET LUBIN (1762), die Schlußszene (*links*) mit Marie-Justine Favart und Joseph Caillot in den Titelpartien; Stich von Debucourt. Favarts sentimentale Opéra-comique bildete einen der Höhepunkte der Gattung, die den Gegensatz zwischen naiver ländlicher Unmittelbarkeit der Gefühle und verstädterter Falschheit behandelte. Hier werden selbst die Gesetze der Blutsverwandtschaft zwischen Cousins zugunsten der natürlichen Bande außer Kraft gesetzt, die die jungen Liebenden vereinen.

MONSIGNYS *LE DÉSERTEUR* (1769), Kerkerszene im dritten Akt (*rechts*); Aquatinta von Duhamel, nach Quervedo (um 1787). Die Geschichte – Louise erreicht beim König die Begnadigung ihres Verlobten – leitete Sedaine von einem aktuellen Vorfall ab, in den Ludwig XV. 1767 verwickelt war. Dargestellt wird hier der Moment, in dem Louise beim Anblick Alexis' in seiner Zelle in Ohnmacht fällt; er wird daraufhin zum Richtplatz geleitet und entrinnt dem Tod nur dadurch, daß Louise – wieder bei Bewußtsein – sich mit seinem Begnadigungsschreiben zwischen ihn und das Exekutionskommando wirft. Solche dramatischen Lösungen, die in der Revolutionsoper durchaus gängig werden sollten, waren 1769 eher unüblich und trugen neben Monsignys brillanter und innovativer Partitur zum langen Leben der Oper an der Comédie-Italienne bei.

wenigen beibehaltenen Vaudevilles mit neu komponierten Nummern von beachtlicher Farbe und Vielfalt mischen.

Nach dem Zusammenschluß von Opéra-Comique und Comédie-Italienne 1762 lieferte Duni weiterhin beliebte neue Opern. Zwei weitere wichtige Persönlichkeiten

THE BEGGAR'S OPERA (1729–31), dritter Akt, Stich nach dem Ölgemälde von William Hogarth. Hogarths berühmtes Gemälde zeigt den gefesselten Macheath zwischen seinen beiden Frauen im Newgate Gefängnis, das Jonathan Swift Gay als Schauplatz vorgeschlagen hatte. Hogarth führte die Szene mehrere Male aus; die erste Darstellung war für John Rich, den Besitzer des Lincoln's Inn Field Theatre, wo die Oper 1728 produziert wurde.

wirkten nach 1759 in wohlwollender Konkurrenz zu ihm. Pierre-Alexandre Monsigny (1729–1817) schrieb zwei wegweisende Werke für die neue Bühne. In *Le roi et le fermier* (1762, nach einem Schauspiel von Robert Dodsley) legte er größeres dramatisches Gewicht auf Rousseaus Gegenüberstellung von reiner ländlicher Unschuld und verderbten höfischen Sitten und offenbarte so eine neue Kraft gesellschaftlicher und politischer Kritik. Eine eindrucksvolle Sturmszene zeigt Monsignys Gespür für orchestrale Farben. *Le Déserteur* (1769) ist sein glänzendstes Werk, ein Höhepunkt musikalischer und dramatischer Charakterisierungskunst in dieser neuen Gattung. Die ernste Handlung, die durch die komischen Verschrobenheiten Montauciels aufgelokkert wird, hält die Spannung bis zu den letzten Momenten der Oper und läßt so bereits die Dramaturgie der Rettungsopern der Revolutionszeit vorausahnen. Zu einem großen Teil verantwortete Monsignys Librettist dieser beiden Opern, der Dramatiker Michel-Jean Sedaine (1719–1797), die Neuheiten in Handlung, Charakter und Atmosphäre.

Gleichbedeutend mit den Innovationen Dunis und Monsignys waren für die Opéra-comique diejenigen des Komponisten und Schachspielers François-André Philidor (1726–1795). Entschieden italianisiert, erkundete er in seinen theatralischen Werken eine Vielfalt technischer Möglichkeiten, zu denen seine eindrucksvolle, 1767 an der Opéra aufgeführte Tragödie *Ernelinde, princesse de Norvège* gehörte. Zu den zahlreichen phantasievollen Nummern in seiner besten Opéra-comique, *Tom Jones* (1765), zählen charakteristische Ensembles, in denen er die einzelnen Figuren geschickt voneinander abgrenzt, und deren bemerkenswertestes der tiefempfundene Abschied

CHARLES DIBDIN ALS MUNGO in *The Padlock* (1768), erster Akt; Stich von B. Clowes. Bickerstaffe hatte John Moody für die Rolle des schwarzen Dieners Mungo vorgesehen, doch Dibdin schrieb die Musik zu der Partie, so daß sie zwangsläufig ihm zufiel, und er erzielte in ihr einen großen Erfolg.

Toms und Sophies ist, der in ein reich ausgearbeitetes Septett überleitet. Der dramatische Impuls der Handlung (der in Poinsinets Libretto ein wenig zurückhaltend war, und den zu verbessern Sedaine gebeten wurde) kulminiert in einem großartigen obligaten Rezitativ und dramatischer Arie für die Heldin – einer eindringlichen italienischen »scena«, deren Elan und Intensität in der Welt der Opéra-comique ohne Beispiel waren.

England

Eine der französischen »comédie en vaudevilles« der Jahrhundertwende entsprechende Art der volkstümlichen Oper entwickelte sich in England als Reaktion auf die Gastspiele, die Schauspieler der Jahrmarkttheater zwischen 1718 und 1726 in London gaben. Sich die französischen Schauspiele mit populären Melodien zum Vorbild nehmend, schuf John Gay (1685–1732) sofort eine Sensation mit der *Beggar's Opera*, dem ersten und einprägsamsten Werk einer neuen Gattung, die als »ballad opera« bezeichnet werden sollte. Der liberalere Zuschnitt des englischen Lebens ließ in Werken für das Theater eine weitaus direktere und schärfere politische Haltung zu, als es in Frankreich möglich war: Gay zieht in seinem Stück unmittelbare Parallelen zwischen seinem Ensemble von Dieben, Hehlern, Huren und korrupten Offizieren aus den Niederungen des Londoner Lebens und Repräsentanten der hochgestellten Institutionen der Stadt – der Regierung, den Ständen, der italienischen Oper. Die neunundsechzig musikalischen Nummern gehen auf die unterschiedlichsten Ursprünge zurück: Tänze, traditionelle englische, irische und schottische Lieder, wahllose volkstümliche Balladen, wie sie von Straßensängern gesungen wurden, und veröffentlichte französische Vaudevilles.

Gays Oper löste sofort eine Flut von Imitationen und Nachfolgewerken aus. Satire und Burleske blieben als markante Elemente in vielen von ihnen erhalten, in einigen Werken Henry Fieldings beispielsweise, die zwischen 1730 und 1734 erschienen. Doch auch ernste, naive, historische, ländliche und patriotische Stoffe konnten in der Ballad-opera kongenial gestaltet werden. Die Farce – stets eine wichtige Stütze der volkstümlichen Bühne – wird am besten von Charles Coffeys *The Devil to Pay* (1731) vertreten, in der ein Zauberer die Personen der zänkischen Gattin eines glücklosen Grundbesitzers und der geduldig-leidenden Frau eines grausamen Schuhmachers miteinander vertauscht, um Frieden und Anstand in beide Haushalte zu bringen.

Nach der Jahrhundertmitte wich die englische Ballad-opera allmählich komischen Opern, die immer häufiger von jeweils nur einem Komponisten geschrieben wurden. Einen entscheidenden Impuls erhielt dieser Wandel, als John Beard 1760 Covent Garden übernahm und in seinem Spielplan sofort die Oper dem Schauspiel vorzog. Mit *Thomas and Sally*, die Beard gleich im November 1760 auf die Bühne brachte, wagten Thomas Arne und Isaac Bickerstaffe den ungewöhnlichen, aber erfolgreichen Versuch einer italianisierten komischen Oper in englischer Sprache mit gesungenen Rezitativen. Als Regel etablierte sich jedoch wie in Frankreich die Oper mit gesprochenem Dialog. Arne und Bickerstaffe schufen zwei Jahre später mit *Love in a Village* eines der besten Beispiele hierfür. Es illustriert sowohl die Priorität des Dialogs vor der Musik als auch die englische Vorliebe für das musikalische Pasticcio: nur neunzehn der dreiundvierzig Nummern stammen von Arne, die übrigen von fünfzehn anderen Komponisten. In der Person des jungen Charles Dibdin arbeitete ein weiterer begabter englischer Komponist mit Bickerstaffe zusammen; in *Lionel and Clarissa,* Anfang 1768 in Covent Garden gespielt, führten sie das in Frankreich und Italien bereits vertraute dramatische Ensemble in die englische Oper ein. Kurz darauf verließ Dibdin Beard, um zu Garrick an das Drury Lane Theatre zu gehen, wo er und Bickerstaffe im November 1768 mit *The Padlock* eine noch glänzendere Oper auf die Bühne brachten.

Schon seit 1736 wurden in London zwischen den Akten der Opera-seria-Aufführungen italienische Intermezzi gespielt. Um 1748 waren die ersten abendfüllenden italienischen Opere buffe nach England gelangt, doch machten die italienischen Vorbilder nur wenig Eindruck, bis in den frühen sechziger Jahren Galuppis Werke auftauchten. In dieser Zeit beschloß das King's Theatre, zusätzlich zu seiner Opera-seria-Kompagnie eine zweite für die Aufführungen von Opere buffe zu gründen. Um 1780 gaben dort eher Paisiellos komische Opern den Ton an als die Seria-Darbietungen, die so lange den Operngeschmack der Londoner Elite bestimmt hatten.

Deutschland und Österreich bis 1778

Während eines großen Teils des 18. Jahrhunderts bestimmten reisende Schauspielertruppen das Theaterleben in den deutschsprachigen Ländern. Auf dem Gebiet der Oper war eine dauerhafte Institution wie das Hamburger Unternehmen außergewöhnlich, das bis zu seiner Schließung 1738 ernste Opern ganz oder zumindest teilweise in deutscher Sprache pflegte. Bis in die sechziger Jahre hinein war ein ständiges Engagement einer Kompagnie an einer einzigen privaten oder öffentlichen Bühne – wie es im 19. Jahrhundert zur Norm wurde – nur an Höfen möglich, die sich der italienischen Oper widmeten. Im übrigen wurde das Reisen selbst für die besten Kompagnien zu einer zwingenden Notwendigkeit, da in den Städten der deutschsprachigen Länder relativ wenig Einwohner lebten. Reisen war zudem nicht nur anstrengend und unangenehm, es brachte die Schauspieler im öffentlichen Bewußtsein auch in Verbindung mit anrüchigen Banden vagabundierender Unterhaltungskünstler, Quacksalber und Scharlatane. In Deutschland wurden die Berufsschauspieler regelmäßig, insbesondere von den protestantischen Kanzeln herab, offiziell mißbilligt.

Eine deutsche Theaterkompagnie wurde gewöhnlich von einem Impresario, »Prinzipal« genannt, gegründet, der das Unternehmen auf eigenes Risiko und zu eigenem

Gewinn betrieb. Die Vereinbarungen, die er oder sie mit verschiedenen Höfen und städtischen Behörden schlossen, reichten von der einfachen Genehmigung bis zur Konzession für den Betrieb eines Theaters oder eines Opernhauses mit den dazugehörigen Rechten oder möglicherweise sogar bis zur Subvention. Besonders attraktiv waren Ereignisse wie die jährlich in Leipzig und Frankfurt am Main abgehaltenen Messen, die potentielle Zuschauer in großen Mengen anzogen. Glücklosere Kompagnien waren darauf angewiesen, den häufig unkultivierten Geschmack ihres Publikums zu befriedigen, der auf groben Humor, Possen, körperliche Gewalt und einen aus der Commedia dell'arte vertrauten Improvisationsgeist zielte. Diese Charakteristika hielten sich in den Volkstheatern Österreichs, Süddeutschlands und Böhmens das ganze 18. Jahrhundert hindurch; ihre bemerkenswerteste Verkörperung fanden sie in der Person eines überragenden Schauspielers und Prinzipals wie Josef Stranitzky, der mit dem Salzburger Bauern Hanswurst einen einheimischen Ersatz für den Harlekin schuf. Musik wurde in eher bescheidener Weise in viele dieser Unterhaltungen integriert.

In Norddeutschland gingen um die Mitte des Jahrhunderts die kennzeichnenden Züge, mit denen Stranitzky und seine Nachfolger weiterhin rechneten, durch die Re-

HILLER, *DIE VERWANDELTEN WEIBER*, erster Akt; Stich von J. G. Geyser. Die Gewalttätigkeit, die das frühe deutsche Singspiel von der englischen Ballad-opera übernommen hatte, wurde in dieser Illustration zu Weisses Text im zweiten Band seiner *Komischen Opern* (Leipzig, 1771) dargestellt. Hier züchtigt die puritanische Frau Liebreich (Coffeys Lady Loverule) ihre Diener für seine Ausgelassenheit.

KÄRNTNERTORTHEATER, WIEN. Das Theater war 1709 ursprünglich als privat verwaltete Bühne errichtet worden, 1752 wurde es jedoch von Maria Theresia der kaiserlichen Kontrolle unterstellt. Nach seinem Wiederaufbau 1763 – zwei Jahre zuvor war es durch einen Brand zerstört worden – wurde es zum wichtigsten Ort für die deutsche Oper im josephinischen Wien (abgesehen von der kurzen Periode des National-Singspiels 1778–1783). Das Kärtnertor, von dem das Theater seinen Namen erhielt, lag in den Befestigungen der Altstadt und ist in diesem Stich aus der Zeit um 1827 rechts zu sehen.

formen der Caroline Neuber allmählich verloren, die mit dem Leipziger Professor Johann Christoph Gottsched daran arbeitete, den Harlekin mitsamt seinen Maßlosigkeiten von ihrer Bühne zu verbannen. Einer ihrer Schauspieler, J.F. Schönemann, verließ die Neuberin, um 1739 seine eigene Kompagnie zu bilden. Vier Jahre später führte seine Truppe in Berlin eine Übersetzung von Coffeys *The Devil to Pay* (1731) auf. Das Experiment blieb ein vereinzeltes, aber wie einige andere Prinzipale lancierte Schönemann stetig seine musikalischen Darbietungen in Form von Balletten und Pantomimen. Ein anderer Impresario, Heinrich Gottfried Koch, bat den Dichter Christian Felix Weisse, Coffeys Ballad-opera neu zu übersetzen, und bemühte sich um eine neue Vertonung durch seinen Musikdirektor Johann Standfuss, um die von Schönemann verwendeten originalen englischen Melodien zu ersetzen. Der Erfolg dieser Fassung 1752 in Leipzig führte zu einem erbitterten, von Gottsched initiierten, mit Pamphleten geführten Kampf. Diese schwache Nachahmung des Buffonistenstreits war nur insofern erfolgreich, als sie ein noch regeres öffentliches Interesse an der neuen Gattung entzündete.

Nach den Zerrüttungen des Siebenjährigen Krieges (1756–1763) etablierte sich eine neue und charakteristische Form der deutschen komischen Oper als dauerhafter Bestandteil des Theaterlebens. Erst heute jedoch ist es gang und gäbe geworden, deutsche Opern mit gesprochenem Dialog und einer komischen oder sentimentalen Handlung als »Singspiel« zu bezeichnen, nachdem sich dieser Begriff im 19. Jahrhundert gefestigt hatte. Die neue Gattung entstand 1766 in Leipzig, als Koch Weisse dazu bewegte, seine Übersetzung von *The Devil to Pay* zu überarbeiten, dieser sie in *Die verwandelten Weiber* umbenannte und Johann Adam Hiller (1728–1804) engagierte, große Teile neu zu komponieren. Die umgehende und überwältigende Beliebtheit der neuen Fassung führte zu weiteren gemeinsamen Arbeiten. Als erstes

HILVERDING, *LE TURC GÉNÉREUX* am Wiener Burgtheater, gestochen von Bernardo Bellotto (1759). Der türkische Gesandte des Sultans Mustafa III., der Hilverdings Ballett im Juni 1758 sah, zeigte sich besonders von der Genauigkeit der Kostüme beeindruckt. Die Person in der rechten Proszeniumsloge ist der Theaterdirektor, Graf Giacomo Durazzo, dem Bellottos Druck gewidmet ist.

folgte die nächste von Coffeys Ballad-operas, *The Merry Cobler* (*Der lustige Schuster*, 1766), doch wandte sich Weisse dann mit *Lottchen am Hofe* (1767) und *Die Liebe auf dem Lande* (1768) der schlicht-sentimentalen Opéra-comique zu als einem raffinierteren Modell, das er während der Kriegsjahre in Paris aus erster Hand kennengelernt hatte. Seine Zusammenarbeit mit Hiller und Koch gipfelte in *Die Jagd* (1770), die bis in das 19. Jahrhundert hinein durchaus sehr beliebt blieb, und die in Deutschland gelegentlich noch wiederaufgenommen wird.

Im Grunde waren diese frühen Singspiele gesprochene Komödien mit großen Besetzungen und umfangreichen Dialogen, denen bescheidene musikalische Nummern hinzugefügt wurden, um die Atmosphäre des Dramas zu verdichten und seine Charaktere klarer zu zeichnen. Wenn sie sich auf Vorbilder der Opéra-comique bezogen, wählten Weisse und die anderen gerne frühe Werke, die kaum dramatische Anforderungen an die Musik stellten. Hiller hielt an einer melodischen und bewußt schlichten Musik fest, zum Teil wegen des idealisierten »Volkstons« der Opern, hauptsächlich aber wegen der mittelmäßigen musikalischen Fertigkeiten der Sänger-Darsteller in Kochs Truppe, von denen nur einer eine ausgebildete Stimme besaß. Diese Einfachheit machte nicht nur aus der Not eine Tugend, sondern bot nahezu jeder Theatergesellschaft in Nord- und Süddeutschland – wie bescheiden ihre Mittel auch waren – einen Anreiz, die neue Gattung aufzugreifen.

Der typische deutsche Schauspieler-Sänger war den Sängern der reisenden italienischen Kompagnien nicht ebenbürtig, die in Deutschland sowohl Opera seria als auch Opera buffa aufführten. Eine solche Truppe unter Pietro Mingotti hatte in den vierziger Jahren auf den gleichen jährlichen Messen in Leipzig verkehrt, die Kochs Gesellschaft in den sechziger und frühen siebziger Jahren bereiste. Wirklich exzellente Sänger und die Musik, in der deren Talente vollkommen genutzt wurden, waren in Deutschland meistens in Kompagnien zu finden, die nach 1770 an festere höfische oder bürgerliche Bühnen gebunden waren.

In Nord- und Mitteldeutschland fand das Modell von Hiller und Weisse viele Nachahmer, unter ihnen insbesondere Ernst Wilhelm Wolf, Anton Schweitzer sowie Hillers Schüler Christian Gottlob Neefe und Johann Friedrich Reichardt, die beide wenigstens teilweise den farcenhaften Witz wieder aufleben ließen, den Weisse und Hiller der aus dem Französischen übernommenen schlichten Empfindsamkeit untergeordnet hatten. Schweitzers *Die Dorfgala* (1772) markierte ebenso einen Höhepunkt dieses Stils wie *Der Jahrmarkt* (1775) des Gothaer Kapellmeisters Georg Benda. Bekannter jedoch wurden beide durch ihre Beiträge zur deutschsprachigen ernsten Oper und zum Melodram.

Die wichtigste Entwicklung des Singspiels hin zu einer öffentlichen Kunstform fand nach Kochs Tod 1775 in Berlin statt, vor allem nach der Ankunft Johann Andrés als Musikdirektor der Döbbelin-Gesellschaft 1777. André erstrebte eine größere stilistische Vielfalt, ohne Hillers melodische Schlichtheit aufzugeben, wie auch an der

Wahl seiner Libretti zu erkennen ist. Er war der erste, der *Erwin und Elmire* (1775, basierend auf der Ballade von Edwin und Angelica in Goldsmiths *The Vicar of Wakefield*) des mit ihm befreundeten Goethe vertonte. Später arbeitete er mit dem populärsten Librettisten der Zeit, mit Christian Friedrich Bretzner zusammen, der neue Inspirationsquellen im Exotischen (*Belmont und Constanze, oder die Entführung aus dem Serail*) und im Übernatürlichen (*Das wütende Heer, Das Irrlicht*) fand. Anders als Weisses Libretti wurden diejenigen Bretzners von den Wiener Komponisten begierig aufgegriffen; im Gegenzug führten Kompagnien wie die Döbbelins in den frühen achtziger Jahren angesichts verbesserter musikalischer Möglichkeiten neue österreichische und italienische Opern auf.

Die süd- und westdeutschen Singspielkomponisten übernahmen zunächst die Vorbilder aus dem Norden. Reisende Kompagnien, deren Repertoire bisher großenteils auf französischen komischen Opern in deutscher Übersetzung basierte, griffen die neue Gattung auf. Am bedeutendsten war die nach Anfängen unter Sebastiani durch Theobald Marchand berühmt gewordene Truppe; sie spielte hauptsächlich in Mainz, Straßburg, Frankfurt und Mannheim. Am Stuttgarter Hof vertonte Christian Ludwig Dieter verschiedene norddeutsche Libretti, die dort bleibende Popularität errangen, darunter Bretzners *Belmont und Constanze* (1784). In München trug im wesentlichen der dilettierende Komponist Lukas Schubaur mit seinen neuen Singspielen zu den Bestrebungen des Münchner Hofes bei, neben den französischen und italienischen Einrichtungen in den achtziger Jahren eine respektable deutsche Opernkompagnie zu gründen.

Von 1728 bis 1742 wurde das Wiener Kärntnertortheater – wie das Burgtheater unter kaiserlicher Aufsicht, doch größer und weniger exklusiv – an private Gesellschaften vermietet, die komische italienische Opern und improvisierte deutsche, mit Musik vermischte Schauspiele gaben. Ballett und Gesang spielten eine wesentliche Rolle im Repertoire von Felix Kurz, der sich in Wien und anderswo einen Namen als Bernardon machte, einer weniger ungehobelten Version des Hanswurst seines Paten Stranitzky. Seit Beginn des Jahrhunderts war Musik ein Bestandteil des Wiener Volkstheaters, und nach 1750 suchten Impresari wie Kurz nach neuer Musik für Werke dieses Volkstheaterrepertoires; dazu gehörte Haydns verschollener *Der neue krumme Teufel* von 1758. Im gleichen Jahr verbot die durch die Anstößigkeit und die unverhüllte soziale Kritik in Kurz' Darbietungen erzürnte Kaiserin kurzerhand alle derartigen Spektakel.

Am Burgtheater unterhielt der Hof neben Oper und Ballett eine Truppe französischer Schauspieler, deren Aufführungszahl in den fünfziger Jahren stieg, um die neuesten Opéras-comiques aus Paris zeigen zu können. Zunächst wünschte Graf Giacomo Durazzo als Intendant des Theaters von seinem Gewährsmann in Paris, dem Bühnenautor Charles Simon Favart, nur Vaudeville-Stücke, wenngleich deren volkstümliche Melodien für die Wiener Ohren verändert werden mußten. Die Mode

IRENA TOMEONI in der Titelrolle einer Wiener Inszenierung von Paisiellos *Nina*. Die Tomeoni begründete ihren Ruhm in sentimentalen Rollen wie der der Nina, die sie während ihrer Anstellung am Wiener Hoftheater von 1791 bis 1805 sang. Ihre Stärke lag in innigen, unverzierten Melodien wie Ninas »Il mio ben«.

lenkte jedoch um 1759 Durazzos Aufmerksamkeit auf die neueren »comédies mêlées d'ariettes«. Um diese Werke in Wien angemessen aufführen zu lassen, suchte Durazzo Favarts Unterstützung bei der Anwerbung neuer Sänger und bat Gluck, neue Partituren zu arrangieren und zunehmend auch zu komponieren. Gluck schrieb insgesamt sieben neue Opern und setzte viele andere teilweise neu; seine Werke beherrschten in den frühen sechziger Jahren die französische Bühne in Wien. Höhepunkte waren seine beiden »türkischen« Opern *Le Cadi dupé* (1761) und *La rencontre imprévue* (1763), die in Übersetzungen in ganz Deutschland und Österreich im Umlauf waren.

Opera buffa im Zeitalter Paisiellos und Mozarts

Unsere Vorstellung von der Opera buffa im letzten Viertel des 18. Jahrhunderts wird natürlich von den drei großen Opern geprägt, die Mozart und Da Ponte gemeinsam erarbeiteten, doch waren beider Schöpfungen für diese Gattung ziemlich ungewöhnlich, da sie für zwei Städte wie Wien und Prag geschrieben wurden, deren musikalische Kennerschaft weitaus wählerischer und anspruchsvoller war als die aller übrigen europäischen Zentren.

Um ein charakteristisches Porträt der Opera buffa anzulegen, muß man Städte wie Neapel, Venedig, Rom, Parma, Bologna oder sogar St. Petersburg und Komponisten wie Piccinni, Anfossi, Guglielmi, Cimarosa und insbesondere Paisiello betrachten. Sie alle waren in Neapel ausgebildet worden und verfolgten internationale Karrieren, in denen sie ebensosehr mit der Opera seria wie mit der Opera buffa beschäftigt waren. Jeder begann mit der Komposition von komischen Opern und Intermezzi für kleinere Theater in Neapel und anderswo, die zu einem Ruf verhalfen, der schließlich zu dem Auftrag einer Opera seria führte. Pietro Guglielmi (1728–1804) schrieb komische Werke für Neapel und Rom zwischen 1757 und 1762, bevor ihm 1763 mit seiner ersten ernsten Oper, Metastasios geliebter *Olimpiade*, endlich der Durchbruch an San Carlo gelang. Von dieser Zeit an komponierte er regelmäßig drei oder vier Opern pro Jahr, komische wie ernste.

Der Werdegang Giovanni Paisiellos (1740–1816) zeigt, wie die komische Oper – trotz eines anhaltenden Konsenses über das Prestige der Opera seria und die für ihre Komposition gezahlten hohen Honorare – für die internationale Reputation eines Komponisten gleichermaßen ausschlaggebend wurde. In Paisiellos Fall geschah dies mit *La frascatana* (1774), die zuerst Italien und dann ganz Europa eroberte. Eine weitere erfolgreiche komische Oper, *Dal finto il vero*, die 1776 in Neapel auf die Bühne kam, veranlaßte den neapolitanischen Hof erstmals, eine Aufführung im Teatro Nuovo zu besuchen. Im gleichen Jahr wurde Paisiello zum »maestro di cappella« am russischen Hof Katharinas II. ernannt. Wie von den anderen italienischen Komponisten, die diese Stelle vor und nach ihm innehatten, erwartete man von ihm Musik jeglicher Art, auch wenn die Oper Vorrang hatte. Der Hof förderte die Opera seria schon seit 1736, und 1757 hatte Giovanni Battista Locatelli mit seiner Wanderbühne die Opera buffa nach St. Petersburg gebracht, wo sie nicht im großen Neuen Hoftheater, sondern im Theater des Sommerpalastes präsentiert wurde. Unter Katharina kam 1764 die Opéra-comique dazu, die nicht nur in der mühelos französisch sprechenden Aristokratie beliebt war, sondern auch einen spürbaren Einfluß auf die komische Oper in russischer Sprache ausübte, in der eher gesprochene Dialoge als Rezitative verwendet wurden.

Zunächst wurden Paisiellos Kräfte in eine Richtung gelenkt, die seinen Neigungen entsprach – zur ernsten Oper. Auf seinem Weg nach Rußland hatte er in Wien Metastasio besucht, und zur Komposition seiner Eröffnungsoper für das Russische Hoftheater ein Libretto des cäsarischen Poeten, *Nitteti*, gewählt. Doch schließlich führte der Zwang, komische Opern schreiben zu müssen, zu einer Neuorientierung seiner Aktivitäten. Nach 1778 komponierte Paisiello für St. Petersburg nur eine einzige weitere ernste Oper neben sechs komischen Opern. Zu diesen zählen einige seiner be-

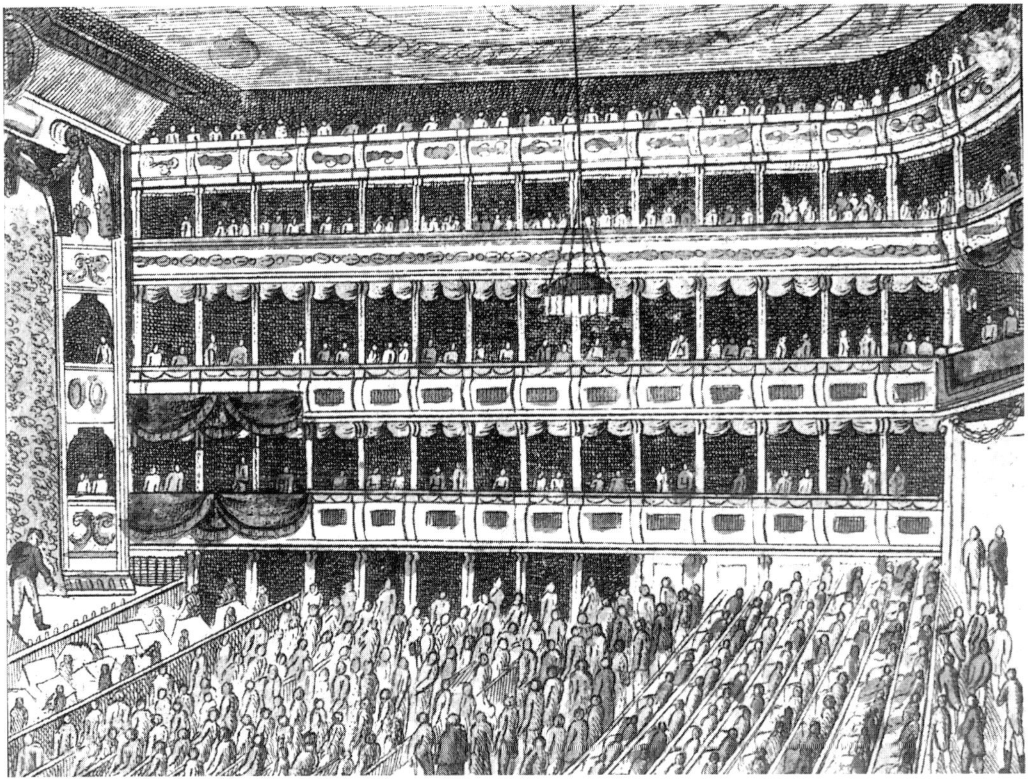

WIEN, BURGTHEATER, ANSICHT DES ZUSCHAUERRAUMS, anonymer kolorierter Stich. Das Burgtheater – ursprünglich ein Tennisfeld, das 1741 für den theatralischen Gebrauch übernommen wurde (eine übliche Umwandlung) – war eine intimere und exklusivere Bühne als das nahegelegene Kärtnertortheater. Einer umfangreicheren Renovierung wurde es nach Plänen von Jean Nicolas Jadot 1748 unterzogen, weitere folgten 1759, 1779 und 1794. Zu diesen Zeitpunkten war es für die Art von spektakulären Operninszenierungen, die in Wien inzwischen verlangt wurden, offensichtlich nicht mehr geeignet. Dennoch wurden hier Glucks *Orfeo*, Mozarts *Entführung*, *Figaro* und *Così fan tutte* uraufgeführt und unzählige Konzerte veranstaltet. 1888 wurde es endgülitg abgebrochen.

kanntesten Werke, an erster Stelle *Il barbiere di Siviglia* (1782). *Gli astrologi immaginari* (1779, später umbenannt in *I filosofi immaginari*) wurde zu einem Lieblingsstück Katharinas. Sie schätzte sich selbst als vollkommen unmusikalisch ein, fand aber ihr nicht besonders gutes Ohr letztlich beschäftigt und gebannt durch Paisiellos unwiderstehlichen komischen Stil, dessen musikalischer Gestus zwar einfach und transparent, doch lebhaft und kraftvoll war. Als Katharina Paisiellos vierjährigen Vertrag 1780 erneuerte, gewährte sie ihm das Recht, seine Libretti selbst zu wählen. (Ihr Dekret jedoch, daß eine Oper nicht länger als zwei Stunden dauern sollte, blieb in Kraft.) Im gleichen Jahr ließ sie sich von ihrer gesamten italienischen Kompagnie zu einem Treffen mit Joseph II. begleiten, der sich von Paisiellos Musik so beeindruckt zeigte, daß er Kopien von dessen Opern bestellte, obgleich bis dahin in Wien keine italienische Kompagnie existierte, die sie hätte aufführen können. Von Anfang an sollten Paisiellos Werke eine herausragende Rolle in den Darbietungen der neuen italienischen Truppe spielen, die Joseph II. 1783 in der Nachfolge des National-Singspiels gründete, und zu deren Unternehmen Paisiello selbst mit einer neuen Oper beitrug, als er auf seinem Weg zurück nach Italien 1784 durch Wien kam. Einheimische Musiker inszenierten wie gewöhnlich Intrigen gegen dieses Werk, *Il Re Teodoro in Venezia*, doch wurden diese durch das persönliche Eingreifen des Kaisers erstickt.

In ihren komischen Opern hatten Paisiello und seine Zeitgenossen etwa zu Beginn der achtziger Jahre eine relativ beständige Reihe von Kompositionstechniken und Wesenszügen ausgebildet. Arien dominierten nicht länger – in einer typischen Opera buffa der fünfziger Jahre hatten sie dreiviertel der Nummern umfaßt –, ihre Anzahl übertraf manchmal nur knapp die der Ensembles. Form und Funktion der

THEATERZETTEL FÜR DIE URAUFFÜHRUNG VON *LE NOZZE DI FIGARO*. Gemäß einem von Joseph II. Anfang 1782 erlassenen Edikt wurden die Besetzungslisten der Opern und Schauspiele, die in den Kaiserlichen Theatern aufgeführt wurden, weggelassen. Dieses Verfahren wurde bis zum Tod des Kaisers 1790, kurz nach der Uraufführung von *Così fan tutte*, beachtet. Auf dem sparsamen Theaterzettel für *Figaro* ist nicht einmal Da Ponte (oder gar Beaumarchais) erwähnt.

Arientypen veränderten sich. Aus der ernsten Oper wurde das zweiteilige Rondo entlehnt, um die Kunstfertigkeit der führenden Sopranistin oder des Tenors auszustellen. Ein besonderer Kompositionsstil entwickelte sich für den komischen Baß, in dem Geplapper, Sprünge, drastische Gesten und wiederholte emphatische Kadenzfiguren alternierten, belebt vom melodischen Wechselspiel mit dem Orchester. Generell wurden die Arien einfacher und kürzer, eine Tendenz, die sich als besonders wirkungsvoll in so sentimentalen Komödien wie Paisiellos *Nina, o sia La pazza per amore* (1789) erwies. Wie in der Opera seria der Zeit, wurde das einfache Rezitativ – wo immer möglich – zurückgenommen. In *Nina*, deren Text auf eine populäre Opéra-comique zurückgeht, ersetzte Paisiello beispiellos das Rezitativ durch italienisch gesprochenen Dialog. Mit der Reduktion des Rezitativs wurden wichtige Entwicklungen der Fabel in die Handlungsensembles oder sogar in die Arien verlagert.

Paisiello hatte in St. Petersburg alle seine komischen Opern auf zwei Akte beschränkt, was vielleicht eine Reaktion darauf war, daß die Kaiserin auf Kürze beharrte, aber auch andere Komponisten bevorzugten seit den frühen achtziger Jahren die Zweiaktigkeit. Seit Goldoni das Finale des zweiten Akts in die Opera buffa eingeführt hatte, wurde der dritte Akt zunehmend farbloser. In der neuen, zweiaktigen Form wanderte das Finale mit den Verwicklungen an das Ende des ersten Akts, und ein neuartiges Finale, in dem der Knoten gelöst wurde, erhielt seinen Platz am Ende des zweiten und letzten Akts. Diese Nummern nahmen einen beträchtlichen Umfang an und entwickelten Formmerkmale, die sie von eigentlich allen anderen in der Oper verwendeten musikalischen Strukturen unterschieden. Die Handlung entfaltet sich in einer Reihe klar umrissener Abschnitte, in denen Aktion und Reflexion abwechseln. Veränderungen der musikalischen Farbe und des Tons grenzen wichtige dramatische Augenblicke ab, die der Dichter gewöhnlich schon durch den Wechsel des Versmaßes vorgesehen hatte. Jeder Abschnitt stellt eine geschlossene tonale Einheit dar, in der eine je eigene Folge von Themen verwendet wird. In den achtziger Jahren wurden manche Finali so kompliziert, daß sie mehr als tausend Takte umfaßten. Balance und sich steigernde Wirkung der Abschnitte zu kalkulieren, erforderte vom Komponisten ein sensibles Gespür für großformale dramatische Disposition.

Mit dem wachsenden Ansehen und der zunehmenden kulturellen Bedeutung der Opera buffa begannen die Komponisten, Texte und Stoffe mit größerer Sorgfalt auszuwählen. Gute komische Libretti wurden zum begehrten Objekt von höfischen Theatern und einzelnen Komponisten. In literarischen Fehden und Parodien, die früher in das Gebiet der ernsten Oper oder des Schauspiels gehörten, reagierte man nun auf das lebhafte Interesse, das die Opera buffa in allen Schichten der Gesellschaft erregte. Selbst Komponisten mit begrenzten Fähigkeiten in der musikalischen Charakterisierung wie Pasquale Anfossi (1727–1797) konnten in den siebziger Jahren noch verbreitete Anerkennung gewinnen, indem sie transparente, glatt dahinfließende

NOSTITZ-THEATER, PRAG, Stich aus dem frühen 19. Jahrhundert. Das Theater (erbaut von Graf Nostitz 1783) war achtzig Jahre lang der Mittelpunkt des Prager Opernlebens. Hier wurden sowohl *Don Giovanni* als auch *La Clemenza di Tito* uraufgeführt. Obwohl das Haus als Nationaltheater gegründet worden war, wurde es vorwiegend an private Impresari verpachtet, die sich in erster Linie der italienischen Oper widmeten. Erst 1798 wurde es von den Böhmischen Ständen übernommen.

Partituren zu gutgemachten Libretti mit vertrauten komischen Situationen schrieben. Anfossi zum Beispiel fand internationalen Anklang mit seiner Vertonung von Giuseppe Petrosellis *L' incognita perseguitata* (1773), doch vermochte sein eher verbindlicher Stil der wachsenden Anforderung nach deutlicheren musikalischeren Umrissen von Situationen und Personen nicht gerecht zu werden. Während seiner Amtszeit als Musikdirektor des King's Theatre in London von 1782 bis 1786 zeigte sich das Schicksal Anfossi immer weniger gewogen, bis er es in Rom, wo er von 1787 bis 1790 wirkte, ganz aufgab, für das Theater zu komponieren.

Die wichtigste Bühne zur Kultivierung der Opera buffa wurde 1783 am Wiener Burgtheater von Joseph II. anstelle des National-Singspiels eingerichtet. Mit dem Wiederaufleben der Opera buffa, die seit 1776 auf den kaiserlichen Bühnen nicht mehr gespielt worden war, bezweckte Joseph keineswegs, das einheimische Schaffen komischer italienischer Opern anzuregen, sondern eher den langgehegten Wünschen des Adels und der Mittelschicht nachzugeben – im Mittelpunkt sollten nicht Komponisten und ihre neuen Werke stehen, sondern die Sänger. »Selig sind, die hungern und dürsten nach italienischen Opernsängern«, lautete eine der Preisungen, die ein lokaler Spaßvogel in der *Wiener Realzeitung* veröffentlichte, »denn sie werden auf Kosten hoher Gehälter befriedigt werden.« Es brauchte ein oder zwei Jahre, bis dem auf Sparsamkeit bedachten Kaiser um 1780 klar wurde, daß exzellente Opera-buffa-Produktionen nicht länger billig zu haben waren, und er zog daraus die Konsequenzen, verhandelte sogar verschiedentlich selbst auf seinen Auslandsreisen mit erstklassigen Sängern.

Mit einem Schlag war Graf Durazzo in der Lage, zwei der berühmtesten Sänger-Darsteller, die zur Verfügung standen, zu engagieren, die Primadonna Nancy Storace und den Primo buffo Francesco Benucci, die zu der Zeit beide am San Samuele

DON GIOVANNI, der früheste bekannte Bühnenbildentwurf. Diese Ausstattung, die nach den Maßstäben des 18. Jahrhunderts eher typisch für eine ernste als für eine komische Oper war, könnte die einer frühen Prager Inszenierung gewesen sein.

in Venedig sangen. Zwei schwierige männliche Stimmfächer erforderten erstklassig begabte Besetzungen, und es fanden sich ein führender Tenor in Michael Kelly und ein Basso buffo in Francesco Bussani. Das anfängliche Fehlen eines erstrangigen Soprans als Ergänzung zu Nancy Storace wurde schließlich durch die Engagements von Luisa Laschi 1784 und Celeste Coltellini 1785 wettgemacht.

Viele dieser Namen klingen vertraut, da sich mit dem Eintreffen der Laschi zu Beginn der zweiten Spielzeit praktisch die vollständige Besetzung der Uraufführung von Mozarts *Le nozze di Figaro* versammelt hatte. Während zweier Jahre, die schließlich zur Premiere des *Figaro* führten, wurden diese Sänger zu einem der hervorragendsten Buffa-Ensembles überhaupt zusammengeschweißt. Ohne diesen Integrationsprozeß wären die außerordentlichen Anforderungen, die Mozart und Da Ponte in einer vierstündigen Oper mit durchgängiger Aktion stellten, nahezu undenkbar gewesen. Über die Truppe des Burgtheaters schrieb Caroline Pichler: »Unter der Führung unseres Monarchen war unsere Bühne in Hinsicht auf die italienische Oper vielleicht die ausgezeichnetste, die existierte, Italien nicht ausgenommen, und die zweiten und dritten Sopranistinnen unserer Oper kehrten nach Italien zurück, um überall als erste Sopranistinnen zu erscheinen.«

In den ersten beiden Spielzeiten setzte sich das Repertoire des Burgtheaters fast vollständig aus übernommenen Stücken zusammen. Statt neue Werke in Auftrag zu geben, wurden erst einmal die beliebtesten italienischen komischen Opern des letzten Jahrzehnts auf die Bühne gebracht. Zur Eröffnung wurde Salieris populärste Opera buffa, *La scuola de' gelosi*, gegeben. Der Grund für diese Wahl lag weniger in der Stellung, die der Komponist unter Josephs Protektion einnahm, als vielmehr in der Sensation, die Nancy Storace in der Rolle der Contessa in einer Produktion dieser Oper an San Samuele Anfang 1783, kurz vor ihrer Ankunft in Wien, erregt hatte.

Zu dieser Zeit war die Opera seria in Wien wenig gefragt. Der Kaiser, der sie als teuer und anspruchsvoll ansah, gestattete sie nur zu besonderen Staatsanlässen. Als sein Theaterdichter sollte Lorenzo Da Ponte (1749–1838) nicht feierliche »feste tea-

VORBEREITUNGEN HINTER DER BÜHNE FÜR DIE *ZAUBERFLÖTE* AM WEIMARER HOFTHEATER, Aquarell von Georg Melchior Kraus. Während Goethes Tätigkeit als Direktor des Weimarer Hoftheaters war Mozarts *Zauberflöte* das bei weitem populärste Stück aller Gattungen im Repertoire (mit stark geändertem Text, den Goethes Schwager C. A. Vulpius bearbeitet hatte). Goethe selbst begann, eine Fortsetzung der Oper zu schreiben. Er konnte indes keinen geeigneten Komponisten finden und gab das Vorhaben schließlich auf.

SZENE AUF DEM JAHRMARKT ST. GERMAIN, Miniatur (1763) von Nicholas van Blarenberghe. Bei dem Gemälde handelt es sich um einen Rückblick, denn die Jahrmarkttheater verschmolzen 1762 mit der Opéra-Comique. Die Außenszene zeigt eine laufende *parade* auf der Behelfsbühne über dem Theatereingang – eine kurze Handlung, die eine Menge sammeln und Zuschauer für das Hauptvergnügen innen anlocken sollte. Anders als die Opéra und die Opéra-Comique, wurden die Jahrmarkttheater von der Krone nicht unterstützt, und trotz der Einschränkungen, die ihnen durch den Einfluß dieser rivalisierenden Institutionen auferlegt waren, konkurrierten sie lebhaft mit ihnen um Mäzene.

GRAND

trali« abfassen, sondern alte Opera-buffa-Texte überarbeiten und neue schreiben. Zwischen Da Ponte und dem Librettisten Giambattista Casti (1724–1803) entzündeten sich Rivalitäten innerhalb der allgemeinen intriganten Atmosphäre am Wiener Hof, zu der Komponisten, Librettisten, Interpreten, Journalisten, Höflinge und Theatergänger beitrugen. Castis literarische Tätigkeit in Wien hatte 1784 mit dem Libretto zu Paisiellos *Il Re Teodoro* vielversprechend begonnen, die Da Pontes hingegen stand mit *Un ricco di giorno* für Salieri unter einem ungünstigen Stern. Salieri fand den Text so abscheulich, daß er schwor, sich eher alle Finger abzuhacken als irgendeine von Da Ponte geschriebene Zeile in Musik zu setzen. Das Fiasko führte direkt zu seiner Zusammenarbeit mit Casti an *La grotta di Trofonio*, einem seiner besten Texten, der Salieri eine reizvolle Gelegenheit gab, seine überlegenen Fähigkeiten in der musikalischen Charakterisierung und im Gebrauch orchestraler Farben geltend zu machen. Gezwungen, mit anderen Komponisten zu arbeiten, gelang es Da Ponte, seine Position am Hof 1785 mit einer brillanten Adaption von Goldonis *Le Bourru bienfaisant* für Martín y Soler zurückzugewinnen.

Da Pontes Geschichte – die er zuerst 1819 in seinen Memoiren schilderte – Glauben zu schenken, er und Mozart hätten dem Kaiser ihre neue Oper nach Beaumarchais' *Le Mariage de Figaro* als ein »fait accompli« angeboten, nachdem Da Ponte Josephs Befürchtungen über die Eignung der Quelle beschwichtigt hatte, fällt in der Tat schwer. Mozart nahm wie andere Komponisten seiner Zeit selten ein Opernprojekt in Angriff ohne Vereinbarung mit einer bestimmten Bühne und ohne Kenntnis der vorgesehenen Besetzung. Was auch immer die Umstände seiner Entstehung waren – die gesellschaftspolitische Aussage von *Le nozze di Figaro* (1786) erwies sich als weit weniger scharf als die vieler Texte Castis. Die wahre Herausforderung von Beaumarchais' ausgeklügelter Fabel jedoch war gleichzeitig ihre größte Attraktion für die Wiener: sie trieb die Talente von Librettist, Komponist, Ausführenden und Publikum zu ungeahnter, raffinierter Perfektion. Der Weg war bis zu einem gewissen Grad durch die anhaltende Popularität von Paisiellos *Barbiere* geebnet worden, aber selbst die Vertrautheit mit Charakteren und Situationen im ersten Teil von Beaumarchais' Trilogie wäre ohne die überragende ästhetische Auffassungsgabe des Burgtheaterpublikums wenig wert gewesen. »Sie suchten intellektuelles Vergnügen«, erinnert sich Caroline Pichler, »nicht reinen Zeitvertreib; sie wünschten, daß ihre Gefühle bewegt würden und wollten nicht einfach ihren Verstand durch das Auffinden von Mängeln üben. Sie kamen mit einer unverbrauchten Aufnahmefähigkeit ins Theater.«

GIUSEPPE AMBROGIETTI ALS DON GIOVANNI UND GIUSEPPE NALDI ALS LEPORELLO in der ersten Londoner Inszenierung des *Don Giovanni*, Ölgemälde von John Partridge (1819). Ambrogietti, ein glänzender Baß-Buffo mit früheren Erfahrungen in Italien und Frankreich, sang erstmals 1817 die Partie des Don Giovanni am King's Theatre. Sein Londoner Debüt hatte er im gleichen Jahr als Almaviva in *Le nozze di Figaro* gegeben; in dieser Inszenierung hatte Naldi, ein Veteran der Londoner Bühne, den Figaro gesungen.

Es ist verführerisch zu behaupten, mit Werken wie Salieris *Grotta di Trofonio*, Martín y Solers *Burbero di buon cuore* und vor allen anderen Mozarts *Le nozze di Figaro* sei am Burgtheater ein Durchbruch in der Geschichte der Opera buffa gelungen. Tatsächlich mag es hilfreicher sein, daran zu erinnern, daß die Gattung durch eine zufällige Fügung von Umständen und Begabungen ein wenig näher an unsere eigene, sehr selektive Auffassung von ihr gerückt ist. Alle drei Opern wurden zu ihrer Zeit als Musik für »Kenner« betrachtet. Sie forderten selbst die musikalisch anspruchsvollsten Wiener Ohren wie nur wenige frühere komische Opern. Ohnegleichen waren auch die Aufgaben, die dem Ensemble der dramatisch wie musikalisch höchst talentierten Sänger-Schauspieler gestellt wurden. Sowohl Martín y Solers *Burbero* als auch Mozarts *Figaro* wurden in den späten achtziger Jahren am Burgtheater wiederaufgenommen, und es muß als ein bedeutendes Lob angesehen werden, daß die Theaterleitung 1787 einer Produktion des *Don Giovanni* zustimmte. Selbst ein so zweifelhafter Stoff wie die Fabel des Don Juan konnte jetzt auf der exklusiven Bühne des Kaisers erscheinen, da er dank Mozarts Partitur an der Wiener Konzeption der Opera buffa als einer ernstzunehmenden Kategorie hoher Kunst teilhatte.

Don Giovanni verdankte seine Entstehung der sensationellen Beliebtheit von Mozarts Musik zu *Figaro*, die diese am Nostitz Theater in Prag genossen hatte, wo eine von Pasquale Bondini organisierte kleine, aber erfahrene italienische Kompagnie seit 1783 auftrat. In ihrer Beschäftigung mit der Legende des Don Juan folgten Da Ponte und Mozart dem Vorbild Giovanni Bertatis und Giuseppe Gazzanigas, deren *Don Giovanni, o sia Il convitato di pietra* Anfang 1787 am San Moisè in Venedig gegeben worden war. Genaugenommen gehörte die Erzählung auf keine der beiden Bühnen – sie ist tief im Volkstheater verwurzelt, und selbst die Versuche Molières und Goldonis, sie in die Traditionen der hohen Kunst zu stellen, waren nur teilweise erfolgreich. In Venedig hatte die Oper als Gegenstück zu einem Pasticcio Bertatis kaum Beachtung gefunden. Ganz Prag hingegen erwartete von der neuen, bei Mozart und Da Ponte in Auftrag gegebenen Oper, daß sie der Sensation des *Figaro* gleichkäme oder sie überträfe – *Figaro* hatte den außerordentlichen musikalischen Geschmack der böhmischen Kenner noch weitaus vollkommener befriedigt als den des Wiener Publikums. Angesichts dieser glücklichen Umstände entschlossen sich Mozart und Da Ponte, ein Spektakel zu schaffen, zu dessen Verwirklichung sie ein noch nie dagewesenes musikalisches Arsenal einsetzen würden, um diese berüchtigtste und roheste Schilderung einer schamlosen Zügellosigkeit den strengen Kriterien des Theaters zu unterwerfen.

Vielfach wurde bestritten, daß *Don Giovanni* überhaupt als Opera buffa anzusehen sei. Die Einbeziehung adliger Personen wie Don Ottavio und Donna Anna ist in der Opera buffa ebensowenig neu wie die eines »mezzo carattere« wie Donna Elvira. Das eigentliche Problem liegt in den Szenen, die der alten Legende am unmittelbarsten verpflichtet sind – im »Rahmen«, den Da Ponte direkt von Bertati übernahm –, und

GRÉTRY: ZÉMIRE ET AZOR, Zauberbildszene im dritten Akt, Stich von Pierre-Charles Ingouf. In dieser Szene zeigt das Ungeheuer Azor der heimwehkranken Zémire ein Bild ihrer Familie: ihr Vater und ihre Schwestern singen hinter einem Schleiervorhang ein Terzett, in dem sie – begleitet von Holzbläsern hinter der Bühne – ihre Abwesenheit beklagen.

zu denen der auf der Bühne stattfindende Mord am Commendatore sowie Giovannis Niedergang zu ewiger Strafe gehören. Kein Weg führte nämlich an der Tatsache vorbei, daß Giovanni am Ende in die Hölle gezerrt werden mußte. Er war ein aus der Distanz mit einer Mischung von Faszination und Grauen zu beobachtendes Phänomen und mußte es bleiben, und – anders als bei dem unbedeutenden Libertin Conte Almaviva – kein ihm vorgehaltener Spiegel vermochte Giovanni dazu veranlassen, sein soziales Verhalten zu bessern.

Trotz dieser wesentlichen, im Volkstheater kultivierten Schicht der Legende bezeichnete Da Ponte sein Libretto mit dem Begriff, den Goldoni regelmäßig für seine komischen Opern benutzt hatte, als »dramma giocosa per musica«, und Mozart nannte seine Partitur genauso wie später *Così fan tutte* eine »opera buffa«. Seiner Struktur nach gehört *Don Giovanni* ebensosehr zur Buffa-Praxis wie die beiden anderen Da Ponte-Opern; zu beobachten ist in den drei Werken ein stetiger Fortschritt hin zu einer strafferen Beherrschung der großangelegten dramatischen Form. So finden sich zwischen den Akten des *Don Giovanni* eine Reihe bezeichnender Entsprechungen. Wie Gazzaniga benutzte Mozart die »introduzione« – ein komprimiertes Gegenstück des Finales –, um der lebhaften Anfangsszene des *Don Giovanni* eine klare musikalische Gestalt zu geben. Mozart maß auch der letzten Konfrontation mit dem Commendatore, die in einem gewichtigen und überdimensionalen zentralen Abschnitt im Finale des zweiten Akts stattfindet, eine ungewöhnlich große musikalische Bedeutung bei. Doch sind diese außerordentlichen Mittel durch die kraftvollen dramatischen und musikalischen Bögen gerechtfertigt, die diese Szene zu den dunklen Schattierungen der langsamen Einleitung der Ouvertüre und zur Anfangsszene schlägt.

Edward Dent nannte *Così fan tutte* (1790) »das beste aller Libretti Da Pontes und das vorzüglichste Kunstwerk unter Mozarts Opern«. Tatsächlich handelt es sich mit seinen zahlreichen klassischen Anspielungen um eines der »literarischsten« Libretti Da Pontes. Es ist auch eines seiner originalsten, denn für *Così fan tutte* findet sich keine direkte Vorlage, obwohl es Da Ponte fast immer vorzog, ein existierendes Theaterstück zu bearbeiten. Dem entspricht ein frühes Gerücht, er habe die Fabel aus einem aktuellen Ereignis entwickelt, das damals Gegenstand des Wiener Klatsches war. So ist diese Oper trotz ihrer neapolitanischen Ausstattung das reinste Produkt der intensiven Kultivierung der Opera buffa, die als unmittelbarer Ausdruck des Musik- und Theaterlebens in Wien galt.

Die Handlung als Ganzes wird nun zum wichtigsten schöpferischen Element. Obwohl Mozart frühzeitig wußte, wer welche Rolle übernehmen sollte, komponierte er zuerst die so reichlich wie nie zuvor vorhandenen Ensembles der Oper, um dann die Arien in Angriff zu nehmen, die bis zur Uraufführung nicht festgelegt waren. Der Entwurf des ersten Akts enthielt lange eine Auftrittsarie für Despina. Auch scheint sich Mozart erst spät entschlossen zu haben, eine große brillante Arie Guglielmos gegen Ende dieses Akts durch die jetzt dort stehende schlichte Nummer zu ersetzen (»Non siate ritrosi«). Diese Änderungen, die sich direkt gegen die Privilegien der Sänger wandten, erwuchsen aus einem untrüglichen Gespür für die musikalische Balance des ersten Akts, das Mozart selbst nie wieder erreichte. Dem 19. Jahrhundert wurde die zynische Weltlichkeit Don Alfonsos und seiner Kumpanin Despina zu einer Quelle endloser Probleme und Nöte. Doch spiegelt die Moral der Geschichte – sie ist ein Schulbeispiel für Pragmatismus in Herzensangelegenheiten – treffend die Weltoffenheit der Aufklärung wider, die sich im josephinischen Wien zu einer Lebenshaltung entwickelt hatte: der beste Weg für die jungen Männer, sich an ihren treulosen Damen zu rächen, sei es, sie zu heiraten, schlägt Don

Alfonso vor – denn »glücklich ist der Mensch, der alles von seiner guten Seite nimmt, und der sich in den Wechselfällen des Lebens von der Vernunft leiten läßt«. Keine aus Italien stammende Opera buffa thematisierte je einen derart nüchternen Realismus.

Kaiser Joseph II. starb am 20. Februar 1790, kaum einen Monat nach der Premiere von *Così fan tutte*. Sein Nachfolger Leopold II. zeigte kein Interesse, eine solch kostbare und anspruchsvolle Opera buffa fortbestehen zu lassen, wie sie sein Bruder in die Mitte des Wiener Opernlebens gerückt hatte. Schließlich kehrten Opera seria und dramatisches Ballett ins Burgtheater zurück. Das denkwürdigste Opernereignis in der Regierungszeit Leopolds II. war ein Aufenthalt Domenico Cimarosas (1749–1801) in Wien, der dort, wie Paisiello, seine Rückreise vom Hof Katharinas II. unterbrach, in deren Diensten er einige Jahre gestanden hatte. Leopold hatte Cimarosa in Florenz auf der Fahrt des Komponisten nach Rußland kennengelernt und nun

GRÉTRYS *RAOUL BARBE-BLEUE*. Dieser Stich, der in J. C. de Charnois' *Costumes et annales des grand théâtres de Paris* (IV. Jahrgang, Teil 1, Ausgabe XI; 1789), veröffentlicht wurde, stellt Raoul und Isaure nicht dar, wie sie tatsächlich 1789 in der Comédie-Italienne auftraten, sondern in authentischen flämischen Kostümen des Mittelalters. Um diese Zeit spielte jedoch die Beachtung historischer Genauigkeit der Kostüme eine zunehmend wichtigere Rolle in vielen Opernzentren. (Auf einer europäischen Opernbühne wurden authentische Kostüme erstmals in der Inszenierung von Georg Bendas Melodram *Ariadne auf Naxos* am Gothaer Hoftheater 1775 verwendet.)

bat er ihn um eine Opera buffa auf einen Text Bertatis, *Il matrimonio segreto*. Dem begeisterten Kaiser gefiel sie so sehr, daß er nicht nur die ganze Oper am Tag der Uraufführung (7. Februar 1792) wiederholen ließ, sondern Cimarosa zu seinem Kapellmeister ernannte. Die Oper macht sich lustig über die Anstrengungen eines reichen Kaufmanns, seine beiden Töchter in die Aristokratie zu verheiraten. Cimarosa behandelt das Thema mit einer melodischen Erfindungskraft und Brillanz, die seine Stellung als führender Komponist der Opera buffa zwischen Mozart und Rossini festigten. Doch gehört dieses geistsprühende und ausgesprochen neapolitanische Werk, auch wenn es auf derselben Bühne wie *Figaro* und *Così fan tutte* uraufgeführt wurde, nicht wirklich in das unvergleichliche Wiener Kapitel der Gattungsgeschichte, das mit dem Tod Josephs II. endete.

UMLAUFFS *DIE BERGKNAPPEN*, nächtliche Szene, aus einer Serie von Stichen von Carl Schütz. Der alte Vormund Walcher hat zum Äußersten gegriffen und sein Mündel Sophie an einen Baum gebunden, um sie von einem Stelldichein mit dem jungen Bergarbeiter Fritz abzuhalten. Catarina Cavalieris Mondschein-Arie in dieser Szene war einer der Höhepunkte in Umlauffs Oper, mit der das Wiener National-Singspiel 1778 eröffnet wurde.

Französische Oper von Grétry bis zur Revolution

Während der beiden Jahrzehnte vor der Revolution bildete die Opéra-comique in der Comédie-Italienne weiterhin ein festes Element des Pariser Theaterlebens. 1780 wurde die Konzession der Comédie-Italienne erneuert; sie enthielt wie früher das Verbot der italienischen Oper und die Einschränkungen für den Gebrauch von Chormusik. Erwies sich das Verbot der italienischen Oper als recht wirkungsvoll – man mußte nach Versailles oder Fontainebleau reisen, um die neuesten Opern Paisiellos zu hören, die dort in französischer Übersetzung gegeben wurden –, so waren gegen Ende der achtziger Jahre die Chöre und andere früher mit der Opéra verbundenen Mittel zu wesentlichen Bestandteilen der neuen, anspruchsvolleren und ernsteren Opéra-comique geworden. 1783 eröffnete das Unternehmen mit dem Théâtre-Italien ein neues und größeres Haus (die spätere Salle Favart), das mehr als 2000 Zuschauern Platz bot und Raum für das in den neuen Partituren verlangte umfangreichere Orchester einkalkulierte. Die auf das Monopolsystem zurückgehende Einteilung des Pariser Opernlebens, die während des ganzen Jahrhunderts wirksam war, brach in den achtziger Jahren langsam zusammen, insbesondere mit dem Aufstieg der sogenannten »Boulevard Theater«, kleineren Einrichtungen am Boulevard du Temple.

Die die Szene beherrschende musikalische Persönlichkeit war in den siebziger und achtziger Jahren ein junger belgischer Komponist aus Liège, André-Ernest-Modest Grétry (1741–1813). Dank der Großzügigkeit eines einheimischen Mäzens erhielt Grétry in Rom Kompositionsunterricht, und die in Italien übliche Konzentration auf die Melodie blieb für ihn während seiner ganzen Karriere charakteristisch. In Genf lernte er 1766 die Opéra-comique kennen, und 1767 brach er – gewappnet mit einer Empfehlung Voltaires – nach Paris auf. Verschiedene frühe Erfolge verschafften ihm dort sofort öffentliche Anerkennung. Kein großer Harmoniker, kultivierte Grétry eine faßliche, doch freie, asymmetrische Melodik, die italienische Lieblichkeit mit der robusten Schlichtheit der volkstümlichen französischen Traditionen verschmolz.

Grétrys wichtigster Mitarbeiter war bis 1777 Jean-François Marmontel (1723–1799), dessen bekannte *Contes moraux* (1755–1759) wie die Erzählungen La Fontaines bereits ein begehrter Fundus für Opernhandlungen waren. Marmontel idealisierte in seinen Texten für Grétry eine in der Familie gründende Tugend, deren Inbegriff das berühmte, am gemeinsamen Tisch gesungene Quartett »Où peut-on être mieux, qu'au sein da la famille?« aus *Lucile* (1769) war, einem ihrer beliebtesten Werke. Marmontel führte andere Merkmale ein, die für die Werke Grétrys und seiner Zeitgenossen bezeichnend wurden, wie den »ingénu« aus den unverdorbenen Weiten der Neuen Welt (*Le Huron*, 1768) oder einen neuen Typ der Heldin, deren unanfechtbare Tugendhaftigkeit eine treibende Kraft des Intrigierens wurde (*Zémire et Azor*, 1771, eine Comédie-ballet nach der Erzählung von der Schönen und dem Biest).

SCHIKANEDERS FREIHAUS-THEATER, Schauplatz der Uraufführung der *Zauberflöte* 1791. Das Haus wurde 1787 eröffnet und faßte nahezu 1000 Zuschauer. Eine dritte Galerie wurde 1794 hinzugefügt. Im Bühnenbereich war trotz seiner Enge eine umfangreiche Maschinerie für die aufsehenerregenden Effekte untergebracht, auf die Schikaneder in seinen Darbietungen setzte. Albrechts Stich diente als Frontispiz für den *Allmanach für Theaterfreunde auf das Jahr 1791*.

1773 begann Grétry mit *Le Magnifique* seine lange Zusammenarbeit mit Sedaine, der schon Philidor und vor allem Monsigny einige seiner besten Texte geliefert hatte. Ebenso erfolgreich spornte er Grétry zu musikalisch-dramatischen Neuerungen an, angefangen mit der eigentlichen Ouvertüre zu ihrer ersten Oper, einer ausgedehnten pantomimischen Szene in den Straßen von Florenz, mit der die Handlung ohne ein gesprochenes oder gesungenes Wort in Gang gesetzt wird. Sedaine schreckte in seinen Libretti nicht vor nachdrücklichen sozialen und politischen Stellungnahmen zurück, doch galt sein Hauptinteresse ungewöhnlichen Schauplätzen, starken Themen und ausgedehnten dramatischen Tableaus, die den Komponisten zu einer fließenden Verbindung verschiedener musikalischer Techniken anregten, was lange Zeit ein Kennzeichen der Opéra gewesen war. Diese Tendenzen zeigten sich erstmals in einem recht gewagten Experiment mit literarischen und musikalischen Archaismen, in *Aucassin et Nicollete* von 1779, einer im Frankreich des 13. Jahrhunderts angesiedelten dunklen Erzählung von Leidenschaft und kindlichem Ungehorsam. Mit *Richard Coeur-de Lion* (1784), seinem größten Triumph in der Zusammenarbeit mit Grétry, etablierte der Royalist Sedaine eine Mode für Fabeln, deren Inhalt Gefangennahme, Kampf und Rettung war, in denen gleichzeitig die Besetzung bedeutend erweitert wurde und der Chor eine größere Rolle spielte. Grétry machte von seiner Vorliebe für wiederkehrende Melodien bemerkenswerten Gebrauch in der Romanze, die der treue Blondel auf seiner Violine spielt, »Une fièvre brûlante«, ausdrücklich in einem alten Stil geschrieben. Ebenso charakteristisch für das kommende Zeitalter ist der einfache, auf Dreiklängen basierende melodische Satz von Blondels inbrünstiger Arie »O Richard! ô mon Roi!«

Die beiden letzten Werke von Sedaine und Grétry folgen dem eingeschlagenen Weg. *Raoul Barbe-bleue* (1789) behandelt einen schauerlichen Stoff, der ein Jahrzehnt zuvor selbst auf der Bühne der Opéra undenkbar gewesen wäre (die unterdessen Opern wie Salieris *Les Danaïdes*, 1784, und dergleichen erlebt hatte). Mit *Guillaume Tell* (1791) bot sich Sedaine die Gelegenheit zu einer besonnenen Kehrtwendung, als in Frankreich eine neue Ordnung Gestalt annahm; der Melodiker Grétry konnte in dieser Oper den Chor als zentralen dramatischen Charakter gestalten.

Während der siebziger Jahre herrschte Grétry unbestritten in der allgemeinen Gunst des Pariser Publikums; die Werke seines engsten Rivalen Monsigny wurden kaum halb so oft gespielt wie die seinen. In den achtziger Jahren jedoch zeigten die besten Werke jüngerer Zeitgenossen nach und nach die Unzulänglichkeiten von Grétrys Stil auf, seine blasse orchestrale Palette zum Beispiel oder gelegentlich durch hastiges Komponieren verursachte Nachlässigkeiten. Der mysteriöse Nicolas Dezède (der nichts über seine Herkunft wissen durfte) machte sich einen anderen wesentlichen Reichtum der Comédie-Italienne zunutze, die Sängerin Louise-Rosalie Dugazon (Abbildung S. 496). Mit ihrer unausgebildeten Sopranstimme hatte sie zuvor in Grétrys schlicht-rührseligen Komödien *Lucile* und *Silvain* (1774) große Popularität gewonnen. Der tiefempfundene, unmittelbare pastorale Stil, in dem sie sich auszeichnete, paßte perfekt zu der Manier, die sich Dezède in seiner ersten Oper, *Julie* (1772), zu eigen gemacht hatte, und die er in *Les Trois Fermiers* (1777) und besonders in deren Fortsetzung, *Blaise et Babet* (1783), seinem erfolgreichsten Werk, vervollkommnete.

Ein junger Deutscher, Schwarzendorf, der unter dem Namen Jean Paul Martini schrieb, brachte seine umfangreichen Erfahrungen in der Komposition von Militärmusik in die Opéra-comique ein mit seinem *Henri IV.* (1774). Als sich der Schwerpunkt von der Solo-Arie auf grandiose Ensembles an den Aktenden verlagerte, mußte die Comédie-Italienne immer häufiger zusätzliche Mittel wie Trompeten, Schlagzeug und einen erweiterten Chor aufwenden. Zahlreiche Beispiele dafür finden sich in den Werken von Nicolas-Marie Dalayrac (1753–1809), dem Erzrivalen Grétrys zwischen 1783 und 1790, insbesondere in seinem bedrückenden, politisch-patriotischen *Sargines* von 1788, in dem ein lobpreisendes Finale durch eine verstärkte Blechbläsergruppe unterstrichen wird.

Deutsche Oper vom National-Singspiel zur Zauberflöte

1778 hatte Joseph II. das National-Singspiel mit einem Sängerensemble begründet, das am Burgtheater deutsche Opern aufführen sollte. Das Unternehmen wurde genaugenommen dem renommierten Nationaltheater hinzugefügt, das er 1776 geschaffen hatte, um das deutsche Schauspiel voranzutreiben. Zwischen seiner Gründung und seinem Ende 1783 enttäuschte das National-Singspiel im großen und ganzen die Hoffnungen des Kaisers auf eine merkliche Zunahme deutscher Opern von einheimischen Komponisten. Mozarts *Die Entführung aus dem Serail* (1782) blieb ein vereinzelter, wenn auch spektakulärer Triumph. Unter den einheimischen Komponisten erging es Salieris Stellvertreter Ignaz Umlauff (1746–1796) am besten. Seine einaktige Eröffnungsoper für das Unternehmen, *Die Bergknappen* (1778), zeigt stilistischen Reichtum und Vielfalt, wie es das Wiener Publikum erwartete; von seinen weiteren Opern genossen *Die schöne Schusterin* (1779) und *Der Irrwisch* (1782) eine beträchtliche Popularität und wurden später wiederaufgenommen. Salieri selbst trug 1781 mit einer sehr italianisierten deutschen Oper zum National-Singspiel bei – *Der Rauchfangkehrer* erwies sich als die größte Attraktion der Saison. Als wichtigster Dichter des Unternehmens schrieb Stephanie der Jüngere viele seiner neuen deutschen Texte; auch übersetzte und bearbeitete er ausgiebig aus dem Italienischen und Französischen, als das National-Singspiel sein Repertoire mit ausländischer Musik erweiterte. Da die Sympathien der Wiener jedoch klar dem italienischen Lager galten, zeigten sie kein Interesse, irgendetwas anderes als die Texte nord- oder süddeutscher Opern zu importieren.

Nach dem Zusammenbruch des National-Singspiels unternahm der Wiener Hof einen zweiten Versuch, die deutsche Oper zu fördern, dieses Mal am Kärtnertortheater. Während dessen kurzer Lebensdauer von 1785 bis 1788 erzielte Karl Ditters von Dittersdorf (1739–1799) eine Reihe beispielloser Erfolge auf dieser Bühne mit *Der Apotheker und der Doctor*, *Der Betrug durch Aberglauben* (beide 1786), *Die Liebe im Narrenhause*, *Hieronymus Knicker* (beide 1787) und *Das rote Käppchen* (1788). Die in ihnen geglückte Verbindung des den Wienern am Herzen liegenden Opera-buffa-Stils mit einer an die Volksmusik erinnernden Melodik, die inzwischen überall mit dem Singspiel assoziiert wurde, sicherte diesen Werken für Jahrzehnte große öffentliche Zuneigung, und war beispielhaft für komische deutsche Opern jenseits der Tradition der Zauberoper, die Dittersdorf nicht interessierte. Wenzel Müllers *Die Schwestern von Prag* (1794), Johann Schenks *Der Dorfbarbier* (1796) und Joseph Weigls *Die Schweizerfamilie* (1809) zählen zu den besonders beliebten Opern späterer Wiener Komponisten.

In Norddeutschland erwiesen sich die achtziger Jahre als eine unfruchtbare Phase für die einheimische Opernproduktion, da das Repertoire zunehmend von der Wiener und der italienischen Oper beeinflußt wurde. In den neunziger Jahren imitierten die erfolgreichsten Komponisten und Librettisten im Norden die Opera buffa und die Wiener Zauberoper. F. W. Gotter verband in *Die Geisterinsel* (1796), die ursprünglich für Mozart bestimmt war, kunstvoll nördliche und südliche Traditionen, indem er sorgfältiges Handwerk und literarischen Schliff mit Spektakulärem und Übernatürlichem mischte, hohe mit niederen komischen Elementen. Das Libretto wurde bis zum Ende des Jahrzehnts viermal vertont, die wichtigsten Kompositionen stammten von Johann Friedrich Reichardt (Berlin, 1798) und Johann Rudolf Zumsteeg (Stuttgart, 1798).

Österreichs reiche Volkstheatertradition der improvisierten Komödien mit Musik war um 1780 fest verwurzelt in den Wiener Vorstadttheatern, die alle privat geleitet wurden. Diese einheimische und von den Entwicklungen der deutschen Oper anderswo ziemlich unabhängige Tradition trug entscheidend zum Charakter der Zauberopern bei, die diese Theater im letzten Jahrzehnt des Jahrhunderts beherrschten. Ihre Handlungen wurden häufig der Welt der deutschen Märchen oder Volkserzählungen entnommen. Philipp Hafners *Megära, die förchterliche Hexe* (1764), ein »Zauberlustspiel«, war ein frühes Beispiel, wie sehr und andauernd in Wien Opern Anklang fanden, in denen sich Farce, Übernatürliches und Spektakuläres mischten.

Als Emanuel Schikaneder (1751–1812) das Freihaustheater auf der Wieden 1789 übernahm, initiierte er eine Folge von Farcen um eine schwache Figur, den von ihm selbst auf der Bühne kreierten »dummen Anton«, um mit der ungeheuren Beliebtheit zu wetteifern, die der traditionelle »Kasperl« des Schauspielers Johann La Roche genoß, dessen Possen Karl Marinellis Theater in der Leopoldstadt zum erfolgreichsten Vorstadttheater gemacht hatten. Im gleichen Jahr brachte Schikaneder auch ein weit gehaltvolleres musikalisches Werk auf die Bühne, Paul Wranitzkys *Oberon, König der Elfen*. Wie Dittersdorf übertrug Wranitzky in ihm die Kompositionsmittel der österreichisch-italienischen Opera buffa auf die deutsche Bühne, doch wurden diese Elemente nun in den Dienst einer Geschichte gestellt, die zugleich exotisch, übernatürlich und mittelalterlich war, und in der sich in Scherasmin, dem Knappen des Ritters Hüon, auch Spuren der österreichischen Tradition der Farce wiederfanden. Die Vertonung und das Thema der Rettung erwiesen sich als wichtig für spätere Werke, unter ihnen *Die Zauberflöte*. Das originale Libretto, das die Schauspielerin Sophie Seyler für das kleine norddeutsche Hoftheater in Schleswig geschrieben hatte, wurde von Karl Giesecke verändert, um sowohl den größeren musikalischen Ansprüchen der Wiener Tradition gerecht zu werden als auch aufregende visuelle Effekte zu ermöglichen, mit denen die rivalisierenden Vorstadttheater einander zu übertreffen suchten.

In der *Zauberflöte* (1791) – dem bei weitem großartigsten Phänomen in der Oper des Jahrzehnts – finden sich die volkstümlich-farcenhaften mit den literarisch-opernhaften Elementen vereint, die in Schikaneders Repertoire bereits vorhanden waren. Dieses Vorgehen beeinflußte entscheidend die künftigen Entwicklungen auf den deutschen Bühnen in Wien – von den direkten Nachahmungen, die Komponisten wie Wenzel Müller und Peter Winter in den neunziger Jahren schrieben, hin zu dem größten geistigen Erben der *Zauberflöte*, Beethovens *Fidelio*. Mozart wählte für seine Partitur die Bezeichnung »Große Oper«, einen Begriff, der zu dieser Zeit normalerweise als Übersetzung für »opera seria« gebraucht wurde. Die generell gegenläufigen Strömungen in diesem Werk zeigen, wie nachhaltig Mozart den neuen unkonventionellen Charakter der neunziger Jahre aufgriff, während Zeitgenossen wie Salieri – so sehr er *Die Zauberflöte* selbst bewunderte – weiterhin in der reinen Buffa-Tradition komponierten und über die neue »confusione dei generi« herzogen. Die neuartige musikalische und visuelle Ebene strenger Feierlichkeit in Mozarts Oper, deren Wurzeln zweifelsohne in der Welt der Freimaurer liegen, definierte den Begriff des »Ernsten« neu in einer Art und Weise, der sich die deutsche romantische Oper sogleich verpflichtet fühlte. Mit Mozarts letzter Oper endete das 18. Jahrhundert in Wien seltsamerweise in einer ähnlichen Situation wie hundert Jahre zuvor in Italien – in der Vermischung komischer und ernster Elemente zu farbigen, visuell unwiderstehlichen Spektakeln von dürftigem literarischem Wert, aber enormer, weitverbreiteter Anziehungskraft.

DAS NEUNZEHNTE JAHRHUNDERT: FRANKREICH

DAVID CHARLTON

Die Revolutionsjahre

»...die beste aller Zeiten, die schlechteste aller Zeiten...« Das außergewöhnliche Jahrzehnt der Französischen Revolution zeitigte einen außergewöhnlichen kulturellen Wandel. Allein das Tempo, in dem produziert wurde, legte zu; erfunden wurden verschiedene Operntypen zur Unterhaltung und Belehrung von Royalisten, Jakobinern, Konterrevolutionären und übersättigten Zynikern. Die populäre Oper war in Paris jedoch fest auf unternehmerische Prinzipien gegründet, und so blieb es trotz aller schockierenden Episoden, die gerne mit dem Wort »Revolution« verbunden werden. Tatsächlich erschloß die Revolution die Oper als ein geschäftliches Unternehmen, woraus sich weitaus mehr Möglichkeiten als Katastrophen ergaben. Nahezu alle wichtigen Werke dieses Jahrzehnts resultierten aus solchen am Geschäft orientierten Bestrebungen, die nur durch eine zentrale Kontrolle Napoleon Bonapartes gebremst wurden. Aber auch menschliche Schöpferkraft ist nur begrenzt vorhanden. Die neunziger Jahre des 18. Jahrhunderts faszinieren, weil Historiker immer noch darüber nachdenken, in welchem Maße sich revolutionäre Anlässe in kreative Möglichkeiten verwandelten.

Die Debatte über die Stellung des Theaters in der Gesellschaft wurde bereits sehr leidenschaftlich geführt, und nirgendwo mehr als in Paris waren Oper und Theater um 1789 Gegenstand der Politik. Große Fragen des Tages wurden der Tradition gemäß in fiktionalen Formen angesprochen. Der belagerte Ludwig XVI. wurde allegorisch zuerst als alter Ödipus in Sacchinis Oper *Oedipe à Colone* (1787) dargestellt, dann, in Dalayracs *Sargines* (1788), als Philip Augustus, der sein Volk gegen die Engländer zu sammeln sucht. Bühnenwerke jeglicher Art brachten das Bedürfnis nach nationaler Einheit zum Ausdruck, den Traum, daß sich Monarch, Adel und vielleicht sogar der Klerus in einem neuen Pakt mit dem Volk verbänden. Schon 1785 drängte der Musiktheoretiker und Botaniker Lacépède den modernen Opernkomponisten, sich »über die verschiedenen Klassen der Gesellschaft zu stellen«: »Möge er die Hütten der Armen und Unglücklichen nicht verachten«, sondern stattdessen »die Freuden wohltuenden und tröstenden Mitleids kosten«. Einer der größten Erfolge von 1789 war eine Opéra-comique, deren Komponist Dalayrac genau dies tat, *Les deux petits Savoyards*. Die umherziehenden Jungen aus dem Süden, die, wie in solchen Werken üblich, von Frauen gespielt wurden, unterstützen ihre verarmte Mutter durch gelegentliche Verdienste auf Volksfesten und Märkten. Sie werden von Verseuil adoptiert, einem im Ruhestand lebenden Geschäftsmann, der eine »seigneurie« und ein Schloß erworben hat, und der schließlich entdeckt, daß sie die Nachkommen seines verstorbenen Bruders sind. Im letzten Vaudeville wird angestimmt: »Name, Rang, Geld bedeuten nichts – nur das Herz bedeutet etwas.«

Drei Jahre später sah der Reisende John Moore »eine große Anzahl Savoyarden beiderlei Geschlechts und jeden Standes« nach Paris zu einem Festspiel im Freien kommen, »empfangen vom Jubelgeschrei einer riesigen Zuschauermenge ... Eine großbesetzte Musikkapelle spielte dann die Hymne der Marseiller«. Diese spätere Nationalhymne, die Roger de Lisle 1792 komponiert hatte, »wird jeden Abend in jedem Theater in Paris verlangt, und nichts kann die Begeisterung übertreffen, mit der sie gehört wird«. Vieles veränderte sich nach dem Januar 1791, als die Konstituierende Versammlung das System der Privilegien zerbrach, das die französische Oper seit ihren Anfängen beherrscht hatte. Die Hierarchie, an deren Spitze die Opéra stand, wurde aufgelöst und damit die jährlichen Abgaben aufgehoben, die alle kleineren Theater der Opéra entrichten mußten. Jedem war es nun erlaubt, ein Theater zu eröffnen und außerdem jede Art von Darbietung auf die Bühne zu bringen, die er oder sie bevorzugte. In der Folge etablierten sich eine Menge Vergnügungsstätten, von denen viele ein eigenes Orchester unterhielten. Darüber hinaus mußten Neuheiten jeglicher Art berücksichtigt werden, um Publikum zu gewinnen. Die Kehrseite der Medaille war, daß die Pariser Opéra beinahe zugrunde ging mit dem Tod des Königs und der Königin, die 1793 hingerichtet wurden.

Mythologische Stoffe waren plötzlich nicht mehr opportun, weil sie weitgehend mit einer privilegierten Kultur identifiziert wurden; auf jeden Fall mußten Anspielungen auf Könige, Kaiser und Fürsten eine Zeit lang aus allen Opern gestrichen werden aus der politischen Notwendigkeit heraus, die nationale Position zu festigen. An ihre Stelle trat der Kult des republikanischen Rom, dessen idealisiertes Bild bereits Jacques Louis David in seinen großen Gemälden klar umrissen hatte, in *Der Schwur der Horatier* (1784/85) und in *Brutus* (1789). Der Einfluß des Neoklassizisten David auf die populäre Mode und die Gestaltung revolutionärer Festspiele förderte den Sinn für Schlichtheit und Natürlichkeit von Linie und Farbe. Die Musiker antworteten mit festlicher Musik – würdevollen Melodien und hymnenähnlichen akkordischen Fortschreitungen –, die ihre eigene Klassik schuf. Viele Komponisten waren Freimaurer, und die Verwandtschaft zwischen republikanischer neoklassizistischer Musik und dem feierlichen Ernst, wie er in Mozarts *Zauberflöte* (1791) erklingt, ist of-

DER SCHWUR DER HORATIER VON JACQUES LOUIS DAVID (ausgestellt 1785). Die gewaltige Wirkung dieses und späterer Gemälde erzeugte David durch seine Sparsamkeit der Mittel, die Unmittelbarkeit der Gebärde sowie durch die Konzentration des Ausdrucks auf Themen mit hohem moralischen und politischen Anspruch. Der Topos des Schwurs fand rasch Eingang in die französische Oper und war in vielen romantischen Werken zu sehen. Davids Treue zum historischen Detail in Architektur und Kostüm beeinflußte die Bühnenpraxis. Die allegorische Verwendung griechischer oder römischer Stoffe, die republikanische Tugenden ausstellten, sollte in Theater und Oper der Revolution beliebt werden.

fensichtlich. Auch wenn in Paris nicht wirklich eine mit dieser vergleichbare Oper entstand, finden sich Entsprechungen in den demokratischen Fabeln, die 1793/94 an der Pariser Opéra herausgebracht wurden und denen griechische oder römische Stoffe zugrunde lagen: *Fabius* von Le Froid de Méreaux, *Miltiade à Marathon* von Lemoyne, *Horatius Coclès* (die Geschichte des die Brücke verteidigenden Horatius) von Méhul, und die Geschichte des flüchtigen Tyrannen Dionysius des Jüngeren von Korinth, der sich als Lehrer ausgibt, in *Denys le tyran* des Altmeisters Grétry.

HELDENHAFTER MUT DES JUNGEN DÉSILLES, Aquarell (1790) von J.-J. F. Le Barbier. Eine Reihe von Opern der Revlolutionszeit dramatisierte zeitgenössische Ereignisse wie diese »Affäre in Nancy« vom August 1790. Das schweizer Regiment in Châteauvieux meuterte, und die Rebellion wurde auf Befehl der Nationalversammlung gewaltsam unterdrückt. Désilles opferte sich selbst, als er ein Blutbad zu verhindern suchte. Diesen Akt stellte dann Berton in seiner Oper *Le Nouveau d'Assas* als Mythos dar.

Noch offensichtlicher als Propaganda-Opern entworfen waren diejenigen interessanten, aber schwer faßbaren Werke, die die Revolution zu ihrer eigenen Mythologie bestimmte; Bühnenbearbeitungen jüngster Ereignisse wurden für wert erachtet, in die Annalen der Nation einzugehen. Zweifellos das Gegenstück zu solchen Gemälden wie Davids *Der ermordete Marat*, erforderten die Propaganda-Opern doch einen minimalen fiktiven Rahmen, um dramatisch plausibel zu wirken. Im Untertitel oft als »fait historique« bezeichnet, als »historische Helden- oder Großtat«, gelangten sie bereits im Oktober 1790 auf die Bühne mit *Le Nouveau d'Assas* von Henri-Montan Berton (einem späteren Feind von Berlioz und allen gefährlichen Neuerungen). In diesem Einakter wird der Heroismus eines jungen Soldaten dramatisiert, der am vorangegangenen 31. August versucht hatte, zwischen meuternden Truppen und den Streitkräften der Regierung in Châteauvieux bei Nancy zu vermitteln: seine Strategie war es gewesen, die Mündung einer Kanone zu umklammern. 1792 komponierte Rodolphe Kreutzer *Le Siège de Lille* nach der Aufhebung dieser Belagerung am 7. Oktober 1792. 1794 entstanden drei Opern über zwei junge »Märtyrer« der Revolution, Joseph Bara und Agricol Viala (beide starben 1793), die Grétry und Louis Jadin komponierten. (Bara wurde auch zum Gegenstand der Malerei Davids.)

Selbst die Pariser Opéra nahm diese Entwicklung auf. Der Tod des Colonel Beaurepaire bei der Verteidigung Verduns gegen die preußischen Truppen im September 1792 wurde fünf Monate später in einer »opéra heroïque« von Pierre Candeille verherrlicht. Zu Candeilles Orchesterbesetzung gehörten zwei Serpente, die die »Marseillaise« zitierten und eine »Totenglocke« in einem an Mahler erinnernden Trauermarsch in c-moll, vervollständigt mit schwarz drapierten Trommeln auf der Bühne.

Die belehrende Oper war jedoch nie die beliebteste Gattung. Abgesehen von der Komödie, fand das Publikum an einem schon vor 1789 bekannten Typus mit gesprochenen Dialogen den größten Gefallen, an Abenteuergeschichten, die oft in Schlössern oder Kerkern angesiedelt waren, und die bald darauf durch »frissons«, die Schauder des Übernatürlichen, erhöht wurden, die dem modischen Schauerroman entstammten. Reichlich wurde die Gelegenheit ergriffen, ungerechte Gefangenschaft zu schildern – das Bild der Bastille war in der Erinnerung des Volkes stets gegenwärtig – und Rettungsaktionen vorzuführen. Solche Geschichten waren ein Echo der allgemeinen Empfindung eines »sich selbst befreienden« Volkes, das einen Optimismus genoß, an den sich Wordsworth (der die französische Hauptstadt in dieser Zeit zweimal besuchte) später erinnerte: »Glücklich ist, wer selbst, sich nicht um Papst, Konsul oder König scherend, verkünden kann, das Schicksal des Menschen zu kennen und in Hoffnung zu leben.« (Fünftes Sonett an die Freiheit)

Das Bedürfnis, neue Zuschauer zu gewinnen, führte zu einem stärkeren formlosen Realismus auf der Bühne und zu einer Belebung der dramatischen Spannung, die die Komponisten in ihrer Musik entfalteten. Viscount Palmerston hielt in seinem Tagebuch einen Besuch in der Opéra-Comique fest, wo er am 28. Juli 1791 *Adélaïde et Mirval* von Armand Trial d. J. sah:

> Es ist interessant und gut gespielt. Der letzte Teil erinnert an den Deserteur [zum Beispiel in Monsignys Oper] und die Pein wird bis zu einem höchst abscheulichen Grad weitergeführt, wenn der Held des Stücks tatsächlich, die Augen bedeckt und die Hände gebunden, auf seinen Knien liegt & und das Kommando, das ihn erschießen soll, gerade die Musketen anlegt, als die Begnadigung eintrifft.

Hingegen zeigte sich Palmerston wie ganz Paris begeistert von einer anderen Art des Realismus in der Opéra-Comique und im Théâtre Feydeau, wo »zwei neue Opern gleichen Namens [von Cherubini und Kreutzer] aufgeführt werden ... Sie heißen *Lo-*

doïska. Das Bühnenbild ist in beiden äußerst glänzend mit viel alten Schlössern und Türmen, die im letzten Akt in Brand gesetzt und auf der Bühne zur Explosion gebracht werden mit einem Feuereffekt, der alle Darstellungen übertrifft, die ich je sah.« Als »habitué« der Londoner Bühne war Palmerston gewiß berechtigt, ein solches Urteil abzugeben.

Die Rivalität zwischen diesen beiden Theatern dauerte zehn Jahre und erschöpfte sie ökonomisch derart, daß sie sich zusammenschlossen. Doch in ihrer Blütezeit zogen sie eine Opernavantgarde heran, die die ganze Geschichte der Kunstform beeinflußte. An der Opéra-Comique wirkten die Komponisten Dalayrac, Kreutzer, Berton und Méhul, am Théâtre Feydeau Gaveaux, Le Sueur, Devienne und Cherubini. Zusammen schufen sie Werke, die in den kommenden Jahrzehnten zu einem Prüfstein französischer Errungenschaften wurden. Dalayrac hatte sich in der Komödie bereits durchgesetzt und war dennoch beweglich genug, sich weiter zu entwickeln. In dem Schauerstück *Castle of Monténéro* und dem politisch-historischen *Léhéman* machte er beeindruckende Fortschritte im Umgang mit Erinnerungsmotiven und beeinflußte in der kommenden Generation Carl Maria von Weber.

Der Name Etienne-Nicolas Méhul (1763–1817) sollte zu einem Synonym für Hingabe und eifrige vorromantische Bestrebungen werden. Méhuls Methode, die Berlioz in *Les soirées de l'orchestre* erörterte, war es, nie zu zögern zugunsten »einer Reihe von Akzenten, die wahr sind, aber kein oberflächliches Vergnügen gewähren«. Für Méhul lebt die musikalische Ausdruckskraft »nicht allein in der Melodie, alles trägt

AUSSENANSICHT DES THÉÂTRE FEYDEAU; Stich (1791) von Prieur. Das beeindruckende Gebäude wurde 1791 für eine 1789 gegründete Kompagnie in Paris eröffnet und faßte zwischen 1700 und 1900 Zuschauer. Es handelte sich um eine der zahlreichen neuen Theater- und Opernunternehmungen, die in den frühen neunziger Jahren des 18. Jahrhunderts lanciert wurden. Musikdirektoren waren der Violinist und Komponist Viotti und der Opernkomponist Cherubini. Wohlhabendere Mitglieder des Publikums konnten in Kutschen durch die großen Bögen hineinfahren. Andere Elemente der Gestaltung und seiner Konstruktion waren indes unbefriedigend und es wurde 1830 abgebrochen, nachdem es seit 1801 der Kompagnie der Opéra-Comique gedient hatte.

dazu bei, sie entweder zu erschaffen oder zu zerstören – Melodik, Harmonik, Modulation, Rhythmik, Instrumentation, die Wahl von tiefen oder hohen Registern ... ein schnelles oder langsames Tempo«. Solche Bereitschaft, mit Zielen und Mitteln zu experimentieren, verlieh den Opern Méhuls eine ihren Stoffen angemessene charakteristische Eigenart und Farbe; allein hierin mag man den romantischen Geist erkennen. Seine hervorragendsten Werke aus dem letzten Jahrzehnt des 18. Jahrhunderts waren *Euphrosine, Stratonice, Mélidore et Phrosine* und *Ariodant*. Alle vier sind stärker von der Psychologie inspiriert als von optischen Sensationen, Explosionen und Brände weiterhin ausgenommen. Auch ohne die Revolution hätte Méhul seine Opernfiguren genauso gestaltet, wie sie sind. Die alte Sicherheit einer imaginierten gesellschaftlichen Struktur, die letztlich die dargestellten Leidenschaften freispricht, gehört der Vergangenheit an. Méhuls Figuren leben in isolierten Welten, in denen Zorn, Eifersucht und Enttäuschung unerträglichen Schaden anzurichten scheinen und die Zukunft in Zweifel stellen, welcher Konvention gemäß das Werk auch immer abgerundet wird. Die Charaktere werden in einem Maß entwickelt, wie dies innerhalb einer bündigen, dreiaktigen Gestaltung möglich ist. So wird in diesen Opern eine ästhetische Frage wieder aufgegriffen, die Sedaine mit seinen Libretti der sechziger Jahre des 18. Jahrhunderts aufwarf, eine Frage, die Georges Bizet, ein großer Bewunderer Méhuls, ein Jahrhundert später stellen sollte: Welcher Stoff eignet sich für eine französische Oper mit gesprochenem Dialog?

Es wäre denkbar gewesen, den ästhetischen Prinzipien des Librettisten La Chabeaussière zu folgen, der 1787 zur Rechtfertigung einer Schelmenoper (*Azémia*, mit Musik von Dalayrac), die auf einer wüsten Insel spielte, schrieb:

Ich wollte eine dramatische Novelle schreiben im Stil von Shakespeares *The Tempest* und von Dryden, nach der Geschichte von *Robinson Crusoe* und verschiedenen Reiseerzählungen ... Ich überließ das Übernatürliche, Zauberhafte und Festliche der Opéra [in Paris]; Entwicklung der Figuren und Sittenschilderung der Comédie-Française; und behielt [der Opéra- Comique] Mannigfaltigkeit, bildhafte Effekte, Verblüffung vor, alles was geeignet schien, eine musikalische Partitur abwechslungsreich zu gestalten.

Derartiges bahnte zweifellos den Weg für »faits historiques« und ähnliches; aber in der Zwischenzeit waren es Méhul und seine Librettisten F.-B. Hoffman und A. V. Arnault, die das Bewußtsein für schöpferische Phantasie in einem einzigartigen Jahrzehnt bewahrten.

Das rivalisierende Théâtre Feydeau war ein Produkt von 1789, doch nicht des Proletariats, sondern des Adels und der Wohlhabenden, die entschlossen waren, in Paris ein Haus für die eigentliche italienische Oper zu etablieren. Weder die importierten italienischen Sänger noch ihre Opern überdauerten lange den Sturz der Monarchie im August 1792. Was überdauerte, war etwas Besonderes: eine Kompagnie, die sich gemeinschaftlicher Arbeit verschrieb in dem Wissen, das beste Orchester in Paris zu besitzen und von der unstrittigen Genialität Cherubinis geführt zu werden. Luigi Cherubini (1760–1842) hatte in Italien und London gearbeitet, bevor er sich in Paris niederließ, war aber immer noch sehr jung. Die Direktion des Feydeau warb die besten Bühnenbildner ab, die sie aus Italien bekommen konnte ebenso wie den Bühnenmaschinisten (den »Inspizienten«) der Pariser Opéra.

Das Ergebnis dieser schöpferischen Mischung war eine Serie von Opern Cherubinis, deren Ruhm nie ganz in Vergessenheit geriet: *Lodoïska* (1791), *Eliza* (1794), *Médée* (1797) und *Les Deux Journées* (»Die Wasserträger«) von 1800. In den ersten drei machte Cherubini sich die Auswirkungen der Bühnenkunst der Revolution zu eigen, um ein erstaunliches Ganzes von Musik, Drama, Bild und Aktion zu erzeugen. Fand in *Lodoïska* eine Flucht aus dem brennenden Schloß des Tyrannen Dourlínski statt, so war in *Eliza* die Romantik zu ahnen, wenn die Bühne mit einem dreidimensionalen Bild ausgefüllt wurde, das Schnee und Eis des St. Bernhard-Passes darstellte. Den Höhepunkt von *Eliza* bildete der versuchte Selbstmord des »Helden« Florindo, der dann

CHERUBINIS *MÉDÉE* (1797), dritter Akt. Dieser Stich aus der Partitur der Oper zeigt, warum das Théâtre Feydeau wegen seiner Bühnenbilder einen so großen Ruhm genoß. Als seine wichtigsten Künstler galten die Brüder De Gotti (Ignazio und Ilario), die aus der Nähe von Turin stammten; ihr Name erscheint auch unter der vorliegenden Abbildung und verweist auf deren Genauigkeit. Médée wird mit ihrer Vertrauten Dircé gezeigt, die sie drängt, ihre Kinder zu nehmen und sie zu verstecken (»Cache-les! Cache-les!«): schließlich bringt Médée ihre Kinder um. Die Rolle wurde für Claudine-Angélique Scio geschaffen, die vielleicht größte französische Sänger-Darstellerin ihrer Zeit. Zeitungskritiker berichteten, daß sie ihre Worte so deklamierte, daß es den Zuhörer kalt den Rücken hinunterlief.

beinahe einer Lawine zum Opfer fiel, was realistisch auf der Bühne gezeigt wurde. Dies alles, bezeugt von anderen Figuren auf dem Berg, vertonte Cherubini in einem speziell konzipierten Ensemble. Die Oper brach in entscheidender Weise die Konventionen, die sie bisher beherrscht hatten, und es war nur eine Frage der Zeit, bis die Opéra in Paris und eine neue Generation von Autoren den Faden einer derartigen Opernpraxis aufnehmen würden. Dies geschah dann in einem Werk, das als nichts weniger denn als Urbild der französischen Grand opéra gilt, in Aubers *La Muette de Portici* (1828), die mit einem Selbstmord, einen Vulkanausbruch vor Augen, endet.

Cherubinis Genie zeigte sich nicht zuletzt darin, strittigen Fragen, Zwängen oder Vorgängen zwischen zwei Menschen Ausdruck zu verleihen. Die Grundlage hierfür bildete – wie bei Méhul – die vererbte Methode der deklamatorischen Wortvertonung, die vor allem Grétry perfektioniert hatte, indem er eine Gesangslinie analog den Bewegungen der Rhythmen und den Bedeutungen der Worte gestaltete. Außerdem modernisierten Méhul und Cherubini das rein instrumentale Komponieren in der Oper und erzeugten so den Eindruck einer symphonischen Entwicklung, die als Metapher für die sich entwickelnden Gedanken der Akteure diente und sie scheinbar aufeinanderprallen ließ. Zuweilen liegt ein nervöser Nachdruck auf diesen orchestralen Figuren, der nicht direkt anziehend wirkt – was Berlioz vermutlich meinte, als er auf Wahrheit ohne »oberflächliches Vergnügen« verwies. Einmal gefesselt jedoch, kann der Hörer dieses schwer definierbare Drama mit Musik erleben, nach dem die französische Oper unbeirrbar strebte, und das so eng mit der französischen Sprache verbunden ist.

1800–1850

Die Debatte über den französischen Gesang, die Charles Burney in *The Present State of Music* so lebhaft geschürt hatte, setzte sich bis in das 19. Jahrhundert hinein fort. Wenn überhaupt etwas, war es dieses Thema, das mit Bonapartes Aufstieg noch dringlicher wurde. Als – dank des Friedens von Amiens – 1802 wieder englische Besucher nach Paris kamen, richtete man in einem ihrer Reiseführer einen wohlwollenden Blick auf Gesellschaft, Sitten und natürlich auf das Theater. Über die Opéra hieß es: »Den prächtigen Dekorationen, dem Tanz, der menschliche Kräfte zu übersteigen scheint, der weiträumigen Bühne, der Schnelligkeit und Genauigkeit der szenischen Verwandlungen ist nirgendwo etwas ebenbürtig. In höchstem Maße anschaulich ist der Gestus der Schauspieler und Schauspielerinnen.« Anders sind die Beobachtungen jedoch hinsichtlich des Gehörten: »Beklagt werden muß indes, daß es die Pariser in ihrer Begeisterung für den Fortschritt der Künste versäumt haben, ihren Geschmack durch die Einführung der italienischen Schule der Musik zu läutern. Nichts kann schlimmer sein als der Gesangsstil, der die französische Schule charakterisiert.« Die Geschichte der französischen Oper zwischen 1800 und 1830 handelt wesentlich von ihrer internationalen Anerkennung, genaugenommen von ihrer Umwandlung in eine exportierfähige Ware. Dies wiederum erforderte, sowohl den italienischen Gesangsstil als auch viele Elemente der italienischen Vokalkomposition zu beachten.

Der Kampf wurde schon um 1800 aufgenommen; die Begeisterung für Pierre Garats italienische Gesangsmanier war derart groß, daß er tausend Francs pro Vorstellung fordern konnte. Garat weigerte sich jedoch, auf der Opernbühne zu singen. An der Opéra waren die Lieblingssänger noch immer François Lays, der sich vollkommen mit dem französischen Stil identifizierte, und Caroline Branchu, eine dramatische Sopranistin, die in den Opern Spontinis und Glucks herausragte. Diese Opern wurden immer häufiger wiederaufgenommen, so daß der reine italienische Geschmack an einem neuen Theater aufblühte, das 1801 mit Napoleons Unterstützung eröffnet wurde. Aus ihm sollte schließlich das berühmte Théâtre-Italien werden – die große Mode während der Julimonarchie. Die Pariser unter Napoleon applaudierten Josephina Grassini und dem überragenden Kastraten Girolamo Crescentini und konnten ein breites Spektrum italienischer Werke kennenlernen. Als erste der zahlreichen Opern Rossinis war 1817 *L'italiana in Algeri* zu hören. Rossini hatte offiziell einen Vertrag als Musikalischer Direktor des Theaters von 1824 bis 1826, anschließend ernannte ihn die französische Regierung zum »Generalinspekteur des Gesangs in Frankreich«.

In eben diesen zwanziger Jahren sahen sich die wichtigsten beiden anderen Direktionen, die der Opéra und der Opéra-Comique, gezwungen, sich mit der italienischen Mode abzufinden. 1826 wurde Rossinis *Le Siège de Corinthe* (eine Bearbeitung des *Maometto II.*, 1820) an der Opéra umjubelt; 1827 war *Moïse et Pharaon* (neu geschaffen nach *Mosè in Egitto* von 1818) an der Reihe. Unmittelbar nach seinem erfolgreichen *Il crociato* (1824) traf Meyerbeer – ein ähnlicher junger Löwe – 1825 in Paris ein; seine *Marguérite d'Anjou* (1820) wurde für das Odéon wiederaufgenommen (1826). Um 1827 erwartete man in der Opéra-Comique die Fertigstellung seines *Robert le diable* (dessen Schicksal sich als noch aufsehenerregender herausstellte).

Nicht zuletzt führte dieser unerbittliche Prozeß zu einem Gefühl von Desorientierung unter den musikalischen Veteranen der Revolution, das durch Napoleons Macht kompliziert wurde. Die einheimische Opéra-comique war nicht betroffen, fühlte sich aber verpflichtet, in der gleichen Ader reinen Frohsinns zu schürfen, in der witzige gesprochene Dialoge eine entscheidende Rolle spielten. Selbst bei Boïeldieu, dem jüngsten der Gruppe, rief das Französische seiner Musik fortwährend die Tradition Grétrys in Erinnerung: in der Beschränkung des Orchesters, in vom Wort dominierten vokalen Linien und in den seichten Ensembles. Am meisten veränderte sich durch die Einfügung eines an Mozart orientierten melodischen Materials, des-

GASPARE SPONTINI (1774–1851) UND SEINE FRAU, CÉLESTE ÉRARD (geboren 1790). Céleste Érard stammte aus der angesehenen Familie der Klavier- und Harfenbauer; sie heiratete Spontini 1811. Dieses Doppelporträt von Wilhelm Titel (1813) stellte das bescheidene Dorf Maiolati, in dem der Komponist geboren wurde (hier durch das Fenster zu sehen), dem offensichtlich hohen Ansehen gegenüber, das Spontini mit *La Vestale* (1807) und *Fernand Cortez* (1809) gewonnen hatte. Er selbst war autoritär und oft schwierig im Umgang, doch ließ seine rationelle Arbeitsweise in Proben und Dirigaten großer Besetzungen Bewunderer wie Berlioz und Meyerbeer nicht kalt.

sen eigene Musik in Paris seit den späten neunziger Jahren des 18. Jahrhunderts hoch geschätzt wurde.

Verwirrung stiftete gewiß auch der große italienische Strohmann, Gaspare Spontini (1774–1851), doch sahen sich die Franzosen in seinem Fall einer Begabung von europäischem Format gegenüber. Unmittelbar nach seinen Erfolgen in Italien, fand er eine echte Verbündete in der Kaiserin Joséphine und ein spielbereites Théâtre-Italien, um im Februar 1804 mit seiner *La finta filosofa* Staat zu machen. Im Mai 1804 erschien *La Petite Maison* in der Opéra-Comique, gefolgt von *Milton* im November und *Julie* im nächsten März. Obwohl alles Einakter, ließen sie doch die Farbe seiner Musik deutlich genug erkennen in den weiten vokalen Linien, der erfindungsreichen Harmonik und der in hohem Grade ausgearbeiteten Instrumentation. Nicht ohne Grund sollte Spontini das Idol Berlioz' werden; schon in *Milton* teilte er die Violinen, die zur einen Hälfte mit Dämpfer spielten, zur anderen normal. Über *Julie* klagte ein Musikjournalist, »daß die ganze Melodie im Orchester ist – das ist Spontinis Methode ... er scheint die Stimmen als reine Orchesterinstrumente anzusehen«. (Die geteilten Violinen und Violoncelli in einer der Arien Verseuils beleidigten wohl das Ohr des Verfassers.) Solche Aussagen zeigen, wie weit sich manche von den Sturm- und Drang-

Werken der neunziger Jahre des 18. Jahrhunderts abgewendet hatten. Paris wollte nun wieder zu Europa gehören, und die Opéra-comique sorgte für ständige Abwechslung mit Geschichten von artig ausgedrückter Liebe. *Milton* ist typisch hierfür: der blinde Poet, seine Rolle als Erzähler von *Paradise Lost* und seine Schwierigkeiten mit der Monarchie sind dekorative Elemente, mit denen die Liebesgeschichte seiner Tochter Emma ausgeschmückt wird. Einem ausländischen Kritiker wie E.T.A. Hoffmann mag es verziehen werden, wenn er anläßlich Boïeldieus *Le Nouveau Seigneur de village* meinte, »daß die Franzosen wohl eigentlich keine *Opera buffa,* sondern nur Lustspiele haben, in denen der Gesang als zufällige Beimischung eintritt«. Chauvinistisch widerstand man möglichst dem Einfluß Spontinis. Der Musikdirektor der Opéra gratulierte Boïeldieu persönlich zu seinem *Jean de Paris* (1812) in der – aus der Stagnation geborenen – Ansicht, dieses Werk werde »die Opéra-comique zu ihrer wahren Art zurückführen« mit »einfachen, natürlichen« Melodien, »Anmut ohne Gespreiztheit« und »feiner Kunstfertigkeit ohne Pedanterie«.

Daß mit Politik auf der Bühne auffallend umgangen wurde, war selbst eine politische Fiktion. In Wirklichkeit führte Napoleon die Opernverwaltung nach und nach zum hierarchischen Zentralismus früherer Zeiten zurück. Bis 1807 hatte er der Opéra ihre Wichtigkeit als Paradestück des Staates zurückgegeben, und er überprüfte die für eine musikalische Bearbeitung angedachten Stoffe, wenn er sie nicht sogar vorschlug. Auch das Repertoire der Opéra-Comique wurde kontrolliert, und ebenfalls 1807 verringerte der Kaiser die Anzahl der Pariser Theater von etwa dreißig auf acht. Bis 1864 hatte die französische Oper hauptsächlich mit einem dirigistischen Erbe zu kämpfen, dessen Prinzip trotz der durch die Revolutionen von 1830 und 1848 ausgelösten Veränderungen selten gelockert wurde. Erst nach der Lizenzerteilung an das Théâtre-Lyrique (1851) und an Offenbachs Bouffes-Parisiens (1855) entstand ein anhaltendes Feingefühl für Veränderung, obwohl temporäre Unternehmen (wie Opernvorstellungen am Odéon zwischen 1823 und 1828) auftauchten und verschwanden. Erst 1864 verfügte Napoleon III., seit dem Staatsstreich von 1852 Kaiser, daß »jede Person ein Theater errichten und führen darf« und daß »dramatische Werke aller Gattungen, eingeschlossen diejenigen, die die öffentliche Sphäre berühren, in allen Theatern gegeben werden können«. Selbst dies war jedoch, wie die Historikerin Nicole Wild aufzeigt, ein Pyrrhussieg für die Freiheit der Theater, weil Napoleon III. bereits »die kleinen, beliebten Vorstadttheater, die weniger zu kontrollieren waren als die größeren, unterdrückt und begonnen hatte, die Theater innerhalb von Paris neu zu verteilen, und weiterhin die Aufsicht über die Einrichtungen der Zensur ausübte«.

Zwei Werke aus der Zeit des Premier Empire ragten jedoch als prophetisch heraus und beide waren von Ossian hergeleitet. In *Uthal* (1806) eliminierte Méhul kühn die Violinen aus seinem Orchester – wie Brahms in seiner zweiten Serenade – in der Hoffnung, so die schottische Landschaft zu evozieren. Die Geiger spielten Viola, damit die Instrumentierung wie hinter einem Schleier wirkte, und eine Harfe übernahm eine wesentliche Rolle. Es scheint sinnvoll, *Uthal* von der zeitgenössischen Literatur oder Malerei her zu untersuchen. »Ossian«, der angebliche Homer Kaledoniens im dritten Jahrhundert, wurde von den französischen Lesern ebenso verschlungen wie vor ihnen von den deutschen; Goethe ließ Charlotte und Werther an ihrem letzten gemeinsamen Abend Ossians *Berrathon* lesen. Méhuls Oper entstand nach eben dieser Dichtung und fing deren erhabene Melancholie gut ein:

Die Winde beginnen sich zu erheben. Die dunkle Welle des Sees ertönt. Biegt sich dort nicht ein Baum von Mora mit seinen kahlen Zweigen? Meine Harfe hängt an einem verdorrten Ast. Der Klang ihrer Saiten ist düster. Berührt dich der Wind, o Harfe, oder ein vorübergehender Gast? Es ist die Hand Malvinas!

In Frankreich sollten auf *Uthal* die »literarischen« Opern des Second Empire folgen wie Gounods *Le Médecin malgré lui* (Molière) und *Roméo et Juliette*, Thomas' *Mignon* (Goethe), Berlioz' *Béatrice et Bénédict* (Shakespeare), Bizets *Djamileh* (de Musset), *La Jolie Fille de Perth* (Scott) und *Carmen* (Mérimée).

Nicht zuletzt wegen Napoleons Vorliebe für Ossian kreierten französische Maler bedeutende Bilder, die zuweilen die poetischen Vorbilder um patriotischer Zwecke willen verzerrten. Girodets *Apotheose der französischen Helden* ist eines von ihnen und läßt die der authentischen nordischen Mythologie entlehnten germanischen Walhallas ahnen (siehe Abbildung S. 161) Eine unmittelbare Parallele zu Girodets Gemälde bildet Jean-François Le Sueurs (1760–1837) Oper *Ossian, ou Les bardes* (1804), die weitaus größer angelegt ist als *Uthal*. Diesem vergleichsweise erfolgreichen Werk kommt eine mehrfache Bedeutung zu. Le Sueur sollte später Berlioz' wichtigster Lehrer und Freund werden. (Selbst ein Außenseiter, hatte Le Sueur sein Amt am Pariser Conservatoire 1802 verloren.) *Ossian* ist episch wohlproportioniert und dramatisiert einen religiösen Konflikt; die Oper kehrte zur Fünfaktigkeit des Barock zurück und verlangte neue, kostspielige Effekte, um eine halb-symbolische Traumvision zu realisieren, ein choreographiertes Ritual, in dem das zukünftige Leben des Kriegers gezeigt wird. Wie auf Girodets Gemälde, liegt über dieser Szene ein schimmerndes, von himmlischen Meteoren erzeugtes Licht. Sechzehn Harfen schufen ein bardisches Lokalkolorit, »Volkslied«-Themen charakterisierten die gegnerischen Parteien der Skandinavier und Kaledonier. Schließlich spielte Le Sueur auf Napoleons Konkordatspolitik gegenüber Rom an. Keines dieser bezeichnenden Merkmale hat irgendetwas gemeinsam mit den formalen Gesetzen, die Gluck in seinen Aufklärungsopern aufgestellt hatte, hingegen sehr viel mit den romantischen Großen Opern der dreißiger und folgender Jahre des 19. Jahrhunderts.

1817 kam die gebürtige Hamburgerin Sophie Leo zweiundzwanzigjährig nach Paris. Sie hatte den Eindruck, daß »obwohl zur Zeit meiner Ankunft alle drei Opernhäuser verfielen, es nur weniger Jahre bedurfte, ihren guten Ruf wiederherzustellen,

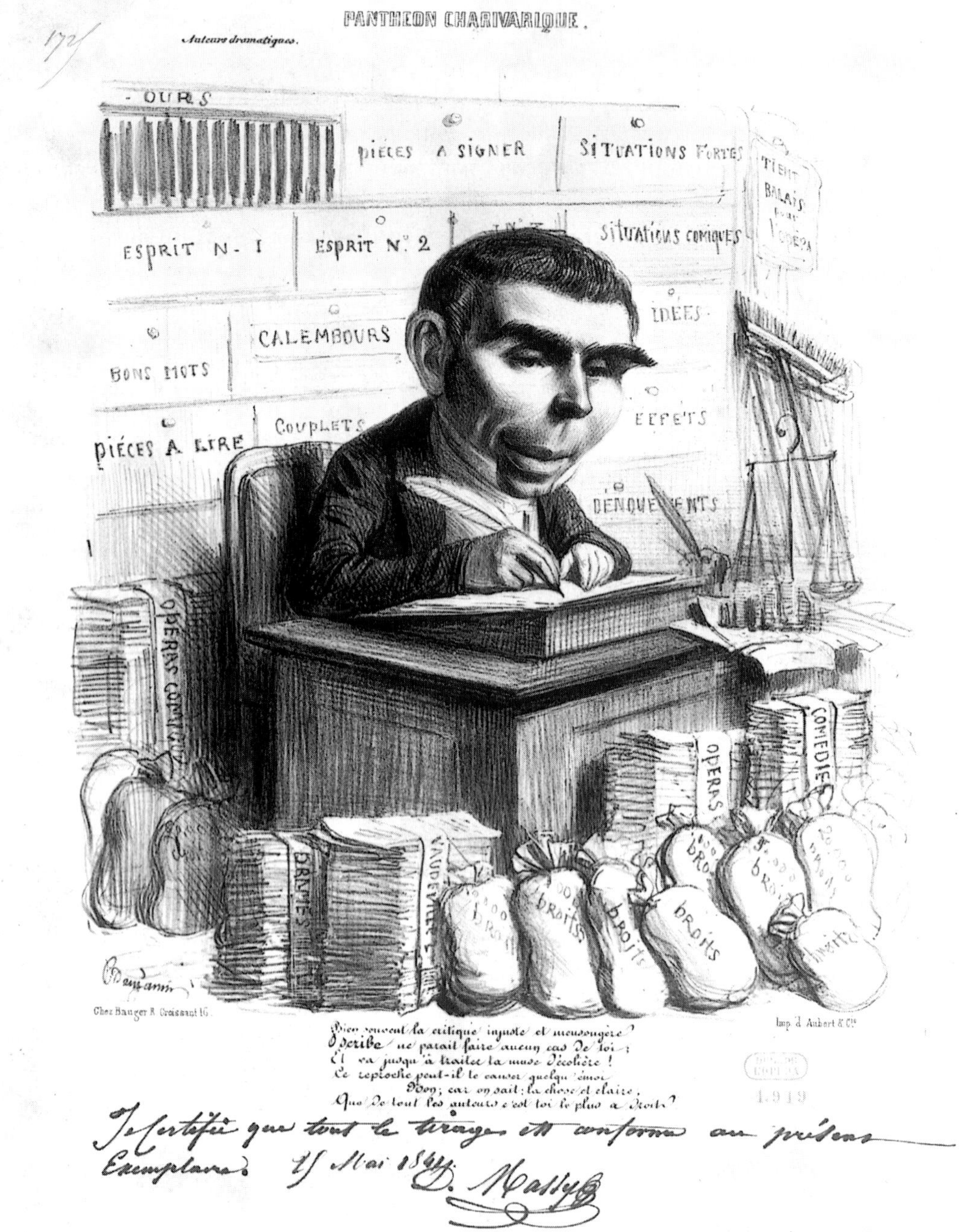

EUGÈNE SCRIBE (1791–1861). Scribe war der einflußreichste französische Librettist seiner Zeit (doch bei weitem nicht der einzige). Als erfolgreicher Theaterautor war er von Komponisten der Opéra-comique wie der Oper mit Rezitativen gesucht (auch von Verdi). Scribe definierte mehr als jeder andere den dramatischen Stil und das Wesen der Grand opéra. Wegen seiner großen Leichtigkeit und seinem Eklektizismus porträtierte ihn der Karikaturist (Benjamin, 1841) Säcke mit *droits* (Autorenrechten) aufstapelnd und zeigt seine Schubladen mit »komischen Situationen«, »starken Situationen«, »Wortspielen«, »Endungen«, »witzigen Bemerkungen«, »Versen« und »Effekten«.

… der Gesang, das Personal, die Kostüme und die Gebäude selbst wurden verbessert.« Tatsächlich wurde die Opéra 1821 von François Debret in der Rue Le Peletier wiederaufgebaut und diente während der romantischen Epoche als Spielstätte. (Sie brannte 1873 nieder und wurde 1875 durch die riesige Salle Garnier ersetzt.) Noch wesentlicher indes für die Entwicklung der französischen Oper waren gute Libretti. Auf diese Tatsache legte Meyerbeer 1823 eindringlich Wert, als er in Mailand darauf wartete, nach Paris gerufen zu werden:

Wo anders als in Paris sind solche ungeheuren Ressourcen zu finden, wie sie die französische Oper einem Künstler bereitstellt, der wahrhaft dramatische Musik schreiben will? Hier fehlt es uns hoffnungslos an Libretti, und das Publikum mag nur eine Art von Musik. In Paris gibt es ausgezeichnete Libretti und ich weiß, daß euer [französisches] Publikum jede Art von Musik ohne Unterschied begrüßt, vorausgesetzt, sie ist mit Genie ausgeführt.

Diese Einschätzung traf das ganze 19. Jahrhundert hindurch zu. Vielleicht dachte Meyerbeer schon ein wenig an Eugène Scribe (1791–1861), seinen gleichaltrigen Zeitgenossen. Scribe entwickelte bereits mit renommierten Musikern neue Ideen für die Opéra-comique und sollte Meyerbeers wichtigster französischer Mitarbeiter werden.

Produktiv und geradezu virtuos im Entwerfen von Bühnensituationen nach literarischen Vorlagen, trug Scribe wie kein anderer Autor dazu bei, die französische Oper zu einem vorrangigen Exportartikel zu machen. Den Brief eines durchschnittlichen Komponisten an Scribe zu lesen heißt, einen Höfling zu erleben, der um eine königliche Gunst wirbt. Im Sprechtheater schärfte Scribe sein dramatisches Gespür mit Comédies-vaudevilles und entwickelte den gewandten Intrigenstil, für den er berühmt blieb. Der Kontakt zur Volksbühne war entscheidend, als er sich der Grand opéra und der Historie zuwandte. Die »Romantik« als Modeerscheinung stand bei den Franzosen stets ein wenig unter dem Verdacht des schlechten Geschmacks. Scribe schrieb für jene große Mehrheit, die etwas kultivierteres wünschte, wenngleich er noch immer modische Motive aufgriff: das Exotische, das Geisterhafte, das Schlüpfrige, die Ballszene, den Schurken, das Schloß, den Zufall, das Spektakuläre. Als Dichter mit einem genuinen Verständnis für das Musiktheater versah Scribe die Opéra-comique mit einem modernen Sinn für Dynamik und Relevanz. Nummernarien wurden zurückgedrängt: oft wird eine Hauptfigur im ersten Akt durch ein Solo eingeführt; es können aber auch ein Lied, eine Ballade, eine Romanze oder ein entsprechendes Solo im Lokalkolorit sein. Ein solches verweist auf den geographischen oder historischen Umkreis des Werkes und liefert die notwendigen Hintergrundinformationen als eine »Erzählung innerhalb der Erzählung«. (Dies alles hatte seine Ursprünge bei Grétry und Dalayrac.) In der neuen Opéra-comique gab es normalerweise einen Chor, der sich in einer oder mehreren charaktervollen Rollen Geltung verschaffte. In überragender Weise benutzte Scribe musikalische Ensembles als Vehi-

LA DAME BLANCHE, erster Akt (1825). Die Karriere von François-Adrien Boieldieu (1775–1834) wurde durch den Erfolg seiner Opéra-comique gekrönt, zu der Eugène Scribe nach Walter Scotts *Guy Mannering*, *The Monastery* und *The Abbott* den Text verfaßt hatte. In ihrer ersten Spielzeit fanden in Paris 129 Vorstellungen statt, und bis 1880 war sie durchschnittlich noch alle drei bis vier Wochen zu sehen. Der schottische Schauplatz der Erzählung wurde beibehalten, und das modische Interesse an übernatürlichen Themen durch die Figur der »White Lady« (einem vermeintlichen Geist) befriedigt. Viele Opern und Opéras-comiques gehen auf Scotts Romane zurück, auch wenn sie gewöhnlich keine direkten Adaptionen sind.

kel für die Bühnenhandlung. Sie konnten entweder nur von Protagonisten gesungen werden oder den Chor miteinbeziehen, der auf einer anderen erzählerischen Ebene agierte und sang.

Das Jahr 1825 markierte einen Wendepunkt: Scribe verschaffte Boïeldieu seinen glänzendsten Moment in *La Dame blanche*, und er besiegelte seine Partnerschaft mit Auber in *Le Maçon*. Boïeldieu machte Gebrauch von Walter Scotts *The Monastery* und *Guy Mannering*. In seiner Musik, die seit neuestem durch den Kontakt zu Rossini und

Weber bereichert worden war, ging er auf die Herausforderung von Spukschlössern und schottischer Landschaft ein. Aubers *Le Maçon* war die sechste von sechsunddreißig gemeinsamen, Maßstäbe setzenden Unternehmungen, die sich stilistisch in der über achtunddreißigjährigen Zusammenarbeit der beiden Autoren tatsächlich weiter entwickelten.

Daniel Auber (1782–1871) genoß internationales Ansehen vor allem in der Opéra-comique; zugute kamen ihm moderne Publikationsformen: seine frohen, tänzelnden Melodien wurden bearbeitet, in riesigen Mengen verbreitet und erreichten so vermutlich ein neues Massenpublikum, dem das lebendige Theater nicht unmittelbar zugänglich war. Seine besten Werke waren lange Zeit fester Bestandteil des kulturellen Lebens: *Fra Diavolo* (1830), *Le Cheval de bronze* (1835), *Le Domino noir* (1837), *Les Diamants de la couronne* (1841), *Haydée, ou Le secret* (1847). Für uns Heutige ist Auber reizvoll, weil wir wissen, daß seine beträchtliche Begabung (die Wagner in einem Nachruf uneingeschränkt bewunderte) jederzeit für Überraschungen gut ist. Er durchlief eine Rossini-Phase, sog Weber richtiggehend auf, schrieb – wie zu sehen sein wird – Geschichte mit einer Grand opéra, *La Muette de Portici*, und dennoch verspürte er keineswegs den Drang, die Premieren seiner eigenen Werke zu besuchen. In ihm oder in Hérold, Halévy, Thomas, Adam ist die liebenswerte, urbane Persönlichkeit der Julimonarchie zu erkennen, die Stimme des an den Künsten mäßig interessierten Bürgers zu hören, der einen Ausflug in die sonntäglichen, grünenden Vorstädte macht. Diese musikalisch meist hochgebildeten und durch eine weitgehende Seelenverwandtschaft verbundenen Komponisten bildeten die Elite einer ansehnlichen Klasse. Der frühe Tod Ferdinand Hérolds (1791–1833) nach *Zampa* (1831) und *Le Pré aux clercs* (1832) war ein erheblicher Verlust. Fromental Halévy (1799–1862) scheint den ironischen Witz der Librettisten F. B. Hoffman und V. de Saint-Georges in der Opéra-comique bevorzugt zu haben wie in *Le Dilettante d'Avignon* (1829) – eine erfolgreiche Burleske über die verbreitete musikalische Italomanie. *L'Eclair* (1835) ist eine ernste Komödie mit nur vier Rollen, die bis 1879 auf dem Spielplan stand. Ihre Wiederbelebung wäre ebenso lohnend wie es die von *Les Mousquetaires de la reine* von 1846 sein könnte. Ambroise Thomas (1811–1896), der intellektuellste der Gruppe, fing langsamer an mit seiner feinsinnigen *La Double Echelle* (1837) zu einem Libretto von Planard. Thomas' *Le Panier fleuri* (1839) zeichnete sich durch einen flüssigen Text und einprägsame Melodien aus, wie man sie sich in der leichten Komödie nur wünschen konnte. Die Kleinmeister des Genres waren Monpou, Albert Grisar (1808–1869), François-Emmanuel-Joseph Bazin (1816–1878) und Antoine Louis Clapisson (1808–1866).

Der Name von Adolphe Adam ist auf immer verbunden mit seinem Meisterwerk *Le Postillon de Lonjumeau* (1836), doch war *Le Chalet* (1834) nicht weniger beliebt, und wenigstens eine durchschnittlich erfolgreiche Komödie verfaßte Adam jährlich. Daß deren Titel häufig ebensowenig anspruchsvoll waren wie ihre Partituren (*Le brasseur de Preston; Si j'étais roi*) und die Karriere des Komponisten auf den zweitrangigen Bühnen der Gymnasiums- und Vaudeville-Theater begonnen hatte, vermag Berlioz' Geringschätzung Adams, die er in seinen persönlichen Briefen scheinbar zeigt, allerdings nicht zu erklären. In seiner elitären Haltung konnte Berlioz die durchschnittliche Opéra-comique nur als billigen Verrat an der Musik betrachten. In seinem Buch *Les soirées de l'orchestre* spottete er in einer grandiosen Kritik:

Diletta [d.i. Adams *Giralda*]...................................... aber................ sehr................
die Musik......................... immer......................... farblos......................... Platitüde.

Aufrichtigkeit wurde von Berlioz stets respektiert, wie bescheiden auch immer die Ergebnisse ausfielen. Was ihn hinsichtlich der Oper im Paris der Jahrhundertmitte erzürnte, war ihre unverhüllte Kommerzialität. Der im folgenden zitierte Angriff be-

LE PROPHÈTE (1849), vierter Akt an der Opéra (Salle Le Peletier). Meyerbeer verzögerte die Produktion dieser, seiner umfangreichsten Oper, um geeignete Solisten engagieren und und mit ihnen proben zu können. Die Szene stellt die Krönung des Führers der Wiedertäufer, Johann von Leydens, im Dom zu Münster dar, die auf der Einnahme der Stadt 1534 folgte. Für dieses Werk waren ein Kinderchor und ein Ensemble mit achtzehn Saxhörnern vorgesehen, welches auf der Bühne auftrat. Das hier gezeigte Publikum ist immer noch ein überwiegend vornehmes: die aktuellen Kämpfe von 1848 konnten umso leichter beiseitegeschoben werden, als die Oper revolutionäre Themen zugunsten der Darstellung der Persönlichkeit Johanns vernachlässigte.

zog sich auf die Grand opéra, traf aber aus genanntem Grund gleichermaßen auf die Opéra-comique zu:

Was die Autoren betrifft, welche als Dichter oder Musiker für das Theater schreiben, so findet man unter ihnen nicht viele, ...welche von wahrer Achtung für die Kunst erfüllt wären. Wieviele unter ihnen vermögen sich darauf zu beschränken, einige hervorragende, aber nicht einträgliche Werke hervorzubringen und eine solche maßvolle und sorgfältige Produktion der fortwährenden Ausbeutung ihres, wenn auch noch so erschöpten Geistes vorzuziehen, die vergleichbar ist mit der Ausbeutung einer Wiese, welche man immer und immer wieder bis zu den Wurzeln abmäht, ohne der Pflanzendecke die nötige Zeit zu neuem Wachstum zu lassen? Ob man Ideen hat oder nicht, es heißt schreiben, schnell und viel schreiben; es heißt Akte auf Akte häufen, um Prämien anzuhäufen, Autorenrechte anzuhäufen, Kapitalien und Zinsen anzuhäufen... Man weiß, daß man nur Noten und Worte so oder so aneinander zu fügen braucht, um Kombinationen herbeizuführen, welche das Publikum von ganz Europa hinnimmt. Wozu sollte man also suchen, sie anders aneinander zu fügen? Solche Kombinationen sind nur Gedankenhüllen; wenn man nur die Farbe der Etikette ändert, so wird das Publikum nicht so bald innewerden, daß in der Hülle nichts steckt.
(Epilog zu *Abendunterhaltungen im Orchester*)

Geld spielte vor allem in der Grand opéra eine große Rolle – immerhin war sie ein Monopol des Staates. Es ist unbestreitbar, daß die Mehrheit des Publikums gesellschaftlich privilegiert, wenn nicht aristokratisch war. Die selbstgefälligen Beteuerungen des Geschäftsführers der Opéra, Louis Véron, die er 1831 er mit einer revolutionären Gebärde von sich gab, sollten nicht mißverstanden werden: »Ich sagte mir, ›Die Julirevolution ist der Triumph des Bürgertums, das siegreiche Bürgertum wird es lieben, den Herrn zu spielen und sich gut zu amüsieren; die Opéra wird sein Versailles werden...‹« (*Mémoires*) Bemerkenswerte, in verschiedenen Opernhäusern spielende Szenen in französischen Romanen der Romantik belegen ausführlich die gesellschaftliche Bedeutung des »In-die-Oper-Gehens«. Solche literarischen Nummern wurden allgegenwärtig. Balzacs Rastignac in *Le Père Goriot* – 1819 geschrieben, doch erst 1834/35 veröffentlicht – »fühlte sich, als habe jemand einen Zauberstab geschwungen, als er die der Bühne zugewandte Loge betrat, und sah sich selbst als Zielscheibe aller Lorgnetten ...«; Balzac übergeht in der Erzählung pointiert, welche italienische Oper aufgeführt wurde und erwähnt sie nicht einmal als solche. Ein so scharfsinniger und musikalischer Beobachter wie der Maler Delacroix konnte nur Skrupel empfinden, wie er, der häufige Opernbesucher, in seinem Tagebuch notierte:

... die Großen und Reichen sind blasiert ... Sie betreten gute Logen, die mit guten Teppichen ausgestattet sind ... Sie treffen nicht eher als genau in dem Moment ein, in dem das Stück beginnt und ... verpassen durch ihre Verspätung im allgemeinen dessen besten Teil. Die Gewohnheiten der Leute der Gesellschaft veranlassen sie, sich über die frivolsten Gegenstände zu unterhalten ... Es ist ein höchst unvollkommenes Vergnügen, selbst die wunderbarste Musik in einer Loge mit vornehmen Leuten zu hören. Der arme Künstler, der im Parterre und allein in seiner Ecke sitzt oder neben einem Freund, der so aufmerksam ist wie er selbst, vermag als Einziger die Schönheit eines Werkes vollkommen genießen. (1849)

Heute können wir uns auf die wenigen Grands opéras konzentrieren, die sorgfältig geplant wurden und sich im Lauf der Zeiten bewährten. In ihnen wird deutlich, wie sich die Oper auf allen Ebenen entwickelte, von dem kleinsten Element historisch genauer Beschreibung bis zur weitestgehenden Verkettung musikalisch-dramatischer Effekte – Oper für ein Zeitalter der Industrialisierung. (Tatsächlich ermunterte die Entwicklung der öffentlichen Eisenbahnen seit den vierziger Jahren des 19. Jahrhunderts die Menschen, zu Opernaufführungen in die Stadt zu reisen.) Die besten Komponisten zeigten sich jedoch gefeit gegen die Massenproduktion. Der Wegbereiter Spontini komponierte nur drei großangelegte Opern für Paris, *La Vestale, Fernand Cortez* und *Olimpie*. Meyerbeer schrieb gerade vier Grands opéras: *Robert le diable, Les Huguenots, Le Prophète* und *L'Africaine*. Hinzugefügt werden sollten Halévys beste Opern *La Juive, Guido et Ginevra, La Reine de Chypre* und *Charles VI.*, die noch bei Berlioz tiefes Unbehagen auslösten, nicht zuletzt, weil Halévy als Chorleiter der Opéra das Privileg besaß, seine Werke dort auf die Bühne zu bringen. Das Risiko war so groß, daß es Rossini entmutigte, nach *Guillaume Tell* (1829) irgendetwas zu schreiben, und Auber davon abhielt, sich nach *La Muette de Portici* und *Gustave III.* weiter im erhabenen Stil zu versuchen.

Spontinis schon erwähnter orchestraler Reichtum wurde durch ein starkes Element von italienischer Weite in den vokalen Linien ausgeglichen, und so entstand eine Art musikalisches Gegenstück zu Kunst und Architektur des Empire, die, wie Hugh Honour darlegt, Griechenland zugunsten »der überladenen Fülle des kaiserlichen Rom« aufgaben. »Die karge Strenge des Dorischen wurde durch korinthischen Glanz und Prunk ersetzt.« Der dekadente Neoklassizismus, wie er in einem Gemälde wie Gérards *Cupido und Psyche* (1798) zu sehen ist, ist insofern mit *La Vestale* (1807) verwandt, als in der Oper die Geschichte einer verbotenen Liebe erzählt wird (die Hauptfigur Julia ist eine Tempeljungfrau), in der Staatsinteressen oder Religion eher als Material dienen denn moralische Drohung sind. Die enorme Wirkung von Spontinis Oper rührt auch von ihrer Wucht her: von ihrem Gebrauch moderner chromatischer Harmonik und Dissonanz, die den Stimmen der Obrigkeit Heftigkeit verleihen sowie von den Ritualen auf der Bühne, sei es im Tempel oder in der riesigen Prozession, mit der Licinius, Julias Geliebter, als soldatischer Held eingeführt wird. Das Bühnenbild ist bewußt historisiert, der Librettist Etienne de Jouy (1764–1846) datiert dessen Herkunft und das Jahr der Handlung auf 269 n. Chr.

Geschichte, militärische Macht, religiöse Konflikte und (glückliche) Liebesangelegenheiten waren auch wesentliche Bestandteile von Spontinis *Fernand Cortez* (1809); aus dem vergrößerten Spektakel und stärkerer politischer Einmischung erwuchsen jedoch nun Probleme. Zweifellos gelang es Napoleon, das Werk – noch während der Komposition – umzubiegen, das heißt durch Cortez' unblutige Eroberung Mexikos seine eigene Politik gegenüber Spanien zu »legitimieren«, indem der Bourbonenkönig ersetzt und die Inquisition (in der Oper von fanatischen Aztekenpriestern darge-

HENRI-BERNARD DABADIE (1797–1853) ALS TÉLASCO. Dabadie sollte die Titelrolle in Rossinis *Guillaume Tell* kreieren (1829), aber er war darüber hinaus eine vertraute Erscheinung in vielen Werken von Spontini, Auber, Donizetti, Halévy etc., insbesondere an der Pariser Opéra. Télasco in Spontinis *Fernand Cortez* ist der Bruder der mexikanischen Heldin Amazily. Die französische Oper zeigte ein wachsendes Interesse an unterschiedlichen Schauplätzen, Charakteren und Lokalkolorit aus den Kolonien. Wie viele andere Werke des 19. Jahrhunderts wurde *Fernand Cortez* in verschiedenen Versionen auf die Bühne gebracht, von denen jede die vorhergehende zu übertreffen suchte: 1809, 1817, 1824, 1832.

stellt) in Schranken gewiesen wurde. Obwohl die Oper ein Erfolg war und die Partitur gedruckt wurde, wurde das Werk aus nicht ganz nachvollziehbaren Gründen nur zögernd nachgespielt und deshalb von Spontini 1817 grundlegend überarbeitet. Erfolgreich war sie zum Teil wegen einer Ausstattung, wie sie als einer »grand opéra« angemessen betrachtet wurde und zuweilen immmer noch wird: in dem Auftritt von siebzehn Pferden (den Jouy streng historisch rechtfertigte), einem Sprung der Heldin in einen See und der Zerstörung des unheimlichen aztekischen Tempels.

Das Orchester wurde zu einem napoleonischen Moloch, einem mit beispielloser und abstoßender Gewalt grollenden Donner von Posaunen, Militärklarinetten, tremolierenden Streichern und Holzbläsern und einer Schlagzeugbatterie, zu der Triangel, Tamtam, Becken und (ursprünglich) ein »ajacaxtili« gehörten. Die Ansicht der brennenden Stadt Mexiko fand ihre Umsetzung in zwei Fortissimo-Schlägen des Tamtam in jedem Takt. Auch Spontinis kühne Harmonik brachte die Kritiker aus der Fassung, gerade weil er sich in ihr auf die Romantiker bezog. Ein französischer Kritiker merkte – vielleicht eingedenk der offiziellen Unterstützung des Werks – an: »Wir wünschten nur, [Spontini] ginge etwas weniger verschwenderisch mit jenen überzähligen Modulationen um, die die regelmäßige Melodie unterbrechen und eine unangenehme Empfindung hervorrufen.« E. T. A. Hoffmann brachte seine Gefühle auf eine etwas andere Weise zum Ausdruck: »... überall das beinahe ängstliche Streben nach dem frappantesten Effekt ... plötzlich Fall und Sturz in die entfernteste Tonart, die in der Musik immer die zunächstliegende ist ... Diese trunkene Nüchternheit, diese kalte Glut, dieser klanglose Lärm ...«. Mit *Olimpie* (1819), deren Fabel nach Voltaires Tragödie entworfen ist, zog sich Spontini in eine nicht weniger brutale, aber etwas

PLAKAT FÜR BERLIOZ' *BENVENUTO CELLINI*. Die beiden wichtigsten Opern von Berlioz – *Benvenuto Cellini* und *Les Troyens* – waren zu neu, um in ihrer Zeit erfolgreich zu sein, doch waren sie nicht als »schwierig« konzipiert. Beide verkörpern bestimmte kulturelle Züge, *Cellini* aus den dreißiger, *Les Troyens* aus den fünfziger Jahren. In der erstgenannten Oper identifiziert sich Berlioz mit der Figur des Renaissance-Bildhauers, der – wie seine Autobiographie überliefert – verwegen Meisterwerke inmitten eines Lebens voll hektischer und sogar gewaltsamer Aktivität schafft.

maßvollere Welt zurück. Inzwischen war Hoffmann zu einem Bewunderer Spontinis geworden und arbeitete mit ihm zusammen an der Überarbeitung von *Olimpie* 1821 für Berlin.

In einem 1826 veröffentlichten Essay formulierte Jouy eine klare Vorstellung von der ernsten Oper: »Die epische Muse sollte über die Erfindung des Stoffes herrschen, und die tragische Muse sollte den Plan bestimmen.« Seinem rückschrittlichen Empfinden gemäß sollte das Ende glücklich sein, denn in der Oper »spricht alles die Sinne und das Herz an, nicht den Verstand«. Quellen sollten laut Jouy Legenden – selbst Übernatürliches thematisierende – sein oder auch die Geschichte. Tatsächlich wirkten Historie und tragisches Ende bahnbrechend, wobei die Romane Walter Scotts der Katalysator waren. Als Scott populär wurde, zählten rein zeitgenössische Bühnenbilder mit historischem Lokalkolorit und Details schon zu den vertrauten Erscheinungen der Opernpraxis. Das nun wieder belebte Schaurige, für das man sich in Frankreich kaum weniger begeisterte als in England, und das in Meyerbeers *Robert le diable* so nahe kommt, war optisch schon vor 1789 vertraut. (Der Komponist und Kenner La Borde, der 1784 Musik des Mittelalters publizierte, gab ebenfalls die ausgezeichnete Reihe *Voyage pittoresque de la France* heraus, deren Landschaftsradierungen überreich an alten Abteien, Kirchen und Klöstern waren.) Wie bereits erwähnt, brachte die Revolution neben ihren griechisch-römischen Propaganda Opern Operndramen aus der »modernen Geschichte«, wie stark vereinfachend auch immer, hervor. All dies läßt Cherubinis meisterhafte *Les Deux Journées* (1800) über das gewöhnliche Maß hinaus interessant erscheinen. Unbewiesen ist die häufige Feststellung, der Librettist Bouilly habe die Geschichte einer wirklichen Flucht verwendet (ein Wasserträger verbirgt Graf Armand in seinem Faß und ermöglicht ihm die Flucht nach Paris). Entscheidender ist, daß die Handlung im historischen 17. Jahrhundert spielt und Armand unter der repressiven Herrschaft Kardinal Mazarins nicht als individuelle Persönlichkeit, sondern als Parlamentarier um sein Leben bangen muß. Anders gesagt, handelte es sich bei dieser allgemein bewunderten Oper eigentlich um ein historisches Mini-Drama, in dem Persönliches und Politisches in der dynamischen Art und Weise vermischt wurden, die weit und breit übernommen werden sollte, nachdem Scott in Mode gekommen war, obwohl sie in einem viel größeren Maßstab charakteristisch war.

Armand und seine Frau repräsentieren politische Macht. In jedem historischen Drama – so Herbert Lindenberger – behauptet ein Volk die Kontinuität von Vergangenheit und Gegenwart, um die Macht in Frage zu stellen:

> Im Mittelpunkt fast aller großen historischen Dramen stehen entweder der Übergang der Macht von einer Gewalt zu einer anderen [zum Beispiel in *Richard II.*, aber auch in *Les Deux Journées* oder *Fernand Cortez*] oder die Mittel, mit denen es einer bereits machthabenden Gewalt gelingt, sich gegen den Angriff konkurrierender Gewalten zu stabilisieren [wie in den Grands opéras *La Muette de Portici* und *Les Huguenots*]. Verschwörung kann am besten in Situationen dramatisiert werden, in denen sowohl die herrschende Autorität als auch deren Gegner für das Publikum zu sehen sind.

Überzeugende dramatische Gestalt erreichten solche Verschwörungen erst zur Zeit Scribes, in der die historische Oper in ihrer fünfaktigen Form entwickelt wurde.

Jouy hielt in seinem Essay eine fünfaktige Oper für möglich, in der »Natur und Erhabenheit des Gegenstandes glänzende zivile und kirchliche Zeremonien« erfordern könnten – offensichtlich stellte er sich Erweiterungen dessen vor, was er beispielsweise in seiner dreiaktigen *La Vestale* geschaffen hatte. Zu solchen »Zeremonien« gehörte sicherlich der Opernchor; in historischen Opern hingegen war es fraglich, ob er seine ideale Rolle in der Darstellung einer politisch übereinstimmenden Gruppe von Menschen fand.

Seit den Zeiten Lullys war der Anteil des Chores in der französischen Oper geschätzt worden, im 19. Jahrhundert aber bekam er eine neue, aufrührerische, ja erzählende Funktion für das Drama selbst. Als Chor konnte ein Volk seinen Willen durch einen Schwur zum Ausdruck bringen, in einem Tanz, einem Protest, einem Marsch oder einem Gebet. Wie bereits erwähnt, entfaltete sich Chormusik sogleich in Verbindung mit den Solisten, im Dialog mit oder in Gegensatz zu ihnen. Nun wurde der Chor zuweilen auf die Erzählebene der Protagonisten gehoben, und dann konnte die Macht der Oper, ihr Publikum emotional miteinzubeziehen, überwältigend sein. Die Grand opéra war nicht nur die Kunst eines industriellen Zeitalters, sondern auch die eines demokratischen: 1848 wurde in Frankreich das allgemeine Wahlrecht für Männer rechtskräftig eingeführt. (Dieser Moment jagte vielen einen Schauder über den Rücken – unter ihnen Berlioz. Seine drei Opern, *Benvenuto Cellini, Les Troyens* und *Béatrice et Bénedict* waren gewiß eher literarisch als historisch inspiriert.)

Die Revolution von 1830 hatte quasi zwei Vorspiele, in denen die »Stimme des Volkes« tatsächlich das eigentliche Thema war: *La Muette de Portici* (auch als *Masaniello* bekannt) von Scribe und Auber von 1828 und Rossinis *Guillaume Tell* von 1829 mit einem Libretto von Jouy, Bis und anderen. Letzere endet optimistisch: die Österreicher werden, der Legende folgend, aus der Schweiz vertrieben. Rossini vereinigt mit seinem würdevollen Gestus auf einer großen Leinwand insbesondere die Nebeneinanderstellung von chorischen Darlegungen und individuellem Drama. In ihrer formalen Anlage unterscheidet sich die Oper völlig von der der romantischen Schule, ist aber mit einem weitaus unbedeutenderen *Guillaume Tell* vergleichbar, zu dem Grétry eine kraftvolle Musik geschrieben hatte und der in den neunziger Jahren des 18. Jahr-

APOTHEOSE DER FRANZÖSISCHEN HELDEN (1802). In diesem außergewöhnlichen Gemälde versucht Anne-Louis Girodet eine Synthese von alten und neuen Mythen. Die in den Befreiungskriegen gefallenen Krieger des Vaterlands werden von dem Kriegsbarden Ossian in ihrem Nachleben willkommen geheißen. Die Dichtung »Ossians« (James Macpherson; sechziger Jahre des 18. Jahrhunderts) war in ganz Europa populär. Sie gab vor, von den Kaledoniern des dritten Jahrhunderts v. Chr. abzustammen, und enthält viele Darstellungen von Geistern. Le Sueurs Oper *Ossian ou Les bardes* (1804) enthält eine Traumsequenz von vergleichbarer mystischer Intensität.

HALÉVYS *LA JUIVE* (1835), erster Akt. Den historischen Hintergrund dieser Oper bildete das Konzil von Konstanz (1414), und auf dem Höhepunkt des ersten Akts wurde der zeremoniale Einzug von Sigismund, historischer König von Deutschland und Ungarn, dargestellt. Zu hören war ein gesungenes Te Deum mit Orgel aus der Kathedrale (rechts im Bild). Der Bühnenbildner, Charles Séchan, war nach Süddeutschland gereist, um Kunst und Architektur zu erforschen. Rüstungen aus Metall wurden konstruiert und verursachten eine Sensation.

MEPHISTOPHELES ERSCHEINT VOR FAUST (1827/28) von Eugène Delacroix. Die verschiedenen Übersetzungen von Goethes *Faust*, Teil 1, regten musikalische, literarische und szenische Bearbeitungen an. Die hier abgebildete Reaktion von Delacroix war teilweise von einer Bühnenfassung mit Musik inspiriert, die er 1825 im Londoner Drury Lane Theatre gesehen hatte. Gounods *Faust* (1859) mit einem Libretto von J. Barbier und M. Carré war eine virtuose, dem Stil der Zeit entsprechende Antwort auf die vielfältigen Strukturen und Emotionen in Goethes Drama.

hunderts auf den Spielplänen stand. Der strukturelle Unterschied liegt darin, daß dessen Erzähltechnik keine ironische ist und auch der Sinn für einen historischen »Prozeß« fehlt, der geschaffen oder in Szene gesetzt wird. In der von Scribe entwikkelten Grand opéra fühlt sich der Zuhörer in die Geschichte hineingezogen aufgrund einer wie auch immer gearteten engen Verstrickung des gegenwärtigen Machthabers mit dem diese Macht herausfordernden Protagonisten. Die *Tell*-Opern lassen solch eine Verwicklung nicht zu, obwohl in beiden die Verblendung Arnold Melchthals als entsprechender dramatischer Auslöser benutzt wird. Die lange fünfaktige Struktur von Scribes Grand opéra vermag sich durch einen klugen inneren Aufbau der Spannung zu behaupten, die das Interesse über einen Zeitraum von drei bis vier Stunden vorantreibt. Und wenn es in einer auf Geschichte basierenden Oper auch nicht möglich ist, Einzelheiten von Verschwörung, Betrug und Zufall so zur Sprache zu bringen, wie es für das gesprochene historische Drama charakteristisch ist, so garantiert sie zumindest ein entsprechendes Maß an Verwicklung zwischen zwei Konfliktparteien und gleicht notwendige Verluste durch andere Vorzüge aus. Nach Lindenberger ist für die »epische Qualität« durch den Chor als eigenständigen Charakter gesorgt, die »nationalen Gefühle« werden durch die Unmittelbarkeit der Musik evoziert; Elemente wie lokales oder historisches Kolorit kann ebensogut die Musik suggerieren, und das Gefühl von »etwas Umfassenderem«, das uns die Musik gibt, offenbart »eher die Essenz als die Einzelheiten einer Verschwörung«.

In *La Muette de Portici* wird die Geschichte der gescheiterten neapolitanischen Revolte gegen die Spanier erzählt, die Thomas Aniello 1647 anführte. Tatsächlich wurde die Fabel schon verschiedene Male zuvor dramatisiert, für die englische Bühne in D'Urfeys *Rise and Fall of Masaniello* (1699) und für Hamburg in Reinhard Keisers Oper *Masaniello furioso* (1706). Scribes Genialtät erweist sich exemplarisch in einem Vergleich seines Librettos für Auber mit einem Londoner Schauspiel von George Soane mit Zwischenmusik von Bishop (1825) oder mit der Opéra-comique, die Carafa in Paris komponierte (1827), die beide den Titel *Masaniello* tragen. Soane und Carafa berufen sich wie Scribe auf Masaniellos erfolgreiche, sogar zu rechtfertigende Anführung des Protests »seines« Volkes gegen höhere Abgaben und auf seinen Sturz – sei es durch Überanstrengung und Wahnsinn (Soane) oder durch Verrat und Vergiftung (Carafa). Einzig Scribe aber schuf ein wirkungsvolles Drama, indem er die Herrschenden zu den Beherrschten in Beziehung setzt, und dabei wiederum auf Scott zurückgreift: mit der stummen Rolle der Fenella (die er aus *Peveril of the Peak* entlehnt) gibt er Masaniello eine Schwester, die vom regierenden spanischen Herzog d'Arcos, dessen Hochzeitszeremonie im ersten Akt der Oper gezeigt wird, entführt und verführt wurde. Sogleich ist das Persönliche mit dem Politischen verflochten und Scribe kann eine Folge von zufällig zusammentreffenden Ereignissen konstruieren, die die fortwährende Illusion eines sich in Gang befindlichen revolutionären Prozesses erzeugen; darüber hinaus läßt er das Publikum sich mit dem arbeitenden Volk verbunden fühlen. Fenellas Stummheit, die die Folge eines Traumas zu sein scheint, steigert nur ihre Größe und steht vielleicht sogar für den unartikulierten Willen der Neapolitaner, der schließlich zerbrochen wird, wenn Fenella von den Mauern des Palastes springt. Diese metaphysische Stimmung wird noch deutlicher, wenn gleichzeitig der Ausbruch des Vesuv vom Chor als ein Akt göttlichen Gerichts ausgelegt wird. Richten, aber über wen? Über die Spanier oder die Revolutionäre? *Chacun à soi*: als die Oper 1830 in Brüssel gespielt wurde, »verließen die Studenten das Theater mit dem Ausruf ›Nieder mit den Holländern!‹ und ›Nieder mit der Regierung!‹ Der Studentenaufruhr verwandelte sich in eine Revolte und die Revolte breitete sich aus ... Bis zum Oktober hatte sich eine provisorische Regierung etabliert« und die Unabhängigkeit für Belgien gewonnen (Charles Breunig, *The Age of Revolution and Reaction*).

Wie überzeugend Auber in seiner Musik mit der realistischen Atmosphäre des Librettos umgeht, ist am besten in Richard Wagners Betrachtung *Erinnerungen an Auber* nachzulesen:

> Jeder der fünf Akte zeigte ein drastisches Bild von der ungemeinsten Lebhaftigkeit, in welchem Arien und Duetten in dem gewohnten Opernsinne kaum mehr wahrnehmbar waren, und, mit Ausnahme einer Primadonnenarie im ersten Akt, jedenfalls nicht mehr in diesem Sinne wirkten; es war immer solch' ein ganzer Akt, mit all' seinem Ensemble, welcher spannte und hinriß... Wie dem Sujet am Schrecklichsten, aber auch am Zartesten nichts fehlte, so ließ Auber seine Musik jeden Kontrast, jede Mischung in Konturen und in einem Kolorit von so drastischer Deutlichkeit ausführen, daß man sich nicht entsinnen konnte, eben diese Deutlichkeit je so greifbar wahrgenommen zu haben.

Ein anderer Aspekt von Scribes Ansatz war es, die visuelle Struktur der Handlung zu berücksichtigen. Dies bedeutete mehr, als die großartige Prozession (wie es sie natürlich schon bei Spontini oder in Soanes *Masaniello* gab) für den triumphalen Auftritt Masaniellos zu Pferd im vierten Akt zu verwenden. 1827 hatte man an der Pariser Opéra beschlossen, sich der Notwendigkeit des Zusammenspiels von Drama und Theater direkt zu stellen, die dort bisher ignoriert worden war, während die populären Theater inzwischen mit kunstvoll ausgearbeiteter Beleuchtung, vollendeten Bühnenbildern und Effekten sowie historisch getreuen Kostümen Fortschritte gemacht hatten. Die Opéra bildete ein Komittee, um aus solchen Ideen Nutzen zu ziehen, wie die Historikerin Karin Pendle kürzlich analysiert hat. Sie zeigt eine beachtliche Anzahl charakteristischer Züge auf, die bald Eingang in die Grand opéra fanden: reichliche Szenenverwandlungen; lokal oder historisch genau festgelegte Chorkostüme; stumme Figuren; mimische Darstellung und besondere Musik, um diese zu interpretieren (nicht unähnlich natürlich der Stummfilmmusik); typische nationale Tänze (Aubers *Muette* enthält eine Guaracha, einen Bolero und eine Tarantella ebenso wie eine bedeutende gesungene Barcarolle); zweckdienliche Bühnenbilder und außergewöhnliche Beleuchtungseffekte. Gas wurde an der Opéra für einige Bühnen- und Fassadenbeleuchtungen erstmals 1822 in der Märchenoper *Aladin* verwendet, zu der

La Muette de Portici in Brüssel (1830), Stich von Herbert. Auber schildert in seiner Oper gewandt das Empfinden der Neapolitaner, die betrogen werden und sich gegen ihre spanischen Unterdrücker erheben. Ihr Anführer, der Fischer Masaniello, stirbt und die Revolte scheitert. Die Oper enthielt jedoch genügend Leidenschaft und Konflikte, um den Beginn der belgischen Revolution nach der Brüssler Aufführung vom 25. August 1830 anzuregen. Die Oper war berühmt wegen des Vesuv-Ausbruchs am Ende (hier im Hintergrund zu sehen), einem mehrdeutigen Symbol göttlichen Gerichts.

La Muette de Portici, erster Akt (1828). Die Musik Daniel Aubers wird heute eher mit der Opéra-comique als mit der Grand opéra verbunden, doch war *La Muette de Portici* – mit einem Text von Scribe – das Urbild dieser romantischen Erscheinung. Charakteristisch ist die Thematik einer verhängnisvollen Liebe vor einem präzisen historischen und gesellschaftlichen Hintergrund, zu dem Episoden aus dem Krieg oder der Revolution gehören können. Diese Kostümskizzen von Hippolyte Lecomte sind für Ballettszenen gedacht, in denen Bolero und Guaracha vorkommen, um das bäuerliche Leben in der Gegend von Neapel 1647 darzustellen.

ROBERT LE DIABLE, dritter Akt (1831). Dieses Gemälde von Edgar Degas (1876) zeigt einige der Musikerfreunde des Künstlers während einer Vorstellung von Meyerbeers Oper. Auf der Bühne ist die wohlbekannte Ballettszene zu sehen, in der die Geister der sündigen Nonnen Robert ermutigen, einen heiligen Zweig aus der mondbeschienenen Klosterruine zu stehlen. Die Abbildung zeigt, wie genau die Konzepte der Grand opéra (und der Opéra-comique) in Paris über Jahrzehnte hin befolgt wurden: Bühnenbilder, Kostüme und Choreographien erfolgreicher Werke wurden im einzelnen angegeben und beibehalten. Die Bühnenausstattung für *Robert* kostete mehr als die Herstellung der Kostüme.

Isouard und Benincori die Musik geschrieben hatten. Zur gleichen Zeit erfand Daguerre die doppelte Bemalung einer Bühnenleinwand, die sich von selbst zu verwandeln schien, wenn sie von verschiedenen Seiten beleuchtet wurde. Dieser wirkungsvolle Effekt wurde sowohl in *La Muette* als auch in *Guillaume Tell* verwendet.

Gewöhnlich denkt man an Wagner, wenn vom Gesamtkunstwerk die Rede ist; doch rief bereits Giacomo Meyerbeers *Robert le diable* 1831 an der Opéra mit der sichtbaren Verschmelzung aller möglichen Elemente der theatralischen Kunst einen überwältigenden Eindruck hervor. Eigentlich Material für eine Opéra-comique, war der Stoff ausgearbeitet worden zu einer umfassenden Reaktion auf Teile des *Freischütz*, des *Faust*, alter Volksbücher, auf Boulevard-Melodramen, den englischen Schauerroman, auf Daguerres Szenographie und die neuesten Ideen musikalischer Erfindung. Meyerbeer (1791–1864) hatte seine Karriere Schritt für Schritt vorbereitet mit einer Ausbildung in Deutschland an Webers Seite und einem anschließenden Aufenthalt in Italien, um dort Vokalkomposition und die Oper der Sänger zu studieren. Meyerbeers in Paris erreichte Stilsynthese trug wesentlich zu dem unvergleichlichen Einfluß seiner Werke bei. Er nutzte die französische Methode des ständigen Reagierens auf das Wort ebenso wie markante Kunstgriffe des italianisierten Gesangsstils. Wie die Franzosen allgemein, interessierte er sich für orchestrale Farben und Neuheiten – in *Robert le diable* kommen Soli für Englischhorn und einen besonderen Trompetentypus vor, zu deren Spiel zwei Musiker aus Italien geholt wurden. Doch erinnert Meyerbeers Orchester häufig an den »symphonischen« Entwicklungsstil Cherubinis, in dem ein Dialog oder ein Ensemble mit Variationen eines kurzen Motivs unterstützt werden. Zwei weitere Eigenschaften zeichnen Meyerbeers reifen Stil aus: harmonische und rhythmische Rastlosigkeit. Seine Harmonik verlagert sich ständig durch chromatische Fortschreitungen, die vor 150 Jahren viel innovativer erscheinen mußten als heute. Seine metrische Findigkeit hingegen ist immer noch leicht nachzuvollziehen. Sie zeigt sich auf vielen Ebenen: im Verhältnis zwischen melodischem und begleitendem Rhythmus, in plötzlichen Verschiebungen des Metrums entsprechend einem neuen Ausdruck, in Überraschung und einem Gefühl von Unbeständigkeit bei manchen dieser Verschiebungen, und, mit fortschreitender Karriere, in zunehmend kühnen Experimenten mit neuen Tempobezeichnungen. Einiges deutet sogar darauf hin, daß Meyerbeer die ausgedehnten Spannungsbögen eines Opernakts durch stufenweise Verwendung verschiedener Metren entwarf.

Alle französischen Opern Meyerbeers sind in einer je eigenen, ausgeprägten musikalischen und dramatischen Welt angesiedelt. (Dies gilt ebenso und in einem größeren Ausmaß für die Opern von Berlioz und Wagner.) Diese entsteht zum Teil durch die bewußte Vereinheitlichung des Materials oder wiederkehrende Themen, aber auch durch ein entsprechendes allgemeines Lokalkolorit, das die Stimmung ausmacht. Bei einem Diner lernte Eugène Delacroix 1853 Meyerbeers Gedanken über Lokalkolorit kennen, die er später notierte:

Man sprach bei Tisch über das Lokalkolorit. Meyerbeer sagte mit Recht, daß es von einem gewissen Etwas anhänge, das keineswegs die genaue Beachtung der Sitten und Gebräuche ist: ›Wer ist voller davon als Schiller‹, sagte er, ›Schiller in seinem Wilhelm Tell? Und dabei hat er nie etwas von der Schweiz gesehen.‹ (24.12.1853)

Genau die gleiche Haltung nimmt Victor Hugo 1827 in seinem berühmten Vorwort zu dem Schauspiel *Cromwell* ein: »Lokalkolorit sollte nicht an der Oberfläche des Dramas sein, sondern tief im Innern, im eigentlichen Herzen des Werkes, von wo aus es sich nach außen verbreitet«, so daß »man einzig bei seinem Kommen und Gehen wahrnimmt, daß sich das Jahrhundert und die Atmosphäre verändert haben.« *Robert le diable* nimmt die Mode des Mittelalterlichen wie des Übernatürlichen auf: das zeitgenössische Publikum kam in den Genuß, die Geister von Nonnen in einem mondbeschienenen Kloster tanzen zu sehen, das von dem großen Cicéri entworfen und gemalt worden war und als ein »locus classicus« der romantischen Bühnenbildkunst gefeiert werden sollte. (Die Nonnen tauchten aus der Versenkung auf; Abbildungen auf den Seiten 166 und 430). Nur im Zusammenhang mit den Details ihrer Inszenierung kann die Wirkung von Meyerbeers Opern wirklich ganz eingeschätzt werden.

JULIE DORUS-GRAS (1805–1896) ALS MARGUERITE DE VALOIS; Porträt (um 1836) eines unbekannten Künstlers. Dorus-Gras wurde hier in der Rolle der Königin in Meyerbeers *Les Huguenots* gemalt. Das Bühnenbild ist für den zweiten Akt, der im Schloß von Chenonceaux spielt. Auch dessen Gärten und der See wurden in der ersten Inszenierung dargestellt.

LES HUGUENOTS, fünfter Akt. Meyerbeer stellte sein erfolgreichstes Werk (dessen Uraufführung 1836 in Paris stattfand) in den Zusammenhang des katholisch-protestantischen Zwists unter Charles IX. Seinen tragischen Höhepunkt bildet das Massaker der Bartholomäusnacht (24. August 1572), in dem die Liebenden Raoul und Valentine von Valentines Vater irrtümlich erschossen werden. Meyerbeers Oper wurde, unter der Aufsicht des Komponisten, schnell in allen großen Opernhäusern Europas und in Amerika aufgenommen. Diese Abbildung zeigt eine Inszenierung am Her Majesty's Theatre in London 1858.

Tatsächlich wurden die genauen Einzelheiten der Originalproduktionen – leider ohne die dazugehörigen Bühnenbilder – gewöhnlich für alle wichtigen französischen Opern, angefangen mit *La Muette de Portici* 1828, veröffentlicht, um den Produzenten Respekt gegenüber den Intentionen der Künstler abzuringen, die diese komplexen Werke konzipiert hatten. Meyerbeer beispielsweise wirkte selbst aktiv in den letzten Produktionsphasen eines Werkes mit. Obwohl seine Probenmethoden nicht überliefert sind, findet sich doch ein eindrucksvolles Zeugnis seiner szenischen oder schlicht theatralischen Imaginationskraft in einem Brief, den er an Scribe über die neue Planung ihrer letzten Unternehmung, *L'Africaine*, schrieb:

Ich denke, daß ich eine Idee für eine gute und klare Eröffnungsszene habe, die auch eine wunderbare musikalische Einleitung ermöglichen würde. Es würde sich um eine festliche Ratsszene der portugiesischen Admiralität handeln, vor der Vasco [da Gama] seine Pläne für die Entdeckung Indiens präsentiert,... der Führer des Rats wäre Vascos Rivale,... die Ratsmitglieder sind sich nicht ei-

CHARLES GOUNOD (1818–1893) IN SEINEM ARBEITSZIMMER, Stich aus *L'Illustration* (23. Oktober 1893). Gounods zwölf vollendete Opern wurden zwischen 1851 (*Sapho*) und 1881 (*Le tribut de Zamora*) uraufgeführt. Er war verantwortlich für die Neubelebung der französischen Melodie, der Wortvertonung und der Harmonik (letztere unter dem Einfluß von Wagners frühem Stil). Doch während *Faust* ein nahezu unvergleichlicher Erfolg war, konnten sich andere Opern Gounods kaum auf der Bühne behaupten, und bei seinem Tod war sein Stil überholt. Diese Abbildung bezeugt seinen weltlichen Erfolg; andere verweisen auf Gounods Hang zum Religiösen.

nig. Jeder tritt für seine eigenen Ansichten ein, doch letztlich obsiegt die Kabale gegen Vasco … Vasco hat einen Zornesausbruch, stößt Drohungen aus, wird von seinem Amt entbunden und verbannt. Er geht voller Zorn mit dem Ausruf, er werde es auf sich selbst nehmen, ein Schiff zu beschaffen und auszurüsten, um zu beweisen, daß er sich nicht geirrt habe … Ich unterbreite ihnen diesen Gedanken gerade so wie er mir in den Sinn kam, mein teurer Freund.

Zurecht diente dieser Brief als Vorlage für die Eröffnungsszene von *L'Africaine*.

Das wohl bemerkenswerteste Beispiel für funktionierendes Lokalkolorit bei Meyerbeer ist die Figur Marcels, des schroffen Soldaten und Dieners Raouls, in *Les Huguenots* (1836), dessen Rezitiative von Celloakkorden begleitet werden (die wie eine Viola da gamba klingen). Musikalisch wird Marcel mit dem Luther-Choral »Ein' feste Burg ist unser Gott« assoziiert, der »sich wie ein roter Faden durch die ganze Oper zieht«, wie Meyerbeer 1837 schrieb: »[Marcel] könnte mit seinem schlichten aber unerschütterlichern Glauben sogar als Märtyrer betrachtet werden.« *Le Prophète* (1849) ist noch ambitionierter. Diesmal ist die historische Hauptfigur, Jan van Leyden (1509–1536), von messianischen Eingebungen besessen. Die Oper verfolgt seinen Aufstieg von der niedrigen Herkunft bis zur Vergötterung durch die revolutionären Wiedertäufer im Dom zu Münster (siehe S. 154). Während dieser berühmtesten aller Krönungsszenen der Grand opéra wird er von seiner seit langem fallen gelassenen Mutter wiedererkannt, bringt sie jedoch mit einem »Wunder« zum Schweigen. Schließlich wird die Revolution niedergeschlagen und ihre Hauptakteure kommen in den Flammen um. Der weite Horizont des Werkes ermöglichte es Meyerbeer, in den dritten Akt sogar kurze Buffo-Passagen aufzunehmen, so daß diese Oper vielleicht letzten Endes einer Konzeption des romantischen Musikdramas im Geiste Shakespeares auf historischer Grundlage am nächsten kommt. Meyerbeer wurde in der Epoche der frühen Romantik ausgebildet, in der Zeit, in der Hugo in *Cromwell* Shakespeare als *das* Vorbild bezeichnete für ein »Drama, das seinen Ausdruck durch das Erhabene und das Groteske findet, die sich in ihm ebenso überschneiden wie im Leben und in der Schöpfung. Denn wahre Poesie, vollkommene Poesie liegt in der Harmonie der Gegensätze«. Es ist verführerisch, weiterzugehen und Hugos Theorie des Schönen und Häßlichen mit der romantischen Musik zu verbinden: das »Sublime« ist das außergewöhnliche Element, das »Groteske« sein Bild der gesamten Menschheit; in ähnlicher Weise sind die Konsonanzen der Musik wie das Schöne bei Hugo von »nur einer Art«, während ihre Dissonanzen wie die »tausend Gestalten des Häßlichen« in der romantischen Musik als der orthodoxe Zustand erscheinen können, nicht zuletzt, wenn Meyerbeer in seiner Rastlosigkeit nach ihnen strebt.

Les Huguenots sollten Meyerbeers vollkommenstes Werk bleiben: eine höchst erfindungsreiche und ökonomische Partitur wird zum Handlungsträger von Historie und Tragödie, Politik und verhängnisvoller Liebe. Ihre musikalischen Errungenschaften werfen notgedrungen einen Schatten auf die Grands opéras von Halévy, die in anderer Hinsicht denen Meyerbeers sehr ähnlich sein können. *La Juive* (1835) bildet eine offensichtliche Parallele zu *Les Huguenots*, und die Weite von *La Reine de Chypre* (1841) könnte mit der des *Prophète* verglichen werden. Der Musik Halévys fehlt die Komplexität der des Rivalen; moderner war hingegen ihr orchestraler »Gestus«, die Erzeugung unmittelbar emotionsgeladener Klang-Bilder. Wagner, der diese Werke während seiner Jahre in Paris zwischen 1839 und 1842 gehört und den Klavierauszug von *La Reine de Chypre* für den Verleger Schlesinger arrangiert hatte, griff einige dieser Klang-Bilder auf und entwickelte sie weiter. Der andere einflußreiche »wagnerianische« Aspekt war Halévys Erfindung einer geschmeidigen Solodeklamation, eines geistreichen rezitativischen Stils mit einprägsamer solistischer Instrumentalbegleitung. Halévys Bruder Léon erinnerte sich: »Er besaß zudem die außergewöhnliche Stärke, das Rezitativ mit dem melodischen Gewebe des Werkes zu verschmelzen, und seinen Charakter dennoch vollkommen zu bewahren.«

Léon Halévy bezeugte auch die beharrliche Forderung seines Bruders nach rhythmischer Vielfalt in den Versen des Librettos: »›Rhythmische, abgewandelte Zeilen‹ wiederholte er unablässig, ›keine regelmäßigen Zäsuren!‹« Solche Eingriffe waren sehr typisch für französische Komponisten, obwohl die Hinweise auf einen derartigen Umgang mit ihren Librettisten kaum überliefert sind. In dem ungewöhnlichen Fall solch freimütiger Memoiren wie denen Grétrys (1797) finden wir ein Indiz dafür; normalerweise sind vergleichbare Zeugnisse eher zufällig in hinterlassenen Briefen zu entdecken. Es existiert ein faszinierender Brief von Meyerbeer an Alexandre Dumas d. Ä., mit dem der Komponist Anfang der dreißiger Jahre des 19. Jahrhunderts eine Oper plante:

> Lieber Kollege,
> ich lege mehrere Beispiele guter musikalischer Rhythmen bei, die sich für verschiedene Gattungen eignen, und ich habe sie angedeutet – . Ich möchte, daß Sie einen besonderen Rhythmus regelmäßig benutzen, weil er bei allen Gelegenheiten angewendet werden kann. Dieser Rhythmus ist wie folgt:
>
> O Seigneur | ta clémence
> a calmé | ma souffrance
> ta grandeur | ta puissance
> égale ta bonté.

Weil die französischen Librettisten ihre Opern in einer endgültigen Form veröffentlichten, die nicht notwendigerweise die von oder für Komponisten gemachten Änderungen enthielt, können wir oftmals beträchtliche Unterschiede zwischen den wesentlichen Elementen der Libretti und den musikdramatischen Werken feststellen, die aus ihnen entstanden. Der weithin anerkannte Beitrag Charles Gounods (1818–1893) für die Entwicklung der Oper des 19. Jahrhunderts beruht auf der Brillanz gewisser Arien und Chöre. Weniger gewürdigt wird sein einst umstrittenes Verfahren der Wortvertonung. Während die Komponisten der Generation Meyerbeers regelmäßige rhythmische Muster und periodische musikalische Phrasen – nicht zu-

AENEAS VOM UNGLÜCK TROJAS BERICHTEND. Dieses Gemälde von Pierre Narcisse Guérin (1815) gab die Anregung zu dem Quintett im vierten Akt von Berlioz' *Les Troyens* (für die der Komponist seinen eigenen Text schrieb). Seine Regieanweisungen fordern an dieser Stelle ähnliche Haltungen. Berlioz bewahrte treu die Liebe seiner Kindheit zu Vergils *Aeneis* und widmete die Partitur »Divo Virgilio«. Er komponierte dieses Werk allerdings erst, als sich in den fünfziger Jahren wieder eine breitere Öffentlichkeit für klassische Stoffe interessierte.

letzt aufgrund ihrer Vertonung italienischer Dichtung – schätzten, entschieden sich Gounod und seine Nachfolger, die den französischen Versen inhärente Freiheit auszunutzen, in denen der »gesprochene Rhythmus« häufig den streng prosodischen Rhythmus aufhebt. Gounod selbst sprach von seinem »Ausdruck der Wahrheit«, dem er »die Genauigkeit der Sprache« entgegenstellte, und formulierte ein neues Prinzip. Diesem gemäß fließen die Melodien in nicht vorhersehbarer Weise über den poetischen Vortrag, während gleichzeitig die Konvention der regelmäßigen (periodischen) musikalischen Phrasenlänge beibehalten wird. Es war eine elegante, aber darum nicht weniger kraftvolle Form der Befreiung.

Ähnliche Interessen verfolgte Emmanuel Chabrier, als er dem Dichter Catulle Mendès während der gemeinsamen Arbeit an der unvollendeten Oper *Briséïs* 1891 schmeichelte:

> Es ist nicht viel. Nach diesen Zeilen:
> No. 1 { Jésus, j'ai reçu le baptême
> J'adore les clous et la croix
> sind
> ›*Je t'aime*
> *Et je te crois' zu kurz* und
> würden nach dem Rhythmus der zwei
> vorhergehenden langweilig werden …
> eine Zeile von 8 Versfüßen
> | | | | | | *je t'aime!*
> *Et je te crois!* würde mir sehr gut passen.

»Senden Sie sie mir morgen oder übermorgen«, schließt Chabrier nach einigen weiteren Punkten, »sie können sie in einer Viertelstunde machen …«

POLYEUCTE (1878), fünfter Akt. Diese Oper war eine Adaption von Pierre Corneilles »christlicher Tragödie«, mit der Gounod beabsichtigte, »die unbemerkten und unwiderstehlichen Kräfte, die das Christentum der Menschheit gegeben hat«, darzustellen. Das Scheitern der Oper kränkte den Komponisten. Sie enthielt viele spektakuläre Tableaus wie den öffentlichen Platz im Armenien des 3. Jahrhunderts mit einer Arena im Hintergrund, in der die Hauptfiguren gemartert werden sollen.

1850–1890

Einige französische Komponisten wie Rousseau, Framery, Dezède und Berton hatten, schon im späten 18. Jahrhundert, ihre eigenen Libretti verfaßt. So hätte es nicht als selbstüberheblich gelten müssen, daß Hector Berlioz (1803–1869) sich entschloß, die Worte ebenso wie die Musik zu *Les Troyens* (1856–1858) zu komponieren. Doch waren er und sein Genie gefürchtet, mißtraute man ihm nicht zuletzt wegen seiner vernichtend scharfen Zunge: »Die überragendsten, ihm ebenbürtigen Künstler empfanden in in seiner Gegenwart eine Art von Unbeholfenheit. Gounod sprach oft darüber zu mir«, erinnerte sich Berlioz' Freund und Förderer Ernest Legouvé. Seinerseits hatte Berlioz 1838 bitter wegen *Benvenuto Cellini* gelitten. Diese Oper wird heute als eine typisch romantische verstanden, doch liegt dies gerade auch in ihrer großen Nonkonformität: in ihrem großspurigen Text (von Barbier und Wailly), in ihrer Parabel von einem großen Künstler, der sich nicht um Konventionen schert und in ihrer ungeheuren musikalischen Kühnheit. Mit *Cellini* war es fürs erste zu Ende, als der erste Tenor, Duprez, nach drei Vorstellungen seine Rolle demonstrativ niederlegte. Doch dies entsprang der Launenhaftigkeit an der Opéra, die vom Direktor an abwärts einem Bienenkorb glich. Véron erzählt in seinen *Mémoires* mehr als eine Geschichte von Künstlern, die ihn erpreßten. Duprez' großer Vorgänger Adolphe Nourrit weigerte sich einmal, die Rolle eines Räubers in einer Oper des spanischen Komponisten Gomis zu singen. Da es sich um ein Auftragswerk handelte, mußte Véron Gomis und seinen Librettisten mit 6000 Francs entschädigen. Sogar die italienischen Trompeter in *Robert le diable* preßten diesem ein Zusatzhonorar ab.

In einer solchen Atmosphäre hatte Berlioz' Meisterwerk *Les Troyens* wenig Chancen. Ohnehin – so Berlioz in einer Petition an Napoleon III. zu diesem Thema – »sind die beiden zum Personal der Opéra gehörenden Dirigenten meine Feinde«. 1863 fügte sich der Komponist in dem Wunsch, wenigstens etwas von seiner Oper zu sehen, die zu diesem Zweck zweigeteilt wurde. *Les Troyens à Carthage* stand, verstümmelt und nochmals gekürzt, für einundzwanzig Vorstellungen auf dem Spielplan des Théâtre-Lyrique, des neuen Theaters des Second Empire. Der Komponist mußte selbst einige Musiker bezahlen. Sein Bericht am Ende seiner *Mémoires* lotet die Abgründe aus, die das edle Epos Vergils, das er im Sinn hatte, von dem trennten, was 1863 realisiert wurde. Berlioz hatte den Text Vergils »shakespearerianisieren« wollen, wie er es nannte, doch verlangte die Treue zu Vergil eine Dramaturgie, die derjenigen Scribes absolut fremd war. Kassandra ist die zentrale Figur der Erzählung im ersten und zweiten Akt; nach dem Fall Trojas stehen Aeneas und Dido im Mittelpunkt. Berlioz' Kunst ist insofern »klassisch«, als sie ihre Ereignisse mit den Mitteln (und im Geiste) Glucks klar umreißt: die musikalischen Nummern sind voneinander getrennt, vorrangig ist die Vokalmelodie, Leidenschaft findet ihren Ausdruck durch objektiv empfundene Beherrschung. Eine ähnliche Entwicklung läßt sich in der Karriere Delacroix' feststellen (erwähnt sei insbesondere der *Triumph des Apoll* für die Decken des Louvre, 1850/51), und es ist bemerkenswert, daß das Tableau in Berlioz' viertem Akt, in dem Dido den Hochzeitsring vom Finger streift, von einem neo-klassischen Gemälde Pierre-Narcisse Guérins inspiriert wurde, von *Aeneas, vom Unglück Trojas berichtend.*

Les Troyens stellen wahrhaftig gewaltige Anforderungen an die Bühne. Doch kannte der Komponist die Möglichkeiten der Kompagnie. Eine Vorstellung von dem furchteinflößenden Ausmaß dieser Kraftreserven gibt eine englische Kritik von Gounods fünfaktigem *Polyeucte* (nach Corneille), dessen Premiere neun Jahre nach Berlioz' Tod in der neuen Salle Garnier stattfand. Die *Musical Times* berichtet am 1. November 1878:

> Lassen Sie uns einen Blick auf die Art und Weise werfen, wie die Oper selbst fertiggestellt wurde, und einen zwangsläufig unangenehmen doch vielleicht heilsamen Vergleich ziehen zu dem, was in der gleichen Weise näher bei uns geschieht ...
>
> Als allererstes war es notwendig, die führenden Künstler sowohl für die »création« als auch für die *partage* zu bestimmen. Diese Aufgabe fiel kraft Recht und Brauch M. Gounod zu ...
>
> Dann mußten die Stimmen kopiert werden, was allein zwischen 6000 und 7000 Francs kostete; und danach tauchte die wichtige Frage nach den szenischen Arrangements auf ... Während M. Daran [der Bühnenbildner] und seine Kollegen also beschäftigt waren [*maquettes*, Modelle, zu kreieren], kam auf den Kostümbildner, M. Lacoste eine gleich wichtige und verantwortliche Aufgabe zu ... nicht weniger als 123 verschiedene Kostüme mußten bereitgestellt werden, alle so korrekt, wie Forschungen ermöglichen konnten,... und insgesamt wurden mehr als 1000 vollständige Gewänder in den Fundus des Theaters aufgenommen allein für den Gebrauch in *Polyeucte*. Die durch die Kostüme verursachten Anstrengungen waren immens ...
>
> Die hundert Chorsänger wurden zunächst im Lesen ihrer Musik geübt, wofür wiederum eine so lange Zeit angesetzt war, wie sie der Komponist für angebracht hielt. Dann begann das ernsthafte Studium, das zweimal wöchentlich stattfand ... Noch größere Sorgfalt wurde dem Orchester gewidmet. Beginnend mit dem einfachen Lesen ihrer Musik ohne auf etwas anderes als die reinen Noten zu achten, gingen die Instrumentalisten zu einem methodischen Studium jeder Nummer über. Anschließend wurde eine große Probe abgehalten ... Als dann jede Person ihre Aufgabe perfekt beherrschte, kamen die *répétitions générales* mit Bühnenbild, Kostümen etc. Von ihnen gab es acht, deren letzte am 3. Oktober stattfand, als die zähen Anstrengungen eines Jahres abgeschlossen waren und *Polyeucte* als für das Publikum bereit angekündigt wurde.

Neunundzwanzigmal wurde *Polyeucte* aufgeführt.

Gerade gegen den Gigantismus und die Korruption, die an der Opéra spürbar waren, wandten sich die Strömungen nach der Revolution von 1848, deren unruhige

OFFENBACHS *ORPHÉE AUX ENFERS* (1858). Jacques Offenbachs satirische Werke bildeten einen notwendigen (und beabsichtigten) Kontrast zu der hohen Gesinnung und dem Pomp der offiziellen Operntradition. 1861 wurde er in die Ehrenlegion aufgenommen. Werke wie *La belle Hélène* (1864), *La Vie parisienne* (1866) und *La Périchole* (1868) waren ungemein beliebt; dieses Plakat von Jules Chéret für die revidierte vieraktige Fassung des *Orphée* 1874 beweist zur Genüge, warum er »jeden Abend« zu sehen war.

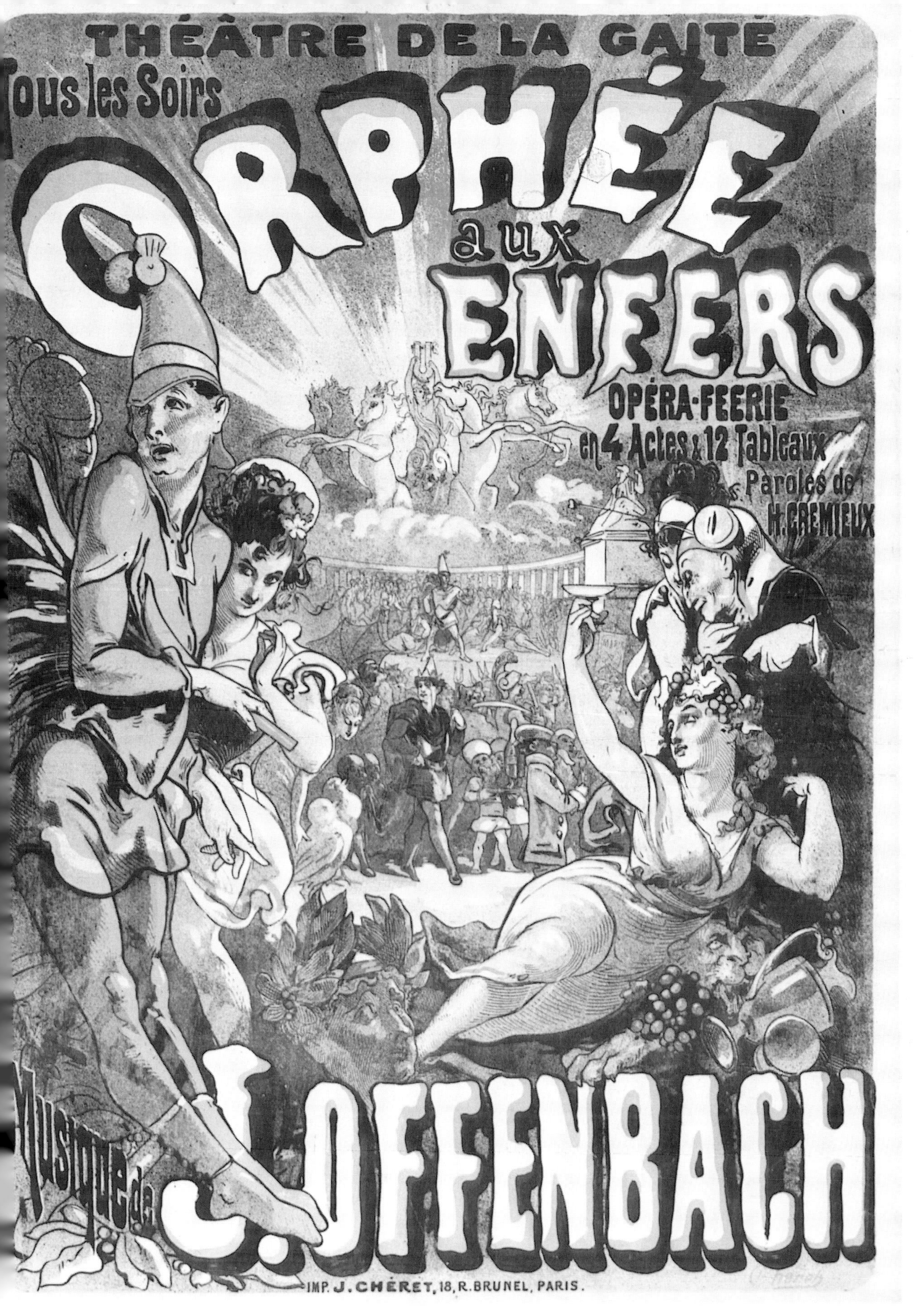
THÉÂTRE DE LA GAITÉ
Tous les Soirs
ORPHÉE
aux
ENFERS
OPÉRA-FEERIE
en 4 Actes & 12 Tableaux
Paroles de
H. CREMIEUX
Musique de
J. OFFENBACH
IMP. J. CHÉRET, 18, R. BRUNEL, PARIS.

EINE PROBE VON AMBROISE THOMAS' *HAMLET*. Thomas' erfolgreiche Shakespeare-Oper wurde 1875 an der Opéra uraufgeführt. Diese Abbildung vermittelt einen Eindruck von der Gründlichkeit, mit der dort gearbeitet wurde und von der auch in einem Bericht (siehe S. 176) über die Vorbereitungen zu Gounods *Polyeucte* die Rede ist. Der *chef de choeur* war zu dieser Zeit Victor Massé (ebenfalls ein Komponist) und der Korrepetitor ein M. Hustache. Chefdirigent war Edme Deldevez. Der Gebrauch einer einzelnen Violine oder eines Streichquartetts bei den Proben war in Frankreich lange Zeit üblich.

Folgejahre in Napoleons Staatstreich mündeten. Ein Anschein von pluralistischen Strukturen und Zielstrebigkeit ließ eine neue Komödie (insbesondere Offenbachs Karriere) und neue Theater entstehen wie Offenbachs Bouffes-Parisiens und das Théâtre-Lyrique; kleinere Theater fanden neue Standorte in der Folge von Haussmanns Abriß des Boulevard du Temple. Offenbachs Ziel war es, die, wie er meinte, Überernsthaftigkeit der zeitgenössischen »opéra comique« zu bekämpfen. Er initiierte sogar einen Wettbewerb, um neue leichte Werke zu fördern: der junge Bizet war 1857 mit *Le Docteur Miracle* einer der Gewinner. Komödien hatten natürlich nie aufgehört zu existieren, aber es waren stets die gleichen Unentwegten, die – wie Berlioz formulierte – »diese angenehmen und nützlichen Waren produzierten, die täglich in der Art von Fleischpasteten fabriziert werden und die unter dem Namen Opé-

WAGNERS *LOHENGRIN* IN FRANKREICH, 1891. Wagners 1861 für Paris bearbeiteter *Tannhäuser* (1845) kam als erste seiner Opern dort auf die Bühne, wurde jedoch nach drei Vorstellungen abgesetzt, die lautstark von anti-österreichischen und chauvinistischen Buhern, vornehmlich aus dem Jockey-Club, unterbrochen worden waren. Eine weitere Oper Wagners wurde dann an der Opéra erst mit dem *Lohengrin* 1891 inszeniert, der – ähnlich wie Konzertveranstaltungen mit Wagners Musik um 1870 zur Zeit des Preußisch-Französischen Krieges – zu einer Art öffentlichem Aufruhr führte.

EIN FRANZÖSISCHER BLICK AUF WAGNER; Lithographie nach Honoré Daumier.

ras-comiques laufen«. Offenbachs eigene Revolution vollendete sich ironischerweise in *Orphée aux enfers* (1858): als Entlarvung des Klassizismus und Glucks wurde sie mit fasziniertem Entsetzen aufgenommen, jedoch nach und nach so beliebt wie *Les Troyens.*

Die fünfziger Jahre des 19. Jahrhunderts waren in der Tat eine hervorragende Zeit für die leichte Oper: es entstanden Massés *Les Noces de Jeanette* (die bis 1942 1393mal aufgeführt wurde); Bazins *Maître Pathelin*; Adams *Si j'étais roi* und *Le Bijou perdu* sowie zahlreiche weitere, stets beliebte Stücke der von Berlioz verachteten Pastetenhändler. Gounod versuchte sich in der Komödie erfolgreich mit *Le Médecin malgré lui* (der bis 1945 zum Repertoire gehörte), und mit *Béatrice et Bénédict* (1862 für Baden-Baden geschrieben), folgte Berlioz wohl dem gleichen Trend.

BIZETS *CARMEN*, arrangiert als Klavierquadrille. Vor der Erfindung der Tonaufzeichnung diente das Klavierarrangement als vornehmliches Medium für die private Beschäftigung mit der Oper. Internationale Handelsabkommen zwischen Verlegern von Arrangements waren gang und gäbe. Notwendig wurden komplizierte Verträge zwischen Opernkomponisten, Theatern und Verlegern. Eine grundlegende Treue gegenüber Bizets Oper wird dennoch durch die große Übereinstimmung dieser Titellithographie mit einer bekannten Abbildung des Bühnenbilds des ersten Akts der Uraufführung von 1875 nahegelegt.

Doch Offenbach hatte zu Recht einen Hang zu einem anspruchsvolleren Umgang mit literarischen Quellen in der Opéra-comique erkannt und einen neuen Impuls, der an Opéra-Comique und Théâtre-Lyrique zu einem Genre führte, das man als »halbernst« bezeichnen könnte. In ihm waren substantielle Rollen für Sänger-Darsteller innerhalb eines anspruchsvollen oder exotischen Rahmens gut aufgehoben. Rezitative konnten den gesprochenen Dialog ersetzen. Extreme Beispiele für diese Tendenz sind Meyerbeers *L'Etoile du Nord* (1854) und *Le Pardon de Ploërmel* (1859), die im großrussischen Reich Peters des Großen beziehungsweise in einer zeitlosen Bretagne angesiedelt sind. Frauen spielen in beiden Werken die beherrschende dramatische Rolle. Die gleiche zentrale Funktion übernehmen sie in entsprechenden zeitgenössischen Opern wie Aubers *Manon Lescaut* (1856), Halévys *Jaguarita L'Indienne* (1855) und Félicien Davids *La Perle du Brésil* (1851, überarbeitet 1859). Offenbach nannte sie »kleine große Opern« wegen ihrer historischen und geographischen Entdeckungen, ihrer Mischung im dramatischen Ton und ihrer stärker fordernderen Behandlung von Liebe und Beziehungen. Halévys Jaguarita und Davids Zora werden als klug und entschlossen gezeichnet, während gleichzeitig die Faszination ihrer exotischen Herkunft aus Brasilien beziehungsweise Niederländisch-Guyana bewahrt bleibt. Aubers Manon Lescaut ist dem Geist von Prévosts Heldin verpflichtet, wenn auch nicht buchstäblich, und Scribe brach mit der Konvention, indem er das Ende in New Orleans analog der literarischen Vorlage tragisch gestaltete.

Vor diesem Hintergrund stellt Gounods *Faust* 1859 eine Art Höhepunkt dar. Unter Verwendung eines beliebten Theaterstücks, Michel Carrés *Faust et Marguerite* von 1850, und von Goethes *Faust*, Teil 1, war die Oper sorgfältig konstruiert. Der Librettist Jules Barbier wurde zu einer überragenden Kraft der französischen Oper vor allem in der Zusammenarbeit mit Michel Carré, mit dem er mehr als dreißig Libretti verfaßte. Zu ihnen zählen Gounods *Roméo et Juliette* (1867), Ambroise Thomas' *Mignon* (1866) und *Hamlet* (1868) sowie Meyerbeers *Le Pardon de Ploërmel*. Allein schrieb Carré *Mireille* für Gounod (1866), gemeinsam mit E. Cormon *Les Pêcheurs de perles* für Bizet (1863). *Faust* ist ein charakteristisches Beispiel für diese neue Generation der »literarischen« Oper, die anspruchsvoll war, sich an ein Publikum wandte, das wahrscheinlich viel belesener als das des ausgehenden 20. Jahrhunderts war, und die in den tieferen Sinn des dramatischen Stoffes eindrang. In den Händen der besten Komponisten, füllte deren Musik eine neue Galerie von Figuren mit Leben, die weder trivial noch erhaben waren und denen eine emotionale Entwicklung überantwortet wurde. Gounod spielte insbesondere mit seinem *Faust* eine Schlüsselrolle für die Modernisierung der französischen Oper. Die Partitur wirkte bahnbrechend für eine »Zukunftsmusik« im Sinne Wagners – Gounod kannte die internationalen Tendenzen sehr wohl. Hinsichtlich der Dynamik, des Ausdrucksspektrums, der chromatischen Harmonik und melodischen Sicherheit wurde mit *Faust* der Weg festgelegt, dem Bizet, Thomas, Lalo und Massenet folgten, von dem offenkundigeren Wagnerianer Saint-Saëns ganz zu schweigen. Für Gounod war es selbstverständlich, dem Orchester eine größere Rolle in der Erzählung zu geben. Dieser Bereich ist komplex, weil das Orchester eine neue, ebenso vielfältige wie beherrschende Identität erlangte durch die Fähigkeit, eine Reihe von Aspekten innerer Psychologie wie äußerer Orientierung zu suggerieren. Die Beherrschung der Klangfarben wurde so wesentlich wie die gewohnte französische Sensibilität der Wortvertonung. Da die barocke Unterscheidung zwischen »sprechendem Singen« (Prosa-Rezitativ) und »Gesang« (ge-

SZENEN AUS DELIBES' *LAKMÉ* (1883). Die Phantasie des Künstlers setzt die Themen der Oper mit den Bildern von Abenteuergeschichten gleich: es ist die Epoche Kiplings. Der in Indien stationierte britische Offizier Gérald wird in eine verhängnisvolle Verbindung mit Lakmé und ihrem Volk hineingezogen, er kehrt jedoch bald zu seinem Regiment zurück. *Lakmé* war eine der französischen Opern, die sich mit ähnlichen Themen befaßten (zum Beispiel Meyerbeers *L'Africaine* oder Bizets *Carmen*). Die literarische Quelle der *Lakmé* stammte von demselben Autor (Pierre Loti), der auch die Geschichte geschrieben hatte, die Puccini für *Madama Butterfly* benutzte.

LALOS *LE ROI D'YS* (1888); Originalplakat von A. F. Gorguet. Edouard Lalo nahm wie Saint-Saëns, Chabrier und Reyer Wagners Musikstil und seine Stoffe auf und entwickelte beides weiter. In *Le Roi d'Ys* findet eine bretonische Legende von elementarer Liebe und Rache ihre Lösung im Selbstmord der Heldin und dem wunderbaren Eingreifen des heiligen Corentin, der die Bevölkerung von Ys rettet. Lalo verwendete mehrere bretonische Volkslieder in seiner Partitur.

FEUER IN DER OPÉRA-COMIQUE. Die erste Salle Favart (1783) brannte 1838 nieder und wurde 1840 ersetzt. Auch die zweite wurde, wie hier zu sehen ist, am 25. Mai 1887 durch ein Feuer zerstört. Die gegenwärtige, dritte, Salle Favart – noch immer an der gleichen Stelle – wurde erst 1898 eröffnet. Theaterbrände brachen trotz beträchtlicher und gesetzlich erzwungener Vorsichtsmaßnahmen regelmäßig aus.

steigerter Ausdruck) nahezu aufgehoben war, konnte nun das Orchester die Kontinuität der Erzählung gewährleisten. Der zur Norm werdende Rückgriff auf Erinnerungsmotive im Orchester, die Denken und Fühlen einer Opernfigur unmittelbar und unausgesprochen zum Ausdruck brachten, wurde zur Norm. Solche Motive nahmen sogleich eine idealistische oder symbolische Bedeutung an. Das Orchesterthema, beispielsweise von Fausts Vision Marguerites im ersten Akt, korrespondiert deutlich mit der rosarot gefärbten Wirklichkeit, die Méphistophélès bewußt entwirft. Meyerbeers Cathérine glaubt an einen Schicksalsstern, dessen Thema in *L'Etoile du Nord* ständig wiederkehrt. Das berühmte Duettthema aus Bizets *Les Pêcheurs de perles* wird wiederholt dazu benutzt, den verzaubernden Einfluß der Priesterin Léila auf die beiden Freunde Zurga und Nadir ins Gedächtnis zu rufen. Auf diese Weise konnten eine entfernte Zeit, ein Ort oder eine dramatische Erinnerung dem Publikum wirkungsvoll und emotionsgeladen vermittelt werden.

Gounods moderner Gebrauch der Wagnerschen Harmonik eröffnete weitreichende Möglichkeiten, eine Opernfigur auszuloten. Gleichzeitig erlaubte die freie Behandlung des Orchesters aber auch eine intensivere musikalische Szenen-Malerei. Dieser latent vorhandene Konflikt hinsichtlich der Balance von fiktivem inneren und äußeren Leben stellte sich auch in anderen Künsten als Problem dar. Im Roman kreiste die aktuelle Debatte um den strittigen Punkt exzessiver Beschreibungen und Details wie in Flauberts *Salammbô* (1862). In der Dichtung ging eine schockierende Subjektivität in die Gedichte Baudelaires, Verlaines und Rimbauds ein; Baudelaire wurde wegen *Les Fleurs du mal* (1875) angeklagt. Tristan Corbière wirft in seinem Gedicht *Matelots* 1873 einen ironischen Blick auf die Aufführungen komischer Opern, der der Realität diametral entgegengesetzt war:

> Vos marins de quinquets à l'Opéra … comique,
> Sous un frac en bleu-ciel jurent »Mille sabords!«
>
> Ihr Rampenlichtmatrosen in der Opéra … comique schwört
> »Tausend Luken«, gekleidet in himmelblaue Fräcke.

Dessenungeachtet wurde in den meisten Opern, die Sinn für den Fortschritt der französischen Tradition zeigten, nun bewußt versucht, die »inneren« wie die »äußeren« Welten zu erkunden. Mit seiner Oper *Mireille* auf der Grundlage des provenzalischen Epos' *Mirèio*, das Frédéric Mistral 1859 herausgegeben hatte, erzielte Gounod nur einen begrenzten Erfolg, und so begnügte er sich in *Roméo et Juliette* (1867) klug damit, sich schlicht auf das Innenleben von Shakespeares verlorenem Paar zu konzentrieren. Dessen Liebesmusik trug dazu bei, den »wagnérisme« in der französischen Oper zu festigen, der – das muß betont werden – der entschiedensten Gegnerschaft der Berufskritiker ausgesetzt war. Wagners Name und seine Musik waren ein Gegenstand des Hasses in diesem Vierteljahrhundert nach 1850, und als Wagner 1861 seinen *Tannhäuser* mit dem neuen Bacchanal und der Venusberg-Szene an der Pariser Opéra produzierte, brachte ihn der Jockey Club aus politischen Gründen zum Scheitern. (Es hatte 164 Proben und einer Viertelmillion Francs bedurft, ihn auf die Bühne zu bringen.) Nach dem Preußisch-Französischen Krieg von 1870 wurden Tumulte zu einer vertrauten Erscheinung, wenn Pasdeloup für seine »Concerts populaires« Wagners Musik ankündigte. Doch zeigt ein Essay wie Baudelaires »Richard Wagner und der *Tannhäuser* in Paris« von 1861, daß der Zauber des neuen Stils von großem Reiz für einen Teil der Hörer war. Im Anschluß an ein Zitat aus seinem berühmten Gedicht »Correspondances« erläuterte Baudelaire seine Empfindungen von »seltener Freude«, »unendlichen Horizonten«, »mattem Licht« und Ekstase, die die Musik ausgelöst hatte und fuhr fort: »Kein anderer Musiker reicht an Wagner heran in der Fähigkeit, den Raum und die Tiefe, im wirklichen wie im spirituellen Sinne, zu malen.«

OFFENBACHS *LES CONTES D'HOFFMANN* (1881). Offenbach starb während der Proben zu diesem, seinem ehrgeizigsten Werk; deshalb existiert die Oper in einer Reihe von Fassungen, die andere herausgaben. Die Werke E.T.A. Hoffmanns waren in Frankreich sehr einflußreich. Offenbach dramatisiert in seiner Oper sowohl die Erzählungen wie den Autor selbst und zieht damit Parallelen zwischen Leben und Kunst. Die Photographie zeigt Alexandre Taskin als den ersten Dr. Miracle und Adèle Isaac als erste Antonia.

MASSENETS *THAÏS* (1894). In der Oper, die auf dem Roman von Anatole France basiert, sind Religiösität und Erotik vermischt: die Kurtisane Thaïs wird zur Heiligen, doch der Mönch, der sie bekehrt, wird von seiner eigenen sexuellen Sehnsucht verzehrt. Wagners *Parsifal*, Saint-Saëns' *Samson et Dalila* und Strauss' *Salome* verwenden ähnliche Konstellationen. Der Art-nouveau-Stil des Plakats von Manuel Orazi nimmt die neue Mode auf, der sich auch Massenets Werke verpflichteten.

Außen – und Innenwelten wurden mit »leidenschaftlicher Kraft des Ausdrucks« erkundet.

In einer solchen Atmosphäre der Kontroversen schuf Georges Bizet die wenigen Werke, die er vor seinem frühen Tod 1875 vollendete. Aber ebenso sehr wie er sich auf Wagner bezog, bewunderte Bizet Verdi, dessen Musik im Paris der sechziger Jahren des 19. Jahrhunderts überaus großen Anklang gefunden hatte. Bizets frühreifer Genius schöpfte nach und nach aus diesen beiden Reservoirs, wessen auch immer er bedurfte, und sein Weg zu *Carmen* (1875) verbirgt, wie mühsam errungen die Synthese war, die von seiner eigenen, französischen Sicht des Musiktheaters gelenkt wurde und die durch seine vorzügliche Begabung für Rhythmus und Melodie charakterisiert ist. Von diesen beiden Eigenschaften zeugen deutlich *Les Pêcheurs de perles* (1863); der erste Akt ist von unvergeßlicher Schönheit, und sei es nur, um eine Welt voll bildhafter Rituale und Romantik am Schauplatz Ceylon zu evozieren. *La Jolie Fille de Perth* (1867) nach Scotts *The Fair Maid of Perth* erwies sich als problematisch hinsichtlich Dichte und Konsequenz, was bei einer Bearbeitung dieses langatmigen Romans nicht weiter erstaunt. Danach benutzte Bizet weitaus kürzere literarische Quellen von besserer Qualität.

Louis Gallets Libretto für Bizets *Djamileh* (1872) lag die subtile philosophische Dichtung *Namouna* von Alfred de Musset zugrunde, die vierzig Jahre zuvor veröffentlicht worden war. Hier wird die äußere Hülle der Phantasie – das auf hunderten von Gemälden festgehaltene genußsüchtige Kairo oder von Gérard de Nervals *Voyage en Orient* (1851) – aufgelöst zu einer ironisch fragenden Analyse der Gefühle selbst. Bizet reagierte darauf mit einer höchst reizvollen Musik von feinsinniger Transparenz und emotionaler Untertreibung. In den Kritiken als bizarr und verworren getadelt, wurde die Oper nach elf Vorstellungen abgesetzt. Für *Carmen* (1875) wählte Bizet abermals eine Vorlage, in der Leidenschaft objektiviert wird. Mérimées Novelle von der spanischen Zigeunerin ist in eine Rahmenerzählung eingebettet und leuchtet sorgfältig das lokale Kolorit aus. In der Oper leitet sich die analoge Kraft zum einen aus einer der griechischen Tragödie ähnelnden Dramatugie her, zum anderen aus dem durchgehend vorherrschenden Lokalkolorit. Die wiederkehrende Idee des Schicksals – objektiviert in Carmens Wahrsageszene und versehen mit einem eigenen musikalischen Motiv – korrespondiert sowohl mit dem äußeren Stoff (den bekannten Charakteristika der Zigeunerkultur) wie mit der zwanghaften Mentalität des »Europäers« Don José, eines einfachen Soldaten, der schließlich einen Mord begeht. Bizets Partitur provozierte in Frankreich anfangs Kontroversen und Gleichgültigkeit, doch schuf sie einen Archetyp, der inzwischen so festgelegt erscheint wie die Legenden von Ödipus oder Don Juan. Ihre unerhörte Unsentimentalität inspirierte Nietzsche, bei verschiedenen Gelegenheiten Lob anzustimmen, selbst als er Wagners pessimistische Welt verdammte: »Ich könnte mir eine Musik denken, deren seltenster Zauber darin bestünde, dass sie von Gut und Böse nichts mehr wüßte.«

Das nach Bizets Tod entstandene Vakuum konnte nur durch allmähliches Nacheifern einerseits und den wachsenden »wagnerismé« andererseits gefüllt werden. Am bemerkenswertesten waren in der ersten Gruppe Delibes' *Lakmé* (1883) und Lalos *Le Roi d'Ys* (1888). *Lakmé* berichtet von dem tragischen Konflikt zwischen einem britischen Offizier in Indien und der Tochter eines Brahmanenpriesters; sie ist ein Gegenstück zu Kipling (der tatsächlich bis 1889 in Indien war) auf der Opernbühne und zeichnet sich durch beschwörende Tänze aus, wie man sie vom Komponisten der Ballette *Coppélia* und *Sylvia* erwarten konnte.

Mit *Le Roi d'Ys* ging die Oper nach der Mode der bretonischen Kultur, die der Dichter Auguste Brizeux in den dreißiger Jahren etabliert hatte; regionale Vereine hatten bretonische Volkslieder veröffentlicht, und tatsächlich war Lalo darauf bedacht, eines von ihnen in seine Oper aufzunehmen. Doch ihr legendenhafter Stoff verweist auf den Einfluß Wagners, denn in weiten Kreisen wurde (wie Saint-Saëns 1892 formulierte) vorausgesetzt, daß »die neue Kunst sich von der alten *grundlegend* unterscheidet; das Musikdrama muß aus der Legende hergeleitet werden; das Alte und das Neue sind durch eine unüberbrückbare Kluft voneinander getrennt«. Der bannende Zauber Wagners rief eine ganze Menge verwandter Werke hervor, darunter César Francks *Hulda* (geschrieben 1881–1885), Chabriers *Gwendoline* (1886), d'Indys *Fervaal* (1897) und Chaussons *Le Roi Arthus* (1903). In keinem von ihnen gelang eine befriedigende Balance von äußerer Form und innerem Gehalt, und heute werden sie selten inszeniert.

Um die siebziger Jahre wurde Wagners Stil eher privat als fachmännisch bewundert: Katharine Ellis hat dargelegt, daß der Redaktion der *Revue et gazette musicale de Paris* vier engagierte Wagnerianer angehörten, von denen keiner je ein Wort über Wagner veröffentlicht zu haben scheint. Terminologisch am stärksten an Wagner orientiert war 1878 eine Kritik von *La Statue* (1861), einer höchst gelungenen Opéra-comique von Ernest Reyer. Inzwischen arbeitete Reyer an einer französischen Version der nordischen Sagen und des Todes von Brunehild. Dieser großangelegte Entwurf, der fünfaktige *Sigurd* (1884), sollte sich als Erfolg herausstellen und verdient nicht die gegenwärtige Mißachtung. Ungefähr zur gleichen Zeit sah sich der frühe Wagnerianer Saint-Saëns gezwungen, *Samson et Dalila* zurückzuhalten (die erste Aufführung fand 1877 in Weimar statt). Wie Bizet in seinen besten Werken, erreichte Saint-Saëns eine erfolgreiche »französische« Synthese von äußerer und innerer Wahrheit durch Objektivierung der Leidenschaft. Das heißt, daß die »wagnerianische« Liebesmusik im zweiten Akt eine, von Dalila aus gesehen, kalkulierte Absicht darstellt, die Samsons Ruin bringen wird. Das Gegenstück ist die orientalisch-antike Musik, die die Israeliten und Philister in Gaza repräsentiert, und es ist nicht der unwichtigste moderne Aspekt in *Samson et Dalila*, daß hier die Stile nahezu selbstanalytisch gemischt werden. Leider erreichten die zehn späteren Opern Saint-Saëns' nie wieder dieses Gesamtniveau; am erfolgreichsten waren *Henry VIII.* (1883) und *Ascanio* (1890).

Moderne Kritiker zeigen sich irritert von den Problemen des Rassismus, des Sexismus und des Antisemitismus, die die Lektüre von *Samson et Dalila* aufwirft, und in der Tat werden die zahlreichen »orientalischen« Femmes fatales in der Oper des späten 19. Jahrhunderts weiterhin genügend Stoff zum Nachdenken liefern. Autoren werden möglicherweise zu dem Schluß gelangen, daß wenn je ein Komponist nicht willens war, den verführerischen Reiz einer Stimme von dem der ihn ausstrahlenden Schauspielerin zu trennen, dieser Komponist Jules Massenet (1842–1912) gewesen ist. Havelock Ellis erwähnt in *Psychology of Sex* sogar die vermeintlichen aphrodisischen Eigenschaften seiner Musik. Im Fall Massenets erscheint eine Behauptung Herbert Lindenbergers als lächerliche Übertreibung: »Es gibt keinen Grund zu der Annahme, daß die großen Komponisten des 19. Jahrhunderts oder ihre Librettisten je ernsthaft darüber nachdachten, was die Viktorianer die ›Frauenfrage‹ nannten.« Wie äußerst eklektizistisch Massenets Stoffwahl war, offenbarte sich in einer von 1867 bis zur posthumen *Cléopâtre* (1914) dauernden Bühnenkarriere, die die ganze Spannbreite zwischen Operette und Tragödie umfaßte, dazu kamen eine »opéra légendaire« (*Amadis*, um 1895, uraufgeführt 1922), eine »opéra romanesque« (*Esclarmonde*, 1889) und ein »miracle« (*Le Jongleur de Notre-Dame*, 1902). Überlebensgroße verführerische Heldinnen treten auf in dem »indianischen« *Le Roi de Lahore* (1877), der »Louis XV.«-Oper *Manon* (1884), der »byzantinischen« *Esclarmonde*, den »frühchristlichen« *Thaïs* (1894) und *Hérodiade* (1881). Sie schienen maßgeschneidert für ein Pariser Publikum, das Lalo 1883 charakterisierte als eines, »das ignorant geblieben war, das in den letzten dreißig Jahren nichts anderes als die gleichen zehn oder fünfzehn Opern gehört hatte, Beethoven kaum kannte und die Namen von Wagner und Berlioz nur zähneknirschend nannte«. Gelegentlich jedoch bricht sich Massenets Lyrismus Bahn und verbindet sich mit dem Orchester in einer überzeugenden, an Wagners Opern orientierten ununterbrochenen Struktur. *Werther* (1892) legt zudem ein bleibendes Zeugnis von der Macht der »literarischen« Bewegung der fünfziger Jahre ab.

Wahrscheinlich entstammt das größte Vermächtnis der französischen Oper für das 20. Jahrhundert der Welt der Phantasie. Das Phantastische zog sich wie ein roter Faden durch Drama und Musik, der zurückzuverfolgen ist bis zur Zusammenarbeit von Lully und Molière, zu den Jahrmärkten des 18. Jahrhunderts und den surrealen Burlesken der Revolutionszeit. Mit der Ausbildung eines Operettenidioms konnte die ernsthafte Phantasie unter der Maske des Populären und Kurzlebigen weiterleben und einen Weg weisen, der sich nach 1918 verbreiterte. So scheint es angemessen, daß *Les Contes d'Hoffmann* (1881), Offenbachs einzige und letzte, unvollendete Oper, zu einem einflußreichen Meisterwerk wurde. Hoffmanns literarische Phantasie war in Frankreich seit 1830 bekannt und tauchte regelmäßig auf den Bühnen auf; doch wurde das eigene surreale Erbe gegen Ende des Jahrhunderts aufs neue entwikkelt und oftmals durch gesellschaftliche Satire erweitert. Insbesondere Chabrier war daran beteiligt, am bemerkenswertesten in *L'Etoile* (1877) und *Le Roi malgré lui* (1887). Wie in vielen Werken des 20. Jahrhunderts wird in ihnen vorangegangene Musik satirisch zitiert, um dem Zuschauer Distanz zu ermöglichen. Gemeinsam mit vom Cabaret beeinflußten Werken schufen sie die Bedingungen, die zum frühen Modernismus eines Erik Satie führen sollten.

DAS NEUNZEHNTE JAHRHUNDERT: ITALIEN

WILLIAM ASHBROOK

Zum Hintergrund

Die Schlacht von Marengo (14. Juni 1800) mag in etwas vereinfachender Weise eine Reihe von Parametern bilden, mit deren Hilfe man die italienische Oper des 19. Jahrhunderts betrachten kann. Der Sieg Napoleons, weniger als zwei Wochen nach seiner Einnahme Mailands, erschütterte zumindest zeitweilig die bestehenden Dynastien an den Höfen der ganzen Halbinsel. In den Theatern dieser Höfe hatte lange die metastasianische Opera seria dominiert, weil sie den herrschenden Status quo so häufig bekräftigte. Napoleons Intervention führte vorläufig zur Einrichtung einiger provisorischer Regierungen in ganz Italien und schuf damit eine Art Paradigma für die Improvisationen und Intrigen, die in den Handlungen der Opera buffa eine zentrale Rolle spielten. Um 1900 wird die Schlacht von Marengo selbst zu einer Opernepisode, wenn im zweiten Akt von Puccinis *Tosca* Sciarrone in Scarpias Zimmer stürzt, um seinen Herrn darüber zu informieren, daß entgegen ersten Berichten Melas geschlagen worden und Napoleon siegreich sei – Nachrichten, die den Spieleinsatz der Figuren in dieser melodramatischen Handlung erhöhen.

Der Lauf der Geschichte, gerade der der Geschichte einer so unlogischen und schwer definierbaren Form wie der Oper, gehorcht selten einer chronologischen Ordnung. Es ist zwar richtig, daß mit dem zu Ende gehenden 18. Jahrhundert die metastasianische Opera seria nicht sofort ausstarb und die Kastraten sich zwangsläufig von der Bühne zurückzogen, doch zeichneten sich solche Entwicklungen deutlich ab, wobei die letztere sich rascher vollzog.

Eine Folge, die teilweise den Veränderungen zuzuschreiben ist, die durch die von Frankreich veranlaßten Regierungswechsel auf der ganzen Halbinsel verursacht wurden, war eine erstaunliche Zunahme der Theater, von denen viele während eines Teils des Jahres Opern aufführten. Mailand zum Beispiel besaß 1800 zwei Theater, La Scala und das Canobbiana, um 1815 gab es dort rund zwei Dutzend, und an wenigstens der Hälfte von ihnen fanden für einige Zeit des Jahres Operngastspiele statt.

Diese wachsende theatralische Aktivität manifestierte sich im allgemeinen eher in den Zentren des Nordens, wurde aber im Süden in gewissem Maße nachgeahmt: Neapel beispielsweise besaß um die 1840er Jahre etwa ein halbes Dutzend Bühnen, an denen Opern gegeben wurden. Diese Zunahme war unter anderem ein Aspekt des urbanen Wachstums, das sich aus dem Zuzug von Menschen aus weniger wohlhabendenden ländlichen Provenienzen ergab – ein Muster, das sich in der zweiten Hälfte des 18. Jahrhunderts in ganz Europa wiederholte.

Mehr Theater bedeuteten ein wachsendes Bedürfnis an Material. Zu Beginn des 19. Jahrhunderts hörte das italienische Publikum selten Musik, die älter als fünfundzwanzig Jahre war. Es gab keinen Bedarf an einem gewachsenen Repertoire von Meisterwerken. Das Publikum wollte Neuheiten: entweder ein neues Werk oder eines, dessen Uraufführung anderswo günstig aufgenommen worden war – insbesondere eines, in dem beliebte Sänger sich vorteilhaft in Szene setzten. Aus einem Zeitvertreib für höfische Kreise wurde die Oper für die Italiener im 19. Jahrhundert zu einer Kunst, die einem weit größeren Teil der Bevölkerung gehörte.

Ferner ist daran zu erinnern, daß in Italien zu Beginn des 19. Jahrhunderts kaum das Konzept einer Oper als einzelnem Werk mit einem festen Korpus von Stoffen existierte; eher wurde eine Oper als lose Aneinanderreihung austauschbarer Nummern betrachtet, in die Einlagen aus anderen Werken des gleichen oder eines anderen Komponisten aufgenommen werden konnten. Sänger reisten zu ihren Engagements mit sogenannten »arie di baule« (wörtlich: Kofferarien), Soli, in denen sie besonders effektvoll auftreten und die in jede auf dem Spielplan stehende Oper verpflanzt werden konnten. Die Gattungsmerkmale vieler Libretti des frühen 19. Jahrhunderts, vor allem die Arien, in denen Freude oder Erleichterung zum Ausdruck kamen, und die zum »lieto fine« der meisten Opern gehörten, machten solche Auswechslungen möglicherweise weniger widersinnig, als es auf den ersten Blick erscheinen mag.

Eine weitere Überlegung: Am Anfang des 19. Jahrhunderts war die Gattung, die wir als italienische Oper bezeichnen, geographisch nicht auf die Halbinsel begrenzt. In Paris gab es mit dem sogenannten Théâtre-Italien ein ständiges, staatlich subventioniertes Theater, das sein Repertoire auf Italienisch spielte, an dem die berühmtesten Sänger der Zeit engagiert waren und das immer wieder neue Werke in Auftrag gab, darunter Valentino Fioravantis *I virtuosi ambulanti*, Bellinis *I puritani* und Mercadantes *I briganti*. In London gab es das ganze Jahrhundert hindurch jährlich während der Saison (von April bis Juni) bedeutende italienische Aufführungen ebenso wie Vorstellungen von Opern nicht-italienischer Herkunft in italienischer Sprache in einer Reihe verschiedener Theater, darunter im King's (später Her Majesty's) Theatre, von Zeit zu Zeit am Haymarket, hauptsächlich jedoch an Covent Garden. In St. Petersburg und am anderen Ende Europas in Hauptstädten wie Madrid und Lissabon wurde während fast des ganzen Jahrhunderts nahezu jährlich eine italienische Saison groß herausgebracht, während viele deutschsprachige Theater wie das Kärntnertortheater in Wien (bis 1848) und diejenigen in Dresden und Prag einen merklichen Teil ihrer Zeit und ihres Repertoires italienischen Werken widmeten und in der ersten Jahrhunderthälfte gern Italiener engagierten, um deren Produktionen zu überwachen und für sie zu komponieren. Darüber hinaus gab es gelegentlich wichtige Tourneen italienischer Kompagnien wie die Gastspiele von Verdis neuer *Aida* in einigen Städten jenseits der Alpen.

Die Übergangsjahre

Ferdinando Paër (1771–1839) war historisch gesehen vielleicht der wichtigste Komponist der italienischen Oper in dem Interregnum, das der von Paisiello und Cimarosa beherrschten Periode folgte und das mit dem Triumph von Rossinis *Tancredi* (1813) endete, obwohl sich ein großer Teil seiner Karriere zunächst auf Wien und Dresden, später auf Paris konzentrierte. Am häufigsten als Komponist der *Leonora* (1804) erwähnt, die er über den gleichen Stoff schrieb wie Beethoven ein Jahr darauf mit *Fidelio*, ist jedoch Paërs Funktion bedeutender in der Entwicklung der Opera semiseria, einer Gattung, die sich der Mode für melodramatische Handlungen mit glücklichem Ausgang gänzlich anpaßte, mit Werken ähnlich denen der »Rettungs«-Fabeln, die im

INNENANSICHT DES TEATRO SAN CARLO, NEAPEL, wie es kurz nach seiner Wiedereröffnung 1816 aussah, nachdem ein verheerendes Feuer das Theater ein Jahr zuvor zerstört hatte. Im 18. Jahrhundert war das San Carlo einer der einflußreichsten Opernschauplätze Italiens; es bewahrte viel, wenn auch nicht alles, von dieser hervorragenden Stellung bis nach 1820.

Sog der Französischen Revolution in Paris und anderswo populär waren. Neben *Leonora* war *Agnese di Fitz-Henry* (1809) nach Mrs. Opies *The Father and the Daughter* von 1801 die wichtigste seiner Semiserie. Bei der in den nächsten fünfundzwanzig Jahren in ganz Italien sehr oft aufgeführten *Agnese* (wie sie gewöhnlich genannt wurde) handelte es sich um ein bürgerliches Drama mit einem starken emotionalen Gehalt. Das bewies, daß die Semiseria mit ihrer Mischung aus Komischem und (überwiegend) Ernstem ein Vehikel war, um in einer Periode strenger Zensur moralische und soziale Fragen anzusprechen. Eher ein wirkungsvoller denn ein auffallend origineller Komponist, sollte Paërs Beitrag nicht unbeachtet bleiben.

Ein anderer bemerkenswerter Komponist dieser Übergangsgeneration war der Bayer Johann Simon Mayr (1763–1845), der 1787 nach Italien kam und zuerst in Venedig, dann in Bergamo wirkte, wo er eine einflußreiche Musikschule begründete, während er bis 1825 weiterhin für italienische Bühnen komponierte. Mayr schrieb Opern in allen damals beliebten Genres und entwickelte eine flexiblere Orchestration als sie zu der Zeit in Italien üblich war – ein Aspekt, der seine Vertrautheit mit der Musik Haydns und Glucks belegt. Außerdem wurde er mit seinen pädagogischen Neigungen zu einem Vermittler, der Einflüsse von jenseits der Alpen in Italien bekannt machte. So zeichnete er sich verantwortlich für die erste italienische Aufführung von Mozarts *Don Giovanni* (Bergamo 1811). Zwei seiner einflußreichsten Opern schrieb Mayr 1813: *La rosa bianca e la rosa rossa* (zu Felice Romanis erstem Libretto) und *Medea in Corinto*. In beiden gibt es musikalische Nummern, in denen Solopassagen mit chorischen Einwürfen verknüpft sind. Sie enthalten Tempoänderungen und Wechsel zwischen Arioso und begleitetem Rezitativ. Durch diese mannigfaltigen Strukturen schuf Mayr komplexere dramatische Gebilde als die in den zeitgenössischen Opern üblichen in sich geschlossenen Arien. Von heute aus gesehen, liegt Mayrs größter Beitrag zur italienischen Oper jedoch darin, Lehrer und Vorbild Donizettis gewesen zu sein.

Gioachino Rossini (1792–1868)

Geboren am Schalttag des Jahres 1792 legte Rossini den Grundstein seiner Karriere – nach Studien bei Padre Mattei in Bologna – mit *Il cambiale di matrimonio* (1810). Sieben Opern später, bis auf eine alles Komödien, erwies er sich mit seinem »melodramma eroico« *Tancredi* (1813) als eine tonangebende Persönlichkeit seiner Zeit. Obwohl seine früheren Opern ein Talent für effektvolle Orchestration und rhythmische Schärfe zeigten sowie das Geschick, geistreiche Ouvertüren auszuhecken, bewies *Tancredi* unleugbar seine reifende Begabung mit reich hervorsprudelnden Melodien und einem breiteren emotionalen Spektrum; vor allem aber zeugte er von einer ohne weiteres erkennbaren musikalischen Persönlichkeit. Mit diesem Werk begründete Rossini seinen internationalen Ruf.

FERDINAND PAER (1771–1839), hier in einer Kohlezeichnung von François Gérard, war ein wichtiges Verbindungsglied in der düsteren Epoche der italienischen Oper zwischen Mozarts Tod und Rossinis Auftreten. Sein größtes Vermächtnis waren zum einen seine Beiträge zur Mode der »Rettungs«-Oper mit *Leonora*, einem Vorläufer von Beethovens *Fidelio*, und zum anderen seine urromantische *Agnese* (1809), die mit den Boden für das italienische »melodramma« bereitete.

Eher die Praxis kodifizierend als Formen erfindend, trug Rossini dazu bei, strukturelle Konventionen zu etablieren, die er dann mit solch einer Klarheit (und subtilen Vielfalt) benutzte, daß sie die Syntax der italienischen Oper bis zur Mitte des Jahrhunderts und darüber hinaus beherrschen sollten. Dazu gehörten zusammengesetzte, üblicherweise vierteilige Schemata. Eine »solo scena« konnte fast immer aus einem einleitenden Abschnitt bestehen, aus einer kunstvollen Arie in langsamem Tempo, der ein mit einem Stimmungswechsel endender Übergang folgte, und einer das Thema zweimal exponierenden Arie (der sogenannten »Cabaletta«), normalerweise in schnellerem Tempo, Durtonart und Zweierrhythmus. In der zweiten Themenexposition einer Cabaletta war der Sänger, wie sich Rossini gegenüber der englischen Sopranistin Clara Novello äußerte, gehalten, die vokale Linie zu verzieren, obgleich sie der ersten auf dem Blatt entsprach. Duette begannen gewöhnlich mit einem Dialog, der zu einem Allegro mit getrennten, aber ausgewogenen Solopassagen führte, denen eine langsamere, lyrischere Episode mit »a due« harmonierenden Stimmen folgte, und sie endeten mit einer dreimal das Thema exponierenden Cabaletta (eine Exposition für jeden Solisten sowie eine letzte entweder Unisono oder in parallelen Intervallen). In Duetten der Konfrontation konnte der lyrische mittlere Abschnitt ausgelassen werden, doch findet man ihn nahezu immer in Duetten des »rapprochement« [der Annäherung]. Das Concertato-Finale beginnt häufig mit einem musikalischen Dialog über einer Orchestermelodie, dem irgendeine unerwartete Ankunft oder ein Ereignis folgen, die ein darauf reagierendes langsames Ensemble heraufbeschwören (ein ausgedehnter Moment); dann wird der musikalische Dialog wiederaufgenommen, manchmal über der Orchestermelodie des ersten Abschnitts weitergeführt, und zu einem Höhepunkt gesteigert, mit dem das Schluß-Allegro beginnt (die sogenannte »Stretta«), in dem zwei kontrastierende thematische Gedanken, oftmals in einem crescendo, vorgestellt werden, um die zugrundeliegende, das Thema zweimal exponierende Form auszufüllen.

Etwa drei Monate nach *Tancredi* kam mit *L'italiana in Algeri* die erste der drei Opere buffe in Venedig auf die Bühne, die zu Rossinis Meisterwerken zählen. Der scharfe Witz und der verwegene Erfindungsreichtum der Musik betonen ebendiese Eigenschaften der Handlung, deren Inbegriff das übermütige Finale des 1. Aktes ist, und bezeugen die Meisterschaft des Komponisten in der Komödie. Die Uraufführungen von *Il barbiere di Siviglia* und *La Cenerentola* (eine kluge Adaption der Geschichte vom Aschenbrödel) fanden 1816, beziehungsweise 1817 in Rom statt. *Il barbiere di Siviglia* mit seinem berühmten heruntergerasselten Lied »Largo al factotum« (das Rossini selbst in den zwanziger Jahren häufig in den Salons singen sollte) wurde bald als die großartigste Opera buffa des frühen 19. Jahrhunderts angesehen. Der treffende Gebrauch des crescendo in Don Basilios Verleumdungsarie zum Beispiel oder das Gegeneinander, das im »Buona sera«-Ensemble des zweiten Akts ausgespielt wird, und das generell hohe Niveau der Musik ließen ein internationales Publikum an der Oper Vergnügen finden – selbst ein solches, dessen Italienisch nicht ausreichte, allen Verwicklungen der Handlung zu folgen. Die romantischere, sogar sentimentale *Cenerentola* dagegen verschwand in der zweiten Hälfte des 19. Jahrhunderts von der Bühne, weil es wenig Mezzosopranistinnen gab, die Koloraturen singen konnten – ein Stimmtyp, auf den Rossini die Hauptrolle zugeschnitten hatte. Erst in den letzten fünfzig Jahren etwa verhalfen Sängerinnen, die den anstrengenden Forderungen dieser Partitur gewachsen waren, *Cenerentola* dazu, die Gunst des Publikums zurückzugewinnen.

ROSSINIS *L'ITALIANA IN ALGERI* (1813): Vignette auf dem Titelblatt der Erstausgabe des Klavierauszugs, die Isabellas Ankunft an der algerischen Küste zeigt. Rossini versuchte kaum, Lokalkolorit in seiner Musik zu evozieren, deren Stil entschieden italienisch war; erst später in diesem Jahrhundert entstand der Wunsch, nichtwestliche Welten musikalisch darzustellen.

Die jüngste Wiederbelebung vieler ernster Opern Rossinis hat den irreführenden Eindruck korrigiert, Rossini sei als Komponist von Komödien ganz in seinem Element gewesen. Gewöhnlich schloß man aus seinen notorischen Selbstzitaten, die er von ernsten in komische Zusammenhänge übernahm, seine ernsten Opern seien irgendwie trivial. Was wir beispielsweise für die Ouvertüre des *Barbiere* halten, gehörte vorher zu *Aurelio in Palmira* (1813) oder auch (in abgewandelter Form) zu *Elisabetta, regina d'Inghilterra* (1815). Rossini bearbeitete einen Teil von Elisabettas Eingangsarie, um sie drei Monate später als Cabaletta von Rosinas »Una voce poco fa'« (*Il barbiere*) zu benutzen. Selbstzitate wurden als vollkommen zulässig betrachtet, solange das wiederverwendete Material in einer anderen Stadt vorgestellt wurde als in der, in der es im ursprünglichen Zusammenhang zu hören gewesen war. Und gerechterweise sollte betont werden, daß Rossini, wie ein wenig später Donizetti, sich selten selbst zitierte, ohne das Material überarbeitet zu haben.

Der nächste beträchtliche Erfolg mit einem ernsten Stoff gelang Rossini nach *Tancredi* mit der Oper, die ihn in Neapel bekannt machte, mit *Elisabetta*. Dort traf er auf eine Konstellation hochbegabter Sänger, und für sie entwickelte er den kunstvollen Gesangsstil, der in *Semiramide* (1823), seiner letzten für Italien geschriebenen Oper, gipfelte. Immer wieder wurde darauf verwiesen, daß er seine Verzierungen ausschrieb, um das Risiko durch Verzierungen der Sänger zu vermeiden – aber das ist so nicht richtig. In seinen frühesten Werken waren die melodischen Linien einfacher und weniger kompliziert, aber mit der Entwicklung seines charakteristischen Stils wurden die zunehmend kunstvolleren vokalen Ausführungen zum Ausdrucksmittel eines großen Stimmungsspektrums, von Koketterie über Willensstärke bis hin zu Anmaßung, statt rein ausschmückende Elemente zu sein.

In seinen neapolitanischen Opere serie fand Rossinis Erfindungskraft ein außerordentliches Ventil. Er ersetzte das »recitativo secco« in diesen Werken durch ausdrucksvolle, von Streichern begleitete Rezitative. Im letzten Akt von *Otello* (1816) schuf er eine Atmosphäre ahnungsvoller und bedrückender Intensität: das hinter der Bühne gesungene Lied des Gondoliere (der Dantes Verse über den Schmerz zitiert, den die Erinnerung an längst vergangenes Glück hervorruft), die variierten Strophen von Desdemonas Weidenlied sowie das aufwallende Duett erzeugen eine für diese Zeit ungewöhnliche Empfindung von musikalischer Dichte. Das Gebet für Solostimmen und Chor »Dal tuo stellato soglio« in *Mosè in Egitto* (1818) ist ein überzeugendes Beispiel feierlicher, schlichter Beredsamkeit, auf das hin im Drama das Rote Meer geteilt wird. In seiner eindringlichsten Vorahnung der Romantik, *La donna del lago* (1819), einer freien Bearbeitung von Scotts *The Lady of the Lake*, nimmt Rossini die Tonmalerei von Natur voraus, die die Szene des Sonnenaufgangs am Ende des *Guillaume Tell* beseelt.

Nach *Semiramide* verließ Rossini Italien, um sein Glück anderswo zu suchen und ging zunächst nach London, um sich dann in Paris niederzulassen, wo er zwei seiner neapolitanischen Opern für die speziellen Erfordernisse der Opéra bearbeitete. Dies waren *Le Siège de Corinthe* (1826, nach *Maometto II*, 1820) und *Moïse* (1827, nach *Mosé in Egitto*). In den neuen Fassungen bindet er den Chor stärker ein, vereinfachte häufig die solistischen Gesangslinien und ersetzte einige Arien durch Ensembles. In *Le Siège de Corinthe* besetzte Rossini die frühere Altpartie des Calbo mit einem Tenor. In Italien wurden diese männlichen Heldenrollen in einem Übergangsstadium nach der Periode, in der solche Partien Altkastraten anvertraut worden waren, von Altistinnen gesungen, doch da Kastraten in Frankreich nie populär gewesen waren, gab es keine Tradition solcher Helden en travestie auf der Bühne der Opéra. Insgesamt resultierte aus Rossinis französischen Bearbeitungen dieser Partituren ein stärkeres Formbewußtsein. Für das Théâtre-Italien schrieb er eine italienische »pièce d'occasion«, *Il viaggio a Reims* (1825), eine Kantate anläßlich der Krönung Karl X., aus der er später vieles in seine französische Opéra-comique *Le Comte Ory* (1828) einfügte. Seine wichtigste neue Oper für Paris war *Guillaume Tell* (1829) mit ihren großartigen patriotischen Chören und vortrefflichen Arien, mit wirkungsvoller Ballettmusik und einer programmatischen Ouvertüre. Dieses Werk, das ihm den imponierendsten Erfolg seiner Laufbahn eintrug, wird im allgemeinen als seine glänzendste Leistung angesehen.

Nach *Tell* zog sich Rossini zurück und komponierte nicht mehr für die Opernbühne. Verschiedene Gründe werden hierfür angeführt: seine schwache Gesundheit, seine Ansicht, das politische und kulturelle Klima nach 1830 sei weniger zuträglich, und, vielleicht hauptsächlich, die Tatsache, daß ausreichende Kapitalanlagen ihm ein unabhängiges Leben ermöglichten. Rossini lebte bis 1868 und verbrachte die Hälfte

GIOACHINO ROSSINI (1792–1868), Photographie um 1850. Als einer der Komponisten, die im frühen 19. Jahrhundert die Konventionen festlegten, schrieb Rossini Musik, deren Feuer und Überzeugungskraft heute so frisch wirken wie zur Zeit ihrer Komposition. Er war gleichermaßen erfahren in der Komödie wie in ernsten Werken und schrieb bis 1823 für italienische Bühnen. Im weiteren Verlauf des Jahrzehnts überarbeitete er frühere Werke für die Opéra in Paris, schließlich komponierte er sein Meisterwerk *Guillaume Tell*.

seines Lebens sehr zurückgezogen. Zu seinen späteren Kompositionen gehören einige religiöse Werke, unter ihnen das *Stabat mater*, sowie die vokalen und instrumentalen Don-Quixoterien seiner *Pêchés de vieillesse*.

Gaetano Donizetti (1797–1848)

Donizetti, fünf Jahre jünger als Rossini, stammte aus einem armen Elternhaus (sein Vater war Nachtwächter eines Pfandhauses). Seine musikalische Erziehung erhielt er nur deshalb, weil Simon Mayr eine freie Schule eröffnet hatte, um Choristen und Musiker für die Gottesdienste auszubilden. Der Junge zeigte eine so ausgeprägte Begabung für Improvisation und die rasche Entwicklung musikalischer Gedanken, daß Mayr dafür sorgte, daß er in Bologna zwei Jahre lang die Kontrapunktlehre bei Rossinis Lehrer Padre Mattei studieren konnte. Nach einigen erfolglosen frühen Opernversuchen Donizettis, die von einer reisenden Kompagnie in Venedig und Mantua herausgebracht wurden, überließ Mayr seinem Schüler einen Auftrag für das Teatro Argentina in Rom. Dieses Werk, *Zoraide di Granata* (1822), fand soviel Anklang beim Publikum, daß Donizetti darauf ein Vertragsangebot aus Neapel erhielt, wo er just eintraf, als Rossini sein siebenjähriges Engagement beendete.

Anders als Rossini, der seine Vorherrschaft im Alter von einundzwanzig Jahren begründet hatte, war Donizetti dreiunddreißig, und es brauchte etwa ebenso viele Opern wie Jahre, bevor er mit *Anna Bolena* (1830) einen wirklichen internationalen Erfolg erzielte. In den zwanziger Jahren schienen eine Reihe anderer Komponisten wahrscheinlichere Anwärter auf anhaltende Berühmtheit zu sein: so Nicola Vaccai (1790–1848), dessen *Giulietta e Romeo* (1825) zeitweilige »réclame« erntete oder Saverio Mercadante (1795–1870) und Giovanni Pacini (1796–1867), die dauerhaftere Furore auf dem Gebiet der italienischen Oper machten. Donizettis lange Lehrjahre sollten beständigere Früchte tragen, doch zunächst arbeitete er fast acht Jahre lang daran, die ganze, damals in Italien geläufige Skala der Gattungen zu beherrschen: neapolitanische Farce, Opera buffa, Semiseria, für Vorstellungen in der Fastenzeit gedachte Azioni sacri, und die im damaligen konservativen Neapel verbindliche Art der ernsten Oper mit glücklichem Ausgang. Zu der Zeit wurden Todesszenen, mit der ungewöhnlichen Ausnahme von Rossinis *Otello* und Carafas *Gabriella di Vergy*, von den örtlichen Zensoren nicht gerne gesehen. Als Donizetti 1826 zur Übung und ohne Produktionsvertrag eine schreiben wollte, vertonte er tatsächlich den Text von Carafas *Gabriella*. Seine erste Todesszene, die auf der Bühne gegeben wurde, komponierte er in *Imelda de' Lambertazzi* (1830), in der die ihre Schuld gestehende Heldin zusammenbricht und ihren Vater um Vergebung bittet.

Musikalisch gesehen findet sich in Donizettis frühen Opern eine erstaunliche Vielfalt an Experimenten. *L'ajo nell'imbarazzo* (1824) hatte als erstes seiner Bühnenwerke einen gewissen dauerhaften Erfolg und wurde in unserem Jahrhundert mehrmals wiederaufgenommen. Nutzen ziehend aus einem hervorragenden Libretto von Ferretti, wird in *L'ajo* das komische Schema in der Art Rossinis flüssig behandelt, während Donizettis zukünftiger komischer Stil in dem gewandten Lyrismus der Ensembles und in der Farbe des Gefühlvollen vorweggenommen wird, die die Handlung menschlicher macht. Unter den einaktigen Farcen ist *Le convenienze teatrali* (1827, heute manchmal als *Viva la Mamma!* aufgeführt) eine Parodie auf die Ambitionen einer zweitklassigen Operntruppe. Musikalisch trotz aller Bühnenwirksamkeit durchschnittlich, doch treffend abgedroschene ernste Opern parodierend, führt dieses Werk die ungewöhnliche Attraktion eines Baritons en travestie als zänkische Mamma Agata, Mutter der »seconda donna«, vor. Von den ernsten Opern ist *L'esule di Roma* (1827) größer angelegt als alle Werke zuvor: es gibt sorgfältig ausgearbeitete Chöre, ein einstmals gefeiertes Terzett, abgesehen von Donizettis erster Wahnsinnsszene (»Entra nel circo« des Baritons), einen Trauermarsch und eine brillante Finalarie für den Sopran. Mit *Elisabetta al castello di Kenilworth* (1829) gestaltete Donizetti sein erstes Opernporträt der Königin Elizabeth; außerdem ist es sein erstes Bühnenwerk mit zwei weiblichen Hauptrollen. Neben wirkungsvoller Musik prägen die Oper mehrere kunstvolle Arien und ein Quartett anstelle eines großangelegten Concertato im ersten Finale.

In *Anna Bolena*, deren Vorzug ein ausgezeichnetes Libretto von Felice Romani ist, sind die psychologische Durchdringung stärker und die Interaktion der Charaktere komplexer, als zu jener Zeit üblich. Donizetti bestand mehr und mehr auf den dramatischen Qualitäten der Texte, die er vertonte, beteiligte sich sogar an ihrer Gestaltung und forderte die Zensur oftmals bis an die Grenzen des Möglichen heraus. Bemerkenswert ist in *Anna Bolena* der im Vergleich zu den Arien gewachsene Anteil an Duetten und Ensembles, obwohl sie mit einer Klammer von »arie-finali« schließt: die erste ist für den Tenor, ihr folgt eine ausgearbeitete »scena« für Anna mit drei lyrischen Abschnitten, von denen der mittlere ein kammermusikalischer Satz der Melodie »Home, Sweet Home« ist – ein seltenes Beispiel für einen Versuch von Lokalkolorit in den Opern dieser Zeit. Ebenfalls ungewöhnlich ist das Duett Giovanna Seymour-Enrico im ersten Akt, in dem Phrasen des ersten Abschnitts in der Cabaletta wiederholt werden, ein Effekt, auf den Donizetti im Duett Norina-Malatesta in der zweiten Szene des *Don Pasquale* zurückgreifen sollte.

Immer wieder wurde als Tatsache konstatiert, *Anna Bolena* sei weitaus fortschrittlicher gewesen als Donizettis frühere Opern: sie demonstriere, wie er sich durch die Rossinismen seiner Entwicklungsjahre hindurch gearbeitet habe, um seinen eigenen Stil zu finden, und zeige ebenso den Einfluß von Bellinis Melos auf Donizetti. Wesentlicher an *Anna Bolena* ist, daß sie eine bedeutsame Phase in Donizettis Entwicklung bezeichnet. Als er für Mailand komponierte, eine Stadt, in der bis dahin relativ wenige seiner früheren neunundzwanzig Opern aufgeführt worden waren, nahm er sich die Freiheit, Musik von sechs anderen dieser Partituren in bearbeiteter Form in

DONIZETTIS *ANNA BOLENA* (1830) ist eine Oper voller Dramatik, die sich durch eine Reihe von Duetten der Konfrontation auszeichnet. Diese Abbildung stellt das erregte Duett von Anna und ihrer Rivalin Jane Seymour dar; sie entstand anläßlich einer Aufführung im Théâtre-Italien, Paris, 1861 mit Marietta Alboni (Anna) und Marie Battu (Seymour).

ANNA BOLENA. Wie Romani in seinem Libretto, so ging Alessandro Sanquirico in seiner Architektur höchst sorglos mit der Historie um; dieses zart mit Türmchen versehene Windsor Castle war bei der Mailänder Uraufführung im Dezember 1830 zu sehen.

Anna Bolena wieder zu verwenden. Um die Behauptung aufstellen zu können, er habe sich von der Nachahmung Rossinis befreit, muß erwogen werden, welcher Aspekt von Rossinis Verfahren betont wird. Wenn damit die von Rossini verwendeten zusammengesetzten Formen gemeint sind, so waren diese zu einer Art »struttura franca« (gegenüber der »lingua franca«) geworden, die ausgiebig von jedem benutzt wurde, der in den zwanziger und dreißiger Jahren italienische Opern komponierte. Wenn jedoch mit Rossinis Stil die deklamatorischen bravourösen Gesangspassagen gemeint sind, mit denen viele seiner Arien beginnen, so verwendete Donizetti diesen Kunstgriff immer sparsamer, und ganz selten in *Anna Bolena*. Hinsichtlich Bellinis Einfluß wird gewöhnlich argumentiert, Annas wunderbares Larghetto in der Szene im Tower, »Al dolce guidami« mit seinem getragenen obligaten Englischhorn, spiegele das Vorbild Bellinis, doch ist der melodische Keim dieser Arie die Essenz und Ausführung einer Melodie aus Donizettis erster aufgeführter Oper, *Enrico di Borgogna* (1817) – ein weiterer Beweis dafür, daß *Anna Bolena* Donizettis eigener musikalischer Erfahrung entspringt.

Nach dem Erfolg der *Anna Bolena*, seiner ersten Oper, die auf die Bühnen von Paris und London kam, begann Donizetti für Theater in ganz Italien zu komponieren und dies umso mehr nach 1832, als er aus dem Vertrag entlassen wurde, der ihn nahezu ausschließlich an die Häuser in Neapel gebunden hatte. Sein Interesse richtete sich zu dieser Zeit allgemein auf die tragische Oper, und sein Wunsch war es, die dramatische Temperatur des »melodramma« in die Höhe zu treiben. Bezeichnend hierfür ist *Lucrezia Borgia* (1833) mit ihrer Intrige und vielfachen Giftmorden. Als erste große Oper basierte sie auf einem der Theaterstücke Victor Hugos, und ihr Stoff galt als so explosiv, daß zwei Jahre vergingen, bevor es irgendjemand wagte, die Oper nach ihrer so erfolgreichen Uraufführung ein zweites Mal auf die Bühne zu bringen. Musikalisch gesehen zeigt *Lucrezia* Donizettis Geschick, strukturelle Konventionen abzuwandeln: das Ensemble-Finale des Prologs endet mit einem sehr kurzen Allegro statt mit einer vollständigen Stretta, und im Finale des ersten Akts wird das Terzett, das als lyrischer langsamer Abschnitt dient, mit einer Duett-Cabaletta abgeschlossen. An eine ungewöhnliche Episode, in der zwei Nebenfiguren ein Komplott schmieden, während das Orchester eine unheilvolle Melodie spielt, erinnerte sich Verdi, als er den Dialog für Rigoletto und Sparafucile schrieb, der die zweite Szene des *Rigoletto* eröffnet. Verdi war gerade zum Studium nach Mailand gekommen, als die erste Serie von dreiunddreißig Vorstellungen der *Lucrezia* an der Scala gegeben wurde, und Donizettis Partitur spielte eine wesentliche Rolle in der Entwicklung der musikalischen Phantasie des Jüngeren.

Lucia di Lammermoor (1835), nach dem Roman von Walter Scott, war der größte ungeteilte Erfolg in Donizettis Laufbahn. Wie für Komponisten dieses Jahrzehnts üblich, wurde das Werk entworfen, um den Stärken der Originalbesetzung gerecht zu werden, in diesem Fall Fanny Tacchinardi-Persiani mit ihrer großartigen Gesangstechnik als Lucia und Gilbert-Louis Duprez, dem Inbegriff des romantischen Tenors, als Edgardo. Mit der berühmten Wahnsinnsszene und der ihr folgenden Grabszene (mit Edgardos Selbstmord), in denen die beiden Liebenden durch das Schicksal voneinander getrennt sind, ihre ewige Wiedervereinigung im Himmel jedoch vorausgenommen wird, wurde *Lucia* zu einem Prüfstein romantischer Empfindsamkeit. Die Prägnanz der Oper, ihre unverwechselbare Hornfärbung und die tief empfundene Eleganz ihrer Melodien sind Eigenschaften, die dem Werk einen dauerhaften Platz im Repertoire gesichert haben.

Eines der interessantesten Merkmale in Donizettis Schaffen ist seine Vorliebe für Stoffe aus der englischen Geschichte (die er oft schrittweise übernahm). *Elisabetta al castello di Kenilworth* und *Anna Bolena* sind bereits erwähnt worden, ebenfalls zu ihnen gehören nicht nur der jugendlich unbeholfene *Alfredo il grande* (1823) und die unter-

FANNY TACCHINARDI-PERSIANI (1812–1867) ist hier in ihrer berühmtesten Rolle als Lucia di Lammermoor dargestellt, die sie 1835 in Neapel kreierte; Lithographie (1839) von E. Morton nach der ersten Londoner Inszenierung (1838). Laut Berichten von H. F. Chorley und anderen besaß sie die überragendste Stimmtechnik in ihrer Generation. Hier ist sie zu sehen, wie sie bei ihrem ersten Auftritt zögernd den leichten Wind begrüßt; an dieser Stelle ersetzte sie regelmäßig die für *Lucia* komponierte Szene mit der entsprechenden aus Donizettis *Rosmonda d'Inghilterrra* (1834).

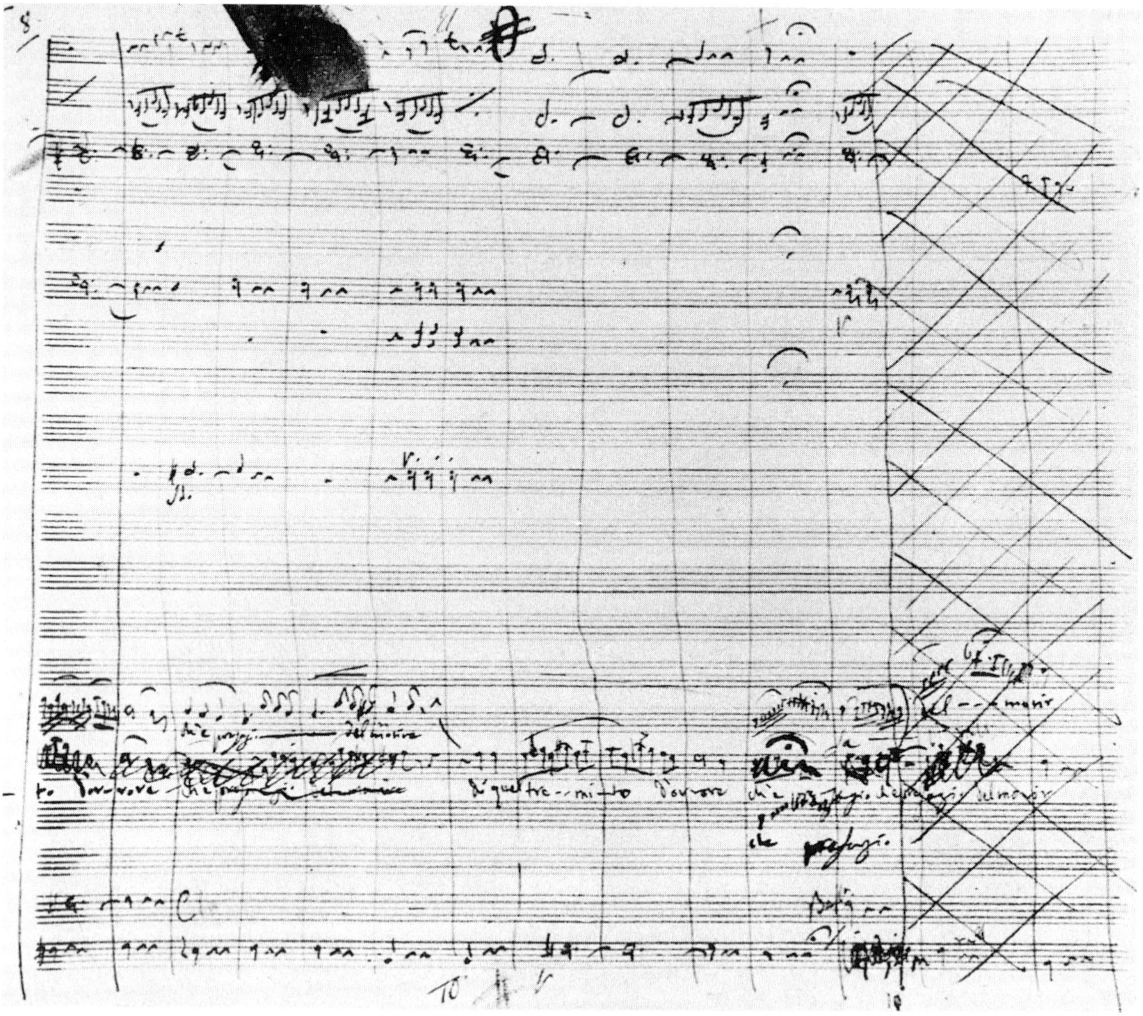

MANUSKRIPTSEITE AUS DEM AUTOGRAPH VON DONIZETTIS *PARISINA D'ESTE* (1833) mit einem Teil der Finalszene. Die Titelpartie war für Carolina Ungher entworfen, eine der größten dramatischen Primadonnen der Zeit. Diese Seite läßt erkennen, wie sorgfältig Donizetti eine Vokallinie auszuarbeiten pflegte, indem er sie, ausgehend von einer einfacheren Form, während der Proben so veränderte, daß sie die besondere stimmliche Verfassung der Sopranistin zum jeweiligen Zeitpunkt widerspiegelte.

schätzte *Rosmonda d'Inghilterra* (1834, die von Rosamund Clifford, Henry II. und Eleanor von Aquitanien handelt), sondern auch zwei Werke, deren Bedeutung man erst seit verhältnismäßig kurzer Zeit gerecht geworden ist, *Maria Stuarda* (1835) und *Roberto Devereux* (1837). Die erste Oper geht von Schillers Schauspiel aus und veranschaulicht die gewaltige (und fiktive) Konfrontation von Elizabeth und Mary Stuart, die Donizetti in Schwierigkeiten mit den Zensoren brachte; die Kraft der letzten Szene, die ein eindrucksvolles Gebet und eine ergreifende Finalarie für Maria enthält, zählt zu Donizettis größten Leistungen. Mit dem grandiosesten seiner verschiedenen Porträts von Elizabeth zeichnet sich *Roberto Devereux* durch einen zweiten Akt von großer dramatischer Intensität aus, die im musikalischen Ausdruck wirkungsvoll vergegenwärtigt wird, während der dritte Akt beredte, komplexe Arien für Essex und Elizabeth enthält. Kurioserweise bietet die Königin in ihrem letzten Vers an, abzudanken und den Stuart-Prätendenten James I. als Nachfolger zu dulden!

Die romantische Tragödie war jedoch nicht das einzige Genre, das Donizetti sich zu eigen machte. Mit *Il furioso all'isola di San Domingo* (1833) und besonders mit *Linda di Chamonix* (1842) stellte er seine Meisterschaft in der schwierigen Gattung der Opera semiseria unter Beweis, die eine im Grunde ernste Handlung aufzeigt, in der eine Buffo-Figur mitspielt und deren Ausgang ein glücklicher ist. Das erste dieser beiden Werke kann sich eines Sextetts im mittleren Finale rühmen, das so bewegend ist wie das weit bekanntere in *Lucia*, und das zweite besitzt ein einsätziges Finale im er-

KARIKATUR DONIZETTIS IN PARIS (1840) während er gleichzeitig an zwei Partituren schreibt, einer komischen Oper mit der rechten, einer ernsten Oper mit der linken Hand. In diesem Jahr fanden die Uraufführungen seiner Opéra-comique *La Fille du régiment* und seiner Grand opéra *La Favorite* statt; die Pariser zeigten sich mißtrauisch gegenuber seinem typisch italienischen Melodiefluß.

sten Akt (ein ausdrucksvolles Gebet), ein dramatisches Duett zwischen Vater und Tochter im zweiten Akt und eine ergreifende pantomimische Szene kurz vor dem Beginn des dritten Akts. In *Linda* macht Donizetti ferner den trefflichsten Gebrauch von Erinnerungsmotiven.

Wenn Komödien in Donizettis Schaffen nach *Anna Bolena* auch rarer werden, so gehört etwas vom Bleibendsten in seinem Werk zu diesem Stil. Die idyllisch-ländliche *L'elisir d'amore* (1832), die Opéra-comique *La Fille du régiment* (1840) und *Don Pasquale* (1843) sind drei Opern, die dem verblassenden Zugriff der Zeit weitgehend widerstanden haben, so frisch sind ihre Melodien, so ansteckend ist der sie belebende Humor, und alle besitzen jenes versöhnende Quentchen Mitleid, ohne das wahres Gefühl herzlos erscheinen könnte. Der angeborene gute Geschmack, ein Herzstück in Donizettis Kunst, ist nirgendwo unerreichter als in seinen reifen komischen Werken.

Die letzte Phase von Donizettis Laufbahn verlief international, denn 1838 zog er nach Paris und pendelte in den Jahren nach 1841 zwischen der französischen Hauptstadt und Wien hin und her. Er schuf drei Werke für die renommierte Opéra: *Les Martyrs* (1840, eine Erweiterung und Abwandlung seiner *Poliuto*-Partitur, die in Neapel verboten worden war), *La Favorite* (1840) und *Dom Sébastien* (1843). Alle drei stellen interessante Charakteristika heraus. In den besten Teilen von *Les Martyrs* finden sich die straffen und wirkungsvollen Seiten von *Poliuto* wieder, insbesondere die gewaltige Tempelszene, die in vielerlei Hinsicht die Triumphszene der *Aida* vorwegnimmt. *Dom Sébastien* stellt beträchtliche Anforderungen an eine spektakuläre Ausstattung wie in dem großen Trauermarsch mit Katafalk im dritten Akt, der mit etwa 500 Statisten besetzt wurde. Musikalisch enthält die Oper Passagen mit sich wechselseitig aufeinander beziehenden Reminiszenzen, die Donizettis Weg hin zu einem flexibleren Konzept des musikalischen Dramas zeigen. Das bedeutendste dieser Werke ist *La Favorite*, die sich als ein französischer Klassiker bis zum Ersten Weltkrieg behauptete und sich in italienischer Übersetzung als noch ausdauernder erwiesen hat. Sparsam und verhalten, ist die Musik, die oft auf strenge skalenartige Schemata vertraut, schwungvoll und leidenschaftlich wie in den Arien für König Alphonse oder im Schlußduett für Léonor und Fernand. Tatsächlich wurde der ganze letzte Akt, der auch Balthazars, an Mozart erinnerndes Abendgebet enthält und das »Ange si pur« (oder »Spirto gentil«) des Tenors, lange Zeit als meisterhaft gepriesen.

Die wunderbar gefertigte *Linda* und die spannungsgeladene melodramatische *Maria de Rohan* (1843, siehe Abbildung S. 488), seine beiden Opern für Wien, offenbaren andere Aspekte von Donizettis Reife. Erst seit kurzer Zeit wird seine wahre Größe allmählich allgemein geschätzt. Allzu lange wurde er als schwächstes Mitglied im Komponisten-Dreigestirn »Rossini-Bellini-Donizetti« angesehen, als ein Mann, der zu viel zu schnell schrieb. Inzwischen jedoch ist das Verständnis für die ungünstigen Bedingungen, unter denen ein Komponist seiner Zeit an italienischen Opernhäusern

— 57 —

Camoëns. Celui-ci l'aperçoit, malgré l'obscurité, s'approche de lui, et, se courbant humblement, il dit : *C'est un soldat qui revient de la guerre; la main qu'il tend fut blessée au combat, etc., etc.*

Dom Sébastien.—Camoëns.

Aux mots dits par Camoëns : *Cette voix!... Non, non... c'est une erreur...* Dom Sébastien se découvre. Camoëns cherche à le reconnaitre dans l'ombre. *Du Roi que je regrette ce ne sont point les traits, etc., etc.*

Après l'ensemble : *O jour de joie! ô jour d'ivresse!* Dom Sébastien, craignant d'être entendu par quelque passant, cherche à imposer silence à Camoëns. Celui-ci remonte la scène pour voir si personne ne vient, puis il redescend n° 1.

Camoëns.—Dom Sébastien.

Un oncle ambitieux, avide de pouvoir, etc.

A la fin du duo, Camoëns et Dom Sébastien tombent à genoux pour remercier le ciel. —Deux coups de tamtam se font entendre (dans la cathédrale, au pied du praticable 4). Dom Sébastien et Camoëns, qui reprend son manteau et son chapeau, se retirent un instant à l'écart.

Le peuple (Messieurs et Dames des chœurs) entre par les faces cour et jardin, et garnit les deux avant-scènes.—Démasquez l'escalier 5, à la cour.—Le plus aux ailes possible au jardin.—Une trentaine de moines blancs (comparses) tenant tous des cierges allumés, de six pieds de haut, descendent de la cathédrale, par l'escalier 5, vont se ranger tout autour de la place, et garnissent le fond du théâtre. Une trentaine de moines bruns (comparses), tenant également des cierges allumés, entrent par la face jardin B, et vont garnir l'aile gauche du théâtre, depuis le lointain jusqu'à la naissance de la rue B.

Puis, par la gauche B, entre le cortége suivant, qui, en arrondissant le théâtre, traverse l'avant-scène, et va garnir le théâtre, au lointain, cour et jardin.

Cortège.

1° Quatre tambours, caisses voilées d'un crêpe noir.—2° Quatre Héraults.—3° Douze soldats, fusils baissés.—4° Douze autres soldats porteurs de lances hautes.—5° Douze autres soldats porteurs de lances baissées.—6° Dix hallebardiers.—7° Douze officiers aux casques et aux cuirasses étincelantes.—8° Quatre porte-bannières noires ornées d'argent et d'armoiries.—9° Deux Prêtres grecs.—10° Quatre Héraults.—11° Porte-Drapeaux.—12° Quatre Pages.—13° Un Seigneur magnifiquement habillé en costume noir à la Henri III.—14° Canonniers.—15° Six chevaux entièrement couverts d'étoffe noire ornée de franges et de larmes d'argent.—16° Quarante jeunes filles entièrement vêtues de blanc et portant toutes des cierges allumés.—17° Magnifique catafalque porté par vingt soldats. Les rubans sont tenus par quatre Seigneurs.—18° Suivent des pages.—Juam de Sylva, Dom Antonio en costume royal, ayant derrière lui un page, qui lui tient son manteau.—Seigneurs, Inquisiteurs, etc., etc.

Le catafalque s'arrête au milieu du théâtre, qui offre alors a peu près cet aspect :

Moines. — Moines. — Moines. — Moines.
Catafalque.
Moines.—Moines.—Moines.
Pages.
etc , etc., etc.
Jeunes filles.
Jeunes Filles.
Suite.
etc., etc., etc.
Soldats.—Soldats.—Soldats.
Soldats.—Soldats.—Soldats.
Seigneurs.
Juam.
Antonio.
Soldats.—Soldats.—Soldats.
Soldats.—Soldats.
....
....
...5...
....
Peuple.
Sabastien.
Camoëns.
Peuple.—Peuple.
000
Soldats.
Peuple.

DOM SÉBASTIEN (Paris 1843) war Donizettis letztes Werk für die Opéra. Oben: die berühmte Szene im dritten Akt, in der Sébastien angesichts dessen, was vermutlich sein eigenes prächtiges Begräbnis werden soll, öffentlich vor seinen Untertanen auf dem großen Platz in Lissabon seine Identität offenbart. Links: die verschwenderische Inszenierung dieser Szene ist in diesem *livret de mise-en-scène* aufgezeichnet, das zur Uraufführung des Werks vorbereitet wurde. Es war eines der faszinierendsten Spektakel auf der Bühne der Opéra: außer dem Chor und etlichen Protagonisten nahmen an der Begräbnisprozession 500 sorgfältig kostümierte Statisten teil. Der begleitende Trauermarsch wurde später von Liszt arrangiert, und Mahler wie Busoni spielen in ihrer Musik auf ihn an.

gezwungen war zu arbeiten, realistischer geworden. Brandneue Opern werden heute selten in das ständige Repertoire aufgenommen, und so gab es zahlreiche Wiederbelebungen von Opern aus der ersten Hälfte des 19. Jahrhunderts, um den Spielplan zu ergänzen mit dem Ergebnis, daß wir heute mit diesen Werken weitaus mehr, als bis noch in jüngster Zeit, zu tun haben, sei es im Theater oder in Aufnahmen, und daß unser Urteil auf der Kenntnis jener Werke basiert. Das alte Vorurteil ist so gut wie verschwunden. Vor allem ist klar geworden, daß man alle drei Komponisten – Rossini, Bellini und Donizetti – wegen der ihnen eigenen, besonderen Verdienste bewundern kann, ohne die Tugenden des einen auf Kosten des anderen hervorzuheben. Vergleiche sind, wie man so sagt, ungerecht. Es läßt sich nicht bestreiten, daß Donizettis insgesamt fünfundsechzig Opern weitaus mehr Wertvolles enthalten als bisher angenommen, und daß sein Einfluß auf das »melodramma« und den sogenannten »internationalen« Stil, der in den siebziger Jahren des 19. Jahrhunderts führend werden sollte, kaum zu überschätzen ist.

Vincenzo Bellini (1801–1835)

Bellini war vier Jahre jünger als Donizetti, doch gelang es ihm schon mit seiner dritten Oper *Il pirata* (1827), sich als führender Komponist italienischer Opern zu behaupten. Seine erste, die Semiseria *Adelson e Salvini*, war 1825 entstanden, als er noch am Konservatorium in Neapel studierte, und sie wurde so gut aufgenommen, daß sie ihm einen Vertrag einbrachte, eine Oper, *Bianca e Gernando,* 1826 für das San Carlo in Neapel zu schreiben. Diese Oper wurde später überarbeitet zu *Bianca e Fernando*, wobei »Gernando« ursprünglich wegen des Einspruchs der Zensur gegen den Gebrauch des königlichen Namens, Ferdinando von Neapel, auf der Bühne so benannt worden war.

Mit seinem nächsten Werk, *Il pirata*, gab Bellini einen kräftigen Impuls für die sich ankündigende romantische Revolution in der italienischen Oper, die nicht eine der musikalischen Struktur war, da der konventionelle Rahmen sich als immer noch lebensfähig erwies, sondern eine der Stoffe, in denen mächtige Gefühle und heftiges Leiden zunehmend betont wurden. Bellinis überragende Begabung, langgliedrige Melodien wie in Imogenes Finalarie »Col sorriso suo« zu entwerfen, die von einer sehr langen instrumentalen Themenexpositon eingeleitet werden, machte ihn zu einem hervorstechenden Komponisten mit einer überzeugenden Handschrift. Zum Erfolg der Oper trugen in wesentlichem Maß der Librettist Felice Romani (1788–1865), zukünftig Bellinis bevorzugter Mitarbeiter, sowie der Tenor Giovanni Battista Rubini bei, der den Komponisten mit seiner Art der vokalen Filigrantechnik bekanntmachte. Dieser Eindruck von Bellinis Originalität wurde verstärkt durch die verhältnismäßig unkonventionelle *La Straniera* (1829) mit ihrer direkteren Wortvertonung und der verhältnismäßig seltenen Koloraturpassagen. Bei ihrer Vorstellung

IL PIRATA (La Scala 1827) war die Oper, die erstmals Bellinis Bedeutung unterstrich und die fruchtbare Zusammenarbeit mit dem Librettisten Felice Romani und dem Tenor Giovanni Battista Rubini einleitete. Hier ist Rubini in einer späteren Aufführung mit seiner französischen Frau Adelaide Comelli-Rubini als Imogene zu sehen. Im Gegensatz zur weitverbreiteten Meinung reproduzieren viele dieser zeitgenössischen Zeichnungen von Opernszenen tatsächlich die von den dargestellten Sängern eingenommenen Posen.

gerieten die Mailänder Kritiker ein wenig aus dem Konzept durch die von ihnen als übertrieben angesehenen Neuerungen.

Der einzige Rückschlag in Bellinis Karriere war der Mißerfolg von *Zaira*, die er zur Eröffnung von Parmas berühmten Teatro Regio 1829 geschrieben hatte. Gut die Hälfte der Partitur konnte gerettet und in seinem nächsten Versuch verwertet werden, in *I Capuleti e i Montecchi* (1830), einer Vertonung der Geschichte von Romeo und Julia (die sich jedoch stärker auf verschiedene italienische Quellen stützte als auf Shakespeare), die im folgenden März in Venedig erfolgreich war. Bellini und Romani fühlten sich als nächstes von Victor Hugos *Ernani* angezogen, doch da sie nicht in Schwierigkeiten mit der Zensur geraten wollten (die Handlung enthielt eine Ver-

BELLINIS *LA SONNAMBULA* (1831). Eines der berühmtesten Stücke des Opernbetriebs in der ersten Hälfte des 19. Jahrhunderts war das von der schlafwandelnden Amina, die in der ersten Inszenierung am Teatro Carcano in Mailand das Dachgesims der Mühle überquerte. Angeblich führte Jenny Lind die Brücke über das Mühlrad ein, und hier ist sie in diesem den Höhepunkt bildenden Moment bei ihrem Auftritt als Amina 1848 am Her Majesty's Theatre in London zu sehen. Die Frau mit den erhobenen und gefalteten Händen im Vordergrund ist Aminas Mutter; die Figur rechts mit emporgehobenen Armen Aminas Verlobter Elvino.

schwörung), wandten sie sich stattdessen der pastoralen Stimmung von *La sonnambula* (1831) zu. Mit seiner melodischen Begabung vermittelt Bellini in dieser Oper Zärtlichkeit und Pathos, indem er die natürliche Betonung in der Musik aufgreift, wie in den sich entwickelnden (nicht wiederholten) Phrasen des »Ah, von credea mirarti« im zweiten Akt. Nicht zuletzt die Mitwirkung Giuditta Pastas als Amina und Rubinis als Elvino garantierte den anfänglichen Erfolg des Werks. Noch überragender war die Wirkung der Pasta in *Norma* (1831), woraufhin diese klassische Tragödie nach einer umstrittenen Uraufführung allmählich als Bellinis Meisterwerk anerkannt wurde. Überliefert ist, daß Normas berühmte Beschwörung »Casta diva« wiederholte Male umgeschrieben wurde, bevor die Pasta vollkommen mit ihr zufrieden war. Die Partitur enthält eine Reihe anspruchsvoller Duette, ein leidenschaftliches Terzett-Finale im ersten Akt und ein chromatisch ansteigendes Ensemble am Ende des Werks, das Wagner wohl unbewußt erinnerte, als er Isoldes Liebestod konzipierte. Obwohl Wagner die meisten italienischen Opern verachtete, zeigte er sich Bellinis Musik gegenüber ausnehmend tolerant.

Der geringe Bekanntheitsgrad der nächsten Oper, *Beatrice di Tenda* (1833), läßt sich auf einen Bruch in der Beziehung zwischen Bellini und Romani zurückführen: der Komponist erwartete von seinem Dichter, seine Fähigkeiten ausschließlich ihm zur Verfügung zu stellen und nicht für Donizetti und andere zu schreiben. *Beatrice* war nie der Erfolg von Bellinis bekannteren Werken vergönnt, aber das ausdrucksvolle Quintett im zweiten Akt verdient nähere Beschäftigung.

Auf Veranlassung Rossinis wurde Bellini nach Paris eingeladen, um für das Théâtre-Italien zu komponieren, und dies bot ihm die Gelegenheit zu seinem letzten größeren Erfolg. *I puritani* (1835) enthält eine sensationelle, für Rubini maßgeschneiderte Partie, die vom Tenor ein F über dem hohen C fordert, sowie für die Heldin eine brillante Polacca und eine großangelegte Wahnsinnsszene. Seltsamerweise scheint das wunderbare Larghetto zu dieser Szene, »Qui la voce sua soave«, ursprünglich als ein Lied, »La ricordanza«, geplant gewesen und dann für *I puritani* bearbeitet worden zu sein. Das berühmte Duett von Bariton und Baß, »Suoni la tromba«, diente als Grundlage für den Variationenzyklus *Hexameron* von Liszt und anderen führenden Pianisten der dreißiger Jahre des 19. Jahrhunderts.

Im gleichen Jahr, wenige Monate vor seinem vierunddreißigsten Geburtstag, starb Bellini an einer Leberinfektion. Alle führenden Sänger, die damals in Paris waren, sangen auf seiner Beerdigung.

Zwei repräsentative unbedeutendere Persönlichkeiten

Saverio Mercadante (1795–1870) studierte in Neapel, unter anderem bei Zingarelli, begann als einer der fähigeren »rossiniani« der zwanziger Jahre und machte sich einen Namen mit *Elisa e Claudio* (1821). Heute ruft er sich meistens wegen seinen Reformen ins Gedächtnis, die er zuerst in *Il giuramento* (1837, wahrscheinlich seine konsequenteste Leistung) einführte in der Hoffnung, die Zwänge der überlieferten Formkonventionen der Zeit zu lösen und die dramatische Antriebskraft der Aktion zu steigern. Aber nachdem er diesen Weg in seinen nächsten drei Opern weitergegangen war, fiel er in seine früheren Gewohnheiten zurück. Es gibt ausdrucksvolle Seiten in seinen besten Werken, aber ein Hang zu überkomplizierten Begleitfiguren und harmonisch überraschenden Wendungen nimmt seiner Musik zu oft ihre Spontaneität. 1840 zweifellos eine sehr angesehene Persönlichkeit, übte Mercadante einigen Einfluß auf den jungen Verdi aus, doch weiß man heute, daß Donizetti, dessen Vorbild selbst in Verdis Werken der mittleren Periode festzustellen ist, einen tieferen Eindruck hinterließ. Der in hohem Alter erblindete Mercadante diktierte die letzten drei seiner insgesamt achtundfünfzig Opern einem Schreibgehilfen. Noch produktiver war Giovanni Pacini (1796–1867), der neunundachtzig Bühnenwerke komponierte. Sein Ruhm war auf Italien begrenzt, aber Pacini befand sich in der mißlichen Lage eines Komponisten, der den damals unersättlichen Forderungen der italienischen Opernhäuser nach neuem Material Folge zu leisten hatte. Rossini merkte dazu ironisch an: »Wenn Pacini jemals lernt, Musik zu begreifen, aufgepaßt!« Nur noch von *Saffo* (1840) ist ab und zu etwas zu hören. Pacini war in erster Linie Melodiker – doch zu begabt, um sich in der Begleitung und im mehrstimmigen Satz als unfähig zu erweisen, und zu seiner Zeit allgemein als »il maestro delle cabalette« bekannt.

Giuseppe Verdi (1813–1901)

Im gleichen Jahr wie Wagner geboren, entwickelte sich Verdi ebenso sicher zur dominierenden Persönlichkeit auf dem Gebiet der italienischen Oper in der zweiten Hälfte des 19. Jahrhunderts, wie sein Zeitgenosse deutsche Konkurrenten in den Schatten stellen sollte. Verdi hatte das Glück, in eine Zeit hinein geboren worden zu sein, in der der Rang des Komponisten in der Hierarchie der italienischen Opernhäuser wesentlich an Bedeutung gewann und damit die finanziellen Entlohnungen stiegen. Dieser glückliche Umstand sollte ihn mit der Zeit von der Notwendigkeit befreien, eine Oper nach der anderen zu schreiben, wozu noch Donizetti gezwungen war. Ein solcher gelöster Zustand herrschte jedoch nicht in den vierziger Jahren vor, dem Jahrzehnt, das Verdi später bitter als seine »Galeerenjahre« bezeichnen sollte.

Verdis erste Kompositionen waren hauptsächlich für das Orchester seines Heimatortes Busseto geschrieben, doch erkannten seine lokalen Förderer in ihnen genügend Anlagen, um 1832 ihre Zustimmung zu einem Studium in Mailand zu geben. Sieben Jahre sollten vergehen, bevor Verdis erste Oper, *Oberto*, an der Scala produziert wurde und einen bescheidenen Erfolg errang. Die unmittelbar danach folgende komische Oper *Un giorno di regno* (1840) wurde nach einer einzigen Vorstellung abgesetzt.

Mit *Nabucco* (1842), seiner dritten Oper, erzielte Verdi einen entscheidenden Sieg. Die Partitur hat ihre lärmenden Momente, doch eine rastlose Energie belebt einen großen Teil – und vieles deutet auf Verdis Zukunft hin. Obwohl die Chorarie »Va, pensiero« inzwischen zum weitaus berühmtesten Stück geworden ist, wird sie in frühen Kritiken nicht besonders hervorgehoben, und dies spiegelt vielleicht wider, in welchem Maß Verdis Ruhm als »patriotische« einflußreiche Persönlichkeit von späteren Generationen etabliert wurde. Die kammermusikalische Orchestrierung von Zaccarias Gebet räumt den Vorwurf aus, der ganze frühe Verdi sei lärmend und ungebärdig. Das große Duett von Sopran und Bariton im dritten Akt offenbart Verdis Gespür für das Geschehen zwischen den Figuren. Es gibt deutliche Anspielungen auf

VERDIS *STIFFELIO* (1850). Die Schlußszene des zweiten Akts, wie sie in der Erstausgabe des Klavierauszugs abgebildet ist. Diese unmittelbar vor *Rigoletto* entstandene Oper zeigt Verdis Liebe zu unkonventionellen Themen. Stiffelio ist ein protestantischer Pfarrer, dessen Frau ihm untreu war. Sein heftiger Konflikt zwischen religiösem Pflichtgefühl und dem Verlangen nach Rache an dem Verführer seiner Frau erreicht in dieser kraftvollen Szene seinen Höhepunkt.

Rossini, Bellini und Donizetti in der Partitur, doch wird ersichtlich, daß sie bald in die Diktion einer unverwechselbaren musikalischen Persönlichkeit integriert werden.

Ernani (1844) markiert einen beachtlichen Fortschritt gegenüber *Nabucco*. Mit großer Tiefenschärfe gezeichnet und musikalisch deutlich charakterisiert sind die drei Männer: der verwegene Bandit (Tenor), der räuberische König (Bariton) und der unbarmherzige alte Adlige (Baß), von denen jeder Elvira (Sopran) für sich haben will. Elviras anspruchsvolle Eingangsarie, »Ernani, Ernani involami« (erster Akt) erfordert einen Stimmumfang von mehr als zwei Oktaven und rhythmische Energie, um ihre Wirkung zu erzielen. Die Arie des Königs und das Finale des dritten Akts, das völlig ohne sein Allegro-Pendant auskommt, zeigen, wie erfolgreich Verdi die Persönlichkeit des Baritons benutzt. Den Höhepunkt der Partitur bildet das glänzende Terzett im vierten Akt, in dem der Kampf zwischen Tenor und Baß, mit Elvira zwischen ihnen, harmonisch unterstrichen wird, wenn jeder versucht, die Vorherrschaft durchzusetzen, und das mit sechzehn Takten eines ergreifenden Adagios bei Ernanis Tod schließt. Dieser knappe, aber ausdrucksvolle Schlußakt des Ernani veranschaulicht Verdis feines Gespür für das musikalische Theater. Hier erreichte er ein Niveau, das er in seinen nächsten Partituren nicht immer halten konnte, obgleich jedes unbedeutendere Werk einige Anzeichen seiner ungewöhnlichen Begabung enthält.

Verdis Entwicklungsfähigkeit zeigt sich am deutlichsten in *Macbeth* (1847, für Paris 1865 bearbeitet). Einige der originellsten Passagen wie das vertuschende Duett für Macbeth und seine Frau, »Fatal mia donna!« sowie die Schlafwandelszene der Lady Macbeth entstanden in der ersten Fassung als ein substantielles musikalisches Äquivalent zu Shakespeares poetischer Bildersprache. Nicht zu bestreiten ist hingegen die Unausgeglichenheit der Partitur: die schnatternden Hexen in der Einleitungsszene und später die Mörder, die darauf warten, Banquo aus dem Hinterhalt zu überfallen, sind lächerlich wenig schreckenerregend, und auch das für Paris hinzugefügte Hekate-Ballett ist nicht gerade das Beste. Diese Ausrutscher fallen jedoch angesichts der in größerem Maße in dieser Partitur enthaltenen höchst expressiven und originellen Musik kaum ins Gewicht.

Mit *Luisa Miller* (1849) nach Schillers *Kabale und Liebe* wendet sich Verdi dem intimeren Schauplatz des bürgerlichen Trauerspiels zu. Die Einleitungsszene etabliert mit ihrem Ton ländlicher Schlichtheit in bewundernswerter Weise die Verletztlichkeit der Heldin. Verdi experimentiert hier unter anderem mit einer Allegro-Arie für Luisa, die den Eindruck einer Cabaletta erweckt, deren Form jedoch dreiteilig ist, und gibt ihr als Gegenstück »T'amo che d'amor esprimere«, das, obwohl in der Partitur als »terzetto e stretta dell'introduzione« beschrieben, faktisch als Ensemble-Cabaletta zu Luisas Arie fungiert und unkonventionell mit einer musikalischen »Auflösung« endet, wenn sich die Bühne leert. Es finden sich viele weitere Indizien für die größere Flexibilität des Ausdrucks, die Verdi in *Luisa* erreicht, wie in dem anspruchs-

BELLINIS *NORMA* (La Scala, 1831). Sanquiricos eindrucksvolles Bühnenbild für das Finale in der Uraufführungsinszenierung gibt ein gutes Beispiel von der Monumentalität, die dazu beitrug, den erhabenen Gefühlen in der abschließenden Szene einen symmetrischen, klassischen Rahmen zu geben.

INNENANSICHT DER SCALA, MAILAND, nach 1830. Als eines der recht wenigen Theater in Italien, die während des ganzen Jahres Vorstellungen gaben, war die Scala der Schauplatz bedeutender Uraufführungen jedes angesehenen Komponisten im 19. Jahrhundert.

GIOVANNI PACINIS *L'ULTIMO GIORNO DI POMPEI* (Neapel, 1825). Diese Lithographie überliefert Sanquiricos Bühnenbild für das aufsehenerrregende Finale der Mailänder Inszenierung von 1827. Kunstvolle szenische Effekte (die durch den raffinierten Gebrauch von Prospekten erzielt wurden) waren in den bedeutenden Theatern Italiens zu dieser Zeit alltäglich, und ihr Einfluß weitreichend; Ciceris Bühnenbild für die Uraufführung von *La Muette de Portici* basierte auf dieser Produktion.

ROSSINI
CAVATINA DI TANCREDI
OTELLO

vollen unbegleiteten Quartett (zweiter Akt) und insbesondere in der Strophenarie des Tenors »Quando le sere al placido« (zweiter Akt), die zurecht als »schubertianisch« beschrieben worden ist. Der Finalakt enthält ein wundervoll melancholisches Duett von Vater und Tochter (Sopran und Bariton) und wird gekrönt durch ein Terzett, das in seiner leidenschaftlichen Intensität erstaunlich direkt ist.

Stiffelio (1850), handelt von einem protestantischen Pastor und seiner untreuen Frau, einem sozialen Problem, das für die meisten Italiener der damaligen Zeit nahezu unbegreiflich war. Auch in einer späteren Bearbeitung, mit einem neuen letzten Akt, umbenannt in *Aroldo* (1857) und umgesiedelt in das mittelalterliche Britannien, wurde das Werk vom Publikum nicht angenommen. Dagegen gehörten die drei nächsten Opern Verdis rasch zum Kern des Standardrepertoires. Die erste, *Rigoletto* (1851), nach Hugos Schauspiel *Le Roi s'amuse* (1832), ist in vielerlei Hinsicht die unkonventionellste der drei. In dieser Zeit äußerte Verdi den Wunsch, eine Oper zu schreiben, die nur aus »einer Reihe von Duetten« bestehe, und dieser Satz erhält besondere Bedeutung, wendet man ihn auf *Rigoletto* an. Fast alle Solonummern sind einsätzig, und nur die Arie des Herzogs im zweiten Akt endet mit einer typischen Cabaletta, »Possente amor« (die in Aufführungen oft gestrichen wird). Für zwei Duette schrieb Verdi eine verkürzte Cabaletta, für »Addio, addio« von Gilda und Herzog und »Sì, vendetta!« am Ende des zweiten Akts. In schlichter Weise werden zuweilen Erinnerungsmotive verwendet: die mit Rigolettos Antwort auf Monterones Fluch verknüpfte, dumpfe Phrase (die erstmals im Vorspiel zu hören ist) sowie die Melodie des Herzogs »La donna è mobile«, durch die Rigoletto erfährt, daß das Opfer, auf das er es abgesehen hatte, entkommen ist. Der fortschrittlichste Aspekt des *Rigoletto* ist indes die musikalische Einheit des letzten Akts mit dem berühmten Quartett, in dem der verführerische Herzog, die flirtende Maddalena, die trauernde Gilda und der rachsüchtige Rigoletto einander gegenübergestellt werden. Später wird der Höhepunkt der Tragödie durch die musikalische Schilderung eines Sturms betont, wobei der Effekt des aufkommenden und sich legenden Windes durch einen hinter der Bühne summenden Chor erzeugt wird.

Il trovatore (1853) ist in seiner Struktur traditioneller als *Rigoletto*, enthält aber neue Elemente. In keiner anderen Partitur beutet Verdi in solchem Überfluß reine Melodik aus, beispielsweise in dem berühmten »Amboß-Chor«, doch gibt es auch subtil ge-

EIN ERINNERUNGSFÄCHER, um 1819, hält die Titel und einige Melodien der wichtigsten Arien aus Rossinis Opern fest. Solche schmeichelnden *bibelots* waren charakteristisch für die erste Hälfte des 19. Jahrhunderts und sie bezeugen den Erfindungsreichtum, mit dem Talente gefeiert werden konnten.

PUCCINIS *MADAMA BUTTERFLY*, Uraufführung an der Scala, 1904. Bühnenbildentwurf von Carlo Songa für den zweiten Akt; darin: Kostümentwurf von Palanti für Cio-Cio San bei ihrem Auftritt im ersten Akt. Exotismus und Lokalkolorit waren die großen Anliegen der Oper dieser Epoche, und Puccini erwies sich als Meister darin, die Stimmungen fremder Länder und anderer Zeiten zu erzeugen.

DIE HANDLUNG VON VERDIS *UN BALLO IN MASCHERA* (1859), deren Thema ursprünglich die Ermordung des schwedischen Königs war, wurde von den Zensoren heruntergespielt, sodaß das Opfer als Kolonialgouverneur von Massachusetts präsentiert wurde. In diesem Stich (aus der Erstausgabe des Klavierauszugs, um 1859) erinnern Schauplatz und Kostüme aber eher an das königliche Stockholm als an das puritanische Boston.

arbeitete Melodien wie Di Lunas »Il balen« und Leonoras »D'amor sull'ali rosee«. Die Mezzosopranpartie der Azucena, der besessenen alten Zigeunerin, ist ein neuer Stimmcharakter in der italienischen Oper und reflektiert Verdis Kenntnis von Meyerbeers *Le Prophète*, den er in Paris gehört hatte, und der die kraftvolle Mezzosopranfigur der Fidès enthält. *Il trovatore*, dessen vier Akte jeweils in zwei dichte Szenen unterteilt sind, zeichnet sich durch eine bewunderswerte Balance und ein inneres Tempo aus, wie sie nicht allen späteren Werken Verdis eigen sind.

La traviata (1853) entstand nach Alexandre Dumas' neuestem Schauspiel *La Dame aux camélias* (1852), einem tragischen Blick auf die zeitgenössische »demi-monde«. Anfangs galt die Oper als moralisch suspekt, und so wurde im ersten halben Jahrhundert ihrer Existenz ihre Handlung »distanziert« durch Bühnenbilder und Kostüme des 17. Jahrhunderts. Im Gegensatz zu dem melodramatischen *Trovatore* besticht *La traviata* durch große psychologische Sensibilität wie in der Darstellung von Violettas

Antwort auf Alfredos Versicherung in dem gedankenversunkenen »Ah, fors'è lui« oder in ihrer Szene mit seinem Vater, in der sie sich überreden läßt, Alfredo zu entsagen, oder in dem Eingeständnis ihrer Krankheit in »Addio del passato«. Diese Sensibilität erreicht Verdi in gewissem Maß durch zurückhaltendere Orchestrierung und sein geschärftes Gespür für die Möglichkeiten instrumentaler Farbgebung, wie die halbierten Streicher in den Vorspielen zum ersten und zum letzten Akt zeigen, das Violetta beim Schreiben ihres Abschiedsbriefes begleitende Klarinettensolo oder die Oboenfiguren des »Addio del passato«. Ebenso bezeichnend für Verdis sich erweiternde Ausdrucksskala ist die vokale Komposition für seine Heldin: Koloratureffekte sind auf den ersten Akt begrenzt, sie tauchen auf in ihrer Tändelei mit Alfredo und hauptsächlich in ihrer Cabaletta »Sempre libera«, die ihr verwegenes Leben als Kurtisane feiert; doch in der übrigen Oper sind ihre Kantilenen subtil moduliert wie in der Passage »Dite alla giovine« in ihrem Duett mit Germont oder in ihrem Solo »Alfredo, Alfredo« in dem den dritten Akt beschließenden Concertato.

Als selbsternannte Opernhauptstadt der Welt des 19. Jahrhunderts zog Paris Verdi magisch und unwiderstehlich an. Sein erster Aufenthalt dort galt nicht der Vorbereitung einer neuen Oper, sondern einer französischen Version seiner 1843 erschienenen Partitur *I Lombardi*, umbenannt in *Jérusalem* (1847), für die renommierte Opéra. Obwohl dieses Flickwerk nicht besonders erfolgreich war, blieb Verdi mehrere Jahre

VERDIS *DON CARLOS*, geschrieben für die Pariser Opéra (1867). Der französische Einfluß auf die italienische Oper in der zweiten Hälfte des 19. Jahrhunderts zeigte sich wesentlich an der Einfügung kunstvoller Ballett-Divertissements. Die Tanzszene im dritten Akt dauert eine gute Viertelstunde; das Thema von »La Pérégrina« ist klug mit einem der Fäden der Haupthandlung verwoben.

in Paris als dem damaligen Zufluchtsort einer ansehnlichen Reihe italienischer politischer Exilanten, und er sog viel von dem Flair der französischen Opern- wie Schauspielbühnen in sich auf. Aus seiner nächsten Auftragskomposition für die Opéra ergaben sich die ausladenden *Les Vêpres siciliennes* (1855), die er zu einem zusammengeschusterten Libretto schrieb, das Scribe 1839 als *Le Duc d'Albe* für Donizetti besorgt hatte (ein von diesem bei seinem Tod unvollständig hinterlassenes Werk). Obwohl *Vêpres* einige ausdrucksvolle Seiten besitzt sowie gelegentliche Phrasen von ausgesprochen französischer Kontur, läßt der musikalisch-dramatische Eindruck insgesamt jene Lebendigkeit vermissen, die sich in allen seinen späteren Opern findet.

Nach seiner Rückkehr komponierte Verdi in Italien *Simon Boccanegra* (1857), ein düsteres Werk, das erst 1881, nach einer umfassenden Bearbeitung Verdis und Änderungen im Libretto durch Arrigo Boito, seinen Weg in die Randzonen des Repertoires fand. Allgemeinere Anerkennung wurde *Un ballo in maschera* (1859) zuteil, obwohl Probleme mit der Zensur zu einem Wechsel des Schauplatzes von Schweden in das koloniale Boston und zur Degradierung des Tenors vom König zum niederrangigeren Kolonialgouverneur führten. *Ballo* ist die erste von Verdis Opern, in der er er-

VERDI IN DEN FRÜHEN ACHTZIGER JAHREN des 19. Jahrhunderts. Der Komponist hatte fast den Höhepunkt seines internationalen Ruhms erreicht, doch Veränderungen des Opernstils führten dazu, daß es für ihn zunehmend schwieriger wurde, wie in seinen frühen und mittleren Jahren in einem steten Fluß neue Werke hervorzubringen.

VICTOR MAUREL (1848–1923) als Falstaff in Verdis Oper (1893), wie er zu Beginn des dritten Akts nach seinem unfreiwilligen Bad in der Themse weinselig seine Lebensgeister wieder wachruft. Maurel kreierte auch die Rolle des Jago in *Otello* (1887).

folgreich komische Elemente mit den vorherrschenden tragischen mischt, und sie besitzt eine Dichte und Ausgewogenheit der Struktur, die der Komponist erst in *Aida* wiedererreichen sollte. Musikalisch ist sie von wunderbarer Vielfalt und zeigt, wie gründlich Verdi gewisse französische Techniken in sein eigenes Idiom aufgenommen hatte: so in den Liedern des Pagen Oscar oder im Liebesduett des zweiten Akts, in dem die ausgedehnten Phrasen einen berühmten Effekt aus dem Duett Valentine-Raoul aus *Les Huguenots* italianisieren, oder im letzten Akt, in dem ein heimliches Zwiegespräch gegen die Rhythmen eines höfischen Tanzes gesetzt wird. *La forza del destino*

(St. Petersburg, 1862) präsentiert eine Skala sozialer Charaktere in einer Vielfalt von Milieus, ihr Genre ist eine kühne Mischung von Kirchlichem und Militärischem. Verdi entwickelte ein Modell einer einsätzigen Arie wie Leonoras »Madre, pietosa vergine«, die nicht mehr von einer verzierten Cabaletta abgeschlossen wird, sondern die sich nun von einem eher deklamatorischen Beginn auf eine Reihe weit ausgedehnter Phrasen zubewegt. Diese Erfindung sollten Leoncavallo (in »Vesti la giubba«) und Puccini (in »Vissi d'arte«) später bescheideneren Verhältnissen anpassen. Mit zwei Nebenfiguren gelingt Verdi eine elegante Verbeugung vor zweien seiner Vorgänger: der Hausierer Trabuco ist ein direkter Nachfahre des Isacco in Rossinis *La gazza ladra*, so wie die »vivandière« Preziosilla von Donizettis *Regimentstochter* abstammt. Für die Erstaufführung von *Forza* an der Scala 1869 überarbeitete Verdi die Partitur eingehend, ohne sie indes zusammenhängender zu machen, beendete sie aber sehr bezeichnend mit einem noblen Terzett, das den Konflikt mit einer an Manzoni erinnernden Resignation löst.

Für *Don Carlos*, den er 1867 für Paris schrieb, wandte sich Verdi abermals Schiller zu, bei dem er die Anregung zu musikalischen Porträts gequälter Seelen fand, wie sie sich in den grüblerischen Monologen Philipps II. offenbaren, in der Musik der reuevollen Eboli und in Elisabeths »Toi qui sous le néant«. Obwohl Verdis Fähigkeit, subtile Wandlungen der Charaktere musikalisch zu zeichnen, einen ihrer Höhepunkte erreicht, fehlt es dem Werk an Dichte – ein Mangel, dem auch spätere Revisionen nicht abhelfen konnten. Die zur Eröffnung des Kairoer Opernhauses geschriebene *Aida* (1871) zeigt, wie meisterhaft Verdi sich den internationalen Stil zu eigen machte, wenn er eine menschliche Handlung in helles Licht rückt vor einem gewaltig ausgeführten Hintergrund, der hier gefärbt ist durch einen an das pharaonische Ägypten erinnernden Exotismus und tänzerische Elemente einschließt. Der lyrische Charakter der kontrastierenden Episoden in der Nilszene (dritter Akt) läßt erkennen, wie geschickt Verdi überlieferte Formen abwandelt, verbunden mit einem klugen Sinn für Zeit im Theater.

Mit Ausnahme des *Requiem* (1874) hörte Verdi, für immer wie er glaubte, zu komponieren auf, bis sein Verleger Giulio Ricordi eine Kampagne lancierte, die über vorgeschlagene Revisionen früherer Werke, die sich als nicht dauerhaft lebensfähig erwiesen hatten, und das Auftauchen einer literarischen Persönlichkeit von Rang, Arrigo Boito (1842–1918), als möglichem Mitarbeiter darin erfolgreich war, den vierundsiebzigjährigen Verdi anzuregen, mit *Otello* (1887) auf die Bühne zurückzukehren. Boitos Libretto verdient nicht ganz das ihm gewöhnlich zugesprochene Lob. Obwohl es dem Autor gelingt, Shakespeares Handlung in vier einheitlichen Akten zu straffen, verzerrt er sie gleichzeitig sowohl durch die zu starke Simplifizierung von Jagos Motivation wie durch seine rhetorischen Eigentümlichkeiten, mit denen er Shakespeares zwingende Metaphorik und seine erhabenen Verse ersetzt. Verdis ausgeprägter Sinn für orchestrale Schattierungen jedoch, seine modal angereicherte

MASCAGNIS EINAKTER *CAVALLERIA RUSTICANA* (Rom, 1890), kreierte eine Mode für heftige, kurzgefaßte Stoffe, die von Bauern und Arbeitern handeln. Hier ist der Moment abgebildet, in dem Alfio Turridu zum Duell herausfordert, indem er der sizilianischen Tradition gemäß in das Ohr des Rivalen beißt, bis es blutet.

Harmonik und sein ausgereiftes Talent, ganze Akte als ununterbrochene musikalische Einheit zu komponieren, vereinen sich, um *Otello* seinen vorhergehenden Werken haushoch überlegen sein zu lassen.

Der Triumph des *Otello* überzeugte Verdi, seine letzte Oper, *Falstaff* (1893), zu schreiben, wiederum mit Boito als Shakespeare adaptierendem Mitarbeiter. Dieses Libretto geriet Boito hervorragend, weil sein Witz und seine Liebe zu sonderbaren Texten sich mit einem minderen Schauspiel beschäftigten und ihm neuen Glanz verliehen. Verdis quecksilbrige Musik in diesem, einer wahren Ensembleoper am nächsten kommenden Werk mit der beißend ironischen Schlußfuge als Höhepunkt, straft seine fast achtzig Jahre Lügen.

PLAKAT FÜR *TOSCA*, entworfen von Hohenstein (um 1900). Auf den Plakaten, die Ricordi druckte, stellte Hohenstein wichtige Momente der von Puccini und anderen Komponisten behandelten Stoffe dar; es gelang ihm, vorherrschende Stimmungen einer großen Vielfalt von Opern wiederzugeben. Dieses Beispiel aus dem Finale des zweiten Akts der *Tosca* hält den Moment fest, in dem Tosca das Kruzifix auf die Leiche des von ihr erstochenen Scarpia fallen läßt.

Nach Verdi

Verdi dominierte die italienischen Opernhäuser bis 1890 so sehr, daß es den Komponisten der nächsten Generation höchstens gelang, kurzlebige Eindrücke zu schaffen. Die zwei wichtigsten Ausnahmen sind Amilcare Ponchielli (1834–1886) und Arrigo Boito. Mit *La Gioconda* (1876) bewies Ponchielli sein Vermögen, im internationalen Stil zu schreiben, indem er aus dem venezianischen Schauplatz musikalisches Kapital schlug, ein großes Ballett aufnahm (»Der Tanz der Stunden«) und überladene Melodien für eine Besetzung schrieb, die sechs Protagonisten erfordert. Unter dem Namen Tobia Gorrio verfaßte Boito das Libretto für *La Gioconda* und schrieb unter seinem eigenen Namen Text und Musik von *Mefistofele* (1868). In ihrer originalen Gestalt als »Reformoper« wurde sie zu einem nachhallenden Fiasko, weil Boito musikalische Gedanken nur unzulänglich zu konzipieren und zu entwickeln wußte, doch gelang es ihm, das Werk durch eine umfassende Bearbeitung für eine Wiederaufnahme in Bologna 1875 zu retten – ironischerweise, indem er während dieses Prozesses die meisten »reformerischen« Züge eliminierte. Fast das ganze Werk mutet wie ein prächtiges Bild an; nur die Gefängnisszene (dritter Akt) erzeugt wahre dramatische Spannung. Heute fristet *Mefistofele* sein Dasein, indem Starbassisten die kitschige Titelrolle als kongeniales Vehikel benutzen.

1890 schlug Pietro Mascagnis *Cavalleria rusticana* wie eine Bombe in die Opernwelt ein; ihre heftige Wirkung war in Rekordzeit in aller Welt zu spüren. Ausgehend von einer naturalistischen Kurzgeschichte von Giovanni Verga, beginnt mit dieser einaktigen Oper und ihrem Drama von Untreue und Rache unter sizilianischen Bauern die Mode des sogenannten »verismo« – das ungefahre Äquivalent des literarischen Naturalismus in der Oper. Für ein in seiner Zeit als revolutionär angesehenes Werk enthält *Cavalleria* viele konventionelle Züge. Eine besondere Note war die Einfügung einer Serenade für den Tenor in das Vorspiel, das aber in einen traditionellen Eröffnungschor überleitet, gefolgt von Alfios Beschreibung seiner Beschäftigung als Fuhrmann und einer Osterhymne der Dorfbewohner. Erst im zweiten Drittel erreicht die Partitur mit Santuzzas kurzem, intensiven Arioso »Voi lo sapete«, dem sich zwei leidenschaftliche Duette anschließen, emotionale Unmittelbarkeit. Der Ausgang des Dramas – eine Dorfbewohnerin schreit und ruft, daß Turiddu in einem Duell getötet wurde – bewirkt einen melodramatischen Schlußvorhang.

Der große Erfolg der *Cavalleria* ließ eine Masse blasser Imitationen nicht nur in Italien entstehen. Das einzige Werk, das seiner anhaltenden Autorität etwas Annäherndes entgegensetzt, ist Ruggero Leoncavallos *I Pagliacci* (1892). Nachdem sich Leoncavallo mit seinen anspruchsvolleren Opernprojekten kaum Gehör verschaffen konnte, entschied er sich für den »verismo« als Möglichkeit, das Publikums in Bann zu ziehen, und nahm sich vor, es an Wirkung der *Cavalleria* gleich zu tun. Der eklatante Kontrast zwischen der Osterfeier und der banalen Tragödie in Mascagnis Werk findet eine Entsprechung in dem Gegensatz zwischen der Künstlichkeit des kurzen Commedia dell'arte-Schauspiels und den emotionalen Konflikten im »wirklichen Leben« der beteiligten Akteure. Leoncavallos Vorspiel wird nicht von einer Serenade sondern von einem Prolog unterbrochen; Tonios geistreiche Darlegung einer literarischen Theorie ist zu einer großen Szene für Baritone geworden ebenso wie für Tenöre »Vesti la giubba«, in dem der Clown Canio lachen muß, obwohl ihm das Herz bricht.

Weder Leoncavallo (1857–1919) noch Mascagni (1863–1945), die Opern nach Belieben hervorbrachten, gelang eine weitere, die etwas der Langlebigkeit von *Pagliacci* oder *Cavalleria* vergleichbares aufzuweisen hatte, die selbst schnell zum »Zwillingspaar« des Repertoires wurden. In dieser Generation war das Vorbild, »Komponist *einer* Oper« zu sein, gewisserweise ansteckend. Vier weitere Komponisten sind hauptsächlich aufgrund eines einzigen Werks in Erinnerung: Francesco Cilea (1866–1950) mit *Adriana Lecouvreur* (1902), Umberto Giordano (1867–1948) mit *Andrea Chénier* (1896), Italo Montemezzi (1875–1952) mit *L'amore dei tre re* (1913) und Riccardo Zandonai (1883–1944) mit *Francesca da Rimini* (1914).

Puccini

Obwohl einige Jahre älter, waren die Erfolge Giacomo Puccinis (1858–1924) anders als die Mascagnis und Leoncavallos kurzfristig, ehe er mit seinen dritten Oper, *Manon Lescaut* (1893), in ihrer effektvollen Mischung aus freimütiger Sinnlichkeit und Pathos, getragen von den fesselnden Melodien in einer Partitur, die mit einer Prise modischen Wagnerismus' gewürzt war, die öffentliche Aufmerksamkeit auf sich zog. Es scheint kaum Zufall gewesen zu sein, daß Puccini, der am ehesten der Nachfolger Verdis in seinem Einfluß auf die Stimmung der breiten Öffentlichkeit war, sein erstes Zeichen eine gute Woche vor der Uraufführung von Verdis letzter Oper, *Falstaff*, setzen sollte.

Puccinis nächste Oper, *La bohème* (1896), trug wesentlich zu seiner Popularität bei. Sie demonstriert sein sensibles Verständnis von theatralischer Wirkung, insbesondere in der bestens eingeschätzten Mischung humoriger und gefühlvoller Szenen, die nirgendwo prägnanter vorgestellt wird als im Quartett am Ende des dritten Akts, in dem zwei sentimentale Liebende ein Gegengewicht zu einem zankenden Paar bilden. Diese Oper, die von heruntergekommenen Künstlern und ihren Freudinnen handelt und im Quartier Latin zur Zeit Louis-Philippes angesiedelt ist, zog eine neue Publikumsschicht an, Arbeiter, die sich mit der bürgerlichen emotionalen Atmosphäre der Fabel identifizieren konnten. Puccinis Meisterschaft, eine Bühnensituation so anschaulich zu machen, daß sie die dramatische Situation vorausahnen läßt, tritt deutlich in einer Episode wie der Einleitung des dritten Akts an der Barrière d'Enfer im Schnee zutage.

Man könnte sagen, Puccini habe die veristische Praxis menschlicher gemacht. Anders als die überreizten Leidenschaften einer *Cavalleria,* sollte das gefühlvolle Gelobnis Mimìs, so wie es durch das ergreifende Erinnnern einer Musik intensiviert wird, die mit glücklicheren Zeiten verbunden ist, das Publikum eher bewegen als schockieren. Von *La bohème* an begriff Puccini, wie wichtig ein auf sein fein geeichtes dramatisches Gefühl zugeschnittenes Libretto war – und seine Nöte mit Mitarbeitern wurden berüchtigt. Diese Oper legte eine zweite Eigenart des Komponisten bloß. Nach der Uraufführung einer seiner Opern und weiteren Aufführungen, änderte er seine Partitur mehrmals: dort fügte er eine Episode hinzu, da strich er ein paar Takte oder er transponierte eine Passage einen Halbton tiefer, um sie für den Sänger weniger anstrengend zu machen.

PUCCINIS *LA FANCIULLA DEL WEST* (»Das Mädchen aus dem Goldenen Westen«) greift ein Thema aus Belascos Schauspiel über kalifornische Minenarbeiterlager zur Zeit des Goldrauschs auf. Diese Photographie stellt den Höhepunkt des dritten Akts dar, wie er in der Uraufführung gespielt wurde (Metropolitan Opera, New York, 1910). Dick Johnson (Caruso) soll gerade gehenkt werden, als die unerschrockene Minnie (Emmy Destinn) eintrifft, um Gnade zu erflehen; der Sheriff Jack Rance (Pasquale Amato; in der Mitte rechts) richtet den Finger auf die beiden. Belasco wirkte an der Inszenierung der Oper mit und fand es schwierig, italienische Sänger zu unterweisen, wie kalifornische Minenarbeiter zu agieren.

GIACOMO PUCCINI (1858–1924) war der weitaus erfolgreichste italienische Komponist seiner Generation. Trotz seines Rufes als Lebemann scheute Puccini das Rampenlicht und lebte fast sein ganzes Leben lang ziemlich unauffällig in seiner Heimatregion um Lucca. Diese späte Photographie zeigt ihn während seiner Arbeit an *Turandot*, deren Skizzen auf dem Klavier zu sehen sind.

Mit *Tosca* (1900) erzielte Puccini einen weiteren Erfolg, dieses Mal mit einer weitaus unverhohleneren melodramatischen Handlung (nach Victorien Sardous *La Tosca*). Mehr als in *Manon Lescaut* oder *La bohème* hebt Puccini in *Tosca* die Emotionen auf das höchste Niveau des »verismo«, obwohl die Handlung von Künstlern und Politikern, nicht von Bauern getragen wird. Das Gefühl für geographischen und historischen Realismus wird durch die Schauplätze unterstützt (eine bestimmte römische Kirche, ein Palast, ein Gefängnis) sowie durch die Imitation zeitgenössischer Musik in der Gavotte und später in der Kantate, die im zweiten Akt durch Scarpias Fenster zu hören ist. Im Vorspiel des dritten Akts verwirklicht Puccini eine einprägsame Empfindung von Zeit und Ort durch das hinter der Bühne im lokalen Dialekt gesungene Liedchen eines Hirtenjungen und durch die Nachahmung der ineinanderhallenden römischen Kirchenglocken, die die Frühmesse einläuten.

Puccinis Hang zu Lokalkolorit nahm in seiner nächsten Oper, *Madama Butterfly* (1904), einen exotischeren Charakter an, denn in ihr etablierte er den kulturellen Gegensatz des Konflikts, indem er »The Star-Spangled Banner« ebenso zitierte wie einige authentische japanische Melodien (siehe die Abbildung S. 216). Außerdem erfand er geschickt seine eigenen pseudo-japanischen Motive und imitierte den Klang einheimischer Instrumente. In der Tat zeigt sich die Raffinesse des Orchestrators Puccini in diesem Werk äußerst plastisch. Nachdem die Uraufführung wegen der organisierten Opposition von Puccinis Rivalen aufgrund gewisser Fehlkalkulationen in der Partitur zu einem Fiasko geworden war, revidierte Puccini *Butterfly* für einen genau drei Monate nach ihrer unglücklichen Vorstellung in der Scala stattfindenden erfolgreichen neuen Start in Brescia und arbeitete mehrere Jahre lang weiterhin an der Feinabstimmung seiner Korrekturen.

Um einen bisher auf der italienischen Opernbühne seltenen Schauplatz zu benutzen, wandte sich Puccini den Vereinigten Staaten zu, im besonderen Kalifornien zur Zeit des Goldrauschs, und entwarf seine Handlung nach David Belascos Schauspiel *The Girl of the Golden West*. Zur Zeit ihrer Uraufführung an der Metropolitan Opera New York (1910) und der anschließenden Serie lokaler Premieren in den Vereinigten Staaten wie in Europa erregte Puccinis *La fanciulla del West* anfängliche Neugier und nachfolgende Ernüchterung. Es fehlten die klug plazierten kurzen Arien, die Gelegenheit zum Applaus gaben und die Puccini beim Publikum so beliebt gemacht hatten. Trotz all ihrer Momente hochgetriebener Melodramatik brachte diese neue Oper keine pathetische Katharsis hervor – nicht eine einzige Figur stirbt; den Anblick italienischer »comprimarii« in der Rolle von »Minenarbeitern«, die »Allo« rufen und »wheesky« bestellen, nahmen viele der ersten Zuschauern als ärgerlich, wenn nicht als völlig grotesk auf. Im Verlauf der Zeit ist indes der beachtliche Wert von *Fanciulla* leichter wahrzunehmen. Puccini entfernte sich von seinem früheren Stil, eine Partitur aus kurzen Episoden wie ein Mosaik aufzubauen; eher ging er dazu über, ein Werk in viel größeren Einheiten zu konzipieren, wie die ausgedehnte Episode für Minnie und Johnson am Ende des ersten Akts oder ihr aufregendes Pokerspiel mit dem Sheriff im zweiten Akt zeigen, die die dramatische Unmittelbarkeit von Belascos Schauspiel erreichen. Die Ansicht, daß diese Handlung ihrem Charakter nach ein Erlösungsmythos und das glückliche Ende zurecht optimistisch ist, wird durch die Neuarrangements des Materials bestätigt, die Puccini seine Librettisten an dem amerikanischen Schauspiel vornehmen ließ, und durch den Nachdruck, den er in seiner Partitur auf thematische und tonartliche Wechselbeziehungen legte.

Die rastlose Suche nach Neuem (und nach Profit) verlockte Puccini als nächstes, in die Welt der Wiener Operette einzudringen. Das ihm angeborene Gefühl für seine Fähigkeiten und der Ausbruch des Ersten Weltkriegs, in dem Italien und Österreich auf verschiedenen Seiten standen, ließen den ursprünglichen Plan mehr als unklug, tatsächlich als unpatriotisch erscheinen. Das Werk, das sich aus diesen ungelegenen Umständen ergab, erwies sich als eine durchkomponierte Oper, *La rondine* (1917). Dramatisch schwach, enthält es Musik voller Charme und Raffinesse und erreicht seinen Höhepunkt im Quartett des zweiten Akts (für zwei Soprane und zwei Tenöre), doch nimmt es unter Puccinis reifen Werken den kläglichsten Platz im Repertoire ein.

Seine nächste Arbeit galt einer Serie von drei Einaktern, die für eine gemeinsame Aufführung als *Il trittico* (1918) geplant waren. Sie stellen gegensätzliche Auffasssungen von Liebe und Tod dar. *Il tabarro* mit seinem unerbittlichen Dreiecksverhältnis, angesiedelt im Milieu der Kahnführer auf der Seine, ist Puccinis vollkommenstes veristisches Werk, aber in seiner Partitur verbindet er subtil Debussys Harmonik mit seinem eigenen wogenden Melos. *Suor Angelica*, die von dem Leid einer Mutter und ihrem Selbstmord handelt und in einem Kloster spielt, ist musikalisch gesehen vielleicht die am meisten unterschätzte Partitur Puccinis (abgesehen von der Hysterie und dem »Wunder« am Ende). *Gianni Schicchi* ist ein wahres Wunderwerk boshaften italienischen Humors, eine Erzählung, die auf eine Andeutung in Dantes *Göttlicher Komödie* zurückgeht und von einem Vater berichtet, der sich als ein Buoso Donati ausgibt, um ein neues Testament zu machen, das er schlau genug ist, so zu arrangieren, daß seine Tochter eine Mitgift erhält und einen Verwandten von Buoso heiraten kann. Dieser mittelalterliche Spaß ist in eine Musik voller Witz und Ironie gefaßt, aufgelockert durch lyrische Momente wie das bekannte »O mio babbino caro« oder das Liebesduett en miniature für Lauretta und Rinuccio (das gerade fünfzehn Takte lang ist) am Ende der Oper.

Puccini starb, bevor er *Turandot* vollenden konnte (deren erste Aufführung 1926 stattfand; siehe Abbildung S. 317), für die er sich eines Schauspiels des venezianisches Dramatikers Carlo Gozzi aus dem 18. Jahrhundert bediente, das in Chinas sagenhafter Vergangenheit angesiedelt ist. Einmal mehr machte sich der Komponist einige genuine einheimische Melodien zunutze und erfand einige pentatonische eigene, um ein exotisches Stimmungsbild zu entwerfen. Außerdem nahm er, der bemüht war, in musikalischen Trends auf dem laufenden zu bleiben, Passagen in seine Partitur auf, die an Mussorgski und Ravel erinnern. Hinsichtlich des Reichtums musikalischer Textur und der thematischen Klarheit ist diese Oper Puccinis unerreichtes Meisterwerk, auch wenn er sie unvollendet hinterließ. Puccini empfand es, so stellt es sich heute deutlich dar, als schwierig, die Oper abzuschließen, weil die emotionale Wucht der Musik für Liùs Tod und dem anschließenden Trauermarsch es problematisch machte, die Sympathien auf den Unbekannten Prinzen und dessen Bestimmung zu lenken, das Herz Turandots zu schmelzen. Die letzten entscheidenden fünfzehn Minuten der Musik wurden, zum Teil auf der Grundlage von Puccinis Skizzen, von dem jungen italienischen Komponisten Franco Alfano (1876–1954) ergänzt.

Auch nach *Turandot* wurden italienische Opern geschrieben. Doch markiert dieses Werk als würdiger Grenzstein das Ende der Vitalität einer Tradition, die die italienische Oper des 19. Jahrhundert beseelt hatte. Daß die menschliche Stimme in Werken neuerer Zeit nicht länger als das unmittelbarste kommunikative und affektive der musikalischen Instrumente dominiert, ist eine traurige Tatsache, durch die die Epoche, die in diesem Überblick behandelt wurde, von der ihr folgenden getrennt ist.

DAS NEUNZEHNTE JAHRHUNDERT: DEUTSCHLAND

BARRY MILLINGTON

Als im März 1848 in Dresden die Revolution ausbrach, stürzte sich der Kapellmeister Richard Wagner energisch in den Kampf. Er spielte eine maßgebliche Rolle auf den Straßen und Barrikaden, ermöglichte mindestens zwei politische Versammlungen in seinem Garten, bei denen die Bewaffnung der Massen diskutiert wurde, und scheint an der Herstellung von Handgranaten beteiligt gewesen zu sein. Ein Haftbefehl wurde gegen ihn erlassen, und Wagner entging nur knapp dem Gefängnis und womöglich einem Todesurteil, erreichte aber schließlich doch seinen Zufluchtsort in der Schweiz.

Wäre ein solches Urteil vollstreckt worden, wäre Wagner heute nicht als derjenige bekannt, der den Lauf der Operngeschichte veränderte, sondern als Komponist von drei großartigen romantischen Opern und drei eher zweitrangigen Werken, die eine gelegentliche Wiederbelebung verdienen.

Darüber nachzudenken, welche Richtung die deutsche Oper eingeschlagen hätte ohne Wagner und seinen *Ring des Nibelungen, Tristan und Isolde, Die Meistersinger von Nürnberg* und *Parsifal*, hieße, sich auf eine ebenso faszinierende wie sinnlose Spekulation einzulassen. Nach Anfängen in der Zeit um Wagners Geburt 1813 wäre die Form der Oper zweifellos weiterentwickelt worden, aber über die Natur dieser Reform könnte man nur mutmaßen. Zwangsläufig nimmt Wagner eine Schlüsselposition in jeder Darstellung der Geschichte der deutschen Oper, ja der Oper generell, ein. Im vorliegenden Kapitel soll gezeigt werden, wie fundamental Wagners Reformprogramm war und wie eindrucksvoll sein Schatten über das ganze Jahrhundert fällt. Gleichzeitig wird angestrebt, den individuellen Beiträgen der anderen bedeutenden Komponisten dieser Epoche gerecht zu werden.

Die deutsche Oper des 19. Jahrhunderts vor Wagner

Die überlieferte Form des deutschen Singspiels, in dem geschlossene musikalische Nummern mit gesprochenen Dialogen abwechselten, erreichte ihren Zenit im letz-

E.T.A. HOFFMANNS OPER *UNDINE* (Berlin, 1816), eine Erzählung von der verhängnisvollen Liebe eines Sterblichen zu einem Wassergeist, galt als zukunftsweisendes Werk für die aufstrebende Gattung der deutschen romantischen Oper. Das Schußtableau, in den originalen, von Karl Friedrich Schinkel entworfenen Bühnenbildern, zeigt Undine, die im Begriff ist, den Ritter Huldbrand mit einem tödlichen Kuß wieder in das Reich der Wassergeister hinunterzuziehen.

ten Jahrzehnt des 18. Jahrhunderts mit Mozarts *Zauberflöte*. Die Gattung verkümmerte zwar, starb aber nicht plötzlich aus. Beethovens 1804/05 geschriebener, aber erst 1814 seine endgültige Form erhaltender *Fidelio* ist im Grunde ein Singspiel, obwohl er sich stark auf die Tradition der französischen Opéra-comique bezieht, insbesondere auf die Rettungsoper der Revolutionszeit. Schubert bezeichnete mehr als die Hälfte seiner elf vollendeten dramatischen Werke als »Singspiele«, darunter *Der vierjährige Posten* (1815), *Claudine von Villa Bella* (1815) und *Die Verschworenen* (1822/23).

Nun aber wehte weithin ein neuer Wind. Die deutschen Romantiker waren im Begriff, ihre charakteristischste Gattung hervorzubringen: durchkomponierte Opern über ernste, gewichtige Themen. Bevor dieser Prozeß richtig in Gang kam – und noch einige Zeit danach – versuchten sich mehrere Komponisten in dem Übergangsgenre eines deutschen romantischen Singspiels. Zu dieser Gattung gehören als wichtigste Werke Spohrs *Faust* (1816), Hoffmanns *Undine* (1816) und Webers *Der Freischütz* (1821), der allgemein als ein Meilenstein in der Operngeschichte betrachtet wird, in mancher Hinsicht aber von den beiden früheren Werken antizipiert wurde.

Louis Spohrs (1784–1859) *Faust*, mit einem Libretto von Joseph Carl Bernard, basierte auf verschiedenen Versionen der Legende (doch nicht auf der Goethes) und ist aus zwei Gründen von beachtlicher historischer Bedeutung. Zum einen bezeichnet er eine wesentliche Verlagerung von der Konstruktion in sich geschlossener Nummern auf das, was man »Szenenkomplexe« nennen könnte: Nummern wurden, mit anderen Worten, allmählich gruppiert – der erste Schritt auf dem Weg zur durchkomponierten Oper. (In den fünfziger Jahren des 19. Jahrhunderts stimmte Spohr sogar zu, den Dialog in Musik zu setzen, so daß das Werk als Große Oper aufgeführt werden konnte.) Zum anderen stellte Spohrs Gebrauch von wiederkehrenden oder Erinnerungs-Motiven, die mit Hölle, Liebe, einem Zaubertrank und mit Faust selbst identifiziert wurden, einen Schritt hin zur thematischen Vereinheitlichung dar – ein Vorgang, zu dessen Inbegriff Wagners System der Leitmotive wurde.

In *Undine*, mit Musik von E.T.A. Hoffmann (1776–1822) und einem Libretto von

MORITZ VON SCHWINDS *ORGANISCHES LEBEN IN DER NATUR*. Übernatürliche Waldszenen dieser Art wurden von deutschen Künstlern der Romantik öfters dargestellt – diese ist das bildnerische Gegenstück zu Webers *Freischütz*; Holzschnitt aus *Fliegende Blätter* (1847/48).

CARL MARIA VON WEBER, Porträt von Ferdinand Schimon. Weber saß für Schimon gegen Ende seines Lebens (1825); er arbeitete zu dieser Zeit an seiner letzten Oper, *Oberon*.

Friedrich de la Motte Fouqué nach dessen Erzählung, wird die für die Romantik archetypische Konfrontation der Welten der Geister und der Sterblichen thematisiert. Undine ist ein Wassergeist, die bei ihrer Hochzeit mit dem Ritter Huldbrand eine sterbliche Seele erwirbt. Der Ritter schenkt ihrer Warnung, daß sie in ihr Element zurückkehren, ihren Gatten sogar töten muß, wenn er ihr untreu wird, keine Beachtung. Huldbrand verläßt Undine, die schließlich wiederkommt, um ihn in ein Wassergrab hinabzuziehen. Die selbe Erzählung sollte später zur Grundlage einer Oper von Albert Lortzing werden (1845), doch ihr Kern – die tragischen Konsequenzen der Unvereinbarkeit der beiden Welten – tauchte während des ganzen Jahrhunderts in zahlreichen Opern auf, deren bemerkenswerteste Marschners *Hans Heiling* und Wagners *Lohengrin* sind. Hoffmanns »chef d'œuvre« ist auch musikalisch gesehen von historischer Bedeutung wegen seiner Verwendung von Erinnerungsmotiven und seiner strukturellen Kontinuität (abgesehen von den gesprochenen Dialogen), die unter anderem durch die stärkere Betonung des Chores und ganz allgemein der Ensembles erreicht wird.

Mit dem *Freischütz* hätte Carl Maria von Weber (1786–1826) an die Erfolge von *Faust* und *Undine* anknüpfen können, aber er übertraf mit seiner Oper die beiden anderen bei weitem an Einfluß und Popularität. Mit eingefügten gesprochenen Dialogen, einem vom Volkslied inspirierten melodischen Stil und volkstümlichen Chören griff Weber im *Freischütz* zwar immer noch auf die Singspieltradition zurück, doch schlug er mit der Beschwörung des finsteren, geheimnisvollen Waldes der deutschen Romantik – jener Welt, die durch die elementaren, übernatürlichen Themen der Gemälde Caspar David Friedrichs und Moritz von Schwinds bereits vertraut war – eine Saite an, die in den Herzen und Gemütern deutscher Komponisten und ihres Publikums noch lange nach Webers vorzeitigem Tod 1826 nachschwingen. Das Übernatürliche gewinnt seine größte Intensität in der Wolfsschluchtszene, in der Kaspar den bösen Geist Samiel anruft, ihm beim Gießen der Freikugeln zu helfen, die Max in seine Gewalt bringen sollen. Die unheimlichen Erscheinungen und das Schwelgen in übernatürlichem Grausen finden ihre Entsprechungen in den stereotypen musikalischen Elementen tremolierender Streicher, verminderter Septen und Tritoni.

Mit *Euryanthe*, die er als »große heroisch-romantische Oper« betitelt, trieb Weber die Entwicklung der deutschen romantischen Oper noch weiter voran. Die Unzulänglichkeiten des Librettos, das Helmine von Chézy nach einem französischen Roman aus dem Mittelalter verfaßt hatte, werden im allgemeinen dafür verantwortlich gemacht, daß sich die Oper im Repertoire nicht durchsetzen konnte. Wiederum handelt es sich hier um ein Werk, das in mehr als einer Oper Wagners nachklingt (in *Lohengrin* und besonders in *Siegfried*), und das mit seiner Abkehr von gesprochenen Dialogen und der dramatischen Überzeugungskraft seiner Musik bahnbrechend für eine einheimische deutsche Oper wirkte.

Weber war nicht der erste, der eine durchkomponierte Oper schrieb: zwei seiner Freunde, Johann Nepomuk Poissl und Ignaz von Mosel hatten dies ebenso getan wie Schubert mit *Alfonso und Estrella* (1822). (Schubert kehrte zu gesprochenen Dialogen zurück in *Fierrabras*, 1823, der trotz höchst inspirierter Musik aus dramaturgischen Gründen nicht überzeugt.) Außerdem war der Uraufführung der *Euryanthe* am 25. Oktober 1823 die von Spohrs *Jessonda* im Juli dieses Jahres knapp zuvorgekommen. Spohr und Weber waren freundschaftliche Rivalen, und dies verschärft die Ironie, daß *Euryanthe* wegen ihrer rein musikalischen Eigenschaften stets bewundert wurde, wenngleich sie von Anfang an als durch ihr unbrauchbares Libretto entstellt galt, während *Jessonda* zwar zu ihrer Zeit enthusiastisch als Meisterwerk bejubelt wurde, doch seitdem faktisch der Vergessenheit anheim fiel.

Die zeitgenössische Beliebtheit der *Jessonda* läßt sich zum Teil durch die orientalische Würze ihrer Geschichte erklären: schließlich entstand sie in einer Epoche, die leidenschaftlich vom Osten fasziniert war. Als Witwe eines Radschas wird Jessonda aufgefordert, das Ritual des Suttee, der Selbstopferung, aus Achtung für ihren toten Ehemann zu vollziehen. In der Oper wird die Geschichte ihrer Befreiung von dem

DIE EXOTISCHE ORIENTALISCHE AUSSTATTUNG VON SPOHRS *JESSONDA* (in und um Goa) trug zum enormen Erfolg der Oper bei, die Webers zeitgleich entstandene *Euryanthe* in den Schatten stellte und bis in das frühe 20. Jahrhundert hinein zum festen Repertoire der deutschen Opernhäuser gehörte. Bühnenbildentwurf für den ersten Akt von Carl Wilhelm Gropius, möglicherweise für die erste Berliner Aufführung (1825).

»barbarischen«, orientalischen Ritual durch die Mächte der westlichen Zivilisation in Gestalt des portugiesischen Generals Tristan d'Acunha erzählt. Ideologische Polarisierungen dieser Art übten auf das zeitgenössische Publikum eine starke Anziehungskraft aus – mehrere Versionen des Schauspiels, auf dem die Oper basierte (Antoine Lemierres *La Veuve du Malabar*), darunter einige mit Musik, kursierten in deutschen Theatern bis in die Mitte des 19. Jahrhunderts –, auch wenn es fragwürdig blieb, ob sie als Thema einer Oper Sinn machten. Für spektakuläre optische Effekte sorgten große Chor- und Ballettszenen, feierliche rituelle Zeremonien und exotisches Lokalkolorit.

In einem in der *Allgemeinen musikalischen Zeitung* kurz vor der Uraufführung der *Jessonda* erschienenen Artikel veröffentlichte Spohr ein Manifest zur Zukunft der deutschen Oper und machte so deutlich, in welchem Ausmaß das Thema die Gemüter der Komponisten beschäftigte. *Jessonda*, in der Spohr die gesprochenen Dialoge

durch Rezitative ersetzte und die musikalisch-dramatische Struktur zu einem nahezu ununterbrochenen Fluß verdichtete, war offensichtlich als praktische Umsetzung dieses theoretischen Modells gedacht: als deutsche Große Oper. Erstaunlicherweise jedoch spielen Erinnerungsmotive eine geringere Rolle als in Spohrs früherem *Faust*.

Ein anderer maßvoller Erneuerer in dieser Epoche war Heinrich Marschner (1795–1861), dessen drei bekannteste Opern – *Der Vampyr* (1828), *Der Templer und die Jüdin* (1829) und *Hans Heiling* (1833) – alle zur Entwicklung der deutschen romantischen Oper beitrugen. Das Element des Übernatürlichen war ein hervorstechendes Merkmal, in dem sich zeigt, welch geisterhafte Macht das Grauen der literarischen Schauerromantik auf die Einbildungskraft von Komponisten und Librettisten gleichermaßen ausübte. Der Vampir der ersten dieser drei Opern Marschners – die eigentlich seine achte vollendete war – muß Satan drei jungfräuliche Bräute übergeben, um ihm eine Gnadenfrist für sein verwirktes Leben abzuringen. Die Aufgabe erweist sich als schwierig, und in der Tat entgeht dem Vampir das dritte Opfer. Trotz der unwahrscheinlichen Geschichte und den sie unterbrechenden komischen Passagen ist der Ton des *Vampyr* düster, und verstärkt wird die Atmosphäre von Schwarzer Magie durch die Wahl des Melodrams, das heißt vom Orchester begleitetes Sprechen oder Handeln.

Die erste Aufführung des *Vampyr* fand im März 1828 in Leipzig statt, wo der fünfzehnjährige Wagner lebte. Im Dezember des folgenden Jahres wurde Marschners nächste Oper, *Der Templer und die Jüdin* nach Scotts Roman *Ivanhoe*, dem Publikum ebenfalls auf der Bühne des Leipziger Stadttheaters vorgestellt. Diese Werke waren Teil der Musikkultur, die der junge Wagner aufsog, doch erst als Chordirektor in Würzburg (ab 1833) sammelte er direkte Erfahrungen mit ihnen. Marschners *Hans Heiling* wurde dann auch wenige Monate nach seiner Berliner Uraufführung an Wagners Theater in Würzburg gegeben. Über den Einfluß auf seine frühe Oper *Die Feen* hinaus nutzte Wagner den starken Eindruck von *Hans Heiling* kaum. Geprägt von ihm sind jedoch in ihrer Konzentration auf die tragischen Wechselwirkungen – zwischen den Welten der Sterblichen und des Übernatürlichen – unverkennbar *Der fliegende Holländer*, *Tannhäuser* und *Lohengrin*. Läßt die Mise-en-scène des Prologs von *Hans Heiling* mit ihrer unterirdischen Höhle der Erdgeister und ihren geschäftigen Zwergen die des *Ring* ahnen (will heißen: *Das Rheingold*), so gibt es eine klare Antizipation des *Tannhäuser* im Kampf Heilings, die unterirdische Welt zu verlassen und in

MARSCHNERS *DER VAMPYR* war der erfolgreichste der Opernversuche, den in ganz Europa verbreiteten Spleen für Vampirgeschichten zu befriedigen, der in den ersten Jahrzehnten des 19. Jahrhunderts ausgebrochen war. Umgeben von teuflischen Kobolden gewährt der Gebieter der Vampire dem in schottisches Tuch gekleideten Lord Ruthvan, die Vollziehung des Urteils für ein Jahr auszusetzen, vorausgesetzt, er kann bis zur nächsten Mitternacht drei jungfräuliche Opfer darbringen; Stich von C.A. Schwerdgeburth nach H. Ramberg aus dem *Orphea-Taschenbuch* (Leipzig, 1831).

die höhere Welt zurückzukehren wie im wiederholten Drängen der Königin, er solle bleiben. Marschner trieb die Handlung zwar größtenteils durch einzelne Nummern voran, doch maßvoll verwendete Szenenkomplexe boten einen Ausgangspunkt für das durchkomponierte Musikdrama, während die farbige dramatische Instrumentierung – und sogar melodische und harmonische Gedanken – deutliche Spuren in Wagners reifendem Stil hinterließen.

Stoffe, in denen die Berührung zwischen Sterblichen und Geistern thematisiert wurde, waren in dieser Zeit so ungemein beliebt, weil sie die nachaufklärerische romantische Vorstellung einer Versöhnung der Menschheit mit der Natur befriedigten. Hoffmanns und Lortzings Vertonungen der *Undine* sind bereits erwähnt worden. Zu weiteren Bearbeitungen der Legende zählen *Melusine* (1833) von Konradin Kreutzer (1780–1849), der bekannter ist für seine romantische Oper *Das Nachtlager von Granada* (1834) und das Zaubermärchen *Der Verschwender* (1834), sowie *Der Bergkönig* (1825) von Peter Joseph von Lindpaintner (1791–1856). Dieser Komponist, der mit seinem *Vampyr* von 1828 ebenfalls seiner Begeisterung für Vampirgeschichten nachgab, war ein fleißiger Musiker – und einer der glänzendsten deutschen Dirigenten seiner Epoche –, dessen zahlreiche Opern in ihrer Zeit gut aufgenommen wurden, auch wenn sie wegen ihrer mangelnden Originalität und ihrer schwachen Texte sich nicht im Repertoire halten konnten.

Von Albert Lortzing (1801–1851), der selbst zu seiner Zeit kaum wegen seiner Originalität berühmt war, leben dessenungeachtet eher einige Werke weiter. Es ist merkwürdig, daß seine Opern in den 50er- und 60er-Jahren des 20. Jahrhunderts häufiger aufgeführt wurden als die irgendeines anderen deutschsprachigen Komponisten mit Ausnahme Mozarts. Doch sind sie so sehr in ihrer einheimischen Tradition verwurzelt, daß sie außerhalb der deutschsprachigen Länder selten gespielt werden. Lortzings charakteristischer Stil ist nicht so sehr der der ernsten Romantik einer *Undine* – die in seinem Œuvre eine Art Aufbruch markiert –, sondern der der komischen Oper. Mit einer stetig fließenden Produktion solcher Opern, deren komische Ensembles geschickt gefertigt sind, und in denen klar in sich geschlossene Sololieder oftmals erzählende Funktion haben, erlangte Lortzing einen unangefochtenen Ruf auf diesem Gebiet im Deutschland der dreißiger und vierziger Jahre des 19. Jahrhunderts. Nicht »getrieben von der Kraft des Genies«, wie ein zeitgenössischer Beobachter notierte, »strebte er nach dem leicht Verständlichen«. Doch dies war im biedermeierlichen Deutschland ein Rezept für kommerziellen Erfolg, wie Lortzings anhaltende Popularität beweist. Auch sollte sein kompositorisches Können nicht unterschätzt werden. In dem dreiaktigen *Zar und Zimmermann* (1837) – gemeint ist der junge Zar Peter der Große – handhabt Lortzing die dramatische Struktur mit beachtlicher Raffinesse, während er in seinem komischen Meisterwerk *Der Wildschütz* (1842) das komische Potential der ziemlich absurden Geschichte mit solcher Natürlichkeit und so unprätentios vergegenwärtigt, daß er jegliche Kritik entwaffnet.

Einen ähnlichen Ton, doch deutlicher unter italienischem Einfluß, schlug Otto Nicolai (1810–1849) an, dessen *Lustige Weiber von Windsor* (1849) nach Shakespeares *The Merry Wives of Windsor* vor allem wegen ihrer anziehenden Melodien und geschickt ersonnenen komischen Situationen ebenfalls im Repertoire blieben.

Trotz ihres Erfolges vermochten Lortzing und Nicolai mit ihren Opern die Entwicklung einer charakteristischen deutschen Nationaloper im 19. Jahrhundert nicht voranzutreiben. So berühren ihre Werke nur die in diesem Kapitel nachzuvollziehenden allgemeinen Tendenzen, deren Höhepunkt mit Wagner erreicht wird. Zunächst müssen aber die Versuche zweier großer Komponisten betrachtet werden, die ungeachtet ihrer Bedeutung nur wenig zu diesem Entwicklungsprozeß beitrugen: die von Felix Mendelssohn Bartholdy (1809–1847) und Robert Schumann (1810–1856). Beide veranschaulichen, und sei es durch Mangel, welch großen Wert deutsche Komponisten im 19. Jahrhundert einer erfolgreichen Oper beimaßen. Es überrascht nicht, daß Mendelssohn, dessen erstaunliche Begabung sich offenbar von der

ZAR UND ZIMMERMANN, Kostüme für den Bürgermeister und den Zimmermann in der Inszenierung des Kärntnertortheaters, Wien, 1842. Lortzing übernahm selbst die Rolle des titelgebenden Handwerkers bei der Uraufführung in Leipzig 1837. Indem er auch sein eigenes Libretto verfaßte, gelang Lortzing eine vollkommene Verschmelzung von Text und Musik; schnell errang er einen Ruf als Deutschlands führender Komponist komischer Opern.

Wiege an zu zeigen schien, in einem frühen Stadium seiner Karriere ein dramatisches Werk versucht hat. Verblüffend hingegen ist, daß er nicht weniger als sechs substantielle dramatische Werke vor seinem einundzwanzigsten Lebensjahr vollendete. Zu ihnen gehören die beiden einaktigen Singspiele *Die beiden Pädagogen* (1821) und *Die wandernden Komödianten* (1822), eine komische Oper in drei Akten, *Der Onkel aus Boston* (1824) und das Liederspiel in einem Akt *Die Heimkehr aus der Fremde* (1829). Seine wichtigste Oper indes und die einzige, die zu seinen Lebzeiten öffentlich gezeigt wurde, war *Die Hochzeit des Camacho* (1827). Mit ihren eingefügten gesprochenen Dialogen stehen alle dramatischen Werke Mendelssohns fest in der Tradition des Singspiels. In *Camacho* jedoch wird deutlich, wie bewußt sich der heranwachsende Mendelssohn der zeitgenössischen Tendenzen war. Er kannte We-

PLAKAT FÜR DIE ERSTE AUFFÜHRUNG VON SCHUMANNS *GENOVEVA* am Stadttheater Leipzig, 25. Juni 1850, die der Komponist dirigierte. Die im Brabant des 18. Jahrhunderts angesiedelte Oper basierte auf Schauspielen von Tieck und Hebbel.

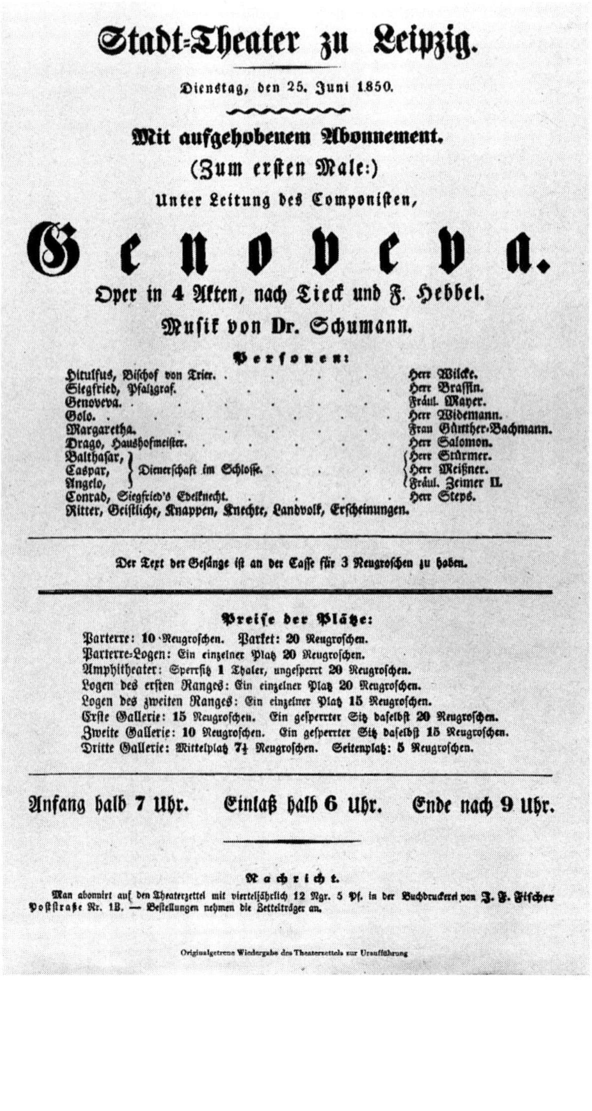

Stadt-Theater zu Leipzig.

Dienstag, den 25. Juni 1850.

Mit aufgehobenem Abonnement.

(Zum ersten Male:)

Unter Leitung des Componisten,

Genoveva.

Oper in 4 Akten, nach Tieck und F. Hebbel.

Musik von Dr. Schumann.

Personen:

Hitulfus, Bischof von Trier.	Herr Wilcke.
Siegfried, Pfalzgraf.	Herr Brassin.
Genoveva.	Fräul. Mayer.
Golo.	Herr Widemann.
Margaretha.	Frau Günther-Bachmann.
Drago, Haushofmeister.	Herr Salomon.
Balthasar, } Dienerschaft im Schlosse.	Herr Stürmer.
Caspar, }	Herr Meißner.
Angelo, }	Fräul. Zeimer II.
Conrad, Siegfried's Edelknecht.	Herr Steps.
Ritter, Geistliche, Knappen, Knechte, Landvolk, Erscheinungen.	

Der Text der Gesänge ist an der Casse für 3 Neugroschen zu haben.

Preise der Plätze:

Parterre: 10 Neugroschen. Parket: 20 Neugroschen.
Parterre-Logen: Ein einzelner Platz 20 Neugroschen.
Amphitheater: Sperrsitz 1 Thaler, ungesperrt 20 Neugroschen.
Logen des ersten Ranges: Ein einzelner Platz 20 Neugroschen.
Logen des zweiten Ranges: Ein einzelner Platz 15 Neugroschen.
Erste Gallerie: 15 Neugroschen. Ein gesperrter Sitz daselbst 20 Neugroschen.
Zweite Gallerie: 10 Neugroschen. Ein gesperrter Sitz daselbst 15 Neugroschen.
Dritte Gallerie: Mittelplatz 7½ Neugroschen. Seitenplatz: 5 Neugroschen.

Anfang halb 7 Uhr. Einlaß halb 6 Uhr. Ende nach 9 Uhr.

Nachricht.

Man abonnirt auf den Theaterzettel mit vierteljährlich 12 Ngr. 5 Pf. in der Buchdruckerei von J. F. Fischer Poststraße Nr. 1B. — Bestellungen nehmen die Zettelträger an.

Originalgetreue Wiedergabe des Theaterzettels zur Uraufführung

bers *Freischütz* und Spohrs *Jessonda*, und deren Echo findet sich im fortschrittlichen Gebrauch von Szenenkomplexen, in den Erinnerungsmotiven und der orchestralen Klangfülle des *Camacho*. Die Berliner Uraufführung war wenig erfolgreich und Mendelssohn selbst nicht zufrieden genug mit seiner Leistung, um weitere Aufführungen anzustreben. Doch schien es eine unumgängliche Pflicht, einen wirklichen Erfolg mit einer Oper zu haben, und so bemühte sich Mendelssohn stets um ein geeignetes Libretto. 1831 bemerkte er mit einem Hauch poetischer Freiheit gegenüber einem Freund: »gieb mir einen rechten Text in die Hand, und in ein paar Monaten ist er componirt; denn ich sehne mich jeden Tag von neuem danach, eine Oper zu schreiben.« Er erwog zwar verschiedene Opernprojekte, ließ sich sogar näher darauf ein, vollendete aber keine mehr.

Auch Schumann mußte, trotz allem, was er in den meisten etablierten Formen vollbracht hatte, die Erfahrung machen, daß ihn der Erfolg auf der dramatischen Bühne verließ. Seine einzige vollendete Oper, *Genoveva* (1850), der die mittelalterliche Legende von Geneviève de Brabant zugrundelag, dirigierte der Komponist bei ihrer Uraufführung 1850 selbst. Fünf Jahre später dirigierte Liszt, und er räumte in einem Kommentar Anton Rubinstein gegenüber die Vorzüge und Mängel der Partitur ein: »Von den Opern, die in den letzten fünfzig Jahren geschaffen wurden, ist es gewiß diese, die ich bevorzuge (Wagner ausgenommen – das versteht sich) – obwohl es ihr an dramatischer Lebenskraft fehlt.« In *Genoveva* fügte Schumann zwischen melodisch inspirierte Arien und schlichte Lieder im Volkston eine Form des Rezitativs ein, die an ein lyrisches Arioso grenzt. Doch fehlen unleugbar jene Schärfe in der Charakterisierung und der dramatische Schwung, die unabhängig von Stil oder Epoche wesentliche Bestandteile jeder Oper sind.

Richard Wagner (1813–1883)

Zu der Zeit, als sich Wagner seine erste berufliche Anstellung gesichert hatte, 1833, begann bereits der Verfall der Gattung der deutschen romantischen Oper, wie sie Weber, Spohr und Marschner ausgebildet hatten. Der in diesem Jahr uraufgeführte *Hans Heiling* sollte zwar in Wagners Werken spätestens seit der *Walküre* in den fünfziger Jahren nachhallen, konnte aber bezeichnenderweise die Form nicht neu beleben. Wie Wagner die »Rettung« der deutschen romantischen Oper zu seiner persönlichen Mission machte und sie in das »Kunstwerk der Zukunft«, sprich Musikdrama, umgestaltete, ist Thema dieses Kapitels. Doch zunächst läßt sich durch die Betrachtung von Wagners ersten drei Opernversuchen, *Die Feen, Das Liebesverbot* und *Rienzi*, eine lebendige Vorstellung von der Krise vermitteln, in der sich die deutschen Komponisten dieser Epoche befanden.

Da Wagner in jedem dieser drei Werke unterschiedliche Einflüsse verarbeitete, veranschaulichen sie nicht nur das Spektrum der Möglichkeiten, über die ein Opern-

WAGNERS ERSTE VOLLENDETE OPER, *DIE FEEN*, wurde erst fünf Jahre nach seinem Tod am 29. Juni 1888 aufgeführt, doch sorgten jüngste Entwicklungen der Bühnentechnik für eine aufsehenerregende Inszenierung am Münchner Hoftheater, in der Sterne, Blumen und Schwäne elektrisch beleuchtet wurden. Schlußtableau mit der Wiedervereinigung der schwergeprüften Arindal und Ada im Reich der Feen.

komponist der Zeit verfügte, sondern auch die zur Wahl einer Gattung gehörenden politischen Erwägungen. Mit den *Feen* (1833/34, Uraufführung 1888) wandte sich Wagner natürlich der Tradition zu, in der er aufgewachsen war, der deutschen romantischen Oper. Weber und Marschner sind die anerkannten Vorbilder, und die für sie typische klangliche Farbgebung findet sich auch in Wagners Partitur, in der zudem ein übernatürlicher Stoff behandelt wird.

Die Feen thematisieren zwar ein weiteres Mal die tragische Verbindung der Menschen- mit der Geisterwelt, doch finden sich zwei besondere Topoi, auf die Wagner später zurückgreifen sollte. Der erste ist der Topos der Erlösung, obwohl interessanterweise ein Mann, der getreue Arindal, nicht eine Frau die handelnde Person ist: er folgt seiner versteinerten, geliebten Ada in die Unterwelt und ruft sie, wie Orpheus, durch Gesang und das Lautenspiel ins Leben zurück. Der zweite Topos ist der der verbotenen Frage. Arindal darf die halb-feenhafte, halb-sterbliche Ada nur unter der Bedingung heiraten, daß er acht Jahre lang nicht fragt, wer sie ist. Wie Elsa in *Lohen-*

grin wird Arindal schließlich von dem Wunsch überwältigt, die Geliebte vollkommen zu begreifen: er platzt mit der verbotenen Frage heraus und Adas magisches Reich verschwindet. Alle herkömmlichen Formen von Arie, Rezitativ, Romanze, Kavatine werden ebenso wie verschiedenartige Ensembles (Terzett, Quartett und Septett) in den *Feen* mit viel Geschick entfaltet. Bezeichnenderweise greift Wagner auch das fortschrittlichste Element seiner Vorbilder auf, wenn er größeres Gewicht auf Szenenkomplexe legt; bemerkenswerte Beispiele finden sich im zweiten wie im dritten Akt.

Mit seiner zweiten Oper, *Das Liebesverbot* (1836), wandte sich Wagner von der deutschen romantischen Oper ab und italienischen wie französischen Vorbildern zu, insbesondere Bellini und Auber. Hinter dieser zeitweisen Neuorientierung standen ideologische Gründe: unter dem Einfluß der radikalen literarischen Bewegung des

WAGNERS *RIENZI*, Schlußszene des vierten Akts mit den Stufen der Laterankirche, von der aus Rienzis Exkommunikation gerade verkündet worden war; alle außer seiner Schwester Irene verlassen den Tribun. Die anachronistische kirchliche Architektur (*Rienzi* spielt im 14. Jahrhundert in Rom, nicht in der Barockzeit) betont den hohen Anspruch der Grand opéra hinsichtlich Werk und Inszenierung (Dresden, 1842).

Jungen Deutschland hatte Wagner in seinem Essay *Die deutsche Oper* (1834) teutonische »Gelehrtheit« und »Steifheit« zugunsten eines italianisierten Lyrismus verworfen. In der Folge entstand die überschäumende Partitur des *Liebesverbots*, in deren Charakter sich der Stoff, eine Verherrlichung der Sinnlichkeit in einer sizilianischen Neubearbeitung von Shakespeares *Measure for Measure* widerspiegelt. Sind die Leichtigkeit des Stils und der melodische Fluß die offenkundigsten italienischen Züge, so sind andere die mehrgliedrige Struktur der beiden langatmigen Finale und die Verwendung einer »banda«, einer militärartigen Kapelle, die auf oder hinter der Bühne spielt.

Die Nationalität des Komponisten des *Liebesverbots* zeigt sich dennoch deutlich in vielen der hervorstechendsten Ideen der Oper, von den reichlich mit Appogiaturen versehenen Melodien bis hin zum Zitat des »Dresdner Amen« im Salve Regina der Nonnen im ersten Akt. Erstmals verwendet Wagner in einem seiner Werke durchgehend »Leitmotive«, wie sie später genannt werden sollten.

Das Leitmotiv (das im Verlauf dieses Kapitels näher erörtert wird) ging aus dem sogenannten »Erinnerungsmotiv« hervor, einer in der zweiten Hälfte des 18. Jahrhunderts entstandenen Technik, in der ein Motiv (auch nur ein Akkord oder eine Klangfarbe), eine vollständige Melodie oder sogar eine ganze Nummer assoziiert werden. Méhul und Cherubini verwendeten unter anderen diese Technik, und Weber, Spohr und Marschner entwickelten sie in Deutschland. Das markanteste Erinnerungsmotiv im *Liebesverbot* ist mit der Ächtung der Liebe durch den Regenten Friedrich verknüpft. Da sich die Handlung um die Scheinheiligkeit des wollüstigen Friedrich dreht, gewinnt sie viel ironischen Humor aus dem vielfältigen Wiedererscheinen des Motivs, und dies verweist darauf, wieviel Komik Wagner in späteren Werken aus dieser Technik hätte ziehen können, falls er es gewollt hätte.

Andere Motive bewegten ihn, in *Rienzi* (1842) den Stil der französischen Grand opéra zu übernehmen. Die Aufmerksamkeit auf Paris gerichtet, hoffte der junge Wagner, seine Karriere mit einem allgemeinen Erfolg an der Opéra zu lancieren. Das Pariser Publikum verlangte monumentale historische Dramen, spektakuläre Bühnentableaus und brillante Gesangsnummern, ein Wunsch, den Meyerbeer ebenso großzügig befriedigte wie Spontini, Auber und Halévy, deren Werke Wagner alle auf dieser Bühne bewunderte. Wagners erklärtes Ziel war es, mit *Rienzi* alle bisherigen Beispiele in dieser Gattung durch den ›außergewöhnlichen Aufwand‹ seines eigenen Versuchs zu übertreffen. So entstanden Märsche, Prozessionen und Ballette, ganz zu schweigen von den gewaltigen Massenszenen, lärmenden Exkommunikationen und

WAGNER, *TANNHÄUSER* (1845), zwei Zeichnungen von Michael Echter nach der Münchner Inszenierung von 1867. Oben: erster Akt, erste Szene, das Venusberg-Bacchanal, dem in dieser Inszenierung die längere, ekstatische Pariser Fassung von 1861 zugrundelag, zu der die drei Grazien und Cupidi gehörten (hier beschwichtigen sie das Durcheinander, indem sie Liebespfeile auf die Schwelgenden herabregnen lassen). Unten: der Sängerkrieg aus dem zweiten Akt; Tannhäuser singt das Lob der Venus in der frommen Umgebung der Wartburg.

DER BRAUTZUG ZUM MÜNSTER IN *LOHENGRIN*. Michael Echters Zeichnung nach der Münchner Inszenierung von 1867 (die König Ludwig II. als »Modell«-Inszenierung des Werks plante) fängt das Element der Grand opéra ein, das in diesem Übergangswerk Wagners noch immer gegenwärtig ist.

einstürzenden Gebäuden. Die ersten beiden Akte kommen den Modellen der französischen und italienischen Großen Oper am nächsten. Die Komposition der Akte drei bis fünf, die mit Wagners Umzug von Riga nach Paris und seiner wachsenden Unzufriedenheit mit den geschlossenen Nummern der konventionellen Oper zusammenfiel, bezeichnet einen greifbaren stilistischen Fortschritt: Rezitativ und Arie beginnen zu verschmelzen und das Orchester bekommt eine stärker interpretierende Funktion.

Mit dem *Fliegenden Holländer* (1843) besann sich Wagner auf seine deutschen Wurzeln, und diese Oper bildete mit den beiden ihr folgenden, *Tannhäuser* und *Lohengrin*, den Höhepunkt der deutschen romantischen Oper. Das heißt nicht, daß sich keine anderen Einflüsse aufdrängten: Spuren des tradierten, italianisierten Finales sind in

Tannhäuser wahrzunehmen (zweiter Akt), während sich Elemente der Pariser Grand opéra in ihm und in *Lohengrin* finden.

Als Übergangsopern in Wagners Œuvre schlagen diese drei eine Art Regenbogen zur Walhalla des vollständig durchkomponierten Musikdramas. Im *Holländer* führt Wagner den von Weber und Spohr begonnenen Prozeß der Verbindung einzelner Nummern zu Szenenkomplexen weiter: mehr als die Hälfte des ersten Akts beispielsweise (von dem Moment an, in dem Daland das Geisterschiff sichtet bis zum Ende) ist als »Szene, Duett und Chor« bezeichnet. Sentas Ballade ist ein eingefügtes erzählendes Lied in der Tradition der deutschen Romantik – tatsächlich ähnelt sie auffallend dem von Emmy in Marschners *Vampyr* gesungenem Lied –, und noch immer gibt es wie einen Mißklang konventionelle Passagen wie die Kadenz zu Dalands Arie im zweiten Akt, »Mögest du, mein Kind«, oder Eriks Kavatine im dritten Akt.

Nicht die formalen Ungereimtheiten jedoch beunruhigten das erste Publikum in Dresden, sondern die Gesamtkonzeption des Werks und seine klangliche Realisierung. In dieser Zeit wurden viele der übernatürlichen Themen allmählich überdrüssig, und so entlockte die Stimmung des Verhängnisvollen, die die Geschichte durchzieht – eine Neugestaltung der Legende vom Seefahrer, der verdammt ist, bis zum Jüngsten Gericht auf den Ozeanen umherzufahren, wenn er nicht durch die Hingabe einer Frau gerettet wird –, Wagner eine Partitur von unerhört unheimlichen Charakter. Jedoch muß man den *Holländer* nur mit Spohrs *Faust* beispielsweise vergleichen, dessen Stoff ähnlich dämonisch ist, um zu erkennen, wie enorm Wagner die Wirkung durch seine konsequentere Verwendung eines dramatischen Kolorits zu steigern wußte.

Weniger düster und offenkundiger melodisch, entzündte Wagner mit seiner nächsten Oper, *Tannhäuser* (1845) größere Begeisterung beim Publikum der ersten Aufführungen. Indem Wagner die (vorher getrennten) Legenden von dem Kreuzritter Tannhäuser und dem Sängerkrieg auf der Wartburg verquickt, stellt er zwei Formen der Liebe, die sinnliche und die geistige, einander gegenüber, die vom Venusberg einerseits und von Elisabeth und der Wartburg andererseits repräsentiert werden. Diese Gegensätzlichkeit schlägt sich unmittelbar in der Musik nieder, denn die Tonart E-Dur wird mit dem Venusberg gleichgesetzt, während Es-Dur mit den Pilgern, heiliger Liebe und Erlösung verbunden ist.

Eine grundlegendere Polarität ist wahrzunehmen in Wagners Assoziation des reaktionären Hofes auf der Wartburg mit eher traditionellen, altmodischen Opernmerkmalen und seiner Charakterisierung der Venusberg-Sphäre, die symbolisch für die Befreiung von der bürgerlichen sexuellen Heuchelei steht, durch den progressiveren Stil des Musikdramas, den er stetig weiter entwickelte. So ist der Sängerkrieg selbst, im zweiten Akt, im Grunde eine Folge mehr oder weniger in sich geschlossener Arien, und auch Wolframs berühmtes Lied an den Abendstern im dritten Akt ist mit seinen regelmäßigen, achttaktigen Phrasen und seiner Tonartendisposition äußerst konservativ. Mit der Musik der Venus hingegen bricht Wagner, vor allem in der erweiterten Fassung für die Aufführungen in Paris 1861, ständig aus den Zwängen herkömmlicher Wortvertonung aus.

Stilistisch gesehen die fortschrittlichste Passage ist Tannhäusers Bericht aus Rom im dritten Akt, wie er als büßender Pilger nach Rom zog und vom Papst schroff abgewiesen wurde. Hier gibt die Gesangslinie die dramatische Erzählung mit einer Genauigkeit wieder, die die zukünftigen reifen Musikdramen antizipiert. Auch dem Orchester kommt in diesem Abschnitt eine entscheidende Bedeutung zu, denn es veranschaulicht und unterstreicht den dramatischen Inhalt mit unerhörter Ausdruckskraft.

Mit *Lohengrin* (1845–1848, Uraufführung 1850), ging Wagner einen Schritt weiter. Elemente der Grand opéra sind noch präsent in der Teufelskunst, in spektakulärer Ausstattung und Massenszenen mit Kathedrale, Orgel, Fanfaren und dem Brautzug. Tatsächlich ist die abgebrochene Hochzeitsprozession am Ende des zweiten Akts bildlicher Ausdruck Großer Oper. Auch die Spuren altmodischer Rezitative, Arien und Chöre haben sich noch nicht ganz verloren. Auf der anderen Seite sind selbst solche Nummern, die berühmt werden sollten wie Elsas Traum oder Lohengrins Gralserzählung, sorgfältig in die Struktur integriert.

Die Leitmotivtechnik ist in diesen drei romantischen Opern weder markant noch vorherrschend. In *Lohengrin* findet sich aber mit dem Motiv der verbotenen Frage, das bei seiner Wiederkehr ständig an den strengen und ausdrücklichen Befehl Lohengrins erinnert, Elsa dürfe ihn weder nach seinem Namen noch nach seiner Herkunft fragen, ein besonderes Indiz für diese Technik, das auf den *Ring* hinweist. Bestehen die Leitmotive in *Lohengrin* (eingeschlossen das der verbotenen Frage) im allgemeinen aber noch aus richtig abgerundeten Themen mit sich ergänzenden Phrasen, so tendieren die des *Ring* zu größerer Prägnanz und Formbarkeit. Durch ihren rein illustrativen Charakter besitzen die Motive in *Lohengrin* auch eine andere strukturelle Funktion als im *Ring*, in dem die Verwandlung der Motive die Struktur des Zyklus' entscheidend bestimmt.

Der fliegende Holländer, Tannhäuser und *Lohengrin* erweiterten die Grenzen der Opernform ein wenig. Doch gegen Ende der vierziger Jahre formulierte Wagner radikalere Lösungen für das, was er, wie andere, als Krise der Oper ansah. Nicht zufäl-

DIE WOLFSSCHLUCHTSZENE (Finale des zweiten Akts von Webers *Freischütz*), in der übernatürliche Kräfte beschworen werden, um die Freikugeln zu gießen: der *locus classicus* der deutschen romantischen Oper; Lithographie nach Carl Wilhelm Holdermanns Entwurf für die Weimarer Inszenierung von 1822.

CASPAR DAVID FRIEDRICHS *MANN UND FRAU DEN MOND BETRACHTEND* (um 1824), mit dem ausladenden Eichenbaum und dem in Andacht versunkenen Menschenpaar, repräsentiert in vollkommener Weise das pantheistische Empfinden der frühen deutschen Romantik des Einsseins mit der Natur, und ist gleichzeitig ein Beispiel für Friedrichs Beschäftigung mit der »belebten« Natur und »einer ursprünglichen kosmischen Kraft« (Schelling).

WAGNER, *SIEGFRIED* (Bayreuth, 1876). Unten: Das Gemälde von Max Brückner zeigt das Bühnenbild für die erste Szene des dritten Akts (Wotan/Erda). Rechts: Doeplers Entwurf für *Siegfried*. Wagner wollte die schwierige Aufgabe des Bühnenentwurfs für den *Ring* nicht konventionellen Bühnenmalern überlassen und beauftragte Josef Hoffmann, der eine Serien von Skizzen anfertigte. Die Bühnenbilder selbst wurden von den Brüdern Brückner unter Hoffmanns Aufsicht gebaut und gemalt, während Carl Emil Doepler aus Berlin beauftragt wurde, die Kostüme zu entwerfen. Eine Modifizierung der klassischen Antike sei jedoch, wie Wagner an Doepler schrieb, für die Darstellung der Nibelungenmythen untauglich. Etliche Andeutungen der mit germanischen Völkern in Berührung gekommenen römischen Schriftsteller über die Trachten der Germanen schienen ihm »noch nicht zu erfolgreicher Beachtung gelangt zu sein«.

lig fiel diese neue Beurteilung genau in die gleiche Zeit, in der die soziale Revolution in ganz Europa ausbrach. Für Wagner waren die Kernfragen von Kunst und Gesellschaft unentwirrbar miteinander verflochten, denn wahre Kunst konnte seiner Meinung nach nur in einer Gesellschaft gedeihen, die frei war von Unterdrückung und Ausbeutung. Doch könnten Kunstwerke befreiend wirken und die Verwirklichung der Utopie vorantreiben.

In *Die Kunst und die Revolution*, der ersten in einer Reihe von Abhandlungen, die Wagner im Sog des Dresdner Aufstands 1848/49 verfaßte, drang er darauf, die Kunst aus dem Reich der kapitalistischen Spekulation und des Profitstrebens zu entfernen. Das »Kunstwerk der Zukunft« würde die Einheit des klassischen griechischen Dramas wiederherstellen durch die neue Vereinigung aller Medien innerhalb eines dramatischen Gefüges. In zwei weiteren Essays, *Das Kunstwerk der Zukunft* und *Oper und Drama*, führte er diese Gedanken im einzelnen aus. Die neue Gattung sollte ein »Gesamtkunstwerk« sein, in dem sich Musik, Dichtkunst und Tanz ebenbürtig miteinander verbinden und gleichzeitig Architektur, Bildhauerei und Malerei ihren authentischen klassischen Status wiedergewinnen. In *Oper und Drama* beschäftigte sich Wagner in erster Linie mit dem Verhältnis von Dichtkunst und Musik. Er schlug eine neue Art der Deklamation vor, die sogenannte Versmelodie, in der der musikalische Satz einer Zeile auf alle Nuancen des Verses eingehen sollte. Da die deutliche Herausstellung des Textes oberstes Ziel war, würde es keinen Raum mehr für Duette, Terzette und chorische Ensembles geben. Die alte deutsche alliterative Versform des Stabreims sollte wiederhergestellt werden, und ein System von Vorahnungen und Erinnerungen (zum Beispiel die Leitmotivtechnik, ohne daß Wagner den Begriff benutzt) die Schlüsselgedanken wie emotionale Wegweiser in der Partitur mitschwingen lassen.

Das »Kunstwerk der Zukunft« war also Wagners radikale Lösung für das Unbehagen, das Kunst und Gesellschaft gleichermaßen ergriffen hatte. Dessen Prinzipien wurden im Musikdrama konkretisiert – Wagner benutzte diesen Begriff zwar, gab ihn aber wieder auf, obwohl er allgemein beibehalten wurde, um den *Ring*, *Tristan*, *Die Meistersinger* und *Parsifal* von den früheren, konventionelleren Opern zu unterscheiden. Die theoretischen Vorschriften aus *Oper und Drama* befolgte Wagner nicht bis ins letzte Detail. Zum einen enthielt der Text, wie jedes Manifest, ein stark utopisches Element, das polemischen ebenso sehr wie praktischen Zwecken diente. Zum anderen war Wagner als Musiker pragmatisch genug, um sein kompositorisches Vorgehen der Erfahrung anzupassen.

Um einen geeigneten Stoff für sein welt-erlösendes Musikdrama zu finden, wandte Wagner sich dem mittelalterlichen Epos des *Nibelungenlieds* zu, einem Werk, dessen Wertschätzung in den vierziger Jahren mit der Woge des deutschen Nationalismus aufsehenerregend gestiegen war. Des weiteren zog er verschiedene skandinavische Quellen heran; in beträchtlichem Maße die poetische (oder ältere) Edda, die *Völsunga*

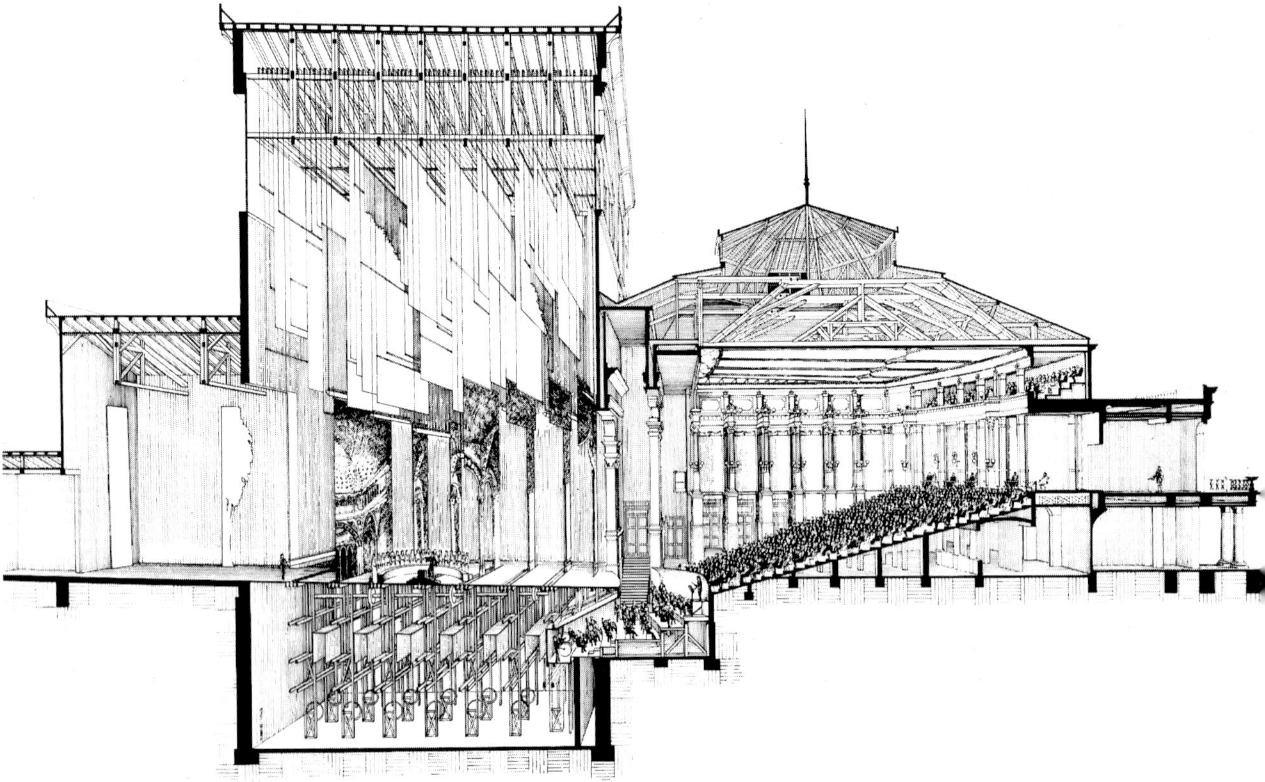

DAS BAYREUTHER FESTSPIELHAUS im Längsschnitt. Von links nach rechts sind Paul Joukowskys originales Bühnenbild für die Gralsburg im *Parsifal*, das Orchester im »mystischen Abgrund« und der fächerförmige Zuschauerraum zu sehen, in dem Seitenlogen für Aristokraten und prunkvolle Details bemerkenswerterweise fehlen.

Saga und die Prosa-Edda von Snorri Sturluson, die alle in Island wahrscheinlich in der ersten Hälfte des 13. Jahrhunderts zusammengetragen wurden, sowie *Thidreks Saga af Bern*, eine um 1260 bis 1270 in Altnordisch verfaßte Prosaerzählung.

Indem er die ferne mythologische Welt des *Ring*, eine von Göttern, Helden, Riesen und Drachen bewohnte Welt, heraufbeschwor, verleugnete Wagner keineswegs den revolutionären Impuls des »Kunstwerks der Zukunft«. Ganz im Gegenteil liegt es nahe, die Tetralogie als Allegorie zu verstehen, genauer als Kritik an den gesellschaftlichen Verhältnissen der Zeit. Wagners Verurteilung kapitalistischer Ausbeutung und Unterdrückung offenbart sich besonders deutlich im *Rheingold*, der ersten Oper des Zyklus', doch auch die übrigen Teile – *Die Walküre, Siegfried* und *Götterdämmerung* – reflektieren seine Verachtung sozialer Strukturen, die auf Vertragssystemen, Besitzrechten und Machthierarchien beruhen.

Die Komposition des *Ring* beschäftigte Wagner etwa sechsundzwanzig Jahre lang (1848–1874), und im Laufe dieser Zeit veränderte sich zwangsläufig sein Stil. Zu Beginn, mit *Rheingold*, war er bestrebt, seine theoretischen Prinzipien, wenn auch nicht buchstäblich, in seinem Werk wie in einem Schrein einzuschließen. So vermied er gänzlich individuelle Nummern und Ensemblegesang (abgesehen von den Rheintöchtern, die als Einheit behandelt werden), und übertrug den gesamten Text in ein freies Arioso, das auf die poetische Bedeutung des Verses und seine natürlichen Betonungen eingeht. In der *Walküre* gelang es Wagner, eine Ausgewogenheit zwischen dieser Treue zur Dichtung und konsequenteren musikalischen Interessen zu finden. Die Versmelodie, oder musikalisch-poetische Synthese, wie sie zuweilen genannt wird, ist am genialsten in der *Walküre* ausgeführt. Mit dem dritten Akt des *Siegfried* und der *Götterdämmerung* verlagerte sich das Gewicht spürbar auf die Musik, und die Abstammung des letzteren Werks von der Großen Oper zeigt sich deutlich im Chor von Hagens Vasallen und im verschwörerischen Terzett für Brünnhilde, Gunther und Hagen (beide im zweiten Akt).

Ähnlich veränderte sich Wagners Leitmotivtechnik im Verlauf des *Ring*. Im *Rhein-*

WAGNERS *TRISTAN UND ISOLDE*, erster Akt, fünfte Szene. Isolde wird ohnmächtig, weil ihre Magd die Giftphiole durch einen Liebestrank ersetzt hat. Michael Echters Gemälde von 1867 entstanden im Zusammenhang mit der Münchner Uraufführung von 1865.

EIN UMZUG BEIM 1861 IN NÜRNBERG ABGEHALTENEN DEUTSCHEN CHORFEST. In diesem Jahr schrieb Wagner sein Libretto für *Die Meistersinger von Nürnberg*. Bürgerstolz und die nostalgische Beschwörung der mittelalterlichen Vergangenheit Nürnbergs waren bei dieser Feier miteinander verbunden; diese Motive erinnern an die Festwiese im dritten Akt der *Meistersinger*.

DIE ÖSTERREICHISCHE SOPRANISTIN AMALIE MATERNA war eine der drei Kundrys (laut Wagner die glänzendste) in den ersten Aufführungen des *Parsifal* 1882. Die Photographie zeigt »wilde Kleidung, hoch geschürzt; den Gürtel von Schlangenhäuten lang herabhängend: schwarzes, in losen Zöpfen flatterndes Haar«, wie in den Regieanweisungen vorgeschrieben.

gold ist die Verknüpfung von Motiven mit bestimmten Figuren (zum Beispiel mit den Riesen oder Freia) oder Gegenständen (zum Beispiel mit Speer oder Schwert) im allgemeinen eindeutig. In der *Walküre* oder den ersten beiden Akten des *Siegfried* sind die Motive nicht immer so buchstäblich repräsentativ, während sie im dritten Akt des *Siegfried* und in der *Götterdämmerung* in einer solch verschwenderischen Fülle hervorsprudeln, daß jeder Versuch, ihnen ein einschränkendes Etikett anzuheften, zum Scheitern verurteilt ist. Wie bereits erwähnt, erfüllen Leitmotive im gesamten *Ring* auch eine strukturelle Funktion. Ihre Verwandlung dient demgemäß ebenso dem Zweck der musikalischen Entwicklung wie sie »emotionaler Wegweiser« sein kann oder als Requisit zu identifizieren ist. Oftmals kann auch die Tonartendisposition ganzer Abschnitte oder es können sogar Szenen durch die Tonart vorgegeben sein, mit der besondere Motive verbunden sind.

In seinen letzten drei großen Musikdramen – *Tristan, Die Meistersinger* und *Parsifal* – lotet Wagner in unterschiedlicher Weise die Gattung aus, um eine welt-erlösende Meditation über einen zeitlosen Gegenstand vorzubringen. *Tristan und Isolde* (1859, Uraufführung 1865) ist nicht einfach die großartigste je erzählte Liebesgeschichte, sondern eine metaphysische Abhandlung über das Wesen der Existenz selbst. Unter dem Einfluß des Philosophen Arthur Schopenhauer stellte Wagner die Beziehung der Liebenden dergestalt dar, daß sie ihre getrennten Erscheinungsformen ablegen (das heißt, sich selbst, so wie sie der Außenwelt erscheinen, aufgeben), und ihre Identitäten im Reich einer einzigen, nicht differenzierten reinen Idee verschmelzen. Das

RICHARD WAGNER. Eine der beiden Photographien, die Joseph Albert am 1. Mai 1882 aufnahm, neun Monate vor dem Tod des Komponisten. Diese sind die letzten bekannten Photographien Wagners.

Noumenon, die reine Idee, die in der Oper durch die Nacht symbolisiert wird, ist die letzte »Wirklichkeit«, das geistig-seelische Bewußtsein; die äußere materielle Welt der Erscheinungen findet ihr Symbol im Tag.

Die Meistersinger von Nürnberg (1865, Uraufführung 1868) sind das einzige der reifen Musikdramen, das historisch zeitlich genau einzuordnen wie zu lokalisieren ist: es spielt in Nürnberg in der Mitte des 16. Jahrhunderts. Dennoch sind die im Werk behandelten Themen – auf der einen Ebene – ebenso zeitlos wie die des *Tristan*: das Alte muß dem Neuen weichen, auch wenn die schöpferische Kraft der Jugend sich den Regeln der Form unterwerfen muß. Auf einer anderen Ebene allerdings können *Die Meistersinger* als das künstlerische Pendant zu Wagners ideologischem Kreuzzug der sechziger Jahre gesehen werden – einem Kreuzzug, den nationalen Stolz wiederherzustellen, den »Deutschen Geist« wiederzuerwecken und ihn von fremden Elementen zu reinigen. Der antisemitische Unterton der *Meistersinger* konzentriert sich auf die Figur des Stadtschreibers Beckmesser und seine pathetischen Versuche zu de-

EINE KARIKATUR VON F. BOSCOVITS AUS DER ZEIT VON WAGNERS TOD zeigt, wie er seine musikalischen Aktivitäten in den himmlischen Sphären zu den Weisen überirdischer Blechbläser und Schlagzeuger weiterführt. Der Himmel ist mit Meistersingern, Wanderern und anderen wagnerianischen Figuren bevölkert: man beachte die Parsifal-Taube, die als geflügelter Helm einspringt.

monstrieren, daß er mit wahrer Schöpferkraft begabt ist; tatsächlich vermag er nichts weiter, als den echten Künstler, Walther, nachzuahmen, und er wird für seinen Hochmut rituell gedemütigt.

Das zentrale Thema des *Parsifal* (1882) dagegen ist die Reinheit des Blutes. Nur durch die Reinigung der korrupten Gemeinschaft der Ritter mit dem Blut Christi könnte die Degeneration der menschlichen Rasse in ihr Gegenteil gekehrt und die notwendige Erneuerung vollzogen werden. Auch *Parsifal* sollte wieder als künstlerische Entsprechung zu Wagners ideologischen Obsessionen gesehen werden, die in diesem Fall in den rassistischen ›Regenerations‹-Schriften der Jahre zwischen 1878 und 1882 ihren Ausdruck fanden. Dies sind die *Parsifal* zugrunde liegende Botschaft und sein rätselhafter religiöser Symbolismus, doch sind die Kernfragen weitreichend und ihre Darstellung wirkungsvoll genug, um den dafür Empfänglichen Erleuchtung – um nicht zu sagen berauschendes Sichgehenlassen – anzubieten.

Mit dem Musikdrama in seiner am höchsten entwickelten Form – wie im *Ring*, in *Tristan*, *Die Meistersinger* und *Parsifal* – erfüllte Wagner das Versprechen seiner theoretischen Abhandlungen aus der Zürcher Zeit im weitesten Sinn. Die neuartige Versmelodie mag mit der Theorie nicht bis ins letzte Detail übereingestimmt haben, noch wurde das utopische Ideal des Gesamtkunstwerks wortwörtlich verwirklicht. Aber in seiner Abkehr vom Trivialen und Bombastischen und in seinem Streben nach tiefen geistigen Wahrheiten wurde das Musikdrama in der Tat zum Zeugnis eines selbsternannten Gesellschaftsreformers. Die Verkündung dieser Botschaft revolutionierte folgerichtig und notwendig den Weg der Oper. Nicht nur sollte Oper niemals wieder so sein wie zuvor; für Komponisten des späten 19. und frühen 20. Jahrhunderts war es unmöglich geworden, sich auf die Form einzulassen, ohne sich, auf welche Weise auch immer, mit dem Erbe Wagners auseinanderzusetzen.

Wagnerianer

Niemand war sich der Gefahr, vom Wagnerianismus erstickt zu werden, stärker bewußt als Peter Cornelius (1824–1874). Verwandt mit dem berühmten bildenden Künstler gleichen Namens, geriet Cornelius im Laufe seiner musikalischen Ausbildung in den Bann von Wagners Opern. 1852 stellte er sich ihm, siebenundzwanzigjährig, in Weimar vor, wo Liszt als einer der Führer der ›neudeutschen‹ Schule sein Mentor wurde. Cornelius erkannte die Gefahr, als Adept Wagners zu erscheinen, und beabsichtigte ursprünglich, sich auf einem anderem Gebiet einen Namen zu machen – auf dem der komischen Oper. Zu diesem Zweck bereitete er 1855/56 ein Libretto für eine leichte Oper über eine Geschichte aus *Tausendundeiner Nacht* vor. Die daraus resultierende orientalisch gewürzte Liebesgeschichte, *Der Barbier von Bagdad* (1858), sollte sein berühmtestes Werk bleiben, obwohl es weitaus regelmäßiger in Geschichten der Oper auftaucht als auf der Bühne. Beeinflußt von der türkischen Musik

Mozarts und Rossinis ebenso wie von Berlioz' *Benvenuto Cellini*, wurde es dennoch als ein Werk der ›neudeutschen‹ Schule wahrgenommen und fiel konsequenterweise der Kabale gegen Liszt in Weimar zum Opfer: die dortige Uraufführung wurde von einer Demonstration gegen den dirigierenden Liszt beeinträchtigt, der daraufhin seine Stellung in der Stadt aufgab.

Ungeachtet seiner ursprünglichen Absichten, konnte Cornelius der Anziehungskraft wagnerianischer Stoffe nicht lange widerstehen. In seinen anderen beiden Opern, *Der Cid* und *Gunlöd*, wandte er sich dem historischen Drama respektive der nordischen Legende zu. Tatsächlich kam es kurz nach Beginn seiner Arbeit an *Der Cid* 1860 zu Cornelius' erstem direkten Kontakt mit Wagner in Wien. Wagner übte großen Druck auf Cornelius aus, sich in seiner Nähe niederzulassen: zunächst schlug er ihm 1862 Wiesbaden vor, 1864 dann attackierte er ihn nochmals von München aus. Der um den Verlust seiner künstlerischen und vermutlich emotionalen Unabhängigkeit fürchtende Cornelius – er kannte Wagners Neigung, die ihm Nahestehenden zu vereinnahmen – widerstand allen Schmeicheleien bis Ende 1864, als er Wagners musikalischer Assistent und anschließend Lehrer an der von Wagner und Hans von Bülow wiedergegründeten Musikschule wurde.

Im *Cid* (1865), einem Stoff über den christlichen Helden aus dem 11. Jahrhundert, verband sich historischer Realismus – wie in der Schilderung der Schlacht zwischen den spanischen Kreuzrittern und den Mauren – mit einem persönlichen Konflikt zwischen Liebe und Pflicht: Chimene verliebt sich in Cid, obwohl sie Rache an ihm, dem Mörder ihres Vaters, wünscht. Drängt sich von der Handlung her eine Parallele zu Wagners rächender Isolde auf, so erinnert die Musik stärker an *Lohengrin*, den Wagner in Wien zur Zeit der ersten Begegnung zwischen Cornelius und ihm aufgeführt hatte. Trotz Cornelius' ausdauernder Arbeit an der Komposition zwischen 1860 und 1865 ist *Der Cid* im Vergleich zu *Lohengrin* dramatisch schwerfällig. Wagner selbst bot sich an, die Oper 1864 in Weimar zu dirigieren, doch blieb es beim Vorschlag. Zu Cornelius' Lebzeiten wurde das Werk nur zweimal aufgeführt, wobei die Weimarer Uraufführung, ironisch und treffend genug, von derjenigen des *Tristan* überschattet wurde, die drei Wochen später in München stattfand.

Cornelius' drittes und letztes Opernunternehmen war noch weniger erfolgreich. Der 1866 begonnene *Gunlöd* war bei seinem Tod 1874 unvollendet und wurde erst 1891 aufgeführt. Das meiste des ersten und ein beträchtlicher Teil des zweiten Akts

TENDENZEN ZUR GROSSEN OPER IN KARL GOLDMARKS *DIE KÖNIGIN VON SABA* werden in Carlo Brioschis Bühnenbildern für die Uraufführung an der Wiener Hofoper 1875 deutlich (hier die zweite Szene des zweiten Akts).

DIE NEORENAISSANCE-PRACHT DER WIENER HOFOPER, die 1869 vollendet wurde, reflektiert die selbstbewußten Bestrebungen des Habsburger Kaiserreichs. Ihre renommierte Lage an der neugebauten Ringstraße, an der auch die Regierungsgebäude und die Universität liegen, betonte die zentrale Rolle, die die Oper im Wiener Leben spielte.

Figli di Re
(Königskinder)
E. Humperdinck
Franz Stassen

waren geschrieben, doch keiner der beabsichtigten drei Akte war orchestriert. Da die Oper wiederum *Lohengrin* viel verdankt, scheint es unwahrscheinlich, daß eine besondere Eigenart des *Gunlöd* die des *Barbier von Bagdad* in einem anderen Genre übertroffen hätte.

Die komische Oper wurde damals als eine Gattung verstanden, in der Komponisten zu eigenem Ausdruck finden konnten, ohne allzu direkt mit Wagner verglichen zu werden. Hermann Goetz (1840–1876) war ein weiterer Komponist, der sich entschied, die Tradition der *Lustigen Weiber von Windsor* und des *Barbier von Bagdad* mit *Der Widerspenstigen Zähmung* (1874), einer Neubearbeitung von Shakespeares *Taming of the Shrew*, fortzusetzen. 1868 begann Goetz daran zu arbeiten, nachdem er bezeichnenderweise ein von seinem Librettisten vorgeschlagenes Drama über die Parzival-Legende verworfen hatte. Am meisten fällt der melodische Reichtum dieser Oper auf: ausgedehnte ariose und rezitativische Passagen, die die Handlung weitertreiben, stellen allein durch ihren Wohlklang einen Fortschritt gegenüber *Lohengrin* dar. Das Arioso erblüht fortwährend zu richtigen lyrischen Arien, wobei die Formen nur durch zarteste Fäden verknüpft sind. Knapp auf *Die Meistersinger* folgend, mußte Goetz' Oper in derem Licht betrachtet werden. Tatsächlich verdankt sie diesem Werk praktisch nichts: formal steht sie *Tannhäuser* und *Lohengrin* näher, während ihre ereignislose harmonische Sprache sogar noch konservativer ist. Das dramatische Tempo und der Humor sind jedoch geschickt gehandhabt. Eine zweite großangelegte Oper, *Francesca da Rimini* (1877), hinterließ Goetz bei seinem Tod 1876 unvollendet, aber er wäre gewiß zufrieden, daß man sich aufgrund der *Widerspenstigen Zähmung* an ihn als den Komponisten einer der schönsten deutschen komischen Opern des 19. Jahrhunderts erinnert.

Ein gleichermaßen unabhängiger Geist war Karl Goldmark (1830–1915), ein gebürtiger Ungar, der die meiste Zeit seines Arbeitslebens in Wien verbrachte. Seinen Ruf begründete er mit der ersten seiner sechs Opern, *Die Königin von Saba*, mit deren Komposition er 1865 begonnen hatte, die aber erst zehn Jahre später auf die Bühne kam. Die sich um eine historisch-biblische Liebesgeschichte drehende Handlung sowie große Massenszenen, Ballette und, in diesem Fall, orientalisches Lokalkolorit verweisen darauf, wie sehr das Werk der Tradition der Großen Oper verpflichtet ist. Tatsächlich ist, obwohl Goldmark in seiner Partitur zu geschlossenen, liedartigen Formen neigt, der Einfluß des wagnerschen Musikdramas ebenso groß, wie es sich in den chromatischen Harmonien und einer gewissen Flexibilität in der Behandlung der großformalen Anlage zeigt.

HUMPERDINCKS *KÖNIGSKINDER*. Illustration aus einer frühen italienischen Ausgabe, in der Szenen aus der Oper dargestellt sind. Das zentrale Bild zeigt die Gänsemagd bei der Arbeit im Wald; im Hintergrund der umherziehende Königssohn. Die Krone im Vordergrund symbolisiert den »königlichen« Geist des Paares, der in der Oper der gemeinen, materialistischen Anschauung der Gesellschaft gegenübergestellt wird, der es tragisch zum Opfer fällt.

Der Schatten von Wagners Werk schwebte noch einschüchternder über dem jungen österreichischen Komponisten Hugo Wolf (1860–1903). Schon als Jugendlicher war Wolf, zum Entsetzen seiner Eltern, ein engagierter Wagnerianer. Doch zur Meisterschaft brachte er es nicht in der Gattung des Musikdramas sondern des Lieds, und dies verweist über Wolf selbst hinaus auf die Atmosphäre im Wien der achtziger und neunziger Jahre. Wiener Wagnerianer waren einerseits auf die Förderung von Komponisten bedacht, die sich Wagnersche Ideale offenbar zu eigen gemacht hatten; andererseits konnten sie nicht zulassen, daß Wagners Erbe durch den Versuch, das Unnachahmbare nachzuahmen, herausgefordert wurde. Wolfs Lieder wurden von solchen Wagnerianern als eine mögliche Lösung des Problems erwartungsvoll aufgenommen: in ihrer Textvertonung waren sie offensichtlich vom Geist Wagners durchdrungen, während sie aufgrund ihrer anderen, »mindereren« Form, des Sololieds, keine ernsthafte Bedrohung darstellten.

Nachdem sich Wolf Ende der achtziger Jahre einen Namen als Liedkomponist gemacht hatte, sehnte er sich danach, die anspruchsvollere Form der Oper in Angriff zu nehmen. Wegen des ihm eigenen Temperaments aber zögerte er, derartige Themen, wie sie Wagner behandelt hatte, weiter zu verfolgen. Auf den Vorschlag, Buddha könne ein geeigneter Gegenstand sein, antwortete er: »... aber bei Leibe nicht in der Wüste bei Wasser und Heuschrecken und wildem Honig, sondern in einer fröhlichen und originellen Gesellschaft, bei Gitarrengeklimper, Liebesseufzern, Mondscheinnächten, Champagnergelagen usw., kurz in einer – komischen Oper, und zwar ganz gewöhnlichen komischen Oper, ohne das düstere, welterlösende Gespenst eines schopenhauerschen Philosophen im Hintergrunde.«

So vertonte Wolf Ende 1894 Rosa Mayreders heiteres Libretto über den Stoff des »Dreispitzes«, *Der Corregidor* (1896). Das Libretto einer unerfahrenen Dramatikerin weist Schwachpunkte auf – im vierten Akt werden beispielsweise vorhergehende Ereignisse in einem übertriebenen Ausmaß rekapituliert –, doch es entlockte Wolf eine Fülle gutgelaunter, einfallsreich in Partitur gesetzter Musik. Die geforderte Orchesterbesetzung ist größer als selbst die der *Meistersinger*, und Wolf benutzt sie mit viel Geschick, um ein warmes und leuchtendes, einer sonnigen andalusischen Geschichte entsprechendes Gewebe zu fertigen. Die Oper ist durchkomponiert, doch sind zwei in sich geschlossene Lieder hineingeflochten. Die Aufmerksamkeit des Liedkomponisten zeigt sich deutlich in der subtilen Schilderung von Charakteren und Ereignissen, zum Beispiel in der ostinaten Figur, die in der Einleitungsszene dem monotonen Drehen des Mühlrads entspricht. Alle Charaktere haben ihr eigenes Leitmotiv, und die Themen werden in einer fast wagnerschen Manier entwickelt.

Trotz aller dramaturgischen Mängel war *Der Corregidor* erfolgreich als eine nachwagnerianische Oper, die sich von der Last des Erbes nicht erdrücken ließ. Der Kreis dieses Kapitels schließt sich mit zwei Komponisten, Siegfried Wagner und Engelbert Humperdinck, die für die Gefahren, die eben dieses Erbe mit sich brachte, besonders anfällig waren – der erste als Wagners Sohn, der zweite als sein Anhänger –, und deren Kämpfe, sich von der Last zu befreien, ein beredtes Zeugnis von der mißlichen Lage der Oper im Deutschland des Fin de siècle ablegen.

Siegfried Wagner (1869–1930) wurde nicht vorbehaltslos für die Nachfolge vorbereitet: sein Vater hatte kein Verlangen, sie ihm aufzubürden, und tatsächlich begann Siegfried, Architektur zu studieren. Doch als etwa Zwanzigjähriger fungierte er als Assistent in Bayreuth und dirigierte 1896 dort die zweite Produktion des *Ring*, übernahm in der Folge eigene Inszenierungen und ab 1906 schließlich die Leitung der Festspiele.

In seinen Kompositionen wie in seinen Inszenierungen erwies sich Siegfried eher als kompetenter Handwerker denn als Erneuerer. Seine Opern, von denen er ein Dutzend vollendete, gehörten dem als Märchenoper bekannten Genre an, einer Form, die sich bis in das 18. Jahrhundert zurückverfolgen läßt, die jedoch erst am Ende des 19. Jahrhunderts zur Geltung kam. Ob in den Handlungen solcher Opern Feen eine Hauptrolle spielen oder nicht: Elemente des Übernatürlichen oder Magischen finden sich ausnahmslos. Diese Geschichten werden oftmals schlicht, wenn nicht naiv behandelt, doch sind sie nicht nur für Kinder gedacht. Tatsächlich waren diese Opern häufig in großem Maße symbolisch oder allegorisch, indem sie eine Weltanschauung artikulierten oder eine moralische Botschaft mit sich trugen.

Stets hatte, wie bereits dargelegt, das Übernatürliche wesentlich zur romantischen Oper gehört. Werke wie *Oberon* und *Hans Heiling* waren praktisch Märchenopern, auch wenn sie von ihren Komponisten nicht als solche bezeichnet wurden, und auch Wagners *Siegfried* ist nicht weit von der Gattung entfernt. Die Ernüchterung vieler deutscher Künstler und Intellektuellen am Ende des Jahrhunderts jedoch über die Welt, die sie erlebten – eine vom ungehinderten Streben nach Materialismus und technischem Fortschritt korrumpierte Welt –, ließ das Interesse an dem Reich des Irrationalen wiederaufleben. Eskapistische Geschichten, die in einem für ein heutiges Publikum rührselig erscheinenden Ton erzählt wurden, brachten das Unbehagen zum Ausdruck, das die zeitgenössische Gesellschaft unter den heftigen Auswirkungen der Zivilisation empfand.

Auch Engelbert Humperdinck (1854–1921), der neun Opern komponierte, tendierte zur Märchenoper. Die anhaltend populäre Oper *Hänsel und Gretel* (1893) endet glücklich mit einer Art hymnischem Ensemble, denn die vernachlässigten Kinder werden aus dem Häuschen der bösen Hexe befreit. *Königskinder*, in der originalen Fassung 1897 in München gespielt und 1910 in überarbeiteter Form in New York, bietet kein so tröstliches Ende. Dieses Mal werden die märchenhaften Elemente – eine weitere böse Hexe, ein Prinz, eine Gänsemagd und ein Laib vergifteten Brotes – mit Leidenschaft und Pathos entfaltet: die im Titel genannten königlichen Kinder sehen ihrem Ende hungernd und arm als Opfer einer lieblosen Gesellschaft entgegen. Die Opern Humperdincks und Siegfried Wagners sind musikalisch wie dramatisch voller

Anklänge an Richard Wagner. Wie bei der Gänsemagd in den *Königskindern*, mag Humperdincks Entwicklung durch einen Zauberbann aufgehalten worden sein – in seinem Fall durch den Zauberer von Bayreuth –, aber seine mißliche Lage ist so beredt und ergreifend wie der Tod der Königskinder. So fällt ein tragischer Vorhang über einem Jahrhundert deutscher Operngeschichte.

RUSSISCHE, TSCHECHISCHE, POLNISCHE UND UNGARISCHE OPER BIS 1900

JOHN TYRRELL

Zwei Jahrhunderte lang behauptete sich die italienische Oper in ganz Europa außer in Frankreich. Selbst in einer so lebhaften Kultur wie Deutschland konnte bis zum frühen 19. Jahrhundert keine kontinuierliche einheimische Operntradition aufrechterhalten werden. Als die deutsche Oper schließlich aufzublühen begann, hemmte sie die Entwicklung der Oper in anderen nordeuropäischen Regionen. Skandinavien und die Niederlande hatten es schwer, gegen die deutsche Oper kämpfen zu müssen, ebenso sehr wie die iberische Halbinsel gegen Italien. Die slawische und ungarische Oper waren zumindest in dem Vorteil, vollkommen anders als alles andere um sie herum zu sein. Nicht alle Nationen Ostmitteleuropas oder auf dem Balkan begründeten ihre eigenen Operntraditionen im 19. Jahrhundert. Unabhängige Nationen wie Rußland oder Polen (bis zu seiner letzten Teilung) betrachteten Opern in ihrer Muttersprache als eine Sache des Nationalstolzes und begannen sie in genau derselben Zeit zu fördern, in der die verschiedenen deutschen Singspiel Traditionen entstanden. Die vom Habsburger Reich abhängigen Nationen, wie die Ungarn, Tschechen, Kroaten und Slowenen, waren eng mit Wien verbunden und somit mit einem der führenden Musikzentren der Epoche; für sie war es aber kaum problematisch, bestehende musikalische Traditionen auf eine einheimische Oper zu übertragen. Die Situation war weitaus schwieriger in den Nationen, die aus dem langsamen Verfall des Ottomanischen Reiches hervorgingen wie Griechenland, Rumänien, Bulgarien und Albanien. Hier war der Kontakt zu den wichtigen musikalischen Stätten Europas loser, waren musikalische und dramatische Traditionen weniger etabliert. Regionen mit Verbindungen zu Italien wie die Ionischen Inseln erlebten einen früheren Aufbruch (die erste griechische Oper wurde 1857 in Korfu gegeben); in ähnlicher Weise führten die sprachlichen Affinitäten zwischen rumänisch und italienisch in den dreißiger Jahren zu Opernaufführungen in Bukarest, obwohl es keine regelmäßigen Spielzeiten mit rumänischsprachigen Opern vor 1885 gab. Die ersten bulga-

EUROPA IN DEN SIEBZIGER JAHREN DES 19. JAHRHUNDERTS
(die kleine Graphik zeigt die heutigen politischen Grenzen).

rischen, albanischen und mazedonischen Opern wurden erst im 20. Jahrhundert geschrieben.

Mit dem Aufkommen des neuen Nationalbewußtseins begannen Stärkere die Schwächeren zu unterjochen. Als im »Ausgleich« von 1867 die Habsburger gezwungen waren, ihr Reich in österreichische und ungarische Hoheitsgebiete aufzuteilen, erstarkten die kleineren Nationalitäten der österreichischen Hälfte (wie Tschechen oder Slowenen) wie nie zuvor unter einem Regime, das durch Nachsichtigkeit das bröckelnde Imperium zusammenzuhalten suchte. Die Nationalitäten, die von den von neuem dominierenden Ungarn beherrscht wurden (wie Slowaken, Kroaten oder Rumänen in Transsylvanien) sahen schwierigen Zeiten entgegen, als sie sich inmitten der aggressiven Magyarisierung behaupten mußten. Die Kroaten hatten mit der schon 1845 verfaßten, ersten kroatischen Oper einen Vorsprung, und der produktive Iwan Zajc (1832–1914) vermochte eine nationale Oper in Zagreb zu kultivieren, als er 1870 dorthin zurückkehrte. Die Geschichte der slowakischen Oper hingegen blieb hinter der der tschechischen Oper mehr als ein Jahrhundert zurück: erst 1928 wurde die erste slowakische Oper aufgeführt. Die Geschichte der slowakischen Oper und jene anderer »später« Nationalitäten gehört ins 20. Jahrhundert. Dieses Kapitel wird sich auf die vier frühesten und am etabliertesten Operntraditionen in Europa außerhalb der Hauptachse konzentrieren: auf die russische, polnische, tschechische und ungarische.

Anfänge

Die Entstehungsdaten tschechischer (1747), russischer (1755), polnischer (1778) und ungarischer (1793) Opern sind irreführend, nimmt man sie als Anhaltspunkt für den Stand der Opernkultur in diesen Regionen oder für deren zukünftige Entwicklung. Die ersten polnischen und ungarischen Opern wurden von Komponisten geschrieben, die in dem heutigen Slowakien geboren wurden, die erste russische Oper von einem der zahlreichen Italiener, die am kaiserlichen Hof in St. Petersburg tätig waren. Nur die erste tschechische Oper *Pargomotéka* stammte von einem Einheimischen (wahrscheinlich einem Mönch). Diese Tatsache sowie die bescheidenen Umstände ihrer Aufführung – in einem Kloster nahe der mährischen Erzbischofsstadt Olmütz – zeugen eher von der reichen musikalischen Kultur der Tschechen im 18. Jahrhundert als von der Präsenz einer hauptstädtischen Operntradition. Die erste tschechische Oper eines professionellen Komponisten (obwohl noch immer von einer Amateurkompagnie aufgeführt), František Škroups *Dráteník* (»Der Kesselflicker«, 1826), entstand achtzig Jahre später, und zwischen diesen beiden Daten ist eine ganze Reihe von »Amateur«-Opern kleineren Umfangs auf Tschechisch angesiedelt, viele von ihnen in ländlichem Dialekt.

Die Tschechen haben mehr gemeinsam mit den Nachzüglern, den Ungarn, als mit ihren slawischen Schwesternationen. Die tschechischen Länder (Böhmen und Mähren, beide ursprünglich tschechisch sprechend, doch im späten 18. Jahrhundert sehr germanisiert) und Ungarn gehörten seit 1526 zum Habsburger Reich, obwohl die Tschechen bis zum Scheitern der Rebellion des tschechischen Adels 1620 einige Autonomie bewahrten. Die Verbindungen zu Wien und seinen musikalischen Traditionen führten zu einem fruchtbaren Austausch von Musik und Musikern. Dies bedeutete aber auch, daß sich die tschechische und die ungarische Hauptstadt praktisch zu rückständigen Provinzstädten entwickelten. Sie hatten keinen kaiserlichen Hof, der die Oper pflegte, weil diese ein fester Bestandteil der Demonstration von Macht war, wie in den souveränen Staaten Polen und Rußland. Oper war somit eine Liebhaberei reicher Aristokraten oder auch der Kirche. Im 18. Jahrhundert gab es wichtige Opernzentren auf aristokratischen Landsitzen – in kleinen Außenposten in der Provinz wie Kuks in Böhmen, Jaroměřice nad Rokytnou in Mähren, Nagyvárad und Esterháza in Ungarn (wo der Bischof von Nagyvárad und Fürst Esterhazy die Dienste von Dittersdorf respektive Haydn in Anspruch nahmen). Es ist bezeichnend, daß Provinzhauptstädte wie Prag, Brünn, Buda/Pest oder Preßburg erst sehr viel später Vergleichbares aufweisen konnten. Das erste zweckgebundene, aus Stein errichtete Theater in Prag wurde erst 1783 eröffnet (es handelt sich um das berühmte Ständetheater, in dem *Don Giovanni* uraufgeführt wurde und das noch heute bespielt wird); das sogar noch später gebaute Theater in Pest (1812) wurde unter anderem durch die lange türkische Besatzung (1541–1686) bedingt.

Das Königreich Polen besaß die älteste Operntradition in Ostmitteleuropa mit wichtigen, in das frühe 17. Jahrhundert zurückreichenden Beziehungen zu Italien. Als Prinz hatte Władisław IV. (der von 1632 bis 1648 regierte) 1625 am toskanischen Hof die Oper kennengelernt, und als er den polnischen Thron bestieg, ließ er in seinem Palast ein Theater errichten, wo Opern im Florentiner Stil gegeben wurden – viele von ihnen mit Musik von Marco Scacchi, dem Leiter der Königlichen Kapelle. Jegliche weitere Entwicklungen wurden indes durch aufeinander folgende Invasionen der Schweden, der Russen und der Türken verhindert wie auch durch die Tatsache, daß den polnischen Thron seit 1697 der sächsische Kurfürst innehatte, dessen exzellente Hofoper gelegentlich in Warschau und Krakau gastierte, meistens natürlich aber in Dresden spielte. Dennoch wurde das erste öffentliche Theater Polens 1725 in Warschau eröffnet, um 1748 von einem größeren abgelöst zu werden, das der Opernliebhaber August III. (der von 1734 bis 1763 regierte) erbauen ließ. In der Zeit seiner Vertreibung aus Sachsen während des Siebenjährigen Krieges in Warschau kultivierter er Opern in aufwendigem Stil.

Im Gegensatz dazu kannte Rußland im 17. Jahrhundert keine Oper, doch nach der von Peter dem Großen geförderten Verwestlichung begannen die ersten italienischen Opernkompagnien in den dreißiger Jahren dort zu gastieren, und seit 1740 wurden deutsche Singspiele aufgeführt. Die Kaiserinnen Anna (die von 1730 bis 1740 herrschte) und Elisabeth (die von 1741 bis 1762 regierte) unterstützten die Einrichtung einer ständigen Oper in russischer Sprache und gewannen für den kaiserlichen Hof eine Reihe italienischer Komponisten, angefangen mit Francesco Araia, dem Komponisten der ersten Oper in russischer Sprache (1755). Elisabeths Nachfolgerin Katharina die Große, die selbst mehrere Libretti verfaßte, war nicht weniger fortschrittlich in der Förderung der Oper, und am Ende der siebziger Jahre des 18. Jahrhunderts fingen einheimische russsische Komponisten an, Opern auf Russisch zu schreiben. Bis zum Ende des Jahrhunderts waren mehr als hundert Opern komponiert worden. Der Einfluß der französischen Opéra-comique und des deutschen Singspiels war wesentlich für eine junge Tradition, in der die Vorstellungen meistens eher in den Händen von Schauspielern als Sängern lagen, zumindest bis in das frühe 19. Jahrhundert hinein. (Glinkas erste Oper war 1836 die erste durchgehend auf Russisch gesungene.) Obwohl russische Komponisten von größerem Format – Jewstignej Iptowitsch Fomin, Alexej Nikolajewitsch Werstowski und der Kirchenmusikkomponist Dimitri Stepanowitsch Bortnjanski – Opern schrieben, waren weiterhin ausländische Komponisten erfolgreich. Giovanni Paisiello (der von 1776 bis 1784 in St. Petersburg wirkte, wo sein *Barbiere di Siviglia* 1782 uraufgeführt wurde) und Mozarts spanischer Rivale Martín y Soler (in St. Petersburg 1788–1794 und 1798–1806) sind nur zwei der bekannteren. Der am längsten dort wirkende Komponist war Catterino Cavos (1775–1840), dessen russische Karriere von 1798 bis zu seinem Tod reichte.

Polens zeitlicher Vorsprung in der Operngeschichte nützte schließlich nicht viel: sein letzter König, der hochkultivierte (und vor allem polnische) Stanisław August Poniatowski (er regierte von 1764 bis 1794) herrschte über eine kulturelle Blütezeit, in der die Eröffnung eines Nationaltheaters zu erleben war (1779) und die ersten Opern auf Polnisch komponiert wurden, doch fanden mit der Teilung Polens 1795 die königliche Oper und die königliche Freigebigkeit ein Ende. Mehrere der talentierten Amateurkomponisten, die Opern auf Polnisch geschrieben hatten, gingen ins Exil; der Direktor des Nationaltheaters, der Schauspieler, Sänger und produktive Librettist Wojciech Bogusławski (1757–1829), der als »Vater der polnischen Oper« gilt, verließ Warschau und ging nach Lemberg im österreichischen Polen. Die Aufteilung des Landes und seine unsichere politische Entwicklung hatten wenigstens den Vorzug, daß die polnische Kultur und die polnische Oper noch wichtiger wurden für die Aufrechterhaltung von nationaler Moral und Zusammenhalt. In Lemberg traf Bogusławski den deutsch-schlesischen Komponisten Józef Elsner (1769–1854). Elsner ist am besten als Lehrer Chopins bekannt, aber er war auch Kapellmeister am Lemberger Theater, wo er zwei deutsche Opern verfaßt hatte. Unter dem Einfluß Bogusławskis komponierte er nun polnische, und als Bogusławski 1799 als Direktor des Nationaltheaters nach Warschau zurückging, schloß Elsner sich ihm als dessen Erster Kapellmeister an. Des weiteren engagierte Bogusławski Karol Kurpiński (1785–1857) als Zweiten Kapellmeister, der nach Elsners Rücktritt Erster Dirigent wurde (1824–1840). Jeder von ihnen schrieb etwa dreißig polnische Bühnenwerke (von

Schauspielen mit Musik bis zu ausgewachsenen Opern) und gemeinsam repräsentieren sie die wesentlichste Epoche der polnischen Oper vor deren großem Talent Moniuszko.

In allen vier Ländern oder Regionen setzte sich die Oper nicht nur aufgrund kaiserlicher Präsenz oder Interessen durch, sondern ebenso durch den nationalen Status der einheimischen Sprache und die Kraft ihres Existenzkampfes. Böhmens frühe sprachliche Eigenständigkeit indes wirkte sich nicht aus. Tschechisch hatte sich während der böhmischen Monarchie des Mittelalters als literarische Sprache durchgesetzt, seine Orthographie wurde durch den religiösen Reformer Jan Hus (gestorben 1415) und später durch die Kralice-Bibel (1579–1594) vereinheitlicht – ein, angesichts der Germanisierung 1620 durch die Habsburger, chancenloses Unterfangen. Als 1807 die am Ständetheater engagierte italienische Opernkompagnie aufgelöst wurde, wurde sie durch eine deutsche, nicht durch eine tschechische Kompagnie ersetzt. Deutsch war in überwältigendem Ausmaß die Sprache der gebildeten Mittelschicht, und erst in der zweiten Hälfte des 19. Jahrhunderts verschob sich die sprachliche Balance in Prag zugunsten der Tschechen. Folglich beginnt die eigentliche Geschichte der Oper auf Tschechisch nicht mit Škroups Oper oder den Opern seiner Vorgänger, sondern 1862 mit der Eröffnung des ersten Theaters, das ausschließlich Tschechen vorbehalten war, des »Interimstheaters« (so genannt, weil man damit rechnete, es bald durch ein größeres, ständiges Theater ersetzen zu können, das durch öffentliche Subskription finanziert werden sollte). Da die Beschaffung der Mittel länger als erwartet dauerte und das opulente Nationaltheater erst 1881 eröffnet wurde (es brannte gleich darauf nieder und wurde 1883 wiedereröffnet), wurde die Mehrzahl der Opern Smetanas und seiner Zeitgenossen ausdrücklich für ein sehr kleines Theater komponiert – ein Umstand, der den Charakter und sogar die Konventionen der frühen tschechischen Opern in erheblichem Maß beeinflußte.

Obwohl jüngeren Datums, wenn man schriftliche Zeugnisse und kulturelle Nutzung berücksichtigt, wurde der Status des Ungarischen als nationaler Sprache durch das Überleben des ungarischen Adels sehr begünstigt. Die Tschechen verloren ihre

DAS TSCHECHISCHE NATIONALTHEATER IN PRAG am Ufer der Moldau; Stahlstich aus dem Jahr der Eröffnung, 1881. Das Nationaltheater wurde schnell zu einem mächtigen und sichtbaren Symbol der tschechischen Souveränität und wurde mit fast religiöser Ehrfurcht behandelt. Es war »nicht ein Ort der Unterhaltung«, wie ein Berichterstatter es ausdrückte, »sondern ein geweihter Ort, ein Schrein«.

GRUNDRISS DES TSCHECHISCHEN NATIONALTHEATERS (links) und des vorhergehenden Interimstheaters (rechts). Man vergleiche diese Zeichnungen mit der oberen Abbildung, in der ein Teil des früheren Interimstheaters rechts gerade noch zu sehen ist. Der Grundriß zeigt, mit welch einer ungeschickten Lage der Architekt Josef Zítek umgehen mußte und wie winzig das Interimstheater im Vergleich zu dem opulenten ihm folgenden Theater war. Das Interimstheater hieß im Volksmund »Spielzeugschachtel« – dennoch war es der Schauplatz der meisten von Smetanas Uraufführungen. Seine kleine Bühne und sein kleiner Orchestergraben waren die Ursache für winzige Chor- und Orchesterbesetzungen und hatten Auswirkungen auf die formbildenden ersten Jahrzehnte der tschechischen Oper.

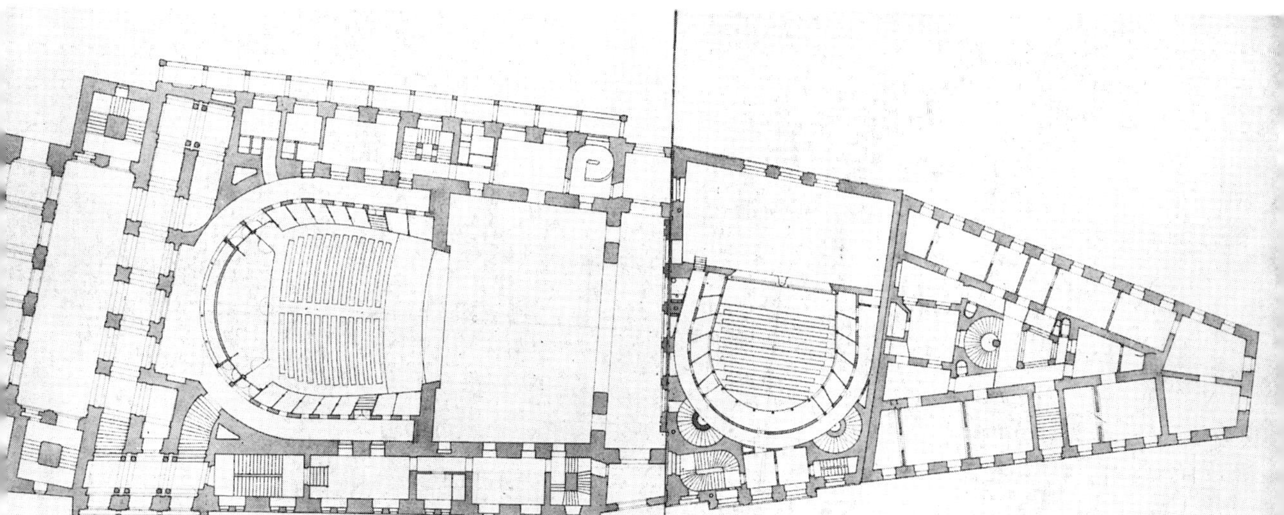

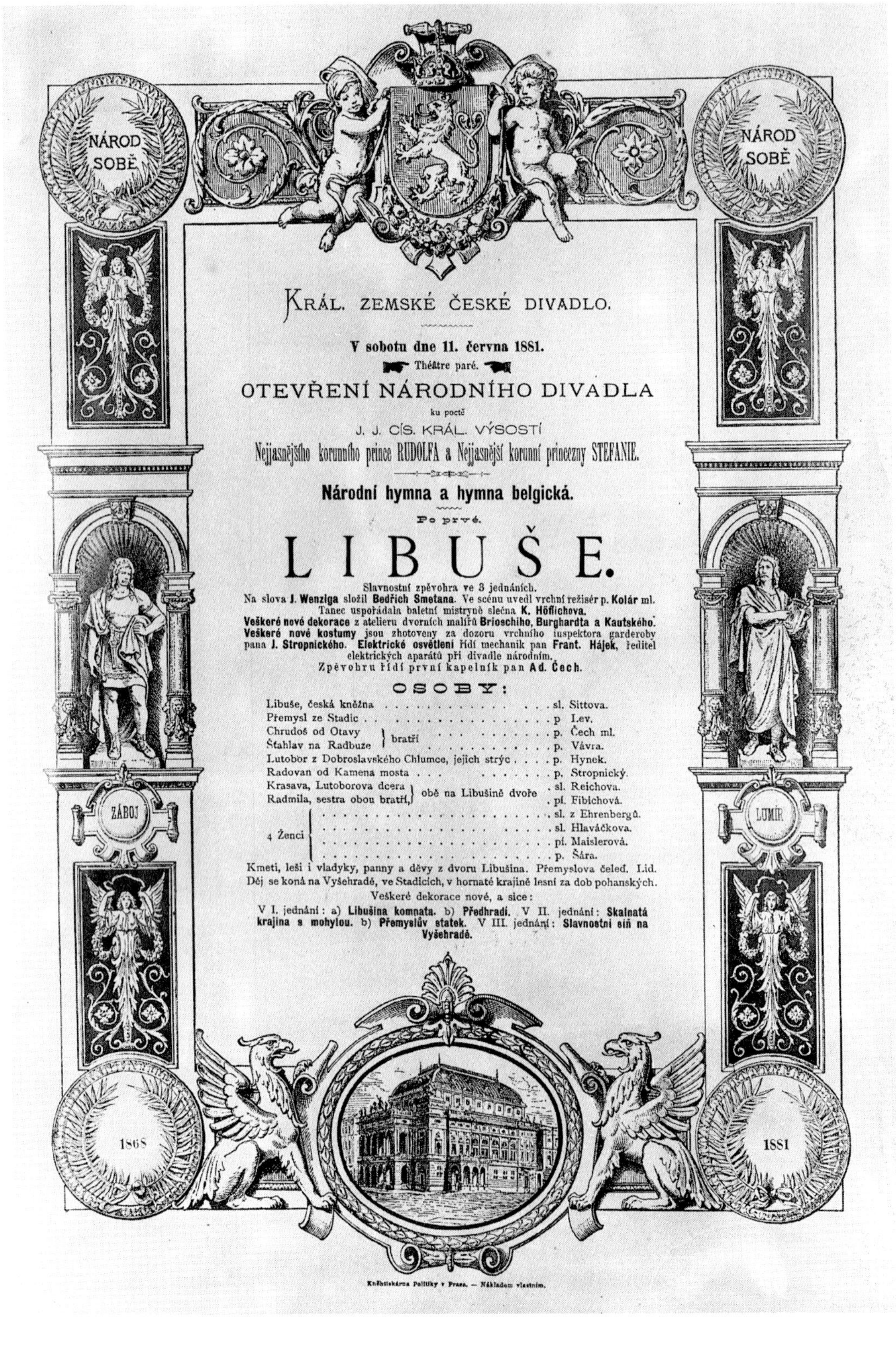

KRÁL. ZEMSKÉ ČESKÉ DIVADLO.

V sobotu dne 11. června 1881.

Théâtre paré.

OTEVŘENÍ NÁRODNÍHO DIVADLA

ku poctě

J. J. CÍS. KRÁL. VÝSOSTÍ

Nejjasnějšího korunního prince RUDOLFA a Nejjasnější korunní princezny STEFANIE.

Národní hymna a hymna belgická.

Po prvé.

LIBUŠE.

Slavnostní zpěvohra ve 3 jednáních.

Na slova **J. Wenziga** složil **Bedřich Smetana**. Ve scénu uvedl vrchní režisér p. **Kolár** ml.
Tanec uspořádala baletní mistryně slečna **K. Höflichova.**
Veškeré nové dekorace z atelieru dvorních malířů **Brioschiho, Burghardta a Kautského.**
Veškeré nové kostumy jsou zhotoveny za dozoru vrchního inspektora garderoby pana **J. Stropnického.** **Elektrické osvětlení** řídí mechanik pan **Frant. Hájek,** ředitel elektrických aparátů při divadle národním.
Zpěvohru řídí první kapelník pan **Ad. Čech.**

OSOBY:

Libuše, česká kněžna		sl. Sittova.
Přemysl ze Stadic		p Lev.
Chrudoš od Otavy	bratří	p. Čech ml.
Šťahlav na Radbuze	bratří	p. Vávra.
Lutobor z Dobroslavského Chlumce, jejich strýc		p. Hynek.
Radovan od Kamena mosta		p. Stropnický.
Krasava, Lutoborova dcera	obě na Libušině dvoře	sl. Reichova.
Radmila, sestra obou bratří,	obě na Libušině dvoře	pí. Fibichová.
4 Ženci		sl. z Ehrenbergů.
		sl. Hlaváčkova.
		pí. Maislerová.
		p. Šára.

Kmeti, leši i vladyky, panny a děvy z dvoru Libušina. Přemyslova čeleď. Lid.
Děj se koná na Vyšehradě, ve Stadicích, v hornaté krajině lesní za dob pohanských.

Veškeré dekorace nové, a sice:

V I. jednání: a) **Libušina komnata.** b) **Předhradí.** V II. jednání: **Skalnatá krajina s mohylou.** b) **Přemyslův statek.** V III. jednání: **Slavnostní síň na Vyšehradě.**

Knihtiskárna Politiky v Praze. — Nákladem vlastním.

Aristokratie 1620, und so wurde die nationale Erneuerung von Patrioten der Mittelschicht angeführt, deren künstlerische Leistungen jahrelang unter dem Stigma litten, als kulturell minderwertig angesehen zu werden. In Ungarn hingegen waren es die Grundbesitzer, die besonders nach den napoleonischen Umwälzungen ihren Reichtum und ihren Einfluß in die Sache der ungarischen Autonomie investierten. Wie in Prag übernahm in Pest in den ersten Jahren des 19. Jahrhunderts die deutsche Oper die italienische, doch während sich eine ständige tschechische »National«-Oper erst 1862 etablierte, eröffnete eine ungarische in Buda bereits 1837.

Anders lagen die Dinge in Polen, wo 1795 (dem Datum der endültigen Aufteilung des Königreichs) eine nationale Sprache und eine vielversprechende Operntradition wohl existierten. Wenngleich die Nation nun über drei verschiedene, davon zwei deutschsprachige, Länder verstreut war, gediehen die polnische Sprache und Musikkultur weiterhin. Der größte Teil Polens wurde Rußland zugeschlagen, das bis zur Revolution von 1830 in kulturellen Belangen Autonomie gewährte. Bis 1830 waren über 140 polnische Opern aufgeführt worden.

Frühe einheimische Opern sind gewöhnlich wenig mehr als in neuen Boden verpflanzte fremde Operntraditionen, und so ist ihre Wortvertonung oftmals dürftig und ihre Individualität gering. In der frühen Geschichte einheimischer Opern werden eher der Anspruch auf Vorrang und das gelegentliche Aufblitzen eines »Nationalgeists« in den Mittelpunkt gerückt als die Qualität. Weitaus bedeutender als die »erste« Oper in einer Sprache ist die erste Oper, die durch weitverbreitetes Einverständnis den Status einer nationalen Oper erlangte. Die Tatsache, daß solche Opern Anklang fanden und ein großes Publikum faszinierten, zeugt von einer völlig neuen Dimension. Bezeichnenderweise gab es vor Glinkas *Zhizn' za tsarya* (»Ein Leben für den Zaren«, 1836) und Smetanas *Libuše* (1881) Opern über die gleichen Themen, von denen aber keine die nationale Wirkung dieser späteren Werke erreichte. Catterino Cavos hatte seine Oper *Iwan Sussanin* (die gleiche Handlung wie in Glinkas *Ein Leben für den Zaren*) 1815 komponiert (aufgeführt 1822); Škroup hatte seine *Libušin Sňatek* (»Libussas Hochzeit«) 1835 geschrieben (die Geschichte von Libussa war tatsächlich

PLAKAT FÜR DIE URAUFFÜHRUNG VON SMETANAS VIERTER OPER *LIBUŠE*, mit der das tschechische Nationaltheater am 11. Juni 1881 eröffnet wurde. Die Inschriften in den runden Feldern, »národ sobě« (»die Nation sich selbst«), betonen, daß das Gebäude durch öffentliche Subskription hatte errichtet werden können. Obwohl 1850 ein Kommittee zur Kapitalbeschaffung etabliert worden war, war erst 1868 das Vertrauen in die Vollendung seines Vorhabens groß genug, um den Grundstein zu legen. Traurigerweise jedoch bedeuteten die im Plakat beschworenen präsidierenden Gottheiten ein schlechtes Omen. »Záboj« und »Lumír«, Gestalten aus der heroischen tschechischen Vergangenheit, stellten sich als völlig frei erfunden heraus, als die Handschrift, die sie beschrieb, als Fälschung angezweifelt wurde. Der anwesende Habsburger Kronprinz Rudolf beging einige Jahre später mit seiner Geliebten Selbstmord. Und zwei Monate nach seiner Eröffnung brannte das Gebäude selbst völlig aus. Doch war die nationale Leidenschaft der Tschechen so stark, daß umgehend Geld für den Wiederaufbau gesammelt wurde; 1883 wurde das Theater, wiederum mit *Libuše*, diesmal auf Dauer wiedereröffnet.

in frühen italienischen Opern beliebt und inspirierte auch deutsche Theaterstücke und Opern – selbst Beethoven erwog eine Oper über Libussa). Doch setzten sich weder die Fassungen von Cavos noch von Škroup durch. Zuerst mußte das Nationalbewußtsein gestärkt werden, manchmal durch das Schüren äußerer Ereignisse, häufiger durch die sorgfältige Wiederholung und Ansammlung patriotischer literarischer und musikalischer Motive. Ein kleines Beispiel ist der Gedanke, die Linde stehe für das »Tschechische« (im Gegensatz zur »deutschen« Eiche). Diese Vorstellung wurde zuerst durch die zweite Auflage von Kollárs einflußreichem Gedicht *Slávy dcera* (»Tochter des Ruhms«, 1832) gefördert. Linden sind kein Charakteristikum in Škroups nur drei Jahre später geschriebener Oper, doch eine Generation später ist in Smetanas Oper die legendäre tschechische Prinzessin unter einer Linde zu entdecken, wo sie zu Gericht sitzt, und ihr zukünftiger Gatte unterhält sich vertraulich mit seinen Linden, wenn er im nächsten Akt allein zu sehen ist. Vom nationalen Standpunkt aus gesehen, hatte Smetanas *Libuše* den zusätzlichen Vorteil, daß ihr ein halbes Jahrhundert nationaler Mythenbildung vorausgegangen war. In musikalischer Hinsicht sind die beiden Libussa-Opern nicht zu vergleichen. Anders als in der Geschichte der deutschen Oper vor *Freischütz*, zu der Komponisten vom Format Mozarts oder Beethovens gehören, gibt es keine frühen Komponisten einheimischer Opern in Ostmitteleuropa, deren musikalische Qualitäten denen von Michail Iwanowitsch Glinka (1804–1857), Ferenc Erkel (1810–1893), Stanisław Moniuszko (1819–1872) und Bedřich Smetana (1824–1884) gleichkommen. Folgerichtig nehmen diese Persönlichkeiten einen besonders großen Raum in ihren jeweiligen Operntraditionen ein. In einigen Fällen spielten nationalistische Propagandisten wie der Tscheche Zdeněk Nejedlý oder der Russe Wladimir Wasiljewitsch Stasow bewußt die Beiträge anderer, unbedeutenderer Zeitgenossen oder Vorgänger herunter, so daß die »Gründer«-Komponisten in einem dramatischeren und heroischeren Licht erschienen.

Die Nationalopern der Russen, Polen, Tschechen und Ungarn

Glinkas *Ein Leben für den Zaren* (1836), Moniuszkos *Halka* (1848, endgültige Fassung 1858) und Smetanas *Prodaná nevěsta* (»Die verkaufte Braut«, 1866, endgültige Fassung 1870) sind unangefochten die jeweiligen »National«-Opern der Russen, Polen und Tschechen. In der ungarischen Oper fällt die Wahl weniger eindeutig aus, wobei die einen Erkels populären *Hunyadi László* (1844), andere seinen späteren *Bánk Bán* (1861) vorschlagen, der eine weitere Stufe darstellt, ungarische Elemente aufzunehmen. Beide Werke werden einen Teil des folgenden Vergleichs bilden.

Als Ganzes genommen, fassen diese vier (oder fünf) Werke viele der Besonderheiten zusammen, die ihre vier Operntraditionen voneinander unterscheiden. Während Moniuszko und Erkel die polnische respektive ungarische Oper dominieren und ihnen im 19. Jahrhundert keine Komponisten vergleichbarer Größe folgen, bilden die

BÜHNENBILDENTWURF VON BRIOSCHI, BURGHART UND KAUTSKY FÜR DEN ERSTEN AKT VON SMETANAS *LIBUŠE* (1881). Die Szene wird von dem zentralen Lindenbaum als Symbol des »Tschechischen« beherrscht (im Gegensatz zur »deutschen« Eiche). Das Motiv geht auf die zweite Ausgabe von Kollárs Gedicht *Die Tochter des Ruhms* (1832) zurück – zur Zeit von Smetanas Oper war die Linde so selbstverständlich ein tschechisches Symbol, daß die legendäre tschechische Prinzessin Libuše in der Oper zuerst unter einer Linde zu sehen ist, wo sie Gericht hält. Im nächsten Akt unterhält sich Libušes zukünftiger Gemahl (der Gründer der ersten tschechischen Dynastie) mit seinen Linden, wenn ihn Ahnungen zukünftiger Größe überkommen.

Opern sowohl Glinkas wie Smetanas einen fruchtbaren Ausgangspunkt. Auf Smetana folgten Dvořák, Fibich und am Ende des Jahrhunderts Janáček; die Geschichte der russischen Oper des 19. Jahrhundert wurde weitergeschrieben von Dargomyschski, Mussorgski, Serow, Tschaikowski, Rimski-Korsakow und Borodin.

Lokale Elemente: Stoffe und Volksmusik

Die ungarischen Opern *Hunyadi László* und *Bánk bán* und die russische *Ein Leben für den Zaren* sind historische Opern. *Ein Leben für den Zaren* beschreibt ein Ereignis von 1612 zu Beginn der Dynastie der Romanows, bei dem ein treu ergebener Bauer (Iwan Sussanin) bewußt sein Leben opfert – daher der Titel –, indem er die angreifenden

Polen in den verschneiten Weiten Rußlands in ihren Tod führt. Der junge Michail Romanow trat nicht auf; die kaiserliche Zensur verbot die Darstellung eines Mitglieds der regierenden Dynastie auf der Bühne. Glinkas Stoffwahl war klug. Die Dynastie, für die Iwan Sussanin sein Leben gab, herrschte noch, als Glinka seine Oper schrieb, und so sollte es während der hier erörterten Epoche bleiben. (Es war Zar Nikolaus I., der während der Proben ihren endgültigen Titel vorschlug.) Ganz abgesehen von den der Oper eigenen Vorzügen, veranschaulichte sie die Idee einer »offiziellen Nationalität«, der die Epoche beherrschenden Ideologie, die Nikolai Karamsin in seiner *Geschichte des russischen Staates* (begonnen 1818) formuliert hatte. Diese Verknüpfung mit dem Regime bedeutete, daß ein Wechsel des Regimes Probleme verursachen würde. Die sowjetische Kulturpolitik konnte solch ein Herzstück der russischen Oper jedoch kaum verbieten, und so wurde sie stattdessen unter ih-

FERENC ERKEL (1810–1893), der Begründer der ungarischen Oper. In seinen beiden Jahren als Chefdirigent des ungarischen Nationaltheaters (1838–1840) dirigierte Erkel zwanzig Opernpremieren, zehn davon waren italienische Opern. Trotz aller nationalen Bestrebungen verraten seine frühen Opern, einschließlich seines frühen Meisterwerks *Hunyadi László* (1844), typisch italienische Opernstrukturen und Stimmcharaktere.

STANISLAW MONIUSZKO (1819–1872), der führende polnische Opernkomponist des 19. Jahrhunderts. Während Erkel (in Ungarn) und Smetana (in der Tschechoslowakei), die für ihre Heimat jeweils eine ähnliche Rolle wie Moniuszko für die seine spielten, sich an ihre Landsleute in einem einzigen Land, wenn auch unter fremder Besatzung, wenden konnten, war Polen zur Zeit Moniuszkos unter den russischen, österreichischen und preußischen Reichen aufgeteilt (siehe die Landkarte auf S. 268). Abgesehen von seinen Studien in Berlin verbrachte Moniuszko sein Leben im »russischen Polen«. Er stammte aus der Nähe von Minsk (in der heutigen Ukraine), lebte dann in Vilnius (heute Litauen) und führte später bei Inszenierungen von polnischen Werken am Wielki Theatre in Warschau Regie.

rem ursprünglichen Titel *Iwan Sussanin* den Vorschriften gemäß bearbeitet, um Sussanins Loyalität gegenüber seinem Vaterland statt seinem Zaren hervorzuheben.

Ungarn, Tschechen und Polen bildeten, anders als die Russen, im 19. Jahrhundert keine unabhängigen Nationen, und historische Opern schufen zwangsläufig Schwierigkeiten mit der Zensur, es sei denn, ihre Stoffe schienen so abseits, daß sie für die gegenwärtige Besatzungsmacht keine Bedrohung darstellten. *Bánk bán* und *Hunyadi László* sind daher lange vor 1526 angesiedelt (als die ununterbrochene Herrschaft der Habsburger begann): *Bánk bán* spielt 1213 und *Hunyadi László* 1456/57. Könige treten in beiden, aber als Nebenfiguren auf. In *Hunyadi László* wird der siebzehnjährige László V. (Ladislaw V., »Posthumus«) als schwach, beeinflußbar und falsch gezeichnet (er ist zu besetzen als ein ein wenig schmieriger Tenor), um die heroische Familie Hunyadi, von der drei Mitglieder in der Oper auftreten, deutlich in den Mittelpunkt zu rücken. Das Haupt der Familie, János Hunyadi, ist bereits gestorben, eine furchtsame Witwe, Erzsébet Szilágyi, und zwei Söhne hinterlassend. Erzsébet tritt nur im zweiten und dritten Akt auf, doch dank ihrer dominierenden und anspruchsvollen Musik ist sie der einprägsamste Charakter der ganzen Oper. In ihrem ersten Auftritt enthüllt sie ihre angsterfüllte Vision vom Tod ihres älteren Sohnes. Am Ende der Oper, zu Zitaten der Sturmmusik der Ouvertüre, stirbt László so, wie sie es vorhergesehen hatte: eine grauenvolle Angelegenheit, da es dem Henker (hinter der Bühne) erst beim vierten Versuch gelingt, László zu enthaupten – und dies alles wird in Erzsébets Kommentar minutiös (im Wortsinn) geschildert. Obwohl im Vergleich zu seiner Mutter oder seinem älteren Bruder eine untergeordnete und für das Drama entbehrliche Figur, ist Matyás Hunyadi historisch gesehen das bedeutendste Mitglied der Besetzung. Als Matyás I. (Matthias I., »Corvinus«) wurde er einer der erfolgreichsten einheimischen ungarischen Könige. Er vergrößerte das Reich (und war für kurze Zeit ebenfalls tschechischer König, als der er als »Matěj« in Dvořáks Oper *Král a uhlíř* [«König und Köhler«, 1874] vorkommt), und es blühte unter seiner Herrschaft in der Renaissance auf. In der Zeit, in der die Oper spielt, war er allerdings erst sechzehn Jahre alt und ist daher als Hosenrolle für Sopran besetzt.

Wird in *Hunyadi László* einer der überragendsten Herrscher Ungarns vorbildhaft dargestellt, so vergegenwärtigt *Bánk bán* ein historisches Szenarium von größerer Bedeutung für das Ungarn des 19. Jahrhunderts: den Machtkampf zwischen dem starken patriotischen Adel und der zentralen Autorität. Der König in der Oper (Endre II., der von 1205 bis 1235 herrschte) ist in den ersten beiden Akten im Krieg und kehrt im letzten zurück, um die Ordnung wiederherzustellen. Anders als László V. in *Hunyadi László* ist er als sympathisch gezeichnet oder zumindest neutral, besetzt mit einem Bariton, der mit gelassener Autorität singt (gewöhnlich langsam, mit den Blechbläsern), dessen Ausstrahlungskraft aber der seiner unbeliebten zänkischen deutschen Frau Gertrudis oder der des unerschütterlichen Bánk bán nicht ebenbürtig ist (ein »bán« war der Gouverneur eines Banats, das heißt einer Region). Basierend auf einem bemerkenswerten, 1820 veröffentlichten Schauspiel des jungen Jurastudenten József Katona (1791–1830) handelt die Oper von der Provokation Bánks, als die Königin einen ihrer Verwandten ermuntert, Bánks Frau zu verführen. Die Verbindung dieser Ungeheuerlichkeit mit dem traurigen Zustand des Staates unter der Regierung der Königin zwingt Bánk letztendlich dazu, der Königin gegenüberzutreten und sie in Selbstverteidigung zu töten. Die Handlung steht somit symbolisch für die Rolle, die der ungarische Adel in der ganzen Geschichte des Landes, vor allem aber im 19. Jahrhundert spielte, als er die nationale Rebellion gegen die unpopuläre Fremdherrschaft anführte – zu dieser Zeit die der Habsburger.

In Polen war ein solches Libretto politisch weder möglich noch klug. Die Zensur war in allen drei Bezirken des aufgeteilten Landes verständlicherweise wachsam, und Moniuszko wagte sich in seinen Opern nicht an solche stark politisch geprägten Themen, wie sie die ungarischen Opern enthielten. Doch hatte die polnische Aristokratie überlebt, obwohl die polnische Monarchie hinweggefegt worden war, und sie liefert den Stoff für die meisten der Opern Moniuszkos (er selbst entstammte dem niederen Adel). Typisch hierfür ist die in adligen Kreisen angesiedelte Liebesgeschichte, von der *Straszny dwór* (»Das Geisterschloß«, 1865) handelt, und die für den außenstehenden Betrachter harmlos genug ist, wenngleich sogar dieses wenig dogmatische Stück in Konflikt mit der Zensur geriet, die offensichtlich glaubte, irgendetwas Populäres sei zweifellos aufrührerisch. Moniuszkos *Halka* ist indes eine deutlichere politische Dimension eigen. Das Bauernmädchen Halka wird von ihrem adligen Geliebten (dem Vater ihres Kindes) abgewiesen, wird wahnsinnig und begeht Selbstmord. Die leidenschaftliche und pathetische Natur ihrer Musik spiegelt die durch die Handlung veranlaßten starken Emotionen wider, und dies umso mehr, wenn man wie das zeitgenössische Publikum die abgewiesene Halka als Stellvertreterin für die abgewiesene polnische Nation sieht.

Anders als Polen und Ungarn verloren die Tschechen ihre einheimische Aristokratie: die meisten Adligen fielen 1620 in der Schlacht am Weißen Berg und wurden durch Gefolgsleute der Habsburger ersetzt. In der tschechischen Oper gibt es folglich keine mit Bánk bán zu vergleichenden Charaktere, und Aristokraten spielen eine verhältnismäßig geringe Rolle. Den wenigen Opern, in denen wie in Moniuszkos *Straszny dwór* eine im wesentlichen aristokratische Gesellschaft geschildert wird, kam wenig Beifall zu. Von den großen tschechischen Komponisten neigte Antonín Dvořák (1841–1904) am ehesten dazu, Libretti mit Adligen in der Besetzung zu vertonen wie in seinem frühen *König und Köhler*, aber auch in seinem späteren *Jakobín* (»Der Jakobiner«, 1889). Diese Libretti sind allgemein von konservativer und idyllischer Natur, in ihnen kennt jede Gesellschaftsschicht ihren Platz und ist zufrieden damit. Dies ist auch der überraschende Schluß von Janáčeks erster aufgeführter Oper, *Počátek románu* (»Anfang eines Romans«, 1894), in der alle ironischen Elemente der Erzählung Gabriele Preissovás in der Bearbeitung für die Opernbühne verlorengegangen sind.

Die Darstellung tschechischer Könige und Königinnen war ein ebenso heikles Thema wie in Ungarn – im allgemeinen galt: je früher sie gelebt hatten, desto besser, mit der mythischen Libussa als der besten. Wenn die Heldin am Ende von Smetanas Oper *Libuše* die tschechische Geschichte einer visionären Prüfung unterzieht (zu einer Reihe von Tableaux vivants, einem modischen Genre der Epoche), wird sie von den »Nebeln« hilfreich davon abgehalten, in der Zukunft irgendeinen späteren Herrscher als den hussitischen König Jiří z Poděbrad im 15. Jahrhundert zu sehen.

Die tschechische Gesellschaft des 19. Jahrhunderts und ganz besonders die, die Theater und Oper besuchte, gehörte in ihrer überwältigenden Mehrheit der Mittelschicht an. Der tschechische Mittelstand bewahrte auf empfindsame Weise eine liebevolle Haltung gegenüber dem ländlichen Leben. Man war sich bewußt, wie unwahrscheinlich es war, im deutschen Adel viele Verbündete für das politische Tagesgeschäft zu finden und mußte stattdessen Ausschau nach dem schnell wachsen-

TITELZEICHNUNG FÜR DIE ERSTAUSGABE (1880) VON SMETANAS FÜNFTER OPER *DER KUSS* (1876). Nach den Stoffen aus Geschichte bzw. Legende von Dalibor und Libuše kehrte Smetana zu einer einfacheren Erzählung zurück, die von den Schwierigkeiten handelt, denen ein gerade Witwer gewordener Mann und seine zukünftige Braut gegenüberstehen, und von den daraus gelernten Lektionen. Ein Teil der Popularität von Smetanas »Volksoper« (»prostonárodní opera«), die bald seine beliebteste Oper nach der *Verkauften Braut* wurde, verdankt sich der Verwendung der bekannten Pastorella-Volksmelodie, mit der Vendulka das kleine Kind im Bettchen wiegt – einer der seltenen Momente in einer Oper, in dem Smetana auf Volksmusik zurückgreift.

EINLADUNG ZU EINEM WOHLTÄTIGKEITSKONZERT IM TSCHECHISCHEN STÄNDETHEATER, PRAG, 6. Dezember 1840. Die Einladung ist auf tschechisch und deutsch verfaßt (ein großer Teil der Prager Bevölkerung war deutsch), doch die Abbildung zeigt Friedrich Feigert und seine Partnerin Polka tanzend. Diese Bezeichnung (die auf tschechisch auch »polnische Frau« bedeutet) betont den polnischen Ursprung des Tanzes und ist eine Geste der Solidarität mit den Polen nach deren gescheiterter Revolution von 1830. Die Polka fand bald ganz außergewöhnlichen Anklang bei den Tschechen. Der junge Smetana schrieb ebenso bereitwillig stilisierte Polkas für Klavier, wie Chopin Walzer und Mazurken komponierte; zwanzig Jahre später sollte er viele Nummern seiner bekanntesten Oper, *Die verkaufte Braut*, im Polka-Rhythmus komponieren.

den tschechischen Proletariat halten. Eine solche Haltung wird in den tschechischen Opern der Epoche reflektiert. Smetanas erste Oper, *Braniboři v Čechách* (»Die Brandenburger in Böhmen«, 1862/63, uraufgeführt 1866) schildert das Interregnum im

Land unter der Herrschaft Ottos von Brandenburg 1278 und die erfolgreiche Vertreibung der Brandenburger aus Böhmen (statt Brandenburger lese man natürlich deutschsprachige Österreicher). Am Ende der Oper reichen die Bürger von Prag Jíra, dem Anführer der aufrührerischen Clique im ersten Akt, symbolisch die Hand der Freundschaft; es stört sie keineswegs, sich mit dem Adel zu vereinen. Diese Oper zu einem Libretto von Karel Sabina (einem kurz zuvor aus dem Gefängnis entlassenen Autor, der wegen seiner Beteiligung an der Revolution 1848 eingesessen hatte), war politisch gesehen die radikalste, die Smetana schrieb. Sie war beliebt bei ihrem ersten Publikum, wurde aber nie zum Modell künftiger tschechischer Opern. Stattdessen war es Sabinas idealisiertes Porträt des tschechischen Dorfes, das Smetana in seinem nächsten Werk, *Die verkaufte Braut*, in Musik setzte, das als essentielle tschechische Nationaloper diente, deren Vorbild nachzueifern fast jeder tschechische Komponist in Smetanas Generation bemüht war.

Die Popularität der Oper, die sie nach einer Reihe von Revisionen erst langsam gewann, hing von mehreren Faktoren ab. Musikalisch gesehen war sie Smetanas leichteste Oper, deren Schlichtheit sich zum Teil durch ihren Ursprung als Operette mit gesprochenem Dialog erklärte. Die Nummern selbst sind meistens einfache Formen mit wenigen Tempowechseln. Obwohl wunderschön gearbeitet (die Ouvertüre beginnt mit einem energischen Fugato), stellen sie kaum Ansprüche an den unerfahrenen Zuhörer. Viele dieser Nummern geben außerdem Rhythmus, Metrum und Charakter der zwei populärsten tschechischen Tänze wieder: der schnellen zweiertaktigen Polka und der langsameren »sousedská« im Walzertakt. Smetana, der im Grunde ein Städter war, war gegen die Übernahme tschechischer Volkslieder, um eine tschechische Atmosphare zu bewerkstelligen – die wenigen derartigen Momente in seinen Werken wie das Wiegenlied in *Hubička* (»Der Kuß«, 1876) dienen anderen Zwecken. Volkstänze waren eine Sache für sich. Obwohl viele tschechische Volkstänze ihren Ursprung auf dem Land hatten, wurden sie von der Stadtbevölkerung begeistert aufgenommen, die »beseda« zum Beispiel (ein Potpourri tschechischer Tänze in der Art einer Quadrille). Die Erfindung der Polka als bei weitem beliebtester Tanz war neueren Datums. Ihr Name (der im Tschechischen auch »polnische Frau« bedeutet) legt polnische Bezüge nahe, eine Geste der Solidarität mit den Polen nach ihrer gescheiterten Revolution von 1830. Die Polka stieß auf ganz außergewöhnliche Resonanz bei den Tschechen. Der junge Smetana schrieb ebenso bereitwillig stilisierte Polkas für Klavier wie Chopin Walzer und Mazurken komponierte, und sie wurden zu einer Art Markenzeichen für ihn. Bezeichnenderweise waren viele der späteren Ergänzungen zur *Verkauften Braut* Tänze: ein »furiant« (ein schneller Tanz mit wechselndem Metrum), eine »skocná« (ein schneller, polkaähnlicher Tanz im Zweiertakt) und, am wichtigsten von allen, eine Polka.

In der tschechischen Oper vermittelte die Darstellung einer bäuerlichen Gesellschaft eine bestimmte Botschaft: hier, auf dem Land, hatte das Tschechische überlebt, während sich in den Städten die Mittelschicht germanisierte. Im letzten Drittel des 19. Jahrhunderts hatte sich die Germanisierung so durchgesetzt, daß viele tschechische, national gesonnene Opernkomponisten (Dvořák und Fibich beispielsweise) ihre ersten Opern in Deutsch schrieben, während Smetana, der nationalbewußteste von allen, seine deutsche Erziehung nie völlig überwinden konnte – erst in seiner vierten Oper *Libuše* lernte er, wie die tschechische Sprache mit korrekter Betonung musikalisch zu setzen war. Die Zeichnung einer bäuerlichen Gesellschaft, die das Tschechische durch die dunkelsten Jahre hindurch bewahrt hatte, war also ein beredtes Bild. Solch symbolischer Gebrauch eines bäuerlichen Schauplatzes zeigte wenig Auswirkungen auf die Entwicklung der Operngeschichte bis zu den Turiddus der »verismo«-Generation.

Mit Volkstänzen und Musik, die auf ihren unverwechselbaren Rhythmen und Metren basierte, wurde nicht nur das Bild des tschechischen Dorfes in der *Verkauften Braut* veranschaulicht; in späteren Werken verwendet, wie die allgegenwärtigen Pol-

MONIUSZKOS BELIEBTESTE OPER, *HALKA*, wurde 1854 in Vilnius uraufgeführt; ihre Warschauer Inszenierung im Jahre 1858 begründete Moniuszkos Ruhm als Nationalkomponist. Geschildert wird – und das ist ungewöhnlich für Moniuszko – der Konflikt zwischen der polnischen Aristokratie und der bäuerlichen Welt der Heldin Halka, deren elendes Schicksal als Symbol für das Los Polens im 19. Jahrhundert stehen könnte. Die bäuerlichen Chorszenen (hier eine Abbildung einer frühen Inszenierung) waren locker an den Stil Aubers und Rossinis angelehnt.

GLINKAS *EIN LEBEN FÜR DEN ZAREN* (1836), vierter Akt in einer frühen Inszenierung (um 1850). Der Sieg, der am Ende der Oper mit einem überschwenglichen Slavsya-Chor gefeiert wird, wurde durch das Opfer Iwan Sussanins errungen. Er half, die polnischen Invasoren zurückzuschlagen, indem er sie in einen Schneesturm führte, in welchem er mit ihnen umkam. Wenngleich *Ein Leben für den Zaren* nicht die erste russische Oper und nicht einmal die erste russische Oper über diesen Stoff war, wurde sie doch als eigentlicher Beginn der Gattung angesehen, und ihr Komponist als Gründervater der russischen Musik.

kas vor dem bürgerlichen Hintergrund in Smetanas *Dvě vdovy* (»Die beiden Witwen«, 1874), trugen sie ganz allgemein zur Etablierung eines tschechischen Charakters bei. Und der auf Tänze gestützte Chor wird zu einem Wesensmerkmal von Smetanas Opern bis hin zu seiner letzten, *Čertova stena* (»Die Teufelswand«, 1882), mit ihrem ausgedehnten Doppelchor im dritten Akt: einer Polka für die Frauen und einer sanften »sousedská« für ihr Mannsvolk.

Stilisierte polnische Volkstänze hingegen haben eine andere Abstammung und eine unterschiedliche Assoziationswelt. Die Polka wurde zwar tatsächlich als einziger tschechischer Tanz zu einem internationalen Salontanz, war aber im Vergleich zu den polnischen Tänzen sehr jung, denn sie gewann erst in den vierziger Jahren weltweites Ansehen. Die dreiertaktigen polnischen Tänze, die Mazurka und die Polonaise, waren seit dem 18. Jahrhundert oder früher außerhalb Polens bekannt, wobei besonders die Polonaise internationale Namen erhielt (französisch: »polonaise«, italienisch: »polacca«) und einen anerkannten Rang erwarb, der sich deutlich in ihrer Verwendung in stilisierten Tanzsuiten und Sammlungen von Bach bis Beethoven zeigt. Mit der internationalen Sympathie, die die Polen gewonnen hatten, blieben die polnischen Tänze aktuell und wurden darüber hinaus seit den dreißiger Jahren in glänzenden Stilisierungen von Polens berühmtestem Komponisten, Chopin, popularisiert. Zu der Zeit, als Moniuszko sie in seine Opern aufnahm, wurden sie weit mehr mit der Oberschicht assoziiert, die sich patriotisch für sie eingesetzt hatte, als mit ihrer bäuerlichen Herkunft. Der erste Akt von *Halka* beispielsweise, größtenteils eine Schilderung der adligen Gesellschaft, beginnt mit einer Polonaise und endet mit einer Mazurka. *Das Geisterschloß*, das noch ausschließlicher in der Aristokratie angesiedelt ist, endet mit einem »krakowiak« (einem zweiertaktigen Tanz aus Krakau), dem eine Mazurka folgt. Arien, denen Polonaise und Mazurka zugrundeliegen, finden sich in nahezu allen der »Oberschicht«-Opern Moniuszkos, – in *Halka, Das Geisterschloß, Hrabina* (»Die Gräfin«, 1860) und *Verbum nobile* (1861).

Diese Gepflogenheit schloß nicht aus, daß Tänze zur Darstellung bäuerlicher Genreszenen benutzt wurden, wie die Tänze der Hochländer, die das Herzstück des dritten Akts von *Halka* bilden. Schlicht »tańce« genannt, evozieren sie eine Volksszene nicht anspruchsvoll durch die stilisierten Rhythmen einer Polonaise oder Mazurka, sondern durch die modale Farbe ihrer Melodien und ihrer Harmonik. Ihre Vorbilder waren wahrscheinlich Rossinis Ballett-Divertissements für die schweizer Bauern in seinem *Guillaume Tell* oder Aubers »neapoletanische« Tänze in *La Muette de Portici.*

Die Emotionen sind in *Halka* weitaus stärker als im *Geisterschloß* ausgebildet, denn ihre tragische Kraft entsteht aus dem Zusammenstoß der aristokratischen mit der bäuerlichen Welt. Der erste, ein »aristokratischer« Akt löst einen beunruhigenden Schauder aus, wenn Halka mit ihrem einfachen »Lied« die gehobene Gesellschaft stört. Ein Bruchstück dieses Liedes, das praktisch unbegleitet hinter der Bühne zu hören ist, kontrastiert lebhaft mit dem prunkvollen, auf einer Polonaise basierenden chorischen Ensemble der Männerstimmen, das den Akt eröffnet, und dem folgenden konventionellen Terzett. Diese Technik findet ihre Entsprechung im vierten Akt, in

DER ABSCHIED VON HUNYADI LÁSZLÓ, ein Gemälde von Gyula Benczúr (1866). Einer der bedeutendsten einheimischen Könige, Matyás V. (Matthias I., Corvinus), war ein Sproß der Familie Hunyadi. Er regierte in der Blütezeit des – von ihm vergrößerten – Reiches während der Renaissance. Erkels Oper handelt jedoch weniger von Matyás (er ist in der Oper erst sechzehn und wird von einer Hosenrolle für Sopran gespielt), als vielmehr von dessen älterem und weniger glücklichem Bruder László. Wegen seiner Teilnahme an einer Rebellion sollte László enthauptet werden, was seinem Henker erst beim vierten Versuch gelang. In Erkels Oper bildet die abgebildete Szene, die hinter der Bühne spielt, den dramatischen Höhepunkt, denn sie wird auf der Bühne von Lászlós verzweifelter Mutter Erzsébet intensiv beschrieben.

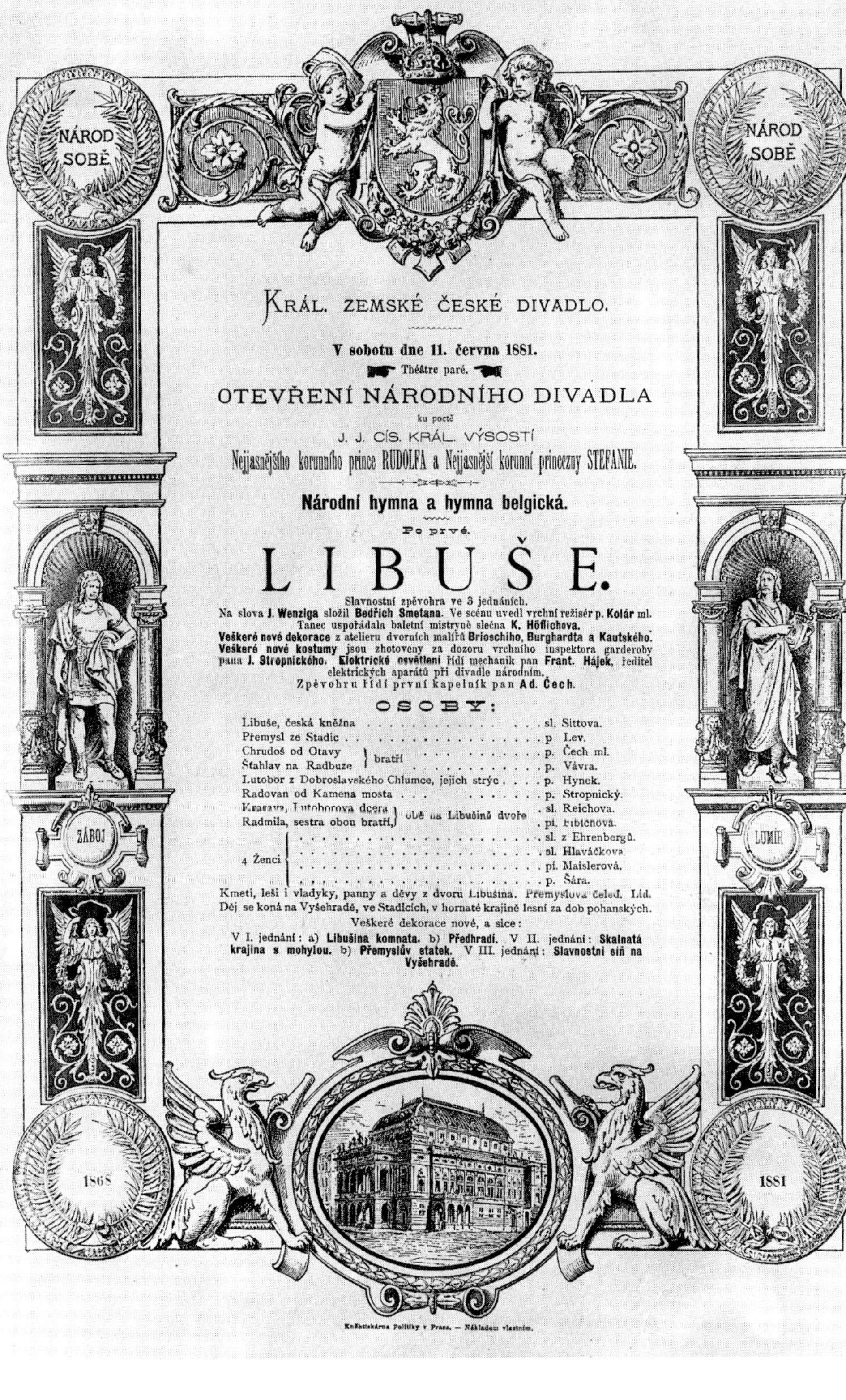

NÁROD SOBĚ

NÁROD SOBĚ

KRÁL. ZEMSKÉ ČESKÉ DIVADLO.

V sobotu dne 11. června 1881.

Théâtre paré.

OTEVŘENÍ NÁRODNÍHO DIVADLA

ku poctě

J. J. CÍS. KRÁL. VÝSOSTÍ

Nejjasnějšího korunního prince RUDOLFA a Nejjasnější korunní princezny STEFANIE.

Národní hymna a hymna belgická.

Po prvé.

LIBUŠE.

Slavnostní zpěvohra ve 3 jednáních.

Na slova **J. Wenziga** složil **Bedřich Smetana**. Ve scénu uvedl vrchní režisér p. **Kolár** ml. Tanec uspořádala baletní mistryně slečna **K. Höflichova.** **Veškeré nové dekorace** z atelieru dvorních malířů **Brioschiho, Burghardta a Kautského.** **Veškeré nové kostumy** jsou zhotoveny za dozoru vrchního inspektora garderoby pana **J. Stropnického. Elektrické osvětlení** řídí mechanik pan **Frant. Hájek**, ředitel elektrických aparátů při divadle národním.

Zpěvohru řídí první kapelník pan **Ad. Čech.**

OSOBY:

Libuše, česká kněžna		sl. Sittova.
Přemysl ze Stadic		p Lev.
Chrudoš od Otavy	bratří	p. Čech ml.
Šťahlav na Radbuze	bratří	p. Vávra.
Lutobor z Dobroslavského Chlumce, jejich strýc		p. Hynek.
Radovan od Kamena mosta		p. Stropnický.
Krasava, Lutoborova dcera	obě na Libušině dvoře	sl. Reichova.
Radmila, sestra obou bratří,	obě na Libušině dvoře	pí. Fibichová.
4 Ženci		sl. z Ehrenbergů.
		sl. Hlaváčkova.
		pí. Maislerová.
		p. Šára.

Kmeti, leši i vladyky, panny a děvy z dvoru Libušina. Přemyslova čeleď. Lid.

Děj se koná na Vyšehradě, ve Stadicích, v hornaté krajině lesní za dob pohanských.

Veškeré dekorace nové, a sice:

V I. jednání: a) **Libušina komnata.** b) **Předhradí.** V II. jednání: **Skalnatá krajina s mohylou.** b) **Přemyslův statek.** V III. jednání: **Slavnostní siň na Vyšehradě.**

ZÁBOJ

LUMÍR

1868

1881

Knihtiskárna Politiky v Praze. — Nákladem vlastním.

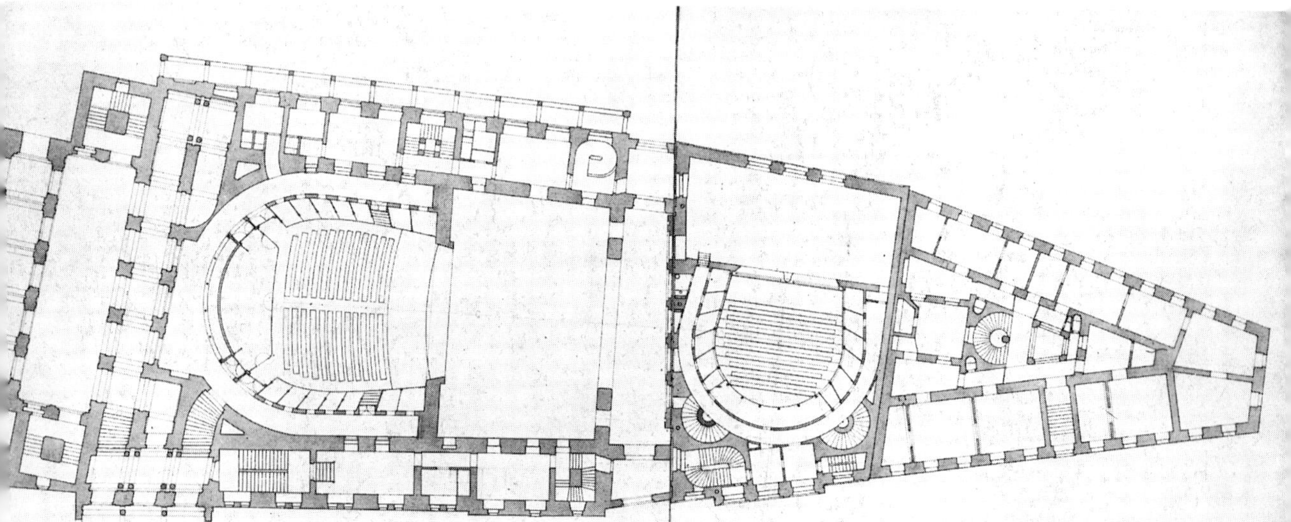

Н. РИМСКІЙ-КОРСАКОВЪ
ЗОЛОТОЙ ПѢТУШОКЪ
НЕБЫЛИЦА ВЪ ЛИЦАХЪ
ОПЕРА ВЪ 3 ДѢЙСТВІЯХЪ
ЦАРЬ ДОДОНЪ
ВОЕВОДА ПОЛКАНЪ
ЗВѢЗДОЧЕТЪ
ИЗДАНІЕ П. ЮРГЕНСОНА ВЪ МОСКВѢ
И. БИЛИБИНЪ. 1908

dem Halkas treuer bäuerlicher Geliebter ihr trauriges Los in einer »dumka« beklagt, auf die unmittelbar ein oberflächlicher, vom Verwalter zusammengetrommelter Chor folgt, um das neuvermählte adlige Paar zu begrüßen.

Obwohl die Assoziierung mit dem Volk in Jonteks »dumka« durch die vorhergehende Szene mit dem Dudelsackpfeifer verstärkt wird (musikalisch angedeutet durch eine lebhafte Oboenmelodie mit einer erhöhten Quarte über einem Bordun), drängt dieses Stück eher zu Pathos als zu »paysanterie«; jegliche volkstümliche Andeutung durch die punktierten Rhythmen und die regelmäßigen Phrasen im Einleitungsabschnitt wird unterlaufen durch dessen chromatische Harmonik und noch stärker durch den konventionelleren melodischen und rhythmischen Charakter des mittleren Abschnitts. In der Tat ist die »dumka« nicht besonders mit dem Bäuerlichen verknüpft (ihre Ursprünge liegen in ukrainischen Heldenliedern), und als regelmäßig erscheinendes Charakteristikum der Opern Moniuszkos kann sie genausogut einer adligen Rolle anvertraut werden wie Jadwiga in *Das Geisterschloß* oder Zuzia in *Verbum nobile*.

Wie bei Smetana, veranlaßten Umwelt und Erziehung auch Moniuszko nicht gerade, viele authentische Volkslieder in seinen Opern zu verwenden. Glinka hatte trotz seiner ebenfalls privilegierten Herkunft mehr Verbindungen zu den Volksliedtraditionen in seiner Umgebung. Identifizierbare russische Volkslieder verwendet er nicht besonders ausgiebig (es gibt einige Brocken, die er anscheinend selbst aufzeichnete), doch scheint die frühe Berührung mit Volksliedtraditionen auf dem Gut seiner Familie zu einer tiefergreifenden Anverwandlung russischer Volkslieder geführt zu haben, als es die reine Aufnahme in seine Werke gewesen wäre. In einer zeitgenössischen Kritik zog J.N. Newerow einen Vergleich mit Werstowskis Gebrauch des Volkslieds in *Askol'dova mogila* (»Askolds Grab«, 1835) – »im wesentlichen nicht mehr als eine Sammlung von meistenteils entzückenden russischen Melodien, die durch

RIMSKI-KORSAKOWS *DER GOLDENE HAHN* (1909). Oben: Bühnenbildentwurf von Iwan Bilibin für den zweiten Akt (Zelt der Königin von Shemakha) für die Moskauer Uraufführung. Unten links: Titelblatt der Erstausgabe des Klavierauszugs mit Figuren aus der Oper nach Bilibins Entwürfen: der törichte König Dodon (Mitte), die geheimnisvolle Königin von Shemakha, der Hahn und der Astrologe, der Prolog und Epilog der Oper bestreitet. Rimski-Korsakows Märchenoper wurde in ihrer Zeit als Verspottung der russischen Unfähigkeit gesehen, den russisch-japanischen Krieg von 1905 zu führen. Ihre Uraufführung verursachte Schwierigkeiten mit der Zensur und wurde bis in die Zeit nach dem Tod des Komponisten verschoben.

DIE UNGARISCHEN *VERBUNKOS*: Zeichnung (unten rechts) von József Bikkessy (um 1820). Obwohl der Name »verbunkos« erst am Ende des 18. Jahrhunderts als ungarische Verballhornung des deutschen »Werbung« (»Rekrutierung«) vorkommt, wurde der so genannte Musikstil seit spätestens dem 17. Jahrhundert mit Ungarn assoziiert. Er wurde zu einem Charakteristikum von Erkels musikalischer Sprache in *Hunyadi László* und späteren Opern. Wie die polnischen Mazurken und Polonaisen wurde der *Verbunkos*-Stil internationalisiert. Man kennt ihn beispielsweise durch einige bewußt »ungarische« Stücke von Liszt wie den *Ungarischen Rhapsodien*, oder durch den »Csárdás«, den Strauß im zweiten Akt der *Fledermaus* einsetzt, wenn Rosalinde maskiert als »ungarische Gräfin« auftritt.

deutsche Chöre, Quartette und italienische Rezitative miteinander verbunden sind«. Glinka hingegen

> machte sich anders ans Werk; er hat tief in den Charakter unserer Volksmusik hineingeschaut, hat ihre Eigentümlichkeiten beobachtet, sie studiert und in sich aufgenommen – und dann seiner eigenen Phantasie freien Lauf gelassen ... Viele, die seine Oper hörten, bemerkten etwas vertrautes in ihr, versuchten sich zu erinnern, aus welchem russischen Lied dieses oder jenes Motiv stammt und konnten das Original nicht entdecken.
> (Newerow (1836), zitiert in Brown (1974), S. 112 f.)

Natürlich gibt es eindrucksvolle an Volksmusik angelehnte Nummern in *Ein Leben für den Zaren*, wie den einleitenden unbegleiteten Wechselgesang zwischen Solist und Männerchor, den feierlichen »Slavsya«-Chor am Schluß (fast eine zweite Nationalhymne) oder, das Juwel der ganzen Oper, den Brautchor der Frauen im 5/4-Takt, den nicht nur der frühe Gebrauch eines solchen Metrums unverwechselbar macht, sondern auch seine Imitation des bäuerlichen mehrstimmigen Gesangs. Diese Beispiele sind wegen ihrer Anklänge an die Volksmusik umso bemerkenswerter, als es Glinka gelang, das volkstümliche Idiom darüber hinaus in sein Werk zu integrieren. So bewirken am Ende des ersten Akts, während der Feiern vor der Hochzeit von Sussanins Tochter mit dem Soldaten Sobinin, die dramatischen Nachrichten vom Heranrücken der Polen ein italianisiertes Largo Concertato-Finale mit Stretta. Der langsame, in Moll stehende Kanon des Concertato unterscheidet sich aber von italienischen Vorbildern durch eine russische Melodie voller Trauer. In ähnlicher Weise zitiert Glinka in Antonidas Solo und Rondo im ersten Akt, die in ihrer Struktur wiederum italianisiert sind, die Orchesterkoloratur der Einleitung und moduliert sie mit »russischen« Intervallen – so entsteht praktisch eine kunstvolle Variation des einleitenden Bauernchors, wie David Brown (1974, S. 115 f.) zeigt.

Trotz gelegentlicher Andeutungen bäuerlicher Instrumente – eine Balalaika wird durch zupfende Streicher in einer Chorbegleitung im ersten Akt imitiert, auf eine volkstümliche russische Zither, »gusli«, wird angespielt in der Harfenbegleitung von Sussanins letzter Arie – charakterisierte Glinka seine russischen Bauern in hohem Maß durch vokale Mittel. Die feindlichen Polen werden andererseits durch Tanzmusik repräsentiert: hier wird der seit langem begründete internationale Rang von Polonaise und Mazurka ein wenig schonungslos ausgebeutet. Der Kontrast ist scharf, so zwischen dem Schluß des ersten Akts, in dem russische Bauern ihre Besorgnis in einem starken Vokalensemble ausdrücken, und dem polnischen zweiten Akt, der größtenteils aus brillant instrumentierten Tänzen besteht. Wenn die beiden Welten im dritten Akt aufeinanderprallen, geschieht dies mit einfachen Gegenüberstellungen: Polen stellen Fragen oder geben Befehle in ihren schwungvollen dreiertaktigen Tanzrhythmen; Sussanin antwortet ernst in einem langsamen Zweiermetrum. In einer höchst experimentellen Passage überlagern sich die beiden Zeitmaße. Die sich daraus ergebende Charakterisierung ist deutlich, wenn auch stark vereinfacht: die Polen ecken als weltlich, prunkvoll und oberflächlich an; Sussanin (und implizit alle Russen) wirkt ernsthaft und äußerst verläßlich.

Der Fall liegt wieder anders bei Erkel. Sein hauptsächlicher Kunstgriff zur musikalischen Lokalisierung bestand nicht in dem Versuch, ungarische Volkslieder in seine Opern aufzunehmen (deren authentische Wurzeln erst am Ende des Jahrhunderts von Kodály und Bartók entdeckt wurden). Stattdessen benutzte er einen Musikstil, der zumindest seit dem Ende des 17. Jahrhunderts mit Ungarn assoziiert worden war. Der Name, unter dem er bekannt wurde, »verbunkos«, kommt indes erst am Ende des 18. Jahrhunderts als ungarische Verballhornung des deutschen Begriffs Werbung vor. Heute wird die überlieferte Erklärung der »verbunkos« als glamourösen militärischen Tänzen, die – häufig von virtuosen Zigeunermusikern – gespielt werden, um die Rekruten zusammenzutrommeln, weitgehend mit Vorbehalt aufgenommen; dennoch sind eine Reihe von Elementen der »verbunkos« mit Militärischem verknüpft. Das Metrum ist immer marschmäßig zweier- oder vierertaktig, nie dreiertaktig. Die Melodie wird durch punktierte Figuren charakterisiert (ein vertrauter musikalischer Topos im 19. Jahrhundert zur Darstellung des Militärs), häufig mit Tonwiederholungen (die die nächste betonte Taktzeit vorwegnehmen) und standardisierten Kadenzverzierungen. Die Tempi sind entweder schnell oder langsam und wechseln gewöhnlich miteinander ab. Melodisch gesehen erinnert der Gebrauch der erhöhten Sekunde an den orientalischen Ursprung der Magyaren. Wie die polnischen Polonaisen und Mazurken wurde der »verbunkos«-Stil international und ist vertraut zum Beispiel durch einige von Liszts »ungarischen« Stücken wie den *Ungarischen Rhapsodien* oder durch den »Csárdás«, den Strauß seiner als ungarische Gräfin maskierten Rosalinde im zweiten Akt der *Fledermaus* gibt.

Als traditionell ausgebildeter Musiker machte Erkel in seiner ersten Oper, *Bátori Mária* (1840) nur sporadischen Gebrauch von diesem Stil. Dies entspricht der romantisierenden Behandlung der ungarischen Geschichte, die die Handlung dieser Oper bildet. Doch wurde, wie Gyula Weber (1976) darlegt, der »verbunkos«-Stil danach zu einem markanten Zug in Erkels Musiksprache. In seiner nächsten Oper – seinem größten Erfolg – *Hunyadi László* (1844), ist der Held László ganz selbstverständlich gleich vom Beginn der Ouvertüre an durch den »verbunkos«-Stil gekennzeichnet mit einem mit ihm verknüpften Thema: der »verbunkos«-Stil wird im allgemeinen als heroisch und betont maskulin betrachtet. Erstaunlicher ist die Verwendung des »verbunkos«-Stils auch für Frauen sowie für Schurken oder schlechte Patrioten (wie den König). Lászlós Mutter Erzsébet singt zum Beispiel – sogar in der sogenannten »La Grange Arie«, die später für eine französische Interpretin der Rolle geschrieben wurde – eine Cantabile-Cabaletta-Arie, in der Merkmale des »verbunkos« mit vokaler Virtuosität zur herausforderndsten Sopranarie des ungarischen Repertoires verschmelzen. Gara, sonst ein konventioneller, mit einem Bariton besetzter Schurke, singt eine ziemlich schwungvolle »verbunkos«-Arie, um seinen erwarteten Triumph im ersten Akt zu feiern (nach dessen Erfüllung wird sie im dritten Akt wiederholt); Auf- und Abtritte des Königs werden von einem würdigen langsamen »verbunkos«-Marsch begleitet, dessen hintergründiger Charakter geistreich seine Selbstgefälligkeit und Trägheit andeutet. Die einzigen in der Besetzung, die nicht im »verbunkos«-Stil singen dürfen, sind die Männer des Chores, die die fremden Söldner darstellen, denen – natürlich – die patriotischen ungarischen Soldaten in reinem »verbunkos«-Stil gegenübergestellt sind. In instrumentaler Musik suggerieren langsame, von Verhängnis kündende »verbunkos«-Passagen Tragödie und Leid; schnelle »verbunkos«-Abschnitte Feier und Freude. In der großartigen Ouvertüre zu *Hunyadi László*, die einige Jahre nach der ersten Aufführung der Oper komponiert wurde und selbst fast eine Tondichtung im kleinen ist, sind Stile und Kunstgriffe der »verbunkos« wie in einem Leitfaden eindrucksvoll zusammengefaßt.

BEDŘICH SMETANA (1833–1884) IM JAHR 1880. Mit *Die Brandenburger in Böhmen*, einer der ersten neuen tschechischen Opern, die am neueröffneten tschechischen Interimstheater auf die Bühne kamen, begründete Smetana eine kontinuierliche Tradition der tschechischen Oper. Seine acht vollendeten Opern lieferten einen Kanon von Werken unterschiedlicher Gattungen, die viele Jahre lang richtungsweisend waren und heute noch gespielt werden.

MONIUSZKOS *DAS GEISTERSCHLOSS*, eine Szene aus dem zweiten Akt in einer frühen Inszenierung. Moniuszko entstammte dem niederen Adel, fühlte sich jedoch eher in der aristokratischen Welt zuhause. Er schilderte sie in dieser und allen anderen Opern, indem er die internationalisierten »polnischen« Tänze wie Polonaise oder Mazurka einsetzte.

Fremde Elemente

Es ist bemerkenswert, daß Erkel, der von den vier Nationalkomponisten am meisten auf ausländische Modelle vertraute, imstande war, einen konsequenten Stil mit solch unverwechselbar lokalem Gehalt zu schaffen. Alle vier Nationen jedoch – Rußland, Ungarn, Polen und Böhmen – waren internationalen Vorbildern in ihren Strukturen, Stilen und in der Behandlung der Stimmtypen sehr verpflichtet. Am einflußreichsten war natürlich Italien, gefolgt von Frankreich. Die deutsche Oper war weniger entwickelt und hatte zu der Zeit auch weniger anzubieten. (Erst gegen Ende des Jahrhunderts wurde Wagners Einfluß allmählich spürbar.) Im Falle der Tschechen, Ungarn und der Hälfte der Polen hatte die deutsche Oper den zusätzlichen Nachteil, in der Sprache ihrer politischen Gebieter geschrieben zu sein.

Bis zum Tod von Catterino Cavos 1840 hatte Rußland ein Jahrhundert lang eine Reihe italienischer Opernkomponisten erlebt, die in der Hauptstadt lebten und arbeiteten. Die Uraufführung von Verdis *La forza del destino* 1862 in St. Petersburg gibt eine Vorstellung von den Nachwirkungen dieser Entwicklung, und bis in die achtziger Jahre hinein wurde die italienische Oper dort verschwenderisch gepflegt. Glinka selbst, der Vater der russischen Oper, schloß eine nicht eben geradlinig verlaufende musikalische Lehre in Italien (1830–1833) ab, in der er viel Rossini, Bellini und Donizetti hörte und seinen Eindrücken in nichts weniger Ehrgeizigem als instrumentalen Operntranskriptionen und Phantasien nachging. Inmitten dieser italienischen Welt kam er auf die Idee zu *Ein Leben für den Zaren* und es überrascht nicht, daß die Oper trotz all ihres russischen Kolorits italienischen Vorbildern viel verdankt. Die italienische zweiteilige Arienform (Cantabile-Cabaletta) liegt vielen Nummern zugrunde, am offenkundigsten der letzten Szene Wanjas, in der es ihm gelingt, die Russen vor der gefährlichen Nähe der Polen zu warnen. Seinem einleitenden Rezitativ (Mitleid mit seinem erschöpften Pferd) folgt ein lyrisches Cantabile (in dem er seine eigenen Gefühle erforscht) und, nach einem Wechselgesang mit dem Chor, eine triumphale Cabaletta mit Begleitung des Chors der inzwischen wachgerüttelten Russen. Das Finale des ersten Akts ist, wie bereits erwähnt, im Grunde ein rossinisches Largo Concertato mit Stretta. Sussanin und sein Adoptivsohn Wanja (eine Hosenrolle für Mezzosopran) sind einfach russische Übertragungen des Patrioten Wilhelm Tell und seines Sohnes Jemmy. Selbst Glinkas Orchestration, die häufig als der ausgezeichnetste und originellste Teil seiner Technik angesehen wird, ist in vieler Hinsicht eine Weiterentwicklung des späten Rossini mit ihren reinen, unvermischten Farben und ihrer Vorliebe für atmosphärische Posaunenmelodien, die das orchestrale Gewebe durchschneiden. Glinkas Posaunen fahren fort, wo Rossini aufhörte; die kühne, in Ganztönen absteigende Linie der Posaune in der Ouvertüre von *Ruslan und Ludmila* wurde zu einem russischen Charakteristikum, das sogar auf die Symphonien Borodins ansteckend wirkte.

Nicht weniger hatte Erkel die italienische Oper im Blut. In den zwei Jahren (1838–1840) zwischen seiner Anstellung als Chefdirigent des Ungarischen Nationaltheaters und der Premiere seiner ersten Oper *Bátori Mária* dirigierte Erkel zwanzig Opernpremieren, darunter zehn italienische Opern (Spontini, Bellini und vor allem Donizetti). Eine Analyse des Repertoires anhand der Vorstellungen des Ungarischen Nationaltheaters von seiner Eröffnung 1837 bis zu *Bátori Mária* enthüllt eine noch offenkundigere Vorliebe für die italienische Oper. Insgesamt gab es 180 Opernaufführungen, von denen 125 italienisch, 43 französisch und 12 deutsch waren. Die meistaufgeführte Oper war Bellinis *Norma* (25 Vorstellungen), gefolgt von Aubers *Gustave III.* (18 Vorstellungen). Diese Statistik ermöglicht einen interessanten Vergleich mit dem Repertoire des tschechischen Interimstheaters in den vier Jahren vor der Premiere von Smetanas erster Oper, *Die Brandenburger in Böhmen*. Hier lagen die französischen Opern den italienischen hinsichtlich der Anzahl verschiedener Inszenierungen ein wenig voraus (die Anzahl der Vorstellungen war hingegen fast gleich). Mit der französischen Revolutionsoper hatte Weber in seiner Zeit als Musikdirektor des Prager Ständetheaters (1812–1816) versucht, die Vorliebe für die italienische Oper zu brechen, die selbst nach der Auflösung der italienischen Kompagnie 1807 bewahrt wurde, und die deutsche Oper zu fördern. Fünfzig Jahre später taten Smetana und seine Zeitgenossen das gleiche, nur waren es nun die großen Opern Rossinis, Aubers, Meyerbeers und Halévys, die eher als die Opern von Cherubini und Méhul zu anerkannten Vorbildern wurden.

In seinen Theaterkritiken zog Smetana über altmodische italienische Opern wie Bellinis *Norma* her, und als er 1866 Chefdirigent wurde, versuchte er, das Repertoire in andere Bahnen zu lenken. Doch stieß er auf die italienische Ausbildung der Sänger, die winzigen Ausmaße des Theaters, seines Chors und seines Orchesters, in deren Konsequenz italienische Opern oftmals das am praktischsten aufzuführende ausländische Repertorie bildeten. In seinen eigenen Werken konnte er sich einigen der von ihm so mißbilligten Tendenzen nicht völlig entziehen. Für Sopranistinnen wie die Primadonna Eleonora z Ehrenbergů schrieb er gelegentlich Koloraturpassagen,

BÜHNENBILDENTWURF VON ANDREJ ADAMOWITSCH ROLLER für die Uraufführung von Glinkas *Ruslan und Ludmila* am Bolschoi-Theater St. Petersburg, 1842. Ungeachtet der wirren Handlung der Oper erschloß die prächtige Darstellung einer fremden Welt (wie im exotischen Bühnenbild für den dritten Akt mit Nainas Zauberschloß) der russischen Musik neue Dimensionen.

und selbst in seiner dritten Oper, *Dalibor* (1868), finden sich Überbleibsel eines Cabaletta-Duetts, um den ersten Akt zu einem Ende zu bringen. Dies ist sogar noch ausgeprägter in Smetanas *Die Brandenburger in Böhmen*, doch ist hier, vor allem im Libretto, der Einfluß der französischen Grand opéra ebenso markant. In seiner nächsten, einer komischen Oper, *Die verkaufte Braut* (1866), orientierte er sich eher an der französischen Opéra-comique mit ihren gesprochenen Dialogen als an der italienischen Opera buffa. Obwohl die gesprochenen Dialoge später zu Rezitativen aufgewertet wurden, benutzte Smetana in seiner fünften Oper, *Die beiden Witwen* (1874) wiederum gesprochene Dialoge, die diesmal tatsächlich auf einem französischen Schauspiel basierten (und die er anschließend wieder aufwertete). Selbst dort, wo Smetana eigene Wege zu gehen scheint, wenn er den in der Oper der Zeit dominierenden Stimmtyp des Bariton-Schurken vermeidet, handelt es sich nicht notwendig um eine persönliche Wahl. Sie läßt eher Rückschlüsse auf das kleine Solistenensemble des Interimstheaters zu: der erste Bariton, Josef Lev, für den Smetana die meisten seiner Baritonpartien schrieb, war im Grunde ein passiver, undramatischer Sänger, der sich am besten für lyrische Rollen eignete.

Bei Erkel indes sind die Formmodelle ungeniert italianisiert. Der zweite Akt von *Hunyadi László* ist typisch hierfür. Abgesehen von einer Arie für den Schurken Gara (ursprünglich in einer ABA-Form komponiert, doch zu einer BA-Form eingestrichen in der Bearbeitung nach Erkels Tod, in der das Stück üblicherweise zu hören ist), liegt allen Soli und Solistenensembles das Prinzip der zweiteiligen Arie zugrunde: den beiden Arien für die Witwe Erzsébet, einem Duett für ihren Sohn László und seine zukünftige Braut und einem Terzett für Erzsébet und ihre beiden Söhne. Der Schlußchor, in dem die Verlobung von László und Maria gefeiert wird, zitiert mit seiner »religiösen« Orgel den kirchenmusikalischen Gestus, den Meyerbeer einige Jahre zuvor in *Le Prophète* erschlossen hatte. Ganz offensichtlich ist die italianisierte Behandlung der Stimmfächer, vom aktiven Bariton-Bösewicht Gara, der Mezzo-Hosenrolle für den jungen Matyás (ein zweiter Jemmy) bis zum »tenore spinto« für László. Insbesondere zeigen die kunstvollen Koloraturen für Erzsebét, daß italienisch ausgebildete Sänger zur Verfügung standen, die solch einschüchternden Anforderungen gewachsen waren.

Die Betonung vokaler Beweglichkeit ist ein Moment, der besonders die Opern von Erkel und Moniuszko verbindet. Im *Geisterschloß* findet sich eine ähnlich anspruchsvolle Sopranpartie für Hanna (die sich am extremsten in ihrer Arie im vierten Akt zeigt). Koloraturen mögen als den Damen der höheren Gesellschaft angemessen erscheinen, die in den meisten Opern Moniuszkos vorkommen, doch sogar die niedrig geborene Halka geht (wie Bánks Frau Melinda) geistesabwesend, mit an Lucia erinnernden Gesten in ihren Selbstmord. Im Ganzen gesehen ist Moniuszko jedoch, der eine solide musikalische Ausbildung in Berlin erhalten hatte, weniger italianisiert als Erkel. Auch hinterließen die polnischen Sympathien für Frankreich als einem Gegen-

ALEXANDER PUSCHKIN (1799–1837), gemalt von Orest Kiprensky 1827. Mehr als jeder andere Schriftsteller inspirierte Puschkin die russische Oper. Auf seinen Werken basieren Glinkas *Ruslan und Ludmila*, Tschaikowskis *Eugen Onegin* und *Pique Dame*, Dargomyschskis *Der Steinerne Gast*, Mussorgskis *Boris Godunow* und drei Opern Rimski-Korsakows.

gift gegen Rußland ihre Spuren in der Tatsache, daß Ensembles häufig als wesentliches Element vorkommen wie beispielsweise im *Geisterschloß*.

Spätere Entwicklungen

Die starken musikalischen Persönlichkeiten Glinkas und Smetanas führten dazu, daß ihre Musikstile in *Ein Leben für den Zaren* und *Die verkaufte Braut* mit russischer beziehungsweise tschechischer Musik gleichgesetzt wurden. Als Smetana in seiner nächsten Oper *Dalibor* danach strebte, die tschechische Oper aus den Begrenzungen einer Opéra-comique heraus zu etwas Anspruchsvolleren zu bringen, fiel das Werk durch, und erst als er mit *Der Kuß* ein offenkundigeres »Volks«-Stück schrieb, fand er wieder

Anklang. Das ländliche Milieu und der Stil der *Verkauften Braut* wurden von den meisten Zeitgenossen Smetanas nachgeahmt, so von Vilém Blodek (1834–1874) in seinem bezaubernden Einakter *V studni* (»Im Brunnen«, 1867) und selbst in den frühen Opern Dvořáks. Die ganze Spannbreite von Smetanas Werk hat man eigentlich erst später erkannt und geschätzt.

Glinkas zweite Oper, *Ruslan i Lyudmila* (1842) wurde zunächst vom fast gleichen Schicksal ereilt wie Smetanas späte Opern; so nahm Dargomyschski in seiner *Rusalka* (1856) Glinkas erste Oper, nicht *Ruslan*, zum Vorbild, und erst die nächste Generation russischer Komponisten baute auf dem musikalischen Potential und den Implikationen von Glinkas zweiter Oper auf. Sogar ein so fortschrittlicher und eigenwilliger Komponist wie Mussorgski griff auf die »polnischen« Schablonen und selbst den lyrischen Stil von *Ein Leben für den Zaren* zurück, als er seinem *Boris Godunow* den Polen-Akt hinzufügte.

NIKOLAI ANDREJEWITSCH RIMSKI-KORSAKOW (1844–1908), photographiert in Vechasha, 1905: Der produktivste russische Opernkomponist des 19. Jahrhunderts. Als Lehrer, Theoretiker und Orchestrator – er war einer der glänzendsten seiner Zeit – kümmerte sich Rimski-Korsakow auch nachsichtig um die unvollendeten Werke seiner weniger gut ausgebildeten oder jung verstorbenen Landsleute; er trug zur Vollendung von Opern Borodins, Dargomyschskis und erstaunlicherweise auch Mussorgskis bei.

Während die Gründerväter der russischen und tschechischen Oper am Ende verschiedene Typen einer Nationaloper zur künftigen Verwertung etabliert hatten, waren Erkel und Moniuszko nur begrenzt erfolgreich darin, brauchbare Modelle für die ungarische und die polnische Oper zu schaffen. Zudem folgte keinem von beiden ein Komponist vergleichbaren Formats. Die weitere politische Geschichte Polens (mit einem zweiten tragisch gescheiterten Aufstand 1863) wirkte lähmend auf die Kreativität; Komponisten und Publikum gingen kein Risiko ein. Sogar *Das Geisterschloß* wurde in nur drei Inszenierungen aufgeführt, dann verboten, und war erst 1914 wieder zu hören. Weitere 132 polnische Opern kamen zwischen 1866 und 1914 zur Uraufführung, aber Polen mußte bis zur Wiederherstellung seiner Unabhängigkeit 1918 auf eine Oper von wirklicher Größe wie Szymanowskis Meisterwerk *Król Roger* (»König Roger«) warten. Eher überraschend ist es angesichts der relativen politischen Autonomie, die Ungarn 1867 im »Ausgleich« mit dem habsburgischen Österreich errungen hatte, daß sich dort Ähnliches abspielte. Erkels Opernkarriere dauerte länger als die Moniuszkos, mit Werken, die er in Zusammenarbeit mit seinen Söhnen schrieb: einer weiteren historischen Tragödie, *Brankovics György* (1874) und seiner letzten Oper *István király* (»König Stefan«, 1885), die zeigt, wie Erkel sich von seinem früheren Hang zum Italianisieren löst und sich auf das wagnersche Musikdrama zubewegt. Doch dies geschah einige Jahrzehnte vor der Neubelebung der ungarischen Oper durch Bartók und Kodály. Von den vier Regionen, die wir hier betrachten, konnten nur in Rußland und in Böhmen interessante Opernentwicklungen noch bis zum Ende des Jahrhunderts festgestellt werden.

Ruslan und seine Nachkommen

Von Glinkas künstlerischem Erbe, das er den russischen Opernkomponisten hinterließ, erwies sich seine zweite Oper, *Ruslan und Ludmilla* (1842), letzten Endes als die fruchtbarere. Ihr liegt eine phantastische Dichtung Puschkins (1799–1837) von 1820 zugrunde, dessen Werke zu einer Fundgrube für die Libretti fast jedes russischen Opernkomponisten werden sollten: Dargomyschski, Mussorgski, Rimski-Korsakow, Tschaikowski und Cui im 19. Jahrhundert und weitere im 20. Jahrhundert schrieben Opern nach Puschkin. *Ruslans* Hang zur Märchenphantasie wurde zu einem wichtigen Charakterzug der russischen Oper und unterschied sie von anderen Traditionen des Opernrepertoires. Die auf Sagen oder Legenden basierenden deutschen Opern suggerieren Bedeutung weit über ihre bescheidenen Ausgangspunkte hinaus, sei es in Wagners mythenschweren Musikdramen oder in der weniger anmaßenden Manier Humperdincks. Russischen Märchenopern dagegen liegt im allgemeinen eine neutrale Geschichte zugrunde mit wenig Morallehren und Schlußfolgerungen, aber zahlreichen Gelegenheiten zur Entfaltung von Musik und Szene. Im Grunde ist *Ruslan und Ludmilla* eine Oper der Suche beziehungsweise Rettung. Auf dem Fest für die

DER *VODNÍK* (WASSERGNOM) WAR EINE BEKANNTE GESTALT DER SLAWISCHEN VOLKSMYTHOLOGIE, besonders nach der Veröffentlichung von Karel Jaroslav Erbens schauerlicher Ballade in seiner *Sammlung von Volksmärchen* (1853) und ihren späteren Vertonungen von Fibich (als Melodram, 1883) und Dvořák (als Tondichtung, 1896). Der Librettist der *Rusalka*, Jaroslav Kvapil, ergänzte Friedrich de la Motte Fouqués Erzählung *Undine* um Gestalten wie die Hexe Ježibaba und den Vodník, um eine charakteristisch tschechische Märchenwelt zu schaffen, die diese Oper von den früheren deutschen *Undine*-Opern von Hoffmann und Lortzing unterscheidet. Diese Zeichnung von Mikolář Aleř (1852–1913) ist eine von mehreren, die er veröffentlichte. Sie folgt den zahlreichen Beschreibungen des Vodník in Volksmärchen, der mit Mantel und Federhut beinahe menschlich erscheint – nur die (erstaunlichen) Pferdehufe weisen ihn als Nicht-Menschen aus. Der Vodník in *Rusalka* unterscheidet sich von dem hier abgebildeten darin, daß er unfähig ist, dem Wasser zu entsteigen und kein Interesse daran hat, Menschenseelen in seinem Topf zu fangen.

drei Freier Ludmillas verschwindet die Braut plötzlich. Ihr Vater verspricht sie dem Freier, der sie findet, und es ist natürlich Ruslan, dem dies nach vielen Abenteuern gelingt.

Die Handlung ist schwach, die Dramaturgie wird allgemein als unbeholfen verurteilt, doch bot der Stoff viele Gelegenheiten, Glinkas harmonische und orchestrale Phantasie anzuregen. So deutlich wie Polen und Russen in *Ein Leben für den Zaren* unterschieden wurden, so klar sind die stilistischen Kontraste zwischen den einleitenden und abschließenden russischen Szenen, den exotischen Orten, die die Freier auf ihren Reisen entdecken und der übernatürlichen Welt, gegen die Ruslan kämpft. Rußland wird mit weiten, lyrischen Melodien evoziert, die manchmal modal abgewandelt, manchmal balladenhaft sind (das »gusli«, mit dem sich Bayan in der Eröffnungsnummer begleitet, wird einfallsreich von einer Harfe und einem Klavier dargestellt – ein sehr früher Gebrauch eines Klaviers im Orchester zur Farbgebung). Ferne Orte werden in den exotischen Tänzen veranschaulicht, besonders in dem außergewöhnlichen georgischen »lezginka« im vierten Akt oder in dem betörenden persischen Chor des zweiten Akts mit seiner ständig wiederholten Melodie und dem ständig variierten orchestralen Hintergrund (eine Technik, die Glinka in seinen 1848 komponierten Orchestervariationen *Kamarinskaya* perfektionierte, und die danach viele spätere russische Komponisten verwendeten). Am berühmtesten sind die bahnbrechende absteigende Ganztonskala, die die übernatürlichen Kräfte des Bösen repräsentiert, und das Groteske der fremden harmonischen Nebeneinanderstellungen und unheimlichen Instrumentierung im Marsch des Zwerges Chernomor.

Die *Polowetzer Tänze* und die stolpernde Dramaturgie in *Knyaz' Igor'* (»Fürst Igor«, 1890), der einzigen (nahezu) vollständigen Oper von Alexander Porfirjewitsch Borodin (1833–1887) stammen offensichtlich von Glinkas *Ruslan* ab, doch den größten Nutzen aus dieser exotischen Seite Glinkas zog Nikolai Andrejewitsch Rimski-Korsakow (1844–1908). Sein umfangreiches Opernschaffen (fünfzehn Opern) ist unausgewogen, meist unbekannt im Westen und in seiner Konstanz seltsam gebrochen mit drei frühen Opern, einer großen Lücke und dann dem Großteil seines Schaffens, das sich in seinen letzten achtzehn Lebensjahren konzentriert. Obwohl er mit verschiedenen Operntypen experimentierte, fühlte sich Rimski-Korsakow am wohlsten in der Gattung des exotischen Märchens, zum Beispiel mit *Skazka o Tsare Saltane* (»Das Märchen vom Zaren Saltan«, 1900) oder *Zolotoy petushok* (»Der goldene Hahn«, 1909), Opern, die beide auf »Volkserzählungen« von Puschkin beruhten (obwohl entsprechend russifiziert, liegt ihr Ursprung in Westeuropa, wie es die Namen von Figuren wie Guidon und Dodon nahelegen). *Zar Saltan* ist wieder die Geschichte einer Suche, deren Ursache in diesem Fall die bösartige Intrige zweier Schwestern ist, die auf die junge Braut des Zaren eifersüchtig sind – ihre wohlverdiente Strafe erhalten sie auf denkwürdige Weise durch den Hummelstich des zeitweise verwandelten jungen Zarewitsch Guidon (dessen »Flug« für die berühmteste Nummer der ganzen Oper sorgt). *Der goldene Hahn* ist eine dunklere Erzählung. Von einem geheimnisvollen Astrologen erwirbt König Dodon einen Wunderhahn, der, wenn das Reich bedroht ist, in die Richtung kräht, aus der die Gefahr lauert, auch wenn sich die »Gefahr« als die geheimnisvolle Königin Shemakha herausstellt, die Dodon als seine Braut mit an den Hof zurückbringt. Als der Astrologe die Königin als Lohn fordert, widersetzt sich Dodon und tötet den Astrologen, woraufhin der Hahn sich auf ihn stürzt und ihn zu Tode hackt. In einem Epilog erklärt der Astrologe, daß all dies erfunden ist. Nur er und die Königin sind »wirklich« (siehe Abbildung S. 288).

Die Betonung der »Bedeutungslosigkeit« des Stückes weist hier in Wirklichkeit darauf hin, daß hinter dem Stück mehr steckt, als auf den ersten Blick sichtbar ist, ein Schluß, zu dem sicherlich auch der Zensor kam, der die Aufführung der Oper bis 1909, bis nach dem Tod des Komponisten, verzögerte. Analogien zwischen der Art und Weise, in der König Dodon und seine beiden törichten Söhne Krieg führen (trotz der rechtzeitigen Warnungen des Hahns) und den russischen Unzulänglichkeiten in der Führung des russisch-japanischen Kriegs von 1905 sind leicht zu entdekken. Solche aktuell politischen Züge waren jedoch selten in Rimski-Korsakows Opern. Nach seiner ersten, historischen Oper *Psokovityanka* (»Das Mädchen von Pskow«, 1873, endgültige Fassung 1901) mit ihrer Schilderung Iwans des Schrecklichen und des »republikanischen« Rats von Pskow (zwei Aspekten, die ein Eingreifen auf höherer Ebene notwendig machten, um den Zensor zu beschwichtigen), konzentrierte sich Rimski-Korsakow auf eine Reihe von Opern, deren Spektrum sich beschränkte auf exotische Märchen (*Zar Saltan, Der goldene Hahn* und *Sadko*, 1898), derbe Dorfkomödien nach Gogol (*Mayaskaya noch'*, »Die Mainacht«, 1880; *Noch' pered rozdestvom*, »Die Weihnacht«, 1895) und Volkserzählungen mit pantheistischen Neigungen (*Snegurochka*, »Schneeflöckchen«, 1882) oder, weniger gebräuchlich, auf eine christliche Sichtweise (*Skazaniye o nevidimom grade Kitezhe i deve Fevronii*, »Die Legende von der unsichtbaren Stadt Kitesch und der Jungfrau Fewronia«, 1907). Daß diese letzte Oper zuweilen als Rimski-Korsakows Meisterwerk bezeichnet wird, beruht auf ihrem größeren emotionalen Engagement. Im Ganzen gesehen lag äußerst dekorative – eher illustrative als dramatisch oder emotional gebundene – Musik, in der seine Kunstfertigkeit als einer der glänzendsten Orchestratoren des 19. Jahrhunderts gefragt war, Rimski-Korsakow am nächsten. Es überrascht kaum, daß sich als

PETER ILJITSCH TSCHAIKOWSKI (1840–1893). Im Westen ist Tschaikowski hauptsächlich als Komponist von Symphonien und Balletten bekannt, er schrieb jedoch im Verlauf seines ertragreichen Lebens auch zehn Opern. Zwei von ihnen, *Eugen Onegin* und *Pique Dame*, gehören zum ständigen internationalen Repertoire.

WAKULA DER SCHMIED (1876), eine der frühesten Opern Tschaikowskis; Titelblatt der Erstausgabe (1876) des Klavierauszugs, auf dem Wakulas Flug nach St. Petersburg auf dem Rücken des Teufels zu sehen ist. Mit diesem Werk kam Tschaikowski den Zielen des nationalistischen *Kuchka*, des »Mächtigen Häufleins« am nächsten; die zugrundeliegende Erzählung Gogols benutzte Rimski-Korsakow später für *Weihnacht* (1895).

VAKOULA LE FORGERON.
Opera comique de P. TSCHAIKOWSKY.
WAKULA DER SCHMIDT
Komische Oper von P. TSCHAIKOWSKY
КУЗНЕЦЪ ВАКУЛА
НОЧЬ ПЕРЕДЪ РОЖДЕСТВОМЪ
ОПЕРА
ВЪ 3. ДѢЙСТВІЯХЪ
ТЕКСТЪ Я. ПОЛОНСКАГО
МУЗЫКА
П. ЧАЙКОВСКАГО
МОСКВА
у П. ЮРГЕНСОНА.
С. ПЕТЕРБУРГЪ
у І. ЮРГЕНСОНА.
печатня П. Юргенсона.

MARIA N. KLIMENTOWA, die erste Interpretin der Tatjana in *Eugen Onegin*. Tschaikowski begann die Komposition dieser Oper mit der berühmten Briefszene, in der die kindliche Tatjana dem byronschen Weltmann Onegin ihre Liebe gesteht. Das Werk wird von der Sympathie des Komponisten für Tatjana getragen – sie allein ist der Mittelpunkt, ob in ihrer ländlichen Umgebung wie in den ersten beiden Akten oder in der feinen Gesellschaft von St. Petersburg. Die Oper wurde von Studenten des Moskauer Konservatoriums 1879 uraufgeführt, und Tschaikowski lobte insbesondere die Wärme und das echte Gefühl der Klimentowa.

am beständigsten die von *Zar Saltan* oder von *Der goldene Hahn* hergeleiteten Orchestersuiten erwiesen, oder daß *Sadko* ursprünglich eine Orchestersuite war, deren Libretto bestehenden instrumentalen Leitmotiven angepaßt wurde.

Märchenopern in Böhmen

Obwohl wienerisch inspirierte Märchenspiele (»báchorky«), oftmals mit einem ziemlich gewichtigen musikalischen Element, einen wesentlichen Teil des tschechischen Dramas der vierziger Jahren des 19. Jahrhunderts ausmachten, hinterließen sie keine Spuren im Schaffen Smetanas, außer vielleicht in dem Topos der »Suche« in einigen seiner späteren Opern. So sind Kalina, der in der Erde nach seinem »Schatz« gräbt (in Smetanas *Tajemství,* »Das Geheimnis«, 1878) oder die Liebenden Vendulka und Lukáš, die während des ersten Akts von *Hubička* (»Der Kuß«, 1876) verstritten sind und im buchstäblichen und metaphorischen »Wald« des zweiten Akts zur Vernunft kommen, nur wenig von Tamino und Pamina entfernt, die sich der Feuer- und Wasserprobe in der *Zauberflöte* unterziehen. Doch ist die Suche hier, anders als die Anstrengungen des Zarewitsch Guidon in Rimski-Korsakows *Zar Saltan*, die Dinge richtigzustellen, eine moralische – sie ist eine persönliche Erkundung, keine farbige Geschichte.

Gegen Ende seines Lebens schrieb Dvořák zwei tschechische Märchenopern, *Čert a Káča* (»Die Teufelskäthe«, 1899, nach einer tschechischen Volkserzählung) und *Rusalka* (1901). *Rusalka* trägt den gleichen Titel wie Dargomyschskis Oper von 1856 (eine weitere auf Puschkin basierende Märchenoper, die diesmal jedoch zum größten Teil im ländlichen Rußland angesiedelt ist), doch trotz aller panslawistischen Sympathien Dvořáks und der Tatsache, daß Dargomishkys Oper 1889 in Prag inszeniert worden war, steht Dvořáks Oper der deutschen Welt näher als der russischen. Die Hauptquelle des Librettos ist wie für die *Undine*-Opern von Hoffmann (1816) und Lortzing (1845) und schließlich für die Tschaikowskis (1869 komponiert, vernichtet und teilweise neu verwertet) die Novelle von Friedrich de la Motte Fouqué, in der eine Nixe »menschlich« wird, deren Verbindung mit einem Sterblichen (der Grund ihres Wunsches, Mensch zu werden) jedoch tragisch endet. Puschkins und Dargomishkys *Rusalka* andererseits ist die Geschichte eines armen Mädchens, deren fürstlicher Geliebter die Treue bricht. Sie ertränkt sich, wird zur Nixe und rächt sich an ihrem Geliebten. In ihrem Text unterscheidet sich Dvořáks Oper von den deutschen *Undine*-Opern durch die »tschechische« übernatürliche Umgebung, die der Librettist Jaroslav Kvapil aus den volkstümlichen Balladen von Karel J. Erben hinzufügte, und in der Interpretation der zentralen Figur – sie ist eher eine leidende slawische Heldin als das scheu-nervöse junge Mädchen der deutschen Opern.

Die Oper entstand auf dem Gipfel von Dvořáks Karriere, er hatte eine Reihe hervorragender Instrumentalwerke und acht, ein wenig ungleiche, Opern komponiert, die von komischen Werken mit bäuerlichen Schauplätzen bis zur Großen Oper reichten wie dem hervorragenden *Dimitrij* von 1882. Während die reiche wagnerianische Sprache in der *Teufelskäthe* der leichten und gewollt humorvollen Handlung wenig angemessen scheint, lieferte Kvapil mit der tragischen *Rusalka* Dvořák dieses eine Mal ein für dessen Stärke im Lyrischen und Illustrativen maßgeschneidertes Libretto, aus dem die volkstümlichste und erfolgreichste Oper des Komponisten entstand. Ihre Anziehungskraft liegt nicht allein in der Musik begründet. Anders als ihre deutsche Entsprechung Undine, muß Rusalka ein Opfer bringen, um eine Menschenseele zu gewinnen: sie gibt ihre Stimme auf und während des im Palast des Prinzen (der bald sein Interesse an ihr verliert) spielenden zweiten Akts ist sie stumm. Wie die bäuerliche Heldin in *Halka* (die 1898 in Prag ein zweites Mal wiederaufgenommen wurde, kurz bevor Dvořák an *Rusalka* zu arbeiten begann) stellvertretend für die zurückgewiesene polnische Nation stehen könnte, so könnte auch Rusalka die Tschechen symbolisieren, die ihre Sprache an die politisch dominierenden Deutschen nahezu verloren hatten.

Die Verwestlichung der Oper

Aufgrund der westlicheren Lage Böhmens und dem Kontakt zu den aktuellen Entwicklungen in den Hauptströmungen durch das nahe Wien und das deutsche Opernhaus in Prag (das unter ausgezeichneten Direktionen bis zum Ende des Zweiten Weltkriegs weiterhin florierte) nahm die tschechische Oper zwangsläufig eine westlichere Haltung ein als die russische. Als begeisterter Anhänger Liszts fühlte sich Smetana weniger verpflichtet, eine tschechische Oper aus ihren eigenen Wurzeln zu entwickeln (vom tschechischen Volkslied abgesehen), als den fortschrittlichsten europäischen Opern zu folgen und den tschechischen Beitrag auf das Libretto und die idiomatische Vertonung der tschechischen Sprache zu beschränken. Diese Tendenz läßt sich am deutlichsten an den an Liszts Musik erinnernden Verwandlungen der Themen ablesen, die die fast monothematische Oper *Dalibor* (1868) durchziehen. Der beharrlich als Nachfolger Smetanas geförderte Komponist Zdeněk Fibich (1850–1900) war in dieser Hinsicht noch extremer, zum Beispiel mit dem dichten Gewebe von Leitmotiven, aus dem seine glänzende, aber ungeliebte *Nevěsta messinská* (»Die Braut von Messina«, 1884) gewirkt ist. Abgesehen von Chören und chorgestützten Ensembles wird gleichzeitiges Singen vermieden – *Dalibor* schwelgte wenigstens in eindrucksvollen Liebesduetten. Zudem liegen Fibichs Opern vor allem Dramen der Weltliteratur zugrunde (Shakespeare, Byron, Schiller), während Smetanas Opern in Böhmen spielen und auf tschechischen Stoffen basieren. Nachdem Fibich die wagnerianischen Postulate der *Braut von Messina* in einer Krise in seinen mittleren Jahren und in der Mitte seiner Karriere aufgegeben zu haben schien, entschied er sich für Libretti hauptsächlich aufgrund ihrer dramatischen Möglichkeiten und ihrer leidenschaftlichen Geschichten, an deren Ende die Protagonisten meistens tot waren und nicht aufgerichtet oder geläutert wie in den letzten Opern Smetanas. Fibich war ein bedeutendes Operntalent mit einem wirklichen Interesse am Drama und an der Psychologie seiner Figuren, und er besaß die strengste musikalische Ausbildung sowie den reichsten kulturellen Hintergrund von allen tschechischen Komponisten seiner Zeit. Dennoch hatte er wegen seiner pro-europäischen Haltung zu leiden, und abgesehen von seiner am ehesten national zu nennenden Oper *Šárka* (1897), einer von nur zweien, für die er tschechische Stoffe verwendete, ist keine in das Repertoire aufgenommen worden.

Genau der gleiche Schicksalsschlag traf die Opern der eher europäisch ausgerichteten russischen Komponisten. Die Werke von Alexander Nikolajewitsch Serow (1820–1871) sind heute in Geschichtsbüchern, nicht in Opernhäusern zu finden, obwohl zwei seiner drei vollendeten Opern, *Yudif'* (»Judith«, 1863) und *Rogneda* (1865)

DAS BOLSCHOI-THEATER, MOSKAU, Stich von Jules Caildran aus *L'Illustration* (16. Februar 1861). Das Theater wurde 1825 erbaut; das Adjektiv »bolschoi« (groß) unterschied es von dem »maly« (kleinen) Theater, das ein Jahr zuvor in Moskau eröffnet worden war. 1856 wurde das Haus umgebaut – es bot nun 2000 Zuschauern Platz und wurde für Oper und Ballett verwendet. Die Uraufführungen zahlreicher russischer Opern fanden hier statt.

in ihrer Zeit populär waren. Serow bewunderte Liszt , schrieb enthusiastisch über Wagner und organisierte 1868 die erste russische Aufführung einer Oper Wagners, des *Lohengrin*, mit, doch orientierte er sich in seinen eigenen Opern vor allem an französischen Vorbildern, besonders an Meyerbeer. Mussorgski, dessen unvollendete Oper *Salammbô* (1863–1866, nach Flaubert) stärker von Meyerbeer geprägt ist, als man es von dem späteren Realisten erwarten würde, war ein Bewunderer Serows ebenso wie Peter Iljitsch Tschaikowski (1840–1893), der sich unter den russischen Opernkomponisten am meisten am Westen orientierte. Doch während Serows Musik nur eingeschränkt mit einem lokalen Stil zu verbinden war, verwendete

MODEST PETROWITSCH MUSSORGSKY (1839–1881), gemalt am Ende seines kurzen aber wüsten Lebens in einem berühmten Porträt (1881) von I. E. Repin. Nachdem er mit der französischen Oper à la Meyerbeer geliebäugelt hatte (er versuchte eine *Salammbô*), wurde Mussorgsky zu einem führenden russischen Realisten: seine Fassung des ersten Akts von Gogols satirischem Schauspiel *Zhenit'ba* (»Die Heirat«) ist eine der frühesten Opernvertonungen in Prosa. Mit der Ausnahme von *Boris Godunow* blieben alle seine Opern unvollendet.

Tschaikowski umfassend und bewußt russische Volksmusik und konnte gelegentlich Imitationen produzieren, die von Rimski-Korsakow nicht zu unterscheiden waren.

Tschaikowski mag seinen Ruf aufgrund seiner engen Verbindung mit den Brüdern Rubinstein gewonnen haben (als erster professionell ausgebildeter Komponist Rußlands studierte er bei Anton in St. Petersburg und gehörte dem Lehrkörper von Nikolais Moskauer Konservatorium an) und durch seine offene Begeisterung für die westliche Musik. Er verehrte Mozart, seine ausländische Lieblingsoper war *Carmen* (was beides in seiner vorletzten Oper, *Pikovaya dama*, »Pique Dame«, 1890, deutlich zutage tritt). Wie Serow (beispielsweise in seiner biblischen *Judith*) hatte er keine Hemmungen, Libretti nach nicht-russischen Stoffen zu vertonen, obwohl dies seine am wenigsten erfolgreichen Werke sind: nach der vernichteten *Undina* waren es *Orleanskaya deva* (»Die Jungfrau von Orleans«, 1881, nach Schiller) und seine letzte Oper *Iolanta* (1892, nach einem dänischen Theaterstück).

Trotz aller Orientierung an Meyerbeer in seiner ersten erhaltenen Oper, *Oprichnik* (»Der Leibwächter«, 1874), oder des liebevollen Rokoko-Pasticcios in *Pique Dame* unterhielt Tschaikowski Verbindungen zu den eine nationale russische Musik vertretenden Komponisten des »kuchka«, des »mächtigen Häufleins«, vor allem zu ihrem Führer Mily Balakirew (einer der wenigen zeitgenössischen russischen Komponisten, der keine Opern schrieb). Ungeachtet seines beträchtlichen symphonischen, kammermusikalischen und konzertanten Schaffens – alles verdächtige Zeichen westlicher Orientierung – komponierte Tschaikowski ein nicht weniger umfangreiches Opernwerk, das in der Anzahl der Opern nur von dem Rimski-Korsakows übertroffen wird. Reizvolle russische und ukrainische Genreszenen finden sich in seinem frühen *Kuznets Vakula* (»Wakula, der Schmied«, 1876, nach einer Erzählung Gogols, auf die Rimski-Korsakow später für *Die Weihnacht* zurückgriff), in *Charodeyka* (»Die Zauberin«, 1887) und in seinem Meisterwerk *Evgeny Onegin* (»Eugen Onegin«, 1879). In den beiden letztgenannten Opern durchdringt das russische Element nur den ersten

BORIS GODUNOW, gejagt von Visionen seines Verbrechens, dargestellt von dem berühmtesten Interpreten der Rolle, Fjodor Schaljapin. Ein Baß in der Hauptrolle und – zumindest in der Originalfassung – das Fehlen jeglicher Liebesproblematik waren nur zwei der vielen unkonventionellen Aspekte dieser Oper.

Akt; für das Mißlingen der *Zauberin* und vieler anderer Opern Tschaikowskis respektive den triumphalen Erfolg des *Onegin* ist vielmehr der Grad des persönlichen Engagements entscheidend. Richtete sich das Hauptaugenmerk von der Vertonung der Szene auf die individuelle Figur, befand sich Tschaikowski auf wenig sicherem Grund und mußte sich nachdrücklich mit seinen Protagonisten identifizieren können.

Tschaikowski begann die Komposition des *Onegin* mit der Briefszene, in der die naive Tatjana ihre Liebe an den byronschen Weltmann Onegin verschwendet. Tschaikowskis Zuneigung zu Tatjana trägt und fokussiert das Werk, ob Tatjana nun in ihrer ländlichen Umgebung zu sehen ist wie in den ersten beiden Akten oder in der vornehmen Gesellschaft St. Petersburgs; ob sie das linkische, liebeskranke Mädchen des ersten Akts ist oder die selbstbeherrschte und loyale Gemahlin des Fürsten Gremin im dritten Akt. Ohne solch einen Brennpunkt greift Tschaikowski auf Schablonen zurück. Die Komposition der ausländischen Opern, *Die Jungfrau von Orleans* und *Iolanta*, scheint ihn noch weniger gefesselt zu haben (es existiert ein Brief an seinen Bruder Modest, in dem er mitten in der Komposition der *Iolanta* bedauert, den Auftrag angenommen zu haben). Persöniches Engagement indes hält seine am wenigsten lyrische Oper, *Pique Dame*, am Leben und macht sie aufführenswert. Wiederum in einem Brief an Modest wird sehr deutlich, wie sich Tschaikowski mit dem Protagonisten Hermann identifiziert. Daß der Verlust der ironischen Ebene die *Pique Dame* Puschkins zu einer melodramatischen Geistergeschichte werden läßt, zählt gering angesichts der starken dramatischen Präsenz und der engagierten Charakterisierung.

Realismus

Seit den späten sechziger Jahren florierte die russische Oper durch Komponisten wie Tschaikowski, Mussorgski, Borodin und Rimski-Korsakow, die sich alle intensiv ihrer Arbeit widmeten. Eine überraschende Lücke gibt es jedoch zwischen Glinkas *Ruslan und Ludmila* von 1842 und Tschaikowskis erster Oper *Voyevoda* (»Der Woiwode«, 1869, später vernichtet). Diese Lücke wird nur teilweise geschlossen durch die Opern Serows, den ersten russischen Opern Anton Rubinsteins (1830–1894), der seine Bemühungen danach auf deutsche Opern mit meist biblischen Stoffen richtete, oder von ein paar Stücken von César Antonowitsch Cui (1835–1918). Die einflußreichste Persönlichkeit dieser zwei Jahzehnte aber war Alexander Sergejewitsch Dargomyschski (1813–1869). Wie Glinka besaß er kaum eine formale musikalische Ausbildung und unterrichtete die meiste Zeit seines Lebens Gesang, nachdem er eine Karriere im Staatsdienst aufgegeben hatte. Seine große Oper *Esmeralda* (1847, nach Victor Hugos Roman) hatte keinen Erfolg; seine *Rusalka* (1856) ist jedoch Bestandteil des Repertoires, hauptsächlich wegen der effektvollen »russischen« Chöre à la Glinka und den Urformen der Charaktere, die in der späteren russischen Oper wiederkehren sollten: die leidende slawische Heldin und die Figur ihres Vaters, des Müllers, der vor Gram über den Tod seiner Tochter wahnsinnig wird.

Den größten Anspruch auf Ruhm erwarb sich Dargomyschski indes durch seine Wort-für-Wort-Vertonung einer der »Kleinen Tragödien« Puschkins, *Kamenniÿ gost* (»Der steinerne Gast«, 1872), einer Variante der Legende von Don Juan. Die Vertonung fand eigentlich öffentlich am Klavier inmitten eines erlesenen Kreises von Bewunderern statt, die das Stück nach Dargomyschskis Tod 1869 übernahmen und vollendeten (Cui befaßte sich mit den nicht abgeschlossenen Szenen und Rimski-Korsakow orchestrierte natürlich). Bemerkenswert an diesem Werk – und der Aspekt, der die Phantasie seiner jüngeren Zeitgenossen anregte – war, daß ihm ein im übrigen unveränderter Text eines Theaterstücks zugrundelag.

Im Grunde als Experiment konzipiert, ist das Stück nicht wirklich für das Theater gedacht. Abgesehen von der von Glinka hergeleiteten Ganztonharmonik für das Übernatürliche, sind Kontraste und Charakterisierungen gedämpft. Nicht auf dessen feine Skala geeichte Kritiker fanden das Werk monoton. Die Andersartigkeit gegenüber Dargomyschskis *Rusalka* mit ihren Chören und konventionellen Ensembles, der Verknüpfung der Stimmen und dem richtiggehend lyrischen Charakter in der Tradition Glinkas könnte nicht entschiedener sein, abgesehen vielleicht von der realistischen Behandlung der Dialoge in der früheren Oper. Dennoch war der Einfluß des *Steinernen Gastes* weitreichend. Dreißig Jahre später wagte Rimski-Korsakow einen untypischen Versuch, indem er eine andere von Puschkins »Kleinen Tragödien« auf die gleiche Weise vertonte (*Motsart i Sal'yeri*, »Mozart und Salieri«, 1898), doch er schafft durch seine Einführung von Mozart-Pasticcios und der Einleitung des *Requiem* wenigstens etwas mehr Abwechslung.

Der am starksten an Experimenten interessierte Komponist war indes Modest Petrowitsch Mussorgski (1839–1881). Dargomyschskis Vorbild und Mussorgskis entschiedenes Interesse an einer »realistischen« Vertonung der Rede – die, so legt Richard Taruskin nahe (1993, S. 79), von dem deutschen Literaturhistoriker Georg Gottfried Gervinus hergeleitet war – trugen zu Mussorgskis Abkehr von Meyerbeer bei und ließen ihn zum berühmtesten Exponenten des russischen musikalischen Realismus werden. Von seiner Bekehrung legt in der Oper zuerst seine Vertonung von Gogols satirischem Theaterstück *Zhenit 'ba* (»Die Heirat«) Zeugnis ab. Doch während Dargomyschski auf die jambischen Pentameter des *Steinernen Gastes* mit einem kleinlichen, wenn auch ohne Wiederholungen auskommenden Lyrismus reagierte, vermied Mussorgski selbst dies in seiner schonungslos antilyrischen Vertonung von Gogols unverändertem Prosatext. Aus Mussorgski brach es während des Sommers 1868 geballt heraus, er vollendete einen Akt und legte das Stück dann beiseite. Danach modifizierte er seine Methode, so daß in seinen späteren Opern die gesungene Prosa nur eine der Ebenen des musikalischen Vortrags war (wie in der Wirtshausszene des *Boris Godunow*, der im übrigen zum größten Teil in jambischen Pentametern geschrieben ist). *Boris Godunow* ist wenig anderes als eine Dialogoper mit Chören und ariosen Soli. Doch wurden in der nachträglichen Bearbeitung (1871/72, aufgeführt 1874) Lieder und sogar Duette hinzugefügt. Die vielleicht wertvollste Lehre, die Mussorgski aus seinen Prosaexperimenten zog, war die größere Aufmerksamkeit, die er nun auf die Wortvertonung richtete und die zu einer subtileren Art des Realismus führte, der nicht allein auf eine Darstellung der gesungenen Sitilisierung der Rede zielte, sondern stärker noch auf den hinter den Worten liegenden Charakter. Aus diesem Grund vermag Mussorgskis Boris in einer Weise tragische Sympathie hervorzurufen, wie es der gleichermaßen brutale Mazeppa in Tschaikowskis Oper (*Mazeppa*, 1884) nie vermag. Mit seinen eindrucksvollen Massenszenen, seinem historischen Prunk und seiner attraktiven Hauptfigur ist *Boris* unstrittig das Meisterwerk der russischen Oper des 19. Jahrhunderts. Bedauerlicherweise fehlt es der nachfolgenden, im gleichen historischen Stil geschriebenen *Khovanshchina* (komponiert 1872–1880, aufgeführt 1886) trotz vieler kraftvoller Momente an Konzentration. Mussorgski hinterließ sie unvollendet und nachfolgende Realisierungen stellten sich als problematisch heraus.

Nur in Rußland, wo begabte Komponisten ohne die Zwänge einer allzu schulmäßigen musikalischen Ausbildung experimentieren konnten, konnte eine Oper wie *Boris Godunow* entstehen, die anscheinend ihrer Zeit um Jahrzehnte voraus war (Rimski-Korsakow, der autodidaktisch gebildete Professor am St. Petersburger Konservatorium, verbrachte Jahre damit, die scheinbaren Rohheiten der Oper in den Griff zu bekommen). Das Werk war außerhalb Rußlands viele Jahre lang unbekannt, und so gibt es trotz der Parallelen, die immer wieder zwischen Mussorgski und dem tschechischen Komponisten Leoš Janáček (1854–1928) gezogen werden, wenig, die beiden miteinander in Verbindung zu bringen, außer daß sie sich mit ähnlichen Gegenständen befaßten und im nachhinein als für die Zukunft nützliche »Verbesserer« dienten. Einige von Mussorgskis Anmerkungen über die Offenbarung der »Seele« durch die Rede eines Menschen könnten direkt aus einem Essay Janáčeks über die Theorie der »Sprechmelodie« stammen. Die Wege jedoch waren völlig verschieden.

Janáček hatte als konventioneller tschechischer Komponist mit nationalem Ethos begonnen, der als erste Oper *Šárka* (komponiert 1887/88) schrieb, ein Werk, dessen Handlung der tschechischen mythischen Geschichte entlehnt war und eigentlich eine Fortsetzung von Smetanas *Libuše* ist. Janáček und das tschechische Publikum hörten das Stück erst 1925, und Janáčeks Laufbahn nahm eine andere Richtung. Für seine zweite Oper, *Počátek románu* (»Anfang eines Romans«, 1894) verschrieb sich Janáček so begeistert der mährischen Volksmusik, daß ein großer Teil der Oper aus wenig mehr als mährischen Volksliedern und Tänzen mit neuen, zu bereits vorhandener Musik montierten Worten besteht. Zu diesem Zeitpunkt hatte der europäische Realismus sich mächtig durchgesetzt und das tschechische Theater belebt. Das Interesse an der Kultur des Volks und die neuen theatralischen Tendenzen miteinander verknüpfend, schrieb die junge Gabriela Preissová (1862–1946) zwei Theaterstücke, die 1889 und 1890 in Prag inszeniert wurden. Darin versuchte sie, ein eher realistisches Bild der engstirnigen Rivalitäten und der erbärmlichen Grausamkeiten des Dorflebens zu skizzieren. Wie selbst ein so unsentimentaler Stoff in eine konventionelle Opernsprache umgeformt werden konnte, zeigt sich in der Art, wie Josef Bohuslav Foerster (1859–1951) das erste Schauspiel, *Gazdina roba* (»Die Frau des Bauern«) als *Eva* (1899) vertonte. Foerster wandelte den Schauspieltext zunächst in Verse um und strich fast alles für seine realistische Umgebung bezeichnende. Janáček beließ das von ihm vertonte Schauspiel, *Její pastorkyňa* (»Ihre Stieftochter«) in Prosa.

Die Komposition der *Jenůfa* (1904), wie die Oper im Westen bekannt ist, gestaltete sich schwierig. Vor allem der erste Akt deutet auf eine Nummernoper hin, die aus dem Prosatext (abgewandelt in eine Art von Scheinversen) herausgemeißelt wurde, mit erkennbaren Arien für die Hauptfiguren, Chören, gleichzeitigem Singen und sogar einem Largo Concertato-Ensemble. Nach der Vollendung des ersten Akts scheint Janáček die Oper während einer mehrere Jahre dauernden Denkpause beiseite gelegt zu haben. Anders als Mussorgski mit seiner *Heirat*, widmete sich Janáček wieder der Oper, und jetzt, nach vier Jahren, verfügte er über viele Charakteristika seines Spätstils. Mährische Volksmusik floß auf einer unterbewußten Ebene ein (es gibt kein direktes Volksmusikzitat in der Oper). Stattdessen wuchs in dieser Oper die Konzentration auf eine realistische und eindringliche Wortvertonung, wie Janáček sie dann sein Leben lang beibehielt.

Wie dem späten Mussorgski glückte es Janáček, Lieder und Chöre in seine Opern einzufügen, die Lieder vor allem in stilistischer Absicht, während die Chöre oft eine symbolische Rolle bekommen, die Janáček in der Begegnung mit einer anderen Prosa-Oper, mit Charpentiers *Louise*, kennenlernte. In diesem Werk (das 1903 mit riesigem Erfolg in Prag gespielt wurde) sah Janáček eine elegante Rechtfertigung für Verfahrensweisen, auf die er selbst gekommen war, und er erwies *Louise* weiterhin seine Reverenz, indem er einige Aspekte in seinen nächsten Opern nachahmte. Selbst wenn Janáček es aus praktischen Überlegungen heraus für notwendig hielt, sich einiges von ihrem modischen Zubehör anzueignen, um sich in Prag für seine nächste Oper *Osud* (»Schicksal«, die zu seinen Lebzeiten nie aufgeführt wurde) Gehör zu verschaffen, war er als Komponist von sich aus weit genug vorwärtsgekommen: wie Mussorgski hatte er seinen eigenen, persönlichen Weg hin zu den Entwicklungen gefunden, die die europäische Oper dominierten. Daß er mit ihnen künstlerisch in Wettstreit treten konnte, bedeutet auch, daß Mähren und später die Tschechoslowakei in Janáček einen Komponisten besaßen, dessen Beitrag nicht wie der vieler anderer, in diesem Kapitel diskutierter Persönlichkeiten allein auf die nationale Kultur ausstrahlte, sondern auf die Opernkultur der ganzen Welt.

DAS ZWANZIGSTE JAHRHUNDERT: BIS 1945

PAUL GRIFFITHS

Oper im 20. Jahrhundert

Die ganze Anlage dieses Buches bezeugt, in welch hohem Maß die Oper inzwischen in ihrer Geschichte verankert ist, und wenngleich das Bewahren notwendig ein Teil jeder Kultur ist, so gilt dies für die Oper wohl mehr als für jeden anderen Bereich der westlichen Zivilisation – heute mehr denn je. Zur Veranschaulichung mag die Tatsache dienen, daß das Durchschnittsalter der 1991/92 an der English National Opera gespielten Werke 142 Jahre betrug und zum Repertoire zwei Stücke aus dem 17. Jahrhundert gehörten, drei aus dem 18. Jahrhundert, neun aus dem 19. Jahrhundert und fünf aus dem 20. Jahrhundert, von denen nur drei nach 1910 entstanden sind (Weills *Street Scene*, Brittens *Billy Budd* und eine neue Oper, John Bullers *The Bacchae*). Jede Geschichte der Opern des 20. Jahrhunderts, das heißt der Werke, die im 20. Jahrhundert geschrieben wurden, ist daher nur zu einem kleinen Teil die Geschichte der Oper im 20. Jahrhundert, das heißt des Lebens der Gattung in diesem Jahrhundert. Sie berücksichtigt beispielsweise nicht, daß sich das Standardrepertoire auf einen Kern von dreißig bis vierzig Werken beschränkt, oder daß im Gegensatz dazu von einer stetig wachsenden Zahl von Opern Tonaufnahmen vorliegen. Sie berücksichtigt weder die Bedeutung dieser Tonkonserven für die Präsentation und das Erleben von Oper noch die wachsende Bedeutung des Regisseurs noch das neu erwachte Interesse an der Oper vor Mozart (drei solcher Opern, zwei von Monteverdi und eine von Händel, standen 1991/92 auf dem Spielplan der English National Opera – was beweist, daß in diesem Fall die musikwissenschaftliche Forschung nach 1910 genauso wesentlich war wie das Komponieren nach 1910).

Dieses und das folgende Kapitel konzentrieren sich dennoch auf Opern des 20. Jahrhunderts. Ihrer Geschichte eignet jedoch, vielleicht weil neue Werke zunehmend marginal geworden sind, eine gewisse Bedeutungslosigkeit insofern, als sie sich nicht auf allgemein anerkannte Maßstäbe berufen kann – Maßstäbe, wie sie für ein Repertoire von Klassikern aufgestellt wurden, aus dem die Werke des 20. Jahrhunderts weitgehend ausgeschlossen sind. *Moses und Aron* mag als Beispiel einer Oper genannt werden, die sich in jeder Hinsicht als bedeutendes Werk ausweist – nur nicht in der Zahl der Aufführungen. Bei noch jüngeren Werken scheinen die Urteilskriterien ständig in der Schwebe zu sein: *The Rake's Progress* (1951) ist vielleicht die letzte Oper, die einen festen Platz im internationalen Repertoire erobern konnte, mehrmals aufgenommen wurde und eine Fülle kritischer Kommentare anregte. Das in den siebziger und achtziger Jahren wiedererwachte Interesse an den Opern Zemlinskys und Schrekers und der gleichzeitige Einzug der Broadway-Musicals in Opernhäuser und wissenschaftliche Bibliotheken unterstreichen, wie unbeständig die Geschichte der Opernkomposition im 20. Jahrhundert ist, selbst was den Beginn des Jahrhunderts betrifft.

Revolutionen und Renaissancen, 1901–1918

Wie in so vielen anderen Bereichen von Kunst, Wissenschaft, Technik und Philosophie war die Epoche bis zum Ende des Ersten Weltkriegs eine des entschiedenen und raschen Wandels in der Oper: innerhalb eines Jahrzehnts nach Verdis Tod (1901) wurden Strauss' *Elektra* und Schönbergs *Erwartung* geschrieben, und um 1917 arbeitete Berg an *Wozzeck* und Strawinski an *L'Histoire du soldat*. Die Gründe für einen solchen Gärungsprozeß, der weder frühere noch spätere Parallelen hat, waren offensichtlich komplex, und es ist deshalb gewagt, die Ursache von der Wirkung zu trennen. Wie auch immer, die Gleichzeitigkeit der Opernrevolution und der Revolution der Harmonik ist vielsagend – sowohl *Elektra* wie *Erwartung* sind seit langem als Meilensteine in der Entwicklung der Harmonik anerkannt. Die Oper, die in der Zeit entstand, als die Dur-Moll-Tonalität bestimmend wurde, gewann ihren Elan aus den Stärken der Harmonik: Auflösung bedeutet in der Oper beispielsweise gleichzeitig harmonische und dramatische Auflösung, sei es bei Mozart oder Wagner. Die Harmonik ist Antriebskaft der Erzählung, die Erzählung Erläuterung der Harmonik. Durch die zunehmende Komplexität der Harmonik geriet ihre Weiterentwicklung jedoch im frühen 20. Jahrhundert allmählich ins Stocken, und der Oper wurde folglich ihre Triebkraft entzogen. Eine Reaktion darauf war, in der Komplexität zu schwelgen und häufig exotische oder phantastische Stoffe zu suchen, die eine reichgeschmückte musikalische Welt zu rechtfertigen und dramaturgische Gründe für eine ausgleichende Bündelung der orchestralen und rhythmischen Energie zu liefern imstande waren: die Opern Puccinis, Mascagnis und Rimski-Korsakows sind Beispiele hierfür. Eine andere Reaktion – die Schönbergs – war die völlige Aufgabe der Tonalität und die Entwicklung einer Art Drama, in dem das Streben nach Auflösung der konstante Zustand war. Noch eine andere war die Debussys, der die Auflösung der tonalen Harmonik akzeptierte und eine Oper der Ungewißheit schuf. Andere wiederum nahmen Zuflucht zur Ironie und erzeugten in krasser Weise künstliche

Welten mit stilisierten Figuren (wie Ravel, Strawinski oder Rimski-Korsakow) oder mit Schauplätzen, die eine Anspielung auf frühere Konventionen möglich machten – hierbei war Mozart ein beliebter Bezugspunkt (wie in den Werken von Busoni, Wolf-Ferrari, Nielsen und Strauss). Eine weitere Antwort auf die Probleme der Epoche lag in schöpferischem Schweigen. Unter diesem Aspekt ließe sich Puccinis spätere Karriere betrachten: seine Schwierigkeiten, nach *Madama Butterfly* (1904) ein geeignetes Libretto zu finden, die vergleichsweise schwachen nächsten drei Unternehmungen, *La fanciulla del West*, *La rondine* und *Il Trittico* (abgesehen von dem ironischen *Gianni Schicchi*) und sein Scheitern, *Turandot* zu vollenden. Diese Reaktionen – Esoterik, Loslösung, Vieldeutigkeit, Ironie, Schweigen – überlagern sich natürlich in den komplexesten Werken wie in Schrekers *Der ferne Klang*, Pfitzners *Palestrina* und Strauss' *Der Rosenkavalier*.

Claude Debussy (1862–1918) war sich offensichtlich schon vor Beginn der Komposition von *Pelléas et Mélisande* bewußt, daß der neue Stand der Musik, oder zumindest der neue Stand seiner Musik, eine ganz neue Art der Oper erforderte. Seine Briefe und die überlieferten Gespräche machen deutlich, daß er nicht »unheimliche Anekdoten« in Musik »erzählen«, sondern »Dinge nur halb gesagt« haben wollte. Diese fand er überreichlich in Maurice Maeterlincks Schauspiel, das er 1893 las und im gleichen Jahr zu vertonen begann; die Kompositionsskizze vollendete er 1895, orchestrierte sie aber erst kurz vor der Uraufführung 1902. Maeterlincks Text entsprach seinen theatralischen Idealen; gleichzeitig scheint ihn die Erfahrung der Opernkomposition befähigt zu haben, seine musikalischen Ideale zu verwirklichen, denn während der Arbeit am Entwurf beendete er *Prélude à ›L'Après-midi d'un faune‹*, und mehrere spätere Werke, insbesondere *La Mer*, sind geradewegs Kommentare zur Oper.

Maeterlincks Text konnte vielleicht zur Geburt von Debussys Oper beitragen, weil er den Texten von Wagners Musikdramen sehr ähnelte, sich aber ebensosehr auch von ihnen unterschied, denn in Debussys Schriften wird deutlich, welch eine starke und ambivalente Sohn-Vater-Beziehung er gegenüber Wagner empfand. Maeterlincks Stück spielt – wie die ritterlichen Stoffe Wagners – in einer mittelalterlichen Welt, und die Charaktere sind, wie vor allem die des *Tristan*, nichts anderem als ihren eigenen Gefühlen verpflichtet. Der wesentliche Unterschied ist, daß sie nur selten wissen, welcher Art diese Gefühle sind. Fast alle Äußerungen der Figuren sind kurz, und sehr viele von ihnen sind nicht schlüssig, denn sie bestehen aus unbeantworteten Fragen, unmotivierten Bemerkungen und unvollendeten Sätzen. Für Debussy bedeutete das nun nicht, hier mittels der Musik vervollständigen zu müssen – im allgemeinen ist der Ausdruck der Musik nur dort bestimmt, wo es der Text ist –, sondern die Unvollständigkeit durch die Musik wahren und sogar rechtfertigen zu können.

Da Debussy das Stück – so wie es geschrieben war – anscheinend gut fand, nahm er nur Kürzungen vor und verzichtete somit auf das Zwischenstadium eines Librettos (was im 20. Jahrhundert eher geläufig scheint, war damals noch eine revolutionäre

PUCCINIS *TURANDOT,* DIE RÄTSELSZENE des zweiten Aktes in der posthumen Uraufführung an der Scala, Mailand, 25. April 1926. Am Fuß der Treppenstufen stellt Turandot dem fremden Prinzen Kalaf ihre drei Rätselfragen. Die hohe Treppe zum kaiserlichen Thron sollte ebenso wie das Verschwenderische des Spektakels ein maßgebendes Charakteristikum der Inszenierungen bleiben. Eher ungewohnlich sind die Gongs auf der Bühne zu beiden Seiten des Kaisers.

Vorgehensweise). Da lange Redeteile fehlten, wurde er nicht dazu verführt, Arien zu komponieren. Die Oper enthält nur zwei größere Solopassagen, von denen die eine der Vortrag eines Briefes ist, die andere ein Lied, das Mélisande vom Turm singt, und das vermutlich auch in jeder Sprechtheaterinszenierung des Stücks gesungen worden wäre (sowohl Fauré als auch Sibelius sahen in ihren Bühnenmusiken für diese Szene Lieder vor). Sonst wird der Text größtenteils in einem syllabischen Arioso vorgetragen, das die Worte übermittelt, aber in bezug auf Affekte gewöhnlich neutral oder zumindest vieldeutig bleibt.

Dies trifft jedoch auf die Partie des Golaud weniger zu als auf die anderen. Seine Eifersucht wird lebhaft unterstrichen, wenn er seine Frau Mélisande verhöhnt und mehr noch, wenn er seinen Sohn Yniold (der erste bedeutende Knabensopran in einer Oper) zwingt, Mélisande und seinem Halbbruder Pelléas nachzuspionieren. Es ist auch musikalisch von Nutzen, daß Yniolds Text so häufig aus Fragen besteht, auf die zu antworten den anderen im allgemeinen mißlingt, während seine Antworten, wann immer er gefragt wird, spontan und direkt sind. Er wirkt wie eine Figur aus einem vergangenen Zeitalter der Oper, die darauf besteht, daß die anderen – diejenigen, die das Zentrum von Debussys Oper einnehmen, nämlich Pelléas und Mélisande – sich Rechenschaft über sich selbst ablegen. Ohne Yniold würden sie vielleicht für immer in Schweigen verharren (in den ersten Tagen der Arbeit an der Oper schrieb Debussy an Chausson, daß »ich etwas entdeckt habe ... ich stellte fest, daß ich, und dies auch noch ganz spontan, ein Ausdrucksmittel benutzte, von dem ich denke, daß es ziemlich ungewöhnlich ist, nämlich Schweigen«). Ohne Yniold gäbe es auch keine Aktionen (Heirat, Heimkehr, Gewalt, Überredung, Mord, Geburt, Tod) zur Gestaltung einer dramatischen Form. Golaud ist die Kerze, die den Nebel erhellt, und – indem sie dies tut – zeigt, wie sehr der Nebel sich von ihr unterscheidet.

In seiner Abgesondertheit und mit seiner Wißbegier ist Golaud wie ein Zuschauer, der auf der Bühne erscheint. Er stellt die Fragen, deren Beantwortung zu hören das Publikum einer Oper von Verdi oder Wagner erwarten würde: Woher kam Mélisande? Was geschah ihr, bevor die Oper begann? Was tun Pelléas und Mélisande zwischen den Szenen, in denen sie auftreten? Haben sie sich geliebt? Wenn die Oper diese Fragen nicht beantwortet – das geschieht nur teilweise und ist eigentlich auch nicht wesentlich –, dann nur deshalb, weil der Komponist es spielerisch vermeidet. In einem bemerkenswerten Satz schrieb Debussy einmal von der Macht der Musik, »das nackte Fleisch der Emotion« zu enthüllen; *Pelléas et Mélisande* macht uns klar, daß dieses »nackte Fleisch« nicht notwendig das ist, für das wir es nach dem Erleben einer Oper Puccinis halten könnten. Eine derart emphatische Aussage liefert die Oper nicht nur in Golauds Partie, sondern beispielsweise auch darin, daß Pelléas in seinem letzten Auftritt schließlich seiner Liebe gewahr wird. Wesentlich charakteristischer für dieses Werk jedoch sind die Erscheinungsformen von Andeutung, Zögern und Zweifel, die das eigentliche Wesen der Figuren auf der Bühne ausmachen. Die Charaktere offenbaren sich selbst nur mittelbar, weil sie sich selbst nur mittelbar kennen, und obwohl dem Text vorgeworfen werden kann, durch seine Geheimhaltung zu betrügen oder vorzugeben, etwas zu verbergen, was er einfach nicht weiß, ermöglicht Debussys Partitur einen außerordentlich genauen, weitreichenden und direkten Zugang zu den Anspielungen.

Es gibt nichts, das die Musik verborgen hält oder schlecht erklärt. Einige Leitmotive tauchen auf – am meisten verdankt Debussy Wagner jedoch hinsichtlich des unaufhörlichen Orchesterflusses. Er sprach von »diesem orchestralen Kolorit, das von hinten erleuchtet zu sein scheint, von dem es so wunderbare Beispiele im *Parsifal* gibt« und von »orchestralen *Gewißheiten*, so wie ich ihnen nur im *Parsifal* begegnet bin«. Obwohl beide Zitate aus der Zeit von *Jeux* stammen, sind diese Leuchtkraft und diese Gewißheit auch *Pelléas* eigen – so wie die Verwandtschaft zu Wagners letzter Oper, die Debussy kurz zuvor auf Reisen nach Bayreuth 1888 und 1889 kennengelernt hatte. Wagners Vaterschaft ist hier indes nicht offenkundiger als die Mussorgskis: der alte König Arkel beispielsweise verdankt mit seiner starken und doch nicht ungebrochenen Autorität Pimen ebensoviel wie Gurnemanz, und die rasterartig wiederholten zweitaktigen Phrasen sind ein direktes Erbe des *Boris*. Abgesehen von alldem, vermittelt *Pelléas* in der Flüssigkeit und dem Anspielungsreichtum seiner harmonischen Sprache etwas ganz Neues. Akkorde werden dadurch, daß Debussy Kirchentonarten und künstliche Skalen einflicht, bezüglich ihrer Funktion und dessen, was sie inhaltlich und emotional mitteilen, mehrdeutig. Hieraus erwächst eine Oper, in der die »unheimliche Anekdote«, nämlich das ewige Dreieck der Liebe, der unwesentlichste Teil dessen ist, was erzählt wird.

Der scharfsinnigste Kommentar nach der Uraufführung von *Pelléas* an der Opéra-Comique stammt von Erik Satie: »Man muß woanders schauen.« Debussy selbst befaßte sich in den verbleibenden sechzehn Jahren seines Lebens mit verschiedenen Opernprojekten. In der Bearbeitung zweier Erzählungen von Poe kam er recht weit, doch er vollendete nichts. *Pelléas* war notwendig geworden durch einen neuen musi-

DEBUSSYS *PELLÉAS ET MÉLISANDE*, Bühnenbildentwurf für den vierten Akt von L. Jusseaume in der Uraufführung an der Opéra-Comique, Paris, 1902. Golaud überrascht Pelléas und Mélisande, als sie sich im mondbeschienenen Wald hinter Schloß Allemonde ihre gegenseitige Liebe gestehen. Die Ausstattung läßt darauf schließen, daß die Bedeutung von Licht und Wasser in der Oper sofort erkannt wurde.

DIE PROTAGONISTEN VON BARTÓKS *HERZOG BLAUBARTS BURG*:
Olga Haselbeck als Judith und Oskár Kálmán als Blaubart mit dem Komponisten (sitzend, rechts) und dem Inspizienten Deszö Zádor zur Zeit der Uraufführung an der Budapester Oper 1918. Bartók hatte acht Jahre auf die Aufführung seiner ersten Oper gewartet; er schrieb keine weitere mehr.

kalischen Stil, dessen Durchsetzung und Realisation die Oper selbst erst darstellte: eine weitere, neue Oper hätte wieder einen neuen Stil erfordert. Einen solchen zu entwickeln gelang Debussy nur bedingt – in seiner Musik für Gabriele d'Annunzios Spektaktel aus Drama, Tanz und Freudengesang, *Le Martyre de Saint Sébastien* (1911). Wie *Fidelio* ist *Pelléas* also die einzige dramatische Äußerung eines vielseitigen Musikers; eines seiner Vermächtnisse für die Oper des 20. Jahrhunderts war die Überzeugung, daß in jedem neuen Werk die Gattung als Ganzes zu überdenken sei. In dieser Hinsicht zählen zu seinen Nachkommen nicht so sehr die unbedeutenderen französischen Opern der nächsten beiden Jahrzehnte als vielmehr *Der Rosenkavalier*, *Wozzeck*, *Lulu*, *Moses und Aron*, *The Rake's Progress*, *Punch and Judy*, *Donnerstag* und *Saint François d'Assise*.

In direkter Nachfolge stand eine andere Vertonung Maeterlincks, die so weit geht,

Mélisande als Figur miteinzubeziehen und sogar aus Debussys Partitur zu zitieren, was durch eine gänzlich andere Beschaffenheit möglich war: *Ariane et Barbe-Bleue* (1907) von Paul Dukas (1865–1935). Der Unterschied liegt teilweise im Libretto. Anstelle der kurzen Phrasen in den Dialogen von *Pelléas* sieht Maeterlinck hier eine lange, zentrale Rolle für Ariane vor, und die einzige andere wichtige Partie, die ihrer Amme, ist im Grunde genommen ein Kunstgriff, der es ihr ermöglicht, sich auszudrücken. Barbe-Bleue ist eine flüchtige und kraftlose Erscheinung: tatsächlich wurde die so sehr von weiblichen Stimmen dominierte Oper als Unterstützung der Frauenemanzipation gesehen, wenngleich ihre illusionslose Sicht auf die Probleme der Freiheit weitreichendere Implikationen hat. Ariane kommt im Schloß von Barbe-Bleue an (dies ist ein weiterer wesentlicher Unterschied zu *Pelléas*: Debussys Oper pendelt zwischen Außenszenen – Wald, Küste, Garten, Meereshöhle – und Innenräumen, während Dukas' Oper vollständig in einer lichtlosen Halle und ihrer Krypta spielt) und findet fünf seiner früheren Frauen gefangen gehalten. Sie möchte sie befreien, doch alle weigern sich, zu gehen; ihr einziger Sieg kann darin liegen, sich selbst zu befreien. Musikalisch ist die Oper eine Affirmation der für Freiheit und Unabhängigkeit notwendigen Anstrengungen insofern, als ihrer üppigen Sprache ständig droht, in die von Debussy oder Wagner, Mussorgski oder Strauss zu verfallen. Anderen Komponisten, die sich auf dieses Gebiet wagten – wie Ernest Bloch (1880–1959) mit seinem *Macbeth* (1910) – gelang es noch weniger, eigene Wege einzuschlagen.

Die Reihe von *Pelléas* über *Ariane* setzt sich fort zu Béla Bartók (1881–1945) und *Herzog Blaubarts Burg*. Die Oper wurde 1911 komponiert und sieben Jahre später an der Budapester Oper erstmals aufgeführt. Béla Balázs vereinfacht und verändert in seinem Libretto radikal Maeterlincks Schauspiel, um einen einzigen Akt mit nur zwei Charakteren von gleichwertiger Bedeutung zu schaffen: Blaubart und seine neue Frau, die nun Judith heißt. In seine Burg geführt, findet sie sieben verschlossene Türen und verlangt zu wissen, was hinter ihnen ist. Widerstrebend gibt er ihr die Schlüssel, und nach und nach entdeckt sie nicht nur die Zeugnisse seiner Macht – Waffenkammer, Schatzkammer, Ländereien –, sondern auch Zeichen seiner Grausamkeit und seiner eigenen Qual. Das aufeinanderfolgende Öffnen der Türen bietet Anlässe für eine verschwenderische orchestrale Opulenz in einer Manier, wie sie Bartók in den Tondichtungen von Strauss' und vielleicht auch in der Oper von Dukas vorfand. Des weiteren bezieht er sich mit seiner syllabischen Textvertonung ebenso auf das Werk Debussys wie auf ungarische Volksmusik (darüber hinaus gleicht Judith in ihrem distanzierten, herausfordernden Wesen Debussys Mélisande, während der Baßbariton Blaubart Züge von Arkel und Golaud trägt). Eine weitere Verbindung zu *Pelléas* besteht darin, daß es sich um die einzige Oper des Komponisten handelt, die außerdem in der Sparsamkeit von Besetzung, Einrichtung und Handlung wieder eine neue Vision dessen aufzeigt, was Oper sein könnte.

Ein anderer Komponist, der von den weitreichenden illustrativen Möglichkeiten und von der Präzision seiner Tondichtungen profitierte, war Richard Strauss (1864–1949) selbst. Seine erste Oper *Guntram* (1894) war, wenngleich zeitgemäß, Wagner so sehr verpflichtet, daß sie zur unfreiwilligen Parodie geriet. Der gewaltige Einfluß der Tondichtungen machte sich erst später, dann aber nachhaltig bemerkbar: in *Salome* (1905) und *Elektra* (1909), die viele gemeinsame Züge tragen. Beide sind Vertonungen von Schauspielen, von Oscar Wilde (in deutscher Übersetzung) das eine und von Hugo von Hofmannsthal das andere. Beide spielen ohne Unterbrechung – eine zwingende Konsequenz, denn die dramatische und musikalische Atmosphäre ist in beiden Fällen außerordentlich erregt und auf eine einzige Figur ausgerichtet, deren Tod den einzig möglichen Schluß liefert. Beide Partituren sind für große Orchesterbesetzungen geschrieben und beide verlangen Protagonisten mit enormer stimmlicher und darstellerischer Kraft, denn sie führen Wagners extremen Einsatz der dramatischen Sopranstimme in Partien wie Isolde, Brünnhilde und Kundry weiter. Beide besitzen zudem in Solotänzen – in Salomes Tanz der sieben Schleier und Elektras finalem Tanz, der zu ihrem Tod führt – Momente der Steigerung, in denen das Orchester

RICHARD STRAUSS' *SALOME*, Szene aus der ersten Inszenierung an der Dresdner Oper 1905, mit Marie Wittich als Salome und Carl Burrian als Herodes. Die Prinzessin stellt ihre unheilvolle Forderung; Herodias wendet sich ab. Mit Perserteppichen und assyrischen Statuen scheint die Inszenierung ein Mischmasch von Exotismen gewesen zu sein.

SKIZZE VON SCHÖNBERG FÜR DAS BÜHNENBILD SEINER *ERWARTUNG*: ein Wald bei Nacht, in dem eine einsame Frau ihren Geliebten sucht. Zur Zeit dieses »Monodramas« malte Schönberg sehr viel (siehe auch S. 333); er schuf mehrere solcher Bilder dieser seiner ersten Theaterarbeit.

seine überragende Stellung geltend machen kann. Doch existieren auch Unterschiede, die zum Teil durch die unterschiedlichen Schauplätze hervorgerufen werden. *Salome* bildet den Höhepunkt des Orientalismus in der Oper mit der Darstellung des dekadenten Hofs des Herodes, von dem sich die Strenge Jochanaans (Johannes des Täufers) und die amoralische Keuschheit Salomes deutlich absetzen: beide sind schillernde Extremisten in einer dekadenten Umgebung. Auch Elektra ist eine Extremistin, die einzig darauf wartet, ihren Vater zu rächen; doch obwohl Ägisth und Klytämnestra einige anstößige Eigenschaften mit Herodes und Herodias teilen, läßt sich ihre Widerwärtigkeit eher auf eine einzelne Tat zurückführen (den Mord an Agamemnon) als auf einen korrupten Charakter. Die Triebkraft der späteren Oper sind die Konsequenzen dieser Tat; ihre Musik ist entsprechend heftiger und zwingender.

Elektra treibt ebenso die expressionistische Gleichung von Dissonanz und Intensität des Gefühls weiter, das im wachen Leben (Elektras Gier nach Rache) oder in Träumen (Klytämnestras Alptraum-Monolog) erlebt wird. Das Gegenstück findet sich bei Arnold Schönberg (1874–1951), dessen nahezu zeitgleiche *Erwartung* – 1909 komponiert, aber erst 1924 aufgeführt – ein kurzes, wiederum ununterbrochenes

Stück ist, dessen einzige, unbenannte Figur eine Frau ist, die in einem Wald nach ihrem Geliebten zu suchen scheint, der vielleicht tot ist, doch ihre Empfindungen von Entsetzen, Angst, Erschöpfung und Wehmut könnten auch die eines Alptraums sein. Entscheidend ist die Unbestimmtheit. Schönbergs Tonmalerei kann – sowohl in den Sprüngen der vokalen Linie als auch in der dunkel schimmernden, ständig sich verändernden orchestralen Landschaft – so beschreibend sein wie die von Strauss. Sie verwendet zusätzlich Mittel einer musikalischen Sprache, die nun vollständig atonal und metrisch ungebunden ist. Doch während in *Elektra* die extravagante Musik als notwendige Reaktion auf die extravagante Handlung angesehen werden kann, scheint es sich beim Text der *Erwartung* um einen Versuch zu handeln, Gefühle und Ereignisse zu benennen, die grundlegend musikalische sind. *Elektra* zwang Strauss, sich stärker auf die Dissonanz einzulassen; *Erwartung* verschaffte Schönberg das dramatische Rüstzeug für eine musikalische Welt, die er bereits in seinen ersten atonalen Werken ein Jahr zuvor entdeckt hatte. Schönbergs künstlerische Ziele waren folglich dieser neuen Welt in einer ganz anderen Weise als die von Strauss verpflichtet: seine Haltung war objektiver.

So muß nicht zwangsläufig als Kehrtwendung angesehen werden, daß auf *Elektra* der *Rosenkavalier* (1911) folgte. Strauss hatte nie ein Interesse an der Atonalität als solcher bekundet: er war an den Abgründen der Elektra-Figur interessiert und möglicherweise noch stärker an der sie umgebenden Welt. Nun konnte er sich ohne inneren Widerspruch von der Welt eines mozartischen Pasticcios fesseln lassen, die Hofmannsthal für ihn entworfen hatte. Die harmonische Strenge der *Elektra* gab er überdies nicht völlig auf, und das ungewöhnlichste Charakteristikum des *Rosenkavalier* – seine ausgelassenen und ungeniert anachronistischen Walzer – war durch die sich steigernden Tanzsequenzen in *Salome* und *Elektra* vorbereitet, in denen natürlich der Wiener Walzer kaum weniger anachronistisch ist. Auch wird im *Rosenkavalier* wie in den ihm vorangehenden Opern kein Zweifel daran gelassen, daß die Sopranstimme ihrem Wesen nach ein sinnliches Instrument ist. Allen weiblichen Charakteren eignet eine erotische Dynamik, sei sie korrumpiert wie im Falle von Herodias und Klytämnestra, unverhüllt wie bei Salome, im Verborgenen wie bei Chrysothemis oder in Mordgier übergegangen wie bei Elektra. In ähnlicher Weise sind die drei im Mittelpunkt des *Rosenkavalier* stehenden Frauen erotische Wesen und ihr krönendes Terzett zeichnet sich durch sinnliche Opulenz aus. Neu ist im *Rosenkavalier* die Ausdehnung der musikalischen Illustration auf alle Gesangspartien, um einer großen An-

ENTWÜRFE VON ALFRED ROLLER FÜR DIE URAUFFÜHRUNG VON RICHARD STRAUSS' *DER ROSENKAVALIER* (Dresden 1911). Oben: Bühnenbild für den zweiten Akt. Unten: Kostüme für Faninal, den Notar und Marianne (die Duenna). Der Bühnenbildentwurf zeigt die Szene für die Ankunft des jungen Octavian als »Rosenkavalier«, der der jungen Sophie, der Tochter des jüngst geadelten Faninal, ein Verlobungsangebot überbringt; die Kostümentwürfe spiegeln wider, welch eindrucksvolle Individualität Strauss den Nebenrollen in seinem extravaganten und sich seiner selbst bewußten 18. Jahrhundert-Pasticcio gab.

HUGO·VON·HOFMANNSTHAL·RICHARD·STRAUSS: OPERA·BUFFA·
BÜHNENBILD·FÜR·DEN·2·AUFZUG: EIN·SAAL·IM·PALAIS·HERRN·VON·FANINALS
1910
AF.

HOFMANNSTHAL-STRAUSS: OPERA·BUFFA
HERR·VON·FANINAL·
1910
AF.
ERSTES KOSTÜM
ZWEITER AUFZUG

HOFMANNSTHAL-STRAUSS: OPERA·BUFFA
DER·NOTAR·DER·FELDMARSCHALLIN·
1910
AF.

HOFMANNSTHAL-STRAUSS: OPERA·BUFFA
JUNGFER·MARIANNE·LEITMETZERIN·
1910
AF.

ENTWÜRFE VON ALEXANDRE BENOIS für das Kostüm des Kaisers und den Thronsaal für die Uraufführung von Strawinskis *Nachtigall* durch die Kompagnie von Diaghilew an der Pariser Opéra 1914. Der prägnante, objektive Charakter von Strawinskis Orientalismus, der in deutlichem Kontrast zu *Salome* oder *Turandot* steht, spiegelt sich in Benois' Entwürfen: die beiden Künstler waren regelmäßige Mitarbeiter in Diaghilews Gruppe und hatten drei Jahre zuvor gemeinsam an *Petruschka* gearbeitet.

zahl unbedeutenderer Figuren – wie kurz ihr Auftritt auch immer sein mag – eine klar umrissene Individualität zu verleihen: man könnte meinen, Szenen wie das Lever seien geschrieben, um diese prägnante Porträtmalerei auszubeuten. Neu ist in diesem Werk auch die Neubewertung von Figuren eines älteren Komponisten, wenn auch nicht seiner Musik, denn Octavian und die Marschallin sind leichte Maskierungen Cherubinos und der Gräfin aus Mozarts *Figaro*. Dies war der erste Hinweis darauf, daß Strauss' Objektivität in seinen späteren Opern, von *Ariadne auf Naxos* bis zum *Capriccio*, einer Selbstbespiegelung weichen sollte.

Ariadne, ursprünglich ein Einakter, in dem die Geschichte von Bacchus, der Anspruch auf die verlassene Ariadne erhebt, von einer Commedia dell'arte-Truppe und deren lebensnahen Ratschlägen unterbrochen wird (1912), erhielt in ihrer zweiten Fassung (1916) einen Prolog, in dem die Vorbereitungen zur Aufführung der Oper dargestellt werden. Die Handlung spielt wiederum in einem überschwenglich ausgemalten 18. Jahrhundert mit dem Komponisten, einer Hosenrolle für Sopran, als Cousin Octavians. Natürlich ist das von ihm geschaffene Werk nicht die »Opera seria«, zu der er es im Text erklärt, sondern eine rhapsodische Vertonung von Hofmannsthals psychologischem Drama, in der Strauss als der eigentliche Komponist zu suggerieren scheint, daß seine Musik eher auf der Seite der Spontaneität und Kompromißbereitschaft steht – wie sie von Zerbinetta als dem Star der Commedia verkörpert werden (als lebhafter Koloratursopran ein neuer Typ bei Strauss) – als auf seiten der Auseinandersetzung um das Spiel im Spiel, das er benutzt, um seine eigene Überlegenheit vorzuführen. Strauss' einzige Verneigung vor dem wirklichen 18. Jahrhundert ist in *Ariadne* die Reduzierung des Orchesters auf siebenunddreißig Musiker, zu denen aber immer noch zwei Harfen und eine Celesta gehören. In seiner nächsten Oper, *Die Frau ohne Schatten* (1919), greift Strauss auf die große Orchesterbesetzung der *Elektra* zurück und nutzt die immensen und mannigfaltigen Möglichkeiten, um den schillernden Szenen und Charakteren in Hofmannsthals Märchen von Suche und Selbstfindung nachzugehen.

Märchen kamen in den Opern dieser Zeit häufig vor, und oftmals trugen sie als Subtext den Zusammenprall einer unschuldigen Welt mit der harten Realität mit sich: Zemlinskys 1904/06 komponierter *Traumgörge* behandelt dieses Thema ausdrücklich, und auch in Delius' *A Village Romeo and Juliet* (1907; nach Gottfried Kellers *Romeo und Julia auf dem Dorfe*) erwächst die Tragödie aus der Unvereinbarkeit von Traum und Wirklichkeit. Die Suche nach einem trügerischen Ideal ist auch das Thema von Franz Schrekers (1878–1934) *Der ferne Klang* (1912). Dessen Held Fritz ist ein junger Künstler, der loszieht, um den im Titel erwähnten »fernen Klang« zu suchen. Er läßt seine Geliebte, Grete, zurück: im mittleren Akt, zehn Jahre später, findet er sie in einem Freudenhaus an der venezianischen Lagune wieder. Fritz schreibt weiter an seinem Schauspiel – und Anspielungen legen nahe, daß es sich um den *Fernen Klang* selbst handelt –, doch es fällt durch und er findet sein Ziel erst, als er in

Gretes Armen stirbt. Die »rückwärts« erzählte Geschichte einer Oper, die ihre eigene Komposition erklärt, findet sich auch in Janáčeks *Osud* (Schicksal), die Schreker nicht gekannt haben kann, da sie, obgleich 1903 bis 1905 komponiert, erst nach dem Tod des Komponisten 1958 uraufgeführt wurde. Ein anderes bemerkenswertes Charakteristikum des *Fernen Klangs* ist die Mannigfaltigkeit der verwendeten Mittel: häufig wird zur Musik gesprochen und es gibt, vor allem im zweiten Akt, Stellen, an denen der musikalisch-dramatische Verlauf in verschiedene Einzelszenen zerlegt ist. In dieser Hinsicht mag Alban Berg, der den Klavierauszug einrichtete, etwas von Schreker gelernt haben, und die Einbettung einfacher Melodien in einen reichen, statisch-harmonischen Stil (wie im Märchenlied des Grafen) kündigt überraschenderweise Kurt Weill an, obwohl der für Schreker typischere Klang der des getragenen Ostinatos ist, in dem gewöhnlich Harfe und Celesta exponiert werden, wenn sie zwischen entrückten, sich jedoch kaum verändernden Texturen und dem lyrischen Arioso der Stimmen spielen.

SZENE AUS DER URAUFFÜHRUNG VON RICHARD STRAUSS' *ARIADNE AUF NAXOS*, entworfen von Ernst Stern und aufgeführt im Kleinen Haus der Stuttgarter Oper 1912. Auf der Bühne sind Zerbinetta und die vier Schauspieler ihrer Commedia dell'arte-Truppe zu sehen, die das ernste Drama der auf ihrer Insel verlassenen Prinzessin beleben. In der späteren Fassung fügten Strauss und Hofmannsthal einen Prolog hinzu, in dem die Mischung von Komischem und Tragischem als Laune des Mäzens erklärt wird.

PFITZNERS *PALESTRINA*, Szene aus der Uraufführung am Prinzregententheater München (1917), zu der Adolf Linnebach das Bühnenbild entworfen hatte. Der von Karl Erb gesungene Komponistenheld schreibt die *Missa Papae Marcelli* nieder, die ihm von einem Engelchor diktiert wird, und schafft so ein neues Modell der Kirchenmusik, durch das die Spannungen des Konzils von Trient gelöst werden.

Konventioneller ist Schrekers Stil in *Die Gezeichneten* (1918), in denen er sich auf Wagner (besonders auf *Tristan*) und Puccini bezieht, doch besitzt die Musik immer noch die gleichen Eigenschaften des frei Fließenden und Trügerischen. Solcher Hedonismus für die Ohren mag als bloße Zügellosigkeit erscheinen – vor allem, wenn er sich mit dem sinnlichen Hedonismus der Handlung verbindet –, doch Schrekers Haltung ist auf faszinierende und beunruhigende Weise ambivalent. Fritz' Schöpfung in *Der ferne Klang* ist ein Mißerfolg, und Alvianos Bordellinsel in den *Gezeichneten* ist offensichtlich ein vorgegaukeltes Paradies: in beiden Fällen kritisiert Schreker, daß die Suche nach Vergnügung die Preisgabe der Verantwortung mit sich bringt – auf letztere ist jedoch seine eigene theatralische Welt gegründet.

In dieser Hinsicht haben seine Werke Gemeinsamkeiten mit Hans Pfitzners *Palestrina* (1917). Hier wird die Debatte über die Verantwortung des Künstlers ganz anders geführt, nämlich aus dem Innern eines Bollwerks der Tradition heraus, dessen musikalische Fundamente *Die Meistersinger* und Brahms sind. Wie Schreker schrieb Pfitzner (1869–1949) seinen eigenen Text; wie Schreker legte auch er seine eigenen künstlerischen Anliegen der zentralen Figur in den Mund (dieses romantische Konzept des Künstlers als Helden, das auf Berlioz' *Benvenuto Cellini* zurückgeht, sollte von Hindemith in *Mathis der Maler*, von Davies in *Taverner*, von Britten in *Death in Venice* und von Stockhausen in *Licht* wieder aufgegriffen werden). Palestrina sieht sich, wie Pfitzner, als Hüter eines gefährdeten Erbes. Er komponiert die Messe für Papst Marcellus und erringt auf diese Weise einen Sieg für die Polyphonie (der zweite Akt zeigt nachdrücklich den Konflikt zwischen kirchlichen Prinzipien, politischer Loyalität und persönlicher Feindseligkeit unter den Bischöfen des Konzils von Trient), ist sich jedoch bewußt, daß er in einer Phase des Verfalls arbeitet und die Zukunft der Florentiner Monodie gehört. Es ist dieses Bewußtsein, das Pfitzners Oper zu einem Werk tragischer Größe macht und nicht zu einem Stück streitbaren Traditionalismus'.

Blickten Pfitzner und Schreker mit einiger Besorgnis erstaunt in die neue Weite der musikalischen Landschaft – ihnen war klar, daß jede Freiheit immer die Gefahr der Zügellosigkeit birgt –, so reagierten andere Komponisten in der Form, daß sie mit einer Ironie, die eindringlicher war als die von Strauss im *Rosenkavalier* und in *Ariadne*, künstliche Bereiche schufen, die als solche leicht auszumachen waren. Wie bei Strauss wurde Künstlichkeit häufig durch einen im 18. Jahrhundert angesiedelten Schauplatz gerechtfertigt, zuweilen mit direkten Bezügen zum musikalischen Stil des 18. Jahrhunderts (was Strauss geschickt vermied): beispielhaft genannt seien Nielsens *Maskarade* (1906), Busonis *Die Brautwahl* (1912) sowie Wolf-Ferraris *I quattro rusteghi* (1906) und *Il segreto di Susanna* (1909). Strauss' Verwendung der Commedia dell'arte in *Ariadne* fand ihre Entsprechungen in Busonis *Arlecchino* und *Turandot* (1917), in denen Masken und Marionetten mit noch größerer Begeisterung eingesetzt wurden. Diese Werke erinnern auch in ihrer leichten Instrumentierung an *Ariadne* (gefördert wurde eine ökonomische Besetzung durch den Krieg); eine solche findet sich auch in so unterschiedlichen Werken wie Holsts buddhistischer Fabel *Sāvitri* (1916) und Strawinskis Moralspiel *L'Histoire du soldat* (1918), in dem die Oper in ihre konstitutiven Elemente Sprache, Musik und Bewegung zerlegt ist.

Strawinski (1882–1971) hatte zuvor ein Werk geschrieben, das weitaus eher in der der Operntradition stand, speziell in der Tradition der Märchen Rimski-Korsakows: *Die Nachtigall* (1914) nach der Erzählung von Andersen. Doch wird durch die transparente Förmlichkeit, die Stilisierung der Figuren und die Verdichtung von drei Akten in den Raum von einem die Ironie überbetont, als sei das Stück eine Miniatur, die Spielzeugfassung einer richtigen Oper. Maurice Ravels *L' Heure espagnole* (1911) stellt in ungenierter Weise die Oper als Mechanismus dar. Das Stück ist in einem Uhrenladen angesiedelt und wird von einem außergewöhnlichen Vorspiel mit atmospärischem Ticken des Orchesters eingeleitet; das Verhalten der Personen wird genauestens von der Zeit bestimmt. Es ist eine beißende Komödie über die erotischen Arrangements der Frau eines Uhrmachers, die ihre Liebhaber nur während der

Stunde empfangen kann, in der ihr Ehemann die städtischen Uhren wartet. Die Oper ist darüber hinaus heiter und ausgelassen wegen ihrer – wie im *Rosenkavalier* – starken tänzerischen Komponente; der Stil ist hier allerdings pariserisch-spanisch. Indem das Orchester durch das Mittel des Tanzes zu einem dramatischen Handlungsträger wird und die vorgestellten Charaktere sich in der gleichen Situation befinden wie die sie darstellenden Sänger – die Gleichzeitigkeit dient als Bindemittel –, wird durch das Öffnen des Uhrenkastens der Blick auf die Mechanik der Uhr frei. Aufgrund der Tatsache, daß die eine Oper konstituierenden Vorgänge dem Zuschauer zugänglich gemacht werden, gehört Ravels Werk in eine Reihe mit den Opern von Strauss, Schreker und Pfitzner, die alle das künstlerische Selbstverständnis dieser Epoche beleuchten. Mit *L'Heure Espagnole* gelingt es Ravel, die Forderung Saties zu erfüllen: nach *Pelléas* etwas anderes zu machen.

Deutschland 1918–1933

Die Weimarer Republik brachte eines der Goldenen Zeitalter der Oper hervor: keine andere Epoche ist so reich an Werken, die, obwohl fast nie gespielt, unabdingbar ihren Weg in Einführungen wie die vorliegende finden – Werken wie Paul Hindemiths *Neues vom Tage* (1929), in dem Aktualität und Gegenwartsbezug eine wichtige Rolle spielen, oder Ernst Křeneks *Jonny spielt auf* (1927), dessen stürmischer Erfolg wohl Jazzelementen zu verdanken ist, die heute ziemlich spröde wirken, oder Darius Milhauds kunstvoller, mehrfach inszenierter *Christophe Colomb* (1930). Vielleicht waren diese und andere Werke auf der Bühne kurzlebig, weil sie ausdrücklich als zeitkritische entstanden waren: die Komponisten dachten, Geschichte zu machen, die sich – in einem allerdings traurigen Sinn – erfüllte. Teil dieser Bestrebungen war die Entschlossenheit nach dem Krieg, sich von der psychologisierenden, opulenten, romantischen Opernvergangenheit loszusagen und neue Modelle gesellschaftlicher und politischer Wirklichkeit zu schaffen. Es ging um eine neue Ordnung der musikalischen und dramatischen Mittel, um eine »Neue Sachlichkeit«. Eine junge Generation, angeführt von Hindemith, Weill und Křenek, war da am Werk, und viele ältere Komponisten wie Schreker und Zemlinsky wurden von dem neuen Geist erfaßt.

Dieser neue Geist hinterließ selbst bei Strauss Spuren. Seine erste nach dem Krieg komponierte Oper, *Intermezzo* (1924), spielt als bürgerliche Komödie, die auf einer Episode aus seinem Privatleben beruht (das erste und einzige Mal nach *Guntram* schrieb er sein Libretto selbst), in der Gegenwart und greift gleichzeitig auf Secco-Rezitative zurück (wenngleich in seinem eigenen harmonischen Stil). Darüber hinaus mag sie in ihrer Struktur, in den kurzen Szenen, den Einfluß des Films widerspiegeln. Viele junge Komponisten reagierten auf das neue Medium – am denkwürdigsten wohl Berg in *Wozzeck* und *Lulu*. Es folgten zwei weitere Opernarbeiten mit Hofmannsthal, *Die ägyptische Helena* (1928) und *Arabella* (1933), in denen sich die vor

dem Krieg in der gemeinsamen Arbeit ausgebildeten Komponenten der psychologischen Mythologie und des charaktervollen Wiener Charmes wiederfanden.

Die letzten drei Hofmannsthal-Opern von Strauss wurden wegen ihrer übermäßigen dramatischen Kompliziertheit kritisiert, obwohl sie – neben Schrekers *Der Schatzgräber* (1920) – beinahe mathematisch-logisch konstruiert erscheinen. Im *Schatzgräber* ist weder auf die Figuren noch auf den Komponisten Verlaß; Motivationen sind durch Elemente des Magischen, des Rollenspiels und der Täuschung aufgehoben. Der dritte Akt beispielsweise ist eine ausgedehnte Liebesszene für das wagnerianische Tenor/Sopran-Paar Elis und Els, doch Elis wird vielleicht auf Geheiß des Königs von dem Narren beeinflußt, und Els ist es gewohnt, daß ihre Liebhaber von einem anderen Mann ermordet werden. Der musikalische Stil des Werkes ist konsequenter als in Schrekers vorhergehenden Opern, doch nicht weniger glatt, schillernd und gelegentlich schwelgerisch und prächtig. Die insgesamt fünfzig Inszenierungen

HUGO VON HOFMANNSTHAL UND RICHARD STRAUSS (*gegenüber links und rechts*) auf einer Photographie um 1915, als sie an der *Frau ohne Schatten* arbeiteten. Die beiden hatten bereits bei *Elektra, Der Rosenkavalier* und *Ariadne auf Naxos* zusammengearbeitet; in den zwanziger Jahren sollte *Die ägyptische Helena* folgen.

BERG 1910 (*rechts*): Gemälde von seinem Lehrer Schönberg. Berg hatte seit 1904 Unterricht bei Schönberg genommen, zur Zeit dieses Gemäldes waren seine Studien abgeschlossen. Musikalisch war er selbständig, doch nicht einmal der Erfolg des *Wozzeck* sollte ihn von der Abhängigkeit von Schönbergs Anerkennung befreien.

im Deutschland der Weimarer Republik belegen, wie groß das Verlangen nach neuen Opern in dieser Epoche war.

Alexander von Zemlinsky (1872–1942) benutzte den harmonischen und instrumentalen Reichtum von Schrekers Stil, erzielte damit jedoch eine völlig andere Wirkung. Ganz im Sinne der Präzision Ravels entstand sein Einakter *Der Zwerg* (1922), der, nach Wildes Erzählung *Der Geburtstag der Infantin*, eine der letzten Märchenopern war. Die Künstlichkeit der Infantin und ihres Gefolges wird mit brillanter, oft nahezu pentatonischer Musik gezeigt, die die hohen Sopranstimmen herausstellt. In absolutem Gegensatz dazu steht der charakter- und ausdrucksvolle Part des Zwergen, der, sympathischer als andere, die Reihe der grotesken Tenöre vervollständigt, die über die Narren im *Schatzgräber* und in Schönbergs *Gurreliedern* bis zu Wagners Mime zurückreicht. Die Bitterkeit von Zemlinskys Zwerg könnte autobiographische Züge tragen, nicht nur, weil der Komponist selbst körperlich benachteiligt war, son-

BERGS *WOZZECK*. *Oben:* Bühnenbildentwurf von Panos Aravantinos für die Uraufführung an der Berliner Staatsoper 1925. *Rechts:* Leo Schützendorf, der die Titelrolle kreierte. Bergs Oper wurde bis zur Machtergreifung durch die Nazis 1933 an zahlreichen deutschen Theatern aufgeführt.

dern weil die Entfremdung des Zwerges vom Hof der Schönheit leicht als die des romantischen Künstlers im Zeitalter der Nachromantik gesehen werden kann. Als Operndirigent des Deutschen Theaters in Prag zeichnete sich Zemlinsky für die Uraufführung der *Erwartung* seines Schwagers Schönberg verantwortlich, doch galten seine schöpferischen Neigungen anderem.

Auch Ferruccio Busoni (1866–1942) blickte in die Zukunft, trug jedoch die Last der Vergangenheit. Sein *Doktor Faust* (1925) gehört in die bemerkenswerte Reihe unvollendeter und vielleicht nicht zu vollendender Opern im 20. Jahrhundert, eine Reihe, in die auch *Turandot*, *Lulu* und *Moses und Aron* gehören. Doch ist dies nicht der einzige Grund dafür, daß er ein dunkles, geheimnisvolles Werk ist. Der faustische Drang, alles zu wissen, wird in die Musik übernommen, die ohne stilistischen Widerspruch von Wagner (der Zauberer Faust ist ein Nachkomme Klingsors) bis zu Schönberg und zurück zu Bach reicht. Durch das Fehlen von Ironie ist Busonis Assoziation seines *Faust* mit den alten deutschen Puppenspielen jedoch etwas irreführend: die Charaktere sind vollkommen ausgeformt, keineswegs Dinge aus Holz und Fäden, selbst wenn das Drama in abgeschlossenen Bildern vorgeführt wird (wie Szenen aus einem *Faust*, der längst bekannt ist) und Chor und Orchester häufig wenig Unterstützung bieten, da ihre musikalische Entwicklung sich unabhängig von der Handlung vollzieht.

Parallelen zu Busonis Gebrauch abstrakter Formen (Variationen, Tanzsuite) finden sich bei Alban Berg (1885–1935), dessen drei Akte des *Wozzeck* (1925) aus einer Reihe von Charakterstücken, einer Sinfonie und einer Folge von »Inventionen« gestaltet sind. Doch ist die musikalische Sprache natürlich eine völlig andere. Als Schüler Schönbergs zog Berg Nutzen aus der vorwärtsdrängenden, orchestralen Bildersprache der *Erwartung* und entwickelte den Sprechgesang von *Pierrot lunaire* weiter, während er ebenso Elemente von Mahler übernahm, beispielsweise parodistische Militär- und Tanzmusik und einen leidenschaftlichen langsamen Orchestersatz in d-moll. Abrupte Klang- und Strukturwechsel zeichnen das Werk aus – sie sind auf dramatische Weise durch die Gewalt, das Tempo und die Fragmentierung des Bühnengeschehens gerechtfertigt, denn Bergs Musik geht mit Georg Büchners Schauspiel so getreu um wie Debussys Oper mit dem Maeterlincks. Dies geschieht überdies auf ähnliche Weise: indem die einzelnen Szenen – emotional aufgeladen und oftmals bizarr in *Wozzeck*, geheimnisvoller in *Pelléas* – in einen größeren, fortlaufenden Zusammenhang gestellt werden, wobei Orchesterzwischenspiele und Übergänge in beiden Werken eine wesentliche Rolle spielen.

Der erste Akt des *Wozzeck* besteht im Grunde aus Dialogen, mit denen die Hauptpersonen eingeführt werden und die vom dramatischen Standpunkt aus auch in keiner anderen Reihenfolge hätten montiert werden können (Büchners Entwurf besteht aus aneinandergereihten Szenen, die noch keine endgültige Gestalt gefunden haben). Wozzeck, ein Soldat, der sich nur schwer verständlich machen kann, ist mit dem Hauptmann zu sehen, der ihn verspottet, mit seinem Freund Andres, mit seiner Geliebten Marie und mit dem Doktor, der ihn – in der Verfolgung seiner wahnsinnigen medizinischen Obsessionen – wie ein Tier zu Experimenten benutzt. Schließlich wird Marie in der einzigen Szene dieses Akts, in der Wozzeck nicht auftritt, vom Tambourmajor verführt, einem Symbol zügelloser männlicher Sexualität (Berg besetzt die Rolle mit einem Heldentenor, der in der alptraumartigen Manier des Werks allerdings nicht sehr heldenhaft wirkt; Wozzeck ist hingegen ein Bariton). Zwangsläufiger vollzieht sich die dramatische Entwicklung im zweiten Akt, der Sinfonie (die Musik schreitet im ganzen Werk kontinuierlich fort, denn Atonalität zerstört bei Berg keineswegs die kraftvolle, vorwärtsdrängende Bewegung). Wozzecks Eifersucht entsteht, als er die Ohrringe sieht, die der Tambourmajor Marie schenkte, außerdem provozieren ihn der Hauptmann und der Doktor mit spöttischen Bemerkungen. Schließlich wird er, nach einer heftigen Wirtshausszene, in eitler und widerlicher Weise vom Tambourmajor selbst in seinem Verdacht bestätigt. Im letzten Akt tötet Wozzeck Marie – zwei wilde Schläge des Orchesters auf einem einzigen Ton unterstreichen die Tat – und stirbt selbst, als er im Teich das Messer sucht, das er hineinwarf. In der Schlußszene wird das Kind Maries und Wozzecks gezeigt. Wie in *Pelléas* gibt es auch hier keine Lösung: die Tragödie geht an eine neue, verwaiste Generation über.

Bergs Musik scheint mit ihrer emotionalen Kraft für die Menschen zu sprechen, deren eigene Fähigkeit, sich auszudrücken, durch ihre Armut gehemmt und unterdrückt ist; dies gilt insbesondere für Marie, deren Vitalität und Wärme aus dem erwachsen, was sie singt, und in hohem Maße für auch Wozzeck, wenn man das d-moll-Zwischenspiel als sein Requiem auffaßt, in dem mit heftiger Entschiedenheit das mit der Phrase »Wir arme Leut'« verbundene Motiv intoniert wird (das Werk ist an motivischen Korrespondenzen so reich wie der *Ring*). Doch gleichzeitig ist die Musik in der Lage, mit Hauptmann und Doktor perfekte Karikaturen zu schaffen. Die Koexistenz von Menschen und Marionetten, die beide den Unterschied nicht kennen (obwohl die Musik ihn kennt), ist eine der außergewöhnlichsten Errungenschaften dieser Oper und eine der Ursachen für ihre bestürzende Lebendigkeit.

Wenngleich *Wozzeck* auch kein Sensationserfolg wie etwa *Der Schatzgräber* war, lief die Oper doch gut genug, um Berg für mehrere Jahre ein Einkommen zu sichern und

DIE MORDSZENE IN DER URAUFFÜHRUNG VON HINDEMITHS *CARDILLAC* an der Dresdner Oper 1926 (oben). Die Oper basiert auf einer Erzählung E. T. A. Hoffmanns und handelt von einem Goldschmied, der seine Kunden tötet, um seinen Schmuck zurückzugewinnen.

STANDPHOTO AUS G. W. PABSTS VERFILMUNG DER *DREIGROSCHENOPER* VON BRECHT UND WEILL (1931) mit Ernst Busch als Moritatensänger (unten). Die Oper, die erst drei Jahre zuvor uraufgeführt worden war, war eine Version der *Beggar's Opera* aus dem 18. Jahrhundert, deren Gesellschaftskritik durch Brechts Text und Weills Musik aktualisiert wurde.

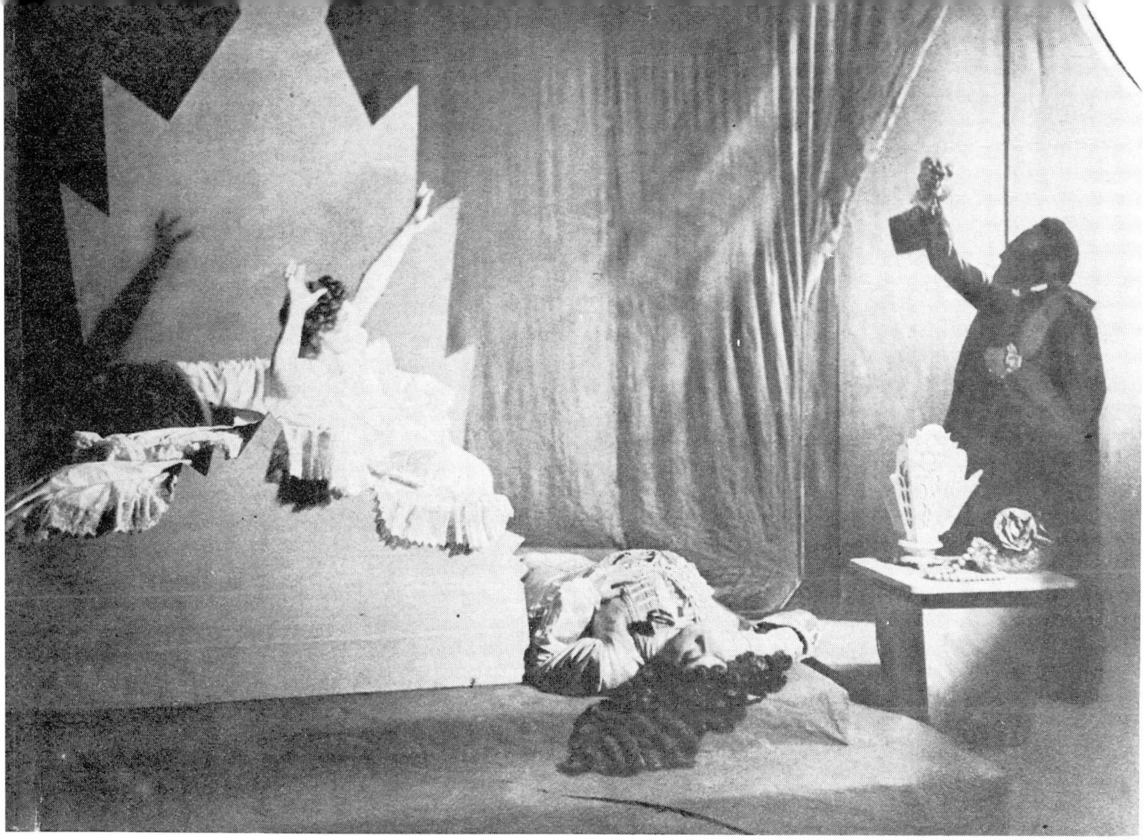

5

DER TANZ UM DAS GOLDENE KALB AUS SCHÖNBERGS *MOSES UND ARON* (1930/32), wie er in der ersten Inszenierung 1957 in Zürich zu sehen war. Schönberg behielt die Hoffnung, die Musik zum dritten Akt seines eigenen Librettos zu schreiben, doch es gelang ihm nicht: aus diesem Grund wurde die Uraufführung bis nach seinem Tod verzögert. In dieser Szene geben sich die Israeliten einem orgiastischen Götzendienst hin, während Moses abwesend ist, um auf dem Berg Sinai die Gesetzestafeln zu empfangen.

er trug wohl auch dazu bei, Opernversuche junger Komponisten anzuregen, selbst wenn die meisten immer noch einen stärker in der Tonalität wurzelnden Stil bevorzugten. Tatsächlich war der Neoklassizismus – ob er nun von Busoni oder Strawinski stammte oder politischer bzw. gesellschaftskritischer Motivation entsprang – das grundlegende musikalische Prinzip der Neuen Sachlichkeit: Hindemiths streng neoklassische Oper *Cardillac* (1926) wies in diese neue Richtung. Wie Busoni für *Die Brautwahl* wählte Hindemith (1895–1963) eine Erzählung von E.T.A. Hoffmann und setzte sie in eine Musik mit Anklängen an Gattungen und Strukturen des 18. Jahrhunderts. Doch ist *Cardillac* ein reines Drama und keine phantastische Komödie, und durch die musikalischen Formen, die sich aus sich selbst heraus entwickeln, wirkt es strenger und überzeugender: die Musik ist strikt polyphon und wird über lange Zeiträume ohne Tempowechsel weitergeführt wie eine ungeheuerliche Maschine. Die Personen und Aktionen erscheinen angesichts dieser vorwärtstreibenden musikalischen Kraft ziemlich nebensächlich: zwei entscheidende Szenen werden großenteils ohne Worte gespielt; die meisten Solorollen – mit Ausnahme der Titelpartie – entsprechen Mustern von Stimmfächern anstatt musikalisch charakterisiert zu sein; die

Wortvertonung wirkt willkürlich – als ob die Stimmen bloß weitere Instrumente seien. Dies alles geschieht, damit die Geschichte von einem Goldschmied, der seine Kunden tötet, um wieder in den Besitz seines Schmucks zu gelangen, als Parabel gezeigt werden kann. Auf einer Ebene handelt es sich um eine politische Parabel mit Cardillac als dem Repräsentanten kapitalistischer Habgier. Durch die Präsenz von Bachs Passionen im Hintergrund wird hingegen die Rolle des Goldschmieds als die eines Opfers betont, und so trägt die Oper zu der anhaltenden Debatte über die Rolle des Künstlers in der Gesellschaft bei.

Cardillac präsentiert sich selbst als eine Fallstudie und illustriert so die theatralische Verfremdung, die man besonders mit Bertolt Brecht (1898–1956) in Verbindung bringt – tatsächlich arbeitete Hindemith 1929 für kurze Zeit mit Brecht zusammen. Weitaus fruchtbarer war zu dieser Zeit jedoch die Zusammenarbeit Brechts mit Kurt Weill (1900–1950), aus der hauptsächlich *Die Dreigroschenoper* (1928) und *Aufstieg und Fall der Stadt Mahagonny* (1930) resultierten. Weill schuf die Musik für Brechts Darstellungen von Unterdrückung und moralischem Zusammenbruch in der bürgerlichen Gesellschaft, indem er den populären Songstil der Zeit durch Neoklassizismus und eine erweiterte Tonalität verzerrte. Wo jedes menschliche Gefühl – insbesondere sexuelles Verlangen – nur noch hinsichtlich seines Tauschwertes in Geld berechnet wird, muß Musik gemein und zur Parodie werden. Die Ironie ist, daß diese beiden Werke, die als heftige Verurteilungen der zeitgenössischen Gesellschaft gemeint waren und auch so aufgenommen wurden, im aktuellen Repertoire zu Lieblingsstücken dieser Gesellschaft geworden sind.

Schönbergs Einakter *Von Heute auf Morgen* (1930) ist eine Gesellschaftssatire im doppelten Sinn: eine Komödie der Verhaltensweisen, die auf Leute anspielte, die begierig waren, auf der Höhe der Zeit zu sein, und gleichzeitig ein Seitenhieb auf Komponisten, die sich genauso verhielten. Schönberg widerstand, wenn auch nicht völlig, den modischen Wegen des Neoklassizismus und der Nachahmung von Hit-Songs, indem er die erste Zwölftonoper schrieb und so vielleicht für ein bedeutenderes Werk, *Moses und Aron*, Bahn brach. Was Schönberg von dieser Oper ausführte, entstand großenteils zwischen 1930 und 1932 und gehört somit in die Weimarer Zeit, doch blieb der letzte der drei Akte von Schönbergs Libretto unvertont, und die erste (konzertante) Aufführung fand erst nach seinem Tod 1954 in Hamburg statt.

Mit seinem biblischen Stoff, seinen großen Nummern für Chor und seiner im allgemeinen statischen Handlung hat das Werk teilweise den Charakter eines Oratoriums. Tatsächlich ist die Dialektik von Oratorium (Vorführung, Erörterung) und Oper (Spiel, Illusion) ein zentrales Moment. Moses, dessen Partie in einem gebieterischen, musikalisch aber eher unkoordinierten Sprechgesang geschrieben ist, ist fähig, Gott zu erkennen, doch unfähig, seine Vision dem jüdischen Volk verständlich zu machen. Aron, ein redegewandter Tenor, hat keine Schwierigkeit, sich mitzuteilen, aber er verzerrt die Botschaft Moses', als er sie weitergibt. Moses verlangt Gehorsam gegenüber einer unsichtbaren, unvorstellbaren Gottheit; Aron reagiert auf das Bedürfnis des Volks nach Zeichen und Verkörperungen, nach Wundern und Abbildern. Szenischer Höhepunkt ist eine Orgie des Tanzes und des Opfers um das goldene Kalb, während Moses auf dem Berg die Gesetzestafeln empfängt. Bei seiner Rückkehr verschwindet das Bild auf sein Zeichen hin, doch er kann Aron in der Auseinandersetzung nicht überwinden. Die Oper endet in seiner Verzweiflung über die eigene Unfähigkeit, seine Gedanken in Worte zu fassen. Daß das Werk an diesem Punkt aufhören sollte, erscheint völlig angemessen. Darin, daß die Oper überhaupt existiert, ist sie Ausdruck von Schönberg/Aron, dem Lehrer und Komponisten; darin, daß sie abbricht, ist sie Ausdruck auch von Schönberg/Moses, dem strengen Denker. Obwohl sich Schönberg gegen die Interpretation des Werks vor dem Hintergrund seiner eigenen Person wehrte, scheint der Gegenstand mit seiner schöpferischen Persönlichkeit und dem Wesen seiner Musik übereinzustimmen, denn die Zwölftonreihe ist – wie der mosaische Gott – selbst eine Idee, die nicht begriffen son-

DIE ERSTE INSZENIERUNG VON BERGS *LULU* am Zürcher Opernhaus 1937; Szene aus dem zweiten Akt: Lulu (Nuri Hadzic), auf der Treppe, bereitet sich zum Gehen vor, nachdem sie ihren Gatten Dr. Schön erschossen hat; die anderen Personen sind der Gymnasiast und die Gräfin Geschwitz (Maria Bernhard). Der unvollendete dritte Akt war erst 1979 auf der Bühne zu sehen.

dern nur partiell offenbart werden kann wie hier mit einem erstaunlichen Einfallsreichtum.

Gleichzeitig mit *Moses und Aron* entstand eine andere, unvollendete Zwölftonoper, Bergs *Lulu*, von der sich eine zweiaktige Fassung (1937) auf der Bühne behaupten konnte, bis 1979 an der Pariser Oper die von Friedrich Cerha vervollständigte Partitur aufgeführt wurde. Wie bei *Wozzeck* schuf sich Berg das Libretto nach einem existierenden dramatischen Werk selbst: nach Wedekinds beiden Schauspielen über Aufstieg und Fall einer Frau, die nicht so sehr eine Persönlichkeit ist als vielmehr der männliche Traum von weiblicher Sinnlichkeit, ein Traum, der sich der Erfüllung entzieht und der daraufhin zerstört wird. Doch während *Wozzeck* dem klassischen Modell von Exposition, Katastrophe und Katharsis folgt (selbst wenn die Katharsis zutiefst pessimistisch ist), besitzt *Lulu* eine verdichtete symmetrische Struktur, mit starken Übereinstimmungen in Handlung und Musik auf jeder Seite des Höhepunkts, den Lulus herausforderndes Lied von der Selbstbestimmung bildet. Diese Position der Unabhängigkeit hat sie im Verlauf ihrer bisherigen Karriere, in der sich von einem Liebhaber oder Ehemann zum nächsten hochgearbeitet hat, erreicht: sie kann hernach von den Männern oder von der Gesellschaft nicht toleriert werden. Denn der Konflikt in *Lulu* entspringt nicht nur dem Kampf der Geschlechter, sondern auch den Schwierigkeiten jeder Gesellschaft, mit erotischen Begierden umzugehen.

Die musikalische Spannweite ist enorm. Sie umfaßt alles, was die deutsche Oper der Epoche auszeichnet. Der sehnsüchtige Schimmer der schrekerschen Metaphern sexueller Hörigkeit findet sich ebenso wie die komplexe Simultanität des zweiten Akts von *Der ferne Klang* (im dritten Akt). Es gibt den populären Songstil von Weill und – mittels Saxophon und Vibraphon – einen Anflug von Jazz. Es gibt die geschlossenen Formen des Neoklassizismus, wenn auch versteckt oder in längere, ununterbrochene Zusammenhänge verwoben. Das ganze Spektrum aller Arten vokalen Vortrags, von der Rede über Zwischenformen zum Gesang, findet Verwendung, und die Vielfalt der Charaktere ist so reich, daß nur die Besetzung des *Rosenkavalier* mit ihr konkurrieren kann. Dennoch läßt sich ein ganz besonderer *Lulu*-Stil ausmachen, der vielleicht weniger vom Zwölftonprinzip beherrscht wird (Bergs Umgang mit der Technik ist sehr frei) als von anderen Merkmalen: der Verwendung der Harmonik, der Melodieführung, der Instrumentation.

Wie in *Wozzeck* sind einige Figuren als grobe Karikaturen entworfen (der Athlet Rodrigo, der Gymnasiast), während andere gründlicher geformt sind, besonders der Komponist Alwa, offenkundig eine Selbstdarstellung: bei seinem Vorschlag, aus der Geschichte der Lulu eine Oper zu machen, zitiert das Orchester aus *Wozzeck*. Lulu selbst hingegen ist bewußt rätselhaft. Einerseits hat sie keine eigene Persönlichkeit, sondern erfüllt eher das, was die anderen in sie hineinprojizieren: die romantische Glut Alwas, den Zynismus seines Vaters Dr. Schön, die Lebensverweigerung Jack the

Rippers, von dem sie, verwahrlost, schließlich ermordet wird. Andererseits ist sie eine Art Vor-Person, ein menschliches Tier, das von moralischer und gesellschaftlicher Konditionierung verschont blieb. Doch die einzige wirkliche Flucht, die ihr in der Welt, so wie sie ist, möglich ist, ist die Flucht in den Tod. Ihr Tod wird, wie der Wozzecks, von einer Klage des Orchesters begleitet, doch ist der Klang ein anderer: während sich in *Wozzeck* Protest mit der Klage mischt, ist das finalartige Adagio in *Lulu* ein Akzeptieren, und sogar eine Heimkehr. Lulus einzig möglicher erotischer Partner ist der Mann, der sie töten wird.

Wenn Lulu darüber hinaus als eine Personifizierung von Oper gesehen werden kann – ein hartnäckiges, unerreichbares Ideal für Komponisten –, dann ist das Werk eine Elegie auf die Gattung, in der es konzipiert wurde. Die Zeit seiner Komposition, 1929–1935, war die Zeit der Krise und der Zerstörung der deutschen Demokratie sowie der Auflösung einer blühenden Opernkultur, die auch neue Werke aus dem nicht-deutschsprachigen Europa miteinbezogen hatte: von Milhaud; von Strawinski, dessen *Oedipus Rex* 1928 in der experimentierfreudigen Berliner Kroll-Oper denkwürdig inszeniert wurde; von Gian Francesco Malipiero (1882–1973), Komponist und Li-

LEOS JANÁČEK studiert den Klang der Nordseebrandung an der niederländischen Küste 1926. Janáček war ein großer Sammler von Lauten: von Tierlauten, die er in *Das schlaue Füchslein* aufnahm, und von den Lauten der menschlichen Rede, die sein Komponieren für die Stimme beeinflußten.

DAS HAUS DER KABANOWS AN DER WOLGA, Bühnenbild für die erste Szene des ersten Akts in der ersten englischen Inszenierung von Janáčeks *Katja Kabanowa* im Londoner Coliseum 1951. Janàčeks Opern waren zwischen den Kriegen in der Tschechoslowakei und in Deutschland aufgeführt worden, fanden aber erst nach dem Zweiten Weltkrieg Eingang in das internationale Repertoire.

brettist von *L'Orfeide* (1925), *Tre commedie goldoniane* (1926) und *Il mistero di Venezia* (1932); und von Janáček. All dies war nun vorbei. Doch die Endgültigkeit von *Lulu* scheint weitaus mehr zu implizieren und das Ende der Oper als bürgerlicher Kunstform zu verkünden.

Osteuropa 1919–1945

Leos Janáček (1854–1928) – vier Jahre vor Puccini geboren – stand in den sechziger und siebziger Jahren seines Lebens, als er die meisten seiner gültigen Werke schrieb, darunter die Opern *Katja Kabanowa* (1921), *Das schlaue Füchslein* (1924), *Die Sache Makropulos* (1926) und – ein weiteres posthum vervollständigtes Werk – *Aus einem Totenhaus* (1930). Die Gründe für diese späte Blüte waren zum Teil persönliche (Janáček entdeckte seine Muse in einer jungen Frau, die er während des Kriegs kennengelernt hatte), zum Teil patriotischer (die Tschechoslowakei war 1918 eine Nation geworden), zum Teil beruflicher Natur (mit der Inszenierung der *Jenůfa* in Prag 1916 erlebte er endlich eine Aufführung außerhalb seiner Heimatregion), aber vielleicht mußte er auch darauf warten, daß der Stand der musikalischen Sprache ihn einholte. Denn obwohl sein Stil völlig individuell ist – er zeichnet sich durch eine bis zum Zerreißen gespannte und in kleine Motive gezwängte Intensität des Ausdrucks und der Klangfarben sowie durch energische Ostinati unter weitgesponnenen lyrischen Linien aus –, gehört seine reife Musik eher in das Zeitalter Strawinskis und Bartóks als in das Elgars und Mahlers.

In *Jenůfa* (1904) taucht der neue Stil im Zusammenhang mit einer – an Smetana erinnernden – Verherrlichung bäuerlicher Lebenskraft erstmals auf, und dies unter anderem deshalb, weil die Musik in über zehnjähriger Arbeit komponiert wurde. Danach entstanden die vom Unglück verfolgte Oper *Osud*, die von einem Komponisten handelt, der bis zum dritten Akt seine aufregenden Erlebnisse der ersten beiden Akte in eine Oper verwandelt hat, sowie die komische Phantasie *Die Ausflüge des Herrn Brouček* (1920) über einen modernen tschechischen Jedermann, der auf den Mond und ins 15. Jahrhundert versetzt wird. Diese beiden Werke offenbaren Janáčeks Kühnheit, ungewöhnliche Themen und dramatische Formen in Angriff zu nehmen – ein charakteristisches Merkmal auch seiner letzten drei Opern. In *Katja* hingegen griff er das eher traditionellere Opernthema der *Jenůfa* auf, nämlich das der weiblichen Protagonistin, deren Liebe die Grenzen der Konvention überschreitet.

Janáček fand seinen Stoff in Ostrowskis Schauspiel *Der Sturm*. Katja wird von ihrem schwachen Ehemann und einem Drachen von Schwiegermutter eingesperrt. Während ihr Mann auf Geschäftsreise ist, gibt sie sich leidenschaftlich einem anderen Mann hin, doch ihr Gewissen zwingt sie zu gestehen, bevor sie Selbstmord begeht. Diese Geschichte war wie geschaffen für die Inbrunst und die vorwärtstreibende Energie von Janáčeks Musik, weil die überwältigenden, verbotenen Gefühle der Heldin nur zur Tragödie führen konnten. Gleichzeitig bot die Figur der Katja einen Brennpunkt für seine eigenen Liebesempfindungen, während die anderen Figuren in ihrer Lebendigkeit von den Erfahrungen eines Menschen profitieren, der die Rhythmen und Melodien der natürlichen Rede genau studiert hatte.

Im *Schlauen Füchslein* wandte sich Janáček mit seiner Begabung zum Nachahmen dem Reich der Tiere zu und schuf eine ganz unsentimentale Welt der Füchse, Vögel und Insekten, in der die Menschen an Geist und Herzensgröße nicht mithalten können, und in der die charakterisierenden Klänge und ostinaten Formen in brillanter und stimmungsvoller Orchestrierung nun die Farben und den Kreislauf der Natur vermitteln. Nichtsdestoweniger ist das Werk anthropomorphisch, weil die zentrale Rolle der Füchsin Sympathie für sie als bewußtes Wesen zum Ausdruck bringt und

PROKOFJEWS *DIE LIEBE ZU DEN DREI ORANGEN*, Szene aus der Inszenierung in Glyndebourne 1983, die Maurice Sendak ausgestattet hatte: Truffaldino und der Koch. Prokofjews komisch-phantastische Oper – wie *Turandot* nach einem Schauspiel von Gozzi – ist gleichzeitig ein Märchen und eine Satire auf Märchen (Opern eingeschlossen).

weckt. Sie ist aus diesem Grund ebenso wie Katja emotionaler Mittelpunkt der Oper: wieder besteht der Grundkonflikt zwischen der menschlichen Gesellschaft und dem natürlichen Leben. So ist es auch in der *Sache Makropulos*, doch mit dem Unterschied, daß hier die Figur der Heldin nicht der Verherrlichung von Natur dient, sondern deren Pervertierung darstellt: es handelt sich um eine Frau, die ein Elixir nahm, um ihre armselige Existenz zu verlängern.

Die beiden letztgenannten Opern hatten einen tschechischen Ursprung – sie basierten auf einer Serie von Bildergeschichten und auf einem Schauspiel von Čapek. Mit *Aus einem Totenhaus* kehrte Janáček jedoch zur russischen Literatur zurück, nämlich zu Dostojewskis Gefängnisroman, und nahm so die Herausforderung an, eine Oper ohne Heldin zu komponieren, ja, ohne irgendwelche Frauenfiguren überhaupt (allerdings hat er die Rolle des Tartarenjungen Aleja mit einem Sopran besetzt). Die größere Herausforderung lag jedoch darin, ein Werk auf die Bühne zu bringen, das bewußt auf eine fortlaufende Handlung verzichtet: das Libretto (das Janáček wie in den beiden vorhergehenden Opern selber schrieb) besteht aus einer Folge von Dialo-

STANDPHOTO AUS DER 1966 VON MICHAIL SCHAPIRO VERFILMTEN OPER *KATERINA ISMAILOWA* VON SCHOSTAKOWITSCH, der bearbeiteten Fassung von *Lady Macbeth von Mzensk*, mit Alexander Sokolow als Boris Timofejewitsch und Galina Wischnewskaja in der Titelrolle. *Lady Macbeth* war auf Befehl der Partei 1936 von den Bühnen abgesetzt worden, und erst nach 1963 wurde das Werk wieder gespielt – nachdem auch der Titel geändert worden war.

DMITRI SCHOSTAKOWITSCH in den späten sechziger Jahren. Seine turbulente und geistreiche erste Oper *Die Nase*, 1930 vorgestellt, führte zu seiner ersten Begegnung mit den Schwierigkeiten, die die Anpassung an die launenhaften Diktate der sowjetischen Kulturpolitk mit sich brachte.

gen und Erzählungen, in denen eigentlich nichts geschieht. Indem die Sträflinge ihre Zeit damit verbringen, einander Geschichten zu erzählen, suggerieren sie, das Leben sei anderswo. Die Musik indes besteht vehement darauf, daß es sich auch dort im Gefängnis abspielt.

Janáčeks Realismus war nicht der einzige Weg für die osteuropäische Oper zwischen den Kriegen: in dieser Zeit entstanden auch Martinůs französische surrealistische Traumlandschaft *Julietta* (1938) und Szymanowskis glänzende Neufassung der *Bacchen* in der exotischen Umgebung des mittelalterlichen Sizilien als *König Roger* (1926). In der Sowjetunion wurde die erhitzte Debatte um die Form des dokumentarischen Realismus geführt. Einige Repertoireopern wurden für die revolutionären Bedürfnisse bearbeitet: die Umbennung der *Tosca* in *W borbe sa Kommune* (*Der Kampf für die Commune*; 1924) – dabei wurde die Handlung in die letzten Tage der Pariser Commune verlegt – ist ein beeindruckendes Beispiel. Doch scheint die Produktion neuer Werke durch die Spannungen zwischen Modernisten und Populisten gehemmt worden zu sein, die 1924 durch die Verkündigung der Doktrin des sozialistischen Realismus gelöst wurden, auch wenn weiter unklar blieb, was denn Realismus in der Oper überhaupt sei. Das offizielle Vorbild war Iwan Dshershinskis gefälliges Werk *Der stille Don* (1935), das in völligem Gegensatz zu dem kritischen Weg stand, den Dmitri Schostakowitsch (1906–1975) durch Ironie, Karikatur und grelle Unstimmigkeiten in *Die Nase* (1930) und *Lady Macbeth von Mzensk* (1934) verfolgte.

Die phantastische, doch beißende Satire dieser Werke ist tief in der russischen Kultur verwurzelt – bei Mussorgski zum Beispiel, oder bei Gogol, dessen Erzählung der *Nase* zugrundeliegt –, wodurch sich erklären läßt, daß Opern im Exil lebender Komponisten – wie Strawinskis *Mavra* oder Sergej Prokofjews *Die Liebe zu den drei Orangen* (1921) – ähnlicher Natur sind. Prokofjew (1891–1953) hatte mit wirbelnder, rhythmischer Energie die Obsession des Helden in seiner Oper *Der Spieler* nach Dostojewski unterstrichen, die er 1915–1917 in Rußland komponiert hatte, die aber erst über ein Jahrzehnt später und dann nur im Westen aufgeführt wurde. In *Die Liebe zu den drei Orangen* dienen die Ostinati keiner wie auch immer gearteten psychologischen Charakterisierung. Stattdessen treiben sie das schnelle Räderwerk einer phantastisch-komischen Geschichte nach einem Schauspiel von Gozzi an (auf den auch Busonis und zuvor Puccinis *Turandot* zurückgriffen). Märchen und Commedia dell'arte spielen ineinander und verspotten die heiligen Gewohnheiten des Bühnenhandwerks.

Mit seiner nächsten Oper *Der feurige Engel*, einer Geschichte von religiöser Hysterie und Wahnsinn, kehrte Prokofjew zur Pathologie von Obsessionen zurück. Sie wurde aber erst nach seinem Tod aufgeführt und hätte kaum einen Platz im sowjetischen Repertoire finden können.

STRAWINSKIS *OEDIPUS REX*: Entwurf von Théodore Strawinski (dem Sohn des Komponisten), der in der Partitur veröffentlicht wurde, um zu zeigen, wie statisch und frontal das Bühnenbild sein sollte. Strawinski wollte, daß die Figuren wie »lebende Statuen« als eine objektivierte Vorführung des Mythos' erscheinen.

Auch Schostakowitschs Opern standen nicht lange in der Gunst. Konnten der Modernismus und die Verspieltheit in der *Nase* – in der die Titelfigur sich von ihrem Besitzer trennt, um ein eigenes bewegtes Leben zu führen – noch als Werkzeuge der phantastischen Komödie gerechtfertigt werden, so war doch nicht zu übersehen, daß *Lady Macbeth* tiefer schürfte, denn Schostakowitsch benutzte hier ähnliche Techniken, um nicht nur die Autorität der bürgerlichen Familie, sondern die der Polizei zu verspotten, und dem erotischen Leben der mehrfachen Mörderin, die die Heldin ist, erregten Ausdruck zu verleihen. Das Werk wurde 1936 offiziell verurteilt, als klar geworden war, wie begrenzt die Welt der sowjetischen Oper zu sein hatte: erst 1963 erschien es wieder in einer überarbeiteten Fassung als *Katerina Ismailowa*. Selbst Prokofjews sowjetische Opern gerieten in Schwierigkeiten, obwohl sie unanfechtbar patriotisch waren. *Semjon Kotko* (1940), eine Geschichte von bäuerlichem Heldentum in dem unmittelbar auf die Revolution folgenden Bürgerkrieg, fiel bald aus dem Repertoire und wurde sowohl in Rußland wie außerhalb selten wiederaufgenommen. *Die Verlobung im Kloster*, eine heitere neoklassische Komödie nach einem Schauspiel von Sheridan entstand 1940/41, wurde aber erst nach dem Krieg aufgeführt. Und die Premiere der Oper *Krieg und Frieden*, in der lyrische Szenen und epische Bilder aus Tolstois Roman nebeneinander stehen, wurde wiederholt verzögert: sie war im wesentlichen 1943 vollendet, doch ihre erste Aufführung in einer annähernd vollständigen Form fand erst 1957 statt, vier Jahre, nachdem Prokofjew und Stalin (am gleichen Tag) gestorben waren.

Frankreich 1919–1945

Strawinskis *Mavra* (1922) gehört dank ihrem russischen Text in den vorigen Abschnitt, doch war sie in Frankreich und somit für eine nicht-russische Gesellschaft komponiert worden: es war klar, daß das Publikum den Text nicht verstehen würde. Das Stück mußte fremdländisch wirken; diesen Umstand machte sich Strawinski zunutze, indem er die Fremdheit bewußt in Kauf nahm und einsetzte und so die Oper zu einem Beispiel für eine nicht-existierende, synthetische und fremde Kultur machte, in der Bach, Tschaikowski und Jazzbands Zeitgenossen waren und gemeinsam an einer Opera buffa arbeiteten. Darum ist es nicht unpassend, daß Verkleidung ein wesentliches Element der Handlung ist: ein Husar verkleidet sich als Frau, um eine Stelle als Köchin im Haus seiner Liebsten zu übernehmen; er wird erst entlarvt, als er beim Rasieren entdeckt wird. In der Vertonung dieser Geschichte nach Puschkin folgen auf die Ouvertüre dreizehn kurze Nummern – insgesamt dauert das Werk eine knappe halbe Stunde.

Obwohl *Mavra* eher bescheidenen Umfangs und deshalb schwierig im Spielplan unterzubringen ist, dürfte sie mit ihrem parodistischen Ansatz und ihrer grundsätzlichen Vorliebe für Holzbläser Komponisten wie Hindemith und Schostakowitsch beeinflußt haben. Strawinski nahm von hier aus seinen Weg in den Neoklassizismus und bald folgte das »Opern-Oratorium« *Oedipus rex* (1927). Arthur Honegger (1892–1955) hatte jedoch schon früher – in seinem »dramatischen Psalm« *Le Roi David* (1921) – in diese Richtung gewiesen, indem er Bachs Oratorienstil gefolgt war. Honeggers nächstes Bühnenwerk, *Antigone* (1927), stand Strawinski insofern noch näher, als sein Libretto eine Bearbeitung des Sophokles-Stücks von Jean Cocteau (1889–1963) war. Als Strawinski Cocteau bat, die gleiche Arbeit für *Oedipus rex* auszuführen, fügte er die Forderung hinzu, das Libretto solle auf Lateinisch geliefert werden: er wünschte sich »ein Material, das nicht tot« sei, »aber versteinert«. Latein sollte folglich in dem neuen Werk werden, was Russisch in *Mavra* gewesen war: ein Mittel, Vertrautes zu brechen. Wenn die Oper schon zu einer musealen Kultur wurde, so antwortete Strawinski darauf mit der Schaffung eines Museumsstücks, mit einem Kurator – dem Sprecher, der sich an das Publikum in dessen Landessprache wendet –, der die verschiedenen musikalischen Details in der Reihenfolge ihres Erscheinens vorstellt. So

KOSTÜMENTWURF VON VALDO-BARBEY für den Tänzer Kali in der Uraufführungsinszenierung von Roussels *Padmâvâti* an der Pariser Opéra 1923. Die Oper ist eine Neufassung einer indischen Legende, in der Tänze einen wesentlichen Bestandteil bilden.

Au Nouvel-Ambigu

L'OMBRE
3 actes, de Dario NICODÈMI

I M. Nicodémi était un romancier psychologue, je dirais qu'il a commis l'erreur de porter à la scène une œuvre qui exige l'analyse des tergiversations d'une âme amoureuse et tourmentée. Le théâtre, rapide moyens, laisse inacceptables une série uations que le livre eût expliquées, s avons eu le regret d'enregistrer ce t : pendant trois actes une héroïne ne le souffrir, physiquement et morale- de crier, de pleurer, d'être déchirée arvenir à nous émouvoir comme il ût semblé normal de l'être, et cela

(ph. H. Manuel)

« Opéra-Comique » : *L'Enfant et les Sortilèges*.
L'Enfant (Mlle GAULEY) n'est pas sage et Maman (Mme CALVET) le gronde... Et les sortilèges vont bientôt effrayer l'enfant taquin !

affolé, l'enfant pousse le cri de tous les enfants : Maman ! Et toutes les choses reprennent leur place tandis que l'enfant devient sage. On pense bien avec quelle

œuvre difficile à chanter et délicate à jouer. Bravo ! pour la direction nouvelle qui a accueilli cette fantaisie de notre plus grand écrivain féminin : Colette !

gnier ont fait connaître le jeune talent de Claude Dazil qui partage son temps entre la pharmacie et la littérature. Mlle Claude Dazil s'est attaquée à un sujet vieux comme le monde et cependant toujours nouveau : l'Amour ! L'auteur a défini elle-même son héroïne : « Une femme, une jeune fille en qui j'ai voulu incarner la puissance de l'instinct

(ph. H. Manuel)

La Princesse aux cheveux d'or (Mlle FERALDY) apparaît à l'Enfant (Mlle GAULEY).

RAVELS *L'ENFANT ET LES SORTILÈGES*, Szenen aus der ersten Pariser Inszenierung an der Opéra-Comique 1926 (aus *Minerva*, 28. Februar 1926). Das Kind wurde von Marie-Thérèse Gauley gesungen, die die Rolle ein Jahr zuvor in Monte Carlo kreiert hatte. Das Libretto von Colette handelt von einem widerspenstigen Jungen, der seine Strafe erhält, als die Gegenstände und Tiere, die er mißbraucht hatte, Stimmen finden.

wird das Werk zu einer Dokumentation seiner selbst, und erreicht eine strengere Verfremdung als die Opern Hindemiths und Weills.

Dieses Verfahren, eine Geschichte als ein aus einer unversöhnlichen Distanz zu betrachtendes Objekt zu präsentieren, wird durch den von Strawinski angestrebten Inszenierungsstil verstärkt: die Sänger treten maskiert und in starren, streng stilisierten Kostümen auf. »Sie sollten«, so das Vorwort zur Partitur, »den Eindruck lebender Statuen vermitteln.« Doch natürlich trägt die Musik am meisten zum »archäologischen« Charakter der Oper bei. Mit einer Folge von Arien und Chornummern und nur einer kurzen Passage, in der zwei Solisten (Oedipus und Jokaste) zusammen singen, blickt das Werk auf Vorgänger aus dem 18. Jahrhundert zurück, auf die Passionen Bachs und die Opera seria. Doch wirken daneben noch viele andere Kräfte. Der grobe, schroffe Klang des Männerchors ist gleichzeitig modern und primitiv, während die Solisten weiterhin den Spuren des Opernrepertoires folgen: insbesondere

Jokastes große Arie »Nonne erubeskite, reges« ist reiner Verdi und nimmt eine für das Werk typische, seltsame Mittelstellung zwischen respektvoller Nachahmung und jener Art von Parodie ein, die Schostakowitsch oder Prokofjew verwendet hätten. Das Gewicht, das im 19. Jahrhundert auf Ausdruck gelegt wurde, wird in das 20. Jahrhundert und in einen neuen Zusammenhang übertragen, doch ist es, wie die verbale Sprache, durch die es vermittelt wird, »zu Stein geworden«.

Da sich die Aufmerksamkeit nicht auf das richtet, was geschieht (der Sprecher kündigt es im allgemeinen vorher an, als sei er der klassischen Bildung seines Publikums nicht sicher), sondern darauf, wie die Geschichte erzählt wird, hätte fast jeder Mythos behandelt werden können. Strawinski wählte die Geschichte von Oedipus vielleicht wegen ihrer christlichen Anklänge – durch das Latein wird eine liturgische Stimmung erzeugt, auch wenn die Partitur eher eine antike als eine kirchliche Aussprache in italienischem Stil vorschreibt: Oedipus wird im Verlauf des Stücks zunehmend zu einem leidenden Opfer. Doch macht die Verweigerung einer Psychologisierung dieses archetypischen Mythos das Werk zu einer Art anti-freudianischen Manifest.

Nur den Stoff, und damit das unbedeutendste Element, teilt Strawinskis Werk mit *Oedipe* (1936) von Enescu, einer grandiosen und bedeutungsvoll konzipierten tragischen Oper, in der den stilistischen Unvereinbarkeiten des *Oedipus rex* mittels romantischer Elemente (die zudem archaisierend wirken) wie der Verwendung von Volksmusik vom Balkan ausgewichen wird. Enescus Hauptfigur, die im Gegensatz zu Strawinskis strahlenden Tenor mit einem Baßbariton besetzt ist, ist ein trübsinniger, zweifelnder Wahrheitssuchender, und in der Oper wird seine ganze Geschichte, von der Geburt bis zum Tod, behutsam entwickelt. Das Werk ist äußerst vielfältig, es enthält Chorzeremonien, angstvolle Monologe und einen ungewöhnlichen Stimmcharakter in dem kreischenden Mezzosopran der Sphinx, der indes eine einzigartige Atmosphäre schafft.

Insgesamt vermittelt die französische Oper in dieser Epoche eher den Eindruck einzelner, spezieller Leistungen als den von Strömungen oder Entwicklungen: weitere nennenswerte Beispiele wären Roussels *Padmâvatî* (1923), eine spektakuläre Ballett-Oper, die im Altindischen angesiedelt ist, und Ravels *L'Enfant et les sortilèges* (1925) auf einen Text von Colette, in der ein ungezogenes Kind dadurch bestraft wird, daß die Dinge, die es mißbraucht hat – Gegenstände, Tiere, Bäume, eine Märchenprinzessin, sogar eine rasselnde Reihe von Zahlen – es singend und tanzend peinigen. Das Ergebnis ist eine Folge von glänzenden und raffinierten musikalischen Miniaturen, zu denen ein Ragtime für Teekessel und chinesische Tasse, eine vom Feuer gesungene Koloraturarie, ein Katzenduett, eine zauberhaft schwammige Gartenmusik eines quakenden Frosch-Ensembles und der Klagegesang eines verwundeten Baumes gehören. Diese Miniaturen sind entzückend ausgearbeitet, und doch ängstigen sie das Kind. Nicht nur darin erweist sich das Werk als eines für Erwachsene – auch

SZENE AUS DER URAUFFÜHRUNG VON GERSHWINS *PORGY AND BESS* 1935 in New York: Sporting Life (John Bubbles) besucht Porgy (Todd Duncan) und Bess (Anne Brown).

die Verwendung komplizierter Techniken und die vielfältigen Anspielungen machen es zu einem solchen. Wie in *L'Heure espagnole* herrscht hier amüsierte Ironie, während der Orchesterpart brillant geschrieben ist.

Bei einem Erwachsenen wird sich wohl beim Betrachten von *L'Enfant et les sortilèges* und einer Welt, in die man nicht zurückkehren kann, eine gewisse Trauer einstellen. In dieser Hinsicht ist Ravels Oper so weit von ihrem Publikum entfernt wie *Oedipus rex*. In einem anderen Kindheitsstoff, Manuel de Fallas *El retablo de Maese Pedro* (1923), wird diese Grenze, die der Bühnengraben darstellt, auf komische Art und Weise von Don Quixote ignoriert. Er kann nicht verstehen, daß er sich auf einer anderen Ebene bewegt als das Puppenspiel, dessen Zuschauer er ist, und er versucht, auf Seiten des Helden und der Heldin in der höfischen Romanze mitzuspielen. Das Puppenspiel selbst – das, wie zaghaft auch immer, eine Vorahnung von Strawinskis Opern-Oratorium gibt – läuft nach den Erklärungen eines singenden Knabenerzählers ab. Insgesamt ist das Werk ökonomisch und leicht gebaut – wie wenn es für eine fahrende Theatergruppe gemacht wäre. Wie andere kurze, quasi opernhafte Stücke für kleine Besetzungen, beispielsweise Strawinskis *Renard* (1922) und Milhauds *Les Malheurs d'Orphée* (1925), wurde de Fallas Werk von der Prinzessin Edmond de Polignac für ihren Salon in Auftrag gegeben. Es existierte im Zuge der antiromantischen Bewegung der Zeit indes auch ein breiteres Verlangen nach Kürze und Konzentration: als weitere Beispiele seien Milhauds *Trois Opéras minutes* nach griechischen Mythen (1928) genannt, Hindemiths zwölfminütiges *Hin und zurück* (1927) und das Mittelstück von Malipieros Trilogie *L'Orfeide*, *Sette canzoni*, in dem sieben verschiedene Opern in einem einzigen Akt untergebracht werden.

Was die französischen Komponisten betrifft, erwuchs ihr Interesse an Opern kleineren Umfangs und an gemischten Gattungen möglicherweise aus den Einschränkungen der öffentlichen Mittel. Nur während der deutschen Besatzung war das Operngeschehen jenseits des Rheins in Paris von Interesse, und dann wurde natürlich *Palestrina* aufgeführt, nicht *Wozzeck*. Aber nicht nur Frankreich war weitgehend verstummt und abgesondert. Die Epoche war – abgesehen von Puccinis *Turandot* – auch für Italien außerordentlich unproduktiv, da Malipiero zumeist für deutsche Bühnen komponierte, an denen bessere Bedingungen herrschten. In England war vermutlich Ralph Vaughan-Williams Vertonung von Synges Schauspiel *Riders to the Sea* (1937) die bedeutendste Oper.

Die Vereinigten Staaten und Deutschland 1933–1945

Nach 1933 standen Komponisten in Deutschland unter der gleichen strengen Aufsicht der Behörden, wie sie auch in der Sowjetunion ausgeübt wurde, und viele gingen in den folgenden Jahren ins Exil – meistens in die Vereinigten Staaten, die in Křeneks *Jonny spielt auf* sehnsüchtig als ein Paradies der Freiheit und der künstlerischen Verjüngung gezeigt worden waren, andererseits, zumindest in *Mahagonny*, auch als der Ort, an dem das Leben am schwierigsten zu bewältigen war. Křenek (1939) und Weill (1935) emigrierten – genauso wie Schönberg 1934, Strawinski 1939 und Hindemith 1940 – rechtzeitig nach Amerika. Sie fanden indes ein Opernleben vor, das eigentlich keine neuen Werke brauchte. Die Metropolitan Opera hatte zu einem früheren Zeitpunkt des Jahrhunderts rege Uraufführungen präsentiert, zu denen allein in der bemerkenswerten Saison 1910 *La fanciulla del West*, Humperdincks *Königskinder* und Converses *The Pipe of Desire* gehörten, doch war diese Offenheit gegenüber Neuem bald vorüber. Die amerikanischen Opern jedenfalls, die überhaupt gespielt wurden, verschwanden schnell aus dem Repertoire, mit Ausnahme von Douglas Moores *The Devil and Daniel Webster* (1939).

Im Gegensatz dazu verlangten die kommerziellen Bühnen lautstark nach neuen Musicals, und Weill entschloß sich, seine Karriere auf diesem Gebiet fortzusetzen. Zu erwähnen sind *Knickerbocker Holiday* (1938), *Lady in the Dark* (1941) und, nach dem Krieg, *Street Scene* (1947), *Love Life* (1948) und *Lost in the Stars* (1949). In *Lady in the Dark* vertonte er drei Traumsequenzen, die sich aus der psycholanalytischen Behandlung der Heldin entwickeln, doch in den anderen Werken behielt Weill sein sozialkritisches Engagement bei: *Street Scene* spielt unter den Armen von New York und in *Lost in the Stars* wird das Thema des Rassenkonflikts in Südafrika aufgegriffen. Weill war nicht der einzige, der sich politisch engagierte. Marc Blitzstein (1905–1964) befaßte sich in *The Cradle will Rock* (1937) mit der Bildung einer Gewerkschaft und in *No for an Answer* (1941) mit der Schikanierung von Immigranten. George Gershwin (1898–1937) schließlich siedelte in seinem durchgehend gesungenen *Porgy and Bess* (1935) die alten Opernthemen von Liebe und Eifersucht in einer Gemeinschaft armer Schwarzer an, und bestand darauf, daß sie von schwarzen Sängern dargestellt werden.

Während Weill in *Mahagonny* populäre amerikanische Musik in einem kritischen Sinn verwendet hatte, nämlich als korrumpierte Sprache, gibt es keinen Hinweis dafür, daß die Charaktere in *Porgy and Bess* so verstanden werden sollen, als ob sie durch das, was sie singen, eingeschränkt würden. Ganz im Gegenteil: sie leben in dieser Sprache und drücken sich in ihr mit scheinbar ungehinderter Leichtigkeit und Klangfülle aus. Die Situation ist äußerst zwiespältig. Eine kommerzielle Sprache wird für idealistische Ziele benutzt; ein Medium, das nur auf Konsum und Unterhaltung abzielt, wird ohne jegliche bewußte Ironie eingesetzt, um die Gesellschaft zu kritisieren, die es schuf. Außerdem wird hinsichtlich ästhetischer Kategorien der Unterschied zwischen hoher und niedriger Kultur untergraben: Gershwin bezeichnete Porgy and Bess als »amerikanische Volksoper«, eine Formel, die nahelegt, daß die Musik des Broadway für ihn Volksmusik war und somit verwendet werden könne wie Smetana die Volksmusik seines Landes benutzte. Es bleibt dennoch der Unterschied bestehen, daß das Broadway-Musical an sich ein synthetisches Produkt war – ausgerichtet auf theatralischen und kommerziellen Erfolg. Daß hier die Wurzeln von *Porgy* liegen, macht das Werk zu einem Rätsel, so überzeugend Musik und dramatisch-emotionaler Aufbau auch sein mögen. Zumindest provoziert *Porgy* erneut die Frage nach dem Wesen der Oper und danach, warum in einem Buch wie dem vorliegenden Raum für dieses Stück ist und nicht für die Musicals von Jerome Kern, Cole Porter und Richard Rogers.

Inzwischen gab es in Deutschland keine Möglichkeit mehr, noch Opern von Křenek oder Hindemith zu inszenieren. Křeneks großangelegte Zwölftonoper *Karl V.* wurde sogar in Wien zurückgezogen, nachdem 1934 bereits mit den Proben begonnen worden war – schließlich wurde sie 1938 in Prag auf die Bühne gebracht. Ganz ähnlich erging es auch Hindemiths *Mathis der Maler* im gleichen Jahr: die Uraufführung fand im Ausland statt, nämlich in Zürich. Beide Werke spielen im frühen 16. Jahrhundert, doch zielen beide auf eine zeitgenössische Situation, aus der es kein Entrinnen gibt: Křenek entwarf die utopische Vision eines friedfertigen katholischen Europa, und Hindemith entdeckte im Leben des Malers Matthias Grünewald Metaphern für seine eigenen Existenzängste als Künstler in einer Welt, in der die Kunst nurmehr als reiner Luxus erscheinen mochte. Er reagierte darauf – und zwar in der

Musik der Oper wie in der Bühnenhandlung (erstmals schrieb er sein eigenes Libretto) –, indem er die Dämonen innerhalb und mit den Mitteln seiner Kunst bekämpfte und die harmonischen und formalen Steifheiten des *Cardillac* zugunsten eines flüssigeren, konsonanten Stils ausmerzte. Er bewies damit ein weitaus tieferes Gespür für die Geschichte als es die Nazis mit ihrer Inanspruchnahme alter deutscher Choräle und Volkslieder taten.

In Deutschland wurden die Opernhäuser unbedeutenderen Persönlichkeiten wie Wagner-Régeny, Egk und Orff überlassen, nur Strauss zählte unter den Verbliebenen zu den Komponisten mit internationalem Ruf. Seine Opern dieser Zeit zeigen weiterhin eine große Vielfalt, von der Bearbeitung eines Schauspiels von Ben Jonson im Geiste der Opera buffa, *Die schweigsame Frau* (1935), über den finsteren, in einer belagerten Festung spielenden *Friedenstag* (1938), die strahlende *Daphne* (1938) bis hin zur prächtigen *Die Liebe der Danae*, die – obschon bereits 1940/41 komponiert – erst anläßlich der Salzburger Festspiele 1952 erstmals gegeben wurde. Die beiden letzten Opern behandeln wieder mythologische Stoffe, wobei *Danae* auf eine Idee Hugo von Hofmannsthals zurückging. Gekrönt wird diese Epoche indes von Strauss' letzter Oper, *Capriccio* (1942), in der alte Themen wehmütig betrachtet und verklärt wiederkehren. Die zentrale Figur der Gräfin ist – wie die Marschallin im *Rosenkavalier* – eine Frau an einem emotionalen Scheideweg. Es sind nicht Verzicht und Würde, zwischen denen sie sich entscheiden muß, sondern zwei rivalisierende Liebhaber – der eine Dichter, der andere Komponist. Der Schauplatz ist, wie in *Ariadne*, ein vornehmes Haus im 18. Jahrhundert (obwohl beide Werke in Inszenierungen regelmäßig ins 20. Jahrhundert verlegt werden). Die Auseinandersetzung über den Vorrang von Komponist, Librettist oder Interpret wird durch dieses Werk erneut aufgegriffen. So gesehen ist die Gräfin die Seele der Oper, die sich zwischen Wort und Musik entscheiden muß. Natürlich bleibt die Frage auch weiterhin offen.

DAS ZWANZIGSTE JAHRHUNDERT: VON 1945 BIS HEUTE

PAUL GRIFFITHS

Englischsprachige Oper 1945–1960

In den ersten Nachkriegsjahren gab es auf beiden Seiten des Atlantiks lebhafte Bestrebungen zur Erneuerung der Oper. 1945 wurde in England erstmalig *Peter Grimes* von Benjamin Britten (1913–1976) aufgeführt, ein Werk, das bald als Meilenstein angesehen wurde, da es sich im Unterschied zu den Opern von Vaughan-Williams und Holst einen Platz am Rande des internationalen Standardrepertoires sichern konnte und der Beginn einer fruchtbaren Entwicklung war: Britten selbst fertigte bis 1960 neun weitere szenische Werke, andere – vorerst hauptsächlich ältere Komponisten (Tippett, Walton, Bliss, Benjamin) – folgten seinem Beispiel. In den Vereinigten Staaten waren die Zusammenhänge komplexer. Das Musical hatte sich beständig weitergebildet und man wollte unbedingt neue Mischformen zwischen Musical und Oper finden: Britten und Auden hatten während Brittens kurzem amerikanischen Exil gemeinsam an einer Art Musical, *Paul Bunyan* (1941), gearbeitet, aber an Weills Stelle trat mit zunehmender Beständigkeit und Prominenz Leonard Bernstein. Zur gleichen Zeit orientierten sich andere Komponisten an der europäisch-romantischen Tradition: am auffälligsten der Italiener Gian Carlo Menotti (geb. 1911), aber auch einheimische Komponisten wie Douglas Moore (*The Ballad of Baby Doe*, 1958) und Carlisle Flood (*Susannah*, 1955). Bemerkenswert an diesen Unternehmungen ist ihr Verhaftetsein in heimischen Sujets und Schauplätzen (bei Britten, Moore und Floyd) sowie in althergebrachten musikalischen Traditionen.

Strawinskis *The Rake's Progress* (1951) offenbart jedoch noch einmal die Gegenwart der Vergangenheit, und dies ohne die störenden stilistischen Unausgewogenheiten von *Mavra* oder *Oedipus Rex*. Die Szenerie ist bewußt mozartisch: im 18. Jahrhundert angesiedelt (Strawinski bat Auden um ein Libretto, das sich auf Hogarths Gemäldezyklus bezieht) und unter Verwendung von Secco-Rezitativen (mit Cembalo und nicht mit Klavier, wie es Strauss für *Intermezzo* und Britten für *The Rape of Lucretia* bestimmt hatten). Besonders eng sind die Bezüge zu *Don Giovanni* – im Verlauf der Oper nehmen sie immer mehr zu. Tom Rakewell kümmert sich genausowenig wie der Held der Mozart-Oper um Moral, bis er schließlich auf einem Friedhof zur Rechenschaft gezogen wird; wie Don Giovanni hat er einen Diener, mit dem er sich austauscht; Strawinskis Oper endet wie die von Mozart mit einem plötzlichen Stimmungswechsel, einem Epilog und einer Moral.

Aber die Nähe zu Mozart ist Illusion. Das Werk hat Kenntnis von einer Menge anderer Musik: späterer (Rossini, Donizetti, Verdi, Tschaikowski und natürlich Strawinski) und früherer (Monteverdi, dessen *Orfeo* in der Eröffnungsfanfare und in der zunehmenden Identifikation des Helden mit Orpheus paraphrasiert wird). Darüber hinaus ist die Beziehung zu *Don Giovanni* eher die einer Umkehrung als einer Imitation. In *The Rake's Progress* ist der Herr, nämlich Tom, der Einfältige, und der Diener, Nick Shadow, der dämonische Charakter, der schließlich zur Hölle fährt. Shadows erster Auftritt erfolgt in dem Moment, in dem Tom sich dem Materialismus verschreibt (»Ich wollte, ich hätte Geld«). In der Folge ist es ihm möglich, die Entwicklung des wüsten Lebemanns zu steuern: vollkommen erschöpft durch sinnliche Freuden findet sich dieser in einer Welt der Fälschungen, die als erstes durch eine bärtige Dame, die eigenartige Baba, genannt Türkenbab, dann durch eine Maschine, die aus Steinen Brot machen soll, repräsentiert wird. Shadow überredet Tom, die Türkin zu heiraten, und dieser geht darauf ein, bis er schließlich zu einem kritischen Zeitpunkt zu sich kommt, als er – auf dem Friedhof, wo er und Shadow mit Karten um seine Seele spielen – die Stimme seiner wirklichen Geliebten, Anne Trulove, hört und sich daran erinnert, was echtes Gefühl ist. Liebe bietet immer die Möglichkeit zur Umkehr: Liebe verändert sich nicht. Der Teufel besteht jedoch darauf, daß es kein Zurück gibt; Shadow hat – obwohl die Liebe ihn zur Rückkehr in die Hölle zwingt – immerhin die Macht, Tom vor einem überstürzten Abbruch seiner Entwicklung zu bewahren. Er läßt ihn verrückt werden und ersetzt so die eine Möglichkeit, der Zeit zu entfliehen (Liebe), durch eine andere (Wahnsinn).

Die Oper kann als Fürsprecherin sowohl der Liebe als auch des Teufels gelten, da es Strawinski gelingt, die Doppeldeutigkeit seiner retrospektiven Musik zu nutzen.

HOGARTHS KUPFERSTICH VON DER IRRENHAUS-SZENE, dem letzten aus seinem Zyklus *The Rake's Progress.* Strawinski sah die Drucke 1947 in Chicago und entwickelte kurz darauf die Idee seiner Oper. Der Geigenspieler am rechten Rand muß seine Aufmerksamkeit erregt haben, denn der ursprüngliche Plan enthielt das Detail, daß Tom, der Held, im Irrenhaus Geige spielen sollte. Die Idee wurde jedoch fallengelassen.

DIE ABSCHLIESSENDE IRRENHAUS-SZENE VON STRAWINSKIS *THE RAKE'S PROGRESS*, wie sie in Glyndebourne 1975 in den Bühnenbildern von David Hockney eingerichtet wurde. Die Verse stammen aus dem Chor-Menuett der Irren; im Vordergrund Toms Strohlager. Hockneys Bühnenbauten, an denen sich viele andere Inszenierungen orientierten, verfremdeten Techniken des 18. Jahrhunderts (vor allem Schraffur) ganz im Sinne Strawinskis.

Leave all love and hope behind
out of sight is out of mind
W. H.

Einerseits ist *The Rake's Progress* eine Hommage an Mozart und die anderen Vorbilder, andererseits ist es ein Werk der Satire und der Sabotage. So ist die Moral des Epiloges (»Wo Faule sind/Auf dieser Welt/Der Teufel find't/sein Feld bestellt«) nicht nur eine selten scheußliche Phrase in dem ansonsten so kunstvollen Libretto, sondern auch inhaltlich irreführend, da sie mitnichten die Botschaft der Oper darstellt. Je näher sich das Werk Mozart nähert, desto trügerischer wird es. Es gibt keinen festen Boden, keine umfassende Vorstellung: dadurch gerät die Entwicklung des Helden aus der Bahn. Wo Shadow vollkommen glücklich ist in einer Welt der Trugbilder, und wo Anne in ihrer Unschuld gar nicht wahrnimmt, daß sie sich in einer solchen Welt befindet, erreicht Tom schließlich den einzig möglichen Zustand authentischer Existenz in einer Welt ohne Gesetze und Sicherheiten: den Irrsinn.

Strawinski hatte seit seiner Ankunft in den Vereinigten Staaten 1939 beabsichtigt, eine englischsprachige Oper zu schreiben – ermutigt (oder angestachelt) wurde er durch den Riesenerfolg Menottis, dessen *The Telephone* (1947) und *The Medium* (1946), eine leichte Komödie und ein Melodram, zusammen mehrere Monate am Broadway gespielt wurden. Menotti setzte seine Karriere mit einem abendfüllenden »musikalischen Drama«, *The Consul* (1950), und einer Weihnachtsoper fürs Fernsehen, *Amahl and the Night Visitors* (1951), fort. Außerdem schrieb er das Libretto für Samuel Barbers romantische Tragödie *Vanessa* (1958), die das Thema der Konservierung von Vergangenheit ganz anders als Strawinski behandelt: die Heldin lebt – wie überzeugend in der Musik dargestellt – ausschließlich in einer Welt der Nostalgie. *Vanessa* hatte nur wenige Monate nach der *West Side Story* (1957) Premiere, einer Apotheose des Broadway-Musicals, die früheren Versuchen des Komponisten Leonard Bernstein (1918–1991) folgte, einen populären Lied-Stil mit komplizierteren dramatischen Formen – wie in seiner einaktigen Oper *Trouble in Tahiti* (1952), die von modernen Verhaltensweisen in der Ehe handelt, und seiner Operette *Candide* (1956) – zu verbinden.

Vanessa war das einzige amerikanische Werk der Zeit, das in die Metropolitan Opera Eingang fand, und obwohl auch bei kleineren Ensembles oder in Universitäten Möglichkeiten bestanden, schien man sogar dort Werke zu bevorzugen, die, obgleich amerikanischer Herkunft, doch den gängigen Repertoireopern gar nicht genug gleichen konnten. In England herrschte eine ähnliche Stimmung. Britten hatte zwei Aufträge von Covent Garden, nämlich für *Billy Budd* (1951) und *Gloriana* (1953), er arbeitete jedoch lieber mit und für eine kleine Wanderbühne, die English Opera Group, die sich für *The Rape of Lucretia* (1946) und *Albert Herring* (1947) formiert

BRITTENS *A MIDSUMMER NIGHT'S DREAM*, Kostümentwurf für Oberon von Carl Toms, dem Assistenten von John Piper, für die Uraufführung in der Jubilee Hall, Aldeburgh, 1960. Britten bearbeitete das Shakespeare-Stück gemeinsam mit Pears. Die Rolle des Oberon – die erste Opernrolle überhaupt für einen Countertenor – wurde für Alfred Deller geschrieben.

SZENE AUS MESSIAENS *SAINT FRANÇOIS D'ASSISE* an der Opéra Bastille, Paris, 1992 (Regie: Peter Sellars). François (Jóse van Dam) und Frère Massée (John Aler) sind vor einem riesigen Gefüge aus bunten Leuchtstoffröhren zu sehen, das die reiche Farbpalette der Partitur bildlich umzusetzen versucht.

DIE KINDERFÄNGER-SZENE AUS STOCKHAUSENS *MONTAG AUS LICHT* in der Uraufführung an der Mailänder Scala 1988 (Bühnenbild: Chris Dyer; Kostüme: Mark Thompson). Die Kinder auf der Bühne lauschen gebannt dem Flötenspiel der Kinderfängerin (Kathinka Pasveer).

hatte, und für die er eine Version der *Beggar's Opera* (1948), die Kinderoper *The Little Sweep* (1949), *The Turn of the Screw* (1954) und *A Midsummer Night's Dream* (1960) verfaßte. Mit diesem Ensemble, das aus einfühlsamen Sängern – darunter Brittens Lebensgefährte Peter Pears – und etwa einem Dutzend Musikern bestand, war es möglich, ein zwiespältiges, bewußt loses Verhältnis zur traditionellen Oper mit ihren künstlerisch-ökonomischen Mechanismen herzustellen und auszuloten. Handlung, Charakter und Dramaturgie der Opern Brittens haben viel mit dem romantischen Naturalismus eines Verdi oder Tschaikowski gemein, aber die Intimität der Gesangsmelodien, besonders der für Pears geschriebenen, ist die eines Schubert-Liedes, dem ein Schuß Koloratur und charakterisierende Zeichnung im Stile Purcells beigegeben wurde. Darüber hinaus gibt es in Brittens Musik ein Moment der Teilnahmslosigkeit, ein Gefühl, fehl am Platz zu sein oder eine vollständige Hingabe zu verweigern (vollständige Hingabe – musikalisch gesprochen – an eine Tonart), das sie in jeder Hinsicht einer besonderen Art konventioneller Oper zuwies, außer in bezug auf die Größe der Besetzung. Britten mag die Kammer-Oper nicht erfunden haben (Boris Blachers *Romeo und Julia*, geschrieben 1943, könnte dieses Vorrecht für sich in Anspruch nehmen, obwohl der Keim schon in Strawinskis *Renard* und *L'Histoire du soldat* oder in Schönbergs *Pierrot lunaire* oder tatsächlich in Monteverdis *Combattimento* angelegt war), aber er machte das Genre zu seinem eigenen.

Als er dann aufgefordert wurde, unter Ausnutzung aller stimmlichen Möglichkeiten für große Gesangsensembles zu schreiben, wurden diese zur Verkörperung dessen, was die Zerstörung der jeweiligen zentralen Figur ausmachte: die selbstgerechte Kleinstadtbevölkerung, die Grimes verfolgt und in die Enge treibt; die seemännische Zucht und Ordnung, auf die sogar der Kapitän keinen Einfluß hat und die Billy Budd zermalmt; der Hof, der in der Oper über die letzten Jahre Königin Elisabeths I. die Frau hinter der Ikone nicht wahrnimmt. Gleichzeitig konnte Britten mit großen Ensembles ein reichhaltiges musikalisches und dramatisches Ambiente schaffen, wie das in der Kammer-Oper nicht möglich war. *Peter Grimes* ist durchwoben mit orchestralen Darstellungen des Meeres, die die Stimmungen der Handlung verlängern oder vorbereiten, und darüber hinaus eine Oper, in der in starkem Ausmaß der Chor zum Einsatz kommt. Auch *Billy Budd* – die Oper spielt an Bord eines Schiffes zur Zeit der Napoleonischen Kriege und umfaßt daher nur männliche Stimmen – ist voller Meeresklänge und Chorpassagen. *Gloriana* zeigt prunkvoll Feste und Tänze des Chores, erhält sogar einen besonderen Anstrich durch die Musik der Zeit, doch liegt der wahre Ausdruck woanders.

In einer von Brittens Kammer-Opern, *Albert Herring*, geht es noch einmal um eine kleine Gemeinde, die jedoch um einiges freundlicher ist als die von *Peter Grimes*. Dieses sonnig-komische Idyll englischer Lebensart ist satirisch nur in bezug auf die üblichen Zielscheiben des Spotts (die bombastische Lady, den Vikar), es schafft jedoch eine recht ungewöhnliche Figur in Albert, einem einfachen jungen Mann, der es liebt

STRAWINSKI ZUR ZEIT DER ENTSTEHUNG VON *THE RAKE'S PROGRESS* beim Durchblättern des letzten Aktes des Klavierauszugs.

– wenngleich harmlos –, seinem makellosen Ruf einige Flecken zuzufügen. Das Thema der befleckten Unschuld kehrt auf ganz andere Weise wieder in *The Turn of the Screw*, wo eine »Zwölftonreihe« gleichermaßen die Unvermeidlichkeit des Geschehens wie die Unvermeidlichkeit der Tonalität in Brittens musikalisch-dramatischer Welt unterstreicht. In dieser Adaption einer Erzählung von Henry James ist der Knabe Miles die Trophäe im psychologischen Krieg zwischen der Gouvernante und dem Geist Peter Quint. Der Krieg wird musikalisch dargestellt durch die Spannung zwischen A-Dur und a-Moll, des weiteren durch den Konflikt unterschiedlicher Ideale: Ordnung, Absicht und Vernunft ist in dem, was die Gouvernante singt, Quints Musik besteht dagegen aus schleppenden Harmoniefolgen, überschwenglichen Klangfarben und stimmlich-extravaganten Rouladen (eine weitere Rolle für Pears). In psychologischer wie musikalischer Hinsicht handelt es sich um einen Kampf zwischen sozialer Verantwortung und individuellem Verlangen, einen Kampf, der in den Opern Brittens beinahe immer zur Zerstörung des Protagonisten führt.

A Midsummer Night's Dream ist freilich eine Ausnahme. Dennoch erlauben auch hier die unterschiedlichen Ebenen der Handlung die Zeichnung einer sinnlichen und eigenartigen Welt – der des Märchens –, die als Gegenentwurf zur Alltagsrealität des Athener Hofes und der Liebenden in Menschengestalt dient. Gleichzeitig bietet die Verwendung klobiger Versatzstücke weiteren Raum für Parodien in der Art *Albert Herrings*, welche in der Verulkung des italienischen Opern-Melodrams bei der Aufführung des Stückes von Pyramus und Thisbe kulminieren. Die ätherische Unwirklichkeit der zauberhaften Musik wird durch die Verwendung von Knabenstimmen (solche finden sich auch in *The Little Sweep*, *Billy Budd* und *The Turn of the Screw*) und die Besetzung Oberons als Countertenor (seit den Kastraten vermutlich der erstmalige Einsatz einer hohen Männerstimme) noch gesteigert. Von Bedeutung ist weiterhin, welch reichhaltige Farbgebung und Strukturierung Britten hier mit einem Kammerorchester gelang. Danach arbeitete er nie mehr mit so großen Gesangsensembles wie bei *Peter Grimes*, *Billy Budd* und *Gloriana*.

BRITTEN UND DER REGISSEUR ERIC CROZIER mit einem Modell des Bühnenbilds für die Uraufführung von *Peter Grimes* 1945. Es handelt sich um das Bild für die zweite Szene des dritten Aktes, die in einer Hafenkneipe spielt. Crozier arbeitete noch öfter mit Britten zusammen: er inszenierte *The Rape of Lucretia*, schrieb das Libretto für *Albert Herring* und war Co-Librettist bei *Billy Budd*.

DIE SCHLUSSZENE DER URAUFFÜHRUNG VON TIPPETTS *A MIDSUMMER MARRIAGE* in Covent Garden 1955 (Bühnenbild: Barbara Hepworth). Jenifer (Joan Sutherland) und Mark (Richard Lewis) kehren zu ihren Gefährten zurück; zu ihren Füßen kniet der Tänzer Strephon, links und rechts stehen die Priesterin und der Priester.

Derartige Ablehnung herrschte jedoch nicht überall. Zusätzlich zu den beiden letztgenannten Opern inszenierte Covent Garden die Uraufführungen von Arthur Bliss' *The Olympians* (1949), Vaughan-Williams' *The Pilgrims Progress* (1951), William Waltons *Troilus and Cressida* (1954) und Michael Tippetts *The Midsummer Marriage* (1955). Diese Liste erklärt sich nicht allein durch Brittens Vorgabe, sondern auch durch den Patriotismus der Nachkriegszeit (Covent Garden war damals eher ein nationales als ein internationales Haus) und darüber hinaus vielleicht auch durch die Verwandtschaft, die zwischen der Oper und dem neuem Versdrama des Sprechtheaters zu spüren war. Yeats und Eliot waren von Bedeutung vor allem für Tippett (geb. 1905), dessen *The Midsummer Marriage* Einflüsse der beiden Dichter mit denen der Psychologie Jungs und der *Zauberflöte* zu einer rhapsodisch-rhythmisch durchbrochenen musikalischen Welt kombiniert, die sich auf den jüngsten Strawinski, Hindemith und englische Musik von den Madrigalisten bis hin zu Purcell bezieht.

Dies waren auch die Grundlagen Brittens, aber wo Britten einen Abstand zwischen

Traum und Realität läßt, stürzen Tippetts Charaktere kopfüber in das Übernatürliche. In *The Midsummer Marriage* geht es um ein Liebespaar, das zuerst seelische Vollendung erlangen muß, bevor eine Vereinigung möglich ist: sie muß Weltlichkeit erlernen, er Spiritualität, und dies in einem Prozeß, der von Übermittlern uralter Weisheit geleitet und vornehmlich in einer Folge ritueller Tänze dargestellt wird. Wie in der *Zauberflöte* ist die Haupthandlung von einem weiteren Paar auf einer weltlicheren Ebene konterkariert; und wie bei Mozart ist es die Musik, die Eigenarten und Ungereimtheiten des Librettos auffangen muß (Tippett selbst schrieb es: typischerweise ein Buch der Gemeinplätze, voller literarischer Zitate, zeitgenössischer Umgangssprache und seltsamer Redewendungen).

Europäische Oper 1945–1960

Was die herausragenden englischen und amerikanischen Opernkomponisten verband, war ihre Treue zur Tonalität, die weiterhin eine traditionelle Opernform ermöglichte – sei es aufrichtig gemeint wie bei Britten oder zutiefst ironisch wie bei Strawinski. In weiten Teilen des europäischen Festlandes konnte dem Druck der Neuerungen jedoch nicht länger widerstanden werden. Die Komponisten, die von den Nazis unterdrückt worden waren, vor allem Schönberg und Berg, wurden zur Aufführung gebracht und gewannen an Ansehen, und die Zwölftontechnik, die vor dem Krieg außerhalb des Schönberg-Kreises kaum akzeptiert worden war, erreichte universellen Status. Für Opernkomponisten hieß das, daß *Wozzeck* und *Lulu* Modellcharakter hatten (*Moses und Aron* wurde erst 1954 inszeniert). Bergscher Expressionismus, der Dissonanzen in Harmonie und Stilistik durch extreme Emotionalität und vehemente Stimmungswechsel rechtfertigte, wurde bestimmend für Komponisten wie Klebe und Henze, die in der Hitlerzeit aufgewachsen waren. Die neugewonnene Freiheit hinterließ ihre Spuren auch bei Älteren, so bei Wolfgang Fortner in seinem Lorca-Stück *Die Bluthochzeit* (1957) und bei Luigi Dallapiccola (1904–1975), der schon vor dem Krieg persönlichen und schöpferischen Umgang mit der Schönberg-Schule gehabt hatte, sich jedoch erst nach dem Krieg voll und ganz der Zwölftonmusik widmete – besonders in seiner kraftvollen, einaktigen Oper mit dem *Fidelio*-artigen Thema von unterdrückender Tyrannei (wobei jedoch das Erhoffte nicht Realität wird) *Il prigioniero* (1949). Frank Martins Werdegang verlief weitgehend ähnlich und führte zu seiner Shakespeare-Oper *Der Sturm* (1956). In Osteuropa wurde dieser Weg jedoch nicht beschritten. Die wichtigste Oper der Sowjetunion war in dieser Periode Schaporins *Die Dekabristen* (1953), ein borodineskes Epos über einen niedergeschlagenen Aufstand der Russen im frühen 19. Jahrhundert; in Ostdeutschland wurde Hanns Eisler aus ideologischen Gründen an der Realisierung seines *Johann Faustus* gehindert, der als marxistische Antwort auf *Mathis der Maler* geplant war: eine kritische Auseinandersetzung mit dem Intellektuellen, der außerhalb des Klassenkampfes steht.

HENZES *DIE BASSARIDEN*, Szene aus der Uraufführung bei den Salzburger Festspielen 1966 (Bühnenbild: Filippo Sanjust). Das Libretto basiert auf den *Bacchen* des Euripides und ist das zweite, das W. H. Auden gemeinsam mit Chester Kallman für Henze schrieb.

Dennoch war der Unterschied zwischen dem offenen Westen und dem gemaßregelten Osten nicht groß. Die eingehende Neubefragung der Musik, wie sie beispielsweise Boulez, Stockhausen, Nono und Xenakis unternahmen, fand ihren Niederschlag keineswegs in den großen Opernhäusern, und Bergs Einfluß wirkte eher auf die Verstärkung des Ausdrucks als auf die Form insgesamt. Die meisten Opern der Zeit begnügten sich damit, in den Grenzen der klassischen Literatur zu verweilen, anstatt sie – wie Berg – musikalisch neu abzustecken. Die Opern Hans Werner Henzes (geb. 1926) neigten sich sogar eher wieder zum Traditionellen hin. Seine erste, *Boulevard Solitude* (1952), ist die wiedererzählte Geschichte von Manon Lescaut; die zweite, *König Hirsch* (1956), eine mit großem musikalischen Reichtum ausgestattete Fabel von Gozzi. In *Der Prinz von Homburg* (1960), einer Kleist-Adaption, kehrte er schließlich, wie er schrieb, zurück zu der »engelhaften Melancholie Bellinis, dem funkelnden Brio Rossinis, der schweren Leidenschaft Donizettis, das alles vereint, zusammengerafft in Verdis robusten Rhythmen, seinen harten Orchesterfarben und im Ohr brennenden melodischen Linien«, wenngleich er den bergschen Standpunkt nicht ganz aufgab.

Oper und Musiktheater 1961–1975

Zwei Phänomene brachen zu Beginn der sechziger Jahre das konservative Programm der Nachkriegsoper auf. Eines war das Aufkommen der internationalen Avantgarde, angeführt von Luigi Nono (1924–1990) und seiner *Intolleranza* (1961). Das andere war die Erfindung des Musiktheaters, das ebenso den nach dem Krieg zur Reife gelangten Komponisten viel verdankte, obschon es Strawinski war, der mit *The Flood* (1962) einen der ersten Beiträge lieferte. *Intolleranza* war nicht die erste Oper, die mit elektronischer Musik vom Band arbeitete: diese Ehre gebührt Karl-Birger Blomdahls Science-Fiction-Oper *Aniara* (1959). Nonos Errungenschaft war eher, mittels eines zerfurchten, hauptsächlich auf Clustern beruhenden Orchesterstils sowie einer fein herausgearbeiteten Abfolge musikalisch-dramatischer Stimmungsbilder, die von lyrischer Spontanität bis zu oratorischer Passivität reichen, eine neue, ästhetisch und politisch anspruchsvolle Art der Oper zu schaffen. Diese Bilder stehen immer noch im Zusammenhang mit der Handlung, die von einem Immigranten erzählt, der dem Wohlwollen der Polizei und der kapitalistischen Gesellschaft ausgeliefert ist. In Nonos zweiter Oper, *Al gran sole carico d'amore* (1975), ist dies nicht mehr der Fall. Stattdessen ist der Text aus Zitaten zusammengeflickt, die Gegenstand ganz unterschiedlicher musikalischer Behandlung des Klassenkampfes sind.

Diese Tendenz hin zur Auflösung der Bühnenillusion und zur Politisierung der Oper war keineswegs nur bei Nono auszumachen. Auch Henzes Abwendung von der luxuriösen Welt seiner *Elegie für junge Liebende* (1961), *Der junge Lord* (1965) und *Die Bassariden* (1966) hin zum eifrigen revolutionären Engagement von *We Come to the River* (1976) weist in diese Richtung – ebenso wie insgesamt die Anlage des Musiktheaters, das das Täuschende der Oper dahingehend auflöste, daß Sänger und Instrumentalisten auf gleicher Höhe standen, üblicherweise in einem Konzertsaal ohne Bühnenbild. Und auch in Bernd Alois Zimmermanns *Die Soldaten* (1965), obwohl stilistisch und thematisch eng an *Wozzeck* angelehnt, wird der Schwindel vom Bühnenrahmen als Fenster zu einer kohärenten Welt aufgedeckt, indem voneinander unabhängige musikalisch-dramatische Stränge kombiniert werden, teilweise in bis zu drei gleichzeitig gespielten Szenen.

Strawinskis *The Flood* war ursprünglich nicht unbedingt als Bühnenwerk intendiert. Durch seinen episodenartigen Aufbau und die Verwendung andersartiger formaler Mittel schien es wie gemacht fürs Fernsehen: ein Großteil des Stücks wird erzählt oder gespielt, indem zur Musik gesprochen wird. Es gibt aber auch gesungene Passagen und Sätze, in denen getanzt werden soll. Darüber hinaus ist die Verwendung von großem Orchester, Chor und Solisten in einem Stück, das weniger als eine halbe Stunde dauert, theaterökonomisch nicht sinnvoll. In dieser Hinsicht sind Brittens »Kirchenparabeln« der Praxis näher – sie sind für kleine Ensembles von Sängern und Instrumentalisten gesetzt. Vorbild hierfür – unter Vorwegnahme einer Richtung, in die viele jüngere Komponisten in den darauffolgenden Jahren blicken sollten – war das japanische No-Theater, insbesondere das Stück *Sumidagawa*, das für die erste der Parabeln, *Curlew River* (1964), in enger Anlehnung übersetzt und nur dem historisch-religiösen Kontext der westlichen Welt angepaßt wurde: dargestellt von einer Gemeinschaft von Mönchen erhält die Geschichte eine entschieden christliche Wendung. Eine Wahnsinnige, die auf der Suche nach ihrem verlorenen Sohn ist, hört schließlich seine Stimme als »ein Zeichen der Gnade Gottes«. Die beiden späteren Parabeln behandeln ebenfalls das Thema des auf wunderbare Weise zurückkehrenden Kindes, beziehen sich aber jetzt auf Motive der jüdisch-christlichen Tradition: *The Burning Fiery Furnace* (1966) und *The Prodigal Son* (1968).

Zwei Tage vor diesem letzten Werk – ebenfalls beim Aldeburgh Festival – war Harrison Birtwistles *Punch and Judy* uraufgeführt worden, das Strawinskis Beispiel auf eigene Art und Weise folgte. Wie Strawinski in *Renard* bedient sich Birtwistle (geb. 1934) hier einer Form populären Theaters, die mehr mit rituellem als mit psychologischem Drama zu tun hat. Das Werk ist extrem formalisiert und schreitet mittels ganz unterschiedlicher Partien fort, die in wiederkehrenden Zyklen angeordnet sind. Gleichzeitig sind die Gesangsstile – jeder Charakter hat einen anderen – präzise definiert und größtenteils von äußerster Extravaganz: sie unterstreichen das überdrehte, gewaltsame Verhalten dieser Wesen (nicht Menschen, sondern eher zum Leben erweckte Marionetten, wie sie ursprünglich in den Stücken agieren). Das Werk bringt die traditionellsten Themen der Oper, Sex und Mord, zu einem Extrem an Intensität

PETER PEARS IN DER ROLLE DER IRREN (rechts) neben John Shirley-Quirk (der Fährmann; links) und Don Garrard (der Abt) in der Uraufführung von Brittens Kirchenparabel *Curlew River* in der Pfarrkirche von Orford nahe Aldeburgh 1964. Das Stück orientierte sich hinsichtlich Text und Aufführungspraxis am japanischen No-Theater und war das erste von drei Werken für kleinere Besetzung, die Britten in dem auf *A Midsummer Night's Dream* folgenden Jahrzehnt komponierte.

DER ALPTRAUM AUS BIRTWISTLES *PUNCH AND JUDY*, wie er in der Uraufführung in der Jubilee Hall, Aldeburgh, 1968 zu sehen war (Bühnenbild: Peter Rice). Punch (John Cameron) wird von Judy, die als Wahrsagerin (Maureen Morelle), und der schönen Polly, die als Hexe erscheint (Jenny Hill), zur Rede gestellt.

und Künstlichkeit; es stellt außerdem ein Extrem innerhalb der Geschichte der Marionetten-Oper im 20. Jahrhundert dar. Daneben eröffnete die Verwendung von Instrumentalsolisten (insbesondere der Holzbläser und Schlagwerker) als eigenständigen Charakteren, die genau wie die Sänger individuelle, theatralische Rollen hatten, hinsichtlich musikalischer Formen neue Wege sowohl für das Musiktheater als für das rein musikalische Drama. *Punch and Judy* war Abschluß und Neuanfang gleichermaßen: ein Werk, das vor Strawinski nicht vorstellbar gewesen wäre, das jedoch gewohnte Operncharaktere – den Liebhaber, das Objekt der Liebe und die Barriere zwischen beiden – auf primitivem, vorgesellschaftlichem Niveau zeigt, ganz als ob es sich um einen Prototyp für die gesamte Geschichte der Oper handele.

Das Werk scheint vor jedweder Unterscheidung von Oper und Musiktheater zu existieren. Es wurde für die English Opera Group geschrieben – für eine Besetzung, die denen von Brittens Kammer-Opern ähnelt (sechs Sänger und fünfzehn Instrumentalisten). Aber die Dramatisierung der Instrumentalpartien – die unmißverständlich stattfindet, wenn, wie die Partitur vorschreibt, das Bläserquintett auf der Bühne spielt – bringt Sänger und Musiker ganz in der Art des Musiktheaters zusammen. Birtwistle entfernte sich noch weiter von der Oper in Richtung der *Histoire du soldat* mit *Down by the Greenwood Side* (1969), in dem wieder ein spezifisch englischer Brauch, nämlich der der Weihnachtspantomime, von Schauspielern zu Instrumentalmusik und einem eingefügten Lied aufgeführt wird. Das Stück war Teil einer kurzen Blüte des englischen Musiktheaters, die auch Brittens Kirchenparabeln und Peter Maxwell Davies' *Eight Songs for a Mad King* (1969) hervorbrachte. Darin singt ein einzelner Solist die Rolle des geisteskranken Königs George III.; er wird nur von vier Instrumentalisten begleitet, die in Vogelkäfigen sitzen – in einer zentralen Szene des Stückes will der König Finken das Singen beibringen.

Die ungemeine Virtuosität, die Davies (geb. 1934) von seinem Solisten fordert, steht ganz in der Tradition der expressionistischen Oper, wie sie von Strauss, Schönberg und auch Berg auf zeitgenössische Komponisten wie Henze, Penderecki und Alberto Ginastera (1916–1983) gekommen war. Pendereckis *The Devils of Loudun* (1969) ist mit Szenen voller religiöser und sexueller Hysterie ein Beispiel melodramatischen Überschwangs, wie er auch in Alberto Ginasteras *Don Rodrigo* (1964), *Bomarzo* (1967) und *Beatrix Cenci* (1971) zu finden ist. Wahrscheinlich muß unter dem Eindruck dieser Werke die Polemik Pierre Boulez' gegen die Opernwelt gelesen werden, die er in einem Interview mit dem *Spiegel* 1967 zum Ausdruck brachte. Wichtigster Kritikpunkt war für Boulez, daß seit Berg keine Erneuerung der Oper stattgefunden habe und daß durch das Festhalten an Routine und Repertoire die Opernhäuser entschieden an der Verhinderung von Innovationen mitwirkten: alles, was man von Komponisten verlange, sei, gelegentlich ein Stück zu schreiben, das traditionellen Regeln, insbesondere Verdis musikalischer Dramaturgie, folgt und auf Schockeffekte setzt.

Die Gewaltsamkeit der Opern Pendereckis und Ginasteras, die luxuriöse Komplexität der beiden Arbeiten Henzes, die gemeinsam mit W.H. Auden und Chester Kallman – sie hatten bereits *The Rake's Progress* für Strawinski verfaßt – entstanden (*Elegie für junge Liebende* und *Die Bassariden*), oder der zeitverleugnende Romantizismus von Samuel Barbers *Antony and Cleopatra* (1966) – sie alle unterstreichen Boulez' Ansicht, daß die Oper sich in vergangenen Träumen verlor. Noch war es jedoch nicht zu spät, wie *Punch and Judy* bewies: vorsichtig dosierte Gewalt wurde zur Essenz einer komplett neuartigen musikalischen und dramatischen Welt, die von Grund auf und bis ins kleinste Detail erneut überdacht wurde. Und es gab andere neue Wege, darunter einige, die möglich wurden, nachdem – besonders in Boulez' eigener Musik – die Ansicht zerstört worden war, das Werk könne nur auf eine einzige, festgelegte Art und Weise entstehen. Bruno Madernas *Hyperion* (1964) liefert beispielsweise diverse Komponenten, die ganz unterschiedlich montiert und realisiert werden können, da das narrative Element abstrakt und die Hauptrolle von einem Flötisten zu übernehmen ist. Henri Pousseurs *Votre Faust* (1969) folgt einem konkreteren Erzählstrang, in dem es um einen Komponisten geht, dessen Pakt mit dem Teufel in dem Auftrag besteht, eine Faust-Oper zu schreiben; doch die Materialien sind in verschiedener Hinsicht variabel – an einer Stelle hat das Publikum die Möglichkeit zu wählen, wie das Drama enden soll. Das Werk bedient sich außerdem der neuen Errungenschaften des Musiktheaters und versammelt Schauspieler, Sänger und Instrumentalisten am selben Ort: daß es sich um einen nachgebildeten Jahrmarkt handelt, ist von entscheidender Bedeutung. Wie die Natur in *Punch and Judy* (oder tatsächlich auch schon in *Renard*) ist die Kirmes ein Modell, das hinsichtlich sozialer und ästhetischer Aspekte sehr viel mehr Möglichkeiten bietet als das Theater oder gar das Opernhaus.

Neben Strawinski, Birtwistle und Pousseur gab es noch György Ligeti (geb. 1923), der in *Aventures* (1963) und dem Nachfolger *Nouvelles Aventures* (1966) eine aufregende Alternative zur konventionellen Oper anbot. Ligeti verfertigte diese Stücke innerhalb eines komplexen Szenarios voll wilder theatralischer Aktivitäten, die teilweise dem Dada verpflichtet waren, teilweise den Stummfilmkomödien und teilweise der neuen, zeitgenössischen Performance-Kunst (es war das Zeitalter der »Happenings«). Die Komik ist jedoch hauptsächlich rein musikalisch und basiert meistens auf dem absurden und übertriebenen stimmlichen Verhalten der drei Solisten. Da sie ohne Worte singen, gibt es weder eine Erklärung für die verrückten Konturen und abnormen Effekte, noch fur dıe rasende Geschwindigkeit, mit der Stimmungen wie Furcht, Heiterkeit, Leidenschaft und Eifersucht abwechseln. In dieser Hinsicht sind die Werke nicht nur humorvoll, sondern durchaus kritisch in bezug auf so manches, was die zeitgenössische Oper ausmacht.

Humor und Kritik gibt es auch im Werk eines anderen Komponisten, der – wie Ligeti – Beobachter und gleichermaßen Teil der internationalen Avantgarde der sechziger Jahre war: Mauricio Kagels *Staatstheater* (1971). Das Stück wurde für die Hamburger Oper geschrieben, die – unter der Intendanz von Rolf Liebermann (1959–1973) – zum Mittelpunkt der neuen Oper geworden war, und rechnete mit dem gesamten Genre ab. Alle Möglichkeiten, die ein Opernhaus bietet, werden ausgeschöpft – Orchester, corps de ballet, Solisten, Chor, sogar Requisiten und Kostüme des Standardrepertoires –, doch alles wird absichtlich falsch behandelt: so als ob jemand gar nicht wüßte, wozu diese Dinge da sind. Wie bei Ligeti und Birtwistle – obgleich auf andere Weise – wird die Entwicklung der Oper mittels eines erstaunlichen Rückschritts in einen Zustand des Unwissens vorangetrieben. Sechzehn Hauptrollen

DIE ERSTE INSZENIERUNG VON BRITTENS *DEATH IN VENICE* in Snape Maltings, Aldeburgh, 1973 mit Peter Pears als Aschenbach und Robert Huguenin als Tadzio. Die Oper nach der Novelle von Thomas Mann war Brittens letzte und brachte noch einmal eine Hauptrolle für Pears, der in allen Opern Brittens seit *Peter Grimes* eine führende Partie übernommen hatte.

treffen in einem verrückten Ensemble aufeinander; die Tänzer beschränken sich auf Leibesübungen.

Auch *Opera* (1970) von Luciano Berio (geb. 1925) behandelt das Medium Oper als etwas Überkommenes, obgleich hier die Ironie feiner und weniger offensichtlich ist, und Faszination und Kritik sich die Waage halten. Der überladene, überreife Zustand der Oper wird mit dem der kapitalistischen Gesellschaft verglichen und erhält eine zusätzliche theatralisch-metaphorische Ebene in der Erzählung vom Untergang der Titanic; Berios Musik, eine spöttische Untersuchung der Operngeschichte, greift Passagen aus dem Libretto zu Monteverdis *Orfeo* auf und zitiert sich schließlich gar selbst. Jeder der drei Akte beginnt beispielweise mit einer anderen Version einer Sopran-Arie zu Textzeilen aus dem *Orfeo*-Prolog, und in jedem findet sich ein neu eingerichtetes Solo des Boten: die fundamentale Aussage des Werkes ist, daß die Oper sich unaufhaltsam dem Schicksal Euridikes nähert, nämlich dem endgültigen Untergang.

Diese Aussage bestätigt auch Kagels Anti-Oper, das parallel zur Oper entstandene energiegeladene, wenngleich kurzlebige Musiktheater und Boulez' Kommentare ebenso wie indirekt die Schwäche vieler der neuen Werke, die für die Opernhäuser geschrieben wurden. Dennoch gab es innerhalb dieser komplexen Periode – auch ohne eine vollständige Inventur wie bei *Punch and Judy* – Anzeichen ungebrochener Lebenskraft. Eines war Dallapiccolas *Ulisse* (1968), ein sorgfältiges Porträt von Dantes ewigem Wanderer Odysseus. Ein anderes war Nicholas Maws *The Rising of the Moon* (1970), ein erstaunlich gelungener Versuch in der Gattung der reichhaltigen, charaktervollen Komödie, die ihre erschöpfende Behandlung eigentlich schon durch den *Rosenkavalier* erfahren hatte. Noch ein anderes kam mit der Entschiedenheit der beiden Opern Tippetts, die auf *The Midsummer Marriage* folgten: *King Priam* (1962) und *The Knot Garden* (1970). Die eine brachte ein buntes Kaleidoskop typischer Charak-

DIE ERSTE INSZENIERUNG VON MAXWELL DAVIES' *TAVERNER* (erster Akt, vierte Szene) in Covent Garden 1972 (Bühnenbild: Ralph Koltai). John Taverner (Ragnar Ulfung) wird durch ein Passionsspiel manipuliert, welches der Tod (Benjamin Luxon) arrangiert hat; Gottvater (James Bowman) und die Erzengel schauen zu. Von diesem Zeitpunkt an entsagt Taverner der Musik, um sich voll und ganz der Verfolgung der katholischen Kirche zu widmen, für die er vormals komponiert hat.

tere in der Auseinandersetzung um die Beschaffenheit moralischer Entscheidungen, die andere eine moderne mythische Erzählung von Reibereien und Entwicklungen der Personen à la *The Midsummer Marriage*, wenngleich in fragmentarischerem Stil und mit Anklängen diesmal an *The Tempest* und *Così fan tutte*.

Ein weiteres Anzeichen war schließlich Brittens letzte Oper, *Death in Venice* (1973). In den für die Oper schwierigen sechziger Jahren hatte es Britten vermieden, ein abendfüllendes Werk für das Theater zu schreiben: er arbeitete lieber innerhalb seiner eigenen Gattung, der Kirchenparabel, dann für das Fernsehen mit *Owen Wingrave* (1970). Dieses letztgenannte Werk – erneut griff Britten zu einem ländlichen Stoff von Henry James, in dem er seine pazifistische Haltung dadurch zum Ausdruck brachte, daß er sich mit dem Sprößling einer Offiziersfamilie identifizierte, der nicht die ihm vorgeschriebene Laufbahn einschlägt – hat sich jedoch auch als bühnentauglich erwiesen. *Death in Venice* basiert auf der Novelle von Thomas Mann, in der sich ein erfolgreicher Künstler in der dionysischen Falle seines obsessiven Verlangens nach einem Jungen verfängt, und kehrt – unter Verwendung ganz ähnlicher Verfahrensweisen – wieder zu der Thematik von *The Turn of the Screw*, dem Konflikt zwischen Norm und Sinnlichkeit, zurück. Aschenbachs Haltung zu dem Jungen wird im Anschwellen gestimmter Schlaginstrumente dargestellt, die besonders an indonesische Gong-Orchester erinnern: die Welt hedonistischer Zügellosigkeit ist unerreichbar weit weg. Auch durch die Besetzung der Hauptrollen wird dies deutlich. Aschenbach ist ein Tenor (genauer: der Tenor von Peter Pears), der Junge, seine Familie und seine Freunde werden von Tänzern dargestellt. Damit will Britten sowohl den Knaben als Verkörperung des Schönen zeigen als auch das notwendige Schweigen, das zwischen ihm und Aschenbach herrschen muß. Das Werk – paradoxerweise arbeitet es ausgiebiger als *Owen Wingrave* mit laufenden Ortswechseln, die doch im Fernsehen viel leichter zu bewerkstelligen wären – ist in großem Maße auf Rezitativ-Monologen der zentralen Figur aufgebaut, die von bewegten Szenen unterbrochen sind, in denen die bedrohliche und vielfältige Anziehungskraft der Stadt in wiederholten Auftritten ein und desselben Baritons in den wichtigsten Nebenrollen dargestellt wird.

Death in Venice zeigt die Irrwege der Selbsttäuschung, in die Künstler sich verlaufen, und ist somit ein Beitrag zu einer besonderen Entwicklung des 20. Jahrhunderts, in welcher der Künstler zum Helden und Mittelpunkt der Oper wird. Auch Davies' *Taverner* (1972) verfuhr so und behandelte John Taverner, einen englischen Komponisten des frühen 16. Jahrhunderts, dem man nachsagt, seine Kunst zugunsten eines fanatischen Protestantismus aufgegeben zu haben. Davies' Musik geht von der Taverners aus, bezieht jedoch einen ganz modernistischen Zusammenprall von Strawinski und Schönberg mit ein, und versinnbildlicht die Denkweise der Hauptfigur, in der es neben wirklichen Personen – seinem Vater, seiner Geliebten, den Klerikern, für die er komponiert – auch eingebildete wie den König und den Kardinal gibt, die aus-

NONOS *INTOLLERANZA*, Szene aus der Originalinszenierung in La Fenice in Venedig 1960 mit Collagen von Emilio Vedova, die auf das Bühnenbild von Josef Svoboda (er führte auch Regie) projiziert wurden. Vedovas Bilder reagierten mit provokantem Design und engen Bezügen zur Gegenwart auf Nonos Komposition, die sich entschieden gegen soziale und politische Drangsalierung wendete.

schließlich auf ihren Vorteil bedacht sind, sowie die Figur des Narren bzw. Todes, der Taverner überredet, seine künstlerische Seele gegen die blinde Gewißheit einzutauschen, durch die Verfolgung der alten Kirche für die Wahrheit zu kämpfen. Aber es geht in *Taverner* nicht nur – und nicht einmal vorrangig – um Religion. Taverners Dilemma ist auch das von Davies oder jedem anderen Komponisten in diesem Zeitalter künstlerischen Durcheinanders: es geht um das Problem, welcher Weg denn einzuschlagen ist zwischen bloßer Nachahmung oder Wiederholung des Überlieferten und der eventuell trügerischen Verlockung neuer Formen und neuer Sprachen. Um dieses Problem dreht sich die Oper der sechziger und frühen siebziger Jahre vornehmlich, und ebenso auch ein Großteil der Arbeiten in den neuen Gattungen, die kurzzeitig einen Ausweg, eine evolutionäre Alternative zu bieten schienen.

Zwei Gründe waren es wahrscheinlich, die einen anhaltenden Erfolg der Alternative verhinderten. Einerseits besaß die Oper die Fähigkeit, sich – wie im Falle der Bühnenmusiker und der strengen Strophe/Refrain-Formen in *Punch and Judy* – neue Prinzipien einzuverleiben, weshalb die Unterscheidung von Oper und Musiktheater bald hinfällig wurde. Andererseits war es unmöglich, die Revolution permanent in Bewegung zu halten. Als revolutionäres Medium forderte das Musiktheater von seinen Schöpfern ständig neues Überdenken, wobei Wiederholungen unzulässig waren: die Einzigartigkeit solcher Werke wie *Eight Songs for a Mad King* oder *Down by the Greenwood Side* war die Bedingung für ihren Erfolg, und die Geschichte kannte gegenüber Imitationen keine Gnade. So war abzusehen, daß die Ideen bald erschöpft waren und daß der Zwang, im Musiktheater gegen Konventionen zu arbeiten, einen Zustand herbeiführte, in dem es keine Tabus mehr zu brechen gab, außer dem einen: wieder zur Tradition zurückzukehren.

An diesen Punkt war man um das Jahr 1972 gelangt. Es war das Jahr von Berios *Recital I* (bezeichnenderweise das erste und letzte einer Serie, dem keine einzige Musiktheater-Arbeit mehr folgen sollte) und Karlheinz Stockhausens *Alphabet für Liège*. Berios Beschäftigung mit neuen musikalisch-dramatischen Möglichkeiten reichte bis zu den einander verwandten mimischen Stücken *Mimusique no. 2* (1955) und *Allez Hop* (1959) und umfaßte auch das provokante *Passagio* (1963), in dem die – wie in Schönbergs *Erwartung* namenlose – weibliche Hauptfigur durch eine Reihe musikalisch-dramatischer Situationen geschleust wird, wobei sie weder, wie bei Schönberg, das Opfer ihrer eigenen Ängste, noch, wie in Nonos *Intolleranza*, zur Beute einer herzlosen Gesellschaft, sondern vielmehr zum Objekt der Phantasien des Publikums wird: das Werk wird schlußendlich abgebrochen, nachdem im Zuschauerraum plazierte Gruppierungen zunehmend Störungen verursacht haben. Derartige Zwischenfälle gibt es in *Recital I* nicht, doch erneut ist die (einzige) Hauptfigur eine Frau, die durch unterschiedliche Arten von Musik geführt wird (darunter auch ein ganz frühes Lied von Berio selber), und erneut ist sie das Werkzeug des Stückes, in dem sie existiert: das Werk kann als Porträt der geistigen Verwirrung einer Darstellerin verstanden werden, die stimmlich, dramatisch und emotional derart viele verschiedene Rollen annehmen muß, daß sie sich schließlich selbst verliert. Die musikalischen Klänge sind dabei ungewöhnlich gedämpft und scheinen eine Warnung zu enthalten, vielleicht sogar die Totenglocke für die Gattung zu läuten.

Die Theateraktivitäten Stockhausens (geb. 1928) sind jüngeren Datums. 1961 hatte er in *Originale* eine Reihe mehr oder weniger theatralischer Komponenten versammelt, die gemeinsam mit der Performance *Kontakte* (für Klavier, Schlagwerk und Tonband) der Öffentlichkeit präsentiert wurden. Das Vorbild, oder zumindest die Anregung hierfür dürfte Cages unstrukturiertes *Theatre Piece* (1960) gewesen sein, und Stockhausen verzichtete auch weiterhin auf eine Handlung, bezog jedoch Anregungen aus anderer Musik von Cage (insbesondere den Klavierstücken aus der Mitte

SZENE AUS DER URAUFFÜHRUNG VON HENZES *DAS VERRATENE MEER* an der Deutschen Oper in Berlin 1990 (Regie: Götz Friedrich). Die Oper war die Adaption eines Romans von Mishima; deshalb auch das an Hokusai erinnernde Seestück.

der fünfziger Jahre), die bewies, daß musikalische Performance von Grund auf theatralisch angelegt ist. *Kontakte*, beispielsweise, ist auch ohne die Zusätze, die man in *Originale* findet, ein dramatisches Werk, das mit einem lauten Kratzen auf einem großen Tamtam (einem Gong ohne Rand) beginnt und in ein Spiel von Antworten und Andeutungen übergeht, in dem die beiden Musiker auf das reagieren, was sie über die Lautsprecher hören. Ein weiteres durchweg theatralisches Stück ist *Momente* (1962), geschrieben für eine exuberante Sopranstimme im Mittelpunkt einer musikalischen Umgebung von Chören und Instrumentalisten. Im Lichte von Stockhausens zunehmender und, nach 1977, ausschließlicher Hinwendung zur Oper müssen diese Werke der frühen sechziger Jahre zumindest als im Ansatz opernhaft gelten.

Natürlich haben sie recht wenig mit dem zu tun, was die traditionelle Oper von Monteverdi bis zu Britten oder gar Berio ausmacht. Stockhausen sah jedoch das Musiktheater – insbesondere nach seinem ersten Japan-Besuch 1966 – in globalerem Zusammenhang, außerdem war er weniger daran interessiert, eine Geschichte zu erzählen als vielmehr an der äußeren Form der Aufführung. Hier gibt es eine Verbindung zu Birtwistle, dessen Theaterstücke auch von äußerlich-formalen Elementen bestimmt sind, und dessen Instrumentalwerke auch festgeschriebene Formen bezüglich des außermusikalischen Geschehens haben können: in seinen *Verses for Ensembles* (1969) für Holzbläser und Schlagwerk müssen beispielsweise die Musiker ihre Positionen wechseln, um unterschiedliche Funktionen in dem abstrakten Drama übernehmen zu können. Der Unterschied ist der, daß Birtwistles Arbeiten – ähnlich wie die Strawinskis – äußere Formen porträtieren (*The Rake's Progress* kann durchaus als »Porträt« einer Mozart-Oper angesehen werden), wohingegen Stockhausens Musik weniger distanziert ist und sich seit den späten sechziger Jahren zunehmend als Zugang zu Erfahrungen, die weit jenseits der musikalischen liegen, präsentiert. Ein frü-

LIGETIS *LE GRAND MACABRE*, Szene aus der Uraufführung an der Stockholmer Oper 1978 (Bühnenbild: Aliute Maczies). Der schwarze und weiße Minister beraten den jungen Prinzen Go-Go in einer der verrückten Situationen dieses extremen, bizarren und ironischen Dramas, das sich an dem angekündigten Jüngsten Tag abspielt.

hes Beispiel gab er in einer Beschreibung seiner *Stimmung* für sechs Sänger (1968) als »ein Düsenflugzeug zum Kosmischen und Göttlichen«. Auffallend ist auch hier – wie insgesamt seit *Momente* – die musikalische Spannweite der gesamten Performance, die eher der einer Oper als einem Instrumentalwerk westlicher Tradition gleicht. Jedes Werk enthält konstitutive außermusikalische Elemente: für *Sternklang* (1971) werden etliche Gruppen von Musikern bei Nacht um einen Park postiert, für *Alphabet für Liège* (1972) wird eine Ausstellung inszeniert, bei der in verschiedenen Kästen die physischen und metaphysischen Implikationen der Klänge aufgezeigt werden, für *Inori* (1974) bedarf es neben großem Orchester auch einiger Pantomimen in Gebetshaltung. Diese Werke gehören – obwohl eigentlich nicht für ein normales Theater vorgesehen – zur Geschichte der Oper nicht nur im Lichte der Entwicklung Stockhausens, sondern weil sie ohne die Zerstörung der Normen, die mit der Musiktheater-Revolution der sechziger Jahre einherging, kaum vorstellbar gewesen wären. Die Notwendigkeit, ständig neue musikalisch-dramatische Ausdrucksformen zu entwickeln – und diese Notwendigkeit ist ziemlich deutlich auszumachen in den Werken von Birtwistle, Berio, Davies, Pousseur, Kagel, Maderna und Ligeti –, hatte zur Auflösung der Oper als Gattung geführt.

Oper oder »Oper« seit 1976

Und doch entstanden weiterhin Opern – seit der Mitte der siebziger Jahre sogar in weit größerem Ausmaß als unmittelbar vorher. Dies war teilweise der Fall, weil viele Komponisten von den Unruhen der sechziger Jahre nicht oder nur geringfügig berührt waren. Henze beispielsweise komponierte, nachdem er seine Beschäftigung mit der Oper mit *We Come to the River* wieder aufgenommen hatte, noch *Die englische Katze* (1983), *Das verratene Meer* (1990) und *Venus und Adonis* (1997); Penderecki schrieb seine späten Opern *Paradise Lost* (1978), *Die schwarze Maske* (1987) und *Ubu Rex* (1991). In Amerika gab es noch fruchtbarere Opernkomponisten wie Dominick Argento, dessen Werke durchgängig in der Tradition von Moore, Floyd und Britten stehen. Gleichzeitig gelang es jedoch anderen Komponisten, die an den anti-konventionellen Bestrebungen der sechziger Jahre teilgenommen oder zumindest mit ihnen sympathisiert hatten, Möglichkeiten zur Wiederherstellung der Oper – wie zu einem Medium, das endgültig kollabiert war – zu entwickeln: Möglichkeiten, innerhalb einer Art Leben nach dem Tode Opern oder zumindest »Opern« zu schreiben.

Ligeti hat sich in dieser Hinsicht klar geäußert. In dem Gefühl, daß Kagel mit *Staatstheater* die Anti-Oper schlechthin geschaffen und das Bilderstürmerische seiner eigenen *Aventures* noch gesteigert hatte, meinte er, daß es nun möglich wäre, eine, wie er formulierte, »Anti-anti-oper« zu schreiben, ein Werk, das sich mit der Tatsache auseinanderzusetzen hätte, daß der Bereich, in dem es sich bewegt, eigentlich total zerstört ist. Man könnte *The Rake's Progress*, vielleicht sogar *Mavra*, als die erste

SZENE AUS BERIOS *UN RE IN ASCOLTO* in der Inszenierung von Graham Vick in Covent Garden 1989. Prospero (Donald McIntyre), sowohl sterbender König als auch Theaterimpresario, sitzt auf der rechten Seite, während Regista, der Regisseur (Robert Tear) eine Szene aus *The Tempest* probt.

derartige Oper bezeichnen, da in ihr Versatzstücke eingestreut sind, die sich auf eine nicht mehr existente Tradition beziehen. Obwohl Ligetis *Le Grand Macabre* (1978) keinem speziellen Vorbild zu folgen scheint, wie das bei Strawinskis Werken der Fall ist, wimmelt es darin doch von Anspielungen und Brechungen; in dramatischer Hinsicht wird eine Apokalypse gezeigt, die letztlich zu keinem Ende kommt – der Tod ist hier nurmehr Schein. Eine furchterregende Figur tritt auf und kündigt an, das Ende der Welt herbeizuführen (es handelt sich um den »Grand Macabre« des Titels), doch ist diese die einzige der Hauptfiguren, die nach dem erwarteten und eingetretenen Ende der Zeiten ihre Existenz nicht fortsetzt.

Aber sogar schon davor hatte diese Oper etwas Artifizielles, Bizarres und Übertriebenes, und bestand aus theatralischen Absurditäten und musikalischen Parodien (oder vice versa). Das Geschehen ist im »Breughelland« angesiedelt, einem Reich von Bauern und Ungeheuern, wie es in den Gemälden des flämischen Malers Pieter Breughel d. Ä. gezeigt wird. Es gibt einen gewöhnlichen Mann, der die ganze Oper hindurch betrunken ist, ein Liebespaar, dessen Stimmen (beide weiblich) auf einfühlsame Weise ineinander verschlungen sind wie im Schluß-Duett von *L'incoronazione di*

Poppea, ein anderes Paar, dessen erotische Vorlieben ausgefallener sind, bestehend aus dem Landesfürsten (Sopran oder Kontratenor) und dem Chef der Geheimpolizei (Koloratursopran), sowie zwei rivalisierende, zänkische Politiker in Sprechrollen. Die Möglichkeiten der Oper und Bezüge zu ihr werden auf unterschiedlichste Weise eingesetzt und hergestellt, die Absicht des Stückes erstreckt sich jedoch nicht nur darauf, als Anti-Oper herkömmlichere Formen zu dekonstruieren: die grellen und unheimlichen Ausdrucksformen entspringen einem grellen und unheimlichen musikalischen Drama. Dieses Grelle und Unheimliche konnte jedoch erst erreicht werden, nachdem der Anspruch der Oper, die menschlichen Leidenschaften repräsentieren zu können, als unangemessen kritisiert und aufgelöst worden war – Zweifel dieser Art meldeten die Werke Strawinskis, Kagels und des frühen Ligeti an. Laut Ligeti könne es kein Zurück geben. Seine Opern sollten, was Charaktere, Bühnengeschehen und Musik betrifft, »direkt, knappgehalten, unpsychologisch und verblüffend« sein. Erneut gibt es – wie bei Busoni und Birtwistle – eine Verbindung zum Marionettentheater: Michael Meschke, der das Libretto schrieb und das Stück erstmals auf die Bühne brachte, war Leiter des Stockholmer Marionettentheaters; und Marionetten traten sowohl auf der Bühne als auch – in übertragenem Sinne – im stimmlichen Verhalten der Sänger auf. *Le Grand Macabre* spielt mit den abgenagten Knochen der Oper und, in musikalischer Hinsicht, mit den abgenagten Knochen der Tonalität. Konsonanzen sind ihres eigentlichen Kontextes entledigt und werden einer ganz neuen Vorgehensweise gefügig gemacht. Dies bestätigt noch einmal, daß der Tod der Oper, wie er in den sechziger Jahren proklamiert wurde – explizit in Boulez' Polemik und implizit in den Exkursionen vieler Komponisten in den Bereich des Musiktheaters –, tatsächlich stattgefunden hat, daß ein Leben nach dem Tode jedoch durchaus möglich sein kann.

Ligetis Werk ist mehr »Oper« als Oper: ein Beitrag zu der Gattung, der sich gleichzeitig entschieden außerhalb stellt. In dieser ironischen Haltung gegenüber dem herkömmlichen Repertoire wurden auch viele andere Werke seit der Mitte der siebziger Jahre geschrieben – mußten geschrieben werden –, obwohl natürlich diese Art der Ironie etwas ganz anderes ist als die beißende Schärfe und der schwarze Humor Ligetis. Sie zeigt sich beispielsweise in der liebevollen Behandlung, die Berio Verdi, speziell *Il trovatore*, in *La vera storia* (1982) zuteil werden läßt. Der erste Akt zerlegt die ursprünglichen Situationen in archetypische – eine Hinrichtung, eine Kindesentführung, ein Racheschwur, ein Duell – und durchsetzt sie mit chorischen Einlagen und landestypischen Balladen, wodurch Volkslied und Alltag Einzug halten. Musikalisch gibt es keinerlei Anklänge an Verdi, doch die Elemente einer teilweise vertrauten Geschichte, die durch den Strudel des Volksfestes, wie ihn die Chöre und Balladen entwickeln, evoziert werden, zeigen diese Nähe. Im zweiten Teil wird dann das bis dahin ausgebreitete musikalische und dramatische Material neu geordnet und verarbeitet, wobei die Balladen wegfallen. Die klaren Umrisse verschwimmen dabei mehr oder weniger; die Musik schreitet jetzt stetig fort. Berio bemerkte dazu: »Im ersten Teil, der aus abgeschlossenen Nummern besteht, ist das, was auf der Bühne passiert, vorherrschend; im zweiten Teil das, was mit der Musik passiert ... Teil I ist real und konkret, Teil II ist wie ein Traum. Teil I umarmt die Opernbühne, Teil II stößt sie weg.«

Berios nächste Oper, *Un re in ascolto* (1984), beschäftigt sich ebenfalls mit dem Wechsel zwischen einem Handlungs- und einem Zuhör-Drama, dies jedoch in geschmeidigerer Form, da die Bewegung hin und her geht. Das ist teilweise dadurch möglich, daß das Stück sehr vielschichtig erzählt, teilweise auch, weil das vornehmliche Geschehen selbst ein Akt des Hörens ist. Der »zuhörende König« des Titels ist ein Regisseur, der beim Vorsingen von Bewerbern zuhört, der kritische Stimmen innerhalb seines Ensembles hört, der sich selbst als Prospero in *The Tempest* hört, und der versucht, Stimmen auszuschließen, die von außerhalb seines Theaters kommen.

DIE DRITTE SZENE AUS STOCKHAUSENS *SAMSTAG AUS LICHT*, Uraufführung im Palazzo dello Sport, Mailand 1984 (Bühnenbild: Gae Aulenti). In dieser, »Luzifers Tanz« betitelten Szene erscheint der Geist der Verneinung als Tänzer auf Stelzen, der ein gigantisches menschliches Gesicht kommandiert, welches durch ein in einer aufrecht stehenden Konstruktion plaziertes Holzbläserensemble repräsentiert wird.

Wie schon in *Passagio* und *La vera storia* wird das Publikum als Widerpart einbezogen, indem Verzweiflung darüber ausgedrückt wird, daß die wirkliche Welt der Bereich ist, in dem Dinge geschehen, und nicht die Bühne: der Höhepunkt wird mit dem Auftritt einer weiblichen Protagonistin aus diesem Bereich erreicht, die Prospero kritisiert und sein bisheriges alleiniges Vorrecht auf Arien in dieser Oper für sich beansprucht. Dies führt zu seinem Tod, nachdem er von den Darstellern und Rollen, die er um sich versammelt hatte, im Stich gelassen wird. Vielleicht ist sein Tod auch wegen der sich immer mehr verdichtenden Struktur des Werkes unvermeidlich, das wie in *Opera* und *La vera storia* unterschiedliche Versionen desselben musikalischen und dramatischen Geschehens durchschreitet: drei Vorsing-Szenen zum Beispiel, und fünf Arien der Introspektion für Prospero.

Berios Werk macht aus dem Opernhaus weniger einen Ort, an dem gesungen wird – obgleich der Gesang ein entscheidendes Moment bleibt, und Berios Hochschätzung der Stimme ihn deutlich der italienischen Tradition verhaftet zeigt – als vielmehr einen des Zuhörens; es geht nicht um den Aus-, sondern eher um den Eindruck, um die Art und Weise, wie Ohr und Verstand das Gehörte verarbeiten. Die Aufforderung zuzuhören erfolgt jedoch gleichzeitig mit der Aufforderung zuzuschauen, wohingegen Nonos *Prometeo* (1984) sich als reine »Tragödie zum Hören« präsentiert, als Oper, die ausschließlich für die Ohren bestimmt ist. Doch besteht hier kaum ein Zusammenhang mit der Radio-Oper, einer Gattung, der eigenartigerweise größere Werke komplett abgehen. Nonos Werk war zu öffentlicher Aufführung bestimmt: in einer speziell konstruierten hölzernen Muschel, die in verschiedenen Abteilungen Platz für sowohl Ausführende (Sänger, Sprecher, Instrumentalisten, Techniker und elektronische Geräte) als auch Publikum bot. Das ganze Auditorium avancierte so gewissermaßen zu einem einzigen großen Instrument, in dem die Zuhörer im Dunkeln saßen und – ähnlich wie die Hauptfigur von *Un re in ascolto* – dem lauschten, was um sie herum passierte.

Nonos Abwendung vom Opernhaus kann im Lichte seines lebenslangen Anliegens einer Herausforderung bürgerlich-kommerzieller Musikproduktion gesehen werden, die Erfordernis einer speziellen Umgebung stellt aber auch einen Bezug zu althergebrachten, rituellen Mustern her: Nonos Aufzeichungen weisen auf Zusammenhänge mit dem griechischen Theater, der venezianischen Liturgie in San Marco, den Zeremonien in den Klöstern Rußlands oder Tibets. Es ist jedoch das Werk Stockhausens, das in dieser Periode die wenigsten Bedenken zeigt, sich als geistliches Drama zu präsentieren. Die einzelnen Bestandteile waren alle schon da: die Ausdehnung jedes Werks zu abendfüllender Länge, die Anklänge an das Mystische in den gesungenen Texten, den Titeln, den programmatischen Bemerkungen sowie die Festlegung von Gesten. Diese wurden in den Werken der Mitte der siebziger Jahre um Kostüme erweitert, wie bei *Harlekin* für einen tanzenden Klarinettisten (1976) und *Sirius* (1977), einem Spektakel für vier Musiker, die als Besucher aus dem All ihr irdisches

Publikum unterrichten, anleiten und unterhalten (die verspielte, witzig-nachdenkliche Natur des Unternehmens ist sehr charakteristisch für den späten Stockhausen). Daran schloß sich Stockhausens Einzug in das Opernhaus an: *Donnerstag* (1981) war die erste von sieben geplanten Opern, die innerhalb einer Woche aufgeführt werden sollten und übergreifend mit *Licht* betitelt sind.

Diese Konzeption lud unwillkürlich zu Vergleichen mit dem *Ring* ein, doch Stockhausens Intentionen gingen in eine andere Richtung. So wird beispielsweise nicht versucht, den Eindruck einer Einheit zu vermitteln, sei es in bezug auf Handlung oder Darstellung, Ort, Tempo oder gar Ernsthaftigkeit. Jede der Opern besteht aus Akten oder Szenen, die oft für ganz unterschiedliche Anlässe konzipiert waren, und die bezüglich der angeführten Komponenten erheblich voneinander abweichen können. Oft genug sind diese Akte oder Szenen in Segmente aufgeteilt, die wenig miteinander zu tun haben. Natürlich arbeiteten auch frühere Komponisten seit Monteverdi in dem Bewußtsein, daß Lieder oder Szenen aus ihren Opern herausgetrennt werden könnten; bei Stockhausen ist jedoch jede Oper eine Abfolge unabhängiger Momente, die musikalisch und dramatisch sehr locker miteinander verbunden sind.

Diese Verbindung stellen im gesamten Zyklus vornehmlich drei grundlegende musikalische Themen her, die wiederum im Zusammenhang mit den drei Hauptfiguren stehen: mit Michael, dem Helden, dem Erlöser, dem himmlischen Boten; mit Eva, seiner Mutter und Gemahlin gleichermaßen; und mit Luzifer, dem Gegenspieler als dem Prinzip der Verneinung. Jede dieser Figuren kann von einem Sänger (Tenor, Sopran, Baß), einem Instrumentalisten (Trompete, Bassethorn, Posaune), einem Tänzer oder einer beliebigen Kombination oder Multiplikation derselben dargestellt werden. Stockhausen gewinnt damit eine immense Vielfalt an Möglichkeiten, Drama auf der Bühne zu gestalten, und vielleicht muß dieser außerordentliche Beitrag zur Geschichte der Oper in der Tat als ungemeine Erweiterung der Möglichkeiten des agierenden Instrumentalisten angesehen werden, wie ihn allem Anschein nach *Die Zauberflöte* erstmals eingesetzt hat.

In den äußeren Akten von *Donnerstag* tritt Michael beispielsweise in allen drei Rollen auf, wohingegen im mittleren der Akte seine Reise um die Welt vom Trompeter übernommen und der gesamte Akt somit zu einem Konzert für Trompete wird. Dieser erste Teil von *Licht* erzählt die Lebensgeschichte des Protagonisten, seine Ausbildung zum vorzüglichen Musiker, seine Überbringung einer kosmischen Nachricht auf die Erde und seine Rückkehr in himmlische Gefilde mit einer großartigen Willkommensfeier, die in einer Vision endet, in der sein Leben noch einmal an ihm vorüberzieht. Zwei Opern des Zyklus konzentrieren sich in ähnlicher Weise auf die beiden anderen Hauptfiguren. In *Samstag* (1984) geht es um Luzifer, in *Montag* (1988)

BIRTWISTLES *GAWAIN*, Szene aus der Uraufführung in Covent Garden 1991 (Bühnenbild: Alison Chitty). Der Grüne Ritter (John Tomlinson) trifft ein und stellt sich der Herausforderung durch Arthur (Richard Greager).

um Eva, wobei *Samstag* eigentlich kein Werk fürs Theater ist. Die vier Szenen des Stückes legen einen ausgedehnteren Raum nahe: dem Eröffnungsduett für Baß und Klavier folgt ein langes Flötensolo, das sechs Perkussionisten mit umgeschnallten Instrumenten begleiten. Danach kommt ein Stück für ein Ensemble von Holzbläsern in einem aufrecht stehenden Gestell, und abschließend eine Chor-Zeremonie, die wie eine Mischung aus christlichem und japanischem Gottesdienst wirkt. *Montag* ist jedoch wiederum zur Aufführung im Opernhaus geeignet, ja, die Dominanz von Frauen- und Kinderstimmen sowie die Metaphern von embryonischer Existenz und Geburt provozieren geradezu die Vorstellung vom Auditorium als Mutterleib. *Dienstag* (1992) beginnt mit Zeremonien und Feierlichkeiten, im zweiten Akt greifen die Ereignisse auf den Zuschauerraum über und es kommt zur Schlacht zwischen den musikalischen Kräften von Michael und Luzifer.

Auf die Absurdität – wenn nicht gar Falschheit –, die im Entwurf einer künstlichen Mythologie liegt, scheint *Licht* zu reagieren, indem es eine solche erstellt und mit beeindruckender Eleganz und Komik behandelt. Sprachlich gründet *Montag* beispielsweise – oder besser gesagt schwimmt, wegen der wässrigen Qualität der Musik, die vor allem durch elektronische Klänge erzeugt wird – auf Kinderreimen und Babygeplapper. Im ersten Akt gibt es ein Ballett für Kinderwagen; der zweite beginnt mit einer Prozession singender Mädchen, von denen jedes als Lilie verkleidet ist und eine Kerze trägt; in diesem Akt tritt auch ein riesiges Klavier auf, um die kolossale, sitzende Statue der Eva mit Musik zu begatten; der Großteil des dritten Aktes wird von der Geschichte des Kinderfängers eingenommen (siehe Abbildung S. 362). In diesem Werk versucht Stockhausen jedoch auch am extremsten, Instrumentalisten – insbesondere die Flötistin und den Bassethornisten, beides Inkarnationen von Eva – zu dramatischen Charakteren werden zu lassen.

Zutiefst der Konvention verpflichtet ist Stockhausen mit seinem Wissen um die Oper als einem Forum für Mythen, wie sie das für Strawinski, Schönberg, Mozart, Händel, Purcell und Monteverdi war. Mit diesem Ansatz schufen zu dieser Zeit auch andere Komponisten abendfüllende Opern; hervorzuheben sind Olivier Messiaen (1908–1992) mit *Saint François d'Assise* (1983) und Birtwistle mit *The Mask of Orpheus* (1986). Messiaen fing sogar noch später als Stockhausen damit an, eine Oper zu schreiben: er war schon Ende sechzig, als er *Saint François* begann – zuvor hatte er den Auftrag abgelehnt, da die Oper nicht sein »Métier« sei. Vielleicht sagte er das, weil er an von ihm besonders geschätzte Werke dachte – wie die von Mozart, Wagner, Mussorgski und Debussy – und weil er den Abstand erkannte, der zwischen diesen Meistern der dynamischen, musikalisch-dramatischen Durchführung und ihm, der ungehemmt verschiedenartige Blöcke nebeneinandersetzte und durch Wiederholung und Abwechslung mehr oder weniger komplexe Strukturen schuf, lag. Überdies hatte er zu diesem Zeitpunkt seit dreißig Jahren keine Solo-Vokalmusik geschrieben. Sein schöpferischer Werdegang war jedoch eher der einer Verbreiterung

SZENE AUS *EINSTEIN ON THE BEACH* in der Regie von Robert Wilson und mit der Musik von Philip Glass. Die Bühnenhandlung folgt strengen Vorgaben und ist voller Rätsel; sie bindet die Musik von Glass als ein weiteres geheimnisvolles Element ein. Die nachfolgenden Opern des Komponisten waren in dramaturgischer Hinsicht wieder traditioneller.

als der eines Fortschreitens gewesen, so daß die Quellen und Einflüsse eines halben Jahrhunderts verfügbar waren (und in *Saint François* verwendet wurden, seinem umfangreichsten Werk, sowohl was die vierstündige Dauer als auch das musikalische Aufgebot von sieben Solisten, einem 150köpfigen Chor und einem 120köpfigen Orchester betrifft). Die Entwicklung der Oper war mittlerweile an einem Punkt angelangt, an dem, ein halbes Jahrhundert nach *Oedipus rex*, ein Bühnenereignis eigenwillig statischer Art nicht gegen den Zeitgeist gehen mußte.

Messiaens Theater ist eher ein Theater der Momente als eines zeitlicher Abläufe. Jede der acht Szenen beschäftigt sich mit einem einzigen Ereignis, das jeweils eingerahmt und abgesondert behandelt wird (ähnlich wie ein einzelnes Element eines bunten Kirchenfensters nur eine emblematische Figur zeigt und sie so aus einem architektonischen Gefüge herauslöst). Dieses Prinzip zeigt sich auch in kleineren und größeren Strophe/Refrain-Formen sowie in der ständigen Wiederkehr von Melodie-

ADAMS *NIXON IN CHINA* (zweiter Akt, zweite Szene), wie sie Peter Sellars für die Uraufführung an der Houstoner Oper 1987 eingerichtet hat. Madame Mao (Trudy Ellen Craney) singt ihre provokative Propaganda-Arie. Dies war eine der wenigen Opern, in denen jüngste Geschichte und lebende Personen porträtiert wurden.

themen und Orchestereinwürfen, wobei die letzteren meistens Vogelstimmen imitieren (letztendlich besteht das Werk hauptsächlich aus Kirchengesang, der immer wieder von imitierten Vogelstimmen durchbrochen ist – hier benutzt Messiaen das große Orchester wie eine reichhaltige Palette reiner Farben). Themen und Einwürfe sind sehr viel bestimmter als bei Wagner, sie unterliegen überdies natürlich keinem Wechsel im Fortgang des musikalischen Geschehens. Vielmehr fungieren sie als Schablone, als symbolische Geste, die immer gleich bleiben muß. Neben der liturgischen Struktur und der geistlichen Thematik des Werkes sind sie es, die seine hieratische Zeitlosigkeit begründen und es eher den Formen von Theater und Tanz-Drama, wie sie in Japan, Indonesien und Südindien vorherrschen, nähert, als beispielsweise *Le nozze di Figaro*. Das Werk schlägt fast in das genaue Gegenteil von *Lakmé* oder *Les Pêcheurs de perles*, indem seine Thematik eine westliche ist, Form und Funktionsweise es hingegen eher als ein östliches Werk anmuten lassen, oder besser, als ein Porträt eines solchen: als einen Ritus, der – auch über den Bühnenrand hinaus – weiterhin zu bestehen hat, trotz einer fortschreitend säkularisierten Welt und trotz eines Zeitalters, in dem Messiaens bedingungsloser Glaube eine Seltenheit darstellt. Messiaen verzichtet im Gegensatz zu Stockhausen darauf, sein Werk in irgendeiner Form metaphysisch zu deuten. Es solle lediglich »unterschiedliche Aspekte der Anmut in der Seele des Heiligen Franziskus« aufzeigen. Nachdem der Vorwurf erhoben wurde, daß Umfang und Ausmaß seines Unternehmens wohl kaum zu der Armut des Heiligen paßten, rechtfertigte er sich damit, daß für ihn »die Musik, die in ihrer Kolorierung, ihrer Dauer und ihrer klanglichen Komplexität so reichhaltig gestaltet ist, vorzüglich mit seiner tatsächlichen inneren Natur einhergeht« (siehe Abbildung S. 362).

Birtwistles *Orpheus* hat dadurch, daß ein Mythos erzählt wird, eine gewisse Nähe zu Stockhausen und Messiaen. Das Werk bleibt indessen entschieden europäisch: die Reisen gehen eher durch die Zeit als durch den Raum. Letztendlich stellt sich aber doch eine ähnliche Wirkung ein, da Situationen gezeigt werden und nicht Handlung, und da darüber hinaus Formen und Klänge in ritueller Strenge behandelt werden. Ähnlich wie Stockhausen forciert Birtwistle eine psychologische Charakterzeichnung, indem er seine mythischen Figuren in vielfältigen Erscheinungen präsentiert: als Sänger und als Marionetten in scheinbar stets der gleichen Rolle. Wie in Berios Opern werden Ereignisse wiederholt. So kommt es zu unterschiedlichen Darstellungen von Schlüsselmomenten der Erzählung, vor allem des Todes von Eurydike und Orpheus, wobei auf die unterschiedlichen Versionen des Mythos Bezug genommen wird. Zusätzlich werden Einblicke in andere Abschnitte der griechischen Mythologie gewährt, die von elektronischer Musik begleitet und mimisch und tänzerisch dargestellt werden. Das Werk besteht wie *Punch and Judy* aus kurzen, abgeschlossenen Nummern, die sich jedoch aufeinander beziehen, aufeinander anspielen, Elemente wiederaufnehmen und somit zu einer sehr viel komplexeren Form finden.

Die dramatische Form von *Yan Tan Tethera* (1986) ist wieder einfacher – es handelt sich um eine Legende von rivalisierenden Schafhirten, die ohne Schnörkel und unter Verwendung eines nüchternen, deklamatorischen Gesangsstils erzählt wird –, die Orchestermusik hebt das Werk jedoch auf eine Ebene äußerster Komplexität: was auf der Bühne zu sehen und zu hören ist, wirkt wie das Zifferblatt einer komplizierten Uhr. Die Trennung von Bühne und Orchester mag vornehmlich dadurch motiviert gewesen sein, daß das Werk ursprünglich als Fernseh-Oper konzipiert war: sie wird jedoch auch in Birtwistles zweiter großer Arbeit für ein Theater, *Gawain* (1991), aufrecht erhalten. Diese Dramatisierung des mittelenglischen Epos handelt von Tod und Auferstehung, jahreszeitlichem Wechsel, Reise und Selbstfindung. Wiederum wird, im Gegensatz zu *Orpheus*, die Erzählung nur einmal und durchgängig gegeben (obwohl der Umstand, daß die Erzählung, wie im Original, dem Jahreszyklus angeglichen ist, sie latent wiederholbar macht: sie könnte – zumindest für die Betrachter im Publikum und auf der Bühne – in jedem Jahr oder gar jedes Jahr stattfinden; es ist allein Gawain, der am Ende der Aufführung ein anderer ist). Im Orchester spielen sich jedoch kompliziertere und verstecktere Dramen ab.

Zur gleichen Zeit mit den Werken von Birtwistle, Messiaen und Stockhausen entwickelte sich eine ganz andere Art des Umgangs mit Mythen in der Oper – sie hatte ihren Ursprung im amerikanischen Minimalismus. Prototyp hierfür war *Einstein on the Beach* (1976) von dem Theaterkünstler Robert Wilson (er hatte den Begriff »Oper« schon für frühere Werke mit wenig oder gar keiner Musik verwendet) und dem Komponisten Philip Glass (geb. 1937). Wilsons Augenmerk richtet sich eher auf die Bildhaftigkeit als auf die Erzählung, die praktisch ausgeschaltet wird, da er sich bei seiner Arbeit vornehmlich mechanischer Systeme und freier Intuition bedient. Einsteins Auftritt als Solo-Violinist erfolgt in der Oper beinahe zufällig während einer Abfolge engverwobener Tanz- und Pantomimeszenen, in denen es zwar Stimmen (sie intonieren ganz unterschiedliche Inhalte: Zahlenreihen, triviale Bemerkungen und Anekdoten, Passagen, die wie automatische Texte anmuten), aber keine ausgesprochenen Gesangsrollen gibt. Diese Szenen enthalten Musik, die sich ständig wiederholt, aus Kadenzen und Arpeggios besteht und von einem Ensemble mit elektrisch verstärkten Instrumenten gespielt wird. Das Stück handelt von nichts: es ist nur. Die nachfolgenden Opern von Glass beschäftigten sich hingegen mit konkreten Themen und arbeiteten wieder ganz konventionell mit einem normalen Orchester, mit Solisten, die Charaktere darstellen, und einem Libretto, das eine Handlung erzählt, auch wenn manchmal Sprachen verwendet wurden, die ein Verständnis weitgehend verhinderten – Sanskrit in *Satyagraha* (1980), Altägyptisch in *Echnaton* (1982).

Glass legte Wert darauf, Ereignissen der jüngeren Geschichte mythische Bedeutung zu verleihen – in *Satyagraha* konzentrierte er sich auf einige Episoden aus dem Leben Gandhis – und bereitete so den Weg für die Opern von John Adams (geb. 1947): *Nixon in China* (1987) behandelt den Besuch des Präsidenten beim Großen Vorsitzenden Mao, *The Death of Klinghoffer* (1991) die Entführung eines mediterranen Kreuzfahrtdampfers durch palästinensische Terroristen. Klanglich gibt es aber große Unterschiede. Die Musik von Glass ist straff und nüchtern, die von Adams abwechslungsreich, ironisch und in spielerischem Umgang mit ganz unterschiedlichen Formen populärer Musik des 20. Jahrhunderts. Adams verwendet solche in *Nixon*, um zu zeigen, daß der Präsident und die First Lady sich in Nostalgie und der banalen, rührseligen Sprache von Evergreens verlieren. Nixon ist außerdem Spielball der fortschreitenden Geschichte, die er zwar zu beeinflussen glaubt, die jedoch – musikalisch umgesetzt durch heftiges Pulsieren und Wiederholungen – unbemerkt die gesamte Handlung trägt und ihn beeinflußt. Eine weitere Neuerung des Stückes liegt in der Darstellung wirklicher, noch lebender Personen (den Nixons, Zhou Enlai, Henry Kissinger). Der Vorbehalt, der gegen ein derartiges Vorgehen bisher in der Oper wie im Sprechtheater herrschte, könnte darin wurzeln, daß man Bühnenfiguren, die lebenden Personen nachgebildet sind, die Fähigkeit, real zu wirken, nicht zutraute – daß es beispielsweise zwei Nixons nicht geben könne. Die Tatsache, daß Adams und seine Kollegen (beide Opern entstanden in Zusammenarbeit mit der Dichterin Alice Goodman und dem Regisseur Peter Sellars) mit diesem Grundsatz brachen, könnte Hinweis dafür sein, daß der Anspruch aufgegeben wurde, Realität darstellen zu wollen.

Nun, da das Kapitel langsam zu seinem Ende gelangt, muß es tricksen: denn der Gegenstand seiner Behandlung bewegt sich mehr und mehr in Richtung eines unbekannten Raumes, der Zukunft. Diesen Raum kann die Geschichte klarerweise nicht betreten, ja, sie hat sogar schon Schwierigkeiten mit der Gegenwart. Die Opern von Adams, Birtwistle, Messiaen, Stockhausen, Berio und Ligeti wurden in der ganzen Welt aufgeführt (*Le Grand Macabre*, und dies ist außergewöhnlich bei einer zeitgenössischen Oper, gar in verschiedenen Inszenierungen); von einigen wurden zumindest Tonaufnahmen gemacht und kommerziell veröffentlicht; sie haben sich ihren Platz im öffentlichen Bewußtsein gesichert. Eine andere Frage ist, ob sie sich auch einen Stammplatz im Standardrepertoire der Bühnen sichern können. Und gleichermaßen ungewiß ist, welche Aufmerksamkeit anderen Opern dieser Periode noch zuteil werden wird, die bis jetzt wenig von sich reden machten (dieses Kapitel hat sich kaum mit den Ländern der ehemaligen Sowjetunion und Skandinavien, und gar nicht mit Spanien, Osteuropa, Japan, Australien oder Südamerika beschäftigt).

Die Unübersichtlichkeit der Gegenwart wird, vom historischen Standpunkt gesehen, noch verstärkt durch das ungeheure Ausmaß, in dem die Opernaktivitäten fortschreiten. Ganz im Gegensatz zu den fünfziger und sechziger Jahren, als die meisten progressiven Komponisten davon überzeugt waren, daß die Gattung ohne radikale Veränderungen nicht mehr von Interesse sein könne, gibt es heute nur wenige (wie Boulez), die sich nicht der Oper verschrieben haben (dies mag natürlich weniger an der Vorliebe für die Oper liegen, als an der Vorliebe dafür, progressiv zu sein). Allein in Großbritannien entstanden innerhalb der in diesem Kapitel behandelten Periode: *A Night at the Chinese Opera* (1988) und *The Vanishing Bridegroom* (1990) von Judith Weir, die in lebhaftem, ungewöhnlichem, klarem und farbenfrohem Stil orientalische und schottische Märchen behandeln; *The Plumber's Gift* (1989) von David Blake, ein realistisches Ehedrama, das mit erholsamen Phantasien, darunter die Erfindung einer Mahler-Oper, durchsetzt ist; *Where the Wild Things Are* (1980) und *Higglety Pigglety Pop!* (1985) von Oliver Knussen, Dramatisierungen der Bilderbücher von Sendak in der Manier Ravels; Davies' Parabel *The Martyrdom of Saint Magnus* (1977) und die Geistergeschichte *The Lighthouse* (1980), die in der Nachfolge Brittens stehen; zahlreiche Opern von Stephen Oliver, darunter *Timon of Athens* (1991); John Caskens Kammeroper *Golem* (1989), eine energiegeladene Neuerzählung der jüdischen Legende von einem Maschinenmenschen; Tippetts Dramen moderner Entfremdung, *The Ice Break* (1977) und *New Year* (1989); Jonathan Harveys Parabel von Tod und seelischer Wiedergeburt, *Inquest of Love* (1993); schließlich Robert Saxtons schillernde Kammer-

Oper *Caritas* (1991). Sie alle entstanden zusätzlich zu den Werken von Birtwistle, zu Henzes *We Come to the River* und zu Inszenierungen von unter anderem *Le Grand Macabre, Un re in ascolto, Donnerstag* und *Echnaton.* Und wenn die Oper auch tot sein mag – zumindest ihr Nachleben ist so bewegt, wie Ligeti es vermutet hatte.

»Unübersichtlichkeit« kennzeichnet auch die deutsche Opernszene der unmittelbaren Gegenwart. Zwar erscheinen weiterhin neue Werke von älteren, bereits arrivierten Komponisten wie Giselher Klebe (*Die Fastnachtsbeichte,* 1984), Aribert Reimann (*Das Schloß,* 1992) oder Hans Werner Henze (*Venus und Adonis,* 1997) und Karlheinz Stockhausen nähert sich mit *Freitag* (1996) langsam dem Abschluß von *Licht.* Auf der anderen Seite streben nicht nur jüngere Talente nach – wie Hans-Jürgen von Bose (*Schlachthof 5,* 1996), Beat Furrer (*Die Blinden,* 1989) und Detlev Müller-Siemens (*Die Menschen,* 1990) –, auch Vertreter der mittleren, vom Serialismus geprägten Generation wie der Komponist und Dirigent Hans Zender (*Stephen Climax,* 1986; *Don Quijote,* 1993) oder Helmut Lachenmann (*Das Mädchen mit den Schwefelhölzern,* 1997) wenden sich erstmals der Bühne zu. Lachemanns vorerst wohl nur von einem Spezialistenensemble zu bewältigendes Werk, das sich aller theatralischen Elemente vom Gesang bis zur stummen Pantomime bedient, um eine Geschichte zu erzählen, kann dabei als charakteristisch für die Abkehr der jüngeren Generation von der Oper im traditionellen Sinne gelten. Eine ähnlich radikale Grenzüberschreitung der Form vollziehen auch Wolfgang Rihm (geb. 1952) und Adriana Hölszky (geb. 1953), die beiden wohl herausragendsten Potenzen der neunziger Jahre, denen man noch Heiner Goebbels (geb. 1952) zur Seite stellen möchte, dessen Hör- und Bühnenstücke auf phantasievolle Weise mit Raum- und Klangerlebnissen experimentieren. Auch Rihm bricht in seinem bisherigen Hauptwerk *die eroberung von mexico* (1992), einer Collage nach Texten Antonin Artauds, die lineare Handlung wie den Bühnenraum multiperspektivisch auf und schreibt mit *Séraphin* (1994, Neufassung 1996) ein instrumentales Musiktheater ohne Text. Mediale und multimediale Formen, wie sie Goebbels, Rihm und Hölszky (*Bremer Freiheit,* 1988; *Die Wände,* 1995) verfolgen, werden wohl in Zukunft noch stärkeres Gewicht auf der Bühne erlangen.

DAS INSZENIEREN VON OPERN

ROGER SAVAGE

»... zum Raum wird hier die Zeit.«

Gurnemanz im ersten Akt von
Wagners *Parsifal*

»Oper ist einzigartig im Zusammenwirken der Künste«

Niemand wird behaupten, daß Charles Dickens seine größten schriftstellerischen Meriten mit Texten zur Oper erworben habe. Als er in den frühen sechziger Jahren des 19. Jahrhunderts in Paris Opern sah, notierte er jedoch einige Beobachtungen, die das weite Feld der »Oper auf der Bühne« ein wenig gliedern helfen. Es geht um die Kunst, Worte und Musik, die zusammen die Grundlage einer Oper bilden, als etwas Sichtbares auf die Bühne zu stellen. Der bedeutende Theaterkünstler Adolphe Appia bezeichnet diesen Vorgang als »die Kunst, im Raum zu entwickeln, was der Dramatiker nur in der Zeit zu entwickeln mochte«. So berichtet Dickens im November 1862 seinem Freund John Forster über den Besuch einer Oper, die auf einem mythischen Stoff beruht. Es handelt sich hier um ein Sujet, das seit den ersten Anfängen der Oper immer wieder vertont wurde:

Gestern sah ich Madame Viardot in Glucks Orphée. Es war eine ganz außerordentliche Bühnenleistung, ungeheuer ergreifend und herrlich dargestellt ... Besonders eindrucksvoll war ihr Spiel in der Situation, als sie von den Göttern dazu ermutigt wird, Eurydice in der Unterwelt zu suchen: Sie ergreift die Leier, die sie auf dem Grab der Eurydice abgelegt hatte, und tiefste Trauer wird zu einem freudigen Strahlen ... Und als sie sich dann, auf Drängen von Eurydice, nach dieser umdreht und sie dadurch tötet, drückt sie ihren Schmerz auf grandiose Weise aus. Das zu sehen ist eine Reise nach Paris wert – nirgendwo sonst gibt es solche Kunst.

Glucks Oper *Orphée et Euridice* – Dickens sah die von Berlioz eingerichtete Fassung – war 1862 einhundert Jahre alt. Drei Monate später schrieb Dickens einem anderen Freund, dem Schauspieler und Intendanten Macready, daß er kürzlich etwas Neues gesehen habe, nämlich Gounods drei Jahre alte Oper *Faust*:

Die alte, erhabene Geschichte wird auf ernste und würdige Weise dargestellt. Die Regie besticht durch einige erstaunliche und wirklich poetische Lichteffekte. Mephistopheles ist an den wesentlichen Stellen von seinem eigenen, teuflisch roten Licht umgeben ... Nachdem Margarethe den

Schmuck an sich genommen hat, der auf ihrem Weg im Garten lag, naht der unheimliche Abend. Die Blumen lassen ihre Köpfe hängen, die Blätter an den Bäumen welken und verlieren ihre frische grüne Farbe, traurige Schatten verdüstern Margarethes Fenster, das vorher hell und fröhlich erstrahlte. Ich konnte es kaum ertragen und ließ mich völlig in Bann schlagen.

Während seines Pariser Aufenthalts erlebte Dickens die Kunst, ein Werk auf die Bühne zu bringen in ihren vier hauptsächlichen Ausprägungen. Im *Faust* die überzeugend gestaltete Inszenierung neuer Opern, bei *Orfeo* die eindrucksvolle Neuinszenierung älterer Werke. Am Beispiel der vielbewunderten Pauline Viardot konnte er erleben, welche maßgebliche Bedeutung dem Sänger-Darsteller zukommt: durch seine Gesten, Bewegungen, durch seine Charakterisierung einer Rolle trägt er zur Stimmigkeit und Wirkung einer Oper entscheidend bei. Und nicht zuletzt lernte er die wichtige Funktion der verschiedenen Bühnentechniker für eine bestimmte Atmosphäre auf der Bühne kennen. Bei Dickens ging es um die Beleuchter, die anscheinend mit Karbid- und elektrischem Bogenlicht experimentierten, die seit 1860 die im Theater übliche Gasbeleuchtung zu ergänzen begannen. Erfreulicherweise hatte Dickens sich durch all diese Bemühungen beeindrucken, rühren und erfreuen lassen – Gluck und Gounod hatten würdige Inszenierungen ihrer Werke erfahren.

Aber nicht alle »hommes de lettres« äußerten sich so positiv, wenn es um die Darstellung von Opern auf der Bühne ging. Fast ein Jahrhundert nach Dickens' eindrücklichen Opernerlebnissen setzte sich der Dichter und Librettist W.H. Auden in seinem *Metalogue to the Magic Flute* auf sarkastische Weise damit auseinander, wie klassische Opern – etwa die Werke Mozarts – bei Inszenierungen verunstaltet würden.

A work that lasts two hundred years is tough,
And operas, God knows, must stand enough:
What greatness made small vanities abuse.
What must they not endure? The Diva whose
Fioriture and climactic note
The silly old composer never wrote,
Conductor X, that overrated bore
Who alters tempi and who cuts the score,
Director Y who with ingenious wit
Places his wretched singers in the pit
While dancers mime their roles, Z the Designer
Who sets the whole thing on an ocean liner,
The girls in shorts, the boys in yachting caps;
Yet genius triumphs over all mishaps,
Survives a greater obstacle than these,
Translation into foreign Operese ...

(Ein Werk, das zweihundert Jahre überdauert hat, läßt sich nicht so leicht zerstören, / Und Opern müssen, weiß Gott, einiges mit sich geschehen lassen: / Gerade Größe zieht solche Kritik auf sich, die zur Trivialisierung eines Werkes neigt. / Was müssen Opern nicht alles durchstehen? Die Diva, deren / Verzierungen und hohe Schlußtöne der dumme alte Komponist gar nicht geschrieben hat, / Den Dirigenten X, diesen überschätzten Langweiler, / der Tempi verändert und Striche macht, / Den Regisseur Y, der – besonders geistreich – / Seine armen Sänger in den Orchestergraben steckt, / Während Tänzer ihre Rollen pantomimisch darstellen, den Bühnenbildner Z, / Der die Oper auf einem Ozeandampfer spielen läßt / Und die Damen mit Shorts ausstattet, die Herren mit Seglermützen; / Und doch triumphiert das Genie über all diese Mißhelligkeiten, / Überlebt auch gegenüber dem Genannten noch Schlimmeres: / Die Übersetzung in fremde Sprachen ...)

Auden übertreibt so stark, daß man sich zur Verteidigung seiner Opfer genötigt sieht. Schließlich erwarteten einige Komponisten, darunter auch der Komponist der *Zauberflöte*, von ihren Protagonisten das Zurschaustellen vokaler Künste und sahen deshalb auch keine Notwendigkeit, solche Verzierungen schriftlich zu fixieren. Dürfen Dirigenten ihre Tempi unter keinen Umständen den akustischen Gegebenheiten eines Theaters anpassen, dürfen sie wirklich keine wenigen, pragmatischen Striche machen, um den Theaterbesuchern die Heimfahrt mit dem letzten Zug zu ermöglichen? Dürfen Intendanten und Bühnenbildner angesichts zugkräftiger Repertoirestücke wie der *Zauberflöte* wirklich niemals neue Inszenierungsideen ausprobieren? Soll eine Oper wirklich nie in der Sprache der Zuhörer gesungen werden, auch wenn das vielleicht gelegentlich zu einem holprigen Reim führt? Und doch haben sich schon die meisten Opernbesucher wie Auden von einem unnützen, perversen oder einfach unpassenden Inszenierungsdetail irritieren lassen.

Diese Irritation ist keine ausschließliche Erscheinung des 20. Jahrhunderts. Ihren klassischen Ausdruck hat sie in einer umfangreichen, um 1720 entstandenen Schmähschrift des venezianischen Juristen, Beamten, Dichters und Komponisten Benedetto Marcello gefunden. Marcello fühlte sich offensichtlich fast allen Künstlern überlegen, die mit ihren Operntruppen in den 75 Jahren vorher Venedig zu einem Zentrum der Kunstform Oper gemacht hatten. Mit seinem Buch *Il teatro alla moda* (Das Theater nach der Mode) wendet er sich an eine dem Zeitgeist entsprechende Operntruppe und gibt sarkastisch gemeinte Hinweise zu jedem Bereich ihrer Tätigkeit: er schreibt über das Libretto, über das Komponieren, die Buchhaltung – und natürlich auch die Inszenierung. Dem Textdichter gibt er beispielsweise die folgenden Ratschläge nach der Niederschrift und Vertonung des Librettos:

Auf den Proben mache er niemals seine Absichten einem der Darsteller klar ... Fragen ihn die Darsteller, wo sie auf die Szene kommen, abgehen, welche Gesten sie machen, wie sie gekleidet sein sollen, so lasse er sie ein- und abtreten, sich bewegen und kleiden wie sie mögen ... Falls der moderne Operndichter bemerkt, daß die Sänger undeutlich sprechen, darf er sie nie verbessern. Denn wenn die Virtuosen ihren Fehler einsehen und sich einer sauberen Aussprache befleißen, so schädigt das den Absatz der Textbücher.

Auch für die Bühnenbildner gibt es Hinweise:

Der moderne Theatermaschinist oder -maler braucht sich auf Perspektive, Architektur, Zeichnung und Helldunkel nicht zu verstehen. Er sorge deshalb dafür, daß die Architekturszenen nicht auf einen oder zwei Gesichtspunkte berechnet sind, sondern daß jeder Prospekt deren vier oder sechs zeige; und zwar in verschiedener Lage, damit durch solche Abwechselung das Auge der Beschauer mehr Befriedigung finde ... Säle, Gefängnisse und Zimmer haben sämtlich weder Türen noch Fenster; denn die Sänger kommen doch da auf die Bühne, wo sie es am bequemsten haben: nächst ihrer Loge; und bedürfen auch keiner Beleuchtung, weil sie ihre Rollen sehr gut auswendig wissen.

Den Sänger-Darstellern, auch dem Ersten Sänger eines Ensembles, soll man die größtmögliche Freiheit gewähren:

In den Vorstellungen singe er mit halbgeschlossenem Mund und mit zusammengepreßten Schneidezähnen; kurz, er tue alles mögliche, daß man auch nicht ein Wort von dem, was er sagt, versteht ... Während man das Vorspiel zu seiner Arie spielt, spaziere der Gesangskünstler in den Hintergrund der Bühne, nehme eine Prise Schnupftabak und teile seinen Freunden mit, er sei heute erkältet und schlecht bei Stimme ... Er verfüge über ein paar ihm besonders eigene Gesten, sei es mit der Hand, dem Knie oder dem Fuß, und bediene sich ihrer abwechselnd nacheinander während der ganzen Oper bis zum Schluß ... Richtet in den Dialogen sein Partner, wie es der Gang der Handlung verlangt, das Wort an ihn oder hat dieser eine Arietta zu singen, so grüße er unterdessen die Masken in den Logen ...

Auch die Primadonna wird gebührend erwähnt:

Zu all ihren Arien schlage sie auf der Bühne den Takt mit dem Fächer oder dem Fuß ... [sie] soll bei jeder Pause in der Arie ausspucken ... [Sie] kokettiere dann mit dem Fächer, damit das Publikum merkt, daß sie die Signora Giandussa Pelatutti ist und nicht die Kaiserin Filastrocca, die sie darstellt.

DIE BLÜTEZEIT DER OPERA SERIA. Das neue Teatro Regio in Turin wurde am 26. Dezember 1740 mit einer Aufführung der Oper *Arsace* eröffnet. Francesco Feo hatte ein schon vorher mehrfach vertontes Libretto von Antonio Salvi komponiert. Der festliche Anlaß wurde von Domenico Olivero in einem Gemälde festgehalten. Die Szene auf der Bühne zeigt einen Repräsentationsraum im Palast der Königin Statira. Die Königin weint, als ihr Geliebter, der in Ketten gebundene, kniende General Arsace, von seinen Rivalen Prinz Mitrane und dem Königlichen Rat Artabano verurteilt wird, weil er offensichtlich einen verräterischen Aufstand geplant hat. (Die Handlung beruht auf einer französischen Fassung der Verwicklungen um Elizabeth und Essex.) Neben den Sängern sind – in der Opera seria häufig – auch einige stumme Komparsen auf der Bühne anzutreffen: vier Wachen für Arsace, die zwei Pagen der Statira, Mitranes Diener und ein Türsteher (im Teatro Regio waren in der betreffenden Spielzeit vierzig Komparsen auf Abruf verfügbar). Das in wirkungsvoller Symmetrie gebaute Bühnenbild und die nach höfischer Art phantasievoll gestalteten Kostüme geben sich gar nicht erst den Anschein historischer Treue, was für die damalige Zeit typisch war. Zum Zuschauerraum hin weist das neue Theater einen beachtlichen Proszeniumsbogen auf, einen Orchesterbereich, der für die zweiunddreißig benötigten Instrumentalisten zu eng ist, fünf Logenränge für Damen und Herren und das nur für Herren zugängliche, mit Bänken ausgestattete Parkett. Dort achtet ein Soldat auf die Einhaltung der rechten Ordnung. Ungeachtet der königlichen Tränen sind Getränke und Früchte erhältlich, einige der Herren blicken umher und unterhalten sich, andere lesen den Text im gedruckten Libretto mit. Die meisten schauen allerdings aufmerksam auf die Bühne, einer, links vorne im Bild, durch ein kleines Fernrohr.

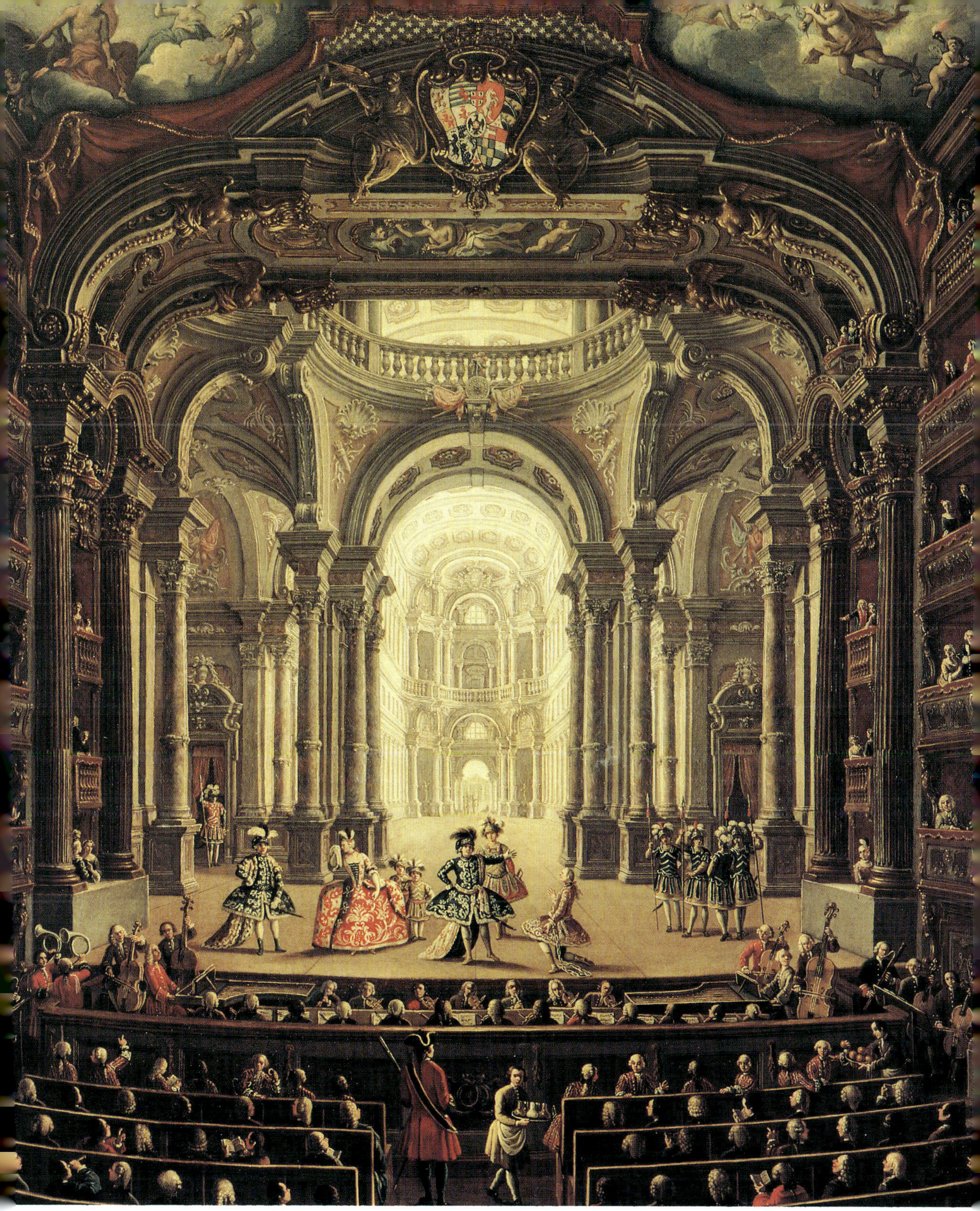

Marcello übertreibt hier nicht zum Spaß – oder aus purer Verzweiflung. Hinter dem Sarkasmus läßt sich ablesen, welch ernstzunehmenden Idealvorstellungen eine Operninszenierung seiner Meinung nach zu folgen habe, Vorstellungen, die sich beinahe als »grammatische Grundregeln« der Oper bezeichnen lassen. Und eine solche Inszenierung läßt sich nur erreichen, wenn die am Unternehmen Oper beteiligten Personen ihren Hang zu Eitelkeit, Egoismus, Faulheit, Schlamperei und falsch verstandener Genialität überwinden. Die Inszenierung einer Oper nach »grammatischen Grundregeln« verlangt etwa, daß die Vorgaben von Libretto und Partitur berücksichtigt werden müssen. Innerhalb des Ensembles werden gute Kommunikation und gegenseitige Hilfsbereitschaft verlangt. Die Aufführung muß gut geprobt und überwacht werden. Die Sänger dürfen nicht einfach unvermittelt nebeneinanderstehen, sondern müssen miteinander agieren und sich auf der Bühne auf vielfältige und der jeweiligen Situation angemessene Art und Weise bewegen, ohne aus ihren Rollen herauszufallen. All diese Grundregeln sind Marcello nicht fremd. Sie lassen sich aber auch aus den Empfehlungen zahlreicher Fachleute extrahieren, die im Verlauf der vierhundertjährigen Operngeschichte geschrieben haben. So finden wir beispielsweise in zwei Handbüchern zu einzelnen Inszenierungen der Operngeschichte entsprechende Hinweise. Das eine dieser Handbücher wurde mehr als hundert Jahre vor Marcello geschrieben, das andere fast anderthalb Jahrhunderte nach seinem *Il teatro alla moda.*

Die Aufzeichnungen aus dem Jahr 1608 entstanden anläßlich der ersten Aufführungen von Marco da Gaglianos Oper *Dafne* bei Festlichkeiten in Mantua. Monteverdi schrieb für denselben Anlaß seine Oper *L'Arianna.* (Gagliano vertonte das Libretto Ottavio Rinuccinis, das etwa zehn Jahre früher einigen Komponisten zur Grundlage der ersten Oper überhaupt gedient hatte. Der Gott Apoll tötet die ge-

DIE BELEUCHTETE BÜHNE: ZUR BÜHNENTECHNIK DER ROMANTISCHEN OPER. Abgebildet ist ein anonym überliefertes Gemälde, das ein italienisches Theater um die Mitte des 19. Jahrhunderts, möglicherweise das Teatro Argentina in Rom, darstellt. Gezeigt wird bei einer Hauptprobe für ein Opern- oder Ballett-Ereignis der Blick von der linken Hinterbühne in den Zuschauerraum während einer technisch bedingten Pause. Bis zum frühen 19. Jahrhundert wurden Opernhäuser in ganz Europa mit Kerzen oder Öllampen beleuchtet. Die Gasbeleuchtung mit ihren vielfältigen neuen Möglichkeiten ist auf dem Gemälde mit größter Sorgfalt wiedergegeben. Neben Lichtern an der Bühnenrampe (und der Orchesterbeleuchtung dahinter) sieht man über der Bühne zwei Beleuchtungsstränge mit Gasleuchten, außerdem Gasleuchten mit Reflektoren an den Auftrittsgassen und ganz vorne im Bild auf einem Gestell zwei weitere, ebenfalls mit Reflektoren ausgestattete Gasleuchten, die der Junge mit dem langen Stab vielleicht gerade angezündet hat. Das mächtige Schiff, das auf Rädern wie ein großer Kirmeswagen über die Bühne gezogen wird – zwei Bühnenarbeiter schieben, vier weitere ziehen unter der Aufsicht eines Bühnenmeisters, der einen Zylinder trägt – ist hell erleuchtet, wahrscheinlich unter Zuhilfenahme einer noch neueren Technik, nämlich des Karbidlichtes, das von der linken Auftrittsgasse her bedient wird. Das Schiff soll dann, vom Publikum aus gesehen, zunächst vor der großen Wellenmaschine und dann hinter dem großen Felsen vorbeiziehen. Die Wellenmaschine wird von den Bühnenarbeitern bedient, die vorne rechts auf den Knien liegen. Sind die Männer oben auf dem Felsen vielleicht Zimmerer, die die Konstruktion überprüfen, ehe sie den Sirenen das Besteigen erlauben?

LEFMAN.

fürchtete Schlange, die Nymphen und Schäfer auf Delos bedroht hatte. Als der Sonnengott sich Amor gegenüber seiner Unverwundbarkeit brüstet, sorgt dieser dafür, daß er sich in die unnahbare Nymphe Daphne verliebt. Und als der ihr nachstellende Apoll sie berührt, verwandelt sich Daphne auf wunderbare Weise in einen Lorbeerbaum.) Gagliano selbst schrieb die Aufführungshinweise zu seiner *Dafne* und fügte sie seiner »Vorrede an die Leser« in der Partitur bei. Das zweite genannte Handbuch – umfangreicher, da es sich um ein größeres Werk handelt – entstand 1887 im Zusammenhang mit den ersten Aufführungen von Verdis Shakespeare-Oper *Otello* an der Mailänder Scala. Der Verleger Giulio Ricordi veröffentlichte unter Zustimmung von Verdi und dessen Librettisten Boito die Hinweise als kleines Büchlein, das anderen Opernhäusern bei der Inszenierung des Werkes als Leitfaden dienen sollte. Natürlich unterscheiden sich die beiden Handbücher in Detailfragen, interessanter als diese Unterschiede sind aber ihre Gemeinsamkeiten in bezug auf die »grammatischen Grundregeln« einer ernstzunehmenden Inszenierung, zumal Ricordi den Text von Gagliano vielleicht gar nicht gekannt hat. Zusammen mit Marcellos *Teatro alla moda* ergeben die beiden Handbücher einen sinnvollen Fragekatalog bei der Untersuchung von Operninszenierungen aus den ersten drei Jahrhunderten dieser Gattung.

In beiden Handbüchern wird betont, daß die Inszenierung nicht den Bedürfnissen der Sänger zuwiderlaufen dürfe. So weist Gagliano 1608 beispielsweise darauf hin, daß Apoll vielleicht gesangliche Probleme hat, wenn er seine Sieges-Arie direkt im Anschluß an einen lebhaften Kampf mit der feuerspeienden Schlange singen muß. Er schlägt deshalb vor, »daß zwei Männer so wie Apoll gekleidet sein können, da das Singen nach der Ermüdung durch den Kampf schwierig sein kann, so daß nach dem Tod der Schlange der richtige Sänger statt des anderen [des Doubles] auftritt und seine Arie singt«. (Er behauptet weiter, daß in Mantua niemand diesen Sachverhalt durchschaute, als die Oper dort gegeben wurde. Vielleicht waren die beiden Darsteller maskiert.) Auch im Handbuch zu *Otello* 1887 ist man gegenüber musikalischen Notwendigkeiten zu ähnlichen, allerdings weniger gravierenden Zugeständnissen bereit. So bietet Ricordi beispielsweise eine Lösung für ein Regieproblem im letzten Akt

ERZÄHLSTOFF FÜR BRIEFE IN DIE HEIMAT. Höhlen-Szenen aus einer Neuinszenierung und einer Uraufführung, beide 1859 im Théâtre-Lyrique in Paris auf die Bühne gebracht und in Zeitschriften der Zeit abgebildet. Oben: die »fürchterliche Höhle«, die in Glucks *Orphée et Euridice* (zweiter Akt, erste Szene) verlangt wird. Pauline Viardot als Orpheus zähmt die Furien. Unten: Gounods *Faust* (fünfter Akt, zweite Szene), vielleicht von einer Loge links neben dem Zuschauerraum aus gezeichnet. Faust, vorne in der Mitte, ist durch Mephisto anläßlich der Walpurgisnacht zu einem alten teuflischen Versteck geführt worden, »einer alten Höhle, in der sich Königinnen und Hetären der Antike befinden«. Charles Dickens sah diese beiden Opern in den frühen sechziger Jahren des 19. Jahrhunderts (vgl. S. 395/96) und berichtete über seine Eindrücke in Briefen nach Hause. Die Bühnenbilder stammen von Charles-Antoine Cambon und Joseph Thierry und entsprechen in ihrer romantischen Bildhaftigkeit dem damals an Théâtre-Lyrique und Pariser Opéra so erfolgreichen Dekorationsstil.

OPER *À LA MODE*. Die Ketten des Sängers lassen vermuten, daß es sich um einen Dialog aus einer Gefängnis-Szene handelt, die dem Operndirektor im Hintergrund angesichts der wenig zueinander passenden Darsteller offensichtlich mißfällt. Die Radierung könnte durchaus eine zeitgenössische Illustration von Marcellos venezianischer Satire *Il teatro alla moda* von etwa 1720 sein (vgl. S. 397 ff.).
Es handelt sich aber um eine englische Radierung von Joseph Goupy, entstanden um 1730. Von Goupy zu Marcello läßt sich keine Verbindung nachweisen. Goupy kombiniert hier seine eigene Zeichnung des in London wirkenden Operndirektors John Jacob Heidegger (»wütend«) mit Karikaturen, die Marco Ricci von der Sopranistin Francesca Cuzzoni und dem Sopran-Kastraten Carlo Broschi (»Farinelli«) anfertigte. Beiden Sängern wurde hervorragende Gesangstechnik bei wenig schauspielerischer Begabung nachgesagt.

nach Desdemonas »Lied von der Weide« an, wo Desdemona in einem Betstuhl knieen und das »Ave Maria« vor einem am rechten Rand der Bühne befindlichen Madonnenbild singen soll: »Die Schauspielerin muß sich im Betstuhl ein wenig nach rechts wenden und etwas schräg sitzen, so daß sie den Dirigenten an den notwendigen Stellen sehen kann, auch wenn sie sich dem Bild ganz zuzuwenden scheint.« Die Regie, nur *eine* Komponente des Bühnenereignisses, darf die Synchronisation zwischen Bühne und Orchestergraben also auf keinen Fall behindern. Ricordi führt aus, daß für das kurz darauf folgende, im Mord an Desdemona kulminierende Duett längere Proben notwendig sind, »bis die beiden Sänger diese schwierige Szene gestisch und musikalisch überzeugend darstellen, ohne auf Orchester oder den Taktstock des Dirigenten achten zu müssen«. Für Chöre ist es jedoch häufiger unumgänglich, daß sie den Taktstock des Dirigenten gut sehen können, so zum Beispiel in der großen Ensemble-Szene zu Beginn der Oper: »Angst zeigt sich auf allen Gesichtern, Gesten der Überraschung, des Schreckens, Arme werden zum Himmel erhoben. Die Choristen sollen so stehen, daß sie sich dem Meer zuzuwenden scheinen, gleichzeitig aber mit ihren Augen den Taktfiguren des Dirigenten folgen.« Einige Fernsehmonitore hätten diese Situation zweifellos erleichtert! Im frühen 17. Jahrhundert gab es aber weder Monitor noch Taktstock und Dirigent, nicht einmal einen klar definierten Orchestergraben. Und dennoch war die richtige Synchronisation zwischen Bühne und Instrumentalisten ein wichtiges Thema. In dem Handbuch zur Aufführung von *Dafne* heißt es, »daß die zur Begleitung der Solostimmen dienenden Instrumente so plaziert werden sollen, daß die Sänger sie sehen können. So können die Sänger sie besser hören, und eine gute Ensemblewirkung wird erreicht.«

Über die notwendige enge Verbindung zwischen Regie und Musik hinaus verlangen beide Handbücher von der Operntruppe gute Kenntnisse der verschiedenen im Theater benötigten Künste. Gagliano schreibt, daß so »der Verstand gleichzeitig durch ... die schönsten Künste« angeregt wird, zu denen er nicht nur Dichtung und Musik, sondern auch »das graziöse Tanzen [in einer Oper] und die sinnfälligen Gesten, die ... Kostüme und das Bühnenbild« rechnet. Ricordi führt diesen Gedanken 1887 weiter aus und betont, daß alle Einzelheiten einer Inszenierung bei einer zentralen Autorität, dem Regisseur, zusammenlaufen müssen. »Der Regisseur sollte rechtzeitig die Bühnendarsteller, Bühnentechniker, den Kostümbildner, Requisiteur, Beleuchtungsmeister, Leiter der Statisterie etc. mit den sie betreffenden Anweisungen des Handbuches vertraut machen. Es ist *unbedingt* notwendig, daß die Künstler das Handbuch genau kennen und sich nach den dort niedergelegten Anweisungen richten.« Kommunikation und Hilfsbereitschaft also unter Androhung von Strafe! Gaglianos Empfehlungen sind zwar in weniger diktatorischem Ton als Ricordis Hinweise gehalten, er nimmt aber doch für sich in Anspruch, »alle Details sorgfältig beachtet zu haben, die man bei der Aufführung eines solchen Werkes berücksichtigen müsse«. Sein Handbuch sei deshalb »ein kleiner Lichtblick«, mit dessen Hilfe weitere Regisseure in die Lage versetzt würden, »den Pfad zu höchster Perfektion, die bei der Aufführung dieser Kompositionen notwendig ist, deutlicher vor sich zu sehen«.

Bei einigen dieser Details ist an die wirkungsvolle Verwendung bühnentechnischer und bühnenbildnerischer Kniffe gedacht, die sorgfältiger Planung bedarf. Im Vorwort zu *Dafne* wird beispielsweise genau beschrieben, wie sich der Darsteller des Apoll auf der Bühne rasch und eindrucksvoll zugleich eine Krone winden kann. Er verwendet dazu einen Zweig des Lorbeerbaumes, in den Dafne verwandelt wurde (»Ich wollte das genau beschreiben, da es wichtiger ist, als manch einer denkt«). Ricordi skizziert in seinem Handbuch in zehn Absätzen ähnlich ausführlich, wie Bühnenarbeiter und Choristen im ersten Akt das Freudenfeuer anläßlich der sicheren Landung Otellos auf Zypern anzünden sollen, ohne Sänger und Theater in Gefahr zu bringen (»Dem Produzenten sei angeraten, dieses szenische Detail, das besonders reizvoll, originell und bühnenwirksam gelingen kann, mit besonderer Sorgfalt und Geduld vorzubereiten«).

Andere Hinweise gelten dem Spiel: Es geht darum, wie Rollen charakterisiert werden – der Opernsänger unterscheidet sich hier nur wenig von dem Schauspieler im Sprechtheater. Es geht auch um die Koordination von Bewegung und Gestik mit der vorgegebenen Partitur – hier ist der Sänger in der Oper eher dem Tänzer vergleich-

INSZENIERUNGEN VOR DEM BEGINN DER OPERNGESCHICHTE. Der Kupferstich von Agostino Carracci (Intermedium vom Sieg des Apoll über die Schlange) zeigt eines der gesungenen Intermedien nach mythischen Stoffen, die zwischen den gesprochenen Akten von Giovanni Bargaglis Komödie *La pellegrina* anläßlich der Fürstenhochzeit (Medici/Valois) 1589 in Florenz gegeben wurden. Die elegant gekleideten Einwohner der Insel Delos schauen zu, wie eine Marionette, die den Apoll darstellen soll (ein »Apollo finto«) aus den Wolken herabsteigt. Die Marionette verwandelt sich dann in den Tänzer-Apoll, der auf der Lichtung mit dem aufwendig gestalteten Ungeheuer kämpfen wird. (Die v-förmig angelegte Lichtung und das Bühnenbild sind am wirkungsvollsten, wenn man, wie in diesem Fall das frischvermählte Paar, auf den besten Plätzen in der Mitte des Auditoriums sitzt.) Bernardo Buontalenti entwarf das Bühnenbild, Luca Marenzio schrieb die Chöre zu einem Text von Ottavio Rinuccini. In der von Rinuccini später zur *Dafne* umgeschriebenen Fassung wurde das Libretto von Peri und Corsi 1598 mit epochemachender Wirkung vertont. Marco da Gagliano gibt anläßlich seiner 1608 geschriebenen Komposition im Vorwort zur gedruckten Partitur genaue Hinweise zu Inszenierungsfragen der damaligen Zeit.

bar. Die Verbindung von Gestik und Musik ist 1608 wie 1887 gleichermaßen wichtig. Im Vorwort zu *Dafne* heißt es: »Es ist zwingend notwendig ... daß jede Geste und jeder Schritt mit den Zählzeiten, die Gesang und Instrumentalbegleitung zugrundeliegen, im Einklang sind.« Verzichtet wird allerdings auf die im Tanz übliche Stilisierung von Bewegungen. Beim Auftritt des Titelhelden in der Mordszene der Oper *Otello* – Musik und Bühnendarstellung sind hier besonders eng miteinander verwoben – muß der Schauspieler »den Part der hier solistisch spielenden Kontrabässe kennen, da alle Bewegungen, wie vom Komponisten angegeben, zu bestimmten Zählzeiten stattfinden müssen«. Die Bewegungen des Schauspielers müssen aber nicht nur in bezug auf das musikalische Tempo, sondern auch in bezug auf den Bühnenraum angemessen und stimmig sein. In der *Dafne* heißt es, »daß die Solisten nicht mit den Choristen verwechselt werden dürften, weshalb sie vier oder fünf Schritte vor diesen – je nach Größe der Bühne – plaziert werden sollten«. Und im Handbuch zu *Otello* werden in über dreißig Skizzen Stellung und Bewegung der Solisten im Zusammenhang mit dem Chor und in mehr als 200 Skizzen die Gänge der Solisten dargestellt.

Sowohl Gagliano als auch Ricordi setzen sich mit Chören auseinander, die sich auf der Bühne mechanisch oder nichtssagend bewegen, und beide betonen, wie wichtig es sei, die Chöre zu lebhaftem Spiel zu veranlassen. So wird im Vorwort zu *Dafne* von den Nymphen und Schäfern verlangt, daß sie sich ungezwungen und natürlich geben, wenn sie Gott lobpreisen, nachdem Apoll die Schlange getötet hat: »Sich erst nach rechts bewegen, dann nach links, dann nach hinten, jedoch immer unter Vermeidung eigentlicher Tanzbewegungen.« Und wenn der Hirte Thyrsis ihnen ausführlich über Apolls verhängnisvolle Verfolgung der Daphne berichtet, sollen sie »der traurigen Nachricht mit Aufmerksamkeit folgen und Mitleid zeigen«. Im Handbuch zu *Otello* wird dieser Gedanke noch engagierter vorgetragen. Ricordi verlangt, daß der Chor angesichts der Demütigung, die Otello Desdemona zufügt, ehrliche Erschütterung spielen müsse:

> Der Regisseur hat keine leichte Aufgabe, da wir ja alle wissen, wie schwer sich der Chor dazu bringen läßt, sich mit den verschiedenen von ihm darzustellenden Charakteren zu identifizieren, deren Leidenschaften zu verstehen, und diese dann auch auf der Bühne zu zeigen ... Auf keinen Fall darf es den alle Spannung tötenden starren Gesichtsausdruck geben, der für Chöre – egal ob Komödie oder Tragödie – leider typisch ist ... [Aber] ein Regisseur, der genügend Autorität hat und die dramatische Situation und die daraus resultierenden Leidenschaften deutlich erklärt, sollte Wunder bewirken können.

Am wichtigsten sind aber schließlich die Solisten: Sie dürfen ihre Partien nicht wie bei einem Oratorium, einer Kantate oder einem Liederabend nur als sängerische Aufgabe verstehen, sondern müssen diese Partien in der Oper mit dem ganzen Körper ausdrücken, müssen das Stück auf der Bühne auch visuell umsetzen. Im *Dafne*-Handbuch werden die Sänger dazu aufgefordert, »die durch den Text vorgegebenen Gesten« zu verwenden, während das Handbuch zu *Otello* darauf verweist, »daß Gesten, Gesichtsausdruck, Haltung auf der Bühne und Stimmfarbe Text und musikalischen Phrasen entsprechen müssen«. Gagliano und Ricordi würden in der Beurteilung eines guten Solisten zweifellos übereinstimmen. Ein solcher Solist berücksichtigt gleichermaßen Text und Musik und findet für seine Rolle die angemessene, dann auch durchgehaltene Gestaltung. Er denkt sich so in die Rolle hinein, daß er eher aus der Situation heraus als aufgrund äußerer Hinweise agiert; und dennoch verliert er gleichzeitig das übrige Geschehen auf der Bühne nicht aus den Augen – und er singt. So wird im Prolog zu *Dafne* von dem Solisten – er spielt Ovid, den Textdichter der *Dafne* – verlangt, daß er seine Partie würdevoll singt. Gleichzeitig muß er gelegentlich in künstlerischer Freiheit die gleichmäßige Folge von gesungenen Versen und instrumentalem Refrain auflockern (mit »sprezzatura«, einer lässigen Grazie, die über die Kunst hinausweist und innerhalb ihres Regelkanons eigentlich nicht zu beschreiben ist). Dabei muß ihm stets gewärtig sein, auf welcher Zählzeit des Refrains er seine Bewegungen ansetzt. Von der Sängerin und Schauspielerin der Desdemona wird im letzten Akt von *Otello* eine so große Identifikation mit ihrer Rolle verlangt, daß sie bei ihrer Interpretation des »Liedes von der Weide« den »vagen, traurigen, magisch anziehenden Eindruck vermitteln kann, der mit der Vorahnung unbekannten, aber großen Leides« einhergeht. Und dies muß ihr in einer Szene gelingen, die »von einer derartigen musikalischen Inspiration ist, daß sie keine kühlen und detaillierten Regieanweisungen erlaubt«. Aber auch hier gibt es nüchterne Regiefragen. Ricordi notiert für das Lied schließlich doch nicht weniger als ein Dutzend Regieanweisungen. Und er denkt äußerst praktisch, wenn er für die Bühnensituation wenige Minuten später vorschlägt – Desdemona wird von Otello während des dreifachen Forte im Orchester erwürgt –, »daß die Schauspielerin diesen Moment nutzen solle, wenn sie vor dem Publikum verborgen ist, mit der linken Hand die Puderquaste zu ergreifen und sich das Gesicht zu pudern« (»Und du, wie bist du bleich, mein Lieb!«).

Ungeachtet all der Unterschiede zwischen einer kleinbesetzten mythologischen Oper des frühen 17. Jahrhunderts und einer großen romantischen Oper zur Blütezeit der Gattung, geht es in beiden Handbüchern doch um die gleichen praktischen Fragen und beide Autoren finden ähnliche Antworten. Auch im 20. Jahrhundert setzt man sich mit dieser Thematik auseinander, wie etwa in Walter Volbachs Handbuch *Problems of Opera Production*, einem »Buch für diejenigen, die im Musiktheater arbeiten möchte«, wie es im Klappentext heißt. Volbach, Schüler und Mitarbeiter von Adolphe Appia und Max Reinhardt, den wichtigsten Wegbereitern moderner Inszenierungsstile, schrieb das Buch 1953. Er betont einige wichtige Grundsätze, die zweifellos auch die Zustimmung von Gagliano und Ricordi gefunden hätten. Dabei geht es um die genaue Planung der Inszenierung, um verständliche Personenführung auf der Bühne, um Textverständlichkeit usw. Gleichzeitig beschäftigt sich Volbach aber auch mit Detailfragen, wie etwa dem Abgang des Chores im ersten Akt von *Le nozze di Figaro* in nur zweieinhalb Takten, mit dem richtigen Halten der Gewehre in *Fidelio*

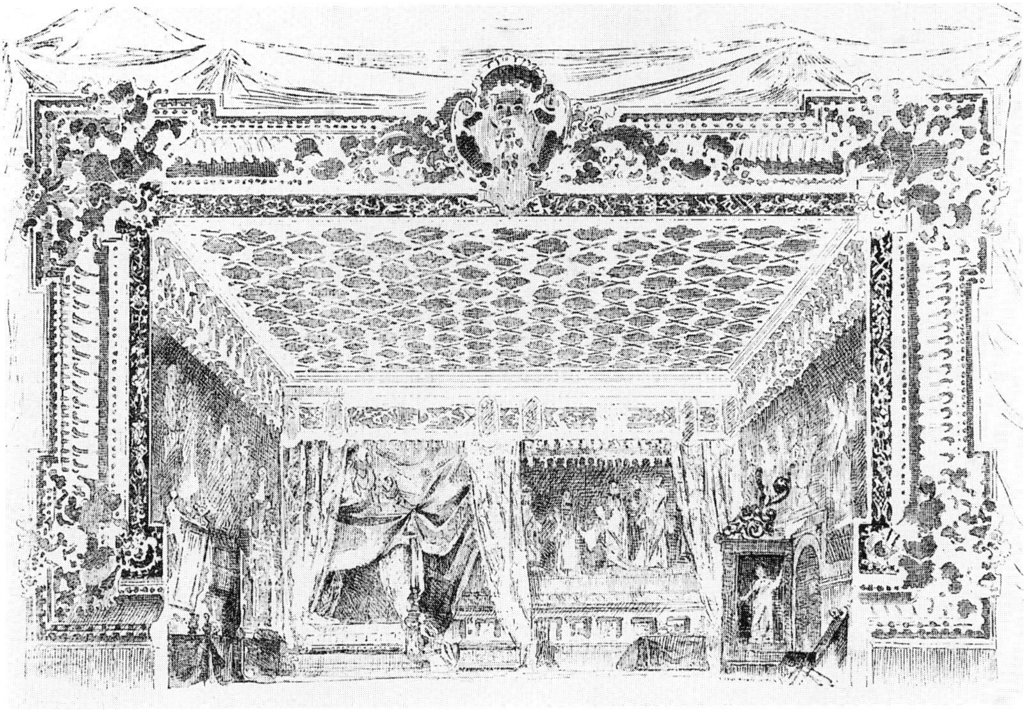

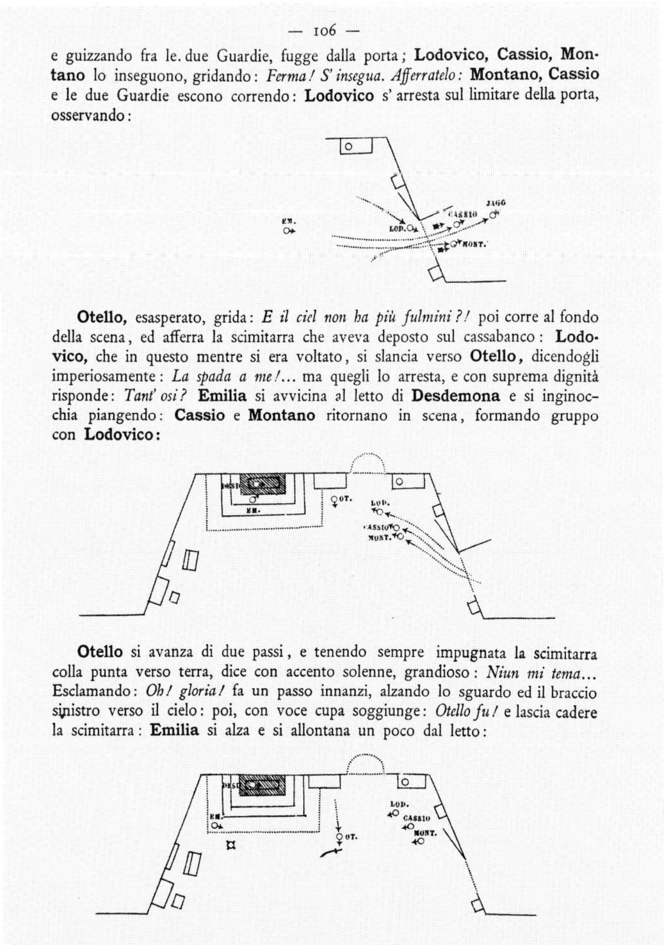
— 106 —

e guizzando fra le due Guardie, fugge dalla porta; **Lodovico, Cassio, Montano** lo inseguono, gridando: *Ferma! S'insegua. Afferratelo:* **Montano, Cassio** e le due Guardie escono correndo: **Lodovico** s' arresta sul limitare della porta, osservando:

Otello, esasperato, grida: *E il ciel non ha più fulmini?!* poi corre al fondo della scena, ed afferra la scimitarra che aveva deposto sul cassabanco: **Lodovico,** che in questo mentre si era voltato, si slancia verso **Otello,** dicendogli imperiosamente: *La spada a me!...* ma quegli lo arresta, e con suprema dignità risponde: *Tant' osi?* **Emilia** si avvicina al letto di **Desdemona** e si inginocchia piangendo: **Cassio** e **Montano** ritornano in scena, formando gruppo con **Lodovico:**

Otello si avanza di due passi, e tenendo sempre impugnata la scimitarra colla punta verso terra, dice con accento solenne, grandioso: *Niun mi tema...* Esclamando: *Oh! gloria!* fa un passo innanzi, alzando lo sguardo ed il braccio sinistro verso il cielo: poi, con voce cupa soggiunge: *Otello fu!* e lascia cadere la scimitarra: **Emilia** si alza e si allontana un poco dal letto:

EINE URAUFFÜHRUNG DES 19. JAHRHUNDERTS WIRD DOKUMENTIERT. Verdis *Otello* wurde 1887 an der Mailänder Scala in einer Inszenierung uraufgeführt, deren Details minutiös festgehalten und verbreitet wurden. Oben wird Carlo Ferrarios Bühnenbild für das Zimmer des Desdemona im vierten Akt gezeigt, so wie es in einer Sonderausgabe der Zeitschrift *L'illustrazione italiana* erschien: Frisiertisch und Betstuhl im linken Bühnenvordergrund, das Bett hinten links, die Tür vorne rechts. Links beschreibt Giulio Ricordi in seinem Handbuch zur Aufführung *(disposizione scenica)* gegen Ende desselben Aktes einige Momente: Jagos Fluchtversuch und Otellos Schwertübergabe. Die Regieanweisungen von Ricordi waren für andere Häuser gedacht, die das Werk ebenfalls aufführen wollten. Er gibt genaue Hinweise zu Bewegungen, Personengruppen, Requisiten, Stimmungen auf der Bühne und zum Gesang.

und *Eugen Onegin* oder der deutlichen Charakterisierung der Schmuggler in *Carmen*. Wichtig ist ihm beispielsweise auch, daß der Sänger des Beckmesser in den *Meistersingern* bühnenwirksam verprügelt wird, ohne daß der betreffende Bariton Schaden leidet. Sowohl Gagliano als auch Ricordi gehen von den »grammatischen Grundlagen« der Opernregie aus, wie sie auch hinter dem Sarkasmus von Benedetto Marcello zum Vorschein kommt: der Notwendigkeit von Kommunikation untereinander und des Engagements für die Sache. Dies verbindet sie mit Volbach und den meisten Opernregisseuren des 20. Jahrhunderts, gleichgültig, wie weit deren Regiearbeiten sich von Gagliano und Ricordi oder auch untereinander unterscheiden mögen. Fünf Zitate von Opernleuten des 20. Jahrhunderts sind hierfür Beleg:

Auf das Zusammenwirken aller Künste kommt es an.

(Gustav Mahler, der um die Jahrhundertwende bei den Opern, die er dirigierte, auch in die Regie eingriff.)

Wir werden versuchen, die Interpretation einer Partie mit deren musikalischer Form und Aspekten der Gesangstechnik zu vermitteln.

(Konstantin Stanislawskij in einer Rede an die Studenten des Bolschoi-Opernstudios in den zwanziger Jahren unseres Jahrhunderts.)

In dem Moment, in dem auch nur der geringste Chorsänger sich nicht mehr als Teil des Bühnengeschehens fühlt, reagiert das Publikum genau so und steigt aus.

(Günther Rennert, westdeutscher Theaterdirektor um die Mitte des 20. Jahrhunderts, Intendant in Hamburg und München.)

Musiktheater bedeutet nicht die Inthronisation des Starregisseurs, sondern die des denkenden und sich in die Figur des Stückes verwandelnden Sängers, dem der Regisseur nur eine Hilfe ist – ein Spiegel, der ihm sagt, ob dem Gefühl der inneren Richtigkeit, das der Darsteller hat, auch eine ebenso große Deutlichkeit und Ablesbarkeit für den Zuschauer entspricht; ein Ordner und Bewahrer, der die Funktion des Ganzen genau kennt und das Einzelne dem Ganzen einfügt.

(Joachim Herz, ostdeutscher Regisseur, 1960 anläßlich der Eröffnung des neuen Leipziger Opernhauses.)

Theater hat nichts mit einer Staraufführung zu tun, sonst ist es ziemlich langweilig; Theater ist die Anstrengung einer gemeinsamen Sache. Deshalb ist es von einiger Bedeutung für die Gesellschaft ... Oper ist einzigartig im Zusammenwirken der Künste.

(David Freeman, Regisseur aus Australien, der zwischen 1973 und 1981 die drei Studiobühnen (Opera Factories) in Sydney, Zürich und London gründete.

Wenn man die häufig geäußerte Meinung hört, daß Operninszenierungen vor 1900 für uns zwangsläufig unverständlich und irrelevant seien, da es sich ja immer nur um

DER OPERNTEXT ALS INSZENIERUNGSGRUNDLAGE: 1547 UND 1976. Operninszenierungen wurden zu verschiedenen Zeiten auf unterschiedlichste Art und Weise erarbeitet, wobei jedoch häufig einer zentralen künstlerischen Autorität große Bedeutung zuwuchs. Librettist oder Komponist einer Oper, aber auch Textdichter oder Dirigent eines Opernhauses konnten diese Aufgabe übernehmen wie schließlich auch jemand, der mit einem bestimmten Haus nicht liiert war und ausschließlich als Regisseur arbeitete. Solche künstlerischen Leiter gab es schon bei den Vorläufern der Oper, den höfischen und religiösen Spektakeln des 15. und 16. Jahrhunderts. So wurden die religiösen Spiele des späten Mittelalters manchmal von einem *meneur de jeu* geprobt. Links: Die Miniatur von Hubert Cailleau zeigt einen solchen *meneur de jeu*, der das 1547 in Valenciennes gegebene Passionsspiel leitet. Rechts: Der Regisseur Patrice Chéreau in ähnlicher Funktion, nämlich als Regisseur der Inszenierung von Wagners *Ring des Nibelungen* in Bayreuth anläßlich der Hundertjahrfeier 1976.

bunt zusammengewürfelte Produktionen und völlig unzureichende Aufführungen gehandelt habe, sollte man dagegenhalten, was Gagliano, Marcello und Ricordi zu diesen Fragen im 17., 18. und 19. Jahrhundert zu sagen hatten. Des weiteren hört man, daß wirkliche Regie überhaupt erst um die Jahrhundertwende mit den Arbeiten der unabhängigen, »kreativen« Opernintendanten begonnen habe. Der neue Theaterleiter war natürlich maßgeblich an den Veränderungen beteiligt, die die Operninszenierung ab etwa 1900 – und noch deutlicher nach 1950 – und bis in unsere Gegenwart prägen. Gleichwohl hat es schon immer Inszenierungen gegeben – vor 1900 ebenso wie nach 1900 –, die die »grammatischen Grundlagen« der Gattung Oper zu berücksichtigen versuchten. Komponisten wie Monteverdi und Lully, Händel und Rameau,

Gluck und Mozart, Rossini und Verdi hätten sicher nicht immer wieder für unfähige Bühnen und untalentierte Regisseure komponiert. Und Charles Dickens wäre in den sechziger Jahren des 18. Jahrhunderts Jahren durch Gluck und Gounod in Paris wohl kaum so beeindruckt gewesen, wenn die Leistung der Sänger und des ganzen Hauses der Inszenierung von *Orphée* und *Faust* nicht in vollem Umfang gewachsen gewesen wäre. Man mag Dickens' Reaktion auf Erhabenheit und Größe, die seiner Meinung nach die *Orphée*-Inszenierung auszeichneten, als das Zusammenspiel geringer Sachkenntnis und großer Eindrucksfähigkeit abtun. Ein anderer Zeuge schreibt aber über eine gute Inszenierung desselben Stückes nur zehn Jahre später in Dessau, bei der die Hauptdarsteller

> von einem so edlen Geiste des zartesten künstlerischen Schicklichkeitsgefühls beseelt [waren], wie ich in einer so gleichmäßig schönen Aufführung der lieblichen Gebilde Glucks es nie antreffen zu können verhoffte ... Hier war die Operntheater-Dekoration zu einem, jedem Augenblick lebenvoll mitwirkenden, Grundelement der ganzen Darstellung geworden: in diesem Elemente trug jeder Faktor des szenischen Lebens, Gruppierung, Malerei, Beleuchtung, jede Bewegung, jedes Dahinwandeln zu jener idealen Täuschung bei, die uns wie in ein dämmerndes Wähnen, in ein Wahrträumen des nie Erlebten einschließt.

Zitiert wird hier Richard Wagner, der bei Operninszenierungen perfektionistische Ansprüche vertrat.

Drei Opernwelten: Von 1590 bis 1890

Daß Männer wie Gagliano, Marcello und Ricordi in Regiefragen die gleichen Grundeinsichten teilten, heißt nicht, daß sie die Aufführungsideale der anderen geteilt oder Machtstrukturen und Entscheidungsprozesse in den unterschiedlichen Operntruppen gutgeheißen hätten. Sie entstammten schließlich völlig unterschiedlichen Opernwelten: Gagliano repräsentiert das höfische Spektakel der Spätrenaissance in Italien. Dort gewann die Oper mythischen und religiösen Inhalts als passende Unterhaltung für Herzöge und Kardinäle, später – jenseits der Alpen – für Könige und Kaiser an Bedeutung. Sie stellte sich als weitere Kunstform in eine Reihe mit den schon seit langem eingeführten gesprochenen Tragödien (manchmal mit gesungenen Chören), allegorischen Balletten, teils gesungenen, teils gesprochenen Pastoralen und Verwechslungskomödien mit ausgedehnten, gesprochenen und getanzten Einlagen. Da die frühe Oper im 17. Jahrhundert in Italien mit all diesen Gattungen in Verbindung stand, konnte man bei Inszenierungen auf schon bekannte Bühnenkünste zurückgreifen, ohne völlig neue Regeln aufstellen zu müssen. Das schloß nicht aus, daß man bei einem für wertvoll gehaltenen Werk, das auch in der Folge wieder aufgeführt werden sollte, einige Angaben zu Inszenierungen festhielt, wie im Fall von Gaglianos Vorwort zur Oper *Dafne*.

Wie brachte im frühen 17. Jahrhundert ein Zeremonienmeister Seiner Hoheit eine

Oper auf die Bühne? Man brauchte verschiedene Fachleute: Textdichter, Komponist, Kostümbildner und Bühnenbildner zur Ausführung der nach den Regeln der Perspektive gemalten, beweglichen Bühnenprospekte. Der Bühnenbildner war auch für die Zaubermaschinerie sowie die eventuell notwendige Umgestaltung vorhandener Räume zu einem Theatersaal zuständig. Hier konnte es notwendig sein, eine Bühne und einen Proszeniumsbogen zu konstruieren. Man brauchte jemanden, der Solisten, Chor und Tänzer sowie die stummen Statisten, die Komparsen, besetzte, außerdem einen Tanzmeister, um die schwierigen Tänze und Kampfszenen zu arrangieren und einzuüben. Man brauchte jemanden zur Einstudierung des Werkes, einen Beleuchter für Bühne und Auditorium mit Kerzen und Öllampen, Bühnenarbeiter, Musiker und schließlich die Darsteller der Partien selber. Schauspielerisch wurde primär das Spiel an der Rampe mit stilisierten, leicht verständlichen künstlerischen Mitteln verlangt und offensichtlich wurde so auch gespielt. Der Komponist Filippo Vitali äußerte sich 1620 begeistert über die schauspielerischen Qualitäten der Sänger anläßlich der Aufführung seiner Oper *Aretusa* in Rom:

Die Qualität der Schauspieler läßt sich leicht ermessen, wenn man sich klarmacht, daß es nirgendwo auf der Welt bessere Sänger gibt als in Rom. Durch ihre Gesten unterstrichen sie Worte und Ideen auf das Lebhafteste. Ihre Bewegungen waren graziös, angemessen und natürlich, und aus ihren Mienen ließ sich ablesen, daß sie die Leidenschaften, von denen sie sprachen, im Moment des Sprechens auch miterlebten.

Zwölf Jahre später betont Stefano Landi anläßlich der Inszenierung seiner geistlichen Oper *Sant' Alessio* ein weiteres wichtiges Moment bei der Umsetzung auf die Bühne:

Was soll ich ... zur Bühnentechnik sagen? Das erste Bild der neuen Stadt Rom, der Flug der Engel durch die Wolken, der Auftritt im Himmel der Religion, all das war Ergebnis genialer Ideen und deren Umsetzung mit technischen Mitteln, schien aber mit der Natur selber im Wettstreit zu stehen. Das Bühnenbild war äußerst kunstreich gearbeitet, die Visionen von Himmel und Hölle bezaubernd und die Kulissenwechsel und perspektivischen Darstellungen sogar noch schöner.

Die ungebrochene Einheit höfischer und humanistisch geprägter weltlicher Kultur war die verbindende Grundlage all dieser Kenntnisse über das richtige Verfassen, Darstellen und Ausstatten eines Werkes. Wegen dieser gemeinsamen Grundlage war es auch nicht nötig, den Operntext auf persönliche Art und Weise zu interpretieren, wozu sich ein Regisseur des späten 20. Jahrhunderts bei einer Oper Monteverdis aus Mantua oder eines Werkes von Gagliano, Vitali oder Landi sicher veranlaßt sähe. Natürlich war auch eine Aufführung im 17. Jahrhundert eine »Interpretation«, galt es doch damals wie heute, Entscheidungen darüber zu treffen, wie ein Text auf der Bühne umgesetzt werden kann. Die verschiedenen an der Aufführung beteiligten Künstler vertraten aber ein recht einheitliches Aufführungsideal. Wenn der Librettist bei den Proben anwesend war, konnte er jedoch auf Details der Inszenierung

HEROISCHE STRASSE UND CHRISTLICHE VISION. Die Schlußszene der in Rom aufgeführten Oper *Il Sant'Alessio.* Die nach einem Libretto von Giulio Rospigliosi von Stefano Landi komponierte Oper wurde in den frühen dreißiger Jahren des 17. Jahrhunderts im Palast der Barberini mehrfach gegeben. (Der Stich von François Collignon zeigt das häufig Pietro da Cortona zugeschriebene Bühnenbild.) Eine himmlische Schar steigt herab, um Leben und Tod des Heiligen St. Alexius zu verklären, während die Religion eine Lobrede hält und die Tugenden tanzen. Als 1631 die erste Fassung von *Sant'Alessio* gegeben wurde, hatte das Bühnenbild bei Opern schon eine deutliche Entwicklung erlebt. Es gab nicht mehr nur einfache Landschaften oder Seebilder und Szenen aus der Unterwelt, sondern Schlachtfelder, Höfe, Stadtansichten etc. Die hier vorgestellte Szene entspricht einem szenischen Topos, der im Sprechtheater bis auf die Mitte des 16. Jahrhunderts zurückgeht, der »heroischen Straße«. In den Jahren zwischen 1540 bis 1620 wurde dieser Topos auf unterschiedlichste Art und Weise dreidimensional dargestellt. Das hinter dem Proszeniumsbogen aufgebaute Bühnenbild ist hier im Gegensatz dazu aus den neuen beweglichen, gemalten Kulissen mit entsprechenden Bühnenprospekten gestaltet, die nach den Gesetzen der Perspektive gemalt sind und durch das weiche Kerzenlicht noch echter aussehen. Die starke Achsensymmetrie des Bühnenbildes wird zusätzlich unterstützt durch die Position des Solisten in der Mitte, durch die Choreographie für die Tugenden und die im italienischen Hoftheater des 16. Jahrhunderts entwickelte Wolkenmaschine, von der die Engel herabgelassen werden.

möglicherweise starken Einfluß nehmen. (Giulio Rospigliose, der Librettist von *Sant' Alessio* und vieler anderer Opern, scheint diesen Einfluß genutzt zu haben. Das überrascht nicht, war er doch eine solch starke Führungspersönlichkeit, daß er schließlich als Papst Klemens IX. einem großen Teil der Christenheit vorstand.)

Wenn die Inszenierung einer frühen Oper außer dem Librettisten noch eine weitere einflußreiche Persönlichkeit verlangte, fiel diese Rolle meist dem Zeremonienmeister zu. In ihm vereinigten sich dann die Aufgaben von Intendant (Impresario), Regisseur, Bühnenmeister und Inspizient. Wenn dieser Aufseher der Meinung war, daß seine Erfahrungen auch anderen nützlich sein könnten, faßte er sie vielleicht schriftlich zusammen. Handbücher zur Bühnentechnik hatte es schon im späten 16. Jahrhundert, vor dem Beginn der eigentlichen Oper, gegeben. Um 1630 entstand in Florenz das Werk *Il corago* (lat. *choragus*, derjenige, der das zur Aufführung eines Chores oder Theaterstückes Notwendige überprüft, d. Ü.), bei dem die neue Kunstform Oper im Mittelpunkt steht. Das anonym überlieferte Werk stammt zweifellos von einem Autor, der bei Hofe in der Funktion eines Choragus tätig war oder diese Funktion doch zumindest gerne ausgeübt hätte, und zeichnet das getreue Bild eines modernen Unterhaltungsmanagers. In dem Werk wird auf verblüffend direkte Weise über die Vergabe von Theateraufträgen und über Inszenierungen geschrieben:

> Der Corago muß wissen, welche Gesten zu den gespielten Rollen passen und wie sie auf der Bühne gezeigt werden ... Bei Tänzen, in denen auch gesungen wird, muß der Corago den Ballettmeister dahingehend anweisen, daß dessen Tänze zum Gesungenen auch passen ... Da Chöre auf der Bühne mehrfach auftreten, muß der Corago dafür sorgen, daß sie nicht immer von derselben Seite her auftreten oder abgehen ... Ich überlasse dem Urteil des Corago die Entscheidung über die Beleuchtung der Bühne, die übrigens vor der eigentlichen Bühnenprobe gesondert probiert werden muß.

Durch die Fülle guter und praktischer Hinweise rechtfertigt der Autor von *Il corago* das hohe Ansehen, das er seiner Aufgabe zumißt: Die Bühnenmaschinerie soll gut geölt werden, alle Seilzüge sollen vor dem Aufziehen des Vorhanges überprüft werden, um eventuelle Sabotage auszuschließen, es soll überprüft werden, ob in den Kulissen auch wirklich niemand zu sehen ist, etc. Aber auch die vielen gründlichen Ausführungen zu Theaterproblemen, darunter zum Spiel in der Oper, rechtfertigen sein Ansehen.

> Ein guter [Opern]darsteller sollte vor allem ein guter Schauspieler im Sprechtheater sein, da solche, die besonders gut spielen, hervorragende Wirkungen erreichen, wenn sie außerdem auch gut singen können ... Da man in Musikstücken langsamer als im Sprechtheater spielt, sollten auch die Gesten langsamer gestaltet werden, so daß eine Bewegung der Hand nicht vor dem Ende einer Melodielinie abbricht ... Ab und zu sollte der Gesang durch einige Schritte unterbrochen werden, hier sollte es Instrumentalmusik geben ... Man sollte nicht immer auf der Mitte der Bühne bleiben, sondern sich mal hier, mal dort aufhalten, auf natürliche Weise, aber doch einer gewissen Ordnung folgend.

Giovanni Battista Lulli kam in Florenz zur Welt, als dort *Il corago* entstand. Als Jean-Baptiste Lully sollte er der höfische Musikdirektor par excellence werden, der in den siebziger und achtziger Jahren des 17. Jahrhunderts am Hof von Ludwig XIV. und an der Académie Royale de Musique, der Pariser Opéra, die komplizierte musikalische und dramatische Struktur der französischen Oper entwickelte. Da Lully nicht nur Komponist, Instrumentalist und Tänzer, sondern auch ein geschickter Höfling und besonderer Günstling des absoluten Monarchen war, überrascht es wenig, daß er bei der Realisierung seiner Opern selber autokratische Züge zeigte. Der Ausspruch »L'opéra, c'est moi« ist von ihm zwar nicht überliefert, gedacht hat er so aber mit Sicherheit, und das nicht nur in musikalischen Fragen, sondern auch bei Inszenierungs-

HOFOPER ZUR ZEIT LUDWIGS XIV. Der Gobelin zeigt lebhaftes höfisches Publikum, das mehr oder weniger aufmerksam einer Aufführung im Privattheater des Königs folgt, die wohl auf Anordnung des Monarchen stattfindet. (Ludwig XIV. hatte maßgeblichen Anteil an dem großen Aufschwung der Gobelin-Herstellung.) Darsteller und Publikum sind durch einen mächtigen Proszeniumsbogen voneinander getrennt. Mit größter Wahrscheinlichkeit wird die Oper *Atys* (Text: Quinault; Musik: Lully) gegeben, die vor dem König in Saint-Germain-en-Laye erstmals 1676 aufgeführt wurde. Die Leitung hatte damals der Komponist, Bühnenbild und Choreographie lagen in den Händen zweier seiner berühmtester Kollegen, Jean Berain und Pierre Beauchamps. Das hier anscheinend wiedergegebene Divertissement der Guten und Bösen Träume im dritten Akt zeigt deutlich den Anteil beider Künstler. Atys ist von der Göttin Cybele zur Höhle des Schlafes geleitet worden, so daß diese ihm vorführen kann, welche Freuden ihn erwarten, sollte er ihr Liebhaber werden, und welch drohende Ereignisse in der Zukunft liegen, falls er sie verschmäht. Auf der Vorderbühne links schauen die Guten Träume zu – sitzt Cybele selber in einer Wolke über deren Köpfen? –, während zur Rechten die Bösen Träume in Beauchamps' Choreographie um das Lager des Atys herumtanzen. Die von Berain entworfene Höhle besteht aus flachen Leinwänden, die leicht auf die Bühne geschoben oder von oben weggezogen werden können, um so der Regieanweisung für die Schlußszene der Oper gerecht zu werden: »Angesichts der Bösen Träume wacht Atys plötzlich auf. Schlaf und Träume verschwinden mitsamt ihrer Höhle, und Atys findet sich in demselben Palast wieder, in dem er einschlief.«

details. Zwanzig Jahre nach seinem Tod erinnerte sein Verehrer Lecerf de la Viéville an Lullys Opernregime:

Er hatte ein besonderes Talent für alles, was mit der Bühne zu tun hat ... Er wußte, wie man eine Oper zur Aufführung bringt und die Darsteller führt, ebenso, wie er auch selber eine Oper schreiben konnte ... [Sänger, die er für begabt hielt,] unterwies er darin, wie sie auftreten sollten, wie sie sich auf der Bühne bewegen sollten, wie sie in Bewegung und Gesten graziös wirkten ... Auf der Probe ließ er nur die notwendigen Mitarbeiter zu – Librettist, Maschinist etc. –, so daß er die Schauspieler und Schauspielerinnen ungestört rügen und verbessern konnte. Dabei hielt er seine Hand über die Augen, um seine schlechte Sicht zu verbessern.

Lully bildete eine ganze Generation französischer Sänger-Darsteller aus. Einer seiner Bühnenstars war Marthe le Rochois, deren Interpretation einer leidenschaftlichen Zauberin in Lullys *Armide* eine Meisterleistung klassischer Opernkunst gewesen sein muß, vor allem in der Szene, in der Armide ihren geliebten schlafenden Feind Roland betrachtet (»Enfin il est en ma puissance«):

Ihr Blick zeigte die sie beherrschende Raserei; dann wurde ihr Herz von Liebe erfüllt. Raserei und Liebesglut ergriffen sie im Wechsel. Zuletzt überwogen Mitleid und Zärtlichkeit, und die Liebe siegte. Welch wunderbare, wahre Geisteshaltungen! Welche vielfältigen Gemütsbewegungen in ihren Augen und auf ihrer Miene!

Marthe Le Rochois wurde im Lauf ihrer Karriere zum umjubelten Star auch in Opern anderer Komponisten und unterwies eine ganze Generation jüngerer Sänger-Darsteller. Auf diese Weise trug sie mit dazu bei, daß die von Lully geprägten Inszenierungen die französische Oper bis weit ins 18. Jahrhundert hinein dominierten. Lully hatte zu seinen Lebzeiten einen so wirkungsvollen Inszenierungsstil erarbeitet – ganz ungeachtet der Tatsache, daß er seine Werke drucken und schützen ließ und zudem die Tradition ungekürzter Wiederaufnahmen seiner Werke einführte –, daß man in der Académie Royale de Musique zumindest bis zur Zeit Glucks in den siebziger Jahren des 18. Jahrhunderts gar nicht anders als in seinem Geiste inszenieren konnte. Dabei war es unwesentlich, ob man eines der Werke Lullys gab oder das Repertoire durch ein neues Werk von Marais, Campra, Rameau, Leclair oder Mondonville bereicherte. Die Opéra funktionierte wie eine von seinem Geist heimgesuchte Maschine, in der die einzelnen Bestandteile einer Inszenierung mühelos zum fertigen Bühnenprodukt verbunden wurden: großes, heroisches Spiel der Hauptdarsteller – etwas freier und urwüchsiger, wenn es sich um ein »opéra-ballet« handelte –, bewegende Einwürfe des Chores, der nach einem spektakulären Einmarsch meist recht statisch in u-förmiger Anordnung auf der Bühne stand, atemberaubende Effekte der Bühnenbildner, spektakuläre Kostüme und natürlich wirkungsvolle »fêtes« und abwechslungsreiche Tanzeinlagen, eine besondere Spezialität der Pariser Bühne.

Für den reibungslosen Opernbetrieb in Paris war im 18. Jahrhundert der »syndic chargé de la régie du théâtre«, der Aufsichtsbeamte für den gesamten Theaterbetrieb, zuständig. Er war einer der beiden »syndics« der Opéra, die später als »Messieurs les Directeurs« bezeichnet wurden und beide einem vom Hof ernannten Generalinspekteur verantwortlich waren. Der »syndic chargé de la régie du théâtre« stand deutlich in der Tradition des alten Florentiner »corago«, war er doch für Planung, Besetzung und Beaufsichtigung des Gesamtbetriebes zuständig. Zur Zeit Rameaus scheinen die Amtsinhaber dann ihr Geschäft aber eher nachlässig betrieben zu haben. Sie ließen die einzelnen Fachleute weitgehend führungslos in der Hoffnung agieren, daß am Ende doch ein alle Künste zusammenführendes, hervorragendes Ergebnis produziert werde. Besetzungsentscheidungen waren aber immer schwierig. Zunehmend gravierender wurde eine Frage, die schon im *Il corago* diskutiert worden war: »ob man einen passablen Musiker und perfekten Darsteller oder einen herausragenden Musiker mit wenig oder keinem Talent zum Spiel besetzen solle«. In der Ära nach Lully wurde die Musik der französischen Komponisten des 18. Jahrhunderts immer komplexer und anspruchsvoller, so daß einige stimmlich hervorragend begabte Darsteller denken mochten, sie seien Nachtigallen im Kostüm, die von dem Handlungsgeschehen auf der Bühne kaum noch berührt wurden. Einer dieser Sänger war der Tenor Jélyotte, der einige wichtige Partien von Rameau kreierte. Der Librettist Charles Collet beschrieb ihn als einen »einzigartigen Sänger, aber er hat keine Bühnenpräsenz oder schauspielerische Begabung, ... keine Leidenschaften oder Würde«. Es gab aber auch Sänger-Darsteller wie den Bariton Chassé, der ebenfalls in Opern Rameaus glänzte und den der Musiker und Philosoph Rousseau als Idealtypus charakterisierte. Er sei ein Sänger mit einer guten Stimme, der außerdem seine Rolle lebe. Solch ein Sänger – so Rousseau in der bedeutenden französischen *Encyclopédie* –

> muß uns nicht nur fühlen lassen, was in ihm selber vorgeht, sondern auch das mitteilen, was er der instrumentalen Begleitung zu beschreiben überläßt. Das Orchester darf keine Emotion zeigen, die nicht der Seele des Sängers entstammt. Schritte, Aussehen, Gesten, alles muß unaufhörlich mit der Musik übereinstimmen, allerdings ohne absichtliches Bemühen des Sängers. Er muß immer interessant wirken, auch wenn er schweigt. Auch in einer schwierigen Rolle darf er das Spiel nie zugunsten des Gesangs vernachlässigen: dann ist er nichts weiter als ein Musiker auf der Bühne und kein Schauspieler mehr.

Zweihundert Jahre später verlangte der Regisseur Walter Felsenstein das gleiche von seinen Darstellern und wurde wegen dieses Anspruchs für unerbittlich gehalten.

Gaglianos 1608 publiziertes Handbuch zur Inszenierung der *Dafne* markierte den Beginn der italienischen und französischen Oper, die im engen Zusammenhang zu höfischem Zeremoniell stand. *Il teatro alla moda*, Marcellos Handbuch um 1720, in dem er niederlegte, wie venezianische Opern *nicht* gegeben werden sollten, repräsentierte dagegen eine andere Operntradition: Es ging hier um italienische oder von der italienischen Oper geprägte Werke, von den späteren Opern Monteverdis in den dreißiger und vierziger Jahren des 17. Jahrhunderts bis zu den frühen Opern Giu-

DIE PARISER OPÉRA IN DEN VIERZIGER JAHREN DES 18. JAHRHUNDERTS. Lullys posthumer Ruf in Frankreich war so groß, daß sich an der Pariser Opéra bis weit in die Mitte des 18. Jahrhunderts Wiederaufnahmen seiner Tragédies lyriques mit Inszenierungen neuer Werke abwechselten. Auf Gabriel Saint-Aubins Gemälde ist festgehalten, wie 1747 eine elegante Gesellschaft im Theater des Palais Royal – von 1673 bis 1763 Heimstätte der Opéra – die sechzig Jahre früher entstandene *Armide* ansieht. Saint-Aubin zeigt in seinem Aquarell die Liebesszene aus dem fünften Akt zwischen Armida mit ihrer Zauberrute und dem unmännlich mit Blumen bekränzten Rinaldo. Die Symmetrie von Armidas Zaubergarten wird durch den Auftritt des berühmten Chors der Opéra noch unterstützt. Der Chor spielt hier die von Armida zur Unterhaltung Rinaldos herbeigerufenen Freuden und Frohen Liebhaber. Saint-Aubin präsentiert diesen Zaubergarten als scheinbar dreidimensionale Kulisse, die in Wirklichkeit aber aus Leinwänden, Soffiten und Hintergrundprospekten besteht, die, durch Öllampen und Kerzen beleuchtet, dem Auge diese Tiefenwirkung nur vorgaukeln. Das Gemälde vermittelt ein Gefühl von Wärme, von der Zugehörigkeit zu einer durch gemeinsame ästhetische Prinzipien getragenen gesellschaftlichen Schicht, gleichzeitig aber auch ein wenig Klaustrophobie. Auf der Bühne oder vor der Bühne gibt es kaum ein nicht besetztes Fleckchen. Auswärtige Besucher des Palais Royal empfanden das Theater als strahlend schön, gleichzeitig aber auch als überraschend klein. Die Protagonisten, die in Kleidern ihrer Gegenwart spielen, agieren bis weit in den Zuschauerraum hinein. Die Damen in den Proszeniumslogen sitzen nicht nur hinter den Hauptdarstellern, sondern sogar noch hinter einigen Choristen!

seppe Verdis zweihundert Jahre später. Bei diesen Opern standen Rezitativ und Arie im Mittelpunkt, Chor und Tanzszenen hatten weniger Bedeutung. Die Opernsujets entstammten meist nicht den Mythen und dem Leben der Heiligen, sondern wurden der Historie oder der Gegenwart entnommen, in beiden Bereichen allerdings in bezug auf Faktentreue mit großer Freiheit. Die Inszenierung lag in der Hand kommer-

STANDARDSZENEN DES BAROCK. Die Bühnenbilder von Giacomo Torelli prägten die Bildersprache der in der Mitte des 17. Jahrhunderts entstandenen »öffentlichen« Oper vielleicht am entschiedensten. Torelli arbeitete in den frühen vierziger Jahren des 17. Jahrhunderts am venezianischen Teatro Novissimo, das wahrscheinlich sogar auf seine eigenen Entwürfe zurückgeht. Obwohl er vor seinem Wechsel nach Paris nur etwa ein halbes Dutzend venezianischer Inszenierungen gestaltete, setzte er doch Zeichen durch die Kühnheit seiner Bühnenbilder und durch seine technischen Erfindungen. So ließ er beispielsweise unter dem Bühnenboden eine kraftsparende Winde einbauen, die das schnelle und leichte Austauschen von Kulissen und Hintergrundprospekt ermöglichte. Vorher waren für den gleichen Arbeitsgang viele Bühnenarbeiter benötigt worden. Jede der vier hier abgebildeten und von Torelli gestalteten Szenen konnte bei offenem Vorhang und innerhalb weniger Sekunden in die nächste verwandelt werden. Die Bilder entstammen der Aufführung von *Venere gelosa* aus dem Jahr 1643 (Musik von Francesco Sacrati, Libretto von Niccolò Bartolini). Gezeigt werden einige Schauplätze, die den Neid der Venus hervorrufen, obwohl Venus diesen Affekt sonst nicht kennt: Eine Stadtszene auf der Insel Naxos, die von Pluto und Proserpina beherrschte Unterwelt, die durch eine Höhle erreicht wird, einen Hof im königlichen Palast von Naxos und ein von Satyren bewohnter Hain. Auch wenn verschiedene Bühnenbildner diese Motive immer wieder variierten – wie außerdem die üblichen Seebilder, Steinwüsten, barocke Gartenanlagen, Zeltlager, Tempel, Staatsgemächer und dunkle Verliese –, bildeten sie doch für die nächsten anderthalb Jahrhunderte die Basis fast aller szenischer Gestaltung in der Opera seria. Es war deshalb durchaus sinnvoll, wenn ein Opernhaus eine Reihe dieser Kulissen baute und sie dann immer wieder und ohne Rücksicht auf historische oder geographische Richtigkeit benutzte. Um Detailtreue bemühte man sich kaum vor dem späten 18. Jahrhundert, wenn man von den gelegentlich verlangten türkischen oder chinesischen Motiven einmal absieht.

zieller Operntruppen, die von unabhängigen Theaterdirektoren, von Ausschüssen opernbegeisterter Würdenträger oder den Intendanten fürstlicher Höfe unter Vertrag genommen wurden. Das galt nicht nur für Italien, sondern auch für so entfernte Orte wie Lissabon, London und St. Petersburg.

Dieser Traditionsstrang der Operngeschichte erreichte die neuerungssüchtigen Opernhäuser in Venedig – erste Hauptstadt dieser Opernwelt – in der Mitte des 17. Jahrhunderts. Der Tagebuchschreiber John Evelyn und sein Freund Lord Bruce reservierten 1645 für einen Abend im voraus Plätze im Teatro Novissimo:

Heute abend gingen wir in die Oper. Das ist ein Schauspiel, bei dem die Worte in Rezitativen gesungen werden. Sie wird aufgeführt von den besten Gesangs- und Instrumentalmusikern. Die Opern haben eine Fülle von gemalten Bildern, die mit aller Kunst der Perspektive ausgeführt sind, dazu Maschinen, mit denen man durch die Luft fliegen und andere erstaunliche Bewegungen machen kann. Das alles zusammen ist ohne Zweifel eine der herrlichsten und aufwendigsten Zerstreuungen, die der Menschengeist ersinnen kann. Es ging um Herkules in Lydien, die Bühnenbilder wechselten dreizehnmal.

Anna Renzi spielte an dem genannten Abend in Rovettas Oper *Ercole in Lidia* die Heldin. Evelyn schreibt, daß sie als bester weiblicher Sopran gelte, er hielt allerdings einen Kastraten im Ensemble für noch besser. Dennoch war die Renzi, die die Rolle der Ottavia in Monteverdis *L'incoronazione di Poppea* kreiert hatte, eindeutig eine Operndiva ihrer Zeit. Im Jahr zuvor hatte der Librettist Giulio Strozzi über diese Sängerin eines der ersten Bücher für Opernfans geschrieben, *Le glorie della Signora Anna Renzi romana.*

Unsere Signora Anna ist mit einem solch lebensnahen Ausdruck begnadet, daß ihre Einwürfe und Reden wie im Moment erdacht und nicht auswendig gelernt erscheinen. Sie wird vollständig zu der Person, die sie auf der Bühne darstellt, und scheint mal die Thalia voller komischer Heiterkeit, mal die Melpomene voller majestätischer Trauer zu sein.

In der frühen »öffentlichen« Oper hatte solch ausdrucksstarkes Spiel seinen eigenen Platz neben brillantem Gesang, dem Zauber szenischer Effekte, irritierender Verzwicktheit venezianischer Opernstoffe und der Musik. Auch als die Arien der Handelnden gegen Ende des Jahrhunderts immer komplizierter und stimmlich anspruchsvoller wurden – Komponisten wie Cavalli, Cesti und Alessandro Scarlatti trugen dazu bei –, gab es immer noch begabte oder gewissenhafte Schauspieler-Darsteller, denen es gleichermaßen wichtig war, virtuos zu singen wie auch eine Rolle mit überzeugender Körpersprache zu spielen. Sogar die englischen Meinungsführer Richard Steele und Joseph Addison, beides keine Freunde italienischer Oper, mußten dies 1710 zugestehen. Damals trat der Kastrat Nicolini in Francesco Mancinis *Idaspe fedele* in London auf. Steele schrieb in der Zeitung *The Tatler* (Nummer 115), daß Nicolini »jede Opernrolle ebensosehr durch sein Spiel, wie die Worte derselben mit seiner Stimme gestaltet ... Es gibt kaum eine schöne Gebärde einer antiken Statue, die er nicht einnimmt, wenn ihm die Handlung Gelegenheit dazu gibt« (Steele denkt hier an den Kanon klassischer Schönheit wie den Apoll von Belvedere, den Farnesinischen Herkules und den Sterbenden Gallier). Addison empfahl den englischen Schauspielern in der 13. Ausgabe des *Spectator*, »diesen großen Meister zum Vorbild zu nehmen. Wenn sie auf vergleichbare Weise ihre Arme und Beine bewegen könnten, ihre Gesichter mit ähnlichen sprechenden Blicken und Leidenschaften versehen, wie wunderbar müßte dann eine englische Tragödie wirken!«

Vor allem als die venezianische Oper des späten 17. Jahrhunderts sich unter dem Einfluß der französischen Neo-Klassik zur Opera seria des 18. Jahrhunderts wandelte, scheint die Versuchung immer größer geworden zu sein, die charakterisierende Darstellung auf der Bühne angesichts immer längerer und brillanterer Arien zu vernachlässigen. Wer sich für die Laufbahn des Sängers entschied, ging davon aus, daß ein Opernsänger vor allem über eine hervorragende Gesangstechnik und einige wenige Gesten verfügen müsse. Die Opera seria mit ihrem relativ gleichmäßigen Wechsel zwischen Secco-Rezitativen, die die Handlung vorantreiben, und kontemplativen Arien kam dieser Tendenz zweifellos entgegen. Angesichts von sorgsam ausgearbeiteten Arien, die in Da-capo-Form geschrieben waren und bei deren Schlußritornell die Sänger in die Kulissen abtreten konnten, fragte man sich zu Recht, wie der Sänger den A-Teil bei der Wiederholung überzeugend charakterisieren könnte. Von hier war es nur noch ein kleiner Schritt zu Marcellos *Teatro alla moda*, vor allem dann, wenn man jegliche Dramatik unterband, ausschließlich auf Virtuosität setzte und die Partien mit von sich selbst überzeugten Sänger-Nachtigallen besetzte. Man kann sich leicht die schmollende Primadonna und den umherstolzierenden Kastraten vorstellen, deren schlechte Leistungen durch inkompetente Bühnenbildner und wenig inspirierte Dichter noch negativ verstärkt wurden.

EIN ALTES MOTIV IN NEUEM LICHT. Bühnenbild für die königliche Bibliothek (zweiter Akt, letzte Szene) in Filippo Amadeis Oper *Teodosio il giovane*, die 1711 in Rom gegeben wurde. Es handelt sich bei der Abbildung um eine der Skizzen für die Oper, die von dem perspektivischen Zeichner und Architekten Filippo Juvarra angefertigt wurden. Ein prächtiges königliches Gemach, das mit Mitteln der Perspektive gezeichnet war, bedeutete zu dieser Zeit nichts Neues. Neu war aber – Juvarra zeigte hier ein besonderes Gefühl für atmosphärisches Detail – das Verschieben des Bildsujets zur Seite hin, so daß die perspektivische Achse ihren Fluchtpunkt nicht mehr in der hinteren Bühnenmitte oder noch jenseits dieses Punktes hatte. Eine so gestaltete *scena per angolo* ist zweifellos eindrucksvoll, verliert aber an Stabilität. Auch die bisher übliche symbolische Achse, die vom Auge des in der Mitte sitzenden Herrschers des *ancien régime* bis zum Bühnenhintergrund reichte, geht hierbei verloren. Bei dieser symbolischen Achse spielt es im übrigen keine Rolle, ob man eine solche zentrale Figur im Publikum nur annahm, oder ob sie wirklich anwesend war. Die *scena per angolo* war ein frühes und deutliches Indiz für neue bühnenbildnerische Ideen in bestimmten Theatern des 18. Jahrhunderts, die letztlich zur Beseitigung formaler Symmetrie bei der Bühnenbildgestaltung führen sollten. Alexander Pope hatte die Axialsymmetrie des frühen Barock mit einem Bild der alten Gartenbaukunst geschmäht: »Ein Wäldchen nickt dem anderen zu, jede Allee hat ihren Bruder, und die Hälfte der Bühne spiegelt lediglich den anderen Teil wider.«

Es mußte aber nicht so sein. In seiner Satire ging Marcello ganz offensichtlich davon aus, daß eine gelungene Opera seria dramaturgisch überzeugen könne, wenn die Operntruppe sich untereinander verständige, wenn musikalische und dramaturgische Fragen berücksichtigt werden und jeder sich darum bemüht, menschliche Charaktere auf der Bühne darzustellen. Berichten über hervorragende Sänger-Darsteller der Opera seria kann man entnehmen, daß es solche Inszenierungen gegeben hat. Als beispielhaft galten Händels Operninszenierungen in London oder Theaterereignisse auf dem Kontinent, die sich durch ein Bühnenbild von Juvarra oder den Bibienas auszeichneten. Die venezianische Mezzosopranistin Faustina Hasse, geb. Bordoni, bezeichnenderweise ein Schützling Marcellos, wurde von Joseph Joachim Quantz als »zum Singen und Spielen geboren« bezeichnet (»Sie bewegte sich in glücklichster Weise auf der Bühne, und da sie die volle Kontrolle über ihr Mienenspiel hatte, konnte sie in gleicher Weise in wütenden, liebevollen oder zärtlichen Partien reüssieren«). Auch der Altkastrat Senesino, über den Roger Pickering 1755 in seinen *Reflections upon Theatrical Expression* schreibt, zählte zu diesen bewunderten Sänger-Darstellern: »18 Jahre haben die deutliche Erinnerung an sein großartiges und natürliches Spiel in einer Szene [ein Vater trauert um den Sohn, der sich selbst geopfert hat] nicht verblassen lassen, die nach fast jeder nur denkbaren Leidenschaft verlangt.«

Welche Literatur konnte eine Operntruppe bei der Einstudierung einer Opera seria zu Rate ziehen? Es gab mindestens ein halbes Dutzend Werke. Die Grundlagen barocker Schauspielkunst mit dem ihr eigenen, ein wenig holzschnitthaften Repräsentationsstil, waren in verschiedenen Handbüchern festgehalten und galten für gesprochene wie für gesungene ernste Stoffe gleichermaßen. Wortreichen Abschnitten oder tragischen Monologen im Sprechtheater entnahm man Hinweise zur bühnenwirksamen Inszenierung einer Da-capo-Arie oder eines instrumental begleiteten Rezitativs. Die Erfahrungen des Theaterdirektors konnten bei der Probe nützlich sein, der musikalische Leiter der Inszenierung, häufig der Komponist selber, gab Hinweise, und der Souffleur half vielleicht dabei, jeder Hauptperson die angemessene Zahl von Pagen, Ehrenwachen, Dienerinnen und ähnlichen Komparsen zuzuordnen. Wenn der Librettist auch nicht immer an den Proben teilnahm, so hatte er in seinem Libretto doch häufig recht umfangreiche Regieanweisungen festgehalten. Ein für mehrere Aufführungen gedrucktes Libretto vereinigte in sich die Funktionen des im 20. Jahrhundert üblichen Programmheftes und über der Bühne gezeigten Untertitel. Das im Opernhaus erhältliche Textbuch verzeichnete die Besetzung und enthielt den kompletten italienischen Text. Wurden Opern außerhalb Italiens gegeben, gab es eine neben dem Originaltext abgedruckte Übersetzung in der jeweiligen Landessprache des Publikums. Da die Beleuchtung im Opernhaus nicht gedämpft wurde, konnte man den Text leicht mitlesen. Zusätzliche Kerzen – zum besseren Mitlesen des Librettos – waren manchmal außerdem noch erhältlich. Der Librettist konnte bei

Inszenierungsfragen auch aus der Ferne behilflich sein. So reagierte beispielsweise der berühmte Metastasio, dessen Libretti im 18. Jahrhundert dutzende Male vertont wurden, jahrzehntelang schriftlich auf entsprechende Fragen von Komponisten, Theaterunternehmern, Opernagenten und -intendanten. Seine Antworten konnten aus einer umfangreichen Charakteranalyse des Protagonisten, aber auch aus dem revidierten Libretto mit einem kleinen, höflichen Hinweis bestehen: »Sie werden [beiliegend] alle Auftritte, Abgänge, Bühnenaktionen der handelnden Personen finden, so wie ich sie vor mir sah, als ich die Oper schrieb ... Sie brauchen meine Hinweise nicht berücksichtigen, bei eventuell auftretenden Schwierigkeiten könnten sie Ihnen aber durchaus nützlich sein.«

Waren der Librettist oder ein Hausdichter im Theater anwesend, besorgten sie meist die Aufführung. Das gilt nicht nur für die Opera seria, sondern auch für die kraftvollere Opera buffa, die sich neben der Opera seria entwickelte und noch für die romantische Belcanto-Oper, die im frühen 19. Jahrhundert in Italien den genannten Operntypen folgte. Carlo Goldoni, der große Dramatiker des 18. Jahrhunderts, wirkte als ein mit dem Opernhaus verbundener Librettist. Er berichtet, daß er zu Beginn seiner Karriere für Antonio Vivaldi als Textlieferant und Regisseur gearbeitet habe. In seiner 1761 geschriebenen Komödie *Der Impresario von Smyrna* stellte er neben den anderen an einer Opernaufführung Beteiligten auch einen typischen Librettisten seiner Zeit auf die Bühne (»Ich zeige den Sängern, wie sie agieren sollen, führe Regie, kümmere mich um die Damen in den Logen, arbeite mit den Komparsen und pfeife, wenn ein Bildwechsel erfolgen soll«). Auch später haben Textdichter in Italien Aufführungen sowohl einstudiert als auch geleitet. Es ist überliefert, daß Lorenzo da Ponte 1787 eine Woche in Prag war, um die Schauspieler vor der dortigen Premiere von Mozarts *Don Giovanni* einzuweisen. Von Felice Romani, dem Librettisten Bellinis, weiß man aus einem Bericht seiner Frau, daß er den Tenor Giovanni Battista Rubini 1827 in Mailand auf die Premiere von *Il pirata* vorbereitete – sicherlich eine undankbare Aufgabe, da Rubini nachgesagt wurde, ein guter Sänger, auf der Bühne aber völlig unbegabt zu sein. Romani arbeitete intensiv mit ihm: »Steh auf, zurück, bewege dich, gestikuliere ... Nein, nein, nicht so ... jetzt bist du böse ... einen Schritt zurück ... deutlich sprechen.« Von Salvadore Cammarano, dem Librettisten Donizettis am Teatro San Carlo in Neapel, gibt es Notizen über die Inszenierung von *Lucia di Lammermoor* im Jahr 1835: Auftritte und Abgänge, Lageskizzen für Möbel und Requisiten, Hinweise zum Gebrauch der Waffen, Regieanweisungen für Komparsen und Chor. Cammarano wurde in den Büchern des Theaters bezeichnenderweise geführt als »Dichter, der damit befaßt ist, Opern auf der Bühne umzusetzen«. Chor und Komparsen gewannen in der italienischen romantischen Oper gegenüber ihrer eher untergeordneten Rolle in Opera seria und buffa zunehmend an Bedeutung. Trotz dieser Hinweise wissen wir aber nicht, ob Cammarano Einfluß darauf hatte, wie Fanny Persiani in der von ihm geschriebenen Wahnsinns-Szene der Lucia aussah und

EIN SCHWEDISCHES DORNRÖSCHEN. Das Theater von Drottningholm (= Insel der Königin) in der Nähe Stockholms gehört zu den wenigen Bühnen Europas, die im 19. Jahrhundert und bis in unsere Gegenwart von Umbauten verschont blieben. Das Theater wurde 1766 von Carl Fredrik Adelcrantz als Nebengebäude des früheren Königinnenpalastes am Ufer des Mälar-Sees für Königin Luise Ulrike, die Schwester Friedrichs des Großen, erbaut. Seine Blütezeit erlebte das Theater zwischen 1777 und 1792, als es deren Sohn Gustav III. gehörte, einem König, der Gluck verehrte und von leidenschaftlicher Liebe fürs Theater besessen war. Gustav III. ließ in Drottningholm Opern, Ballette und Schauspiele aufführen, die häufig unter seiner eigenen Leitung standen. Nach seiner Ermordung 1792 – Verdis Oper *Un ballo in maschera* nimmt dieses Ereignis zum Vorwurf – wurde das Theater kaum noch gebraucht, so daß es das ganze 19. Jahrhundert hindurch praktisch unberührt blieb. 1921 entdeckte man, daß im Theater die Bühnenmaschinerie eines kleinen, aber gut ausgestatteten Hoftheaters aus dem späten Barock und eine Menge originaler Bühnenbilder erhalten waren. Bei diesen Bühnenbildern handelte es sich um die komplette Ausstattung für mehr als zwölf Werke (einige für eine bestimmte Inszenierung, andere als fertige Szenen, die in verschiedenen Stücken zum Einsatz kommen konnten) sowie zahlreiche weitere Kulissen. Gezeigt wird hier die aus verschiedenen Teilen zusammengesetzte »heroische Straße«, die aus drei paarweise angeordneten beweglichen Kulissen mit sorgfältiger Kulissenmalerei, vier Soffitten, einer eindimensionalen klassischen Statue und der Wellenmaschine des Hauses besteht. Im 20. Jahrhundert wurden in Drottningholm Mozart-Opern und Werke aus der Zeit vor Mozart inszeniert. Dabei verwendete man exakte Kopien der alten Bühnenbilder und imitierte den Effekt des originalen Kerzenlichts durch entsprechende elektrische Beleuchtung.

wie sie die Szene gestaltete. Die Sängerin hatte ihm gegenüber jedenfalls die einflußreichere Position, verdiente sie doch etwa das vierundzwanzigfache seines Salärs. So jedenfalls schlug es der neapolitanischen Journalist Vincenzo Torelli 1848 in einem Budget vor, das er für »unsere Königlichen Theater« aufstellte. Er verzeichnete darin eine »besonders ausgezeichnete Primadonna« mit einem monatlichen Einkommen von 1200 Dukaten und einen Textdichter, »der Opern auf die Bühne bringen soll«, mit einem Monatseinkommen von 50 Dukaten.

Der junge Verdi schrieb seine erste, heute verschollene Oper *Rocester* im Jahr 1836, nur ein Jahr nach der *Lucia*. Und doch scheinen zwischen Cammaranos Aufführungshinweisen zur *Lucia* – 750 Worte – und Ricordis 100 Seiten starkem Handbuch zur Aufführung von Verdis später Oper *Otello* im Jahr 1887 Welten zu liegen. Ricordis Buch enthält 250 Skizzen, unzählige Details und strenge Vorgaben für Regisseur und Opernensemble. Die größere Genauigkeit bei Inszenierungsfragen setzte allerdings nicht unvermittelt ein, sondern hatte ihren Ursprung in der Mitte des 18. Jahrhunderts, als sich zahlreiche Vertreter der Aufklärung mit dem zeitgenössischen Opernbetrieb unzufrieden zeigten und nach neuen Wegen jenseits der festgefahrenen Gattungsnormen von Opera seria, Opera buffa, Tragédie lyrique oder »opéra-ballet« suchten. Die Aufklärer, die Schlichtheit, Empfindsamkeit und starke Emotionen propagierten, kritisierten die Arien der italienischen Opera seria wegen ihrer Länge und Überladenheit. Ihrer Meinung nach unterbrachen diese Arien die Handlung zu stark und führten das Bühnengeschehen nicht weiter. In französischen Opern waren die Arien kürzer, aber hier standen die Chöre im Mittelpunkt der Kritik. Sie wirkten im musikalischen Geschehen wie monolithische Blöcke und standen fast bewegungslos im Halbkreis auf der Bühne (einen Beobachter erinnerten sie an eine Reihe von Statuen, einen anderen an Orgelpfeifen). Ein weiterer Kritikpunkt war, daß die Tänzer bei den in der französischen Oper üblichen Tanzeinlagen häufig altmodische Masken trugen, die keinen Zusammenhang mit dem Bühnenstück erkennen ließen. Auf italienischen Bühnen bewegten sich Komparsen häufig nachlässig und oberflächlich. Wohin die Aufklärer nur schauten, fehlte persönliche Gestaltungskraft, lebhafte Personenführung und zielgerichtete Regie.

Die hier beschriebenen Mißstände beruhten auf musikalischer Gleichgültigkeit und nachlässiger Organisation. Die Aufklärer hielten eine grundlegende Erneuerung der Oper zugunsten eines wirklichen Musikdramas für notwendig. Das althergebrachte Zusammenspiel unabhängiger Künste in der Oper schien nicht mehr zu funktionieren. Gluck und einige andere Komponisten seiner Zeit schrieben die neue Musik, die die Handlung auf der Bühne wirkungsvoll unterstützte. Calzabigi, der mit Gluck an zwei seiner wichtigsten Partituren aus den sechziger Jahren des 18. Jahrhunderts arbeitete, *Alceste* und *Orfeo ed Euridice*, beschreibt dieses neue Musiktheater: alles hänge »vom Auge des Betrachters und damit von der Aktion« ab, die Musik »richtet sich genau nach dem Bühnengeschehen«. Ein anonymer Pariser Beitrag aus den siebziger Jahren des 18. Jahrhunderts versuchte die Bedeutung Glucks bei dieser Opernreform angemessen zu würdigen. Gluck wurde in dem Beitrag mit einem Titanen der griechischen Mythologie verglichen. Zu Beginn seiner Reformbestrebungen, so heißt es weiter, fand Gluck

Statisten, die sich Chor nannten, [und] einige Schauspieler, die genauso farblos waren wie die Musik, die sie sangen. Andere Schauspieler brachten – durch pure Lungenkraft und starke Bewegungen – ein scheußliches, lautes Brummen und unbewegtes, wenig beteiligtes Spiel auf die Bühne. [Aber] Prometheus schwang seine Fackel, und den Statuen wurde Leben eingehaucht ... Die Schauspieler erkannten, daß eine Musik [wie die von Gluck], die sowohl beredt als auch ausdrucksstark ist, nur tief empfunden werden muß, um sie auf der Bühne wahrhaftig umzusetzen. Die Choristen entdeckten voller Wunder, daß sie Schauspieler waren, nachdem sie, die vorher wie leblos gewirkt hatten, nun durch menschlichen Geist zum Leben erweckt worden waren.

(Wir finden hier ein in der Inszenierungsgeschichte ständig wiederkehrendes Motiv: »wie gut, daß wir es inzwischen besser machen als damals...«)

Beim zeitgenössischen Tanz konnte man Vorbilder für das ganz neue Verhalten auf der Bühne suchen. Jean-Georges Noverre ersetzte abgezirkelte, traditionelle Formen durch eine Gestaltung mit stärkerer dramaturgischer Spannung. Als Vorbild konnte auch der im Sprechtheater für seine Interpretationen shakespearscher Rollen berühmte David Garrick dienen, der auf der Bühne spontaner und kraftvoller agierte als seine Vorgänger. (Glucks erster Orpheus, Gaetano Guadagni, übernahm in den vierziger Jahren des 18. Jahrhunderts in London viele schauspielerische Elemente von Garrick.) Zur Umsetzung eines neuen Stils auf der Opernbühne bedurfte es aber auch institutioneller Veränderungen. Es reichte nicht mehr aus, daß der am Haus wirkende Dichter oder ein »syndic de la régie« ihre eigenen Erfahrungen einsetzten. Ein völlig neuer Ansatz war notwendig. Noverre selber, der zu unterschiedlichen Zeiten ein Kollege von Garrick wie auch von Gluck und Mozart gewesen war, schlug in seinen 1760 erschienenen *Lettres sur la danse* etwas Neues vor:

Der Erfolg hängt vor allem vom Textdichter ab, da er das von ihm imaginierte Bild mit mehr oder weniger Schönheit ausstattet, eine passende oder weniger passende Handlung aussucht und so das Interesse der Zuschauer unterschiedlich stark wecken kann – sein Genius ist ausschlaggebend. Dem vom Textdichter nur in der Fantasie vorgestellten Kunstwerk geben dann fünf Künstler Leben: der Komponist, der Ballettmeister, der Bühnenbildner, der Gewandmeister und der Bühnenmeister. Diese alle müssen auf gleiche Weise zur Perfektion und Schönheit des Werkes beitragen, indem sie der grundlegenden Vorstellung des Dichter Folge leisten. Der Textdichter muß all diese Bemühungen sorgfältig überwachen, er muß auf jedes Detail achten.

Nicht immer hatte der Textdichter bei der im 18. Jahrhundert üblichen Arbeitsteilung die Hauptrolle. Manchmal fiel diese Aufgabe auch dem Intendanten des Opernhauses zu. Im Winter 1780/81 scheint das am Münchner Hoftheater der Fall gewesen zu sein, wo der Intendant Seeau alle künstlerischen Kräfte für die Vorbereitungen zu

VON SCHLÖSSERN UND ZINNEN. E. T. A. Hoffmanns einflußreiche romantische Zauberoper *Undine*, die im hohen Norden spielt, wurde 1816 am Königlichen Theater in Berlin uraufgeführt. Die Ausstattung besorgte Karl Friedrich Schinkel, Architekt, Landschaftsmaler und Spezialist für Dioramen, der zwischen 1815 und 1828 auch Werke von Gluck, Spontini und anderen Komponisten ausstattete sowie eine berühmte Szenenfolge für Mozarts *Zauberflöte* schuf. Der Einfluß seiner bühnenbildnerischen Arbeiten ist der Wirkung von E. T. A. Hoffmanns romantischer Zauberoper fast gleichzusetzen. Seine Skizze für das Bühnenbild zum dritten Akt zeigt eine gotische Brücke, die zum Wasserschloß des Huldbrand von Ringstetten führt. (Am Ende des Aktes zieht die von Huldbrand betrogene Undine diesen mit in ihr ursprüngliches Element, das Wasser.) Für Schinkel und seine Zeit gleichermaßen typisch sind die historische Genauigkeit der Bühnenbilder und das Bemühen um poetische Atmosphäre. Ein asymmetrisches Bühnenbild – eigentlich das Spiel genau austarierter symmetrischer Bezüge – findet man bei Schinkel eher selten, für Bühnenbilder des späten 18. Jahrhunderts wurde eine solche Asymmetrie aber zunehmend wichtiger. Die erstaunliche Weite und Leichtigkeit des Bühnenbildes beruht zumindest teilweise auf Schinkels Prinzip, die Opernbühne nicht mit Dekorationselementen zu überfrachten, sondern als einziges wirklich wichtiges gestalterisches Element Panoramen am hinteren Bühnenrand aufzubauen. Seitliche Kulissen wurden an den Rand der Bühne gedrängt, einmal wegen der gebotenen Schlichtheit, dann aber auch, um jedem Zuschauer die gleiche gute Sicht auf die Bühne zu ermöglichen.

Mozarts *Idomeneo* sammelte. Bei höfischen Theatern konnte auch der König diese Funktion übernehmen. Gustav III. von Schweden, der zahlreiche aufklärerische Operntexte entwarf, war ein solcher Monarch, der es sich auch nicht nehmen ließ, auf der Probe den gewünschten Sturz eines Protagonisten zu demonstrieren. Schließlich konnte aber auch dem Komponisten die Hauptaufgabe bei der Inszenierung einer Oper zufallen, wie am Stuttgarter Hoftheater Niccolò Jommelli, einem weiteren Kollege von Noverre. Der Dichter und Musiker Daniel Christian Schubart beschreibt das als Augenzeuge:

GRAND OPÉRA DE LUXE. *Robert le Diable* (1831) war Meyerbeers erste Pariser Grand Opéra und zugleich seine erste gemeinsame Arbeit mit Eugène Scribe. Das Werk wird in der Pariser Oper gegeben, wo es bis 1850 mehr als 250 Aufführungen erlebte. Bertram, der böse Geist des Helden Robert, erreicht vor diesem ein verlassenes ehemaliges Nonnenkloster in Sizilien, wo Robert einen Zauberzweig suchen soll. Die von Bertram angerufenen sündigen Nonnen steigen als Gespenster aus ihren Gräbern – es sind so viele, daß es fast den Anschein hat, sämtliche Nonnen hätten zu Lebzeiten ihre Gelübde gebrochen – und wollen in dem hier festgehaltenen Moment gerade einen heidnischen Tanz beginnen. Meyerbeers hochromantischer Komposition entspricht das Bühnenbild, das Pierre-Luc-Charles Ciceri gestaltete. Ciceri war von 1815 bis 1848 für die genialen Bühnenbilder der Pariser Opéra verantwortlich. Archaische normannische Architektur, vermeintlich authentische Kostüme der Zeit, wirkungsvolle Beleuchtung – mit Gas-Beleuchtung von hinten werden durch den Mond hervorgerufene Schatten simuliert – und die umfangreichen Bauten des Klosters ergeben zusammen ein Bühnenbild, das beim Aufbau ungewöhnliche Anstrengungen verlangte, traditionellen Bühnenbildern gegenüber aber geradezu triumphal überzeugte. (In einem *livret de mise-en-scène* aus den dreißiger Jahren des 19. Jahrhunderts wird für die Oper denn auch »gelegentlich« der Vorhang verlangt, um die komplizierten Umbauten zu erleichtern. Frühere Theaterbesucher hätte das sehr überrascht, da sie sich durch Bildwechsel bei offenem Vorhang begeistern ließen.) Vorne sieht man den Zuschauerraum des von François Debret gestalteten Salle Le Peletier, der 1821 eröffnet wurde und 1873 ausbrannte. Ob dieser Saal in seiner überladenen Pracht großbürgerlicher Kultur gefällt, ist Geschmacksache.

Er studierte seinen Dichter, verbesserte ihn oft, ... kannte die Sänger, das Orchester, die Hörer mit ihren Launen, selbst den Ort, wo er seine Opern aufführte, nach den Wirkungen des Schalls, und schmolz sie durch die genauesten Verabredungen mit dem Maschinist, Dekorator und Ballettmeister in ein grosses Ganzes zusammen, das des kältesten Hörers Herz und Geist erschütterte und himmelan lüpfte.

Ziel aller Bemühungen war eine bis in jedes Detail durchdachte künstlerische Einheit – diese Idee sollte die Zukunft prägen. Bei den Premieren neuer Werke, die am Ende des 18. Jahrhunderts unter diesen Prämissen erarbeitet wurden, übernahm zweifellos einer der an der Entstehung beteiligten Künstler die Bühnenproben. Was geschah aber, wenn eines dieser neuen und komplizierten Werke woanders aufgeführt werden sollte und aus dem ursprünglichen Ensemble niemand anwesend sein konnte? Eine Möglichkeit war, daß der Kapellmeister des Opernhauses eine neue Inszenierung übernahm. Carl Maria von Weber besorgte wenig später in Prag und Dresden von etwa 1810 bis in die zwanziger Jahre zahlreiche Inszenierungen. Er war von der Idee erfüllt, daß ein Bühnenwerk alle verfügbaren Kräfte sammeln müsse. Sein Sohn Max berichtet, welchen Schrecken er der Dresdner Operntruppe einjagte, als er dort Méhuls *Joseph* zu proben begann:

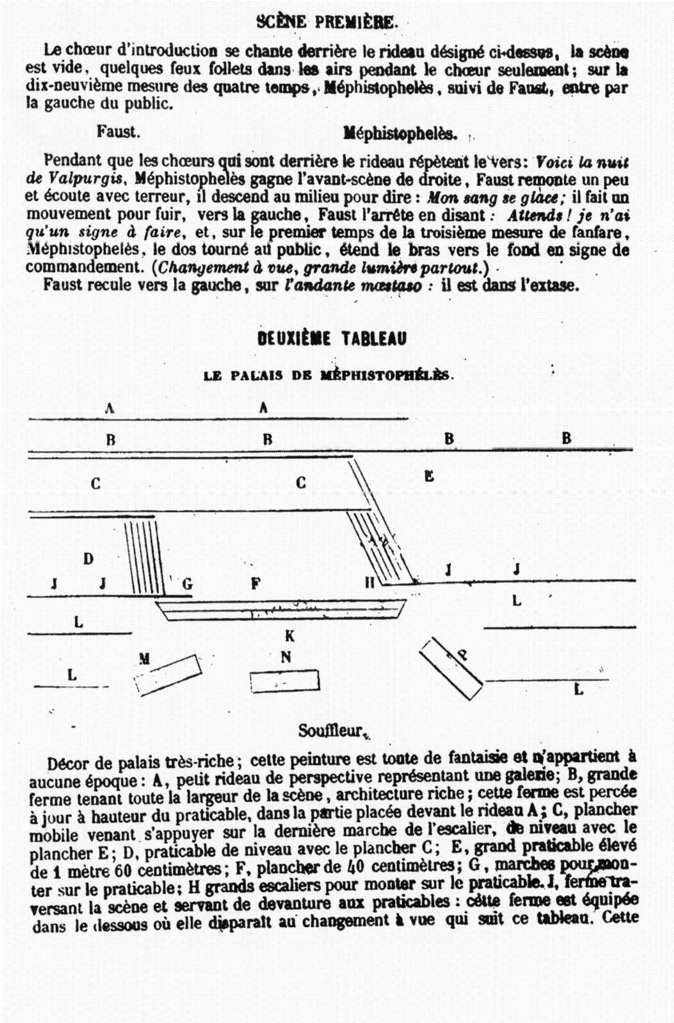

SCÈNE PREMIÈRE.

Le chœur d'introduction se chante derrière le rideau désigné ci-dessus, la scène est vide, quelques feux follets dans les airs pendant le chœur seulement; sur la dix-neuvième mesure des quatre temps, Méphistophelès, suivi de Faust, entre par la gauche du public.

Faust. Méphistophelès.

Pendant que les chœurs qui sont derrière le rideau répètent le vers: *Voici la nuit de Valpurgis*, Méphistophelès gagne l'avant-scène de droite, Faust remonte un peu et écoute avec terreur, il descend au milieu pour dire: *Mon sang se glace;* il fait un mouvement pour fuir, vers la gauche, Faust l'arrête en disant: *Attends! je n'ai qu'un signe à faire*, et, sur le premier temps de la troisième mesure de fanfare, Méphistophelès, le dos tourné au public, étend le bras vers le fond en signe de commandement. (*Changement à vue, grande lumière partout.*)

Faust recule vers la gauche, sur *l'andante mœstaso:* il est dans l'extase.

DEUXIÈME TABLEAU

LE PALAIS DE MÉPHISTOPHÉLÈS.

Décor de palais très-riche; cette peinture est toute de fantaisie et n'appartient à aucune époque: A, petit rideau de perspective représentant une galerie; B, grande ferme tenant toute la largeur de la scène, architecture riche; cette ferme est percée à jour à hauteur du praticable, dans la partie placée devant le rideau A; C, plancher mobile venant s'appuyer sur la dernière marche de l'escalier, de niveau avec le plancher E; D, praticable de niveau avec le plancher C; E, grand praticable élevé de 1 mètre 60 centimètres; F, plancher de 40 centimètres; G, marches pour monter sur le praticable; H grands escaliers pour monter sur le praticable. J, ferme traversant la scène et servant de devanture aux praticables: cette ferme est équipée dans le dessous où elle disparaît au changement à vue qui suit ce tableau. Cette

DOKUMENTIEREN EINER INSZENIERUNG. Eine Seite aus einem der vielen französischen Regiebücher, die im 19. Jahrhundert publiziert wurden, um bei Neuinszenierungen von Opern in Paris oder in den Provinzen und im Ausland so weit als möglich die ursprünglichen Inszenierungskonzeptionen beibehalten zu können. Es handelt sich hier um das von Monsieur Arsène, dem Chef-Regisseur des Théâtre-Lyrique, zusammengestellte Regiebuch zu Gounods *Faust* (1859 im Théâtre-Lyrique uraufgeführt). Oben auf der Seite werden für die Walpurgisnacht auf dem Blocksberg (fünfter Akt, erste Szene) die Auftritte und Abgänge in Übereinstimmung mit der Partitur (»im 19. 4/4-Takt«) und die Stellungen auf der Bühne, die Bewegungen, Gesten und Emotionen festgehalten (»voller Furcht«, »ganz in Ekstase«). Außerdem sind Beleuchtungsdetails genannt (»einige Irrlichter«, »volle Beleuchtung«). Die Szene wird an der Bühnenrampe vor einem gemalten Vorhang gespielt. Unten auf der Seite sieht man den Grundriß des Bühnenbilds mit Erläuterungen für die nach dem Heben des Vorhangs unmittelbar auf die Walpurgisnacht folgende Szene mit Königinnen und Hetären: Hintergründe, Podeste, Stufen, Kulissenteile etc. (auf S. 402 ist diese Szene 1859 im Théâtre-Lyrique festgehalten).

Der neue Meister nahm es furchtbar ernst, ernster, als es jemals ein Capellmeister genommen hatte, seit die ältesten Musiker im Orchester saßen. Er hatte die Ohren und Augen überall, jede falsche Note des am entferntesten sitzenden Instruments rügte ein rascher Blick; ... unermüdlich stieg er aus dem Orchester auf die Bühne und von dieser in's Orchester, schob Sänger und Statisten zurecht, bezeichnete den Ort der Versatzstücke, führte allein und vollständig, um dem Regisseur ... die Form seiner Anschauungen zu zeigen, Regie und Musik ... Angespannt und angestrengt ... verließ das Personal das Haus, während Weber sich in die Garderobe begab, mit dem Garderobier und Schneider die Costüme besah und vieles ändern ließ, dann mit dem Maler über die Decoration, mit dem Maschinisten über die Beschleunigung der Coulissenbehandlung conferierte.

Und was geschah, wenn ein deutscher Kapellmeister sich nur um den musikalischen Anteil einer Oper und nicht um die Bühne kümmern wollte? Im späten 18. und frühen 19. Jahrhundert entstand in deutschen Theatertruppen die Position des Regisseurs. Der Regisseur wird in den achtziger Jahren des 18. Jahrhunderts mit folgenden Zuständigkeiten beschrieben: er hatte dem Theaterdirektor Besetzungsvorschläge zu machen, er mußte mit den zuständigen Fachleuten Bühnenbild und Kostüme besorgen, sich um die Personenregie auf der Bühne kümmern und Fehler der Darsteller korrigieren. In den darauffolgenden Jahrzehnten lag in deutschsprachigen Opernhäusern die letzte Entscheidung in Inszenierungsfragen – so endgültig, wie das die Sänger auf der Bühne erlaubten – mal beim Regisseur und mal beim Dirigenten. Wenn ein Dirigent die Verantwortung trug, setzte er häufig einen ihm verantwortlichen Regisseur ein. Wagner schreibt in einem Brief an Liszt aus dem Jahre 1850, daß der Regisseur der Uraufführung seines *Lohengrin*, Eduard Genast, »sich eben nur auf dem richtigen Standpunkte des Regisseurs bewegte, der im allgemeinen seine Anordnungen trifft, und mit Recht es den einzelnen Darstellern überläßt, das, was gerade nur *sie* betrifft, auch durch sie selbst auffinden zu lassen«. Er fährt aber fort, daß eine stärkere Einmischung und Intervention von Genast der Oper zugute kommen würde. In seinem 1852 erschienenen Text *Über die Aufführung des ›Tannhäuser‹* verlangt Wagner von den Regisseuren, nicht nur das Textbuch, sondern auch die in der Partitur zu findenden Regieanweisungen gründlich zu studieren und eng mit den Bühnenbildnern zusammenzuarbeiten. Er fordert zu »Leseproben« des Textes auf, so wie es Weber 30 Jahre zuvor in Dresden gemacht hatte. Auf diese Weise möchte er der Tendenz der Sänger-Darsteller entgegenwirken, »sich mit dem Wie des Vortrages zu befassen, ehe sie das Was desselben kennenlernen«, um bei späteren Bühnenproben »das Band, das den Vortrag mit der Begleitung des Orchesters verbindet, stets unzerrissen zu bewahren«. Ende des Jahrhunderts ist Gustav Mahler Beispiel für einen Kapellmeister, der in seinen Häusern in Budapest, Hamburg und Wien auch in Inszenierungsfragen das letzte Wort hatte. »In allen Werken, die er produziert, beherrscht er auf vorzügliche Weise das Geschehen auf der Bühne, Ausdruck und Bewegungen von Chor und Solisten« – so Graf Apponyi, ein Bewunderer seines Wirkens in Budapest. In Wien kursieren immer noch Anekdoten über Mahler, wie

DER KOMPONIST ALS REGISSEUR.
Die in Aquarellfarben ausgeführte Karikatur von Melchiorre Delfico zeigt Verdi, wie er 1858 dem Tenor Gaetano Fraschini während einer Probe im Theatro San Carlo in Neapel eine Szene aus seiner Oper *Un ballo in maschera* vorspielt. Die Uraufführung konnte wegen Zensurproblemen nicht in Neapel stattfinden. Die Zeichnung von Adolph von Menzel zeigt Wagner 1875 an seinem Regiepult auf der Bühne in Bayreuth während einer frühen Probe für den *Ring des Nibelungen.*

er beispielsweise bei den Proben zu *Rheingold* den Riesen Fasolt und Fafner demonstriert habe, wie sie Freia in die Luft heben sollten, und im *Lohengrin* wie Weber behende auf die Bühne gesprungen sei, um die kräftigen Grafen und Edlen wie Spielsteine auf ihren Positionen hin- und herzuschieben. Mahler genügte ohne Zweifel den Anforderungen, die sein Zeitgenosse, der Dirigent Felix Weingartner, in seinem Buch *Über das Dirigieren* an ein gut geleitetes Opernhaus stellte: »Kein Dirigent dürfte am Theater angestellt werden, der nicht den Beweis erbracht hat, eine Oper auch inszenieren zu können, und kein Regisseur, der eine Oper nicht auch musikalisch einzustudieren vermag.«

In Frankreich hatte sich in den zwanziger Jahren des 19. Jahrhunderts im Musik- wie auch im Sprechtheater aus den Funktionen des »syndic chargé de la régie« und des neueren »régisseur« der »metteur-en-scène« oder auch »régisseur de la mise-en-scène« entwickelt. Gerade im rechten Moment, entstand doch in den ersten Jahrzehnten des 19. Jahrhunderts in Paris die neue Gattung der Grand opéra. An der Tagesordnung waren Vertonungen ungeheuer umfangreicher Werke von Meyerbeer, Auber und anderen. Diese Werke wurden auf der romantischen Opernbühne in fast überbordender Weise umgesetzt. Es gab kompliziert gebaute, asymmetrisch angeordnete Kulissen, große Volksszenen, ausgefeilte Bühnenhandlungen und faszinierende »tableaux«. Als Arthur Pougin 1885 den Begriff »Mise-en-scène« in sein *Dictionnaire historique et pittoresque des théâtres et des arts* aufnahm, war es ihm ein Anliegen, die Bedeutung dieser »Kunst, die alle mit der Bühnenwirkung zusammenhängenden Details leitet« hervorzuheben. Bei der Suche nach angemessenen Beispielen verwies er auf die Opern Meyerbeers, denen man entnehmen könne,

> wie man die großartigsten, rührendsten und schönsten Bühneneffekte erreicht, wenn man die in Massenszenen gegebenen ungeheuren Möglichkeiten durch kluge Plazierung, sinnvolle Aktion und angemessene Personenführung nutzt. In dieser Hinsicht ist der dritte Akt von *Les Huguenots* mit seiner vom Librettisten dramatisch so passend aufgebauten Folge von Bildern ein wahres Meisterstück. Als Beispiel für besonderen Glanz könnte man auch die große Prozession im ersten Akt von *La Juive* nennen, tiefer Ernst ist in der Gerichtsszene im ersten Akt von *L'Africaine* zu finden. In derselben Oper zeigt das *tableau* auf dem Schiff die starken Möglichkeiten der Oper, besonders gefühlvolle Empfindungen weckt der Tanz der Schlittschuhläufer im dritten Akt von *Le Prophète*.

Die »Großen Opern« verlangten bei der Inszenierung einen ungeheuren Aufwand. Ohne Zweifel wäre es unsinnig gewesen, die für den Gesamteindruck konstitutiven Details – vor und hinter der Bühne – nach der Premiere wieder in Vergessenheit geraten zu lassen. Die Regisseure legten deshalb alle Einzelheiten zu Grundrissen, Kostümen, Requisiten, Aktionen, psychologischer Befindlichkeit etc. in einem Heft nieder, dem »livret de mise-en-scène«, so daß weitere Aufführungen den gleichen Gesetzmäßigkeiten folgen konnten. Dieser Arbeitsplan ermöglichte aber auch Folgeaufnahmen in Paris oder in anderen Städten. Louis Palianti, der im Sprechtheater wie auch an der Oper tätig war, publizierte viele dieser kleinen Hefte. Der bedeutendste

Librettist der Großen Oper und hervorragende Theaterdichter Eugène Scribe begeisterte sich für Paliantis Hinweise. 1842 schrieb er, daß Palianti »die Wünsche des Autors so klar und verständlich wiedergibt, daß durch die Hinweise auf die Anwesenheit des Autors bei Proben verzichtet und so der Erfolg dramatischer Werke in der Provinz oder im Ausland stark befördert werden kann«.

Im Mittelpunkt all dieser beschreibenden Hinweise standen natürlich solch hervorragende Sänger-Darsteller wie Pauline Viardot, Lieblingssängerin von Meyerbeer und Charles Dickens. Die Viardot hatte in *Le Prophète* und *Les Huguenots* gesungen, bevor sie 1862 in Berlioz' Fassung des *Orphée* von Gluck mitwirkte, in der Dickens die Sängerin erlebte. Wagner und Verdi bemühten sich neben der kompositorischen Ausarbeitung und dramaturgischen Stringenz ihrer Opern um vorbildliche Aufführungen, die nicht nur musikalisch stimmig waren, sondern auch durch ihre Bühnenwirksamkeit bestachen. Für Verdi wurde das allerdings erst in seinen späteren Jahren wichtig. Beide Komponisten legten Wert darauf, den Hauptdarstellern Hinweise zu ihren Rollen zu geben, indem sie bei Proben anwesend waren, ihnen ergebene Regisseure mit dieser Aufgabe betrauten oder sich in Briefen oder sonstigen Schriften äußerten (Wagner etwa mit seinen Essays zur Aufführung von *Tannhäuser* und *Der fliegende Holländer*); und beide Komponisten suchten nach einer neuen Schauspielkunst, die den Werken angemessener und dramaturgisch passender war. Althergebrachtes wurde dem Neuen gegenüber wie schon zuvor verdammt. So schreibt Verdi 1847 an den Bariton Felice Varesi, der seinen Macbeth geben soll: »Sie werden aus der Todes-Szene viel machen können, wenn sie Ihr Singen und Ihr Spielen gut durchdenken. Macbeth darf nicht wie Edgardo oder Gennaro etc. [bei Donizetti] sterben, sondern muß auf *neue*, ganz eigene Art gespielt werden.« Wagner gratuliert 1882, kurz vor seinem Tod, den Sängern des *Parsifal*: »Wenn das Gehen und Stehen für Sänger, welche zunächst der Überwindung der oft bedeutenden Schwierigkeiten ihrer rein musikalischen Aufgabe ihre angestrengteste Aufmerksamkeit zuzuwenden haben, gemeinhin einer unüberlegten Ausübung der Routine überlassen bleibt, so erkannten wir dagegen bald, von welchem ergiebigen Erfolge eine weise Anordnung des Schreitens und Stehens für die Erhebung unserer dramatischen Darstellung über das gewöhnliche Opernspiel sei.«

Sowohl Verdi als auch Wagner – oder zumindest geschätzte Helfer aus ihrem Umkreis – hielten im Alter an der Praxis der Großen Oper fest, Inszenierungen festzuschreiben, damit diese Aufführungen als Muster für spätere Wiedergaben dienen konnten. Beide arbeiteten bei den Inszenierungen, die zu Exempeln statuiert werden sollten – *Der Ring des Nibelungen, Parsifal, Aida, Otello* –, mit sämtlichen Möglichkeiten des romantischen Illusionstheaters: künstlerisch gestaltetes, sorgfältig ausgeführtes Bühnenbild, das historischen oder archäologischen Vorgaben bis ins Details entspricht, eine Personenführung, die zu dem gewählten Umfeld paßt. Verdi hielt die Einzelheiten in gedruckten »disposizioni sceniche« fest, dem italienischen Gegenstück zu den französischen »livrets de mise-en-scène«, die er in Paris kennen- und schätzengelernt hatte. Neben manch anderen Heften ist so auch das schon erwähnte, 1887 von seinem Verleger Ricordi zusammengestellte Handbuch für *Otello* überliefert, das bezeichnenderweise mit einem Zitat aus *Hamlet* beginnt: »Seid so gut und haltet die Rede, wie ich sie Euch vorsagte, leicht von der Zunge weg« – von den Schauspielern wird hier sowohl sorgfältiges Befolgen der textlichen Vorgaben als auch voller Einsatz ihrer eigenen Person verlangt. Die »disposizioni« dienten Textdichtern, die im Theater arbeiteten, dem Regisseur, sofern es einen solchen gab, oder

WAGNEROPERN AUF DER BÜHNE. Beginn des dritten Aktes von Wagners *Walküre* 1893 in der Pariser Opéra (Palais Garnier), Ansicht von der rechten Vorderbühne aus. Die Walküren fliegen auf ihren Rössern durch stürmischen Himmel und über felsige Landschaft nach Walhall, dabei führen sie erschlagene Krieger mit sich. Solche Flugszenen hatte man in der Oper seit den frühen Jahren des 17. Jahrhunderts gekannt, meistens saßen die Darsteller dann aber auf Wolken, Pfauenwagen oder ähnlichem. Die aus der Barockzeit überkommenen, herkömmlichen Techniken für Flugszenen ließen sich für die ganz andere Bildsprache bei Wagner-Inszenierungen des 19. und frühen 20. Jahrhunderts nicht mehr verwenden. Man versuchte das Problem der fliegenden Walküren auf unterschiedlichste Weise zu lösen; in den ersten fünfzig Jahren nach der Entstehung der Oper zeigte man beispielsweise zwischen den Felsen Projektionen oder führte im Bühnenhintergrund Reiterinnen auf echten Pferden über Rampen. Bei der hier gezeigten Szene in der Opéra handelt es sich um künstliche Pferde, die von Bühnenarbeitern in einer leicht geneigten Spur gezogen werden, während der Regisseur oder sein Assistent ihnen nach dem Klavierauszug die entsprechenden Anweisungen geben und Wotan ungerührt zuschaut.

auch dem italienischen Opern-*Dirigenten*, der neue Aufgaben übernahm – Arturo Toscanini ist ein frühes Beispiel für diesen Dirigententypus: Der Anstellungsvertrag, mit dem der 22jährige 1889 seine Tätigkeit an der Oper aufnahm, verlangte »einen *maestro concertatore* [der die Sänger einstudiert], der auch als Dirigent tätig ist und [die Partituren] genauso dirigiert, wie sie notiert sind ... und die Stücke nach den Regieanweisungen auf die Bühne bringt«.

Bei Wagner hielten meist Schüler wie Heinrich Porges Inszenierungsideen des Meisters fest. So etwa, als Wagner mit dem Ballettmeister Richard Fricke den *Ring des Nibelungen* und *Parsifal* probte. Das Bayreuther Festspielhaus war mit einem verdeckten Orchestergraben nach Wagners eigenen Vorstellungen gebaut worden (vgl. S. 254). Mehr noch als diese schriftlichen Aufzeichnungen führten die Aufführungen in Bayreuth selber zur Kanonisierung eines bestimmten Inszenierungsstils. Wagner überwachte in Bayreuth jedes künstlerische und technische Detail und legte so den Keim zur Idee von einer »Pilgerfahrt« zu der einzig »wahren Aufführung«. Diese Tendenz wurde später von seiner Witwe Cosima noch verstärkt. Wagner war möglicherweise nicht mit allen Aspekten einer Bayreuther Inszenierung einverstanden. Er sagte zu Fricke nach dem ersten *Ring des Nibelungen*: »Nächstes Jahr machen wir alles anders«, und es gab Momente, in denen er meinte, daß er nach der Erfindung des unsichtbaren Orchesters jetzt auch noch das unsichtbare Theater erfinden wolle. Co sima dagegen hielt die Bayreuther Inszenierungen für sakrosankt. Als ihr 1896 Adolphe Appia, ein junger schweizer Wagner-Verehrer, dreizehn Jahre nach Wagners Tod neue Inszenierungskonzepte vorschlug, schrieb sie aus Bayreuth einem gemeinsamen Freund: »Appia scheint nicht zu wissen, daß 76 der *Ring* hier aufgeführt wurde, folglich in bezug auf Dekorationen und Regie nichts mehr zu erfinden ist.« Später schrieb sie: »Ebenso wie der Schöpfer unseres Kunstwerkes seine Bühne sich baute, hat er auch seine Inszenierung endgultig festgesetzt.« Es gab nichts mehr zu ergänzen, zumindest nach Cosimas Dafürhalten.

Weiterführen und Erneuern: 1896–1966

Cosima Wagner war 1896 fast sechzig Jahre alt, Adolphe Appia noch nicht einmal 35. Dieser Generationensprung hatte für Fragen der Opernregie gravierende Folgen, da sich Appia und einige seiner künstlerischen Zeitgenossen, Theaterleute wie Max Reinhardt, Edward Gordon Craig, Konstantin Stanislawskij und Wsewolod Meyerhold, in einer ganz anderen Opernwelt als ihre Vorgänger bewegten.

Eine andere Welt zwar, aber es gab doch auch Gemeinsamkeiten. Nicht alles war umgestoßen worden, wie übrigens heute auch nicht. Widrigkeiten, mit denen sich schon Lully und Metastasio, Gluck und Weber, Wagner und Verdi hatten auseinandersetzen müssen, waren nicht beseitigt worden. Dafür sorgte schon die größeren Institutionen eigene Trägheit – und das Opernhaus ist eine solche große Institution –, ebenso aber auch die Tendenz einiger Sänger-Darsteller, sich primär als Sänger und kaum als Schauspieler zu sehen. (Von Joan Sutherland, einer der berühmtesten Sopranistinnen aus der Mitte des 20. Jahrhunderts, wird die Bemerkung kolportiert, daß »die Leute in die Oper gehen, um hervorragende Gesangsleistungen zu hören. Wenn sie eine gute schauspielerische Darbietung sehen möchten, sollen sie doch gleich ins Theater gehen«. Mit dieser Äußerung, zu der sie offensichtlich provoziert wurde, schmälert sie ihre eigenen Leistungen auf der Bühne.) Zur gleichen Zeit gab und gibt es immer wieder gute Inszenierungen, gleichgültig, welcher Stil oder welche Idee zugrunde lagen, und wer die Aufführung veranlaßt hatte. Bei diesen Inszenierungen folgte man weiterhin den »grammatischen Grundregeln« des Musiktheaters, die wir bei Marco da Gagliano 1608, bei Benedetto Marcello 1720 und bei Giulio Ricordi 1887 sahen: Kommunikation aller Beteiligter, Konzentration auf die gemeinsame Sache und sinnvolles Zusammenspiel musikalischer und dramaturgischer Notwendigkeiten.

Bei den organisatorischen Voraussetzungen für Inszenierungen weisen das 19. und 20. Jahrhundert Ähnlichkeiten auf. Komponisten brachten weiterhin wie schon Wagner und andere gelegentlich ihre eigenen Werke auf die Bühne, so etwa Leoncavallo, Pfitzner und Gian Carlo Menotti. (Menotti wurde einmal gefragt, warum er seine Werke selbst inszeniere. Seine Antwort lautete, daß er das jedem Autor empfehle, solange es noch keine »Gesellschaft zur Vermeidung von Grausamkeiten gegenüber Autoren« gebe.) Komponisten veranlaßten gelegentlich die Publikation eines »Regiebuches« mit Hinweisen zu Bühnenbild und Personenführung. Dieses Regiebuch ging weit über Regieanweisungen in Partitur und Libretto hinaus und sollte auch späteren Aufführungen als Muster dienen. Richard Strauss bat 1911 Hugo von Hofmannsthal und Alfred Roller, Librettisten bzw. Bühnenbildner für den *Rosenkavalier*, gemeinsam eine Beschreibung dieser Inszenierung zu publizieren. Die Hinweise galten vielen weiteren Aufführungen als verbindlich – was mancher bedauerte. Ein halbes Jahrhundert später bat Benjamin Britten Colin Graham, der die stilistisch eigenwilligen »Parabeln zur Aufführung in der Kirche« uraufgeführt hatte, um die Veröffentlichung von Hinweisen zur Inszenierung nach Art der »disposizione«. Allein für *Curlew River* notierte Graham 219 Einzelbemerkungen! Er schrieb später, daß »Britten einen opernhaften Stil für seine Parabeln vermeiden wollte, den er bei Inszenierungen durch andere Regisseure fürchtete. Die Bemerkungen sollten nicht als zwingende Vorschrift verstanden werden, sondern lediglich auf die geforderte stilistische Richtung verweisen.« (Nicht zum ersten oder letzten Mal wurde so die Inszenierung eines musikdramatischen Werks als »gegen die Kunstform Oper« definiert.)

Den Regisseur (oder »metteur-en-scène« oder »direttore di scena«) gab und gibt es natürlich auch im 20. Jahrhundert, gleichgültig, ob er diese Funktion ausschließlich oder nur neben seiner Tätigkeit als Librettist oder Sänger ausübt. 1885 hatte Arthur

Pougin dessen Tätigkeit in seinem Theaterlexikon *Dictionnaire historique et pittoresque des théâtres et des arts* beschrieben:

Der *metteur en scène* bringt das Stück gemeinsam mit dem Autor auf die Bühne, sorgt für alle notwendigen Vorarbeiten, entscheidet über die Aktionen auf der Bühne, gibt den Schauspielern die notwendigen Hinweise und Ratschläge, legt die einzelnen Positionen fest, markiert die Stellungsveränderungen, Auftritte und Abgänge, die Gänge der Statisten und stummen Darsteller – mit einem Wort, er sorgt dafür, daß sich das Stück aufführen läßt, und ist verantwortlich für eine gute Präsentation. Das ist beileibe keine geringe Aufgabe und ein guter *metteur en scène* ist im Theater eine Kostbarkeit.

George Bernard Shaw, ein sensibler Beobachter des Musik- und Theaterlebens um die Jahrhundertwende, der seine Werke später selber inszenierte, stellte kategorisch fest, daß eine moderne Oper ohne »Bühnenmanagement« dieser Art keine gültige Inszenierung erfahren könne. Der Theaterdirektor des königlichen Opernhauses in Covent Garden ging wohl von der gegenteiligen Vorstellung aus. Shaw verdeutlichte ihm gegenüber in der Zeitschrift *The World* seinen Standpunkt:

Unter einem Regisseur verstehe ich nicht nur den, der einiges in die Hand nimmt, das weder unbeachtet bleiben kann noch sich recht und schlecht von selbst erledigt. Ich denke an jemanden, der sich darum bemüht, das auf die Bühne zu bringen, was Textdichter und Komponist vorschwebte ... Ich habe immer wieder darauf hingewiesen, daß die Bemühungen von Sir Augustus Harris verloren gehen, weil keine passende Regie stattfindet. Es fehlt einfach ein Regisseur, der das Bühnengeschehen nicht nur so einstudiert, wie das im Savoy Theater oder in den Varietés üblich ist, wo Balletteinlagen zur Unterhaltung gehören. [Am Savoy Theater wurden die Operetten von Gilbert und Sullivan gegeben, die Gilbert mit einer Präzision und Genauigkeit einstudierte, die für englische Theater völlig neu war.] Der Regisseur muß demgegenüber auch die Partitur berücksichtigen und seine Regie so anlegen, daß gleichzeitig Auge und Ohr des Betrachters, aber auch dessen Sinn für Bühnenwirksamkeit angesprochen werden.

Solche Arrangements auf der Bühne des 20. Jahrhundert haben sich in der Tat wohl kaum von den Bemühungen der Regisseure im 19. Jahrhundert unterschieden. In Bayreuth hielten in den ersten 50 Jahren nach Wagners Tod neue Ideen, die sich im übrigen nie weit von den Vorgaben des Meisters entfernten, nur langsam Einzug. Dieses Nachwirken stilbildender Inszenierungen bedeutet denn auch die einzige Ähnlichkeit zwischen Wagner-Opern und den Operetten von Gilbert und Sullivan. Inszenierungen französischer und italienischer Grand opéras und die Aufführungen von Werken des italienischen Verismo folgten bis weit ins 20. Jahrhundert hinein den alten »livrets« und »disposizioni« oder blieben dicht an der letzten publikumswirksamen Inszenierung, in der die Hauptdarsteller zuvor gesungen hatten. Am längsten hielten sich traditionelle Inszenierungsstile aber wohl bei einigen russischen Operntruppen, die bis zum Auseinanderfallen der Sowjetunion die historischen Epen Mussorgskis in Aufführungen zeigten, deren Entstehung schon Jahrzehnte zurücklag. Diese »osteuropäische Konserve« war noch deutlich dem von Meyerbeer und Scribe geprägten Stil der Großen Oper aus den dreißiger Jahren des 19. Jahrhunderts verpflichtet.

Ein geschickter Regisseur des 20. Jahrhunderts hatte nicht notwendigerweise Entscheidungsbefugnis in allen Inszenierungsfragen. Er konnte durch sakrosankte Traditionen des Hauses, durch Vorgaben der Partitur, durch das Regiebuch und die Disposition der Sänger eingeengt sein. Es konnte ihm auch passieren, daß er sich einem Dirigenten unterordnen mußte, der seine eigenen Inszenierungskünste in den Vordergrund stellen wollte. Die Erfahrungen von Oswald Stoll an der Wiener Oper unter Mahler in den ersten Jahren des neuen Jahrhunderts müssen wohl in der Art gewesen sein. An der Mailänder Scala ist es dem Regisseur Giovacchino Forzano unter Toscanini in den zwanziger Jahren unseres Jahrhunderts wohl ähnlich gegangen. (Forzano schrieb das Libretto zu Puccinis *Gianni Schicchi.* Er erarbeitete mit Toscanini die posthume Uraufführung von Puccinis *Turandot* 1926, für die er umfangreiche »disposizione« schrieb. Forzano wäre in Puccinis Achtung wohl noch gestiegen, hätte der Komponist diese Aufzeichnungen gekannt. Puccini galten die Arbeiten Forzanos nämlich als Beweis, daß Inszenierungen in Italien »in bezug auf die Bewegung der Massen und die sorgsame Behandlung jedes einzelnen Details alles übertreffen können, was man im Ausland findet«.) Bis weit in die Mitte des Jahrhunderts hinein gab es Dirigenten, die mit eigenen Regisseuren Inszenierungen erarbeiteten. So zum Beispiel Otto Klemperer, der allerdings nicht darauf bestand, selbst Regie zu führen: »Bei der Inszenierung einer Oper ist eine enge Verbindung zwischen Regie und musikalischer Leitung unerläßlich; diese zwei Aufgaben müssen [allerdings] nicht notwendigerweise bei einer Person zusammenlaufen.« Auch Herbert von Karajan gehörte zu den Dirigenten, die Aufführungen entscheidend prägten. Seinen grandiosen Inszenierungsstil, der mit vielen technischen Effekten spielt, entwickelte er vor allem von den sechziger bis in die achtziger Jahre in Salzburg. Peter Busse, Karajans wichtigster Mitarbeiter in allen Theaterfragen, berichtet, daß der Dirigent selber Regie führte, um »sicher zu sein, daß er das auf der Bühne sieht, was er aus der Musik herauslesen und empfinden kann. Der Kreis schließt sich. Das geschieht [unter anderen Voraussetzungen] nicht, es sei denn, daß Regisseur und Dirigent sich ganz einig sind. Karajan alleine hatte das Talent, die Macht und die Mittel, beides zu vereinen.«

Zur Zeit Karajans gab es allerdings auch den talentierten, starken und selbstbewußten Opernregisseur, den kreativen Gestalter einer neuen Inszenierung auf der Bühne, der weder Dirigent, noch Sänger oder Librettist war. Daß sich im Theater ein solcher Künstler zunehmend profilieren konnte – hier kommt wieder der schon erwähnte Generationssprung zwischen Cosima Wagner und Adolphe Appia ins Spiel – beruhte zum großen Teil auf dem Wirken der jungen Regisseure, die der Opernwelt um 1900 neue Anstöße gaben. Zu diesen jungen Männern gehörte Appia selber, gehörten auch Reinhardt, Craig, Stanislawskij und Meyerhold, die in neue Bedingungen für die Verwirklichung ihrer Inszenierungsvorstellungen hineinwuchsen. Um

ELEKTRIZITÄT, ABSTRAKTION UND NEUE EINFACHHEIT AUF DER BÜHNE. Adolphe Appias Bühnenbild der Elysischen Gefilde für eine Inszenierung von Glucks *Orfeo ed Euridice* 1913 bei den Sommerfestspielen in Hellerau bei Dresden. Im begeisterten Publikum befanden sich u.a. Max Reinhardt, Alfred Roller, Konstantin Stanislawskij und Bernhard Shaw. Die Inszenierung, ein Gegenstück zu Appias größeren Wagner-Projekten, wurde nach außen hin zwar von Emile Jacques-Dalcroze, dem Hohepriester der Eurythmie, geleitet, beruhte aber eigentlich auf der Konzeption von Appia, der sich im Hintergrund hielt. Er sagte zu dieser Szene mit dem Tanz der Seligen Geister: »Wer sich die Musik vergegenwärtigt, wird verstehen, daß nur solche leicht geneigten Flächen, ohne jeglichen Bruch durch eine Horizontale, die Heiterkeit dieses Ortes ausdrücken können ... das sanfte, gleichmässige und leicht bewegliche Licht verwandelt die materielle Wirklichkeit des Bühnenaufbaus in sich bewegende und wiegende Fluten.«

die Jahrhundertwende war eine ästhetische Richtung en vogue, die auf Träume, Suggestionen und Symbole großen Wert legte. Walter Paters Aussage, daß »alle Kunst dazu neige, in Musik aufzugehen«, war das Credo dieser Ästhetik. Im Theater selber – der Zuschauerraum wurde seit kurzem verdunkelt – wurde die Bühnenbeleuchtung elektrifiziert. Die neue Technologie bewirkte, daß man nun mit Verfolger-Scheinwerfern, Flutlicht, Farb-Lichtwechseln und dem Beleuchten einzelner Bühnenbereiche in einer Weise arbeiten konnte, die vorher mit Kerzen, Öllampen, Ar-

GALATEA.
LONDON.
1902.
Act. 2.
"wretched Lovers.....

gand-Lichtern (= Lampen mit zylindrischem Docht), Leuchtgas, Karbid- und elektrischem Bogenlicht undenkbar gewesen war. Der Publikumsgeschmack veränderte sich, und damit auch die Programmpolitik der Opernhäuser; nicht mehr die aktuellsten und jüngsten Werke standen im Mittelpunkt des Interesses. Man spielte zunehmend ein ausgewähltes Repertoire von Meisterwerken verschiedener Herkunft und aus unterschiedlichen Epochen. Das Repertoire bestand aus Werken von Gluck und Mozart bis hin zu Opern von Verdi und Wagner, wobei die Schwerpunkte sich verschieben konnten. Auch im Sprechtheater gab es neue Akzente: Der Naturalismus, der sich im Text, in der Bühnenausstattung und auch im Spiel manifestierte, stellte zunehmend das alte romantische Melodram mit seinen gemalten Bühnenbildern und schauspielerischen Künsten in Frage. Theater, die sich der neuen Richtung anschlossen, wurden meist nicht mehr von den im Sprechtheater bisher üblichen Schauspieler-Intendanten geführt, sondern von neuen Direktoren, die selber nicht mehr auf der Bühne standen. Diese neuen Theaterleute waren in ihren Häusern einflußreiche Führungspersönlichkeiten, die die neuen Gestaltungsmöglichkeiten durch eigene Ideen bereicherten. Die Welt veränderte sich: Althergebrachtes wurde neu bewertet, es gab zahlreiche künstlerische Experimente, und ein modernistisches »alles neu machen« stand im Mittelpunkt, wie es der Dichter Ezra Pound, *der* Vertreter dieser neuen Richtung, formulierte.

All diese neuen Einflüsse zeigten sich schon in den letzten Jahren von Mahlers Wirken an der Wiener Oper zu Anfang des neuen Jahrhunderts. Mahler dirigierte und inszenierte selber; die Ausstattung besorgte Alfred Roller, mit dem Mahler damals die Zusammenarbeit begann. Rollers Credo für die Bühne lautete: Raum, keine Bilder. An der Wiener Oper standen in diesen Jahren die Werke der deutschen Opernklassiker Mozart und Wagner im Mittelpunkt des Repertoires. Aber auch die Inszenierungen neuer Werke waren, so der Dirigent Bruno Walter, »Muster dieses erweiterten Begriffs der Werktreue«. (Im Laufe des Jahrhunderts sollte der Begriff »Werktreue« noch an Bedeutung gewinnen.) Nach Mahlers Dafürhalten sollte das auf der Bühne Gezeigte nicht »etwas sein« sondern »etwas bedeuten«. Er sagte, daß er jede der Möglichkeiten, die das – nun natürlich elektrische – Licht biete, in den Dienst der Aufführung stellen wolle. Damit sei der Fall jedoch keineswegs erledigt,

EIN THEATER DES LICHTS. Händels Oper *Acis und Galatea* wurde 1902 von Edward Gordon Craig im Great Queen Street Theatre in London ausgestattet und inszeniert. Craigs Bühnenbildentwurf (Federzeichnung und Aquarell) zeigt den Beginn des zweiten Aktes. Die beiden Liebenden umarmen sich in der Mitte eines rosa Lichtkegels auf einem Bett von Rosen. Hinter ihnen singt der nur schemenhaft angedeutete Chor vor einem übermächtigen, durch goldenes Licht gestalteten »Turm«: »Armes Paar, welch hart' Geschick, das euch bedroht, unstetes Glück«. Während die Umrisse von Chor und Turm im Hintergrund aus schwarzen, blauen und lila Tönen verschwimmen, erscheint die mächtige Silhouette des Riesen Polyphem. Craig setzte bei seinem Versuch ein »neues Theater zu schaffen« vielfältige technische Möglichkeiten ein: Elektrizität, Schatten, Projektionen, Gazeschleier, Farbfilter, Drahtgeflechte und Bühnenprospekte, die in der Art von Zykloramen verwendet werden.

denn »die gesamte moderne Kunst hat der Schaubühne zu dienen ... Auf das Zusammenwirken der Künste kommt es an.« Traditionalisten konnte man so wohl kaum zufriedenstellen. Als Roller bei einer *Fidelio*-Inszenierung 1904 den Auftritt zum Chor der Gefangenen »O welche Lust« neu gestaltete, erhob sich Protest. Bisher waren die Gefangenen als Gruppe schnell in einen gut erleuchteten Halbkreis getreten und hatten dann unbewegt ihren Chor gesungen. Stattdessen zogen sie jetzt in Lumpen gekleidet langsam und in gedrückter Stimmung ein – »arme, leidende, sterbliche Kreaturen« – und sangen zunächst nur in kleinen Gruppen beieinanderstehend. Dieser Regieeinfall stieß bei dem Regisseur Oswald Stoll auf wenig Gegenliebe, gefiel Mahler dagegen sehr. Für Mahler bedeutete das Festhalten an Traditionen zum Großteil Liederlichkeit und Schlamperei. Im Todesjahr Mahlers hat Roller sich an dieses Wort vielleicht erinnert, als in Dresden *Der Rosenkavalier* geprobt wurde. Strauss und Hofmannsthal waren unglücklich darüber, daß der Regisseur des Hauses, Georg Toller – Strauss nannte ihn einen Opernleiter alter Schule – kein Leben auf die Bühne brachte. Zur Lösung dieses Konflikts engagierte man Max Reinhardt, einen der neuen Regisseure des Sprechtheaters. Für diesen virtuosen Regisseur bedeutete die prometheische Mission des Theaters, wie er 1924 in einem Interview äußerte, »das Wort aus dem stillen Grab des Buches herauszuheben, dem Wort Leben einzuhauchen, es mit Blut – dem Blut der heutigen Zeit – zu erfüllen und so das Wort in einen lebendigen Kontakt mit uns zu bringen, so daß wir das Wort empfangen können, und es in uns wirksam werden kann«. Strauss berichtet, daß Max Reinhardts Arbeit am *Rosenkavalier* zu einem »neuen Stil in der Oper und einer vollendeten Aufführung« geführt habe. (Max Reinhardts Dresdner Bemühungen resultierten aber auch in der von Strauss in seiner letzten Oper *Capriccio* liebevoll nachgezeichneten Figur des Regisseurs als Theaterdirektor La Roche. Mit dieser Oper griff Strauss – wie schon in *Ariadne auf Naxos* – auf einen in der Opera buffa und in den Intermezzi des 18. Jahrhunderts verbreiteten Komödientypus zurück, der das Leben hinter der Bühne darstellte. Er benutzte diesen Rahmen für seine allegorische Darstellung der Bedeutung von Wort, Musik, Gesang und Inszenierung in der Oper).

Adophe Appia hätte dem Wort Mahlers, daß unkritisch übernommene Tradition – auch Bayreuther Tradition – ein Zeichen von Schlamperei sei, sicher zugestimmt. Er war ein besessener Wagnerianer, sah aber keinen Widerspruch darin, Wagners Partituren als textliche und musikalische Grundlage der Opern hoch zu schätzen, während er gleichzeitig den in Bayreuth tradierten und seiner Meinung nach überholten Realismus und die dort übliche schauspielerische Überzeichnung ablehnte. Seine Kritik wendete sich beispielsweise gegen einen Realismus, der auf der Bühne ein echtes Pferd für Brünnhilde oder riesige Kostüme für Fasolt und Fafner fordert. Er verlangte, daß eine Inszenierung Wagners Musik gerecht würde, gleichzeitig aber auch die neuen bühnentechnischen Möglichkeiten – räumlich gestaltete Kulissen, Podeste, Rampen, Treppen und ähnlichen Ausstattungsdetails – sowie die neuen Beleuchtungsmöglichkeiten berücksichtigte. Eine zeitgemäße Wagner-Bühne war für ihn ein symbolisch zu verstehendes und scheinbar abstraktes Arrangement verschiedener Flächen. Diese Flächen sollten den immens wichtigen Sänger-Darstellern als Grundlage für ihre Bewegungen »gemäß den Geboten des musikalisch-dichterischen Textes« dienen.

Appia verstand sich als moderner Regisseur und Bühnenbildner, der sich der Aufgabe stellte, völlig neue Inszenierungen zu entwerfen und auf der Bühne umzusetzen (»Nur ein erstklassiger Künstler kann eine solche Aufgabe lösen ... Er muß seine Mitstreiter auf ähnlich überzeugende Weise für seine Ideen einnehmen können, wie das bei einem genialen Dirigenten der Fall ist«). Seine sehr persönlichen und geradezu revolutionären Inszenierungskonzepte für den *Ring des Nibelungen* und *Tristan und Isolde* legte Appia in seinen Büchern *La mise-en-scène du drame wagnerien* (1895) und *Musik und Inszenierung* (1899) nieder. Diese Publikationen waren einerseits nichts anderes als die früheren »livrets de mise-en-scène«, es gab aber doch grundlegende Unterschiede. Neben den sachlichen Hinweisen enthalten Appias Werke eine Fülle anspruchsvoller theoretischer Diskurse. Die beiden Bücher beschreiben an keiner Stelle die konkrete Bühnenhandlung. Einen Vorschlag, wie man die Rheintöchter auf die Bühne bringt, sucht man also vergeblich. Wichtigster Unterschied zu den traditionellen »livrets de mise-en-scène« ist aber die Tatsache, daß die Inszenierungsvorschläge beim Erscheinen der Bücher noch nicht auf der Bühne umgesetzt worden waren, was zum Teil sicher auf Cosima Wagners Reaktion zurückzuführen war (erst einige Jahrzehnte später wurden einige Inszenierungen von Appia realisiert). Appias Einfluß beruhte also weniger auf tatsächlichen Inszenierungen als auf theoretischen Überlegungen und der Veröffentlichung seiner Visionen. Ähnlich war es auch mit dem englischen Schauspieler, Bühnenbildner und Regisseur Edward Gordon Craig, einem fast gleichaltrigen Seelenverwandten von Appia. Craig fühlte sich um die Jahrhundertwende dazu berufen, Wagners Opern zu inszenieren. Die einzigen Opern, die er – zwischen 1900 und 1902 – tatsächlich auf die Bühne brachte, waren allerdings ausgesprochene Nebenwerke des Repertoires, unbekannte Opern von Purcell und Händel. Craig hatte als provozierender, polemischer und parteiischer Kritiker, der sich zum neuen Theater äußerte, größeren Einfluß, vor allem aber durch seine Definition eines neuen »Theaterkünstlers«. Zum althergebrachten Theaterdirektor verhielt sich dieser neue Künstler etwa wie Nietzsches Übermensch zu dem normalen Sterblichen. Die von Craig tatsächlich inszenierten Opern von Händel und Purcell entsprachen in ihrer Gestaltung als symbolträchtige Traum-Visionen seinen Schriften. Händel und Purcell hätten angesichts seiner Inszenierungen ebenso wie Wagner und Verdi gestaunt: fast völlig abstraktes Bühnenbild, leichte und fließende Bewegungen, Kostüme in geometrischen Mustern, diffuses, farbiges Licht ohne Einsatz von Rampenlicht, Bühnenprospekte aus Gaze und unifarbigen Stoffen, um Raum und Tiefe zu suggerieren, systematisches Ausschalten jeglicher Regieanweisung des

Librettos zugunsten der tieferen Bedeutung der Traumwelt, Behandlung von Sängern und Tänzern, als seien sie Marionetten in der Hand des mit übernatürlichen Kräften ausgestatteten Theaterkünstlers. (In Craigs Terminologie hätten zu einem solchen nietzscheschen »Übermenschen« dann auch »Übermarionetten« gehört.)

Ein Aspekt des von Craig postulierten neuen Theaters, nämlich seine Behandlung der Schauspieler als Marionetten, hätte den Russen Konstanin Stanislawskij wohl überrascht und erbittert. Stanislawskij lehnte die althergebrachten Inszenierungen seiner Vorgänger ebenso scharf ab wie Appia und Craig. Seine Prämisse lautete ebenfalls, daß jegliche Bühnenaktion auf der Musik basieren müsse. Als einflußreicher Regisseur des naturalistischen Sprechtheaters – Stanislawskij war maßgeblich beteiligt am Aufbau des Künstlertheaters in Moskau, dem Forum Tschechows – verlangte er auf der Bühne aber kein marionettenhaftes, sondern ein ausdrücklich natürliches Verhalten. Bei seiner Arbeit im Opernstudio des Bolschoi-Theaters, das 1918 nach der Russischen Revolution gegründet worden war und später als Opernstudio Stanislawskij firmierte, lehrte er seine jungen Darsteller eine Adaption des im Sprechtheater des 20. Jahrhunderts international berühmten Theaterstils:

Wir werden versuchen, eine Partie unter Berücksichtigung ihrer musikalischen Form und unter Einbeziehung der Gesangstechnik mit Leben zu erfüllen ... Es geht darum, von einem Konzert im Kostüm wegzukommen – die meisten Opernaufführungen heute sind nichts anderes – und ein wirklich dramatisches Ereignis auf die Bühne zu stellen ... Einer der wichtigsten Aspekte unserer Arbeit ist der einem Werk zugrundeliegende Meta-Text [Subtext], der uns zu fühlen ermöglicht, was der Text in Worten ausdrückt ... Der Komponist gibt Ihnen alles: den Rhythmus für ihre Empfindungen, die richtige Intonation für jedes Wort und eine Melodie, die die Gefühle vorzeichnet. Man muß nur noch eine wahre Grundlage für die vorhandenen Töne finden und sich die Töne dann aneignen.

Wsewolod Meyerhold, Stanislawskijs jüngerer, in Rußland eingebürgerter Kollege, hätte ihm wohl in vielem zugestimmt. Der progressive Regisseur des Sprechtheaters inszenierte zwischen 1909 und 1939 gelegentlich auch Opern. Einer engen Annäherung zwischen dem Sänger-Darsteller und dem Schauspieler im Sprechtheater von Ibsen oder Tschechow hätte Meyerhold aber sicher widersprochen, da dann der richtige Rhythmus dramatischer Ereignisse auf der Bühne gestört worden wäre. Meyerhold hielt eher die Tänzer für geeignete Vorbilder der Opernsänger und dachte dabei vor allem die von Michail Fokin ausgebildeten modernen Tänzer (Fokin war der frühere Choreograph in Diaghilews *Ballets Russes*). Meyerholds Ideal eines Opernsängers wird wohl am ehesten durch den Bariton Fjodor Schaljapin verkörpert, der vor allem in den Rollen des Mephistopheles (Gounod, Boito) und des Boris Godunow berühmt war:

Schaljapins Spiel ist immer *wahr*. Nicht wahr im Sinne von realistisch, sondern im Hinblick auf die Bühnenwirksamkeit ... [Der Sänger-Darsteller] wird erst dann ein wesentliches Element der wagnerischen Synthese sein, wenn er Schaljapins Kunst nicht mehr unter dem Aspekt des Künstlerthea-

DIE BILDLICHE UMSETZUNG DES ZYKLUS *DER RING DES NIBELUNGEN*. Wagners *Götterdämmerung* (erster Akt, erste Szene). Im Libretto die folgende Regieanweisung: »Die Halle der Gibichungen am Rhein...Gunther und Gutrune auf dem Hochsitze zur Seite, vor welchem ein Tisch mit Trinkgerät steht; davor sitzt Hagen.« Diese Szene ist hier in Ausstattung und Regie von Wieland Wagner zu sehen, der die *Götterdämmerung* 1965 im Rahmen seines zweiten Bayreuther *Ring* auf die Bühne brachte. Wie schon bei dem ersten *Ring* Wieland Wagners aus dem Jahr 1951 dominieren bei der Bildsprache auf der Bühne Abstraktion und Lichtregie. Den im Vergleich zu seinem *Ring* 1951 größeren Anteil bildhafter Symbole führt Wieland zurück auf den Einfluß der Werke von Marc Chagall, Paul Klee und Henry Moore. Die Tierschädel, die von der düsteren, mit Muscheln besetzten Steinsäule herunterhängen – diese Säule ist gestalterisches Element der Gibichungen-Halle – bedeuten den einzigen Rückfall in ältere Gestaltungsprinzipien für diesen Raum, den man bis dahin immer mit alten germanischen oder nordischen Bezügen ausgestattet hatte. *Ring*-Inszenierungen in den Jahren nach Wieland Wagner realisierten die Gibichungen-Halle auf unterschiedlichste Weise: unter anderem als eine nach oben offene klassizistische Säulenhalle, als orientalisches Zelt, einen von oben herabhängenden Irrgarten aus verzerrendem geschliffenem Glas oder mit Anklängen an Stonehenge in Wiltshire und an Hitlers Reichskanzlei im Berlin zur Zeit des Dritten Reiches.

ters in Moskau sieht. Dort agieren die Schauspieler nach den Gesetzen der *mimesis* [Kopie des Wirklichen]. Es geht vielmehr darum, Schaljapins Kunst unter dem allumfassenden Aspekt des Rhythmischen zu sehen ... Ich versuchte, dem Darsteller in der *Pique Dame* [Meyerhold inszenierte Tschaikowskis Oper 1935] rhythmische Freiheit im Rahmen der durch die musikalischen Phrasen gegebenen Gesetzmäßigkeiten zu ermöglichen (wie bei Schaljapin). Auf diese Weise erlangte die Interpretation einen eher kontrapunktisch denn metrisch präzisen Zusammenhang zur Musik, ohne doch die Abhängigkeit von der Musik zu leugnen.

In der ersten Hälfte des 20. Jahrhunderts waren solche und ähnliche Überlegungen zum Spiel auf der Bühne, zur Charakteristik der handelnden Personen, zu Beleuchtung, Bühnenbild, der Funktion des Regisseurs und der Bedeutung des Textes unter Regisseuren verbreitet, die ein offenes Ohr für zeitgenössische Impulse hatten. Berücksichtigte ein Regisseur mehrere der hier genannten Komponenten, gehörte er damit schon zu den Vertretern umstrittener neuer Regie bei Operninszenierungen. Wie es in der Werbung bald hieß, sollten die Repertoirewerke durch fortschrittliche,

RAUM, LICHT, SYMBOL. Selbst in unserer heutigen, durch das Repertoire geprägten Opernwelt werden glücklicherweise ab und zu neue Werke produziert, die dann ihnen gemäße, denkwürdige Inszenierungskonzepte und Bühnenbilder fordern. Abgebildet ist hier eine Szene kurz vor dem Schluß aus der Oper *The Mask of Orpheus* von Harrison Birtwistle. Die durch unterschiedliche Mythen geprägte Oper wurde 1986 von der English National Opera in London uraufgeführt. Orpheus, dessen gespaltene Persönlichkeit durch drei verschiedene Schauspieler verdeutlicht wird, die alle den Orpheus geben, liegt hier erschlagen unter den Augen des rachsüchtigen und eifersüchtigen Apoll. David Freeman setzte in seiner Inszenierung neben den Darstellern (Sängern und Pantomimen) lebensgroße Marionetten in einer bunten Folge ritueller, mimischer und phantastischer Ereignisse ein. Das Bühnenbild von Jocelyn Herbert war geprägt von Masken und Totempfählen auf einer ansonsten fast leeren Bühne. Abwechslung wurde durch die grob geschnittenen Umrisse von Hügeln und Flüssen erreicht, die durch einen eindrucksvollen und bewegten Himmel Leben bekamen. (Zur Erzeugung eines Gefühls von Unerreichbarkeit oder Unendlichkeit ist für Opernbühnen im 20. Jahrhundert die vielfältig einsetzbare Lichtregie mit neutralen Bühnenprospekten, Soffitten, Gazeschleiern und elektrisch angetriebenen Zykloramen ebenso typisch wie es für die romantische Oper die mit Gas beleuchteten Gemälde oder für die Barockoper die perspektivisch angelegten, durch Kerzen beleuchteten Bühnenbilder waren.)

zum Nachdenken herausfordernde Interpretationen neu beleuchtet werden. Einige wichtige Opernhäuser übernahmen diese Trends von den zwanziger bis in die sechziger Jahre auf unterschiedliche Weise, entwickelten selber neue Ideen und verbreiteten ihre neuen Konzepte. Bedeutende Häuser waren die Kroll-Oper in Berlin unter Otto Klemperer während der Weimarer Republik, die Komische Oper in Berlin unter Walter Felsenstein zur Zeit des Kalten Krieges und das Bayreuther Festspielhaus der fünfziger und sechziger Jahre nach den Jahren der Nazi-Herrschaft. Dieses Haus hatten Richard Wagners Enkel Wieland und Wolfgang als Erbe übernommen.

In den genannten drei Häusern wurde sorgfältig nach der Partitur und mit größter Hochachtung für den jeweiligen Komponisten inszeniert. Dennoch provozierten die auf dieser Grundlage entstandenen Inszenierungen unterschiedlichste Kontroversen. Die Kroll-Oper versuchte unter der musikalischen Leitung von Klemperer, der zeitweise auch Regie führte, von 1927 bis 1931 das althergebrachte System umjubelter

Opernstars sowie die ermüdende Bildersprache und den hohlen Glanz manch traditioneller Inszenierung zu überwinden. Aus dem Sprechtheater verpflichtete man Regisseure, die keine Vorurteile gegenüber der Oper hatten und betraute mit der Ausstattung einzelner Inszenierungen Künstler wie De Chirico, Schlemmer und Moholy-Nagy. An der Kroll-Oper standen neben kompromißlosen neuen Werken wie Strawinskis *Oedipus rex* viele Repertoirewerke in ungewöhnlichen, neuen Aufführungen. So etwa ein nicht im Rokoko angesiedelter *Don Giovanni*, ein stilisierter *Fidelio* in kubistischem Bühnenbild, eine *Fledermaus* in zeitgenössischen Kostümen und ein *Falstaff*, in dem der dicke Ritter ein Monokel trug und der junge Fenton in weiten Kniehosen auftrat. Die Presse war begeistert, daß alles neu und »sachlich« gestaltet war – ein Modewort dieser Zeit –, die Nörgler waren entsetzt angesichts der vermeintlichen Verunstaltung alter Meisterwerke. Und nicht alle, die sich kritisch äußerten, waren hinterwäldlerische Narren. Arnold Schönberg fühlte sich als Opfer angeblich sinnentstellender Aufführungen und beklagte sich 1930 in einem Brief an den Intendanten über Regisseure, »die sich ein Stück nur ansehen auf die Möglichkeit, *etwas ganz anderes* daraus zu machen. Ein Unrecht, das nie größer sein könnte, als wenn man es an *mir* verübte, der ich mit außerordentlicher Präzision alles Szenische beim Kompoieren vor Augen habe.«

Das Schaustück der Kroll-Oper war eine entmythologisierte Inszenierung des *Fliegenden Holländers*, der 1929 in Wagners Dresdener Urfassung von 1843 gegeben wurde. Die Oper wurde als surrealistisches Schauermärchen, als proletarisch, direkt, stark in der Wirkung und ganz und gar un-norwegisch angekündigt. In der Presse wurde die Inszenierung als »völlige Zertrümmerung des wagnerschen Kunstwerks« und »Verfälschung der künstlerischen Absichten des Schöpfers von Grund auf« kritisiert, anderslautende Urteile sahen die Oper in einem ganz neuen Licht: befreit von jahrzehntelanger metaphysischer Überfrachtung, leerem Symbolismus, falscher theatralischer Pietät und romantisch anmutender Kostümierung (siehe Abbildung S. 487).

Bei Walter Felsenstein hieß die Losung zwei Jahrzehnte später, die »Oper von sich selbst zu befreien«. Er war von 1947 bis 1975 Intendant und Chef-Regisseur der Komischen Oper in Ost-Berlin, in der Musiktheater in seiner ganzen Vielfalt gespielt wurde. Felsenstein vertrat aber nicht etwa eine durch und durch moderne Haltung. Er schrieb 1951:

In unserer Epoche der Vorherrschaft des Regisseurs ist es üblich geworden, der Werkauffassung und Gestaltung des Regisseurs ein Interesse zu schenken, das nicht immer identisch mit dem Interesse an der Erfüllung des Werkes ist. Jede Gestaltung ist abzulehnen, welche in erster Linie die Absicht verfolgt, eine interessante Aufführung zustande zu bringen, ohne die Intentionen des Komponisten und des Autors genauestens zu erkunden und ihnen nahezukommen. Ein Regisseur, der glaubt, ein wertvolles Werk bearbeiten oder modernisieren zu müssen, möge sich ein neues Werk herstellen lassen und nicht das vorhandene für seine Zwecke mißbrauchen.

Felsenstein propagiert hier den Typus des Regisseurs, der um seine Verantwortung weiß, sich aber nicht in den Vordergrund drängt. Es handelt sich bei diesem Regisseur eher um einen geschickten Handwerker denn um einen Nachschöpfer. Schon Wagner hatte einen solchen Regisseur gefordert, Pougin hatte ihn so definiert, Shaw

DRAMATURGISCH KOMPLEXE SITUATION UND WENIG PLATZ AUF DER BÜHNE. Vorbereitung der Premiere von Brittens »Krönungs«-Oper *Gloriana* 1953. Gezeigt wird eine Klavierprobe mit den Solisten in der sogenannten Crush Bar hinter dem Hauptrang der königlichen Oper Covent Garden. Der Komponist sitzt unten auf der Treppe neben dem Dirigenten John Pritchard, der die Uraufführung dirigierte. Peter Pears (Tenor) in der Rolle des Earl of Essex steht mit dem Rücken zur Kamera. Die Sopranistin Jennifer Vyvyan, die Essex' Schwester Penelope gibt, wird ihm gerade durch den Regisseur Basil Coleman zugeführt. Fast mit Sicherheit handelt es sich hier um die intime Garten-Szene in der Mitte des zweiten Aktes. Coleman, der vier Werke von Britten zur Uraufführung brachte, empfand diese Szene als besondere Herausforderung, zeigten sich hier doch »Frustration, wechselnde Loyalitäten und intrigantes Verhalten«. Darüber hinaus stand ihm für diese Szene nur ein begrenzter Raum auf der Vorderbühne zur Verfügung, da hinter einer Reihe von Gazeschleiern schon die unmittelbar folgende Ball-Szene aufgebaut werden mußte. Er konnte die Garten-Szene in der Crush Bar also unter realisitischen räumlichen Bedingungen proben, hielt die räumliche Situation auf der Bühne aber insgesamt für »ungenügend, um die Szene angemessen gestalten zu können«. (Deshalb der etwas mürrische Ausdruck auf Brittens Miene?)

so befürwortet – und später traf man ihn an vielen Opernhäusern des 20. Jahrhunderts an. (In England war Carl Ebert ein Beispiel dieses Typus von Regisseur. Er wechselte 1934 von der Charlottenburger Oper – heute: Deutsche Oper Berlin – zur neuen Glyndebourne Oper in Sussex und war dort fast dreißig Jahre lang Chef-Regisseur.) Bei Felsensteins Aufzählung der Qualitäten eines solchen Regisseurs werden die Unterschiede auch zwischen dem zurückhaltendsten Vertreter dieser Richtung und seinen künstlerischen Vorfahren im 19. Jahrhundert aber doch deutlich:

Die Unentbehrlichkeit einer starken Regiepersönlichkeit ist erstens in der Notwendigkeit begründet, die einem Werke innewohnende Substanz mit den Mitteln und Methoden zum Ausdruck zu bringen, die das Werk dem zeitgenössischen Betrachter am unmißverständlichsten nahebringen. Zweitens ist der Regisseur unentbehrlich, um – ebenfalls mit seinen Mitteln und Methoden – die für das Werk geeigneten Sänger, aber auch den Dirigenten und Bühnenbildner, mit dem Werk zutiefst bekannt zu machen und sie zu einer eigenpersönlichen, jedoch völlig treuen Interpretation nach den Gesetzen des Theaters zu veranlassen. Keinesfalls kann sich der Regisseur auf die optisch-räumliche und choreographische Gestaltung beschränken, und keinesfalls ist es ihm gestattet, Sänger als bewegte Figurinen zu verwerten, statt sie zur schöpferischen Nachkomposition und Nachdichtung eines Werkes zu veranlassen.

Bewunderer von Gordon Craigs »Übermarionetten« hätten hier keine Chance!

Und dennoch war Felsenstein im Sinne von Stanislawskij und vielleicht sogar von Craig ein »Moderner«. Mit dem Wort »Oper« pflegte er in abfälliger Weise das zu bezeichnen, was die meisten *anderen* Theater auf die Bühne brachten: große Spektakel, Bühnenzauber, Konzerte im Kostüm, szenisch steife Vorstellungen für Liebhaber von Stimm-Akrobaten. Felsenstein nahm für sich in Anspruch, daß in seiner Komischen Oper eine andere und vitalere Kunstform gepflegt werde: das Musiktheater. Libretto und Partitur wurden in seinem Theater in ihrer Substanz nicht angetastet. Ganz im Gegenteil, es wurde sorgfältig gelesen, geprüft und geprobt. Ein Gerücht spricht von 157 Bühnenproben für Felsensteins Inszenierung der *Zauberflöte*! Im Verständnis Felsensteins forderte das Musiktheater die Suche nach der Text und Noten zugrundeliegenden, alles vereinheitlichenden Grundidee eines Werkes. Diese Grundidee ermöglichte dann den Sänger-Darstellern und gleichermaßen auch dem Chor ein so intensives Eingehen auf die von ihnen gespielten Figuren, daß die gesungene und auch die instrumental gespielte Musik sich förmlich von selbst ergab. Es ging darum, »die Dualität Musik und Szene, Gesang und Darstellung völlig aufzuheben« und im aufgeführten Stück »eine Handlung musizierend und singend zu einer theatralischen Realität und vorbehaltlosen Glaubhaftigkeit zu bringen«. Die Liebhaber großer Sängerstars und auch andere, aufmerksame Theaterbesucher vermißten in Felsensteins Musiktheater aber dennoch manchmal das eigentliche »Singen«.

Unter der Ägide von Wieland Wagner als künstlerischem Leiter der Bayreuther Festspiele gab es von der Wiedereröffnung des Hauses nach dem Zweiten Weltkrieg im Jahr 1951 bis zu Wielands Tod 1966 zweifellos genügend echte Gesangskunst. Mit anderen Traditionen dagegen brach man, weil diese zu sehr dem Bayreuther Stil der dreißiger und frühen vierziger Jahre verpflichtet waren. Die alten, stark bildhaft geprägten, »nordischen« Inszenierungen nach Cosimas Geschmack waren zunehmend mit nationalsozialistischer Ideologie in Verbindung gebracht worden, die diese Texte Wagners quasi enteignet hatte. Wieland liebte diese Texte. In einem anläßlich der Wiedereröffnung von Bayreuth publizierten Essay schrieb er, daß »die Werke Richard Wagners im Grunde keine Veränderungen erlauben. Wie alle tiefen Kunstwerke kann man sie nicht verletzen und sie genügen sich selbst.« Es gibt aber eine wichtige Einschränkung:

> Die Darstellung auf der Bühne – und nur diese – ist einem Wandel unterworfen. Hier Veränderungen zu vermeiden hieß, die Tugend der Texttreue zu übertreiben und in übermäßige Strenge zu verfallen ... Die Aufgabe, der wir uns stellen müssen, besteht darin, mit neuen Mitteln die geforderten Stimmungen zu kreieren ... Die gewohnten Bilder vergangener Tage mögen bei vielen treuen und verdienten Anhängern sehnsüchtige Erinnerungen an eine denkwürdige Zeit heraufbeschwören; für die Generation, die im Zeitalter von Quantentheorie und Atomwissenschaft aufwächst, haben diese Bilder ihren Wert verloren.

Wieland Wagner verstand als richtige Haltung gegenüber dem Werk seines Großvaters das Ergründen allgemein gültiger und archetypischer menschlicher Situationen. Damit meinte er bestimmt nichts »Nordisches«, schon gar nicht etwas »Nationalsozialistisches«. Wieland Wagner wollte im Werk seines Großvaters auf die aus vielfältigen psychischen Spannungen herrührenden Konflikte aufmerksam machen, die wesentlicher Aspekt der menschlichen Natur sind. Die bildliche Umsetzung dieser Ideen – Wieland Wagner war sowohl Bühnenbildner als auch Regisseur – verlangte die Konzentration auf das wahre Ich der Protagonisten, das Ausloten der einzelnen Charaktere und den Verzicht auf sklavisch genaues Befolgen der Regieanweisungen. Die Sänger zeigten mit großer Zurückhaltung innere Konflikte und zeichneten die Musik nicht einfach gestisch nach (»Szenische Handlung und musikalische Entwicklung laufen nicht einfach parallel«). Das großzügige, schlichte Bühnenbild ersetzte

BILD-MOSAIKE ALS BÜHNENBILD. Um die Jahrhundertwende gab es unter anderen Kunstrichtungen auch den Trend, mit abstrakten Bildern und elektrischem Licht zu experimentieren. In Anknüpfung an diese Ideen suchte man im Laufe des 20. Jahrhunderts dann nach Möglichkeiten, mit Hilfe von Projektionen unterschiedlichster Art Bühnenbilder zu bereichern oder diese Projektionen sogar zur Grundlage eines Bühnenbildes zu machen. Die Abbildung zeigt das Bühnenbild des erfindungsreichen Tschechen Josef Svoboda für eine Inszenierung von Bernd Alois Zimmermanns Oper *Die Soldaten* (München 1969). Svoboda verwendet Bilder, Dokumente und graphische Muster für große Projektionen, in denen er auf bildlicher Ebene eine Entsprechung zu der Themenvielfalt in der Oper gibt: verschiedene historische Zeiten, unterschiedliche Orte, vielfältige Theatermittel und eine vielseitige Musiksprache. Filmabschnitte und Diaprojektionen werden auf mehrere, miteinander verbundene Projektionsflächen geworfen und dienen als Bühnenbild, zur Erzeugung einer bestimmten Atmosphäre oder als beschreibende Kommentierung der Handlung. Zwei Beispiele dienen als Beleg für die Vielfalt möglicher Effekte: Soldaten in einem Kaffeehaus und marschierende Soldaten. Die beiden Szenen wirken sehr unterschiedlich, beruhen aber auf identischen Projektionsflächen.

Wynand
Fockink

die althergebrachten Bildlandschaften früherer Bühnenbilder durch Symbole (»Meine Bühnenbilder entnehmen ihre wirklichen Bedeutungen nicht den Bühnenanweisungen, sondern den Szenen selber«). Eine virtuose und präzise Lichtregie deutete Handlungen aus (»Ausgeleuchteter Raum hat die beleuchtete Leinwand ersetzt«). Diese Regie bedeutete natürlich den Verzicht auf zahlreiche Regieanweisungen Richard Wagners (»Was der Theaterpraktiker Richard Wagner zur Aufführung seiner Opern niederschrieb, interessiert uns nur im historischen Sinne«), und lauter Protest wurde geäußert. Einige entrüstete Opernbesucher gründeten sogar die »Ver-

ZUR LAGE DER KUNST: 1589, 1990. Angenommen, man führt eine Oper aus der Zeit vor Mozart auf und bemüht sich dabei um die Rekonstruktion von Musiksprache und Klangbild der frühesten Aufführungen. Sollte man dann bei der Rekonstruktion nicht auch bühnentechnische Aspekte wie Bühnenbild und Darstellung berücksichtigen? Manch einer wird diese Frage bejahen, vor allem dann, wenn es um frühe Opern, oder wie hier, um Werke aus der Zeit vor dem Beginn eigentlicher Oper geht. Es handelt sich um die gesungenen, getanzten und gespielten Intermedien der Medici, die 1589 in Verbindung mit der Komödie *La pellegrina* in Florenz gegeben wurden. Der englische Fernsehsender Channel 4 TV (Thames Television/Taverner/Frame Store) machte in seiner Produktion *Una Stravaganza dei Medici* den Versuch, Bernardo Buontalentis spektakuläre originale Bühnenbilder auf überzeugende Weise in die Bildsprache des neuen Mediums umzusetzen. Die göttlichen Sirenen, die den Kosmos durch Gesang und Spiel betören, stehen ganz in der Art des späten 16. Jahrhunderts auf einer gemalten Wolke. Eine ungleich weiter entwickelte Technologie wird verwendet, um diese Aufführung auszuleuchten und im Film festzuhalten, noch fortschrittlichere elektronische Möglichkeiten tragen diese Bilder dann durchs All – selbst der erfindungsreiche Buontalenti hätte angesichts dieser Künste wohl gestaunt.

einigung zur Erhaltung des Werkes von Richard Wagner«. Den damals angefachten »Opern-Krieg« hört man in der Ferne immer noch grummeln – und nicht nur in bezug auf Wagner und Bayreuth.

Der moderne Bühnenstil zur Mitte des Jahrhunderts wurde maßgeblich von Wieland Wagners Inszenierungen geprägt, auch wenn man zugestehen muß, daß Walter Felsenstein vielleicht größeren Einfluß auf das eigentliche Spiel auf der Bühne hatte. Wieland Wagner verwirklichte den schon bei Reinhardt evidenten Anspruch, die Werke des klassischen Repertoires mit zeitgenössischen Mitteln zu deuten. Er setzte sich wie Appia mit Licht, Form und Raum auseinander; ähnlich wie Craig, der die Handlung als Traum verstand, verweigerte er sich der minutiösen Umsetzung einzelner Regieanweisungen. Wie Stanislawskij wollte er die Persönlichkeit der jeweiligen Charaktere und die Motivationen für ihr Handeln herausarbeiten, und er versuchte im Sinne Meyerholds, die Aktionen auf der Bühne kontrapunktisch zur Musik zu führen. Wieland Wagners Versuch, einen modernen Inszenierungsstil für die Werke Wagners im post-atomaren Zeitalter zu erarbeiten, stand im Konflikt mit traditionelleren, aber ebenso ernsthaften Versuchen einer werkgerechten Wiedergabe. Und die Frage nach der Werktreue – der Begriff wird hier im weitesten Sinne und ohne genauere Definition der dem Kompositum zugrundeliegenden Begriffe »Werk« und »Treue« gebraucht – hat seit Wieland Wagners Tod 1966 die Debatte um Regiefragen in der Oper bestimmt.

Repertoire-Oper am Ende des 20. Jahrhunderts: dem eigenen Stil treu bleiben

Die Debatte um Werktreue erlangte besondere Bedeutung aufgrund der besonderen Entwicklung des Opernrepertoires. Im Sinne eines festen Werkbestandes wurde der Begriff »Repertoire« im Zusammenhang mit der Oper im späten 19. Jahrhundert geprägt. Damals verstand man als erfolgreiche Opernsaison zunehmend eine Spielzeit, in der »die Meisterwerke der großen Komponisten aller Nationen und die neuesten Werke der zeitgenössischen Komponisten« auf die Bühne gebracht wurden. So formulierte man 1898, als eine Städtische Oper in London errichtet werden sollte, in einem entsprechenden Entwurf. Zu dieser Zeit hielt man Gluck und Mozart zweifellos für die ältere Generation von Opernkomponisten. Gleichzeitig erwartete man, daß die neueren Komponisten Wagner und Verdi im weiteren Verlauf der Operngeschichte durch ebenso geniale und noch jüngere Komponisten ersetzt würden. Und so geschah es auch, allerdings nur für kurze Zeit. Das Repertoire neuer Opern verschob sich von Wagner und Verdi bis hin zu Puccini und dem frühen Richard Strauss – es geht hier um einen Zeitraum von etwa 25 Jahren –, um dann abzubrechen. Einige wenige Werke aus der Mitte der zwanziger Jahre sind in den Kanon zwar übernommen worden, etwa *Wozzeck* von Alban Berg, *The Rake's Progress* von Strawinski,

Les Dialogues des Carmélites von Poulenc und *Peter Grimes* von Britten, aber dies sind doch nur Ausnahmen. Aufgrund des zunehmenden Interesses an der frühen Oper wurde das Repertoire gleichzeitig um Werke ergänzt, die in der Zeit vor Gluck und Mozart entstanden, nämlich um Werke von Händel, Purcell und Monteverdi. Wenn man von den Kompositionsdaten ausgeht, entfernt das Standardrepertoire unserer Opernhäuser sich von unserer Gegenwart also immer weiter, wie eine Galaxie. Natürlich sind ab und zu neue Partituren auf der Bühne realisiert worden und haben manchmal auch Erfolg gehabt. Das lag dann aber nicht selten an eindrucksvollen Inszenierungen, bei denen die Komponisten häufig mitwirkten. (Benjamin Britten besprach zum Beispiel noch während der Komposition seiner späten Opern mit dem Regisseur Colin Graham die einleuchtendste dramaturgische Entwicklung der Bühnenfiguren: »Wir gingen das Libretto des Abschnittes durch, den er am nächsten Tag komponieren wollte. Er fragte dann, wie ich mir die Passage auf der Bühne vorstellte ... Wir stellten uns die Inszenierung modellhaft vor ... Am nächsten Tag spielte er mir während der Teepause am Nachmittag vor, was er komponiert hatte. Das gingen wir dann gemeinsam durch.«) Der Opernbesucher des ausgehenden 20. Jahrhunderts sieht und hört gemeinhin aber ein Repertoire, das eine Zusammenarbeit zwischen Komponist und Regisseur aus naheliegenden Gründen nicht vorsieht. Standardwerke des Repertoires werden neu inszeniert, ergänzt durch einige weniger bekannte Werke von Komponisten des Repertoires und gelegentlich gibt man einem Außenseiter eine Chance. Eine ähnliche Konstellation im englischen Sprechtheater hätte zur Folge, daß der Zuschauer zu achtzig Prozent Werke von Shakespeare, Sheridan und Shaw sähe. Bei Shakespeare-Werken liegt die Frage nach dem für das ausgehende 20. Jahrhundert passenden Inszenierungsstil auf der Hand, aber auch für das Standardrepertoire des Musiktheaters hat diese Frage große Bedeutung gewonnen.

Selbstverständlich nehmen Dirigenten und Sänger Einfluß auf den jeweiligen Inszenierungsstil. Das bezieht sich nicht nur – an sich naheliegend – auf das klangliche Ergebnis; auch die Nähe eines Künstlers zur Bühne ist hier von Bedeutung. Prestige oder Ausstrahlung eines einzelnen Stars können dazu führen, daß seine oder ihre Ideen eine komplette Inszenierung dominieren; in gleicher Weise kann ein Dirigent durch seine musikalische Interpretation, seine Tempi und sein Herausarbeiten einzelner Stimmen einen bestimmten Inszenierungsstil erzwingen. Letztlich ist es aber der Regisseur, der in enger Absprache mit Bühnenbildner, Kostümbildner und Beleuchter und hoffentlich auch dem Dirigenten eine neue Inszenierung von *Figaro, Carmen* oder *Madama Butterfly* verantwortet. Diese Inszenierung muß für unsere Gegenwart »stimmig« sein, sich gleichzeitig aber auch auf charakteristische und interessante Weise von der letzten Inszenierung abheben. Gerade diese letzte Forderung ist für das ausgehende 20. Jahrhundert typisch. Die Aufgabe gleicht der Quadratur des Kreises: sich auf interessante Weise von der vorherigen Inszenierung abheben, Werktreue garantieren sowie Text und Partitur wort- und notengetreu wiedergeben, weil der Opernbesucher sonst *Figaro*, *Carmen* oder *Madama Butterfly* gar nicht erkennt! Der Regisseur, egal, ob er ständig im Opernhaus tätig ist oder zugleich in Sprechtheater und Film Regie führt, muß Antworten auf die Frage nach dem Text und seiner Treue diesem Text gegenüber finden. Der Regisseur im Opernhaus kann dabei auf zahlreiche Helfer zurückgreifen: Seine Presseleute bereiten das Publikum auf seine Inszenierung vor, Bühnenmeister und Beleuchter ermöglichen jeden nur denkbaren, vorgeschlagenen Effekt, und der Dirigent trägt seine Vorstellungen mehr oder weniger gerne mit. Die Sänger schließlich lassen sich von ihm lenken und bemühen sich darum, seine Vorschläge aufzugreifen und in bestmöglicher Zusammenarbeit zu realisieren. Trotzdem ist es der Regisseur, der zunächst die Frage nach der Substanz des Operntextes beantworten muß und zu klären hat, wie dieser Inhalt auf die Bühne gebracht werden kann. Der Regisseur muß entscheiden, wie er die Fragen, die sich aus dem Text ergeben, angesichts gegensätzlicher Vorstellungen und vielfältiger Interpretationsmöglichkeiten in seiner Inszenierung auf werkgerechte Weise beantwortet.

Woraus besteht eigentlich der einer Neuinszenierung zugrundeliegende »Text« – gemeint sind im folgenden immer Worte und Musik! Was macht diesen Text aus? Am Ende des 20. Jahrhunderts haben sich drei unterschiedliche Meinungen herauskristallisiert. In der Praxis gehen diese verschiedenen Interpretationsmöglichkeiten allerdings häufig ineinander über und Regisseure kombinieren bei der Arbeit gerne einzelne Aspekte der drei Sichtweisen miteinander. Zunächst einmal berichtet der Text von einem Ereignis, das erneuter Erzählung wert ist. Dann versteht man den Text als eine Sammlung von Anleitungen, die auf bestmögliche Weise realisiert werden sollen, und zuletzt dient der Text ausschließlich als Stimulans für die Phantasie des Regisseurs – ohne irgendwelche weiteren Vorschriften. Es liegt auf der Hand, daß Werktreue angesichts so unterschiedlicher Definitionen des zugrundeliegenden Textes zu den verschiedenartigsten Inszenierungen führen kann. Die Vielfalt möglicher Inszenierungen hängt gleichermaßen von den Regisseuren wie auch von den behandelten Stoffen ab. Die Vorlagen reichen von rein mythischen Textentwürfen bis hin zu äußerst konkreten Ereignissen (von *Orfeo ed Euridice* bis zu Brittens *Albert Herring*), und haben eine stilistische Breite vom Belcanto- bis zum Parlando-Stil (*Lucia di Lammermoor* bis zu Debussys *Pelléas et Mélisande*). Aus diesem Grund gibt es im späten 20. Jahrhundert wohl eine vorher nie erreichte Vielfalt bei Inszenierungen.

Wird der »Text« als Bericht verstanden, gelten Worte, Noten, Bühnenanweisungen und sämtliche anderen verfügbaren Informationen – im Regelfall geht es um die Premiere des fraglichen Werkes – als Notate des Ereignisses, das wiederholt werden soll. Vertreter dieser Richtung gehen meist von Libretto und Partitur als Basis ihrer Arbeit aus, da diese beiden Quellen die szenischen Möglichkeiten widerspiegeln – Theaterraum, Bewegungen, Gesten der Schauspieler und Tableaux –, die Textdichter und Komponist in ihrer eigenen Zeit zur Verfügung standen. Bei einer so verstan-

EINEN STIL PRÄGEN. Maria Callas als Violetta mit Ettore Bastianini im ausgedehnten Duett des zweiten Akts von Verdis *La traviata*. Luchino Visconti inszenierte diese Aufführung an der Mailander Scala 1955. Die farbenprächtigen, üppig gemalten Bühnenbilder stammen von Lila de Nobili. Giorgio Germont, der Vater von Violettas Liebhaber Alfredo, sitzt hinter Violetta. Er hat sie gerade dazu überredet, sich von Alfredo zu trennen, um so das Glück der Familie Germont nicht aufs Spiel zu setzen. Die Szene, von Dumas in der Gegenwart, von Verdi und Piave (den Wünschen der Zensur entsprechend) in einem Landhaus um 1700 angesiedelt, wird hier in einem Garten um 1875 gegeben. Visconti inszenierte seine *Traviata* mit der Callas im Stil des späten 19. Jahrhunderts, »da Maria die Kostüme dieser Zeit wunderbar standen«. Auch schauspielerische Anregungen wurden dem 19. Jahrhundert entnommen. In ausgedehnten Proben »versuchte ich sie [die Callas] ein wenig nach der Duse, ein wenig nach Rachel und ein wenig nach der Bernhardt« zu formen. Das Kostüm der Callas ist einer Fotografie von Sarah Bernhardt nachempfunden, die ein solches Kleid in der Hauptrolle von Dumas' *La Dame aux camélias*, dem textlichen Vorwurf zu Verdis *La traviata*, trug.

denen Nachschöpfung werden die einzelnen Details wie bei der ersten Aufführung miteinander verbunden und beziehen von daher ihre innere Stimmigkeit. Treue dem Text gegenüber verlangt demzufolge eine Inszenierung in den authentischen oder nachgebauten Kulissen der Premiere und eine entsprechende Bühnentechnik. Aber die so erreichte Authentizität ist Fiktion und täuscht wirkliche Werktreue nur vor: Eine Inszenierung, die *nicht* authentisch – und das heißt mit anderen Worten: die nicht bühnenwirksam, sondern steril und unlebendig ist, ist gar keine richtige Inszenierung.

Bei Werken, deren ursprüngliche Inszenierung in einer vom Komponisten akzeptierten Fassung gut überliefert ist, lassen sich mit einer so verstandenen Werktreue gute Ergebnisse erreichen, bei *Otello* und *Curlew River* beispielsweise. Meist wurden aber Opern des 17. und 18. Jahrhundert nach dieser Vorgabe inszeniert, obwohl es bis etwa 1830 vom Komponisten autorisierte Uraufführungsfassungen nur in den seltensten Fällen gibt. Das zunehmende Interesse an Fragen historischer Aufführungspraxis führte fast zwangsläufig zu dieser vermeintlichen Authentizität auf der Bühne. Vor allem für die Musik aus Barock und Rokoko bemühte man sich um zeitgenössische Instrumente, einen anderen Einsatz der Singstimme und um die damalige Aufführungspraxis. Und selbst wenn man von echtem Kerzenlicht auf der Bühne – feuerpolizeilich verboten und der Besetzung der männlichen Hauptrollen in der Opera seria mit Kastraten einmal absieht – das kann niemand! –, so gibt es schießlich viele andere Aspekte bei Inszenierungen in Barock und Rokoko, die auch für heutige Aufführungen durchaus praktikabel sind. Beispiele sind das Bühnenbild, sind Bewegungungen und Gesten, alles Details, die sich leicht aus zeitgenössischen Gemälden, Stichen und Traktaten herleiten lassen. Der richtige Gebrauch des Zeigefingers, ein korrekt geschnürtes Korsett oder eine stilgerechte Wolkenmaschine können einem gut gesetzten Kadenztriller durchaus ebenbürtig sein. In den achtziger und neunziger Jahren bemühte man sich vielerorts um historisch getreue Aufführungen. In Italien wurden unter anderem Monteverdi-Opern aufgeführt, in England kamen Werke Rameaus auf die Bühne und in den USA erfuhren die Opern Händels eine Renaissance. Als sich Andrew Porter, ein anglo-amerikanischer Kritiker und Übersetzer von Opern-Libretti 1980 bei einer Vivaldi-Tagung zu einer weniger gelungenen Vivaldi-Inszenierung äußerte, empfahl er die Rückbesinnung auf historische Treue. Und dabei hat Porter sich mit Rezensionen, die er für den New Yorker schrieb, als Musikkritiker ausgewiesen, der radikale neue Inszenierungsversuche bei Werken von Vivaldi und Händel durchaus zu schätzen weiß. Er meint, daß man möglichst

> zu den Ursprüngen zurückgehen soll und das Publikum mit einer Inszenierung im alten Stil konfrontieren ... Lassen Sie die Kunst perspektivisch gebauter Kulissen und perspektivischer Bühnenmalerei wieder aufleben. Wenden Sie sich dem Bühnenbild mit dem gleichen Anspruch auf Authentizität zu, mit dem Singen und Spielen bedacht werden ... Behalten Sie die ursprüngliche Anordnung der Szenen bei ... Nehmen Sie einen Kulissenwechsel nur dann vor, wenn das Werk

dies ausdrücklich verlangt ... Eliminieren Sie Verfolger-Scheinwerfer. Beleuchten Sie an der Rampe und von Halterungen hinter dem Proszeniumsbogen, von den Seiten genauso wie von oben ... Verwenden Sie einen ebenen Bühnenboden oder allenfalls einen sanften, gleichmäßigen Anstieg, so wie er in einigen Theatern des 18. Jahrhunderts zu finden war.. Was das eigentliche Spiel angeht, die Bewegungen und Gesten, so bin ich ein wenig unsicher ... [Aber] ich stelle mir eine Art authentischer Gestik mit einigen wenigen realistischen Einschlägen vor, wie Guadagni sie von Garrick übernommen hat – das ist nachzulesen. Es tut mir leid, daß ich mir hierin nicht so sicher bin wie bei allen anderen Fragen. Ich warte noch auf Antworten und möchte mich letztendlich gerne von guten Lösungen überzeugen lassen.

Hier setzen zahlreiche praktische und theoretische Probleme an. (Die Gegner historischer Authentizität verschanzen sich hinter der folgenden Haltung: warum all dieser Zauber für ein modernes Publikum, das doch nie das Publikum des 18. Jahrhunderts ist? Und die Verfechter fragen, mit welcher Berechtigung man eigentlich davon ausgehen kann, daß das auf der Bühne Sichtbare schneller veraltet und durch Neues ersetzt werden muß als das, was man hört!) Die Bemühung um historische Authentizität geht unterdessen weiter.

Die textliche Grundlage – also Noten und Libretto – kann aber auch als eine Art von Anleitung verstanden werden, die verlangt, auf bestmögliche Weise realisiert zu werden. Bei dieser Sichtweise geht man davon aus, daß Librettist und Komponist ein Hauptziel verfolgen. Sie wollen durch die Verbindung von Worten, Musik, Gesang, Spiel und Bühnentechnik das Publikum auf unterhaltsame Weise in eine »story« hineinziehen. In Libretto und Partitur finden sich deutliche, aber auch versteckte Hinweise, wie die Inszenierung das Interesse des Zuschauers wecken kann. Es handelt sich hier um rein praktische oder höchst informative Hinweise aus der Entstehungszeit des Werkes. Vieles davon läßt sich auf andere Bühnen und Aufführungen mehr oder weniger gut übertragen. Die hier postulierte Werktreue führt wegen der ihr eigenen klaren Vorstellung von der Idee des Werkes zu einer Inszenierung, die dem heutigen Opernbesucher am ehesten gemäß ist. Felsenstein formulierte 1951, Aufgabe des Regisseurs sei es, »die Intentionen des Komponisten und des Autors genauestens zu erkunden und ihnen nahezukommen«, um auf diese Weise »die einem Werke innewohnende originale Substanz mit den Mitteln und Methoden zum Ausdruck zu bringen, die das Werk dem zeitgenössischen Betrachter am unmißverständlichsten nahebringen.« Die Vertreter dieser Richtung gehen jedoch davon aus, daß große Meisterwerke der Oper – hier wird eine Formulierung des Pianisten Artur Schnabel leicht abgewandelt – immer über die einzelne Ausführung hinausweisen. Das jeweilige Inszenierungskonzept setzt keine absoluten Maßstäbe, und aktuelle Umstände können recht kurzfristig Veränderungen veranlassen. Anthony Besch, der 1975 gleich zwei verschiedene Inszenierungen der *Zauberflöte* betreute, formulierte das so: »Der Zuschauer, der davon überzeugt ist, eine letztgültige Inszenierung erlebt zu haben, kann mit der Situation konfrontiert werden, daß diese Inszenierung im Folgemonat schon durch eine andere abgelöst wird. Der einem Meisterwerk innewohnende Reichtum an Ideen, großen Gefühlen und Gedanken führt immer wieder zu neuen Annäherungen und Ergebnissen.« Und zumindest einer der Komponisten und Regisseure des 20. Jahrhunderts pflichtet ihm bei: Gian Carlo Menotti behauptet, daß er sich »bei keiner neuen Produktion eigener Werke wiederholt. Wenn ich *The Medium* oder *The Consul* auf die Bühne bringe, entdecke ich jedesmal Neues, das geändert werden kann.«

Viele Inszenierungen des späten 20. Jahrhunderts basieren auf dieser Einstellung. Häufig geht diese Haltung mit der von Felsenstein herrührenden Idee zusammen, die Oper vor sich selbst retten zu müssen. Er glaubte, daß die Oper ohne intensive Suche nach der Bedeutung des jeweiligen Werks für die heutige Zeit in den Fesseln ihrer eigenen Vergangenheit gefangen bleibe. Bei diesen Fesseln dachte man an vollbusige Primadonnen, Tenöre, die steif auf der Bühne standen, schlecht einstudierte und ungeschickte Chöre sowie Solisten, die ihre Arien ohne Rücksicht auf den szenischen Zusammenhang schmetterten. Aber auch die Gegenwart birgt für die Oper eine Gefahr: daß sie zu sehr von großen Stars geprägt wird, die im Düsenjet von einer Bühne zur anderen jagen und überall die gleiche Interpretation ihrer Partien vortragen. Hierin ähneln sie den Sänger-Stars des 18. Jahrhunderts, die ihre Einlage-Arien mitbrachten und in den Opernhäusern sangen, vor denen ihre Kutschen sie jeweils absetzten. Angesichts solcher Usancen sieht sich der heutige Regisseur, dem es um die wahren Intentionen und die einem Werk innewohnende Bedeutung geht, manchmal als Sachwalter heiliger Operninteressen. (Der Regisseur Elijah Moshinsky aus Australien formulierte: »Der Komponist legt die Basis; nach seinem Tod muß der Regisseur für die Aufrechterhaltung der moralischen Integrität sorgen.«)

Auf ein solches Verständnis von Werktreue – als dem Befolgen der dem Text innewohnenden Anleitung zur Realisierung dieser Bühnenwerke – berufen sich im ausgehenden 20. Jahrhundert jedoch Vertreter zweier Regieschulen. Und diese antagonistischen Glaubensrichtungen versuchen, sich gegenseitig schlecht zu machen. Die eine Seite geht davon aus, daß eine heute aufgeführte Oper der Realisierung des Werkes, wie sie dem Librettisten und Komponisten vorschwebte, so eng wie nur möglich folgen müssen. Die Regisseure stellen sich dabei im »idealen Theater« ihrer Fantasie eine theoretisch nachvollziehbare Realisierung vor, die nicht notwendigerweise mit den Gegebenheiten des realen Theaters übereinstimmen muß. Dabei werden die Möglichkeiten des modernen Theaters ohne Zögern eingesetzt: ein gutes und stilistisch passendes Bühnenbild, hochwertige Beleuchtungstechnik, Spieltechnik wie im aktuellen Sprechtheater, deutliche, natürliche und wirklichkeitsnahe Personenführung etc. Sind diese vermeintlich notwendigen Brücken zwischen heutiger Theaterwelt und dem Werk erst einmal geschlagen, dann erwartet man, daß die Inszenierung das dem Werk immanente Ethos aufzeigt, und arbeitet mit den Bühnenbildern, Kostümen und Bewegungen, die Komponist und Librettist zur Entstehungszeit vertraut waren. Die Vertreter dieser Richtung zögern aber nicht, ein oder zwei Jahrzehnte hinzuzufügen oder abzuziehen, wenn es darum geht, ein Bild zu schärfen oder eine Idee zu überspitzen. Die Inszenierung erreicht durch Personenführung und Ausnutzung des Bühnenraums, daß Atmosphäre, Gedankenwelt und Musiksprache des Operntextes und das Geschehen auf der Bühne ineinander verschmelzen.

In den großen Häusern Europas und Amerikas entstanden auf der Grundlage dieser Ideen viele berühmte Inszenierungen. Der Intendant Günther Rennert, der vor allem in den fünfziger bis siebziger Jahren bekannt war, schrieb: »Ein Opernregisseur übersetzt die Gestalt des Werkes, indem er es auf die Bühne bringt, in seine eigene Sprache ... Der Wert dieser Übersetzung mißt sich in der Nähe zum Original ... Jede Oper trägt ihre adäquate Darstellungsform in sich, deshalb ist es die wichtigste Aufgabe der Inszenierung, den Schlüssel zu dieser Form zu finden.« Luchino Visconti und Peter Hall, die beide auch in Film und Sprechtheater Regie führten, sind Vertreter dieses Regiestils aus dem Mittelmeerraum bzw. aus England. Auch wenn Visconti bis weit in die siebziger Jahre des 20. Jahrhunderts Regie führte, entstanden seine bedeutendsten Inszenierungen doch in den fünfziger Jahren an der Mailänder Scala. Dort baute er Maria Callas, die Sopranistin griechisch-amerikanischer Herkunft, als weltberühmten Star in Opern von Gluck, Spontini, Bellini, Donizetti und Verdi auf. Spontinis Oper *La Vestale* (1809) stand am Anfang dieser glanzvollen Kette von Inszenierungen; die Callas sang die Giulia. Visconti selber äußerte sich zu seiner Inszenierung: »*La Vestale* ist schwer zu inszenieren, da die Oper große stilistische Sicherheit und viel Glanz verlangt. Maria sorgte für dieses Element. Bei der Zusammenarbeit erschien sie mir wie ein wundervolles Instrument, das so klang, wie ich es wünschte, und auf beseelte Weise reagierte. Was für ein Unterschied im Vergleich mit einem Sänger der alten Schule! Als Hohepriesterin war Ebe Stignani, verfügte sie doch überhaupt nur über zwei Bewegungen, schlimmer als ein Waschweib auf der Bühne. Unerträglich!« Die Callas dagegen beherrschte neben vielen anderen Ausdrucksformen auch die Gesten, die diesem Stück – entstanden zur Zeit Napoléons I. – angemessen waren: »Wir haben Gesten der französischen Tragödinnen verwendet, aber auch solche des griechischen Dramas, denn hier fanden wir den Typus, den sie verkörperte: eine Schauspielerin klassischer Prägung.« Visconti ging es darum, den

COSÌ IM KAFFEEHAUS. Unterschiedliche Inszenierungen von Mozart-Opern. Don Alfonso mit seinen beiden romantischen jungen Freunden in *Così fan tutte*. Oben: Beim fröhlichen Abschluß der Wette in der Inszenierung von Carl Ebert mit Bühnenbildern von Rolf Gérard 1950 in Glyndebourne (Mario Boriello mit Richard Lewis und Geraint Evans). Unten: der unheilschwangere Moment in der Inszenierung von Peter Sellars und im Bühnenbild von Adrianne Lobel, aufgeführt 1986 beim Pepsico Summerfare in Purchase, New York (Sanford Sylvan mit James Maddalena und Frank Kelley). Die im Stil des 18. Jahrhunderts gehaltene Produktion in Glyndebourne macht das in da Pontes Libretto verlangte Kaffeehaus zu einer eleganten Taverne im Hafen von Neapel. In der Inszenierung von Summerfare, die das Werk in die Gegenwart stellt, wird aus dem Kaffeehaus ein typisch amerikanischer Schnellimbiß, nämlich Despinas *Diner*.

von einem Werk verlangten Zeitgeschmack auf passende Weise in die Moderne zu übertragen. Deshalb versetzte er seine Inszenierung der *Iphigénie en Tauride* für die Callas ins späte Rokoko und stellte fest,

daß wir uns bei der Iphigenie nicht wirklich einig waren. Ich hatte mich bei meiner Inszenierung wie immer darum bemüht, Maria ins bestmögliche Licht zu setzen. Sie verstand mich hierin aber

»EIN PLATZ IN SEVILLA« – EINMAL ANDERS. Von Figaro dazu ermuntert (Hermann Prey) singt Graf Almaviva (Claes-Haakan Ahnsjö) in der ersten Szene von Rossinis *Il barbiere di Siviglia* der Rosina (Reri Grist) ein Morgenständchen und beantwortet damit den Brief, den Rosina – im Haus eingeschlossen – von ihrem Balkon herabfallen ließ. Die Inszenierung der Regisseurin Ruth Berghaus mit Bühnenbildern von Andreas Reinhardt (hier in der Aufführung der Bayerischen Staatsoper München, 1974) kombiniert zwei Hauptstränge des Sprechtheaters im 20. Jahrhundert: das brechtsche Epische Theater mit dem berühmten Verfremdungseffekt und das Absurde Drama von Samuel Beckett, dessen Wurzeln in Futurismus und Surrealismus liegen. Beide Richtungen sehen die Bühne als einen neutralen Ort an, der als Schauplatz provozierender Bühnenereignisse dient und nicht zur quasi bildhaft-realistischen Nachgestaltung des Textes. Wenn auf der Bühne einmal realistische Objekte erscheinen, wie etwa der Bühnenkarren der Mutter Courage oder der wachsende Erdhügel in Becketts *Happy Days*, dann in symbolischer Bedeutung. Diese Grundsätze werden hier ungerührt auf das traditionelle Musiktheater übertragen.
Dr. Bartolos Haus, in dem Rosina eingeschlossen ist, wird so zu einem aus Ziegelsteinen und Mörtel gestalteten Gefängnis des »ewig Weiblichen, das uns hinanzieht«.

gar nicht. ›Warum machst Du es so?‹, fragte sie. ›Es ist eine Geschichte aus Griechenland, und ich bin eine griechische Frau, deshalb möchte ich auf der Bühne auch so aussehen!‹ Ich erwiderte: ›Meine Liebe, das Griechenland, von dem Du spricht, liegt weit zurück. Die Oper soll wie ein zum Leben erwecktes Fresko von Tiepolo wirken.‹ Sie war mit dieser Erklärung aber nicht zufrieden und wollte dennoch ›griechisch aussehen‹.

Peter Halls Opernarbeiten waren von ähnlicher Sorge um den wahren historischen Ort geprägt, der den richtigen Rahmen für ein Spiel mit psychologischem Tiefgang vermittelt. In John Higgins' *The Making of an Opera*, einer ausführlichen Chronik zu Peter Halls Vorbereitungen und Proben für den 1977 in Glyndebourne inszenierten *Don Giovanni*, ist davon vielfach die Rede. (Die Faszination eines Zeitalters für Inszenierungsprobleme spiegelt sich in dem Titel des Werkes wider!) In Higgins' Buch werden die Charaktere der Protagonisten von allen Seiten beleuchtet. Stafford Dean, der 1977 in Halls Inszenierung den Leporello sang, schreibt dazu: »Bei Hall gehst Du einem Werk wirklich auf den Grund. Er bittet um Vorschläge, die man dann auch bringt. Die meisten Regisseure sind Vorschlägen anderer Leute gegenüber mißtrauisch und fühlen sich dadurch in ihrer Machtposition bedroht ... Ich habe noch nie eine Oper so im Detail diskutiert wie bei Hall, einfach deshalb, weil ich nur selten – wenn überhaupt – ähnlich detailliert um meine Meinung gebeten wurde.«

Nicht alle Regisseure des 20. Jahrhunderts befolgten den Text oder die aus dem Text ersichtlichen Absichten von Komponist und Librettist mit dieser Genauigkeit. Mancher Regisseur verschrieb sich der Idee, daß ein modernes Publikum eines anderen Zugangs zu den Werken auf der Bühne bedürfe, und postulierte einen Ansatz, der auf radikalere Weise nach Antworten suchte. Dabei ist es gleichgültig, ob das Publikum von dieser Prämisse des Regisseurs weiß oder nicht. Die Vertreter dieser Regieschule gehen von folgenden Grundannahmen aus: Das Publikum entfernt sich zunehmend vom historischen Zentrum des herkömmlichen Opernrepertoires und entfremdet sich so dieser Kunstform immer weiter; die zur Entstehungszeit einer Oper gültigen sozialen Strukturen sind möglicherweise nicht mehr tragfähig; die durch das Werk repräsentierte mythologische oder historische Begebenheit mag vielen Zuschauern nicht mehr vertraut sein; die zur Entstehungszeit des Werks zweifellos wichtige Umsetzung auf der Opern-Bühne hat ihre Wirkung für das heutige, durch Fernsehen und Film saturierte Publikum verloren; schließlich haben die in der Vergangenheit über lange Zeit hinweg üblichen Inszenierungsstile von Repertoirewerken diesen Werken ihre Schärfe vielfach genommen, um sie so zu einer sicheren und gefahrlosen Ware bürgerlicher Kultur zu machen. So verdecken bei den Sängern traditionelle Glätte, ein harmloses Sich-Zurücknehmen und nichtssagendes Spiel die Tatsache, daß es in *Figaro, Carmen* und *Madama Butterfly* ursprünglich um eine »Idee« ging, um etwas unmittelbar Anrührendes, eine Herausforderung, um etwas noch Ungestaltetes, Rohes. Das wird vergessen, und die Oper als Kunstform steht kurz vor dem Kollaps.

Die Oper galt einigen Beobachtern in den späten sechziger Jahren unseres Jahrhunderts fast schon als verlorene Kunst. Pierre Boulez – Komponist und Dirigent – machte Schlagzeilen mit der Bemerkung, daß es »die eleganteste Lösung des ›Problems Oper‹ sei, alle Opernhäuser in die Luft zu sprengen ... Oper ist vor allen anderen Kunstformen der Bereich, wo es Stillstand gegeben hat.« Und Peter Brook, der in der kurzen Zeit als Chef-Regisseur von Covent Garden Erfahrungen im Opernbetrieb sammelte, verkündete in seinem 1968 erschienenen einflußreichen Buch *The Empty Space* (*Der leere Raum*, Hamburg 1969, deutsch von Walter Hasenclever): »Die Große Oper ist selbstverständlich das zur Absurdität geführte tödliche Theater. Die Oper ist ein Alptraum riesiger Fehden über winzige Nebensächlichkeiten, surrealistischer Anekdoten, die sich alle um dieselbe Behauptung drehen: nichts braucht sich zu ändern. Alles in der Oper muß sich ändern.« Aber zu dieser Zeit suchte man – in einigen nicht in die Luft gesprengten Opernhäusern – neue Wege. Einige Regisseure wollten die Idee der Werktreue auf neue Weise interpretieren, indem sie den Werken ihre Schärfe und ihre Unmittelbarkeit zurückgaben. Sie fanden mythische und historische Bezüge, die für heutige Zuschauer nachvollziehbar waren. Bühnenbild und Spiel versuchten sie so zu gestalten, daß die heutigen, von Fernsehen und Film geprägten Besucher auf ebenso unmittelbare Weise wie die Zuschauer aus der Entstehungszeit angesprochen würden. Teilweise mit dem Segen solcher Modernisten wie Felsenstein und Wieland Wagner erhielt eine Bewegung in den letzten 25 Jahren zunehmendes Gewicht, die verlangte, die Tünche der Tradition und die Selbstzufriedenheit, die sich wie Mehltau über die Inszenierungen legten, zu entfernen.

Unter dieser Prämisse hat Werktreue zu den unterschiedlichsten Inszenierungen geführt. Diese Inszenierungen wurden häufig durch immer gleiche Details angekündigt, die fast wie Markenzeichen wirkten. So war es üblich, die Ouvertüre bei offenem Vorhang zu spielen und auf der Bühne das Stück gleichzeitig pantomimisch darzustellen, um die zugrundeliegende Einheit von Hören und Sehen zu betonen. Ein ähnlicher Kunstgriff ist die Inszenierung eines Stücks als Traum, der alle Unwahrscheinlichkeiten im voraus legitimiert. Manchmal wurden Bühnenbild und Handlung einer Oper in die Gegenwart verlegt, um so die behandelten Themen und Konflikte zu verdeutlichen. Harry Kupfer, einer der Nachfolger Walter Felsensteins an der Komischen Oper, verdeutlichte in einem Bericht über seine Londoner Inszenierung von Glucks *Orfeo ed Euridice* im Jahr 1987, wie sehr eine solche Idee prägen kann. Kupfer stellte Orpheus in einer Lederjacke und mit elektrischer Gitarre auf die Bühne:

> Das Werk handelt von dem Konflikt des Künstlers in der Gesellschaft, davon, wie der Künstler mit Leben und Tod umgeht oder auch an diesen Fragen scheitert; es geht um die Möglichkeit des Künstlers, die tiefsten menschlichen Konflikte und Nöte beschreiben zu können. Wir haben das Werk natürlich als ein modernes Stück und in Bildern, die uns heute nahe sind, inszeniert. Jedes Bild – und Orpheus selber ist ein solches Bild – muß in jedem seiner Züge Bedeutung tragen. Sonst ist es kein Bild.

VIDEO-OPER. *Honest Retainers's Bid to Save Heroine from Vampire Marriage Thwarted by Boys in Blue.* (Der Versuch des ehrlichen Gefolgsmannes, die Heldin vor der Vermählung mit dem Vampyr zu bewahren, wird durch Polizisten vereitelt.) Nigel Finch verlegte bei seiner Inszenierung von Marschners großer romantischer Oper *Der Vampyr* (1828) die Handlung des Stückes aus dem Milieu schottischer Barone nach London in die achtziger Jahren unseres Jahrhunderts. Charles Hart arbeitete das Libretto weitgehend um, damit der Wechsel in die Bars von London mit Yuppies und ihren tragbaren Telefonen auch glaubhaft erscheint. Finch verließ das Opernhaus und brachte das Stück auf den kleinen Fernsehbildschirm, zunächst in kurzen Episoden als Serie (BBC 2, 1992) und dann als käufliches Video. Opernfilme auf einer großen Leinwand, richtige Kinofilme also, haben Opernstoffe schon in langjähriger Tradition einem größeren Publikum zugänglich gemacht – ob das der Oper zum Vorteil gereicht, sei einmal dahingestellt. Für eine solche Inszenierung greift man auf sämtliche Möglichkeiten von Studio- und Freilichtaufnahme zurück. Die gesungenen Passagen werden gesondert im Studio aufgenommen, sei es von den Sängern, die die Rolle auf der Leinwand verkörpern, sei es durch andere Sänger. Filme, die im Opernhaus spielen, gibt es bisher nur selten. Der umgekehrte Fall ist haufiger: Operninszenierungen werden zunehmend für das häusliche Video aufgenommen. Bis heute beruhen die meisten Video-Kassetten und Laser-Discs von Opern auf wirklichen Aufführungen, die allerdings eine große Breite von Stilrichtungen vertreten. Es gibt aber auch Ausnahmen, und zu diesen zählt Finchs *Vampyr.* Vielleicht zeigt sich hier ein neuer Trend?

Manchmal versuchte man der so verstandenen Werktreue auch dadurch gerecht zu werden, daß man der Oper einen ganz neuen Schauplatz zuwies, nicht den originalen, auch nicht einen ganz modernen, sondern einen frei gewählten weiteren Rahmen, der dem heutigen Publikum die ursprüngliche Idee des Werkes besser vermitteln sollte. Händels *Teseo* wurde beispielsweise in einem französischen Schloß gegeben, das während des Ersten Weltkriegs in der Nähe der Frontlinie durch das Rote Kreuz requiriert worden war. Mozarts *Così fan tutte* inszenierte man auf einem Luxusliner der zwanziger Jahre (vielleicht hatte man diese Idee Auden's *Metalogue to the Magic Flute* entnommen), und Verdis *Rigoletto* spielte in den Mafiakreisen von Little Italy im New York der fünfziger Jahre.

Ein solches Verständnis von Werktreue erlaubte immer wieder die Konzentration auf bestimmte starke Bildsymbole einer Oper – seien sie einer oder auch mehrerer Epochen entnommen. In gleicher Weise gelang es, die ursprüngliche, kritische Substanz eines Werkes aus einer Zeit zu vermitteln, bevor die Oper durch Aufnahme in den festen Kanon der Repertoirewerke zu einer Folge hübscher Bühnenbilder verkam. Kontrovers diskutierte Aufführungen von Wagners *Ring des Nibelungen* bewirkten in den siebziger Jahren beides. Zunächst inszenierte Joachim Herz in Leipzig den *Ring* (Herz war einer der Ostberliner Regisseure, die in manchen westlichen Blättern als die »Marx Brothers« bezeichnet wurden): »Wir entschieden uns, den *Ring* als eine Parabel auf die Bühne zu bringen. Die Parabel handelt von Konflikten, die zur Zeit Wagners aktuell wurden, aber auch heute noch nicht gelöst sind.« Herz konnte hierbei auf George Bernard Shaw verweisen, der schon 1898 in seinem *Wagnerbrevier* (*The Perfect Wagnerite*) formulierte, daß der *Ring* im Keim kein Werk aus sagenhafter, nordischer Vorzeit, sondern eine Auseinandersetzung mit den Prinzipien von Kapital, Arbeit und Revolution im 19. Jahrhundert sei. So war es also nur gerechtfertigt, Bilder aus der Zeit nach der Industriellen Revolution zu verwenden, wie es Patrice Chéreau in seinem zum Teil von Shaw inspirierten *Ring* 1976 in Bayreuth hielt: Er ließ ein Wasserkraftwerk im Rhein und ein riesiges Schwungrad in Mimes Schmiede bauen, dazu viktorianische Mausoleen und Wohngebäude des 20. Jahrhunderts, kleidete seine Protagonisten in Smoking und Abendkleid und ließ sie so spielen, daß auch Ibsen seine Freude daran gehabt hätte.

Natürlich vertraten die Regisseure, die von Grund auf neu gestalten wollten, verschiedene persönliche Stile und gestalterische Ansätze. Einige suchten nach neuen Harmonien, wie der englische Regisseur und Gelehrte Jonathan Miller, andere eher nach stimulierenden Disharmonien. Miller formuliert in seinem Werk über das »Nachleben« von Kunstwerken, *Subsequent Performances*, seine Überlegungen anläßlich einer Mozart-Inszenierung für die Schottische Oper im Jahr 1983:

> Die Suche nach den tieferen Strukturen des Werkes half mir bei meinen Überlegungen, wie man *Die Zauberflöte* auf die Bühne bringen könnte ... Auf der Bühne hatte mich die Oper immer eher gelangweilt, während ihre Musik mich stark berührte ... Herkömmliche Inszenierungen hatten meiner Meinung nach das Libretto zu wörtlich genommen, indem sie die Vorgaben von Schikaneder und Mozart einfach übernahmen. Zur Entstehungszeit mögen die Intentionen von Textdichter und Komponist durch eine solche Inszenierung wirkungsvoll vertreten worden sein, ich hielt eine solche Darstellung auf der Bühne für die Gegenwart aber nicht mehr passend ... Ich fragte mich, ob es dieses doch eher billigen Märchens noch bedürfe, um die ursprüngliche Idee Mozarts und Schikaneders umzusetzen. So suchte ich nach den dieser Geschichte innewohnenden Strukturen und hoffte, einen Rahmen zu finden, der dieser Struktur entspricht, in seiner Erscheinung aber doch ganz neu ist.

Ergebnis war schließlich eine Traumvision, die in einer unwirklichen Bibliothek spielte – die Utopie der französischen Aufklärung sollte heraufbeschworen werden – und auf der Bühne die unterschiedlichsten Persönlichkeiten aus Politik und geistiger

Welt des späten 18. Jahrhunderts versammelte: ziemlich weit entfernt von Peter Sellars auf schon wieder kreative Weise unstimmigem Inszenierungskonzept für die 1984 produzierte *Così fan tutte*. Bei Sellars spielt das Stück zur Zeit der Verstrickungen US-amerikanischer Politik unter Präsident Reagan mit dem Militärregime Nicaraguas, die Taverne wird zu »Despinas Diner«. Der amerikanische Regisseur berichtet, daß sein Ensemble sich darum bemüht habe

gleichzeitig im 18. und im 20. Jahrhundert zu Hause zu sein. Es ist langweilig, ein Werk unvermittelt in eine andere Epoche zu stellen, gleichermaßen uninteressant ist es, ein Werk in die Zeit zurückzuversetzen, in der es entstand. Beides geht von falschen Voraussetzungen aus ... Wirklich dem Theater gemäß ist die folgende Gleichung: Das, was auf der Bühne geschieht, muß dem Publikum der Jetztzeit vermittelt werden. Wir können vielleicht den ersten Teil dieser Gleichung rekonstruieren, nämlich eine Inszenierung so gestalten, wie sie 1790 gemacht wurde (obwohl ich das bezweifle), aber das Publikum, für das Mozart diese Inszenierung erarbeitete, können wir nicht zurückholen. Für mich müssen beide Teile der Gleichung stimmen. Wir haben für das Bühnenbild einen *coffee shop* ausgesucht, verletzen dann aber im weiteren Verlauf die dort üblichen Verhaltensregeln und gesellschaftlichen Normen. Wichtig für das Theater ist ein gewisser Anachronismus.

Sellars zeigt sich hier geistesverwandt mit einigen europäischen Regisseuren, die in letzter Zeit Texttreue auf ihre Weise übten: Sie vermeiden eine glatte, in sich stimmige Inszenierung und provozieren damit manchmal das Publikum. Ein amerikanischer Vertreter dieses Stils ist David Alden:

Ich mag keine homogenen, stimmigen Inszenierungen, sie sind langweilig und wirken steril ... Wie ich weiß, meinte die Callas, jede ihrer Bewegungen aus der Partitur herleiten zu können. In gewisser Weise hat sie Recht. Aber man muß sich die Partitur schon mit kühlem Verstand vornehmen, egal, wie sehr man die Musik vergöttert. Man macht es sich viel zu leicht, wenn man alles aus einem Guß macht. [Das Publikum bei einer Alden-Inszenierung] kann mit einer Inszenierung rechnen, die sich emotional in geradezu riskanter Weise auf das Werk einläßt. Gleichzeitig wird aber ein ironischer »Spot« des 20. Jahrhunderts auf das Werk gerichtet, und die Zuschauer werden ärgerlich, verwirrt, lassen sich aber auch begeistern.

Solche Inszenierungen können den von uns definierten »grammatischen Grundlagen« der Oper genauso entsprechen wie Inszenierungen, bei denen man sich so weit als möglich in die Gedankenwelt des Komponisten hineinzuversetzen sucht. Ebenso können Inszenierungen beider »Regie-Schulen« aber auch weit daneben liegen. Zwischen Vertretern der beiden Richtungen, die beide auf den Text als einer Sammlung von Handlungsanweisungen rekurrieren, gab es nur wenige Verbindungen. Die radikalere Schule gewann in den 70er Jahren an Einfluß. Diese »Radikalen«, oder doch zumindest deren Anhänger, tendierten dazu, Vertreter der Gegenposition als zahm, müde, konservativ, gemütlich, verschlagen, leer und – dies die schlimmste Beleidigung – als »kulinarisch« zu bezeichnen. Dieses Diktum entnahmen sie Bertolt Brechts Kritik der Oper als einer Kunstform, die durch sinnliche Eindrücke wichtige Ideen über Gebühr abschwächt. Mit Attributen wie pervers, polemisch, politisch, arrogant, intrigant und – am häßlichsten – unmusikalisch, die sie ihren Gegnern entgegenschleuderten, wehrten sich die Beschimpften. Reicher Stoff für die Leserbriefspalten der Opernzeitschriften!

Im ausgehenden Jahrhundert gibt es schließlich noch eine dritte und letzte Möglichkeit, sich mit der textlichen Grundlage der zur Aufführung kommenden Oper auseinanderzusetzen. Der Text wirkt hier als Stimulans, das in freier Assoziation mögliche Umsetzungen auf der Bühne anregt. Die Vertreter dieser Richtung gehen beim Publikum von eher geringem Interesse für die folgenden Fragen aus: Wissen um die Entstehung eines Textes, um Intentionen von Librettist und Komponist, Informationen über Theaterkonventionen und gesellschaftliche Zustände zur Entstehungszeit, frühe Aufführungen. Einige dieser Details können bei einer heutigen Inszenierung Verwendung finden – meist als ironische Anspielung –, dürfen eine neue Inszenierung aber nicht grundlegend bestimmen. Diese historischen Fakten verdienen als Teil einer toten Vergangenheit keine zwingende, privilegierte Berücksichtigung. Ein vielzitierter Spruch des Kritikers Roland Barthes sei hier leicht adaptiert: »Die Geburt des Regisseurs verlangt den Tod des Autors.« Der Text selber ist das Lebendige und steht für sich, ungeachtet der Person des Autors oder historischer Dimensionen. Dieser Text in seiner Lebendigkeit erzwingt von Regisseuren und Bühnenbildnern neue Antworten. Werktreue, die Treue zu der Vorstellung, die man sich von einem Text macht, bedeutet hier also, angesichts der bekannten (und beliebten) Sprache und Musik eines Werkes für fesselnde und angemessene Bühnenereignisse zu sorgen.

Der Umgang mit dem Text unter einer solchen Prämisse kann dazu führen, daß die Ziele und Voraussetzungen des Werkes selber scheinbar in Frage gestellt werden. So mag ein mit den Schultern zuckender Hans Sachs am Schluß der *Meistersinger* als (hoffentlich) guter Demokrat angesichts der leicht faschistoiden Freudenbezeugungen die Bühne unerwartet verlassen. In der Schlußszene des *Parsifal* schwebt die Taube möglicherweise nicht über den Gralsrittern, ist sie doch dem Leben und den Rittern gegenüber kritisch eingestellt. Denkbar ist schließlich, daß Isolde am Ende des *Tristan* nicht in Natura auf der Bühne erscheint, sondern lediglich in den Fieberträumen des todkranken Helden halluziniert wird. Der Wunsch nach aussagekräftigen Bildern kann aber auch völlig neue Bildwelten heraufbeschwören, die den Operntext von anderer Seite her überraschend beleuchten. Der amerikanische Regisseur Frank Corsaro berichtet anläßlich der Inszenierung von Prokofjews 1921 uraufgeführter Oper *Die Liebe zu den drei Orangen*, die er 1982 gemeinsam mit dem Illustrator und Bühnenbildner Maurice Sendak erarbeitete, über die Zusammenarbeit der beiden Künstler. In Dialogform beschreibt er, wie sie auf die Idee kamen, die Oper im Gewand der Französischen Revolution auf die Bühne zu bringen. Dieses Konzept, in der eine Theatertruppe des Ancien régime vor der neuen Bourgeoisie in einem französischen Seebad spielt, läuft Prokofjews Text eigentlich entgegen:

FRANK: Weißt Du, was das heißt? Wir werden dem Werk eine zusätzliche Textstruktur – eine Art Meta-Text – unterlegen müssen, die verdeutlicht, wie die Oper sich im einzelnen entwickelt. Dabei dürfen wir aber keine einzige Textzeile oder Note ändern.

MAURICE: Frank, sind wir etwa tollkühn?

FRANK: Vielleicht, was macht das schon. Wenn es geht, wenn wir dadurch Anregungen bekommen, was soll's?

MAURICE: ... es wird dem Komponieren einer neuen Oper vergleichbar sein.

FRANK: Auf gewisse Weise schon. Aber das Stück braucht einfach einen neuen Akzent, damit es sich auf der Bühne entfalten kann.

Corsaro war dann mit der Inszenierung der »neuen« Oper sehr zufrieden. Und Prokofjew? Der konnte sich dazu nicht mehr äußern: Er war tot. Im ausgehenden 20. Jahrhundert gab es allerdings sehr wohl lebende Komponisten, deren Werke wie Repertoire-Opern behandelt wurden: Regisseure statteten diese Opern mit neuen Gewändern aus. Philip Glass berichtet in seinem Buch *Opera on the Beach* über einen solchen merkwürdigen Vorfall. Als seine Ghandi-Oper *Satyagraha* 1981 in Stuttgart inszeniert werden sollte, stimmte Glass einer Inszenierung durch Achim Freyer zu. Schon zu diesem Zeitpunkt war ihm klar, daß diese Inszenierung sich stark von der Rotterdamer Premiere des Vorjahres unterscheiden würde, die Glass persönlich mitgestaltet hatte. Glass schreibt: »Ich gab Freyer großen Spielraum unter der einen Voraussetzung, daß er den Angaben des Librettos folgte und seine Interpretation durch die jeweilige Musik getragen würde.« Seine Zustimmung zu diesem Projekt hatte Glass gegeben, da sich seiner Meinung nach »nur aus der Neuinterpretation des Standardrepertoires neue Sichtweisen und wirkliches Verständnis für ein Werk ergeben ... Es gibt keine endgültige Werkfassung, und die Autoren verfügen keineswegs über den Schlüssel zur letztgültigen oder auch nur zur besten Interpretation eines Werkes.« Glass, der den Proben in Stuttgart bewußt ferngeblieben war, war dennoch sehr überrascht, als er Freyers Inszenierung sah: mit Ausnahme seiner Musik erkannte er die Oper kaum wieder. Natürlich wollte Freyer wissen, wie Glass seine Regie beurteilte:

> Ich wußte darauf keine Antwort. Im Prinzip hielt ich das, was er gemacht hatte, für künstlerisch wertvoll, wußte im Moment aber gar nicht, was er eigentlich getan hatte.
>
> ›Das war sehr interessant, Achim‹, setzte ich an. ›Aber sag mir doch bitte, warum Du es so gemacht hast?‹ Zunächst schien ihn meine Frage zu überraschen. Er faßte sich aber schnell und entgegnete: ›Ich habe es genauso gemacht, wie Du es geschrieben hast!‹
>
> Darüber mußte ich noch lange nachdenken.

Wenn schon Glass ins Grübeln geriet – wie groß wäre das Erstaunen von Marco da Gagliano angesichts der breiten Inszenierungsmöglichkeiten seiner 400 Jahre alten Oper zu Ende des 20. Jahrhunderts gewesen. In dieser Oper triumphiert Apoll über die Schlange, wird von Liebe übermannt, verfolgt die keusche Nymphe Daphne und krönt sich mit dem Lorbeerzweig, in den Dafne sich auf geheimnisvolle Weise verwandelt hatte. Gagliano könnte auf eine Inszenierung stoßen, die sich als »schlichte« Nacherzählung der Premiere in Mantua versteht: mutmaßliche Bewegungen, Gesten, Kostüme und die künstlich erzeugte Wirkung von Kerzenlicht ergänzen sich nach den Gesetzen historischer Aufführungspraxis und werden so zu einer Reise in die Vergangenheit für Auge und Ohr. Gagliano könnte aber auch eine Inszenierung vorfinden, die den Kern des Stückes mit Hilfe modernster Technologie freilegt – der Lebensstil zur Entstehungszeit der Oper könnte nachgezeichnet werden: das Trachten der Renaissance nach Krieg und Liebe (versinnbildlicht durch Ungeheuer und Nymphe) und die Sublimierung dieser Ziele in der Kunst (Krone aus Lorbeer, die Oper an sich). Die Darsteller wären wie für eine prachtvolle Maskerade verkleidet und bewegten sich in einem Bühnenbild, das im Stil von Tizian oder Rubens mit viel Gold gestaltet ist. Gagliano könnte aber auch auf eine Inszenierung stoßen, die auf eine Betonung der historischen Distanz verzichtet und stattdessen die in der Oper behandelten ewig gleichen psychologischen Fragen in den Mittelpunkt stellt. In diesem Fall würde eine Gruppe junger Leute in Jeans und Sweatshirts ausprobieren, wie weit die Story trägt. Im Hintergrund wären Projektionen klassischer Mythen zu sehen, da das Hauptaugenmerk der Inszenierung auf der Bedeutung emotionaler Konfliktsituationen für die Entstehung einer ausgeglichenen Persönlichkeit läge – die Begegnung Apolls mit Ungeheuer, Nymphe und Lorbeer. Auch eine »grüne« Inszenierung ist denkbar, durch Howard Hodgkin vielleicht mit einer Bühne ausgestattet, die einen Regenwald vorstellt. Apoll wäre dann ein weißer Kolonialist, der zunächst die natürlichen Kräfte der Erde unterdrückt (die arme alte Schlange, die genauso mißverstanden wird wie Shakespeares Caliban). Der Protagonist erkennt dann die Wirkkräfte des Lebendigen (die Kräfte Cupidos) und achtet schließlich die kostbaren Ressourcen der Umwelt (der Lorbeer). Denkbar ist schließlich auch eine Inszenierung, in der die Rolle der Geschlechter im Mittelpunkt steht. Das Bühnenbild wäre dann durch das Motiv von Jäger und Beute bestimmt – angefangen bei der ältesten Lascaux-Höhle bis hin zu den neuesten Girlie-Zeitschriften. Thematisiert würde in dieser Inszenierung männliche Agression, die sich in territorialem Besitzanspruch und sexuellen Machtgelüsten äußert, thematisiert würde außerdem – schlimmer noch – die männliche Sentimentalität. Und all diese verschiedenen Interpretationen, obwohl Gagliano in seinem Vorwort zur *Dafne* doch genaue Vorschläge zur Inszenierung seiner Oper gemacht hat? Dürfte er nicht mit gutem Grund im Grab rotieren?

Vielleicht ließe sich Gagliano nur kurz irritieren. Er würde sich bestimmt daran erinnern, daß er in seinem Handbuch nicht nur jede zwingende Vorschrift abgelehnt hatte – »solcher eindeutiger Vorschriften bin ich nicht fähig« –, sondern bei weiteren Aufführungen erbeten hatte, auf Direktheit, Verständlichkeit, angemessenes Bühnenbild, ein gut eingespieltes Ensemble, Disziplin bei gleichzeitiger Lebhaftigkeit und die Übereinstimmung von Musik und Aktion auf der Bühne zu sorgen. Seine Angaben zu Regiefragen verlangen nicht mehr und nicht weniger als gerade dieses und lassen sich übrigens beinahe jeder der hier skizzierten hypothetischen modernen Inszenierung zugrundelegen. Gagliano würde nach einigem Nachdenken also vielleicht akzeptieren, was aus seinem Text gemacht worden ist, genauso wie Philip Glass angesichts der Inszenierung seines *Satyagraha* durch Achim Freyer. Und beide könnten mit dem übereinstimmen, was Friedrich Nietzsche 1879 in seinen *Vermischten Meinungen und Sprüchen* – sie fanden später Eingang in sein Werk *Menschliches, Allzumenschliches* – über Beethoven schrieb. Auch wenn Nietzsche sich über zeitgenössische Interpretationen von Beethovens Instrumentalmusik äußert, kann man seine Worte mit der gleichen Berechtigung auf den *Fidelio*, wie auch auf viele andere Opern übertragen:

Freilich: dächte man sich Beethoven plötzlich wiederkommend und eines seiner Werke gemäss der modernsten Beseeltheit und Nerven-Verfeinerung, welche unsern Meistern des Vortrags zum Ruhme dient, vor ihm ertönend: er würde wahrscheinlich lange stumm sein, schwankend, ob er die Hand zum Fluchen oder Segnen erheben solle, endlich aber vielleicht sprechen: »Nun! Nun! Das ist weder Ich noch Nicht-Ich, sondern etwas Drittes, – es scheint mir auch etwas Rechtes, wenn es gleich nicht *das Rechte* ist. Ihr mögt aber zusehen, wie ihr's treibt, da ihr ja jedenfalls zuhören müsst – und der Lebende hat Recht, sagt ja unser Schiller. *So habt* denn Recht und lasst mich wieder hinab.«

OPERNSÄNGER

WILLIAM ASHBROOK

Ein geschichtlicher Überblick über Sänger und die Historie des Singens wird nur allzuleicht eine kommentierte Namensliste. Ein solches Verzeichnis ist kaum aussagefähiger als ein Telefonbuch, und ebenso bemerkenswert wie die aufgenommenen Sänger und Sängerinnen sind die fehlenden. Die historische Bedeutung wichtiger Namen soll hier keineswegs geschmälert werden. Das Problem einer solchen Liste, die im übrigen unvermeidlich ist, liegt aber darin, daß sie Persönlichkeiten wie Maria Malibran (1808–1836) oder Conchita Supervia (1895–1936) kaum gerecht wird. Über die legendären Künste der Malibran sind wir nur aus zweiter Hand informiert. Es gibt Berichte von Zeitgenossen, die sie gehört haben oder sie kannten. Anhand der handschriftlichen Aufzeichnungen in ihren Noten können wir sogar genau verfolgen, wo sie welche Verzierungen gesetzt hat. Von der Supervia können wir uns dagegen dank ihrer vielen hervorragenden Aufnahmen selber ein akustisches Bild machen.

Wenn man sich mit Opernsängern beschäftigt, geht es immer um mindestens zwei Aspekte: um die historische Komponente, aber auch um die empirische Erfahrung, Sänger in der Oper oder in Videofilmen zu sehen oder Tonaufzeichnungen zu hören.

Die historische Komponente

Die früheste überlieferte Tonaufzeichnung eines Opernsängers stammt aus Kopenhagen. Der Baß Peter Schram feierte 1889 seinen siebzigsten Geburtstag und gleichzeitig seinen Bühnenabschied mit der Rolle des Leporello in Mozarts *Don Giovanni*. Bei einem Fest wurde er am späten Abend dazu überredet, einige Auszüge aus seiner Partie in ein primitives Tonaufzeichnungsgerät zu singen. Unbegleitet trägt Schram Leporellos Eingangsszene und den Anfang der Registerarie auf dänisch vor. Die von ihm dabei gesetzten Verzierungen ermöglichen uns faszinierende Einsichten in die Mozart-Interpretation zur Mitte des 19. Jahrhunderts. Schram hatte als junger Mann zur selben Zeit wie Jenny Lind bei Manuel García dem Jüngeren in Paris studiert. Da es aber offensichtlich von der eigentlich viel berühmteren Jenny Lind keine Tonaufzeichnung gibt, ist uns der eher unbedeutende Schram auf eine viel direktere Weise gegenwärtig: Wir können den leicht angeheiterten Siebzigjährigen hören.

Der Begriff »Opernsänger« weckt unterschiedliche Assoziationen. In Fellinis Film *E la nave va* (*Fellinis Schiff der Träume*) wird die manchmal erschreckende Egozentrik der Gesangsstars auf köstliche Weise parodiert – Fellini erweist der Legende Callas seine ironisch gefärbte Reverenz. Auch wenn die Zeit der geradezu kultischen Verehrung von Sänger-Diven vorbei ist, wie sie etwa der üppig gebauten Tetrazzini mit riesigem Hut an der Reling eines Schiffes entgegengebracht wurde oder einem strahlenden Caruso mit gelben Handschuhen und grünen Gamaschen auf der Uferpromenade von Atlantic City, existiert heute auf anderer Ebene doch ein ähnlicher Starkult. Man denke an das durch perfektes Marketing vorbereitete und im Fernsehen übertragene Konzert der drei Tenöre Domingo, Carreras und Pavarotti in Rom (1990; siehe Abbildung S. IX). Der Begriff »Opern«-Sänger wird heute außerdem vielfach zur Markierung einer fast unüberwindlichen Grenze gegenüber dem »Pop«-Star gebraucht. Vor der Erfindung des Mikrofons gab es eine solche Trennung praktisch gar nicht. Die damaligen Interpreten ernster Musik sangen auch die unterschiedlichste Unterhaltungsmusik.

In einer Zeit, die sich in Geschmacksfragen weniger puritanisch gab als wir heute, wurden beispielsweise in der Unterrichtsszene in Rossinis Oper *Der Barbier von Sevilla* Einlagen gebracht, die mit Rossini nicht das mindeste zu tun hatten. Bei einer der verschiedenen Abschiedsreisen von der Bühne, die Adelina Patti (1843–1919) durch ganz Amerika führten, hatte sie beispielsweise während der Mitte der achtziger Jahre des vergangenen Jahrhunderts in Cheyenne, Wyoming, einen Auftritt. Dort sang sie vom Orchester begleitet zunächst eine besonders beliebte Arie oder sonst einen Reißer. Dann wurde ein Klavier auf die Bühne geschoben und die Patti begleitete sich selber zu dem Lied »Home, sweet home«. Dies war kein leeres Ritual. Ein solches Lied versprach in Verbindung mit der häusliche Assoziationen heraufbeschwörenden Klavierbegleitung gesellschaftliches Ansehen, erinnerte es doch eher an sonntäglichen Gemeindegesang als an die »verruchte« Opernbühne.

Vor allem Frauen, die Opernsängerinnen wurden, hatten mit enormen gesellschaftlichen Problemen zu kämpfen. Als Henriette Sontag (1806–1854) den Diplomaten Graf Rossi heiratete, zog sie sich sofort von der Bühne zurück, sang aber in privatem Kreis weiter, bis ihr Mann 1848 sein Vermögen verlor. Daß sie sich der Bühne danach wieder zuwandte, wurde als Akt der Selbstaufopferung verstanden – der Fall trat dann tatsächlich ein, da sie während einer Tournee in Mexiko an der Cholera starb. Andere berühmte Sängerinnen gegen Ende der viktorianischen Epoche kamen aber auch aus eigener Kraft zu gesellschaftlichem Ansehen. Nellie Melba (1861–1931) und Emma Eames (1865–1952) wurden beispielsweise dank ihrer Beziehungen in die Londoner Gesellschaft der neunziger Jahre des vergangenen Jahrhunderts aufgenommen, obwohl beide sich zu der Zeit gerade von ihren Männern trennten.

Am Beispiel des Schicksals von Giuseppina Strepponi (1815–1897) wird deutlich, daß Sängerinnen männlichen Übergriffen relativ schutzlos ausgeliefert waren. Ihr

DIE MEZZOSOPRANISTIN MARIA MALIBRAN (1808–1836) als Desdemona in Rossinis *Otello.* Der Helm im Hintergrund versinnbildlicht ihren frühen Erfolg in der Rolle des Tancredi in der gleichnamigen Oper. Die Sängerin, die nach ihrem New Yorker Debüt im Alter von siebzehn Jahren überwältigende Erfolge in Frankreich, Italien und England feierte, wurde durch ihren frühen Tod verklärt und ist zur Legende geworden.

Vater, selbst Komponist, starb, als sie siebzehn war. Daraufhin wurde sie Sängerin, um ihre verwitwete Mutter und die Geschwister zu unterstützen. Während der zehn Jahre ihrer Bühnenlaufbahn schenkte sie mehreren unehelichen Kindern das Leben, die sie so diskret als möglich außerhalb ihres eigenen Lebenskreises unterbrachte. Die Strepponi, deren Briefe sie als kluge und leidenschaftliche Künstlerin ausweisen, wurde später die Frau von Giuseppe Verdi. Angesichts ihrer Vergangenheit und der

Tatsache, daß beide vor ihrer Hochzeit einige Jahre zusammenlebten, ist es verständlich, daß Verdi sein Privatleben vor der Öffentlichkeit sorgsam schützte. Aber nicht nur Frauen waren durch sexuelle Übergriffe bedroht. 1893 wurde Pol Plançon aus der Pariser Opéra entlassen, nachdem entdeckt worden war, wie ihn der Komponist Herman Bemberg in seiner eigenen Garderobe kompromittierte.

Was macht den Operngesang aus, was kennzeichnet einen Opernsänger? Man kann von verschiedener Warte aus Antworten auf diese Fragen finden. Dabei neigt man allerdings zu Fehleinschätzungen, wenn man die Operngeschichte der vergangenen vier Jahrhunderte einfach unter heutigen Prämissen sieht. Hervorragender Gesang führt üblicherweise zu einer engen Verbindung, zu einem gemeinsamen Band zwischen Publikum und Sänger. Angesichts dieser Nähe wirkt es eher befremdend, daß zwei Jahrhunderte lang die sogenannten Kastraten oder »evirati« die gesuchtesten Opernsänger waren, Männer, deren kindliche Sopran- oder Altstimmen

CONCHITA SUPERVIA (1895–1936) war eine spanische Mezzosopranistin, die in so unterschiedlichen Rollen wie Cenerentola, Hänsel und Concepción (in Ravels *L'Heure espagnole*) auftrat. Zahlreiche Aufnahmen zeugen von ihrer sprühenden Persönlichkeit und ihrem überragenden Gesang. Sie starb im Kindbett und wurde mit ihrem Kind beigesetzt. Ihre Stimme können wir uns heute noch vergegenwärtigen, anders als bei der Malibran, von der keine Tondokumente überliefert sind.

durch einen chirurgischen Eingriff auch im Erwachsenenalter nicht mutierten. Vor allem in Italien wurde dieses Phänomen – zunächst von der Kirche – tatkräftig unterstützt: da Frauen durch päpstliches Gebot von der Teilnahme am Chorgesang ausgeschlossen waren, sangen Kastraten in den Kirchenchören des 17. und 18. Jahrhunderts. An Kraft und Beweglichkeit den Stimmen der Falsettisten überlegen, erreichten die Kastraten mit ihren – letztendlich – künstlichen Stimmen große Anerkennung. Sie verschlossen sich den einträglichen Möglichkeiten weltlicher Musik nicht und traten bald auch auf der Opernbühne auf. Nachweisbar ist ihre Mitwirkung bei Peris *Euridice* (1600) und Monteverdis *La favola d'Orfeo* (1607). Die sängerischen Möglichkeiten der Kastraten kann man dem 1723 erschienenen Buch *Opinioni de' cantori antichi e moderni* von Pier Francesco Tosi (1654–1732) entnehmen, der Kastrat und Gesangslehrer war (1757 von Agricola als *Anleitung zur Singkunst* ins Deutsche übersetzt). Erkenntnisse über die Künste der Kastraten vermitteln aber auch die von Händel, Hasse und Gluck für diese Sänger geschriebenen Werke. Die Kastraten, als menschliche »Gesangs-Maschinen«, entsprechen durch und durch barockem Geist: die ihnen zugedachte Musik ist sorgfältig ausgearbeitet und stilisiert, und die Kastraten treten fast nur in der Opera seria und kaum jemals in komischen Werken auf. Im empfindsamen späteren 18. Jahrhundert waren Kastraten nicht mehr so begehrt, einerseits wegen der ihnen eigenen Künstlichkeit und dann, weil die von ihnen gebildeten Klänge wenig mit den geschlechtsspezifischen Eigenarten der repräsentierten Bühnengestalten gemein hatten. Mozart schrieb einige wichtige Partien für Kastraten, darunter Idamante (*Idomeneo*) und Sesto (*La clemenza di Tito*), beides von der Rolle her junge Männer. Auch wenn die Kastraten um 1810 von der Bühne fast völlig verschwunden waren – als letzter trat in London 1826 Velluti auf –, hatten sie als Gesangslehrer über ihre eigentliche Bühnenpräsenz hinaus noch Einfluß.

Der Lebenslauf von Girolamo Crescentini (1762–1846) bietet hierfür ein gutes Beispiel. Crescentini verließ 1805 die Bühne, als er am habsburgischen Hof in Wien eine Anstellung als Gesangslehrer bekam. Dort hörte ihn Napoleon, der für musikalische Reize empfänglich war, und lockte ihn mit einem normalerweise dem Militär vorbehaltenen Orden nach Paris. Die nüchternen Franzosen hatten aber heftige Vorbehalte gegen Kastraten, und es gab großen Widerstand gegen diese Berufung. Überliefert ist, daß die Mezzosopranistin Giuseppina Grassini, Tante und Lehrerin der Pasta und selber eine erfahrene Künstlerin, eine Diskussion mit der Bemerkung erstickte, Crescentinis Karriere sei schließlich nur durch die von ihm erlittene körperliche Verstümmelung ermöglicht worden. 1812 kehrte Crescentini nach Italien zurück und wurde Gesangslehrer am Konservatorium von Neapel, wo er mit großem Erfolg eine ganze Generation von Sängern ausbildete. Die unter dem Begriff Belcanto zusammengefaßte Musik wurde gerade für solche Sänger geschrieben, die ihre Ausbildung bei Kastraten erfahren hatten.

Die Kastraten selber wurden in den Konservatorien ausgebildet. Die Konservato-

NELLIE MELBA (1861–1931), eine australische Sopranistin, deren Name in den nach ihr benannten Gerichten weiterlebt, war in ihrer Generation eine der bedeutendsten Sängerinnen englischer Herkunft.
Die junge Melba ist hier als Juliette in der Spielzeit ihres Debüts am Brüsseler Théâtre de la Monnaie (1887) abgebildet. Gounod selber hatte diese Rolle mit ihr einstudiert.

rien waren in Italien ursprünglich eingerichtet worden, um Sänger und Musiker für die gottesdienstliche Musik zu rekrutieren. Bei der Ausbildung nahm der Kompositionsunterricht großen Raum ein, in dem die Schüler das freie Auszieren der Da-capo-Teile von Arien erlernten. Anhand dieser Auszierungen konnte der jeweilige Sänger seine besondere Kunstfertigkeit zeigen. Die Varianten entsprachen eher seinem persönlichen Geschmack als generellen oder traditionellen Regeln. So gesehen sind die Kastraten Repräsentanten der alten Idee, daß ausübende Künstler an dem aufgeführten Werk selber kreativ beteiligt sind. Diese Vorstellung läuft unserem heutigen Verständnis von der besonderen Integrität der überlieferten Komposition diametral entgegen.

Unter den frühesten Opernsängerinnen waren Francesca und Settimia Caccini, die ihre umfassende musikalische Ausbildung – beide Sängerinnen hinterließen Zeugnisse ihrer kompositorischen Begabung – von ihrem Vater erhielten. Die Schwestern waren die Töchter des Komponisten Giulio Caccini, der 1602 die *Euridice* schrieb. Da Opernaufführungen bis in die späten dreißiger Jahre des 17. Jahrhunderts nur gelegentlich stattfanden, sangen die beiden Schwestern Caccini meist bei anderen Anlässen. Erst zur Zeit von Anna Renzi (um 1620-nach 1660) gab es das Bild der Primadonna, deren Ruf hauptsächlich auf ihren Opernauftritten begründet ist. Die Renzi war beispielsweise in Monteverdis *L'incoronazione di Poppea* (1642) die erste Ottavia und wurde für ihre Stimme und ihre anrührende Deklamation hoch gelobt. Obwohl die bald mit besonderer stimmlicher Virtuosität assoziierte Qualität der Primadonna um die Mitte des 17. Jahrhunderts fest umrissen war, bedeutete diese hervorgehobene Position doch nicht automatisch, daß der Primadonna alle Frauenrollen zufielen. In Rom und im Kirchenstaat war die Mitwirkung von Frauen bei Bühnenaufführungen verboten, so daß hier die weiblichen Hauptrollen in Opern selbstverständlich mit jungen, ansehnlichen Kastraten besetzt wurden. Diese Praxis führte bis in die

ANTONIO BERNACCHI (1685–1756) war ein Altkastrat, dessen Opernkarriere sich über einen Zeitraum von fünfunddreißig Jahren erstreckte. Er sang in Italien, aber auch in England, wo er während mehrerer Spielzeiten an Händels Oper mitwirkte. Wir sehen ihn hier in einer Karikatur von Pier Leone Ghezzi, die Ghezzi anläßlich seiner Auftritte in Rom anfertigte. Bernacchi trägt einen mit Federn geschmückten Helm, unentbehrliches Requisit für Helden der Barockoper. Im Alter war Bernacchi ein bekannter Gesangslehrer, zu dessen Schülern auch Anton Raaff, Mozarts erster Idomeneo, gehörte

dreißiger Jahre des 19. Jahrhunderts zu einer gewissen Diskordanz zwischen der Rollencharakterisitik und dem Gesang der »weiblichen« Protagonisten. Berühmte Sängerinnen des 18. Jahrhunderts waren Faustina Bordoni (1697–1781) und Francesca Cuzzoni (um 1696–1778; vgl. S. 404), die sich in Händels Opern als Rivalinnen um die Hauptrollen bemühten und weder die ersten noch die letzten waren, die solche Streitigkeiten auch mit Faustkämpfen zu entscheiden suchten. Bedeutende Sängerinnen waren auch die Deutschen Gertrud Mara (1749–1833) und Aloysia Lange (um 1761–1839), Mozarts Schwägerin, sowie die Engländerin Elizabeth Billington (um 1765–1818). Abergläubische Neapolitaner führten den Ausbruch des Vesuv auf den Auftritt der Billington im Teatro San Carlo zurück, war sie doch eine Protestantin!

Da heroische Rollen meist von Kastraten gesungen worden waren, verband das Publikum mit diesen Partien eine bestimmte Stimmlage – in der Regel den Alt. Nach der Ära der Kastraten wurden aus dieser Gewohnheit heraus die von Altistinnen gesungenen Partien »männlicher« Protagonisten (Hosenrollen) komponiert, wie man sie etwa bei Rossini findet: Tancredi in dem gleichnamigen Melodram (1813), Falliero in *Bianca e Falliero* (1819) und Arsace in *Semiramide* (1823) sind solche Rollen. Zu den frühesten und erfolgreichsten Sängerinnen dieser Partien gehörte Benedetta Rosmunda Pisaroni (1793–1872), auf die später Rossinis eigene Schülerin, Marietta Alboni (1826–1894) folgte. Die Bühnenkarriere dieser Sängerin endete, als sie wegen ihrer körperlichen Fülle nur noch kurze Zeit zu stehen imstande war. Marilyn Horne erfüllte diese Rollen, die in der Tradition der Kastraten standen und lange in Vergessenheit geraten waren, mit neuem Leben.

Hatte ein Komponist einen Opernauftrag erhalten, ergab sich die Besetzung einer Oper früher zwangsläufig aus den Sängern, die an dem Theater engagiert waren. Und nur selten verfügte ein Haus über mehr Sänger als gerade diese eine Besetzung. So gibt es beispielsweise in Rossinis *Armida* (1817) die ungewöhnliche Besetzung mit vier Tenören in Hauptrollen. Die Tenöre des frühen 19. Jahrhunderts, vor allem die von Barbaja in Neapel verpflichteten Tenöre wie Andrea Nozzari (1775–1832), Manuel García der Ältere (1775–1832), Giovanni Davide (1790–1864; siehe Farbtafel S. 488) und, am berühmtesten, Giovanni Battista Rubini (1794–1854; siehe S. 209) vertraten einen anderen Gesangsstil als heutige Tenöre. In souveräner Technik beherrschten sie ihre Stimme: Ihr Stimmumfang reichte für die Bruststimme bis zu der sogenannten »passage«, meist beim zweigestrichenen E oder F, darüber verwendeten sie die »voce mista« (eine Mischung zwischen Brust- und Kopfstimme) und für die höchsten Töne Kopfstimme oder Falsett. Man bewunderte bei diesen Tenören die weichen Übergänge von einem Register ins andere und ihre Begabung, das Timbre je nach den Ausdrucksmomenten der Musik zu variieren. In Frankreich gab es die vergleichbaren »haute-contre«-Tenöre, repräsentiert durch Joseph Legros (1739–1793). Er sang die Rolle des Orphée in der Pariser Fassung von Glucks *Orfeo ed Euridice*. Für diese Fassung schrieb Gluck unter anderem die ursprünglich für einen männlichen

ANNA RENZI (um 1620-nach 1660) gebührt mit einigem Recht die Ehre, die erste Primadonna mit langjähriger Karriere in der damals noch neuen Kunstform Oper gewesen zu sein. Sie kreierte bei Aufführungen in römischen Botschaften und in den ersten öffentlichen Theatern Venedigs eine ganze Reihe neuer Partien. Unter anderem war sie die erste Octavia in Monteverdis *L'incoronazione di Poppea.*

Alt gedachte Partie des Orfeo für Tenor um, weil dieses Rollenfach dem Pariser Publikum vertrauter war.

Große Veränderungen im Gesangswesen warfen ihre Schatten aber schon voraus. In den späten zwanziger und frühen dreißiger Jahren des 19. Jahrhunderts wuchs mit größerer romantischer Empfindsamkeit auch das Interesse an hochromantischen Themen. Dies lag nicht zuletzt am stärkeren Interesse italienischer Bühnen an tragischen Sujets, nachdem in Italien die zuvor übliche Zensur bei Todesszenen auf der Bühne immer lockerer gehandhabt wurde. Den zarten und virtuosen Stil des bei Rossini verlangten »tenore contraltino« mit seinen kraftlos klingenden Spitzentönen empfand man zunehmend als ungeeignet, um melodramatische Gefühlsbewegungen auszudrücken. Es ist verständlich aber schade, daß die meisten Tenöre heute – die Werke Rossinis erleben eine Renaissance – seine Musik stilistisch falsch singen. Heutige Sänger gehen davon aus, daß ihr Publikum durch künstlich verstärkte Töne »verdorben« ist. Die zarten Töne eines gemischten Registers und den Wechsel zum Falsett wollen sie ihrem Publikum nicht zumuten, obwohl gerade dieser Gesangsstil für die Tenöre, denen Rossini seine Rollen auf den Leib schrieb, typisch war. Die stilistisch korrekte Klangfarbe erreichen annäherungsweise die heutigen Counter-Tenöre. Auch wenn sie meist die für Kastraten geschriebene Musik des 18. Jahrhunderts interpretieren, kommen sie vom klanglichen Ergebnis her dem Gesang von Rubini und seinen Zeitgenossen sehr nahe.

Die stimmlichen Revolutionen der dreißiger Jahre des 19. Jahrhunderts führten zur allmählicher Herausprägung zweier neuer Stimmfächer: eines kräftigen, robusten Tenors und des Baritons, der entweder einen Bösewicht oder eine sympathische Vaterfigur spielt. Der Bariton unterschied sich deutlich vom Basso der Opera seria. Das Entstehen neuer Rollentypen aus dem musikalischen »Zeitgeist« heraus fiel wie schon so oft mit neuen Sängerpersönlichkeiten zusammen, die diese Rollen auf bemerkenswerte Weise mit Leben füllten. Zwei Tenöre, die diese Entwicklungen maßgeblich beeinflußten, waren Domenico Donzelli (1790–1873), der die Uraufführung von Bellinis *Norma* (1831) sang, und Gilbert-Louis Duprez (1806–1896), den ersten Edgardo in Donizettis *Lucia di Lammermoor* (1835). Duprez folgte in seiner Gesangstechnik dem dramatischen, von Donzelli eingeführten Stil, erreichte aber durch intensive Arbeit eine Erweiterung seiner Bruststimme nach oben bis zum hohen C. Der für diese Zeit typische Bariton war Giorgio Ronconi (1810–1890), der ebenso berühmt für sein spannungsreiches Spiel wie für seinen Gesang war (siehe Farbtafel S. 488).

Der Tenor Duprez, der einen riesigen Schülerkreis um sich scharte, prägte diesen neuen Gesangsstil entscheidend mit. Als er 1837 in sein Heimatland Frankreich zurückkehrte und mit dem Arnold in *Guillaume Tell* sein Debüt an der Opéra machte, waren seine brillanten Spitzentöne eine Sensation. Rossini selber hielt das hohe C von Duprez für unschön und meinte, er klänge wie ein Kapaun, dem gerade die Kehle durchgeschnitten werde. »Verlierer« dieser Revolution war beim französischen Publikum der poetische und hochherzige Sänger Adolphe Nourrit (1802–1839), der bei den Uraufführungen von *Guillaume Tell* und von Meyerbeers Opern *Robert le Diable* (1831) und *Les Huguenots* (1836) die Hauptrollen gesungen hatte. Seine Gesangstechnik beruhte auf dem Einsatz von gemischtem Register und Kopfstimme. Als Nourrit erfuhr, daß Duprez an die Opéra engagiert worden war, wollte er sich ebenfalls die neue Gesangstechnik aneignen und fuhr nach Italien, um diese dort kennenzulernen. Er hatte gerade zu einer neuen Karriere als modischer Tenor im italienischen Stil angesetzt, als er aufgrund gesundheitlicher Probleme in starke Depressionen verfiel und Selbstmord verübte.

»Wen die Götter lieben, der stirbt jung« war ein in der Romantik beliebtes Sprichwort. Nourrit war gerade 37 geworden, als er sich zu Tode stürzte. Maria Malibran, die im Alter von 28 Jahren starb, entsprach diesem Diktum noch eher. Sie starb auf den Tag genau ein Jahr nach Vincenzo Bellini, der 1835 im Alter von 33 Jahren gestor-

GILBERT LOUIS DUPREZ (1806–1896) (links) löste fast eine Revolution der Gesangstechnik aus, als er bei seinem Debüt an der Pariser Opéra 1837 in der Partie des Arnold in *Guillaume Tell* das hohe C mit Bruststimme sang (*do di petto*). Fast alle modernen Tenöre folgten dieser Gesangstechnik. Zuvor waren Kopf- und Bruststimme gemischt und die Spitzentöne im Falsett gesungen worden.

ADOLPHE NOURRIT (1802–1839) (rechts) debütierte als Neunzehnjähriger an der Pariser Opéra und sang in den folgenden sechzehn Jahren die Hauptpartien bei den Uraufführungen von Rossinis *Guillaume Tell*, Aubers *La Muette de Portici*, Halévys *La Juive* und Meyerbeers Opern *Robert le Diable* (die Abbildung zeigt ihn in diesem Werk) und *Les Huguenots*. Gesundheitlich durch eine kraftzehrende Karriere angeschlagen, verließ er Frankreich kurzentschlossen und hoffte, sich in Italien stimmlich erholen zu können. Eine schwere Krankheit führte aber zu so starken Depressionen, daß er sich im Alter von 37 Jahren das Leben nahm.

ben war. Die Malibran war eine Tochter von Rossinis Tenor Manuel García und die ältere Schwester der Pauline Viardot. Von ihrem Vater unnachgiebig bis zu höchster stimmlicher Perfektion ausgebildet, verfügte die Malibran über ein Temperament, mit dem sie das Publikum förmlich mitreißen konnte. Während ihrer nur zwölf Jahre währenden Karriere machte sie einen unvergeßlichen Eindruck. Die herausfordernde, unkonventionelle und eigensinnige Sängerin wurde wegen ihres frühen Todes zu einer romantischen Ikone verklärt. Angeblich hatte die Callas ein Bild der Malibran immer zur Hand.

Die Titelpartie in den ersten Aufführungen von *Norma* sang Giuditta Pasta (1797–1865). Die Rolle der Adalgisa in dieser Oper wurde von Giulia Grisi (1811–1869) gegeben, die kurz darauf selber eine berühmte Norma wurde. Die Pasta debütierte 1815 als Mezzosopranistin und war im Théâtre-Italien in Paris sowohl für ihr Spiel wie auch für ihren Gesang berühmt. Die Sängerin wechselte dann zunehmend ins Sopran-Fach und wirkte in der Karnevals-Saison des Jahres 1830 am Teatro Carcano bei den Uraufführungen von Donizettis *Anna Bolena* und Bellinis *La sonnambula* mit. Da sie ihre Stimme mit drei bis vier anstrengenden Partien pro Woche überanstrengte, war sie mit 40 Jahren ausgesungen. Die Grisi konnte demgegenüber ihre Karriere bis 1860 gleichmäßig aufbauen. Sie war die Primadonna des Gesangsquartetts, das während der Wintermonate am Théâtre-Italien in Paris sang, um dann von April oder Mai bis Juli in London aufzutreten. Die anderen Mitglieder dieses Vokalquartetts waren Rubini, der bei seinem Abschied von der Bühne 1839 durch Giovanni Mario (1810–1883) ersetzt wurde, der Bariton Antonio Tamburini (1800–1876) und der Baß Luigi Lablache (1794–1858). Das Quartett machte, vor allem mit Rubini als Tenor, mit seinem Auftritt in der Uraufführung von Bellinis Oper *I puritani* (1835) Furore, dann auch – mit Mario als Tenor – in der von Donizettis *Don Pasquale* (1843).

Fanny Tacchinardi-Persiani (1812–1867) war ein weiteres wichtiges Mitglied dieses Ensembles. Zusammen mit dem Tenor Duprez hatte sie in der ersten Besetzung von *Lucia di Lammermoor* (siehe S. 203) die Hauptrolle gesungen. Die Persiani, die von ihrem Vater, dem berühmten Tenor Nicola Tacchinardi, in allen seinen Künsten unterwiesen worden war, galt nach dem Urteil von Kritikern wie H.F. Chorley als technisch beste Sängerin ihrer Generation. Die Stimme der Persiani war bei großem Umfang anscheinend recht leise. Die Sängerin war wohl auch keine begabte Darstellerin, machte diese Nachteile aber mehr als wett durch die Vielfalt ihrer Stimmkünste und ihre unglaubliche Fähigkeit zur Improvisation. Die Persiani stand in der Tradition von Angelica Catalani (1780–1849), einer anderen Gesangskünstlerin, die ihr Publikum mit Bravourstücken unterhalten hatte, darunter vor allem einer *Variationenfolge in G-Dur* des Geigers Pierre Rode. Angelica Catalani fehlten aber Erfindungskraft und solide musikalische Ausbildung, um ihre Hörer nach anfänglicher Überraschung weiter im Bann zu halten. Spätere Koloratur-Soprane wie die Patti, Marcella

Sembrich, die Melba, Luisa Tetrazzini und Amelita Galli-Curci sind Epigonen dieser durch die Persiani popularisierten Gesangsrichtung.

Zwei eindrucksvolle deutsche Sopranistinnen während der ersten Hälfte des 19. Jahrhunderts waren Anna Milder-Hauptmann (1785–1838) und Wilhelmine Schröder-Devrient (1804–1860). Die Hauptmann sang die Leonore in den beiden Fassungen von Beethovens *Fidelio* (1805 und 1814). Die Schröder-Devrient studierte diese Rolle unter Beethoven ein. Weber schätzte sie als Agathe in seinem *Freischütz*. In den Premieren der Wagner-Opern *Rienzi*, *Der fliegende Holländer* und *Tannhäuser* (Venus) wirkte die Schröder-Devrient mit. Die Milder, für die Schubert *Der Hirt auf dem Felsen* schrieb, war die bedeutendere Sängerin. Die Schröder-Devrient war dagegen aber eine Sänger-Darstellerin nach romantischem Geschmack, die in London ebenso beliebt war wie in Dresden, wo sie ihren hauptsächlichen Wirkungskreis hatte.

Die zunehmende Besetzungsstärke und Klangdichte der Theaterorchester in Deutschland führte zu einem wachsenden Bedarf an Sängern, die sich mehr durch Stimmkraft und Durchhaltevermögen denn durch sorgfältigst ausgearbeitete Gesangskunst auszeichneten. Dies galt vor allem, nachdem zunehmend Wagner-Opern ins Repertoire der Häuser übernommen wurden. Als den ausgewiesenen Wagner-Sängern Therese und Heinrich Vogl in den frühen achtziger Jahren des 19. Jahrhunderts die Hauptrollen in einer festlichen Aufführung von Wagners *Liebesverbot* (1836) angeboten wurden, lachten sie zunächst angesichts der im Stile Bellinis gesetzten »gruppetti« (einer typischen, in Noten ausgeschriebenen Doppelschlagsfigur). Bei näherem Hinsehen verstummten sie kleinlaut. Zwei wichtige Wagner-Tenöre der ersten Stunde waren der erste Rienzi und Tannhäuser, Joseph Aloys Tichatschek (1807–1886) sowie Ludwig Schnorr von Carolsfeld (1836–1865), der einen Monat nach seinem Auftritt in den ersten Aufführungen des *Tristan* starb. Der hünenhafte Albert Niemann (1831–1917) konnte seine künstlerische Potenz länger in den Dienst der wagnerischen Sache stellen. Wagner hatte ihn für die unglückliche Pariser *Tannhäuser*-Aufführung (1861) ausgewählt, er sang den Siegmund im ersten Bayreuther *Ring* (1876), dann auch im ersten Londoner *Ring* (1882) und wurde der erste amerikanische Tristan (1886). Amalie Materna (1844–1918) fällt die Ehre zu, die Rolle der

DER FLIEGENDE HOLLÄNDER HAT ANGELEGT: 1864, 1929. Oben: das Bühnenbild für den dritten Akt von Wagners *Der fliegende Holländer* (Regieanweisung: »Seebucht mit felsigem Gestade«) mit Haus und Schiff des Daland zur Linken des Publikums und dem Schiff des Holländers zur Rechten. Unten: ein Bühnenbild für den ersten Akt (Regieanweisung: »steiles Felsenufer«). Dalands Schiff liegt mit gerefften Segeln rechts vor Anker, während der Holländer zur Linken gerade angekommen ist. Die Abbildung oben zeigt das Modell eines von Döll gefertigten Bühnenbildes, bildhaft gestaltet, romantisch, topographisch korrekt. Döll fertigte dieses Bühnenbild 1864 für eine wichtige Inszenierung (und Neufassung) der Oper am Hoftheater König Ludwigs II. von Bayern an. Es handelt sich um die erste einer ganzen Reihe von modellhaften Inszenierungen, die unter der Ägide Ludwigs stattfinden sollten. Das Bühnenbild unten – fast abstrakt, bewußt modern, die Neue Sachlichkeit repräsentierend – entwarf Ewald Dülberg für eine umstrittene Berliner Aufführung an der Kroll-Oper 1929, die von Jürgen Fehling inszeniert und von Otto Klemperer dirigiert wurde.

Brünnhilde erstmals gesungen zu haben, außerdem kreierte sie 1882 in Bayreuth auch die Kundry (siehe S. 256). Die Materna stellte im Alter von neunundsechzig Jahren sicherlich eine Art von Rekord auf, als sie anläßlich eines Festkonzertes zum hundertsten Geburtstag von Wagner in Wien die Kundry sang. Auch Lilli Lehmann (1848–1929) war eine begnadete Wagnersängerin. Sie sang zunächst eine Rheintochter, dann eine der Walküren und den Waldvogel, um dann später selber eine eindrucksvolle Brünnhilde und Isolde zu geben. Das aus über einhundert Rollen bestehende Repertoire dieser ungewöhnlich vielseitigen Sängerin enthielt so unterschiedliche Partien wie Königin Marguerite (*Les Huguenots*), Norma und Carmen. In ihren späten Fünfzigern machte die Lehmann einige eindrucksvolle Tonaufzeichnungen, die von ihrem direkten, ungekünstelten Zugang zu den Werken von Händel, Mozart, Bellini und Verdi zeugen.

Während diese Vertreter der deutschen Gesangsschule Neuland betraten, hatte sich in Paris ein grundlegender Wandel vollzogen. In der Opéra stand ein neuer Typ der Mezzosopranistin auf der Bühne, nachdem man der Hosenrollen in den Werken Rossinis leid geworden war. Die Sängerin Rosine Stoltz (1815–1903) beeinflußte nachhaltig diese Entwicklung. Als Geliebte von Pillet, dem Theaterdirektor des wichtigstens Musiktheaters in Frankreich, erlaubte sie weder andere Sopranistinnen neben sich noch gestattete sie die Aufnahme neuerer Werke ins Repertoire, wenn diese keine Hauptrolle für sie enthielten. In Donizettis Opern *La Favorite* (1840) und *Dom Sébastien* (1843) sowie in Halévys *La Reine de Chypre* (1841) ist die weibliche Hauptrolle deshalb dem Mezzosopran zugewiesen, der gleichzeitig auch im Mittelpunkt der romantischen Verstrickungen steht.

Oben, links: GIOVANNI DAVID (1790–1864), der Sohn eines berühmten Tenors, gehörte zu den Tenören aus der Gegend von Bergamo, die zur Zeit Rossinis und seiner unmittelbaren Nachfolger die neapolitanischen Bühnen beherrschten. Er ist hier in einem Gemälde von Francesco Hayez aus dem Jahr 1830 im Kostüm des Agobar in Pacinis *Gli Arabi nelle Gallie* dargestellt. Diese Rolle gehörte zu seinen größten Erfolgen. Zeitgenössische Kritiker begeisterte er aber noch mehr, wenn er mit einem Turban als Otello in der gleichnamigen Rossini-Oper auftrat. Unten links: Drei der wichtigsten Sänger-Darsteller aus den vierziger Jahren des 19. Jahrhunderts, EUGENIA TADOLINI (1809-nach 1851), der Tenor CARLO GUASCO (1813–1876) und der Bariton GIORGIO RONCONI (1810–1890) in ihren Rollen als Protagonisten von Donizettis Oper *Maria di Rohan* (Wien, 1843). Ronconi war der bedeutendste dieser Sänger und hatte die längste Bühnenlaufbahn. Für seine Darbietung des Chevreuse in der gleichnamigen Oper, bei der er auf faszinierende Weise Eifersucht interpretierte, war er berühmt. Oben rechts: JENNY LIND (1820–1887) war eine der berühmtesten Opernsängerinnen aller Zeiten, obwohl ihre internationale Karriere nicht einmal fünf Jahre dauerte. Religiöse Skrupel veranlaßten sie zur Abkehr von der Bühne zugunsten von Oratorium und Konzert. Die Lind ist das klassische Beispiel einer Sängerin, die – schauspielerisch eher weniger begabt – mit einer wunderbaren Stimme beeindruckte. Unten rechts: JEAN DE RESZKE (1850–1925) machte sein Operndebüt als Bariton, wechselte dann aber das Stimmfach und trat in Tenor-Partien auf. Seine hervorragende Stimmbeherrschung und sein elegantes Spiel machten ihn zum Publikumsliebling der achtziger und neunziger Jahre des 19. Jahrhunderts in Paris, London und New York. Nachdem er sich 1904 von der Bühne zurückzog, arbeitete er als Gesangslehrer, der unter anderem Maggie Teyte und Bidù Sayão ausbildete.

GIUDITTA PASTA (1797–1865) wurde in ihrer Glanzzeit (von 1816 bis 1835) als die bedeutendste Darstellerin tragischer Rollen auf der Opernbühne gefeiert. Ihren Namen machte sie sich mit Partien wie Rossinis Tancredi und Desdemona, liebte aber auch die künstlerischen Herausforderungen von Mayrs Oper *Medea in Corinto*. Ihr Name verbindet sich heute vor allem mit ihrer Mitwirkung bei drei Bellini-Uraufführungen: *La Sonnambula*, *Norma* und *Beatrice di Tenda*. Karl Briullov porträtierte sie als Norma in der gleichnamigen Oper auf dem Höhepunkt ihrer Gesangskarriere.

GIULIA GRISI (1811–1869) wirkte wie die Pasta in der Uraufführung von *Norma* mit. Sie sang die Partie der Adalgisa. Nach dem Rücktritt der Pasta wurde sie deren wichtigste Nachfolgerin. Zwischen 1837 und ihrem Rücktritt von der Bühne im Jahr 1861 gab Giulia Grisi fast in jeder Spielzeit an der Oper zu Covent Garden die Norma. Dargestellt ist die Bühnensituation, in der Norma ihre illegitimen Kinder umbringen möchte, sich dazu aber nicht in der Lage sieht.

WILHELMINE SCHRÖDER-DEVRIENT (1804–1860) war die berühmte und völlig unkonventionelle Sopranistin, die durch ihr lebhaftes Spiel der Leonore (hier abgebildet) zum Bühnenerfolg der Oper *Fidelio* beitrug. Zum Ende ihrer Karriere hin verhalf sie der neuen deutschen romantischen Oper zum Durchbruch: Sie prägte bei Wagner in Dresden die Rollen des Adriano (*Rienzi*), der Senta (*Der fliegende Holländer*) und der Venus (*Tannhäuser*). Die ihr häufig zugeschriebenen anonym erschienenen pornographischen Memoiren sind zweifellos hervorragend geschrieben.

Mit der Rolle der Fidès in Meyerbeers Oper *Le Prophète* (1849) erhielt das Mezzosopran-Fach eine weitere Dimension. Fidès, die Mutter des Helden, spielt im Handlungsablauf eine wichtige Rolle. Ihr großer Auftritt in der Gefängnisszene des fünften Aktes ist für jede Mezzosopranistin ein entscheidender Prüfstein in Hinsicht auf Stimmumfang und -technik. Auch die Mezzo-Partie der Azucena in Verdis Oper *Il trovatore* – Azucena ist ebenfalls Mutter des Helden – hat vom Dramaturgischen her eine der Fidès vergleichbare Bedeutung. Meyerbeer hatte sein Werk fast ein Jahrzehnt lang für die Opéra gesperrt. Er wollte seine Oper dort nicht auf die Bühne bringen, ehe die Stoltz wegen ihres diktatorischen Gebarens verbannt und der Tenor Duprez, dessen stimmlicher Verfall ihn zu einem künstlerischen Risiko hatte werden

An LUDWIG SCHNORR VON CAROLSFELD (1836–1865) erinnert man sich als den ersten Tristan in Wagners *Tristan und Isolde*. Dieser Ruhm hat etwas Tragisches, da Schnorr von Carolsfeld weniger als einen Monat nach den ersten Aufführungen starb. Auf diese Weise entstand der Mythos, daß das Singen dieser Partie für den Sänger möglicherweise lebensgefährlich sein könne.

GILBERT-LOUIS DUPREZ und ROSINE STOLTZ im zweiten Akt von Donizettis letzter Oper *Dom Sébastien* (1843). Die Szene spielt auf einem Schlachtfeld in der arabischen Wüste. Es handelt sich hier um ein frühes Exempel eines Topos, der im späteren 19. Jahrhundert in der Oper häufig behandelt wurde: die temperamentvolle und oft tragisch endende Begegnung zwischen einer exotischen Frau aus dem Osten und einem ehrbaren abendländischen Krieger.

PAULINE VIARDOT (1821–1910) war die jüngere Schwester der Malibran. Sie ist hier in ihrer berühmtesten Partie, der Fidès in Meyerbeers *Le Prophète* abgebildet. Gezeigt wird die Londoner Inszenierung, in der sie mit dem Tenor Mario zusammen auftrat. Die Viardot war eine mit hervorragendem Intellekt begabte Frau, die Komponisten von Schumann bis Saint-Saëns inspirierte. Ihr Einfluß auf Berlioz war noch bemerkenswerter, konzipierte er doch die Rolle der Dido in seiner Oper *Les Troyens* für die Viardot.

lassen, durch einen neuen, fähigen Tenor ersetzt worden waren. Pauline Viardot-García (1821–1910), die jüngere Schwester der Malibran, machte als Fidès ihr triumphales Debüt. Die kraftvolle Sängerin und gleichzeitig gute Darstellerin hatte als Sängerin italienischer Opern schon eine zehnjährige erfolgreiche Karriere in ganz Europa hinter sich, ehe sie die Opéra einnahm – *die* Bastion französischer Kunst. Die hervorragende musikalische Begabung und den Einfluß der Viardot kann man nicht hoch genug einschätzen: Gounod gab als Komponist an der Opéra seinen Einstand mit der *Sapho*, die er eigens für die Sängerin geschrieben hatte. Berlioz schrieb ihr die Rolle der Dido in seiner Oper *Les Troyens* auf den Leib. Den Höhepunkt ihrer Bühnenkarriere erreichte sie 1859 in Glucks *Orfeo*, den Berlioz für sie umgearbeitet hatte. Saint-Saëns schrieb für sie die Partie der Dalila, und dem Komponisten Massenet verhalf die Viardot zu Ruhm mit ihrem Auftritt in seiner *Marie-Magdeleine*. Ihr Einfluß beschränkte sich aber nicht auf die Bühne. Schumann widmete ihr seinen *Liederkreis* op. 24, und sie sang die Uraufführung von Brahms' *Alt-Rhapsodie* op. 53.

Jenny Lind (1820–1887; siehe Farbtafel S. 488) war die erste »schwedische Nachtigall«, erlebte aber nur eine relativ kurze Karriere als Opernsängerin, da moralische

Skrupel sie nach 1849 dazu veranlaßten, im Theater nicht mehr aufzutreten. Die »zweite« schwedische Nachtigall war Christine Nilsson (1843–1921), die zunächst in Schweden und dann in Paris Gesang studierte. Sie debütierte am Théâtre-Lyrique in der Uraufführung der französischen Fassung von Verdis *La traviata*. 1868 ging sie als Ensemblemitglied an die Opéra, wo sie ihren ersten Auftritt als Ophélie in der Uraufführung von Thomas' *Hamlet* hatte. Im folgenden Jahr gehörte sie zur ersten Besetzung der fünfaktigen Fassung von Gounods *Faust*. Die Rolle der Marguerite sang sie auf italienisch dann auch in London und New York, dort am denkwürdigsten zur Eröffnung des Metropolitan Opera House im Jahr 1883. Mit Anfang vierzig zog sich die hervorragende Sängerin und charmante Darstellerin von der Bühne zurück.

Ein weiterer Sänger, der das französische Repertoire stark prägte, war der Bariton Jean-Baptiste Faure (1830–1914). Der Name dieses glanzvollen Sängers und einfallsreichen Darstellers ist mit einigen von ihm kreierten Partien verbunden: Hoël in Meyerbeers *Dinorah* (*Le Pardon de Ploërmel*, 1859), Nélusko in *L'Africaine* (1865), Posa in *Don Carlos* (1867) und die Titelrolle in *Hamlet* (1868). Als Gounods *Faust* vom Théâtre-Lyrique auf die Bühne der Opéra wechselte, verkörperte Faure den auf elegante Weise teuflischen Méphistophélès. Faures Stimmfach war der von den Franzosen so bezeichnete »baryton-noble« (Kavalier-Bariton), für den Rollen wie Méphisto, Escamillo und der Hohepriester in *Samson et Dalila* entstanden. Diese Partien enthalten nicht nur Töne, die einem echten Baß in der Höhe zu schaffen machen, sondern auch solche, die für einen hohen Bariton unangenehm tief liegen. Faure war Vorbild für spätere französische Baritonisten wie Victor Maurel (siehe S. 221), Jean Lassalle, Maurice Renaud und den vielseitigen Marcel Journet. Journet sang nicht nur den Méphistophélès, sondern auch Wotan und Hans Sachs, und trat sogar in solch unterschiedlichen Partien wie Tonio in *I Pagliacci* und Athanaël in Massenets *Thaïs* auf.

Die Franzosen verknüpften übrigens die Namen berühmter Sänger mit den Stimmfächern der Partien, die diese Sänger vorzugsweise interpretierten. So gibt es beispielsweise die von Cornélie Falcon (1812–1897) hergeleitete Bezeichnung »falcon«. Am denkwürdigsten sang die Falcon die Partie der Rachel in *La Juive* (1835) und die der Valentine in *Les Huguenots* (1836). Da sie ihrem kräftigen Mezzosopran in Sopran-Partien gewaltsam eine zu große Höhe zugemutet hatte, verlor sie ihre Stimme und mußte im Alter von sechsundzwanzig Jahren ihren Bühnenabschied nehmen. Ein anderes typisches französisches Fach ist mit dem Namen von Louise-Rosalie Dugazon (1755–1821) verbunden, die jahrelang an der Opéra-Comique spielte.

DREI EXPONENTEN der Viktorianischen Opernbühne, von der Kamera während der Garten-Szene in Gounods *Faust* 1864 eingefangen. Es handelt sich um Adelina Patti (1843–1919), die sich in der Rolle der Marguerite an den Tenor Giovanni Mario (1810–1883) schmiegt, während Jean-Baptiste Faure (1830–1914) als Méphistophélès die beiden mit zynischer Freude betrachtet. Nicht nur die Darsteller, sondern auch die Oper, in der sie spielen, versinnbildlichen eine ganze Epoche.

MADAME DUGAZON als Nina in Dalyracs gleichnamiger Oper. Die Dugazon, deren Name zu einem Synonym für einen bestimmten französischen Stimm-Typ wurde, ist hier in einer ihrer berühmtesten Rollen zu sehen. Die verwirrte Nina glaubt in dieser Partie einer Entrückten – später sangen die berühmtesten Sopranistinnen des 19. Jahrhunderts diese Partie – die Stimme ihres Geliebten zu hören.

Ein »dugazon« ist ein leichter Sopran, der für soubrettenhafte Rollen prädestiniert ist. In Frankreich wurden die Sängerinnen dieses Faches später, wenn sie ältere, aber immer noch zum Flirt aufgeneigte Frauenrollen spielten, als »mères dugazons« bezeichnet. Der als »trial« bekannte französische Vokaltyp scheint dagegen keine Verbindung mit dem Sänger Antoine Trial (1737–1795) zu haben, da hier ausdrücklich an einen Tenor gedacht ist, der sich eher als Darsteller denn als Sänger auszeichnet (Charakter-Tenor). Partien dieses Typs sind der Bertrand in Monsignys *Le Déserteur* und Torquemada in Ravels *L'Heure espagnole*. Schließlich gibt es noch den nach Jean-Blaise Martin (1768–1837) benannten »baryton-Martin«. Der Umfang dieser Stimme entspricht etwa dem eines Zweiten Tenors. Die hohen Töne dieses Sängers changieren ins Falsett, über die kraftvollen Spitzentöne eines Verdi-Baritons verfügt er nicht. Zu diesem Fach gehören einige Partien, die entweder von einem hohen Bariton oder Tenor gesungen werden können, Rollen wie Pelléas und Ramiro in *L'Heure espagnole*. André Baugé (1892–1966) war ein solcher »baryton-Martin«, der in den zwanziger und dreißiger Jahren unseres Jahrhunderts eine Reihe schöner Tonaufnahmen machte. Seine Interpretation des französischen Gegenstücks zu »Largo al factotum« (Auftrittsarie des Figaro in Rossinis *Il barbiere*) zeigt sofort die typisch französische Eleganz gegenüber dem italienisch geschulten Gesangsstil.

Die empirische Dimension

Der plötzliche Erfolg der *Cavalleria rusticana* (1890) markierte den Beginn der naturalistischen Oper, der Verismo-Oper, die sich in Italien sofort großer Beliebtheit erfreute und zu einem Wandel der Gesangstechnik führen sollte. Roberto Stagno (1840–1897), der zusammen mit seiner Frau Gemma Bellincioni (1864–1950) die Hauptrollen in der epochemachenden Vorstellung der *Cavalleria* sang, gehörte zu den Sängern, die diesen Stilwandel vollzogen. Als vielseitiger Tenor war Stagno berühmt für lyrische Partien wie Almaviva in *Il barbiere* und Alfredo in *La traviata*, seinen Namen verband man dann aber mit dem Gesangsstil der neuen naturalistischen Oper, und er gab seine früheren Rollen auf. Obwohl die Bellincioni erst sechsundzwanzig Jahre alt war, als sie ihre erste Santuzza sang, hatte sie bald mit stimmlichen

GEMMA BELLINCIONI (1864–1950) sang mit ihrem Mann Roberto Stagno (1840–1897) die ungeheuer erfolgreiche Uraufführung von Mascagnis *Cavalleria rusticana* (Rom, 1890). In der Folge dieses Auftritts wurde sie zu einer der wichtigsten Sängerinnen des frühen Verismo. Ihre Berühmtheit steigerte sich noch, als sie die Titelpartie in Strauss' *Salome* anläßlich einer in Italien vom Komponisten selber dirigierten Aufführungsreihe sang. Stagno war ein Belcanto-Sänger alten Stiles, dem der Übergang zur Verismo-Oper mit den dargestellten Protagonisten einer niedrigeren Gesellschaftsschicht gelang.

Problemen zu kämpfen. Ihre Karriere konnte sie vor allem dank ihrer darstellerischen Fähigkeiten fortsetzen. Sie sang in der ersten italienischen Inszenierung von Strauss' Oper *Salome* die Titelrolle. Die dramatische Darstellung offener Leidenschaften verlangte einen neuen, intensiveren und biegsameren Stil, bei dem der Gesang gelegentlich durch ironisches Lachen oder herzzerreißendes Weinen unterbrochen wird. Die für Emma Calvé geschriebene Partie der Anita in Massenets *La Navarraise* (1894) ist hierfür ein gutes Beispiel. Am Ende der einaktigen Oper bricht Anita in unkontrolliertes, hysterisches Lachen aus, statt angesichts des Leichnams ihres Geliebten eine elegische Passage zu singen.

Emma Calvé (1858–1942) war die berühmteste Carmen ihrer Generation und damit Protagonistin eines Werkes, das den neuen Stil des Verismo auf archetypische Weise zeigte. Während der frühen neunziger Jahre des 19. Jahrhunderts sang sie in Italien, zunächst in der *Cavalleria*, dann in der Uraufführung von Mascagnis *L'amico Fritz* (1891). Bezeichnenderweise war sie aber auch an der berühmten Inszenierung des *Hamlet* an der Mailänder Scala beteiligt, in der sie die rein lyrische Partie der Ophélie sang. Der Hamlet wurde von Mattia Battistini (1856–1928) gegeben, einem der größten Belcantisten aller Zeiten, wie seine zahlreichen Plattenaufnahmen belegen. (Vladimir Horowitz berichtet, daß er die Aufnahmen des Bariton in dem Bemühen studiert habe, Battistinis perfektes Legato auf das Klavier zu übertragen.)

Sänger, die sich um naturalistische Effekte bemühten, verloren leicht ihre lyrischen Stimmqualitäten. Die Sopranistin Eugenia Burzio (1872–1922) war mit ihrer lebhaften Persönlichkeit und übertriebenen Emphase für Rollen des Verismo hervorragend geeignet. Ihre Aufnahme des »Pace, pace« aus Verdis *La forza del destino* klingt geradezu qualvoll. Den Übergang von sorgfältig kontrolliertem hin zu weniger geführtem Gesang kann man deutlich in den Aufnahmen des neapolitanischen Tenors Fernando De Lucia (1860–1925) hören. Er debütierte in der Mitte der achtziger Jahre und wurde ein führender »tenore di grazia« (lyrischer Tenor). Seine frühen Aufnahmen von *Il barbiere* weisen ihn mit rhythmischen Finessen, sorgfältig abgetönten Diminuendi und deutlichen Verzierungen als hervorragenden Vertreter seines Faches aus. De Lucia gehörte zu der ersten Generation von Tenören des Verismo, er sang beispielsweise sowohl in der Londoner als auch in der New Yorker Premiere von *I Pagliacci* den Canio. In seiner späteren Aufnahme des Geständnisses von Loris aus dem zweiten Akt von Giordanos *Fedora*, einem Paradebeispiel für veristische Effekte, klingt De Lucias Tenor schwerfällig, emotional übertrieben, und seine Intonation weist Mängel auf.

Enrico Caruso (1873–1921) ist für viele der italienische Tenor par excellence. Mit hervorragender Stimme und starker persönlicher Ausstrahlung begabt, bot er seinen Rivalen und Nachfolgern manchen Anlaß zur Verzweiflung. Am Beginn seiner Karriere kämpfte er mit wenig verläßlichen Spitzentönen, seine Stimme entwickelte dann aber zunehmend Sicherheit und Fülle. Der atemberaubende metallische Glanz

ENRICO CARUSO als Herzog von Mantua in Verdis *Rigoletto*. Caruso, der wohl bedeutendste Opernsänger des 20. Jahrhunderts, ist hier in einer seiner berühmtesten Rollen abgebildet. Der überragende Darsteller genießt ganz offensichtlich sein prächtiges Kostüm.

der Stimme in der 1911 gesungenen Aufnahme von »Io non ho che una povera stanzetta« aus Leoncavallos *La bohème* ist dafür ein gutes Beispiel. Später wechselte Caruso ins schwerere Fach und sang Samson, Johann in *Le Prophète* und Eléazar in *La Juive*. Die baritonale Färbung seiner Stimme trat stärker hervor und die hohen Bs klangen nicht mehr ganz mühelos, wurden aber – mit deutlicher Kraftanstrengung – doch gebracht.

Titta Ruffo (1877–1953) hat bei italienischen Baritonen eine der Bedeutung Carusos vergleichbare Stellung. Zu seinen besten Zeiten war seine Stimme schwarz wie

Pech und von einem kräftigen hohen As gekrönt. Zeitgenossen berichten von seiner ungewöhnlichen stimmlichen Fülle und von seinem Übermut: Wenn er gut disponiert war, konnte er am Ende des Prologes zu *I Pagliacci* statt des einen hohen G bei »Incominciate« diesen Ton durchaus auch dreimal bringen. Die enorme Überbeanspruchung seiner Stimme führte dazu, daß er im Alter von fünfzig Jahren ausgesungen war. Ruffos aggressiver und bombastischer Gesangsstil unterscheidet sich stark von dem seiner Vorgänger wie etwa Battistini, dessen nahtloses Legato, elegante Phrasierung und »sfumature« (von den Italienern so bezeichnete typische Pianissimo-Effekte) auf vielen Platten festgehalten sind. Battistini konnte bezeichnenderweise noch im achten Lebensjahrzehnt singen und auftreten.

Zur Zeit von Ruffo gab es fast so etwas wie ein Überangebot an hervorragenden italienischen Baritonen. Ein wenig älter als Ruffo war Antonio Scotti (1866–1936), dessen Stimme ihre Biegsamkeit zwar früh verlor, der aber wegen seiner überragenden darstellerischen Fähigkeiten – vor allem als Scarpia in *Tosca* – dreißig Jahre lang an der Metropolitan sang. Mario Sammarco (1868–1930) war in London und auch in New York äußerst beliebt, wo er in Oscar Hammersteins Manhattan Opera House auftrat. Die hervorragenden Duo-Aufnahmen, die er zusammen mit John McCormack herausbrachte, rechtfertigen die Beliebtheit dieses Sängers. Pasquale Amato (1878–1942) sang nur kurz in London. Toscanini brachte ihn dann aber zur Met, wo seine kräftige Stimme und sein Sinn für Bühnendramatik ihm über ein Jahrzehnt lang große Erfolge bescherten. Seine Aufnahme von »Eri tu« aus Verdis *Un ballo in maschera*, ein Andenken an Toscaninis Wiederaufnahme dieses Werkes 1913 an der Met, ist besonders eindrucksvoll. Zunächst weniger beeindruckend als die genannten Baritone war Giuseppe De Luca (1876–1950), der als Künstler aber am ausdauerndsten war: Dank seiner sorgfältigen Gesangsausbildung erhielt er sich seine Stimme bis in ein Alter, in dem seine Konkurrenten sich schon lange im Ruhestand befanden.

Die tschechische Sopranistin Emmy Destinn (1878–1930) sang in Berlin und London und schloß dann eine kurze, aber denkwürdige Karriere in New York an. Artur Rubinstein berichtet in seinen Memoiren, daß sie eines ihrer Beine der Länge nach mit einer tätowierten Schlange geschmückt hatte. Wer die Destinn in ihren Glanzzeiten hörte, spricht mit Hochachtung von dieser schönen, temperamentvollen und mit einem kräftigen, gut geschulten Sopran begabten Künstlerin. Leider gehört sie mit Maria Jeritza zu den berühmten Sängerinnen, deren Aufnahmen nur in den seltensten Fällen den Eindruck wiedergeben, den sie auf ihr fachkundiges Publikum gemacht haben müssen. Es gibt auch das Gegenbeispiel, nämlich Sänger mit einer insgesamt recht farblosen Karriere, die einige bestechende Aufnahmen hinterließen. Zu ihnen gehört Celestina Boninsegna (1877–1947).

In der Zeit zwischen den beiden Weltkriegen gab es zahlreiche Sänger, die besonders im Wagner-Fach glänzten. Frida Leider (1888–1975) verband stimmliche Brillanz mit prägnantem Verständnis für Text und Bühnenwirkung. Kirsten Flagstad (1895–1962) bestach durch die besondere Austrahlung ihrer scheinbar nie ermüdenden Stimme. Lauritz Melchior (1890–1973) stellte als Heldentenor alle anderen in den Schatten, die sich an seinem beeindruckenden Repertoire versuchten. Es gibt eine Fülle von Aufnahmen, die von der Bedeutung dieser Wagner-Sänger zeugen. Aber auch andere Gesangsleistungen sind durch zahlreiche Plattenaufnahmen belegt. Es gibt Aufnahmen des ausdrucksvollen Baritons Friedrich Schorr (1888–1953), der einen unvergleichlichen Hans Sachs gab, und solch silbriger Mezzosoprane wie Karin Branzell (1891–1974), Kerstin Thorborg (1896–1970) und Margarete Klose

Die Sopranistin KIRSTEN FLAGSTAD war eine der bedeutendsten Wagner-Sängerinnern ihrer Zeit. Die Rolle der Isolde gehörte zu ihren berühmtesten Partien.

LOTTE LEHMANN (1888–1976) als Marschallin in Strauss' *Rosenkavalier*. In dieser Rolle erwarb sie sich ihren größten Ruhm. Die Lehmann hatte als imposante Persönlichkeit allerdings die Tendenz, empfänglichen Kritikern ihre eigenen, etwas exaltierten künstlerischen Prinzipien aufzudrängen. Unabhängige Kritiker sahen gerade in ihrer Stärke auch ihre Angriffspunkte: abgehackte Phrasen und einen Textvortrag, als müsse jedes einzelne Wort besonders hervorgehoben werden.

(1902–1968). Zwei Bässe aus dieser Zeit, deren Einspielungen sich zu suchen lohnt, sind Ivar Andresen (1896–1940) und Ludwig Weber (1899–1974).

In den Jahren zwischen den Weltkriegen gab es aber auch hervorragende Inszenierungen der Strauss-Opern. Maria Jeritza (1887–1982) bot hinreißende Darstellungen des Octavian und der Salome, obwohl ihre Stimme von den frühen dreißiger Jahren an nicht mehr ganz sicher war – zu viel Turandot, wie einige Kritiker meinten. Elisabeth Schumann (1888–1952) und Adele Kern (1901–1980) waren beide als Sophie im *Rosenkavalier* bezaubernd. Adele Kern verfügte ebenso wie Erna Berger (1900–1990) über die Höhe, um in den parodistischen Koloraturen der Zerbinetta in *Ariadne auf Naxos* zu glänzen. Lotte Lehmanns (1888–1976) Interpretation der Marschallin wurde von fanatischen Anhängern wegen ihrer Darstellung des Textes in Verbindung mit einer erotischen Stimme verehrt, es gab aber auch Kritiker, die ihre Interpretation ein wenig kurzatmig, zu wenig schlank und spießig fanden. Es wäre schließlich ja auch langweilig, wenn jeder dasselbe bewundern würde. Zu den verschiedenen Sängern, die den Baron Ochs gaben, gehörten der schneidige, manchmal stark tremolierende Emanuel List (1891–1967) und Ludwig Weber (1899–1974), die beide in dieser Rolle brillierten. Der beste Interpret dieser Partie war aber Richard Mayr (1877–1935). Er ist in der gekürzten Einspielung des *Rosenkavalier* aus dem Jahr 1933 zu hören (Robert Heger dirigiert; im Ensemble: Lotte Lehmann und Elisabeth Schumann).

Auch Verdi-Opern erlebten in diesen Jahren denkwürdige Interpretationen. Rosa Ponselle (1894–1981) reüssierte in der Titelrolle von Spontinis *La Vestale* und gab eine hervorragende Norma, die allerdings drastisch transponiert war, sowie diverse andere große Verdi-Partien. Ponselle war in Wirklichkeit ein »falcon«. Ihre Höhe hatte sie im Alter von etwa vierzig Jahren eingebüßt, ihre untere Oktave war aber immer noch prachtvoll. Von Karin Branzell wird überliefert, daß sie das Duett in *Gioconda* mit der Ponselle ungerne sang, da deren tiefe Töne so viel eher einem echten Alt entsprachen als ihre eigenen. Ponselles größte Konkurrentin war jedoch nicht Rosa Raisa (1893–1963), die fast das gleiche Repertoire sang, sondern Claudia Muzio (1889–1936). Die Muzio verband einen zarten und beweglichen Sopran mit einer Kunst dramatischer Darstellung, die von der Ponselle bei aller Schönheit ihrer Stimme nie ganz erreicht wurde. Zwei andere gute Soprane, die dasselbe Repertoire sangen, waren die klassische Giannina Arangi-Lombardi (1890–1951) und die weniger gleichmässige, insgesamt aber aufregendere Gina Cigna (geb. 1900), deren eingeschobenes hohes D im Finale des ersten Aktes von *Norma* ein besonders großer und wirkungsvoller Ton war. Die Tenöre Giovanni Martinelli (1885–1969), Aureliano Pertile (1885–1952) und Giacomo Lauri-Volpi (1892–1979) waren hervorragende Interpreten der mittleren und dramatischen italienischen Rollen. Beniamino Gigli (1890–1957) begann seine Karriere als lyrischer Tenor mit einem bemerkenswerten Schmelz in seiner Stimme, um dann später allmählich ins schwerere Fach überzuwechseln. Der stimmlich leichtere Tito Schipa (1889–1965) blieb dagegen dem begrenzten Repertoire dieses Faches treu und schlug aus relativ schmalen Möglichkeiten künstlerisches Kapital. Unter den Bässen italienischer Stilrichtung gab es in diesen Jahren den eindrucksvollen Spanier José Mardones (1869–1932) und den stimmgewaltigen Nazzareno De Angelis (1881–1962), der einen kompletten *Mefistofele* von geradezu erschreckender Boshaftigkeit aufnahm. Der einnehmende Ezio Pinza (1890–1980) entwickelte eine besondere Affinität zu Mozart-Partien, und Tancredi Pasero (1890–1980) zeichnete sich durch seine besondere stilistische Sicherheit und sein lupenreines Legato aus.

Der bemerkenswerteste Baß dieser Generation war der Russe Fjodor Schaljapin (1873–1938). Als Hüne von Gestalt war er ein überzeugender Darsteller, der perfekt mit den Möglichkeiten von Maske und Kostüm spielte. Seine Stimme vereinte die Klangqualitäten von Baß und Bariton, und seine Pianissimi waren ungewöhnlich zart. Schaljapins bedeutendste Partie war die des Boris Godunow (siehe S. 309), wo er besonders den Wahnsinnsanfall und die Sterbeszene eindrucksvoll gestaltete. Sein Instinkt für emotionsgeladenes Drama wird auch bei der Aufnahme des fünften Aktes von Massenets *Don Quichotte* (1910) deutlich, dessen Titelrolle für ihn geschrieben worden war; in der Einspielung singt er sowohl die Partie des sterbenden Quichotte wie auch den trauernden Sancho Pansa.

In diesen Jahren gab es auch hervorragende Aufführungen von Puccini-Opern. Lucrezia Bori (1887–1960), deren lyrische Stimme Kunstsinn und Klangreiz auf unwiderstehliche Weise verband, spielte eine denkwürdige Mimì und Magda (*La rondine*). Drei italienische Sopranistinnen, die überzeugend sangen und gleichzeitig den Text mit dramatischer Kraft interpretierten, waren Gilda Dalla Rizza (1892–1975), die besonders lebhafte Mafalda Favero (1905–1981) und Pia Tassinari (geb. 1903). Da die Rizza ihrer eher lyrischen Stimme zu schwere Partien zumutete, wurde ihre Stimme am Ende steif und schwerfällig. Pia Tassinari sang am Ende ihrer Karriere im Duett mit ihrem Mann Ferrucio Tagliavini Mezzo-Partien. Der schwedische Tenor Jussi Björling (1911–1960) interpretierte italienische und französische Rollen hervorragend. Auch wenn sein Spiel im Theater wenig eindrucksvoll war, sorgten doch seine zahlreichen ausgezeichneten Aufnahmen für bleibende Erinnerung.

Dem immensen Ruhm Schaljapins am ehesten vergleichbar war Maria Callas (1923–1977), die zu einer Kultfigur geworden ist. Sie setzte ihren scharfen musikalischen Verstand mit einer hervorragend ausgebildeten Stimme um und besaß gleichzeitig starkes Selbstgefühl bei der Interpretation einer Partie. Sie ging nie ganz in der Rolle auf und verlor sich als Sängerin nie darin, beispielsweise eine Lucia oder Violetta zu sein (siehe S. 458). Sie war immer die ihre Wirkung genau einsetzende Callas in der Rolle der Lucia oder Violetta. Zweifellos schadete sie ihrer Stimme durch die zu frühe Interpretation von Partien, die ihr nicht lagen. Sogar für eine gesunde, natürliche Stimme sind die Partien der Kundry (auch auf italienisch), der Gioconda und

Elvira (in *I puritani*) Rollen, die sich in ihren Anforderungen fast widersprechen, und die Stimme der Callas war eine künstliche Stimme. Nach einigen Jahren ließ sich der Verlust der sicheren Spitzenlage nicht mehr verbergen, so daß ihre Blütezeit nur wenige Jahre dauerte. Ihre späteren Aufnahmen werden ihrer Kunst leider nicht gerecht. Im Nachhinein wirkt es so, als habe eine Sternschnuppe aus dem 19. Jahrhundert in unsere Zeit herübergeleuchtet.

Renata Tebaldi (geb. 1922) verkörperte einen ganz anderen Typus von Sängerin. Sie war mit einer wunderbaren Naturstimme begabt, in deren reinen Klang man eintauchen zu können meinte. Leider setzte sie diesen herrlichen Klang nicht so ein, daß er einen ganzen Opernabend getragen hätte. Durch die ihr eigene rhythmische Gleichförmigkeit fehlte ein wenig die Spannung. Als Bühnenerscheinung war die Tebaldi attraktiv und würdevoll, ihre darstellerischen Fähigkeiten waren aber begrenzt. Man ließ sich von ihr beschenken, aber sie faszinierte nicht. Die mitreißenden Auftritte von Birgit Nilsson (geb. 1918) in wichtigen Wagner- und Strauss-Partien bedürfen solcher Einschränkungen nicht.

Aus nur zu verständlichen Gründen wurden in dieser Übersicht nur solche Sänger und Sängerinnen genannt, die nicht mehr auf der Opernbühne stehen. Eine Reihe hervorragender englischer und australischer Sänger sollen aber noch gewürdigt werden. Die Malibran schätzte den Tenor John Braham (1774–1856), der an der Uraufführung von Webers *Oberon* (1826) mitwirkte. Die Karriere von Sir Charles Santley (1834–1922) erstreckte sich über einen Zeitraum von vierundfünfzig Jahren und hielt einer enormen Konkurrenz stand, sowohl was den kultivierten Sänger als auch den überzeugenden Darsteller angeht. Nellie Melba (1861–1931) sang ihre Abschiedsvorstellung in Covent Garden 1926 im Alter von fünfundsechzig Jahren, mit einer immer noch intakten Stimme, die ihre typischen Qualitäten nicht verloren hatte. Alfred Piccaver (1884–1958), der aus Lincolnshire stammte, machte mit italienisch gesungenen Rollen vor allem auf deutschen Bühnen Karriere, in Wien wurde er hoch verehrt. Eva Turner (1892–1990) war eine fast den Löwen des Trafalgar Square vergleichbare Institution: Sie sang in vielen Spielzeiten eine immer wieder frische *Turandot*. Peter Pears (1910–1986) machte in Brittens Opern als Peter Grimes, Captain Vere und Aschenbach unvergeßlichen Eindruck. Die Altistin Kathleen Ferrier (1912–1953) trat eher mit Liederabenden als mit Opern in Erscheinung, ihre würdevolle Schlichtheit beeindruckte überall dort, wo sie künstlerisch wirkte. Janet Baker (geb. 1933) beherrschte ein großes und ausgefallenes Repertoire. Joan Sutherland (geb. 1922) erreichte zu ihren besten Zeit im Hinblick auf Stimmvolumen und Ausführung eine nur von wenigen erlangte Qualität.

Wenn man die Geschichte des Gesangs vom Beginn der Oper um 1600 bis in unsere Zeit verfolgt, stellt man überrascht fest, daß fast in jeder Generation Klagen über einen vermeintlichen Niedergang der Gesangskultur zu hören sind. Nostalgie ist eine immer wiederkehrende Emotion und das »ubi sunt«? ist ein überall zu hörender Ruf. Doch auch wenn die Gesangskultur sich in letzter Zeit stark geändert hat, muß das nicht notwendigerweise einen Niedergang bedeuten. In einer Zeit, in der mehr Menschen die Fernsehübertragung einer Oper sehen können als vielleicht bei allen bisherigen Aufführungen im Opernhaus zusammengenommen, scheint es eine fast notwendige Folge zu sein, daß die Beziehung zwischen Darsteller und Publikum sich lockert. Auch wenn das Publikum im Auditorium anwesend ist, wird der Kontakt zwischen Sänger und Zuhörer durch die Projektion von Übertiteln geschmälert. Solche Übertitel verdeutlichen vielleicht die Handlung, lenken gleichzeitig aber vom Darsteller und dessen Interpretation ab. Kann man sich gegen diese technokratischen Umstände nicht wehren? Könnte es nicht sein, daß Sänger für ihr Publikum in etwas kleiner dimensionierten Räumen singen möchten als den riesigen Hallen, die heute als Opernhäuser ausgegeben werden? In einigen Bereichen der historischen Aufführungspraxis setzt man schon wieder auf den Sänger, der eine Melodie durch eigene Verzierungen bereichert. Die Tage sind vorbei, in denen alle Opern – unabhängig von ihrer Entstehungszeit – im jeweils aktuellen Stil gesungen wurden. Die Vielfalt jetzt denkbarer Interpretationen muß noch erforscht werden. Vielleicht schwingt das Pendel auch wieder in die andere Richtung zurück. Dann kommt den Sängern wieder die frühere Bedeutung zu, die sie hatten, als sie weder von »maestri« tyrannisiert wurden noch solchen Regisseuren zum Opfer fielen, die um jeden Preis originell sein wollten.

OPER ALS GESELLSCHAFTLICHES PHÄNOMEN

JOHN ROSSELLI

Die Beliebtheit der Oper

Nur die Oper verlangt mehr Menschen im Publikum als auf der Bühne und hebt sich so von allen anderen Gattungen in der abendländischen Musik ab. Lied oder Instrumentalstück können als Solo für sich stehen. Kammermusik richtete sich ursprünglich und auch heute noch gelegentlich ausschließlich an die Interpreten. Sogar ein kleinbesetztes Orchesterwerk kann für eine einzige Person gespielt werden, wie etwa das als Geburtstagsgeschenk für Cosima aufgeführte *Siegfried-Idyll* Richard Wagners. Als König Ludwig II. von Bayern dagegen die Aufführung von Wagner-Opern für sich alleine anordnete, wurde das als Zeichen geistiger Umnachtung verstanden. An der Aufführung einer Oper sind so viele Mitwirkende beteiligt – neben dem Komponisten und Librettisten sind das Sänger, Instrumentalisten, Bühnenarbeiter, Kulissenmaler, Kostümbildner, vielleicht Tänzer und Statisten –, daß die Oper nur durch ein großes Publikum oder auch durch ein bedeutendes Publikum gerechtfertigt werden kann.

Dies ist keine vereinzelte Privatmeinung; vom Beginn der Gattung Oper an hielt man das für selbstverständlich. Die Oper bedarf als geselliger Veranstaltung eines größeren Zuschauerkreises. Eine frühe höfische Oper wie Monteverdis *Orfeo* wurde 1607 wohl – das sei zugestanden – in einem kleineren Rahmen gegeben, der Raum war aber sicher mit den Höflingen und Bediensteten des Herzogs von Mantua dicht besetzt. Und viele Aufführungen in öffentlichen Opernhäusern waren bis ins späte 19. Jahrhundert schlecht besucht, das sei ebenfalls zugestanden. Eine wenig besuchte Vorstellung bedeutete immer eine Enttäuschung, auch wenn dies wegen der Bauweise der Theater und der Gewohnheiten des Publikums nicht so stark spürbar wurde, wie im folgenden noch ausgeführt wird. Mit der zunehmenden Demokratisierung der Gesellschaft und der Entstehung einer neuen Mittelschicht wuchsen die Zuschauerzahlen, was größere Theaterbauten veranlaßte. Wenn ein Komponist heute für eine Oper einen kleineren Rahmen wünscht, benutzt er häufig eine andere

Terminologie, wie etwa Britten mit seinen »Parabeln zur Aufführung in der Kirche«, oder er bezeichnet sein Werk als »Musiktheater«. Mit der Oper an sich verbinden sich unweigerlich Dimensionen, die über das Normale hinausweisen.

Die Oper richtete sich immer an bedeutende Menschen. »Bedeutend« ist dabei nicht notwendig synonym mit Adel oder Reichtum: Wagner verstand seinen *Ring des Nibelungen* als große nationale Herausforderung für das gesamte Volk, mußte sich angesichts der wirtschaftlichen Bedingungen seiner Zeit aber an die weltläufige und wirtschaftlich gutgestellte Gesellschaft wenden. Zur Zeit der kommunistischen Herrschaft im Osten, inzwischen Historie, gelangte man in Aufführungen mit Placido Domingo oder der Sutherland nicht durch den Kauf einer teuren Eintrittskarte, sondern durch Kontakte zum richtigen Parteisekretär. Fast immer ist die Oper Angelegenheit einer herrschenden Klasse gewesen, am Rande konnten dann auch einige weniger prominente Gäste am Opernereignis teilhaben. Auch heute noch besucht man mit einem Staatsgast vorzugsweise die Oper, obwohl dem Gast eine Revue oder das Musical *Cats* vielleicht lieber wären.

Eine wirklich volkstümliche Oper, die von Schmieden, Metzgermeistern, Angestellten, Handlungsreisenden, Straßenhändlern und deren Familien von der Großmutter bis zum jüngsten Enkelkind besucht wurde, gab es immer nur mit Einschränkungen: Eine auf solche Art volkstümliche Oper florierte von den sechziger Jahren des 19. Jahrhunderts bis zu einem Zeitpunkt zwischen 1920 und 1950, und in diesen Jahren wiederum nur in Städten mit einem großen italienischen Bevölkerungsanteil, in Buenos Aires und Brooklyn ebenso wie in Genua und Neapel. Mit dem Aufkommen von Kinofilm und Radioübertragung verschwand diese populäre Kunstform. Die verschiedenen neueren Versuche, in großen Stadien solche Aufführungen wieder ins Leben zu rufen, wirken bisher eher wie schlechte Kopien des Fernsehens, vor allem, seit bei der Fußball-Weltmeisterschaft »Nessun dorma« gesungen wurde.

Bis zum Ende des 19. Jahrhunderts bedeutete der Besuch einer Oper niemals die ausschließliche Konzentration auf das Kunstereignis Oper, gleichgültig, ob man sich in einem prächtigen oder eher schäbigen Theater befand. Pünktliches Erscheinen wurde nicht erwartet, man mußte nicht stillsitzen, brauchte nicht schweigen, ausschließliche Konzentration auf die Bühnenhandlung war nicht verlangt und man konnte die Oper vor dem Ende der Aufführung wieder verlassen. Die frühen Opern schlugen ihre Zuschauer vielleicht durch das völlig Neue dieser Kunst in Bann: Anläßlich von Aufführungen der Werke Lullys wird berichtet, daß Zuschauern der Atem stockte, daß es Ohnmachtsanfälle und Tränen gab. Aber als die Oper dann in öffentlichen Theatern gegeben wurde und das Publikum sich an die Gattung als solche gewöhnt hatte, veränderten sich die Aufführungsbedingungen.

In italienischen Städten und in der Pariser Opéra hörten die Zuschauer ein Stück oft immer wieder, in Italien während einer Saison zwanzigmal, in den frühen Jahren in Paris vielleicht vierzig- oder fünfzigmal. Die Städte hatten damals relativ geringe

Einwohnerzahlen, das potentielle Publikum – also diejenigen, die für solche Vergnügungen Geld ausgeben konnten – war eng umrissen. Und wenn man zu dem Kreis derer gehörte, die sich die Oper überhaupt leisten konnten, gab es keinen Grund, nicht bei jeder Aufführung einer Saison anwesend zu sein.

Die schlichteren Theaterunternehmungen, die seit der Mitte des 18. Jahrhunderts entstanden, spielten demgegenüber ein häufig wechselndes Repertoire, das vielfach Werke von Sprechtheater und Oper berücksichtigte. Emanuel Schikaneder brachte während seiner zwölfjährigen Intendanz eines Wiener Vorstadttheaters 404 Werke auf die Bühne, die zum großen Teil sehr viel kurzlebiger als Mozarts *Zauberflöte* waren. Im Süden Frankreichs gab das Theater von Béziers in den vierziger Jahren des 19. Jahrhunderts im jährlichen Durchschnitt 115 Aufführungen. Geboten wurden 85 verschiedene Werke, darunter 35 Opern, von denen bis zu zehn lokale Erstaufführungen sein konnten. Sogar die Pariser Opéra-Comique gab 1825 99 verschiedene Opern. Auch solche Aufführungen wurden vom Publikum immer wieder besucht, waren aber sicher teilweise improvisiert, bedurften vielfacher Hilfe durch den Souffleur und waren dennoch manchmal lückenhaft.

Das Publikum

Angesichts der skizzierten Umstände konnte man vom Theaterbesucher kaum erwarten, daß sein Verhalten heutigen Normen entsprach. Man unterhielt sich im Theater und in Konzerten und ließ sich von allem möglichen ablenken. Nur so ist aber auch verständlich, daß die Zuhörer fünfstündige Opern mit Balletteinlagen überhaupt ertrugen und Konzerte mit einer Dauer von drei bis vier Stunden und die üblichen Schauspielveranstaltungen tolerierten, in denen eine Tragodie *und* eine darauffolgende Komödie gegeben wurden. Wagner, später dann Mahler und Toscanini, setzten diesem Treiben ein Ende, indem sie den Zuschauerraum verdunkelten und vom Publikum volle Aufmerksamkeit für eine Kunstform verlangten, die vor allem in deutschsprachigen Ländern zunehmend zu einer Art Ersatz für den Gottesdienst wurde.

Die frühen Opernbesucher erwarteten einfach, daß sie auf der Bühne, aber auch in ihren Reihen etwas zum Anschauen und Bestaunen vorfanden, und daß sie auch außerhalb des Zuschauerraums etwas erlebten. Kleidung und Verhalten der Besucher ergaben sich daraus, ob man eine Aufführung in einer Hofoper oder in einem öffentlichen Theater besuchte.

Die Wiener Hofoper im 17. und frühen 18. Jahrhundert zeigt den Typus der Hofoper in seiner reinsten Form. Kaiser Leopold I. – er regierte von 1658 bis 1705 – komponierte selber Opern und nahm an der Gattung lebhaften Anteil. Der dem Publikum zugewiesene Platz bei einer Aufführung – sie fand innerhalb des Palastes nicht immer am gleichen Ort statt, sondern manchmal auch an anderen Spielorten – belegt aber, daß es trotz des kaiserlichen Interesses an der Kunstform primär um höfische

Repräsentation ging. Die Oper bot dem Monarchen eine Möglichkeit zur Selbstdarstellung, gab dem Hof einen Rahmen zur Demonstration seiner Macht, und erst zuletzt ging es um das Werk selber. Das Stück, das meist durch einen kaiserlichen Geburtstag, einen Namenstag, eine Hochzeit oder einen großen Sieg veranlaßt wurde, konnte mit einem Titel wie *La monarchia latina trionfante* selber propagandistisches Werkzeug sein.

Das Publikum saß zu beiden Längsseiten eines Rechtecks, der Kaiser auf einem Thron in der Mitte der einen Schmalseite. Auf einem zeitgenössischen Stich finden wir an den beiden Längsseiten hinter dem Publikum jeweils eine Reihe von Soldaten, die hier wohl eher repräsentativen Zwecken dienten, als daß sie Schutz geboten oder eventuelle Feinde eingeschüchtert hätten (siehe S. 511). Diese Anordnung entspricht alter Renaissance-Tradition. Vor dem Beginn der eigentlichen Operngeschichte durften die Ausführenden manchmal auch bei höfischen Festen wie den Intermedien in Florenz und den Maskentänzen in England in der Mitte des Rechtecks auftreten. Die Anordnung im Rechteck stellte sicher, daß der Monarch im Brennpunkt der Veranstaltung stand, die er von seinem Platz aus optimal übersehen konnte. Wies man der Opernbühne nun lediglich die eine Schmalseite des Rechtecks zu, bedeutete das zwangsläufig, daß ein Teil des Publikums den Herrscher und die anderen Gäste besser als das Bühnengeschehen beobachten konnte, das doch eigentlich im Mittelpunkt der Unterhaltung stand.

Vielleicht war das Bühnengeschehen aber auch gar nicht so wichtig. Nur Adlige waren bei der Hofoper zugelassen. Wenn Damen des Hofes bei einer Aufführung selber mitwirkten und deshalb zwei Freikarten verschenken durften, mußten sie diese innerhalb ihrer eigenen Kreise weitergeben. Angesehene Wiener Juristen oder

ANSICHTEN VON ZWEI HOFTHEATERN. Oben: Das 1666/67 erbaute Theater auf der Cortina (am Stadtring) in Wien, Stich von F. Geffels. Wie viele der vollständig aus Holz gebauten Theatergebäude war auch dieses Haus nur für den vorübergehenden Gebrauch konzipiert. Während der wenig mehr als zehn Jahre, in denen das Theater stand, wurden dort insgesamt nur vier Opern gespielt. Wir sehen das Opernhaus hier während einer Aufführung von Cestis umfangreicher Oper *Il pomo d'oro*. Das zu Ehren der neuen Kaiserin, Margaretha Theresia von Spanien, kommissionierte Werk handelt vom Urteil des Paris und hat eine Spieldauer von acht Stunden. Das Stück setzt in 23 verschiedenen Bühnenbildern 51 Solisten ein. Am Schluß des Werkes wurde der goldene Apfel taktvollerweise der Widmungsträgerin überreicht. Kaiser Leopold I. hatte die Musik für zwei Szenen komponiert. Das kaiserliche Paar in der Mitte der ersten Reihe im Parkett hatte dank eines erhöhten Thronsitzes und des freien Raumes vor der Bühne den besten Blick auf das Bühnengeschehen. Der Hof sowie eine Gruppe von Wachen, die eher zu Repräsentationszwecken denn als Schutz gedacht waren, gruppierte sich neben und hinter ihnen. Unten: Das Theater im königlichen Palast von Neapel im Jahr 1747, kurz nach seiner Erbauung. Gegeben wird Giuseppe de Majos Serenade *Il sogno d'Olimpia* (Stich von G. Vasi nach V. Re). Das heute noch bestehende Theater ist sehr viel schmaler und kleiner als der Stich vermuten läßt. Die Raumaufteilung entspricht im wesentlichen der Einteilung in Wien, wobei der Monarch und seine Begleitung von einem hervorgehobenen Platz am Ende des leeren Parketts aus den besten Blick auf die Bühne haben. Die beiden zu Dekorationszwecken postierten Wachen müssen mit ihren geschulterten Gewehren einigen Besuchern den Blick verstellt haben. Aber die Aufführung selber – es wird hier eine Serenade anläßlich der Geburt eines königlichen Erben gegeben – war eben nicht das Wichtigste.

Kaufleute konnten sich zwar ein von der Kavallerie gegebenes Ballett zu Pferde im Palasthof ansehen (»Roßballett«) – von einem Platz unter den Tribünen aus –, durften aber keine Opern besuchen. Die Oper war Hofleuten vorbehalten, die dabei ihresgleichen oder ihrem Monarchen begegneten – für einen Höfling sicher ein befriedigender Anblick. In diesem Rahmen stritt man sich ausführlich über Fragen der Etikette: Mit der Plazierung von Botschaftern konnte man – obwohl auch diese längerer Überlegungen bedurfte – gerade noch umgehen. Der Besuch befreundeter Monarchen, wie etwa Peter des Großen, konnte jedoch zu solchen Schwierigkeiten führen, daß man diese lieber inkognito in einer von außen nicht einsehbaren Loge plazierte, um eventuell entstehende Rangfragen zu umgehen.

Hatten Bürgerliche wirklich keinen Zutritt? Sicherlich gehörten zum Publikum – am Rande – auch die livrierten Diener der Hofgesellschaft. Diese wurden als zum Haushalt ihrer Herren gehörig angesehen, waren in diesem Sinne also Teil der Familie. Wenn sie sich so gaben, wie man es von anderen königlichen Schlössern wie Versailles und von anderen Aufführungen her weiß, dann muß ihr Verhalten zu den katastrophalen sanitären Bedingungen in Opernhäusern vor 1800 beigetragen haben. Es gab neben Wolkenmaschinen auf der Bühne und Reifröcken im Publikum auch die Ausdünstungen von Nachtgeschirren und Schlimmeres.

Opernhäuser

Die Situation der Oper an anderen deutschen Höfen war der Wiener Oper vergleichbar, und auch in Warschau und St. Petersburg oder am steifen, von französischer und italienischer Etikette geprägten Hof von Turin sah es ähnlich aus. An einigen Höfen wurden wenige, von den Höflingen sorgfältig auswählte Nichtadelige als Zuhörer zugelassen. Im Laufe des 18. Jahrhunderts – in Berlin erst 1789, in Wien schon fünfzig Jahre früher – wurde ein Teil des Opernhauses für diejenigen geöffnet, die den Eintritt zahlen konnten. Für das allgemeine Publikum wurde dabei selten mehr als ein Bereich hinten im Parkett oder am Rand des Orchesters sowie die Galerie freigegeben. Bis zur Französischen Revolution und zum Teil auch noch später war es nicht ungewöhnlich, daß der König die letzte Entscheidung über die Verteilung der Logen hatte und die besten Logen für Adlige freihalten ließ.

DURCH FENSTERGITTER VOM ZUSCHAUERRAUM ABGETRENNTE LOGEN IM OPERNHAUS VON VERSAILLES (1768–1770 durch Ange-Jacques Gabriel erbaut). Oben: Ein Blick in den Zuschauerraum, an dessen Rückwand man bei einigen Logen Fenstergitter sehen kann. Die Fenstergitter ermöglichten königlichen oder anderen herausgehobenen Besuchern der Theaterveranstaltung eine gewisse Diskretion. Solche Logen wurden aber primär zur Umgehung von Protokollfragen verwendet, die angesichts der Identität einiger Besucher unweigerlich aufgekommen wären. Es geschah nicht selten, daß ein König oder ein Prinz inkognito unter einem angenommenen Namen reisten. Natürlich wußte jeder, um wen es sich handelte, aber die Reise wie auch der Besuch der Oper in einer entsprechend ausgestatteten Loge wurden so sehr vereinfacht.

DIE BEIDEN OPERNHÄUSER MAILANDS, DIE NACHEINANDER DORT DIE OPER DOMINIEREN SOLLTEN, das Teatro Regio-Ducale (oben; das Haus brannte dreimal ab, zuletzt 1776) und das Teatro La Scala (rechts; La Scala wurde 1778 eröffnet; gezeigt wird hier ein Stich aus dem Jahr 1882. Nach einem Bombenangriff während des Zweiten Weltkrieges wurde das Haus fast unverändert wieder aufgebaut). Beide Opernhäuser sind klassische Beispiele italienischer Theaterbauten mit ihren in Hufeisenform gebauten und mit Logen versehenen Rängen (im Regio-Ducale gibt es fünf Ränge, in der Scala sechs). Die Logen konnten gekauft und wieder verkauft werden, die führenden Familien der Stadt bewegten sich dort, als seien sie zu Hause und dekorierten die Loge zeitweise nach eigenem Geschmack. Im Teatro La Scala konnte man bis 1830 die Logen durch einen Vorhang zum Zuschauerraum hin abteilen. Das Regio-Ducale wird hier während einer der Maskenbälle gezeigt, die die Karnevals-Saison abschlossen. 1882 waren in der Scala die vorher im Parkett befindlichen Bänke schon fast vollständig durch Sessel mit Armlehnen ersetzt worden. Im Hintergrund des Saales stehen immer noch einige Besucher oder gehen umher.

In Italien war das anders. Die Oper hatte ihren Ursprung dort gleichermaßen an den kleinen Höfen unbedeutender Herrscher wie in den Palästen der großen Kardinäle und Adeligen genommen. In der Stadtrepublik Venedig war ein öffentlich zugängliches Opernhaus entstanden, das jeder besuchen konnte, der Eintritt zahlte – das Mehrfache der Tageseinnahmen eines einfachen Arbeiters. Die Oper wurde in Italien so beliebt, daß italienische Fürsten in den letzten fünfundzwanzig Jahren des 17. Jahrhunderts ihren Adel dazu ermunterten, eigene städtische Theater nach dem

Modell der venezianischen Oper zu eröffnen. Die Fürsten selber hielten für gelegentliche Aufführungen an ihrem eigenen Hoftheater fest, verbrachten die meisten Abende aber in den neuen städtischen Theatern. In Städten, in denen wie in Bologna kein Fürst residierte, entstanden zwei oder mehr Opernhäuser nach venezianischem Vorbild. Diese Theater waren zunächst meist im Besitz einzelner Familien, gehörten dann aber zunehmend Opernvereinen.

In gleicher Weise wie die Gattung der italienischen Oper selber setzte auch die Bauform italienischer Opernhäuser bis zum Ende des 19. Jahrhunderts für ganz Europa Maßstäbe. Eine Ausnahme machte hier nur Frankreich. Für die gesellschaftlich bedeutenden Zuschauerkreise gab es Logen, die jeweils bis zu sechs Personen faßten. Diese Logen waren im Theatergebäude u-förmig, in der Form einer Glocke oder eines Hufeisens in Rängen übereinander angeordnet. In vielen Theatern war es üblich, daß Familien ihre eigene Loge oder auch nur einen Teil einer Loge besaßen, die sie weiterverkaufen, vermieten, verleihen oder gar verpfänden konnte. Obwohl der Herrscher oder sein Repräsentant nach wie vor den ersten Platz in der Mitte des besten Ranges – normalerweise des zweiten – innehatten, ermöglichte diese Bauform

EIN PARISER THEATER IN DER MITTE DES 19. JAHRHUNDERTS. Abgebildet ist das Théâtre-Italien (italienisches Opernhaus) im Salle Ventadour nach einer Lithographie von E. Lami aus dem Jahr 1843. Man sieht das nach französischer Tradition gebaute Haus mit *amphiteâtres* (Balkone ohne weitere Unterteilungen) vor und über den Logen. In Frankreich waren zu dieser Zeit Logen weniger gebräuchlich als in Italien, da in dem zum großen Teil bürgerlichen Publikum nicht so viele Familien auf ihrem eigenen privaten Bereich bestanden. Im zweiten Rang sieht man in größerer Zahl weibliche Besucherinnen, ein Gegengewicht zu den zahlreichen Herren im Parkett. Die Logen auf Parkettebene wurden als *baignoires* (Badewannen) bezeichnet.

den Zuschauern in den Logen in den meisten Fällen einen guten Blick auf die Bühne oder auf die gegenüberliegenden Ränge (siehe Abb. S. 514/15). Das Theater war eher Treffpunkt der Elite denn ein Bereich höfischen Zeremoniells.

Da die Logen durch Trennwände separiert waren, konnte man sich die Zeit auch anders vertreiben als zu betrachten, was im Zuschauerraum oder auf der Bühne ablief. An der Mailänder Scala konnte man vor 1830 die Loge sogar zur Bühne hin durch einen Vorhang schließen. Auch wenn die Regierungen vielleicht an Verschwörungen dachten und deshalb die Vorhänge und – so in Rom – sogar die Unterteilungen der Logen aus vermeintlich moralischen Gründen entfernen ließen, schloß man den Vorhang eigentlich nur, um sich während einer Opernaufführung ein gemütliches Plauderstündchen oder auch ein gemeinsames Kartenspiel zu erlauben.

Nicht jedem war wie dem König in Turin ein Spiegel im Hintergrund der Loge gestattet. Auf diese Weise konnte der Monarch mit dem Rücken zur Bühne dem dortigen Geschehen folgen, ohne sein Kartenspiel auch nur unterbrechen zu müssen. Sofern nicht ausdrücklich durch die Regierung verboten, war das Auskleiden der Logen mit den eigenen Wappen, Möbeln und Wandverkleidungen erlaubt. Die Logenbesitzer verfügten über einen Umkleideraum auf der anderen Seite des Wandelgangs, an dem die Logen lagen. Dort konnten ihre Diener Getränke und Mahlzeiten vorbereiten. Im 18. Jahrhundert dürfte den Haushofmeistern oder den wichtigsten Bediensteten der Aufenthalt im Parkett erlaubt gewesen sein, einfache Bedienstete durften möglicherweise die Galerie oder den Orchesterbereich besuchen, auf den Fluren hielten sie sich sowieso auf. In den Foyers gab es genügend Platz für die bis 1814 immer wieder erlaubten Glücksspiele, für harmlosere Vergnügungen und für

DAS TEATRO COSTANZI IN ROM (heute Teatro dell'Opera). Bei der Eröffnung des Teatro Costanzi 1880 wurde das Haus als wegweisend verstanden: Es sollte das führende Opernhaus der Stadt werden, wies gegenüber älteren Häusern aber nur drei Ränge mit Logen und darüber zwei nicht weiter unterteilte Galerien auf. Die konservativeren Vertreter der Oberschicht kritisierten, daß mit dieser Anordnung die verschiedenen gesellschaftlichen Hierarchien zu wenig berücksichtigt würden. Nachdem sie das Theater während einiger Jahre gemieden hatten, wurde das Haus dann zunehmend angenommen. Das Opernhaus, das byzantinische Bauelemente aufweist, war ursprünglich ein Privatunternehmen, entspricht aber in seiner protzigen Großzügigkeit der durch die Stadt Rom geförderten Architektur. Die Stadt Rom bemühte sich damals um eine Architektur, die Identität und Stärke der kürzlich geeinten Nation ausdrücken sollte.

PRIVILEGIERTE ZUSCHAUER IN PARISER THEATERN. Bis zur Französischen Revolution durften einige wenige Besucher in Pariser Theatern bei Schauspielen, Opern oder Balletten auf der Bühne sitzen. Auf diese Weise wurden sie gesehen, konnten gleichzeitig aber auch mit den Darstellern, vor allem mit den Darstellerinnen, Kontakt aufnehmen. Bei dieser Aufführung der Ballettkomödie *La Princesse de Navarre* von Voltaire und Rameau (1745), die von C.N. Cochin dem Jüngeren im Bild festgehalten ist, teilen leichte, niedrige Trennwände den Zuschauerraum ab, vor allem wohl um zu vermeiden, daß die Tänzer den Zuschauern versehentlich auf die Füße treten.

Erfrischungen. Das Opernhaus galt diesen Besuchern als zweites – oft wärmeres – Zuhause: Obwohl die Theater durch Holzöfen nur unzureichend geheizt werden konnten, waren sie sicher im Winter doch ein angenehmerer Aufenthaltsort als die aus Stein erbauten Adelspaläste, die fast gar nicht zu heizen waren.

Die französischen Opernhäuser unterschieden sich von den italienischen nicht nur in bezug auf die Zahl der Logen – in Lullys Académie Royale de Musique gab es nur zwei Ränge. In französischen Häusern waren darüber hinaus mehr »amphithéâtres« (leicht ansteigende, nicht weiter unterteilte Emporen) zu finden. In Lullys Theater gab es sogar einen Bereich, von dem man aus zwar hören, das Geschehen auf der Bühne aber nicht sehen konnte. Die französischen Theater wurden in einem weniger einheitlichen Stil gebaut und waren in weit geringerem Maße durch die Logen und die Inhaber der Logen geprägt als Opernhäuser nach italienischem Vorbild.

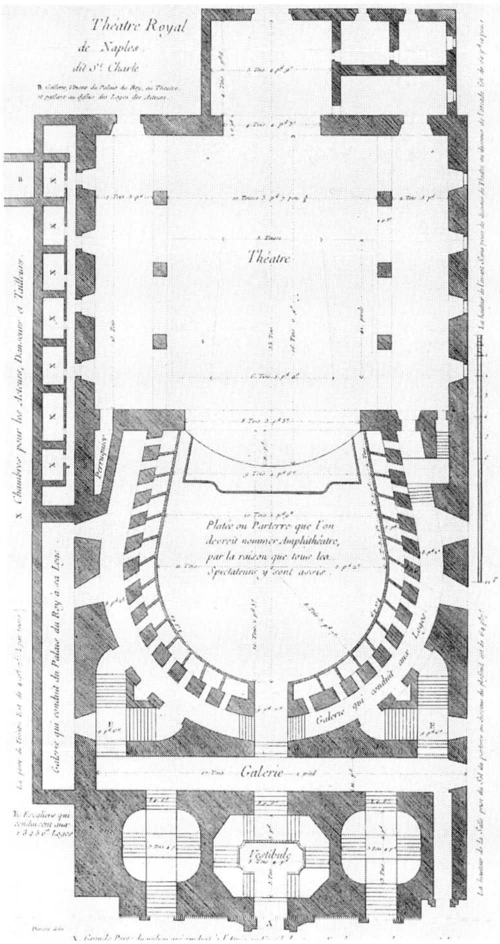

GRUNDRISSE DREIER OPERNHÄUSER IM VERGLEICH. Links: das riesige, in Hufeisenform gebaute Teatro San Carlo in Neapel (1737). Unten links: Das sehr viel kleinere, glockenförmig angelegte Residenztheater in München (1753). Unten rechts: Das in Fächerform gebaute Festspielhaus in Bayreuth (1876). Die beiden aus dem 18. Jahrhundert stammenden Grundrisse zeigen eine Bühne, die sehr viel tiefer ist als der Zuschauerraum. Bei Theaterbauten des späten 19. und 20. Jahrhunderts verkehrte sich diese Relation ins Gegenteil. Der Grundriß des Residenztheaters zeigt die numerierten, auf Schienen geführten Kulissen, die für schnelle Szenenwechsel hin- und hergeschoben wurden. Man sieht außerdem, daß der vordere Teil des Parketts als *parterre noble* (Bereich für Adlige) abgeteilt ist. In vielen zeitgenössischen Opernhäusern waren die ersten Parkettreihen dagegen eher für Offiziere – oft selber Adelige – und nicht für die Aristokratie insgesamt bestimmt. In dem von einem Franzosen entworfenen Grundriß des San Carlo wird darauf hingewiesen, daß das bestuhlte Parkett – für die damalige Zeit ungewöhnlich – als *amphiteâtre* zu bezeichnen sei. In Frankreich wurde mit diesem Begriff ungeachtet der sprachlichen Herkunft des Wortes jeder nicht durch Zwischenwände abgeteilte Raum bezeichnet. (Der griechische Begriff bezieht sich auf einen Bogen mit zwei symmetrischen Seitenflügeln.) Das Königliche Opernhaus San Carlo erlaubt es dem Monarchen, seine Loge vom königlichen Palast aus durch einen Gang zu erreichen. Umkleideräume hinter den Logen, die man sonst in Italien kannte und die es den Logeninhabern ermöglichte, sich in ihren Räumen fast wie zu Hause zu fühlen, fehlen hier dagegen. Die Logen des Teatro San Carlo wurden durch den König vergeben und konnten nicht erworben oder verkauft werden. Im Festspielhaus in Bayreuth sitzt das Publikum im leicht ansteigenden Parkett, das nach dem Muster eines griechischen Amphitheaters, allerdings ohne Seitenflügel, gebaut ist; vgl. auch die Seiten 254 und 539.

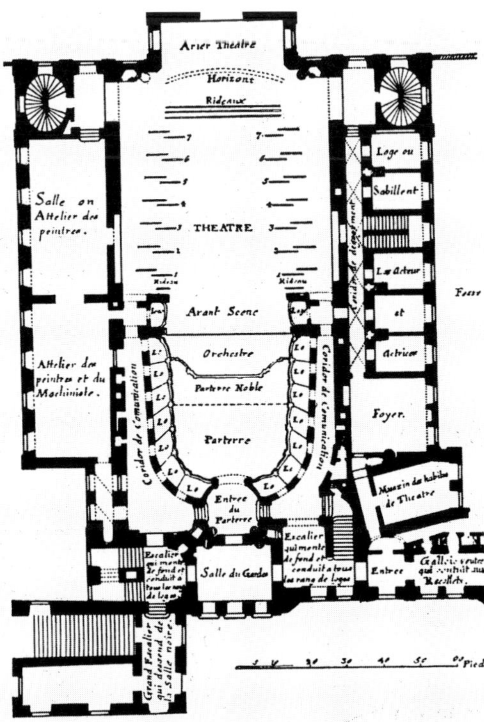

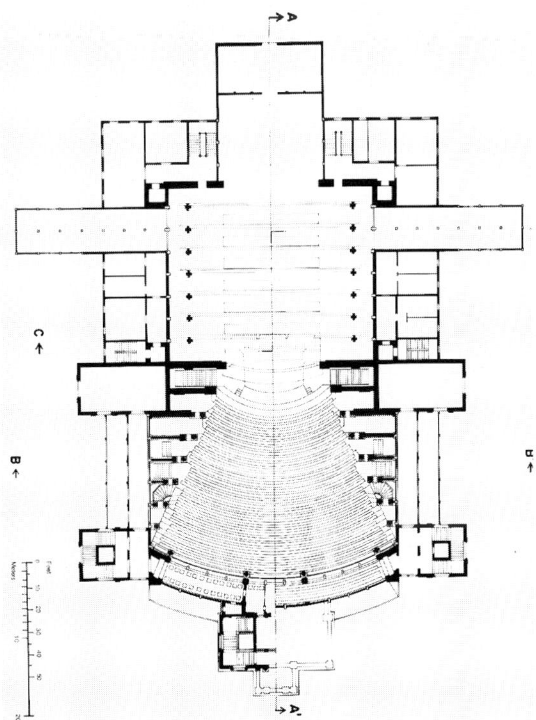

Zu Anfang des 18. Jahrhunderts wurde dem Publikum in London – in Paris sogar bis zur Revolution – das teuer zu bezahlende Privileg eingeräumt, auf der Bühne sitzen zu dürfen, so daß man von den Zuschauern gesehen wurde. Gleichzeitig konnten die Inhaber dieser privilegierten Plätze die Sängerinnen aus nächster Nähe ansehen, ansprechen oder auch bedrängen, wenn diese sich bei ihren Auftritten und Abgängen an ihnen vorbeizwängen mußten. Frauen wurden auch im Parkett der Pariser Opernhäuser benachteiligt. Dieser Bereich durfte ausschließlich von Männern besucht werden, bis zum frühen 19. Jahrhundert handelte es sich meist um Stehplätze. In Italien dagegen war das Parkett schon relativ früh für Männer und Frauen freigegeben und zumindest teilweise mit Sitzplätzen versehen. Hier allerdings waren die ersten drei Reihen oft für Offiziere reserviert, die von dort aus einen besonders guten Blick auf die Bühne hatten, in voller Lautstärke sprachen und gelegentlich sogar aufstanden und so allen anderen den Blick versperrten.

Eine nicht unterteilte und für jedermann, also nicht nur die Diener der hohen Herrschaften frei zugängliche oberste Galerie (»Olymp«) gab es vielerorts erst später, meist nicht vor dem späten 18. oder sogar dem späten 19. Jahrhundert. Diese Galerien hatten üblicherweise einen eigenen Eingang und keine Verbindung zum Rest des Hauses; man findet sie in einigen älteren Theatern auch heute noch so vor.

Das Opernerlebnis

Gehen wir von einem fiktiven Opernbesuch in London, Paris, Hamburg oder irgendeiner norditalienischen Stadt zur Zeit zwischen 1700 und 1860 aus. Wir können uns aber auch in die Zeit nach 1800 versetzen und die Oper in einer großen deutsch- oder französischsprachigen Stadt besuchen, oder auch in Barcelona, Cádiz, Amsterdam, Stockholm, Odessa, etwas später in New York, Buenos Aires oder Konstantinopel. Mit anderen Worten: Wir befinden uns an einem Ort, an dem das Operngeschehen nicht von einem Hof geprägt ist.

Zuvor haben wir schon viel über die kommende Opernsaison gehört oder gelesen. In der Stadt hat die Ankunft der Operntruppe schon reichlich Unterhaltungsstoff geboten. Diese Truppe ist entweder (wie fast immer in Italien) für die Opernsaison oder (wie außerhalb Italiens üblich) für das ganze Jahr engagiert worden. Wir haben

AM EINGANG DER OPER. Oben: Auf der Abbildung aus dem Jahr 1791 sieht man am Eingang des ältesten und kleinsten Theaters in Covent Garden die Ankunft des Publikums (am gleichen Ort wurden nacheinander drei Theaterbauten errichtet). Die Zuschauer kommen mit der Kutsche oder werden in einer Sänfte getragen, ein Fackelträger leuchtet ihnen, sie kaufen Früchte – wohl Orangen – und drängen sich durch eine zu schmale Tür, um Mrs. Billington zu hören. Unten: Ein durch Gondeln verursachter Verkehrsstau kennzeichnete sicher häufiger, als es dieser Stich aus dem Jahr 1865 vermuten läßt, das Ende einer Aufführung am Opernhaus La Fenice in Venedig. Damals besaßen viele Venezianer eigene Gondeln. Heute sind die Gondeln den Touristen vorbehalten und die Opernbesucher erreichen das Haus zu Fuß (auf der anderen Seite des Gebäudes).

The Woodman
Mrs Billington

nicht nur über die vermeintlichen Affären der Sänger gehört, auch über ihre Stimmen ist berichtet worden. In einer Zeit, die nicht wie die unsere durch Möglichkeiten der Klangaufzeichnung geprägt war, hat kaum jemand am Ort die Sänger schon vor ihrem Auftritt gehört. Die Sänger faszinieren vor allem durch ihre Stimmen, die dem Publikum noch fremd sind, so daß Intendanten einen Sänger durchaus verklagen können, weil dieser zwischen den Spielzeiten bei einem Konzert in privatem Rahmen oder in der Kirche gesungen hat. Die Zeitungen unterrichten über all diese Geschehnisse. Dort, wo eine regelmäßig erscheinende Tagespresse noch nicht existierte, wie in den frühen Jahren in Rom, kolportieren handgeschriebene Nachrichtenblätter Einzelheiten. Sie informierten beispielsweise über die siebenundvierzig für den römischen Karneval des Jahres 1696 geplanten Ereignisse – Opern und Theaterstücke, öffentliche und halb-private Veranstaltungen. Bis zum frühen 19. Jahrhundert hatten sich zahlreiche unterhaltende Gazetten etabliert, die Nachrichten und Klatsch aus der Opernwelt in den Mittelpunkt ihrer Berichterstattung stellten. Diese Zeitschriften, die sich gleichermaßen an männliche wie an weibliche Opernfans richteten, gab es vornehmlich in den von autoritärer Staatsgewalt beherrschten Staaten – dort konnte Politik nicht erwähnt werden –, aber auch in Paris.

Als fiktive Opernbesucher gehören wir zu den führenden Kreisen der Stadt und haben all diese Informationen unserer Entscheidung zugrunde gelegt: Nehmen wir ein Abonnement für die Saison? Wenn wir eine Loge haben, nutzen wir sie? (Das bedeutet, daß man einen Teil der für Unterhalt und Verwaltung des Opernhauses nötigen Kosten zu übernehmen hat. Die Wirklichkeit sieht aber eher so aus, daß man die Bereitschaft zeigt, eine Summe zu zahlen, diese aber erst nach einer entsprechenden Aufforderung begleicht.) Wir können unsere Loge aber auch für die ganze Saison oder für jeden einzelnen Abend vermieten. Da uns sowohl die Sänger als auch die angesetzten Werke mit großer Wahrscheinlichkeit unbekannt sind, hängt unsere Entscheidung vor allem von den Ankündigungen des Opernunternehmens ab. Aber

DAS MARKGRÄFLICHE OPERNHAUS IN BAYREUTH. Erbaut wurde das Opernhaus 1745–1748 von Joseph Saint-Pierre, die Innenausstattung lag in den Händen von Giuseppe und Carlo Galli-Bibiena. Gezeigt wird ein aus dem Jahr 1879 stammendes Gemälde von G. Bauernfeind. Das Theater wurde von dem Markgrafen in Auftrag gegeben, dessen Frau, die Schwester Friedrichs des Großen, selber Komponistin war. Sowohl die Loge des Markgrafen als auch die Bühne sind erhöht, um über die im Parkett sitzenden oder stehenden Zuschauer hinwegsehen zu können. Auch wenn der größte Teil der Rückwand der Verherrlichung des Monarchen dient, gibt es für die obere Gesellschaftsschicht doch Logen. Das Theater, ein Kleinod des Rokoko, existiert heute noch und wird nur für Festspiele und gelegentliche Konzerte benutzt.

EIN BENEFIZABEND für einen berühmten Sänger oder Schauspieler konnte zu einer Szene wie dieser führen, die in einer Karikatur aus dem Jahr 1826 festgehalten ist. An einem solchen Abend war das Theater – selten genug – ausverkauft, und es konnte vorkommen, daß Spekulanten mehr Plätze verkauft hatten, als Sitz- und Stehplätze vorhanden waren. Diese Theaterbesucher in London nehmen die Situation hin, eine ähnliche Überbuchung von Karten verursachte bei der Uraufführung von Donizettis *Adelia* in Rom (1841) fast einen Aufstand. Die Vorstellung mußte unterbrochen werden, und der Intendant wurde verhaftet.

PIT FULL no STANDING ROOM.
THEATRE ROYAL
FOR THE BENEFIT of Mr. Fleeceall's CREDITORS
NEW WAY to PAY OLD DEBTS
Characters as before
WHO'S THE DUPE
No money to be returned.
London, Published by Thos. McLean, 26 Haymarket, 1826
A BENE-FIT,

auch unsere wirtschaftliche Situation ist zu berücksichtigen: während einer Agrarkrise müssen wir Verluste hinnehmen, die vielleicht durch Revolution oder Krieg gekennzeichnete politische Situation beeinflußt ebenfalls unsere finanzielle Lage.

Auf dem Weg zum Opernhaus bleiben wir im Verkehr stecken. Im späten 17. Jahrhundert ist ein Verkehrsstau weder in Paris noch sonstwo etwas Ungewöhnliches. In Paris gibt es allerdings die besten Vorbedingungen für einen Stau: enge Straßen und zahlreiche schwere, vier- und sechsspännige Kutschen von Aristokraten, die genau darauf achten, wem der Vorrang gebührt. Wenn wir den Beginn einer Lully-Oper nicht verpassen wollen, kann es notwendig sein, daß wir die Auffahrt des Theaters bis zu einer Stunde vor Vorstellungsbeginn erreichen müssen. Staus gibt es aber auch nach den Aufführungen. In Neapel vertreten wir uns um 1820 unter dem Dach des Teatro San Carlo die Füße, während der Wagen einer Prinzessin den Weg blockiert.

Trotz vielfacher Lösungsversuche der Polizei konnten die Verkehrsprobleme bei ausgesprochen luxuriösen Opernaufführungen nie wirklich beseitigt werden. Die schlimmsten Verkehrsstaus entstanden in London vor dem Jahr 1974, in dem man schließlich den Obst- und Gemüsemarkt von Covent Garden aus der Innenstadt hinaus in die Peripherie verlegte. Wenn davor im Opernhaus Wagner gespielt wurde und gleichzeitig mit dem letzten Vorhang die ersten Lastwagen für den Markt anfuhren, brach der Verkehr zusammen. Die im 19. Jahrhundert aufkommenden Nahverkehrssysteme sorgten zwar für gleichmäßigere Verkehrsströme, konnten aber auch unruhige Momente für das Publikum bedeuten, etwa wenn man meinte, die letzte Vorortbahn zu verpassen. In Paris kürzte man in den sechziger Jahren des 19. Jahrhunderts wegen der abendlichen Zugverbindungen sogar Werke wie Verdis *Don Carlos*.

Wir erreichen das Opernhaus. Wenn wir uns nur einen Platz »auf dem Olymp« leisten können, begegnen wir unten an der Treppe zahlreichen anderen Opernbesuchern. Sie warten ebenfalls auf die Subunternehmer, die den Kartenverkauf übernommen haben: zwei schlecht gekleidete Männer, vielleicht mit einer Laterne, einem Schlüssel und einem rohen Holzkasten für das Geld ausgestattet. Wir zahlen und stürzen dann mit anderen Besuchern hastig zahlreiche Treppen hinauf, da es im Olymp ebenso wie im restlichen Theater – mit Ausnahme der Logen – nur unnume-

IM FERNSEHZEITALTER BEDARF ES UNGEWÖHNLICHER BILDERREIZE, um ein großes Publikum in die Oper zu locken. Deshalb diese üppigen Ausstattungen zweier Opern, die ursprünglich für ein Theater mittlerer Größe und mittleren Anspruchs geschrieben worden waren. Oben: Michel Lebois baute für Jérôme Savarys Inszenierung der *Zauberflöte* bei den Bregenzer Festspielen 1985/86 riesige schwimmende Kulissen. Unweigerlich denkt man an den Film der Marx Brothers, in dem ein ganzes Sinfonieorchester während des Spiels auf einer schwimmenden Bühne zum Meer hinausgetrieben wird. Unten: Die Aufführung von *Carmen* auf der Rundbühne des Earls Court in London war, vor allem was die Massenszenen angeht, glänzend gelungen. Bei beiden Inszenierungen – es handelt sich um Werke mit gesprochenen Dialogen und häufig sehr intimen Abschnitten – gab es aber Probleme mit der Textverständlichkeit. Diese Probleme ließen sich durch akustische Verstärkung und die Verwendung der *Carmen*-Fassung mit den Rezitativen von Guiraud nicht immer lösen.

DER INNENRAUM DES TEATRO LA FENICE IN VENEDIG kurz nach seinem Wiederaufbau 1837 nach einem verheerenden Brand. Der bemalte Allgemein-Vorhang ist heruntergelassen, und das Publikum kann noch unbefangener als sonst reden und umherwandeln. Im Parkett sind die Plätze auf Bänken unnumeriert (einige auf dieser Lithographie nicht sichtbare abgeteilte Plätze mit Sesseln konnte man gegen eine zusätzliche Gebühr mieten) und es gibt reichlich Stehplätze. Auch wenn das hier gezeigte Publikum im Parkett ausschließlich männlich ist, war das in den Opernhäusern des frühen 19. Jahrhunderts nicht unbedingt die Regel. In der Mailänder Scala wurden die Plätze im Parkett nach Revolution und Napoleonischer Epoche von »wohlerzogenen Damen und Herren«, keineswegs aber von Vertretern einer durch großen Luxus geprägten Gesellschaftsklasse eingenommen.

rierte Plätze gibt. Wer zuerst kommt, belegt den besten Platz – auf bloßen Stufen oder Bänken ohne Lehne.

Im Parkett ist es ähnlich, aber ein wenig komplizierter. In der Regel gibt es dort nur bei einer besonders interessanten Premiere oder bei der letzten Vorstellung eines Werkes eine Menschenmenge, die ungeduldig auf Einlaß wartet. Dann muß man durchaus damit rechnen, von anderen Besuchern mitgerissen zu werden und unterwegs vielleicht den Hut oder einen Schuh zu verlieren. Solche Abende sind aber die Ausnahme.

Nicht überall wird für den eigentlichen Sitzplatz im Zuschauerraum gezahlt. In italienischen Opernhäusern zahlt man Eintritt, um in das Gebäude selber zu gelangen, hat dafür vielleicht eigens subskribiert. Dann geht man aber nicht unbedingt in den Zuschauerraum. Man kann sich die Zeit auch mit Glücksspiel, mit Essen und Trinken, mit Plaudern und dem Besuch von Freunden in ihren Logen vertreiben. Entscheidet man sich für das Parkett – das kann nochmals kosten – findet man dort neben einer Reihe von Bänken fast überall auch genügend Platz zum Umhergehen oder Stehen. Im Parkett sind vor allem Herren anzutreffen, die ihre Hüte im Theater nicht ablegen.

In Frankreich stehen alle Opernbesucher. Während der Französischen Revolution gab es allerdings eine Zeit, in der alle Besucher im Opernhaus saßen – die Herrschaft des Volkes sollte auf diese Weise dokumentiert werden. In diesem Detail zeigt sich eine erstaunliche Übereinstimmung mit dem stark durch den Monarchen geprägten Opernhaus San Carlo in Neapel, das von der Eröffnung im Jahr 1737 an für jeden Besucher einen Sitzplatz vorsah. In London kennt man die Stehplätze unter dem Namen »Fops' Alley« (Narren-Gasse). Die Besucher dieser Plätze wehrten sich im 19. Jahrhundert vehement gegen den Umbau der Häuser und die Beseitigung der Stehplätze. In vielen Theatern gibt es einige wenige abgeschlossene und mit Armlehnen ausgestattete Sitzplätze im Parkett, für die man den Platzanweiser und Schlüsselinhaber separat bezahlt.

Die Platzanweiser sind im 18. Jahrhundert in Italien maskiert. Auch diese Tradition hat ihren Ursprung in Venedig, wie so viele andere Bräuche in der Oper. In Venedig, einer während tausend Jahren von umsichtiger Aristokratie geführten Stadt, hatte man entdeckt, daß eine ausgelassene Menschenmenge leicht in Schach zu halten ist, wenn Masken getragen werden: die Identität eines maskierten Croupiers war nicht festzustellen. Ein maskierter Platzanweiser im Opernhaus war ebenfalls anonym und konnte dadurch einem vielleicht aufsässigen Mitglied höherer Gesellschaftsschichten Widerstand bieten. In Italien wird auch heute noch der Platzanweiser der »maschera« genannt, obwohl er längst nicht mehr maskiert ist.

Im Opernhaus bewirkte dieses Kommen und Gehen – ebenso wie die Sitte, während der Aufführung zu stehen , daß ein schlecht besuchtes Haus bei weitem nicht so leer aussah, wie es heute angesichts ähnlicher Besucherzahlen der Fall wäre. Bei langatmigen Abschnitten konnte der Zuschauerraum leer sein, um sich dann für spannende Teile zu füllen – wie heutzutage das Londoner Unterhaus. 1865 flüchtete in der Academy of Music in New York der Großteil des Publikums ins Foyer, als im *Il trovatore* ein bekanntermaßen schwacher Tenor als Ersatz angekündigt wurde. Nachdem dieser Tenor plötzlich ein kräftiges hohes C sang, kehrten viele wieder in den Saal zurück.

Durch das Ausgeben von Freikarten wurden nicht verkaufte Plätze ein wenig aufgefüllt. Kurz vor den beiden Revolutionen in Frankreich (1789 und 1830) gingen viele dieser Freikarten an Günstlinge und Lieferanten des Hofes wie beispielsweise den Hof-Apotheker. Nach den Revolutionen wurde die Liste der Anspruchsberechtigten kürzer, obwohl vor allem in Paris immer noch zahlreiche Journalisten in den Genuß von Freikarten kamen. Die Theaterleitung ermöglichte gerne auch den eigenen Angestellten freien Zutritt zu Vorstellungen. An weniger gut verkauften Abenden konnten Mitarbeiter ihre Einnahmen durch eine solche Freikarte aufbessern und gleichzeitig ihren Freunden eine Freude machen. Nur gelegentlich gab es beim Kartenverkauf eine Panne und es erschienen mehr Besucher, als das Theater fassen konnte. 1841 mußte in Rom bei der Uraufführung von Donizettis *Adelia* ein hieraus resultierender Tumult beschwichtigt werden, ehe die Aufführung beginnen konnte.

Wenn man erst einmal im Zuschauerraum angelangt ist, hängt es stark von den Zeitumständen und der dargebotenen Oper ab, was man auf der Bühne sieht. Die Beleuchtung des Saales verändert sich im Lauf der Zeit. Wir können uns nur mit Mühe einen ausschließlich durch Kerzen oder Öllampen beleuchteten Saal vorstellen. Eine Szene aus Stanley Kubricks Film *Barry Lyndon*, in dem ein venezianisches Kasino nur von Kerzen beleuchtet wird, vermittelt einen Eindruck von diesem heute unbekannten, gedämpften Licht. Im Vergleich dazu wirkt Gasbeleuchtung hart, auch wenn das Licht durch die aufwendigen Kleider und Dekorationen der viktorianischen Epoche sicherlich ein wenig gebrochen wurde und vom Alltag her vertraut war.

War das Publikum in Samt und Seide und mit Diamanten geschmückt – wie in einem Kostümfilm der dreißiger Jahre in Hollywood – die Regel? Am Hof oder anläßlich eines gutbesuchten Abends in London mit Sicherheit. Dort war im Parkett und in den Logen Abendkleidung Vorschrift, und die Herren waren, wie im 18. Jahrhundert üblich, ebenso aufwendig gekleidet wie die Damen. Zu gegebenen Anlässen ist das ja überall der Fall. In den englischsprachigen Ländern, in denen die Oper keine eigene Tradition hat, sondern eine aus dem Ausland importierte Institution ist, war es seit 1710 üblich, das Haus mit exotischen oder aufregenden Besuchern zu schmükken. Damals wurden vier Männer, angeblich »rothäutige Indianerkönige«, in den Logen vorgeführt. Bei zahlreichen Opernabenden war aber auch ein nachlässig oder sogar schlampig gekleidetes Publikum anzutreffen.

Ein genaueres Bild vermittelt die Darstellung eines Opernbesuchs in der russischen Verfilmung von Tschechows Novelle *Die Dame mit dem Hündchen*. Der junge Held verfolgt eine verheiratete Dame in die Provinzstadt Saratow und dort bis ins Opernhaus. Die meisten Zuschauer sehen abgehetzt aus, ihre Kleidung ist einfach

ES GIBT NUR WENIGE GEMÄLDE, DIE EIN AUSSCHLIESSLICH DURCH KERZEN BELEUCHTETES OPERNHAUS IM BILD FESTHALTEN. Gezeigt wird das Nationaltheater in Warschau um 1790 während des Balletts, das zusammen mit Paisiellos *Pirro* gegeben wurde. Im frühen 19. Jahrhundert ersetzte man in Teilen Italiens Kerzen durch von Olivenöl gespeiste Lampen, in führenden Opernhäusern durch Leuchtgas, das allmählich für alle Häuser üblich wurde. Die Gasbeleuchtung wurde dann ihrerseits gegen Ende des Jahrhunderts oder zu Anfang unseres Jahrhunderts von elektrischer Beleuchtung abgelöst. Alle Beleuchtungstechniken, die vor dem Einsetzen elektrischer Beleuchtung Verwendung fanden, hatten ihre Nachteile: Brandgefahr, Hitze und geringe Lichtausbeute (bei Kerzen); starker Geruch und Tropfgefahr (bei Öllampen, wenn das Öl und die Lampen von schlechter Qualität waren); Hitze, grelles Licht und Schwüle (bei Leuchtgas). Kerzenlicht konnte allerdings durch Reflektoren aus Metall verstärkt werden und so, wie das Gemälde vermittelt, einige schöne Chiaroscuro-Effekte hervorrufen.

und nicht sorgfältig gewählt, die Opernbesucher kennen sich untereinander nur zu gut, das Theater könnte eine Renovierung vertragen und den Abend hätte man zu Hause vielleicht sogar besser verbracht. Nicht nur in Rußland, sondern in der ganzen westlichen Welt hat es sicher viele solcher Opernabende gegeben.

In Flauberts Roman *Madame Bovary* wird beschrieben, wie Emma und ihr Ehemann, der als Landarzt in der französischen Provinz praktiziert, in Rouen eine Aufführung von *Lucie de Lammermoor* (die französischsprachige Fassung von Donizettis Oper) besuchen. Das Publikum verleugnet keineswegs seine Herkunft aus der textilverarbeitenden Industrie dieser Gegend: Man plaudert über Baumwolle und Färbemittel. Junge Schnösel tragen ihre rosaroten oder apfelgrünen Krawatten zur Schau. Dr. Bovary versucht der Handlung zu folgen und verkündet: »Sie hat ihr Haar aufgelöst. Das verspricht tragisch zu werden.« Bei Emma löst die Oper jedoch ungeheure Emotionen aus (sie trifft den jungen Léon wieder, mit dem sie binnen kurzem ein Verhältnis haben wird), wie übrigens auch fünfzig Jahre später bei den englischen Reisenden in dem Film *Where Angels Fear to Tread* (*Engel und Narren*, nach dem Roman von E. M. Forster). Diese Reisenden besuchen anläßlich ihres Besuchs der Toskana eine Aufführung der *Lucia* und werden mit ihren vorher unterdrückten Gefühlen konfrontiert.

Zwischen 1750 und 1914 findet man die glanzvollsten, aber auch die nachlässigsten Opernereignisse in Italien und Deutschland. Es gibt dort so viele Opernhäuser, daß eine Rangfolge der Häuser nach ihrer Größe und nach der Bedeutung der jeweiligen Opernsaison zwangsläufig die Folge ist. Angeführt wird die Reihe der Opernhäuser vom ersten Haus am Ort mit seiner von der Opera seria geprägten Saison. In Italien und in einigen deutschen Städten wie etwa München ist die Opernsaison identisch mit dem Karneval (vom Zweiten Weihnachtsfeiertag bis Fastnacht). Zu anderer Zeit

LOGENBESUCHER IN DER OPER. Oben links: Am Vorabend der Französischen Revolution läßt sich der adlige Besucher einer Loge in der Pariser Opéra eine junge Tänzerin von ihrer Mutter vorstellen. Der Gedanke an eine mögliche Liaison ist sicher nicht abwegig. Die Tänzerin führt ein gekonntes *rond de bras* aus, während der Herr sie am Kinn tätschelt. Das Bühnengeschehen ist jedenfalls unwesentlich. Man beachte vorne an der Bühne die praktische Jalousie, das mit dem Kopf eines höhnisch lachenden Schafbocks geschmückte Kapitell sowie die neugierigen Beobachter der Situation in der gegenüberliegenden Loge. Unten: Eine Lithographie aus dem Jahr 1842 hält eine Situation in einer Proszeniumsloge in der Pariser Opéra fest. Das Paar rechts verfolgt die Aufführung nicht mehr und scheint sich auf eine etwas matte Romanze einzulassen. Auf der linken Seite sieht man Freunde der Familie, die, falls es sich bei dem Paar nicht um Eheleute handelt, darüber nachdenken, wann sie Kopfschmerzen vorschürzen und nach Hause gehen können. Auf jeden Fall ist das, was hier gezeigt wird, genauso ehrenhaft wie die lebhaften, im Mittelalter spielenden Geschehnisse auf der Bühne. Oben rechts: Drei aufmerksame Damen beobachten von einer Parkettloge aus Caruso in der Partie des Canio aus *Pagliacci*, während ein älterer Herr der Bühne den Rücken zuwendet und eingeschlafen zu sein scheint. Wiedergegeben ist hier ein Bild von F. Matania, das in der Zeitschrift *Sphere* vom 26. Juli abgebildet wurde und die Saison 1913 festhält. Die Proszeniumslogen erlaubten einen guten Blick auf Sänger, die so weit vorne an der Rampe standen wie Caruso auf der Abbildung. Nachdem im größten Teil des Hauses die Unterteilungen zwischen den Logen beseitigt wurden, wird dieser Bereich jetzt als Logenkranz bezeichnet.

SCHUTZ VOR BELÄSTIGUNG DURCH MÄNNLICHE OPERNBESUCHER bot die hier abgebildete *cazuela* oder Galerie der Damen im alten Teatro Colón in Buenos Aires 1857, kurz nach seiner Eröffnung. Eine solche Galerie wurde auch in das neue Teatro Colón aus dem Jahr 1908 eingebaut. Heutzutage kann die Galerie von Vertretern beiderlei Geschlechts benutzt werden, die Stehplätze hinten sind aber immer noch für Frauen reserviert. Es ist nicht bekannt, ob Frauen in der ursprünglichen *cazuela* unbegleitet waren. Der Aufenthalt auf der Galerie galt als korrekt, die Ehemänner hielten sich wahrscheinlich im Parkett auf und trafen ihre Gattinnen dann am Ausgang nach der Oper.

im Jahr gibt es aber auch eine Saison für die komische Oper oder das Singspiel, es gibt die verschiedensten Zyklen, von der Opera seria in weniger berühmten Häusern bis hin zu Opern in Marionettentheatern oder Programmen, in denen Sprechtheater und gesungene Intermezzi oder Possen sich abwechseln. Die Schriftstellerin Lady Morgan besuchte 1820 eine solche Posse im »verqualmten und altersschwachen« Teatro Pace in Rom. In den Logen drängelten sich Gruppen von Geschäftsleuten, die ein hinreißendes Motiv für einen flämischen Genremaler abgegeben hätten:

Der Souffleur, dessen Kopf über den Rampenlichtern zu sehen war, sprach mit den Mädchen im Orchestergraben: Der Cellist flirtete mit einer Schönen [Dame von der falschen Seite des Tiber] in den Logen, und eine Dame in einer Proszeniumsloge blies zur großen Belustigung des Publikums die Kerze des Lampenanzünders immer wieder aus, sobald er sich anschickte, die Kerze erneut anzuzünden.

Vertreter der obersten Gesellschaftsschicht besuchen spaßeshalber einmal in der Saison auch eine solche Veranstaltung, auch wenn sie sich ansonsten an »ihr« Theater und »ihre« Opernsaison halten. Und sogar in den führenden Opernhäusern Roms gibt es im späten 18. Jahrhundert neben der eigentlichen Opernsaison Programme mit Theaterstücken und gesungenen Intermezzi für ein aus Händlern und Handwer-

PICKNICK IN GLYNDEBOURNE. Gemälde in Wasserfarben von C. J. Archer, 1989. Aus Gründen der Bildkomposition hat der Künstler die Besucher auf dem Rasen dichter nebeneinander gesetzt, als das in Wirklichkeit der Fall ist. Normalerweise läßt man die Mitte des Rasens frei und sitzt eher am Rand. Vor der Entwicklung von Kühltaschen hängte man seinen Champagner oder Weißwein zur Kühlung mit einem Strick um den Flaschenhals in den See.

kern bestehendes Publikum. Bei diesen Anlässen gibt es in den Logen Mahlzeiten, Liebeleien, manchmal Prostituierte. Die heftigen Streitigkeiten auf der Galerie werden durch den dort diensthabenden Soldaten eingedämmt, indem er die Wache mit heftigen Stößen seines Gewehrkolbens auf den Boden herbeiruft.

Zumindest in Italien und Deutschland gibt es außer in den Logen überall Soldaten; Soldaten vor dem Hauptportal und vor dem Bühneneingang, Soldaten im Hauptfoyer und Soldaten oder Polizisten im Publikum. Im Hoftheater des 17. Jahrhunderts erfüllten sie eher dekorative Zwecke. Auch jetzt noch sind die Soldaten prächtig anzusehen: bis zu den Burenkriegen sind sie in rote, blaue, weiße und goldene Uniformen gekleidet und mit Tressen, Litzen und Federn geschmückt. In Ländern, wo eine Bewachung des Theaters durch Soldaten nicht üblich ist, gehen Offiziere außerhalb ihrer Dienstverpflichtungen zur Oper und heben sich im späten 19. Jahrhundert dann von den Herren in Zivil, die wie Pinguine aussehen, deutlich ab.

Läßt die Regierung ein öffentliches Opernhaus durch Soldaten schützen, hat sie vermutlich Angst vor Unruhen. Bei dem fiktiven Abend unseres Opernbesuches gehen wir davon aus, daß nichts für solche Unruhen spricht. Wir passieren die Soldaten mit einem Gefühl der Befriedigung oder mit leichter Mißbilligung, je nach unserer politischen Einschätzung.

Sind wir bei unserem Opernbesuch hungrig oder gut gesättigt? Mit Ausnahme der Anfangsjahre, als Aufführungen auch am frühen Nachmittag beginnen konnten, hebt sich der Vorhang heute wie damals gegen 19 Uhr oder ein wenig später. (Die Aufführungen während der an Himmelfahrt gefeierten Handelsmesse im Venedig des späten 18. Jahrhunderts bilden allerdings eine Ausnahme. Während dieser zweiwöchigen turbulenten Festzeit im späten Mai oder Juni beginnen die Aufführungen erst um 23 Uhr und dauern bis drei Uhr morgens. Die gute Gesellschaft promeniert anschließend auf dem Markusplatz oder fährt mit einer Gondel zu einem privaten kleinen Pavillon, um von dort aus den Sonnenaufgang zu bewundern.) Ein Beamter oder ein Bankangestellter der viktorianischen Zeit, der, wie Trollope berichtet, täglich von 10 bis 16 Uhr arbeitet und dann um 17 Uhr diniert, kann sich in Ruhe umziehen und ohne Hast die Oper erreichen. In der Oberschicht und der oberen Mittelschicht gibt es noch nicht die Gewohnheit, gegen 19 Uhr zu Abend zu essen. Deshalb stellt sich die Frage auch nicht, ob man vor oder nach der Vorstellung dinieren oder nur schnell ein belegtes Brot verzehren möchte.

Dennoch entwickeln Opernbesucher Appetit, und es gibt im Theater etwas zu essen: Das Angebot kann von Gefrorenem, das ein Kardinal des 18. Jahrhunderts seinen Gästen servieren läßt, bis hin zu dunklem Brot mit Wurst reichen, die ein Handwerker auf der Galerie verzehrt. Logenbesitzer in italienischen Opernhäuser können sich in ihren Umkleideräumen ganze Mahlzeiten servieren lassen. In anderen Ländern besucht man die Buffett-Räume, die auf dem Kontinent häufig geräumiger sind als die ihren Namen zu Recht tragenden »crush bars« (wörtlich: Bars, in denen Ge-

DIE MASKENBÄLLE, mit denen in Italien bis in die sechziger Jahre des 19. Jahrhunderts die Karnevals-Saison beendet wurde, waren Höhepunkt gesellschaftlicher Ereignisse im Jahresablauf und recht wohlanständige Veranstaltungen, die in einem auf der Bühne nach der Vorstellung servierten Festmahl endeten. In Paris und London gerieten diese Maskenbälle zunehmend in Verruf. Als 1856 das Feuer, das das zweite Theater an Covent Garden zerstörte, zufällig an dem Abend ausbrach, als ein Maskenball im Theater veranstaltet wurde, gab es viel negative Kritik. Der Stich, in dem dieser Brand festgehalten ist, sollte nicht allzu wörtlich genommen werden. Die vermeintliche Immoralität der Maskenbälle wird durch den kurzen Rock der Tänzerin und die wenig galante Flucht des Maskierten im Vordergrund rechts ganz offensichtlich überzeichnet.

dränge herrscht, d. Ü.) angelsächsischer Opernhäuser. Diese Häuser waren von vornherein mehr auf Profit denn auf Repräsentation hin angelegt. Was in diesen Räumen gereicht wird, können wir nur vermuten, da es nur wenige Berichte darüber gibt. Im 18. Jahrhundert wurden sicherlich heiße Schokolade, Wein und Likör, Gefrorenes, einige Speisen angeboten. Eigentlich wird man nach dem Genuß von Speisen und Getränken und dem anschließenden Aufenthalt in einem vielleicht schlecht gelüfteten Theaterraum müde. Aber sogar recht vernünftige Leute mit maßvollen Lebensgewohnheiten können sich einen Opernabend in Glyndebourne oder Salzburg, sogar in Covent Garden, ohne geräucherten Lachs und Champagner einfach nicht vorstellen – ganz anders als etwa bei einem Besuch von Stratford-upon-Avon. Nicht nur im nördlichen Europa gehören Opernbesuch und Gaumenfreude zusammen:

AMPHITHEATRE
PAUQUET

Die Logenbesitzer in Parma verzehren auch heute noch den einheimischen köstlichen Schinken, Salami und Wein.

Nachdem man gegessen und getrunken hat, möchte man vielleicht auf die Toilette gehen. Nur selten läßt sich eindeutig klären, ob frühe Theater solche Einrichtungen überhaupt vorsahen. Pepys berichtet in seinem Tagebuch, daß es in den aus Holz gebauten Theatern des 17. Jahrhunderts keine entsprechende Möglichkeit gab. Als eine Dame in seiner Begleitung ein Bedürfnis hatte, mußte er sie zu einem nahe gelegenen Gasthaus geleiten. Für die Mailänder Scala gibt es interne sanitäre Vorschriften aus dem Jahr 1789, in denen von großen, nur für Urin bestimmten Eimern berichtet wird. Diesen Vorschriften läßt sich auch entnehmen, daß »bei besonders gut besuchten Abenden viele nicht in die Eimer urinieren«, während die Eimer selber »manchmal schnell gefüllt sind, da die Diener der Logenbesitzer mutwillig nicht nur Urin, sondern allen möglichen Schmutz dort entleeren«. Die Damen und Herren in den Logen können ihre Bedürfnisse wohl in den Ankleideräumen und unter Zuhilfenahme von Nachtgeschirren befriedigen – zur weiteren Entsorgung werden dann wieder die Diener benötigt. Männer in anderen Teilen des Opernhauses hatten Zugang zu einer Art Pissoir, für Frauen auf anderen als den Logenplätzen wurden keine Vorkehrungen getroffen.

Die Vorschriften der Mailänder Scala belegen die Anstrengung um bessere hygienische Bedingungen – in England hatte man zu dieser Zeit schon die Toilette mit Wasserspülung erfunden. Neue Errungenschaften jeglicher Art wurden in italienischen Opernhäusern üblicherweise von der Scala eingeführt. Wir können deshalb annehmen, daß sich die modernen Toiletten dort und anderswo seit dem frühen 19. Jahrhundert schnell verbreiteten. Daß Mrs. Gladstone, die Gattin des späteren britischen Premierministers, das Teatro Nuovo in Neapel 1850 wegen der zu starken Geruchsbelästigung verlassen mußte, ist eher überraschend. Allerdings war das 1724 erbaute Teatro Nuovo ein zweitrangiges Haus in einer Stadt, die sich nicht besonders durch Hygiene auszeichnete. Und viele Opernhäuser haben bis zum heutigen Tag das leidige Problem der langen Warteschlange vor der Damentoilette noch nicht gelöst.

Auch über das, was in den Spielzimmern geschah, wissen wir wenig. Eine Ausnahme bilden nur Baden-Baden und Monte Carlo, wo das Opernhaus ein Nebengebäude des Kasinos war. Im 18. Jahrhundert war das Kasino in Italien und in dem von napoleonischer Herrschaft geprägten Europa üblicherweise ein Nebengebäude der

ANKUNFT IN DER PARISER OPÉRA. Das große Treppenhaus in dem von Garnier erbauten Haus – hier kurz nach seiner Eröffnung im Jahre 1875 – soll den Besucher durch seine Pracht überwältigen, aber auch genügend Raum zur gebührenden Bewunderung für die Roben der Damen bieten. Nur die Herrschaften auf den besten Plätzen durften dieses Treppenhaus benutzen. Auch noch im späten 19. Jahrhundert tragen die Männer im Opernhaus fast ausnahmslos ihre Hüte.

Oper. Die wenigen zeitgenössischen Berichte beschränken sich – vielleicht unweigerlich – auf den Herrn aus gutem Haus, der ein Vermögen verspielt, nach Hause geht und sich erschießt: fröhliche Spieler leben ohne Geschichte.

Der Maskenball im Opernhaus ist Höhepunkt all dieser Anlässe zum Essen, Trinken und Spielen. Meistens findet er im Anschluß an eine der letzten Aufführungen der Karnevals-Saison statt, manchmal auch als eigene Veranstaltung. Das Parkett wird zum Tanzen ausgeräumt oder überbaut, während im Bühnenraum ein opulentes Buffett ausgerichtet sein kann. Zur Hochzeit der Oper in Italien, von etwa 1748 bis 1848, gibt es in Opernhäusern bis zu zwölf Bälle hintereinander – gesellschaftlicher Höhepunkt des Jahres. Als solche Maskenbälle in Paris und London nachgeahmt werden, qualifiziert man sie als unmoralisch ab: »häufig bedeutet ein solcher Ball für eine Dame der guten Gesellschaft den Verlust ihrer Position«, heißt es in einem frühen Kommentar in London, wo der Bischof 1724 die Maskenbälle verbietet. Anfang des 19. Jahrhunderts verbindet man mit dem Opernball, der nicht mehr notwendigerweise maskiert, aber vielleicht im Kostüm besucht wird, eher untere Gesellschaftsschichten und kräftigen Alkoholgenuß. Als 1856 das Opernhaus von Covent Garden während eines solchen Balles niederbrennt, wird schnell ein abfälliges Urteil gefällt, obwohl das Feuer im Dachstuhl begonnen hat.

In Italien, dem Ursprungsland der Maskenbälle, fürchtet die Staatsgewalt diese Veranstaltungen: Die Masken, die man ebenso wie die schwarzen Umhänge ursprünglich angeordnet hatte, um venezianische Adlige am offenen Ausspielen ihres Reichtums zu hindern, können schließlich nicht nur unziemliches Verhalten verdekken, sondern auch der verräterischen Konspiration dienen. Daß der schwedische König Gustav III. während eines 1792 abgehaltenen Maskenballes in seinem eigenen Opernhaus ermordet wird – Verdi verarbeitet diesen Stoff in seiner Oper –, ist allen im Gedächtnis. Angesichts heikler politischer Situationen werden Masken von der Staatsmacht ganz verboten, zu allen anderen Zeiten besteht man darauf, daß die Maskierten in der Oper »angemessen gekleidet seien«. Auf diese Weise ist der größere Teil der Bevölkerung automatisch ausgeschlossen, ansonsten findet ein ungewohntes Vermischen sozialer Schichten – wenn überhaupt – nur äußerst diskret statt. Nur in unruhigen Zeiten, wie etwa den frühen Jahren der napoleonischen Herrschaft, bewegen sich einige Maskierte ganz nach eigenem Gutdünken: 1803 muß der Gouverneur von Parma ein Dekret herausgeben, das Logeninhabern die Möglichkeit gibt, maskierte Theaterbesucher aus ihren Logen zu werfen.

Das Gebot »anständiger Kleidung« ist nur eine von verschiedenen Möglichkeiten, den Kreis der Theaterbesucher zu zensieren oder ihnen im Opernhaus ihren passenden Ort anzuweisen. Beim Wiederaufbau des Kärntnertortheaters in Wien (1761) wurde der für Adelige reservierte Teil des Parketts mit dem Spitznamen »Ochsenkral« versehen. Es handelt sich wiederum um einen ausschließlich adeligen Besuchern vorbehaltenen Bereich, wie man ihn in deutschen Opernhäusern häufig vor-

DAS FESTSPIELHAUS IN BAYREUTH (1876). Auch wenn man die Leistungen Wagners verschieden beurteilt, so ist doch sein Genie als Theatermann unumstritten. Sein genialer Bühnensinn gipfelte in einem revolutionären Entwurf für das Opernhaus zur Aufführung des *Rings.* Das zunächst als Provisorium geplante Opernhaus, dessen hervorragende Akustik und Sicht von allen Plätzen aus genau dem entsprach, was Wagner vorgesehen hatte, steht noch heute und ist fast unverändert in Betrieb. Zu den vielen revolutionären Neuheiten gegenüber damaligen Opernhäusern gehört das Fehlen von Logen, die Plazierung des Publikums in einem alle Zuschauer gleich behandelnden Zuschauerraum und der abgesenkte Orchestergraben (vgl. auch die Seiten 254 und 519). Eine weitere Neuheit war das Abdunkeln des Zuschauerraumes während der Vorstellung. Trotz der Proteste konservativer Zuschauerkreise beeinflußten all diese Details Bau und Aufführungsgewohnheiten verschiedener weiterer Opernhäuser. Wagners Vorstellung von einem »Gesamtkunstwerk«, auf das sich die Zuhörer ohne äußere Ablenkung konzentrieren sollte, veranlaßte unter anderem die von ihm konzipierte Abdeckung über dem Orchestergraben (um so den Orchesterklang mit dem Gesang aus dem Bühnenraum optimal zu mischen) und das Fehlen eines Mittelgangs. Wer beim ersten Akt der *Götterdämmerung* (2 Stunden) in der Mitte einer Reihe sitzt, sollte möglichst keine plötzlichen dringenden Bedürfnisse haben!

fand. Für den Adel sind vor allem die Logen, speziell die der ersten beiden Ränge reserviert, die von jeher durch Vertreter des Ancien régime besetzt worden waren. Wie zuvor der Hof entscheidet jetzt der Staat zur Vermeidung von Streitigkeiten in Protokollfragen über die Plazierung von Botschaftern. Einige italienische Regierungen gestatten weder Bürgern, die sich durch manuelle Arbeit ernähren, noch Juden Zutritt zu den Logen der ersten beiden Ränge. Erst das napoleonische Regime schafft diese Vorschrift ab. Juden sind in einigen zentraleuropäischen Städten noch stärkerer Diskriminierung ausgesetzt. In Prag können Juden 1738 eine Oper nicht in demselben Haus wie ihre nichtjüdischen Mitbürger ansehen. Sie dürfen die Oper lediglich an einer anderen Spielstätte besuchen und werden dann von der Wache ins Ghetto zurückgeleitet, um sie »vor überraschenden Ereignissen zu schützen«, gedacht ist hier wohl an einen Übergriff feindlich gesinnter Bürger.

DAS NEUESTE HAUS, DIE 1991 ERÖFFNETE OPÉRA BASTILLE IN PARIS. Mit ihren vorspringenden Rängen, fast leeren Seitenwänden und einer Farbgestaltung in Schwarz-, Weiß- und Grau-Tönen wirkt der Theaterraum eher wie ein luxuriöses Kino. Die Sicht ist hervorragend, die Sitze sind komfortabel, aber mit der Akustik hat man Probleme: Zumindest in Teilen des Parketts unterhalb der Ränge kann man die Sänger deutlicher als das Orchester hören. Die Bühne ist riesig und bietet sich am ehesten für Aufführungen der epischen Oper an. Da es sich hier um ein vom französischen Staat aus Prestigegründen subventioniertes Haus und nicht um ein nach wirtschaftlichen Kriterien geführtes Unternehmen handelt, gibt es in Foyer und Bar reichlich Platz. Wird man mit diesem Opernhaus aber jemals warm werden?

Konstitutives Moment der Oper des Ancien régime sind soziale Unterschiede und deren Beachtung – gleichgültig ob deutlich sichtbar oder nur unterschwellig spürbar. Diese Tendenz wirkt bis in unsere Zeit nach. Von 1789 bis zur Mitte des 19. Jahrhunderts – die Jahreszahlen differieren von einem Ort zum anderen – wird von Adligen ein höherer Eintrittspreis als von Bürgerlichen verlangt, Männer zahlen mehr als Frauen. Nur Damen von Stand dürfen sich im vorrevolutionären Turin den Weg von einem Fackelträger beleuchten lassen, in Parma dürfen nur die ersten beiden Logenränge mit eigenen Kerzen ausgestattet werden. All diese Vorschriften unterstreichen die Bedeutung des Opernhauses als eines Treffpunktes einer hierarchisch strukturierten Machtelite. Aus dieser Situation heraus erschließt sich die tiefere Bedeutung des Opernbesuchs von Anna Karenina. Die Ehebrecherin wird von einer ihr bekannten Dame in der benachbarten Loge beleidigt. Ihr Liebhaber, der alleine in die Oper gegangen ist, hat schon »vielleicht vierzig wirkliche Herren und Damen der Gesellschaft« erkannt, und die Flucht der Karenina aus dieser Situation brandmarkt sie als Ausgeschlossene.

In Städten, die kleiner als die russische Metropole sind, kennt sich das Publikum nicht nur untereinander, es ist auch mit dem Repräsentanten höchster Autorität – dort oben in seiner Loge – und mit einigen Darstellern bekannt. Zumindest die Primadonna hat schon zahlreiche Besucher der oberen Gesellschaftsschicht empfangen

HIER WIRD EINE MÖGLICHKEIT GEZEIGT, LIVE GESPIELTE OPER EINEM PUBLIKUM NÄHERZUBRINGEN, das den Eintritt im Theater nicht zahlen kann. Die Aufführung von *Il trovatore* (1989) wird aus dem Opernhaus auf einen riesigen, auf der Piazza montierten Bildschirm übertragen. Angesichts nordeuropäischer klimatischer Bedingungen könnte Regen hier ein Problem sein, und nur wenige Opernhäuser verfügen in ihrer Nähe über solche großen, verkehrsfreien Plätze.

und Einladungen in deren Privathäuser oder, während der Ballett-Einlagen, in ihre Logen erhalten. Diese persönlichen Verflechtungen können die Aufführung zu einem spannenderen gesellschaftlichen Schauspiel als die Oper selber werden lassen.

Darf man applaudieren? Die Etikette des Ancien régime verbietet den Applaus, sofern der Monarch anwesend ist und nicht selber den Beifall eröffnet. Dieser Sitte verdanken wir einige unterkühlte, steife Premieren. Dürfen wir eine Zugabe verlangen? Oder ein Werk ausbuhen? Oder pfeifen, was in südlichen Ländern dem Auszischen entspricht? Vor allem in den italienischen Stadtstaaten ist das alles offiziell verboten. Beifall oder Mißfallen des Publikums kennt aber keine solche auferlegten Grenzen. Viele Vorfälle zeugen von Auseinandersetzungen zwischen dem Publikum und der jeweiligen Staatsmacht, die manchmal mit Aufständen und Festnahmen enden – dann wird das Theater von Soldaten geräumt –, manchmal zu Zugeständnissen führen.

Genauso wie wegen schlechter Gesangsleistungen kann das Einverständnis zwischen Publikum und Gesangssolisten aber auch gestört sein, weil die Beziehungen eines gefeierten Stars zur gesellschaftlichen Elite brüchig geworden sind. Am Ende einer hervorragenden Karriere erleidet die Sopranistin Caterina Gabrielli 1780 in der Mailänder Scala wohl dieses Schicksal. Trotz frenetischen Applauses verweigert sie am Ende des ersten Aktes eine Zugabe. Das Ballett beginnt, wird aber wegen des fortwährenden Tumultes abgebrochen. Die Gabrielli tritt auf und beginnt mit ihrer Zugabe, jetzt »rächt« sich aber das Publikum für ihr Zögern, indem alle gleichzeitig mit Husten oder Schneuzen beginnen. Sie flieht in die Kulissen, das Publikum beschimpft sie heftig, sie fällt in Ohnmacht, übergibt sich und windet sich in Krämpfen – dabei ist sie doch eine erfahrene Opernsängerin. Auch feinfühligeres Verhalten ist bezeugt: So besuchen viele Logenbesitzer in Buenos Aires die Garderobe der Maddalena Mariani Masi, nachdem sie an einem Abend im Jahr 1875 bei der Wahnsinnsszene der *Lucia* ihre Stimme verloren hat und abtreten muß. Sie kennen die Masi persönlich und möchten ihr Bedauern aussprechen.

Umgekehrt kann das Publikum eine Aufführung auch kreativ mitgestalten, was vor allem für italienische Opernbesucher gilt. Ein Zuhörer in Genua berichtet aus den achtziger Jahren des 19. Jahrhunderts – er beschreibt hier eine Tradition, die am Verebben ist –, daß das Publikum während der Chöre rücksichtslos weiterplaudert, um dagegen bei einer brillanten Gesangspassage den Sängern und Musikern ihre ungeteilte »und direkte Sympathie ... und spürbare, allerdings subtile Hilfe zu vermitteln«. Diese Hilfe besteht nicht nur – wie wir von anderen Zeugnissen wissen – in plötzlichem entzücktem Schweigen, sondern auch in gelegentlich deutlich zu hörendem Einatmen oder kurzen kräftigen »Bravo-Rufen, um die Sänger anzufeuern«. Angesichts solcher Momente läßt sich mit einiger Berechtigung von einer engen Gemeinschaft zwischen Zuschauern und Künstlern sprechen.

Um die Wende des 19. zum 20. Jahrhundert machen die alten Gewohnheiten in der Oper neuen Entwicklungen Platz. Die Oper als geselliges Ereignis wird bis zum Ende des Ersten Weltkrieges einem deutlichen Wandel unterworfen. Der Besuch einer Oper ist gleichzeitig anspruchsvoller, stärker reglementiert und unpersönlicher geworden.

Wagner ließ 1876 den Zuschauerraum des Bayreuther Festspielhauses verdunkeln. Die Zuschauer sollten sich ausschließlich dem Werk auf der Bühne zuwenden. Das von Wagner entworfene geplante und zunächst als Provisorium gedachte Theater verzichtete auf Logen, ein Foyer, einen Erfrischungsraum und ähnliches Beiwerk, verzichtete auch auf goldene Verzierungen und Plüsch. Lange Sitzreihen in einem leicht ansteigenden Saal ermöglichten von jedem Platz aus gute Sicht und gutes Hören. Da es keinen Mittelgang gab, war es unmöglich, zu spät zu kommen oder vor dem Ende der Vorstellung wieder aufzubrechen. Man war einzig und allein zum Besuch der Oper im Haus. Die Vorführung begann am Nachmittag und zog sich bis in die Nacht hinein, unterbrochen durch eine längere Pause zum Abendessen. Abgesehen vom Besuch der Oper konnte man allenfalls in den benachbarten Hügeln spaziergehen oder -fahren und sich auf den abendlichen Opernbesuch vorbereiten. Im verdunkelten Festspielhaus waren alle Besucher Teilhaber an einem religiösen Ritus – man bezeichnete sie in den achtziger und neunziger Jahren des 19. Jahrhunderts auf dem Höhepunkt des Wagnerkults auch als »Pilger«.

Wagners Revolution im Musiktheater markierte, wie andere Revolutionen auch, ein Extrem. Andere Opernhäuser und -besucher kopierten zwar nicht alle Auswüchse dieses neuen Stils, wurden aber doch, ebenso wie wir noch heute, stark davon beeinflußt. Weitere Veränderungen in der Gesellschaft des 19. Jahrhunderts bewirkten zusätzlich zu den von Wagner postulierten Neuerungen einen Wandel: die Einwohnerzahl der Städte wuchs, in Wirtschaft und Gesellschaft gab es neue und vielfältigere Berufsbilder, die Kommunikationsmöglichkeiten innerhalb der Gesellschaft nahmen zu. Nur noch in kleinen Städten gelang es einer fest umrissenen Elite, in der jeder den anderen kannte, ein Opernhaus entscheidend zu prägen. Durch steigende Einkommen und die allmähliche Gewöhnung an größere Bequemlichkeit veranlaßt, ersetzte man um 1880 die bisher im Parkett üblichen Bänke durch Sessel mit Armlehnen und reduzierte die Zahl der Stehplätze auf ein Minimum. Neue Theater wurden mit weniger Logen und demgegenüber größeren offenen Rängen gebaut, in einigen älteren Theatern entfernte man die Unterteilungen zwischen den Logen.

Gegen Ende des Jahrhunderts ließen die zu ihrer Zeit führenden Dirigenten, Arturo Toscanini und Gustav Mahler, den Zuschauerraum verdunkeln und zeigten verspätet eintreffenden Zuschauern ihre deutliche Mißbilligung. Toscanini gelang es nicht beim ersten Versuch, die Verdunklung des Zuschauerraumes durchzusetzen. Zu seiner Verärgerung gab die Theaterleitung den Protesten des Publikums nach und drehte das Licht zur Hälfte wieder auf. Toscanini gewann den Machtkampf schließlich doch. Es sollte aber etwas länger dauern, bis man verspätete Theaterbesucher aussperren konnte. Shaw berichtete 1891 über eine große Zahl ungezogener junger Leute, die ihre Logen während der Ouvertüre zu *Fidelio* unter Gelächter und Geplauder betraten. Mahler in Wien pflegte sich in einem solchen Fall zunächst umzudrehen und die verspäteten Besucher durch seine Brille anzustarren. Später veranlaßte er, daß diese Besucher zunächst in eine separate Loge gesetzt wurden, die sie erst in der Pause verlassen durften.

Als Kaiser Franz Joseph I. von Mahlers disziplinatorischen Maßnahmen hörte, soll er entgegnet haben: »Aber das Theater soll doch Freude machen.« Zu dieser Zeit begannen einige Leute, den Besuch der Oper als eine Art Strafe zu empfinden. Schon vorher war es sicher vorgekommen, daß Besucher einzelne Opern nicht gemocht hatten, andere Besucher waren unmusikalisch. Aber solange man sich mit seinen Begleitern unterhalten und andere Leute beobachten konnte, solange sich verfolgen ließ, wer mit wem unterwegs war, und solange man für ein Kartenspiel ins Foyer ausweichen konnte, war das unwesentlich. Jetzt aber war man gefangen: es war dunkel, man mußte leise sein. Kein Wunder also, daß *Parsifal* einigen Besuchern unendlich lang vorkam und daß sogar *Aida* für andere nur beim Auftritt des Balletts eine gewisse Spannung entwickelte.

Eine Pariser Boulevard-Komödie, Labiches *La Poudre aux yeuz*, hatte schon 1861 eine solche Entwicklung vorgezeichnet. Zwei junge Leute möchten sich verloben, ihre beiden großbürgerlichen Familien wollen einander in bezug auf Reichtum und Macht ausstechen. Um mit den Duponts mithalten zu können, mieten beide eine teure Loge im Théâtre-Italien, in dem ausschließlich gesungen wird, obwohl beide Familien, wenn überhaupt, die Opéra-Comique mit ihren gesprochenen französischen Dialogen vorgezogen hätten. Keiner gewinnt dem Bühnengeschehen etwas ab, eine der Mütter schläft ein, einer der Väter beschwert sich: »Es wird immer dasselbe Stück gegeben. Wir haben jetzt schon viermal *Rigoletto* gesehen! Und zu allem Überfluß wird das Stück auf italienisch gegeben und man versteht nicht, um was es eigentlich geht.« Als sie sich dann von ihren Logen aus zunicken, gehen ihnen Horrorvisionen von »einer unendlichen Reihe von *Rigolettos*« durch den Sinn, die es noch auszuhalten gilt.

Das Stück wurde dann abgesetzt und sie wurden vor einem solchen Los bewahrt. Sie wären jedoch auch durch die zu dieser Zeit einsetzende Repertoire-Oper aus ihrer mißlichen Lage gerettet worden. Immer weniger neue Opern entstanden, und die Opernbesucher waren zufrieden, wenn sie – mit gelegentlichen Unterbrechungen durch ein neueres Werk – die gleichen zwölf oder vierzehn Werke immer wieder hören konnten. Die Besucher hörten die Oper aber nicht mehr wie früher zwanzigmal in einer Spielzeit, sondern in vierzig Jahren vielleicht zehnmal, jedesmal mit einer anderen Besetzung. Das Ensemble hatte sich oft mit wenigen oder gar keinen Proben für dieses Stück zusammengefunden. In Deutschland und Italien bedeutete das neue Repertoire-System, daß die Abonnenten die für die Spielzeit angesetzten Opern einmal pro Saison besuchen konnten.

Gemeinsam mit der Anonymität der Großstädte und dem heutigen Tourismus hat dieses neue Abonnentensystem den früheren Zusammenhalt eines Publikums, das sich Abend für Abend sah, aufgebrochen. Man kann heute in London, Paris oder New York die Oper besuchen, ohne auch nur einen einzigen Bekannten zu treffen. Der Besucher auf dem Nebensitz ist wahrscheinlich eben schnell aus Tokio vorbeigekommen.

In Orten wie Mailand, wo sich die zentrale Bedeutung des Opernhauses noch erhalten hat, liegt der Fall ein wenig anders. Bei dem Versuch, einige Abonnenten in einen anderen »turno« umzugruppieren – etwa von »turno B«, der dritten Aufführung jeder Oper, nach »turno C«, zur vierten Aufführung der Oper –, stieß die Scala vor einigen Jahren auf großen Widerstand: »Ich kann den »turno B« nicht aufgeben«, sagte mir eine Dame, »dort treffe ich die meisten meiner Freunde.« Das Abonnementsystem in Italien und Deutschland führt dazu, daß dem auswärtigen Besucher an der Kasse nur einige schlechte Plätze angeboten werden können, während in der Vorstellung dann die besten Plätze nur lückenhaft besetzt sind. Aus welchem Grund auch immer – vielleicht hat sich herumgesprochen, daß die Oper nicht gut gegeben wird – sind einige Abonnenten der Aufführung eben ferngeblieben.

Außerhalb von Glyndebourne, Salzburg oder ein oder zwei ähnlich festlichen Veranstaltungsorten fühlt sich das Publikum auch nicht mehr genötigt, in den kostbarsten Roben zu erscheinen. Diese Entwicklung hat vor allem in den letzten fünfundzwanzig Jahren stattgefunden und kennzeichnet weniger einen Wechsel der Gesellschaftsschicht, die Opern besucht, als eine generelle Tendenz in Kleidungsfragen. Heute schätzt man bei der Garderobe größere Lässigkeit, hat das lange Abendkleid durch ein kurzes und das Jackett durch ein Blouson ersetzt. In Italien, wo man generell auf Kleidung den größten Wert legt, gab es hier aber auch eine politische Komponente. In der Scala war es jahrzehntelang üblich, daß sich das Premierenpublikum mit Pelzen und Diamanten schmückte. Die Studenten der 68er Bewegung eröffneten die damalige Saison aber mit Aufständen, bei denen Eier und Tomaten flogen. Seit dieser Zeit legt man sich bei der Garderobe eine gewisse Zurückhaltung auf. (Eine Dame aus Venedig erklärte mir, wie sie um das Jahr 1980 herum das Opernhaus La Fenice unbeschadet erreichte: In Venedig muß man zu Fuß gehen. Sie steckt ihr langes Kleid hoch und zieht Stiefel und einen Regenmantel an. Erst beim Erreichen des Opernhauses läßt sie das Kleid herunter und vertauscht ihre Stiefel gegen die eleganten Abendschuhe, die sie in ihrer Handtasche mitgebracht hat.)

Wenn man Opernbesucher mit Eiern bewirft, zeigt das zumindest, daß die Oper einem diese Aufmerksamkeit wert ist. Heutige Kommunikationsmöglichkeiten führen aber anscheinend dazu, daß Opernaufführungen gegenüber Einspielungen und Fernsehsendungen von Opern eine eher untergeordnete Rolle erhalten. Unser Jahrhundert ist das, was Kierkegaard vor 150 Jahren als eine »Avertissementszeit« definierte: Ereignisse sind dazu verurteilt, in ihrer Existenz geleugnet zu werden, sofern sie nicht in den Medien angekündigt und besprochen werden – sie erhalten ihre Daseinsberechtigung erst durch Medienpräsenz.

Eine neue Oper – die es selten genug gibt – wird durch ein Sperrfeuer begleitender Artikel in den Sonntagsbeilagen eingeführt. Nur an Orten wie etwa Leeds oder Krefeld haben Zuhörer die Chance, eine neue Stimme zu entdecken – wenn man sie nicht schon in einem vom Fernsehen übertragenen Wettbewerb gehört hat. In einem großen Opernhaus ist die Aufführung nicht länger das Ergebnis gemeinsamer Bemühungen um eine allgemein vertretbare Interpretation, noch weniger ein ständiger Austausch von Emotionen zwischen Publikum und Bühne, sondern die Wiedergabe dessen, was jeder im Zuschauerraum schon kennt, weil er Pavarotti oder weniger berühmte Sänger in Aufnahmen des Werkes schon gehört hat.

Noch immer vermittelt live gesungene und gespielte Musik etwas, das auch modernste Technologie nicht wiedergeben kann: Opernbesucher können immer noch für kurze Momente überraschende gemeinsame Gefühlserlebnisse teilen. Die Opernbesucher fühlen sich insgesamt aber nicht mehr als gesellschaftliche Einheit. Sie sind heutzutage den Passagieren eines ICE-Zuges vergleichbar, die aus einem bestimmten Anlaß nebeneinandersitzen, sich nicht kennen und wieder auseinandergehen.

CHRONOLOGIE

MARY ANN SMART

um 1480	Angelo Poliziano, *Orfeo*, Mantua
1589	Intermedien in Florenz, organisiert von Giovanni Bardi anläßlich der Hochzeit von Ferdinando I. von Medici und Christine von Lothringen; Musik von Luca Marenzio, Jacopo Peri und Giulio Caccini
1598	Peri, *Dafne*, Florenz
1600	Emilio de' Cavalieri, *Rappresentatione di anima e di corpo*, Rom Peri, *Euridice*, Florenz Caccini, *Il rapimento di Cefalo*, Florenz
1601	Caccini, *Euridice* (Uraufführung 1602 in Florenz)
1607	Claudio Monteverdi, *Orfeo*, Mantua
1608	Marco da Gagliano, *Dafne*, Mantua Monteverdi, *Arianna*, Mantua (Musik bis auf das »Lamento« verschollen)
1619	Stefano Landi, *La morte d'Orfeo*, Venedig
1627	Heinrich Schütz, *Dafne*, Torgau
um 1630	*Il corago*, anonyme Florentiner Abhandlung über das Inszenieren von Opern
1632	Landi, *Il Sant'Alessio*, Rom
1637	Eröffnung des Teatro San Cassiano Tron in Venedig, des ersten öffentlich zugänglichen Opernhauses überhaupt
1639	Marco Mazzaroli, *Chi soffre speri*, Rom
1640	Monteverdi, *Il ritorno di Ulisse in patria*, Venedig
1641	Francesco Sacrati, *La finta pazza*, Venedig
1643	Monteverdi, *L'incoronazione di Poppea*, Venedig Francesco Cavalli, *Egisto*, Venedig
1649	Cavalli, *Giasone*, Venedig
1651	Cavalli, *Calisto*, Venedig
1671	Gründung der Académie de l'Opéra, Paris
1672	Jean-Baptiste Lully, *Les Fêtes de l'Amour et de Bacchus*, Paris
1674	Lully, *Alceste*, Paris
1676	Lully, *Atys*, St. Germain-en-Laye
um 1683	John Blow, *Venus and Adonis*, London
1685	Lully, *Roland*, Versailles
1686	Lully, *Armide*, Paris Lully, *Acis et Galatée*, Paris

vor 1689	Henry Purcell, *Dido and Aeneas*, London
1690	Purcell, *Dioclesian*, London
1691	Purcell, *King Arthur*, London
1692	Purcell, *The Fairy Queen*, London
1695	Purcell, *The Indian Queen*, London
1697	André Campra, *L'Europe galante*, Paris
1699	André Cardinal Destouches, *Amadis de Gréce*, Paris
1702	Campra, *Tancrède*, Paris
1707	Reinhard Keiser, *Der Carneval von Venedig*, Hamburg
1710	Campra, *Les Fêtes vénitiennes*, Paris
1711	Georg Friedrich Händel, *Rinaldo*, London
1712	Campra, *Idomenée*, Paris
1718	Händel, *Acis and Galatea*, Cannons, Edgware Alessandro Scarlatti, *Il trionfo dell' onore*, Neapel
um 1720	Benedetto Marcello, *Il teatro alla moda*, satirisches Pamphlet über die Oper
1721	Scarlatti, *Griselda*, Rom Destouches, *Les Éléments*, Paris
1724	Händel, *Giulio Cesare in Egitto*, London
1726	Leonardo Vinci, *Didone abbandonata*, Rom
1728	John Gay und Johann Christian Pepusch, *The Beggar's Opera*, London
1730	Johann Adolf Hasse, *Artaserse*, Venedig
1731	Charles Coffey und Hr. Seedo, *The Devil to Pay*, London Hasse, *Cleofide*, Dresden
1732	Giovanni Battista Pergolesi, *Lo frate 'nnamorato*, Neapel
1733	Händel, *Orlando*, London Jean-Philippe Rameau, *Hippolyte et Aricie*, Paris Pergolesi, *La serva padrona*, Neapel
1735	Pergolesi, *L'olimpiade*, Rom Händel, *Alcina*, London
1737	Eröffnung des Teatro San Carlo in Mailand Rameau, *Castor et Pollux*, Paris
1738	Thomas Arne, *Comus*, London Händel, *Serse*, London
1744	Händel, *Semele*, London
1749	Rameau, *Zoroastre*, Paris
1752–54	Buffonistenstreit; die Auseinandersetzung darüber, ob der französischen oder der italienischen Oper der Vorzug zu geben sei, ausgelöst durch die Aufführung von Pergolesis *La serva padrona* 1752 in Paris
1752	Jean-Jacques Rousseau, *Le Devin du village*, Fontainebleu
1755	Francesco Algarotti, *Saggio sopra l'opera in musica*, theoretische Abhandlung über die Oper
1757	Egidio Duni, *Le Peintre amoureux de son modèle*, Paris
1760	Niccòlo Piccinni, *La buona figliuola*, Rom Arne, *Thomas and Sally*, London

1761 Rameau, *Les Indes galantes*, Paris (komponiert 1735, Neufassung 1761)
Niccòlo Jommelli, *L'olimpiade*, Stuttgart

1762 Arne, *Artaxerxes*, London
Christoph Willibald Gluck, *Orfeo ed Euridice*, Wien (Neufassung: Paris 1774)

1763 Pietro Giuglielmi, *L'olimpiade*, Neapel

1765 François-André Philidor, *Tom Jones*, Paris

1766 Johann Adam Hiller, *Die verwandelten Weiber*, Leipzig

1767 Philidor, *Erlinde, princesse de Norvège*, Paris

1768 Wolfgang Amadeus Mozart, *La finta semplice*, Wien
Joseph Haydn, *Lo speziale*, Esterháza
Mozart, *Bastien und Bastienne*, Wien

1769 Gluck, Vorwort zur *Alceste*

1770 Jommelli, *Armida abbandonata*, Neapel
Jean-Jacques Rousseau, *Pygmalion*, Lyon
Mozart, *Mitridate, re di Ponto*, Mailand

1771 Jommelli, *Ifigenia in Tauride*, Neapel
Mozart, *Ascanio in Alba*, Mailand

1772 Mozart, *Lucio Silla*, Mailand

1773 Anton Schweitzer, *Alceste*, Weimar

1774 Pasquale Anfossi, *La finta giardiniera*, Rom
Gluck, *Iphigénie en Aulide*, Paris

1775 Mozart, *La finta giardiniera*, München
Georg Anton Benda, *Ariadne auf Naxos*, Gotha
Mozart, *Il re pastore*, Salzburg
Benda, *Medea*, Leipzig

1777 Haydn, *Il mondo della luna*, Esterháza

1778 Eröffnung des Teatro alla Scala in Mailand
Gluck, *Armide*, Paris
Piccinni, *Roland*, Paris

1779 Gluck, *Iphigénie en Tauride*, Paris

1781 Mozart, *Idomeneo*, München

1782 Mozart, *Die Entführung aus dem Serail*, Wien
Giovanni Paisiello, *Il barbiere di Siviglia*, St. Petersburg
Haydn, *Orlando paladino*, Esterháza

1783 Eröffnung des Théâtre-Italien in Paris

1784 André-Ernest-Modeste Grétry, *Richard Coeur-de-Lion*, Paris

1786 Mozart, *Der Schauspieldirektor*, Wien
Nicholas-Marie Dalayrac, *Nina, ou La folle pour amour*, Paris
Mozart, *Le nozze di Figaro*, Wien

1787 Giuseppe Gazzaniga, *Don Giovanni, o sia il Convitato di pietra*, Venedig
Mozart, *Don Giovanni*, Prag

1788 Dalayrac, *Sargines, ou L'élève de l'amour*, Paris

1789 Paisiello, *Nina, o sia la pazza per amore*, Belvedere (bei Caserta)

1790 Mozart, *Così fan tutte*, Wien
Joseph Quesnel, *Colas et Colinette*, Montreal

1791 Grétry, *Guillaume Tell*, Paris
Luigi Cherubini, *Lodoïska*, Paris
Rodolphe Kreutzer, *Lodoiska, ou Les Tartares*, Paris
Mozart, *La clemenza di Tito*, Prag
Mozart, *Die Zauberflöte*, Wien

1792 Domenico Cimarosa, *Il matrimonio segreto*, Wien
Eröffnung des Teatro La Fenice in Venedig

1793 Jean-François Le Sueur, *La Caverne*, Paris

1794 Étienne-Nicolas Méhul, *Mélidore et Phrosine*
Cherubini, *Elisa, ou Le voyage aux glaciers du Mont St-Bernard*, Paris

1796 Cherubini, *Médée*, Paris
Niccolò Zingarelli, *Giulietta e Romeo*, Mailand
Cimarosa, *Gli Orazi e Curiazi*, Venedig

1799 Ferdinando Paër, *Camilla, ossia Il sotteraneo*, Wien
Méhul, *Ariodant*, Paris

1807 Gaspare Spontini, *La Vestale*, Paris

1809 Paër, *Agnese*, Parma
Spontini, *Fernand Cortez*, Paris

1813 Gioachino Rossini, *Tancredi*, Venedig
Rossini, *L'italiana in Algeri*, Venedig
Johann Simon Mayr, *La rosa bianca e la rosa rossa*, Genua

1813/14 E.T.A. Hoffmann, *Undine* (Uraufführung 1816 in Berlin)

1814 Ludwig van Beethoven, *Fidelio*, Wien (Zweite Fassung)

1816 Rossini, *Il barbiere di Siviglia*, Rom
Rossini, *Otello*, Neapel
Louis Spohr, *Faust*, Prag

1817 Rossini, *La Cenerentola*, Rom

1819 Rossini, *La donna del lago*, Neapel

1821 Carl Maria von Weber, *Der Freischütz*, Berlin

1822 Franz Schubert, *Alfonso und Estrella* (Uraufführung 1854 in Weimar)

1823 Rossini, *Semiramide*, Neapel
Henry Bishop, *Clari, or The Maid of Milan*, London
Spohr, *Jessonda*, Kassel
Weber, *Euryanthe*, Wien
Schubert, *Fierrabras* (Uraufführung 1897 in Karlsruhe)

1825 François-Adrien Boieldieu, *La Dame blanche*, Paris

1826 Bishop, *Aladdin*, London
Rossini, *Le Siège de Corinthe*, Paris (französische Fassung von *Maometto II.*, Neapel 1820)

1827 Rossini, *Moïse et Pharaon*, Paris (französische Fassung von *Mosé in Egitto*, Neapel 1818)
Vincenzo Bellini, *Il pirata*, Mailand

1828 Daniel-François-Esprit Auber, *La Muette de Portici*, Paris
Heinrich Marschner, *Der Vampyr*, Leipzig

1829 Bellini, *La straniera*, Mailand
Rossini, *Guillaume Tell*, Paris
Marschner, *Der Templer und die Jüdin*, Leipzig

1830 Auber, *Fra Diavolo*, Paris
Bellini, *I Capuleti e i Montecchi*, Mailand
Gaetano Donizetti, *Anna Bolena*, Mailand

1831 Bellini, *La sonnambula*, Mailand
Ferdinand Hérold, *Zampa*, Paris
Giacomo Meyerbeer, *Robert le Diable*, Paris
Bellini, *Norma*, Mailand

1833 Auber, *Gustave III., ou Le bal masqué*, Paris
Bellini, *Beatrice di Tenda*, Venedig
Donizetti, *L'elisir d'amore*, Mailand
Marschner, *Hans Heiling*, Berlin
Donizetti, *Lucrezia Borgia*, Mailand
Richard Wagner, *Die Feen* (Uraufführung 1888 in München)

1835 Bellini, *I puritani*, Paris
Fromental Halévy, *La Juive*, Paris
Donizetti, *Lucia di Lammermoor*, Neapel

1836 Saverio Mercadante, *I briganti*, Paris
Meyerbeer, *Les Huguenots*, Paris
Michael Balfe, *The Maid of Artois*, London
Wagner, *Das Liebesverbot*, Magdeburg
Michail Iwanowitsch Glinka, *Ein Leben für den Zaren*, St. Petersburg

1837 Mercadente, *Il giuramento*, Mailand
Albert Lortzing, *Zar und Zimmermann*, Leipzig

1838 Hector Berlioz, *Benvenuto Cellini*, Paris

1839 Mercadente, *Il bravo, ossia La veneziana*, Mailand
Giuseppe Verdi, *Oberto, conte di San Bonifacio*, Mailand

1840 Donizetti, *La Fille du régiment*, Paris
Donizetti, *La Favorite*, Paris

1842 Verdi, *Nabucodonosor* [*Nabucco*], Mailand
Lortzing, *Der Wildschütz*, Leipzig
Wagner, *Rienzi*, Dresden
Glinka, *Ruslan und Ludmila*, St. Petersburg

1843 Donizetti, *Don Pasquale*, Paris
Balfe, *The Bohemian Girl*, London
Donizetti, *Dom Sébastien*, Paris
Wagner, *Der fliegende Holländer*, Dresden

1844 Verdi, *Ernani*, Venedig
Ferenc Erkel, *Hunyadi László*, Budapest
Edward Geoghagen, *The Currency Lass*, Sydney

1845 Wagner, *Tannhäuser*, Dresden (Neufassungen 1847, Paris 1861, München 1867)

1846 Berlioz, *La Damnation de Faust*, Paris

1847 Friedrich Flotow, *Martha*, Wien
Verdi, *Macbeth*, Florenz (Neufassung: Paris 1865)
Isaac Nathan, *Don John of Austria*, Sydney

1848 Stanisław Moniuszko, *Halka* (Endfassung: Warschau 1858)

1849 Verdi, *Luisa Miller*, Neapel
Meyerbeer, *Le Prophète*, Paris
Otto Nicolai, *Die lustigen Weiber von Windsor*, Berlin

1850 Verdi, *Stiffelio*, Triest (Neufassung als *Aroldo*: Rimini 1857)
Robert Schumann, *Genoveva*, Leipzig
Wagner, *Lohengrin*, Weimar

1851 Wagner, *Oper und Drama*, theoretische Schrift zur Oper
Verdi, *Rigoletto*, Venedig

1853 Verdi, *Il trovatore*, Rom
Verdi, *La traviata*, Venedig

1854 Charles Gounod, *La Nonne sanglante*, Paris
Wagner, *Das Rheingold* (Uraufführung 1869 in München)

1855 Verdi, *Les Vêpres siciliennes*, Paris

1856 Auber, *Manon Lescaut*, Paris
Alexandr Sergewitsch Dargomyschski, *Russalka*, St. Petersburg
Wagner, *Die Walküre* (Uraufführung 1870 in München)

1857 Verdi, *Simon Boccanegra*, Venedig (Neufassung: Mailand 1881)
Balfe, *The Rose of Castille*, London

1858 Berlioz, *Les Troyens* (Uraufführung 1863 in Paris; erste vollständige Aufführung 1890 in Karlsruhe)
Jacques Offenbach, *Orphée aux Enfers*, Paris
Eröffnung des Royal Opera House in Covent Garden

1859 Verdi, *Un ballo in maschera*, Rom
Gounod, *Faust*, Paris
Wagner, *Tristan und Isolde* (Uraufführung 1865 in München)

1861 Erkel, *Bánk bán*, Budapest

1862 Verdi, *La forza del destino*, St. Petersburg (Neufassung: Mailand 1869)
Berlioz, *Béatrice et Bénédict*, Baden-Baden

1863 Georges Bizet, *Les Pêcheurs de perles*, Paris

1864 Gounod, *Mireille*, Paris
Offenbach, *La Belle Hélène*, Paris

1865 Meyerbeer, *L'Africaine*, Paris

1866 Bedřich Smetana, *Die Brandenburger in Böhmen*, Prag
Smetana, *Die verkaufte Braut*, Prag (Endfassung 1870)
Ambroise Thomas, *Mignon*, Paris

1867 Gounod, *Roméo et Juliette*, Paris
Bizet, *La Jolie Fille de Perth*, Paris
Verdi, *Don Carlos*, Paris (vieraktige Neufassung: Mailand 1884)

1868 Thomas, *Hamlet*, Paris
Arrigo Boito, *Mefistofele*, Mailand
Wagner, *Die Meistersinger von Nürnberg*, München

1869 Dargomyschski, *Der steinerne Gast* (Uraufführung 1872 in St. Petersburg)
Eröffnung der Staatsoper in Wien (bis 1919 Hofoper genannt)

1871 Verdi, *Aida*, Kairo
Wagner, *Siegfried* (Uraufführung 1876 in Bayreuth)

1872 Grundsteinlegung des Festspielhauses in Bayreuth

1874 Smetana, *Zwei Witwen*, Prag
Modest Mussorgski, *Boris Godunow*, St. Petersburg (Erstfassung 1869)
Wagner, *Götterdämmerung* (Uraufführung 1876 in Bayreuth)

1875 Eröffnung des Palais Garnier in Paris
Bizet, *Carmen*, Paris

1876 *Der Ring des Nibelungen (Das Rheingold, Die Walküre, Siegfried, Götterdämmerung)*, Bayreuth (erste vollständige Aufführung des Zyklus)
Amilcare Ponchielli, *La gioconda*, Mailand

1877 Emmanuel Chabrier, *L'Étoile*
Camille Saint-Saëns, *Samson et Dalila*, Weimar

1879 Pjotr Iljitsch Tschaikowski, *Eugen Onegin*, Moskau

1872–80 Mussorgski, *Chowanschtschina* (Uraufführung 1886 in St. Petersburg)

1881 Offenbach, *Les Contes d'Hoffmann*, Paris

1882 Wagner, *Parsifal*, Bayreuth
Calixa Lavallée, *The Widow*, Hamilton, Canada

1883 Leo Delibes, *Lakmé*, Paris

1884 Jules Massenet, *Manon*, Paris
Giacomo Puccini, *Le villi*, Mailand

1887 Chabrier, *Le Roi malgré lui*, Paris
Verdi, *Otello*, Mailand

1888 Edouard Lalo, *Le Roi d'Ys*, Paris

1889 Puccini, *Edgar*, Mailand

1890 Alexandr Porfirjewitsch Borodin, *Fürst Igor*, St. Petersburg
Pietro Mascagni, *Cavalleria rusticana*, Rom
Tschaikowski, *Pique Dame*, St. Petersburg

1892 Ruggero Leoncavallo, *I Pagliacci*, Mailand
Massenet, *Werther*, Wien

1893 Puccini, *Manon Lescaut*, Turin
Verdi, *Falstaff*, Mailand
Engelbert Humperdinck, *Hänsel und Gretel*, Weimar

1894 Massenet, *Thaïs*, Paris
Richard Strauss, *Guntram*, Weimar

1896 Puccini, *La bohème*, Turin
Umberto Giordano, *Andrea Chenier*, Mailand
Hugo Wolf, *Der Corregidor*, Mannheim

1897 Massenet, *Sapho*, Paris
Nikolai Andrejewitsch Rimski-Korsakow, *Sadko*, Moskau

1899 Massenet, *Cendrillon*, Paris
Antonín Dvořák, *Die Teufelskäthe*, Prag

1900 Puccini, *Tosca*, Rom
Gustave Charpentier, *Louise*, Paris
Rimski-Korsakow, *Das Märchen vom Zaren Saltan*, Moskau

1901 Dvořák, *Rusalka*, Prag

1902 Claude Debussy, *Pelléas et Mélisande*, Paris
Francesco Cilea, *Adriana Lecouvreur*, Mailand

1904 Leoš Janáček, *Jenufa*, Brünn
Puccini, *Madame Butterfly*, Mailand

1905 Strauss, *Salome*, Dresden

1907	Paul Dukas, *Ariane et Barbe-Bleue*, Paris Frederick Delius, *A Village Romeo and Juliet*, Berlin
1909	Rimski-Korsakow, *Der goldene Hahn*, Moskau Strauss, *Elektra*, Dresden Ermanno Wolf-Ferrari, *Il segreto di Susanna*, München Maurice Ravel, *L'Heure espagnole* (Uraufführung 1911 in Paris) Arnold Schönberg, *Erwartung* (Uraufführung 1924 in Prag)
1910	Puccini, *La fanciulla del West*, New York
1911	Strauss, *Der Rosenkavalier*, Dresden Béla Bartók, *Herzog Blaubarts Burg* (Uraufführung 1918 in Budapest)
1912	Franz Schreker, *Der ferne Klang*, Frankfurt
1914	Igor Strawinski, *Die Nachtigall*, Paris Rutland Boughton, *The immortal Hour*, Glastonbury
1916	Strauss, *Ariadne auf Naxos*, Wien (einaktige Erstfassung 1912)
1917	Sergej Prokofjew, *Der Spieler* (Uraufführung 1929 in Brüssel) Hans Pfitzner, *Palestrina*, München
1918	Puccini, *La rondine*, Monte Carlo Puccini, *Il trittico*, New York (*Il tabarro, Suor Angelica, Gianni Schicchi*)
1919	Strauss, *Die Frau ohne Schatten*, Wien
1919–23	Prokofjew, *Der Flammenengel* (Uraufführung 1955 in Venedig)
1921	Janáček, *Katja Kabanowa*, Brünn Prokofjew, *Die Liebe zu den drei Orangen*, Chicago
1922	Alexander von Zemlinsky, *Der Zwerg*, Köln
1923	Alban Berg, *Wozzeck* (Uraufführung 1925 in Berlin)
1924	Strauss, *Intermezzo*, Dresden Janáček, *Das schlaue Füchslein*, Brünn
1925	Ravel, *L'Enfant et les sortilèges*, Monte Carlo Ferruccio Busoni, *Doktor Faust*, Dresden
1926	Karol Szymanowski, *König Roger*, Warschau Puccini, *Turandot*, Mailand Paul Hindemith, *Cardillac*, Dresden Janáček, *Die Sache Makropulos*, Brünn
1927	Ernst Křenek, *Jonny spielt auf*, Leipzig Strawinski, *Oedipus rex*, Paris
1928	Kurt Weill, *Die Dreigroschenoper*, Berlin
1929	Ralph Vaughan-Williams, *Sir John in Love*, London
1930	Weill, *Aufstieg und Fall der Stadt Mahagonny*, Leipzig Janáček, *Aus einem Totenhaus*, Brünn Dmitri Schostakowitsch, *Die Nase*, Leningrad
1930–32	Schönberg, *Moses und Aron* (Uraufführung 1954 in Hamburg)
1933	Strauss, *Arabella*, Dresden
1934	Schostakowitsch, *Lady Macbeth von Mzensk*, Leningrad
1935	George Gershwin, *Porgy and Bess*, New York
1936	Carl Orff, *Carmina Burana*, Frankfurt a. M.

1937 Marc Blitzstein, *The Cradle Will Rock*, New York
Vaughan-Williams, *Riders to the Sea*, London
Berg, *Lulu*, Zürich (dreiaktige Fassung vervollständigt von Friedrich Cerha: Uraufführung 1979 in Paris)

1938 Hindemith, *Mathis der Maler*, Zürich

1941 Benjamin Britten, *Paul Bunyan*, New York

1942 Strauss, *Capriccio*, München

1943 Orff, *Die Kluge*, Frankfurt a. M.

1945 Britten, *Peter Grimes*, London

1946 Gian Carlo Menotti, *The Medium*, New York
Britten, *The Rape of Lucretia*, Glyndebourne

1947 Menotti, *The Telephone*, New York
Britten, *Albert Herring*, Glyndebourne
Gottfried von Einem, *Dantons Tod*, Salzburg

1949 Luigi Dallapiccola, *Il prigioniero*, italienischer Rundfunk
Orff, *Antigonae*, Salzburg

1950 Menotti, *The Consul*, Philadelphia

1951 Strawinski, *The Rake's Progress*, Venedig
Menotti, *Amahl and the Night Visitors*, US-Fernsehen
Britten, *Billy Budd*, London
Vaughan-Williams, *The Pilgrim's Progress*, London

1952 Leonard Bernstein, *Trouble in Tahiti*, Waltham, Massachussetts

1953 Britten, *Gloriana*, London

1954 Britten, *The Turn of the Screw*, Venedig
William Walton, *Troilus and Cressida*, London

1955 Michael Tippett, *The Midsummer Marriage*, London

1956 Bernstein, *Candide*, Boston
Douglas Moore, *The Ballad of Baby Doe*, Central City, Colorado
Hans Werner Henze, *König Hirsch*, Berlin

1957 Bernstein, *West Side Story*, Washington

1958 Samuel Barber, *Vanessa*, New York

1959 Orff, *Oedipus der Tyrann*, Stuttgart
Karl-Birger Blomdahl, *Aniara*, Stockholm

1960 Britten, *A Midsummer Night's Dream*, Aldeburgh

1961 Henze, *Elegie für junge Liebende*, Schwetzingen
Luigi Nono, *Intolleranza*, Venedig

1965 György Ligeti, *Aventures* (1962) und *Nouvelles Aventures*, Hamburg
Bernd Alois Zimmermann, *Die Soldaten*, Köln
Henze, *Der junge Lord*, Berlin
Healey Willan, *Deirdre of the Sorrows*, Toronto

1966 Henze, *Die Bassariden*, Salzburg
Barber, *Antony and Cleopatra*, New York

1967 Harry Somers, *Louis Riel*, Toronto
Pierre Boulez stellt den Niedergang der Oper seit Berg fest und spricht sich für die Sprengung sämtlicher Opernhäuser aus
Udo Zimmermann, *Die weiße Rose*, Dresden (Neufassung: Hamburg 1986)

1968 Harrison Birtwistle, *Punch and Judy*, Aldeburgh
Britten, *The Prodigal Son*, Orford
Dallapiccola, *Ulisse*, Berlin
Peter Maxwell Davies, *Taverner* (Uraufführung 1972 in London)
Orff, *Prometheus*, Stuttgart

1969 Davies, *Eight Songs for a Mad King*, London
Krzysztof Penderecki, *Die Teufel von Loudun*, Hamburg

1970 Luciano Berio, *Opera*, Santa Fe

1971 Mauricio Kagel, *Staatstheater*, Hamburg

1973 Britten, *Death in Venice*, Snape Maltings
Eröffnung des Sydney Opera House

1974 Peter Sculthorpe, *Rites of Passage*, Sydney

1975 Nono, *Al gran sole carico d'amore*, Mailand

1976 Henze, *We Come to the River*, London
Philip Glass, *Einstein on the Beach*, Avignon

1978 Penderecki, *Paradise Lost*, Chicago
Ligeti, *Le Grand Macabre*, Stockholm
Aribert Reimann, *Lear*, München

1979 Wolfgang Rihm, *Jakob Lenz*, Hamburg

1980 Glass, *Satyagraha*, Rotterdam
Davies, *The Lighthouse*, Edinburgh
Oliver Knussen, *Where the Wild Things Are*, Brüssel

1981 Karlheinz Stockhausen, *Donnerstag aus Licht*, Mailand (erste Oper aus dem geplanten siebenteiligen Zyklus *Licht*)
Kagel, *Aus Deutschland*, Berlin

1982 Berio, *La vera storia*, Florenz
Sculthorpe, *Quiros*, australisches Fernsehen

1983 Bernstein, *A Quiet Place*, Houston (Neufassung, unter Miteinbeziehung von *Trouble in Tahiti*: Mailand 1984)
Olivier Messiaen, *Saint François d'Assise*, Paris
R. Murray Schafer, *Ra*, Toronto (sechster und letzter Teil des Zyklus *Patria*, der an diversen Schauplätzen in Ontario, Kanada, und in Lüttich, Belgien, 1972–1992 aufgeführt wurde)

1984 Nono, *Prometeo*, Venedig
Glass, *Echnaton*, Stuttgart

1986 Birtwistle, *The Mask of Orpheus*, London
Richard Meale, *Voss*, Adelaide

1987 John Adams, *Nixon in China*, Houston
Penderecki, *Die schwarze Maske*, Salzburg
John Cage, *Europeras 1 und 2*, Frankfurt
Judith Weir, *A Night at the Chinese Opera*, Cheltenham

1988 Adriana Hölszky, *Bremer Freiheit*, Stuttgart

1989 John Casken, *Golem*, London

1990 Weir, *The Vanishing Bridgeroom*, Glasgow
Eröffnung der Opéra Bastille in Paris

1991 Penderecki, *Ubu Rex*, München
Adams, *The Death of Klinghoffer*, Brüssel

Cage, *Europera 5*, Buffalo
Birtwistle, *Gawain*, London

1992 Somers, *Mario and the Magician*, Toronto
Glass, *The Voyage*, New York
Rihm, *Die Eroberung von Mexiko,* Hamburg

1993 Jonathan Harvey, *Inquest of Love*, London
Steve Reich, *The Cave*, Wien

1995 Hölszky, *Die Wände*, Wien

1997 Helmut Lachenmann, *Das Mädchen mit den Schwefelhölzern*, Hamburg
Henze, *Venus und Adonis*, München

ZU DEN AUTOREN

William Ashbrook ist ehemaliger Inhaber der Lehrstuhls für Geisteswissenschaften (Emeritus) an der Indiana State University und Herausgeber der Zeitschrift *The Opera Quarterly*. Er schrieb viele Bücher, darunter *Donizetti* (Cassell 1965), *The Operas of Puccini* (Cassell 1969; überarbeitete Neuausgabe Oxford 1985), *Donizetti and His Operas* (Cambridge 1982) und – gemeinsam mit Harold S. Powers – *Puccinis ›Turandot‹: The End of the Great Tradition* (Princeton 1991).

Thomas Bauman, Professor für Musik an der University of Washington, veröffentlichte Beiträge und Monographien zur deutschen Oper im Zeitalter der Aufklärung, darunter *North German Opera in the Age of Goethe* (Cambridge 1985) und das Cambridge Opera Handbook zu Mozarts *Entführung aus dem Serail*, darüber hinaus Untersuchungen zur venezianischen Oper und zur Rezeption von Mozarts Requiem.

Tim Carter ist Musikdozent am Royal Holloway und Bedford New College der University of London und stellvertretender Herausgeber von *Music & Letters*. Unter seinen vielfältigen Publikationen zum Verhältnis von Musik und Mäzenatentum im Italien des späten 16. und frühen 17. Jahrhundert befinden sich auch die überarbeitete Neuausgabe von Denis Arnolds *Monteverdi* in der Reihe Master Musicians (London 1990) und *Music in Late Renaissance and Early Baroque Italy* (London 1992). Er ist Autor des Cambridge Opera Handbook zu Mozarts *Le nozze di Figaro* (1987) sowie etlicher Beiträge für das *New Grove Dictionary of Opera*.

David Charlton ist Musikdozent an der University of East Anglia. Er ist Autor von *Grétry and the Growth of Opéra-Comique* (Cambridge 1986) und Herausgeber von *E. T. A. Hoffmanns Musical Writings* (Cambridge 1989). Er schrieb über die französische Oper von 1830–1890 im 9. Band der *New Oxford History of Music* (herausgegeben von Gerald Abraham) und übte hinsichtlich dieses Bereichs beim *New Grove Dictionary of Opera* eine beratende Tätigkeit aus.

Paul Griffiths ist Musikkritiker für den *New Yorker* und Romanautor. Er hat eine Reihe von Büchern über Musik geschrieben, darunter Untersuchungen zu Boulez, Cage und Messiaen, die Bände über Bartók und Strawinski in der Reihe Master Musicians sowie das Cambridge Opera Handbook zu Strawinskis *The Rake's Progress*. Außerdem schrieb er zwei Romane und das Libretto zu einer Oper mit Musik von Mozart, *The Jewel Box* (1991).

Barry Millington ist Musikkritiker für die *Times* und Wagnerspezialist. Für die Reihe *Master Musicians* schrieb er den entsprechenden Band, ebenso die entsprechenden Beiträge für das *New Grove Dictionary of Opera*. Er ist Herausgeber von *The Wagner Compendium* (London 1992) und Mitherausgeber (neben Stewart Spencer) der *Selected Letters of Richard Wagner* (London 1987), von *Wagner in Performance* (Yale 1992) und von *Wagner's ›Ring of the Nibelung‹: A Companion* (London 1993). Er betreut darüber hinaus die Besprechungen von Neuerscheinungen im *BBC Music Magazine*.

Roger Parker, bis vor kurzem stellvertretender Inhaber des Lehrstuhls für Musik an der Cornell University, ist mittlerweile Musikdozent an der University of Oxford und Mitglied des St. Hugh's College. Er hat ausgiebig über Verdi und über die italienische Oper des 19. Jahrhunderts gearbeitet und u. a. die Verdi-Beiträge für das *New Grove Dictionary of Opera* sowie das Cambridge Opera Handbook zu Puccinis *La bohème* verfaßt (1986, mit Arthur Groos); seine kritische Ausgabe von Verdis *Nabucco* erschien 1987. Er ist an der kritischen Donizetti-Ausgabe beteiligt und hat das *Cambridge Opera Journal* mitbegründet.

John Rosselli ist Historiker und hat sich die letzten fünfzehn Jahre mit der Sozialgeschichte der Oper beschäftigt. Er verfaßte u. a. *The Opera Industry in Italy from Cimarosa to Verdi* (Cambridge 1984), *Music and Musicians in Nineteenth-Century Italy* (London 1991) und *Singers of Italian Opera: The History of a Profession* (Cambridge 1992). Er hat für den *Guardian* und das *Times Literary Supplement* Opernaufführungen rezensiert.

Roger Savage lehrt Englische Literatur an der University of Edinburgh und beschäftigt sich intensiv mit Schauspiel und Drama. Er hat bei etlichen Aufführungen des Edinburgh University Opera Club Regie geführt, außerdem arbeitete er wiederholt mit dem Scottish Early Music Consort. Er erstellte spielfähige englische Libretto-Fassungen von Opern Händels, Chabriers u. a., veröffentlichte Essays zur Theatermusik von Purcell, Rameau und Strawinski (auch zu den Bedingungen früher Operninszenierungen), verfaßte Beiträge für *The New Grove Dictionary of Opera* und machte eine Reihe von Sendungen für die BBC.

Mary Ann Smart ist Assistentin am Lehrstuhl für Musik an der State University of New York, Stony Brook, und hat einige Aufsätze über italienische und französische Oper des 19. Jahrhunderts veröffentlicht. Zur Zeit arbeitet sie an einer kritischen Ausgabe von Donizettis *Dom Sébastien*.

John Tyrrell ist Dozent für Opernwissenschaft an der University of Nottingham. Er verfaßte ausführliche Beiträge zur tschechischen Oper für *The New Grove Dictionary of Opera* und das *Penguin Dictionary of Opera*. Sein Buch *Czech Opera* (Cambridge 1988) erschien 1992 in tschechischer Übersetzung. Er ist ausgewiesener Janáček-Kenner und schrieb die Begleittexte zu den legendären Decca-Aufnahmen der Opern Janáčeks; gemeinsam mit Sir Charles Mackerras rekonstruierte er die Originalfassung von *Jenůfa*. Sein Buch *Janáček's Operas: A Documentary Account* erschien 1992; seine Übersetzung der Briefe Janáčeks an Kamila Stösslová (*Intimate Letters*) 1994 bei Faber.

WEITERFÜHRENDE LITERATUR*

Einleitung

Darstellungen zur Operngeschichte gibt es schon vor dem 19. Jahrhundert. Die beiden frühen Werke zur Operngeschichte von H.S. Edward, *History of Opera from Monteverdi to Donizetti*, London 1862, und R.A. Streatfield, *The Opera*, London 1897, findet man heute gelegentlich noch in Antiquariaten. Die gründlichste Operngeschichte des 20. Jahrhunderts ist Donald Jay Grout, *A Short History of Opera*, New York 1947; [3]1988, rev. von W.H. Williams. In der von Stanley Sadie hrsg. *History of Opera*, London 1989, findet man zahlreiche interessante Beiträge. Leslie Orrey, *Opera: A Concise History*, London 1972, rev. von R. Milney 1987, ist knapp und leicht erreichbar. Die *Storia dell'opera italiana*, Turin 1987ff., die Lorenzo Bianconi und Giorgio Pestelli herausgeben, und von der bisher drei Bände erschienen sind, setzt durch die große kulturhistorische Breite der Darstellung neue Maßstäbe; dt. *Geschichte der italienischen Oper. Systematischer Teil*, Bde. 4–6, Laaber 1990ff.

Einige wichtige Nachschlagewerke sind in den letzten Jahren erschienen. *The Oxford Dictionary of Opera*, hrsg. von John Warrack und Ewan West, Oxford 1992, ist ein handliches einbändiges Lexikon. Größer und erschöpfender ist *The Viking Opera Guide*, hrsg. von Amanda Holden, Harmondsworth 1993. Wohl auf lange Zeit hin wird das in vier Bänden von Stanley Sadie hrsg. *New Grove Dictionary of Opera*, London 1992, das Standardwerk schlechthin sein. Von den älteren Lexika wird *Kobbé's Complete Opera Book* in der rev. Fassung von Earl of Harewood, London 1987, noch vielfach verwendet, vor allem wegen seiner ausführlichen Inhaltsangaben. Alfred Loewenberg, *Annals of Opera 1597–1940*, 1947, rev. von H. Rosenthal, London 1978, informiert über die örtlichen Erstaufführungen zahlreicher Opern.

Joseph Kerman, *Opera as Drama*, 1956, rev. Ausgabe Berkeley 1988, bietet nach wie vor kontroverse und anregende Lektüre zur Oper. Herbert Lindenberger, *Opera: The Extravagant Art*, Ithaca, NY 1984, und Paul Robinson, *Opera and Ideas: From Mozart to Strauss*, New York 1985, sind wichtige Beiträge von Autoren außerhalb der engeren Fachwelt. Michel Poizat, *The Angel's Cry: Beyond the Pleasure Principle in Opera*, Ithaca, NY 1992, vermittelt eine eigenwillige, von französischen psychoanalytischen Modellen her angelegte Interpretation. Carolyn Abbate, *Unsung Voices: Opera and Musical Narrative in the Nineteenth Century*, Princeton 1991, ist eine glänzend formulierte Suche nach dem wahren Kern der Oper.

* Die von den Autoren der jeweiligen Kapitel erstellten kommentierten Bibliographien sind im folgenden ins Deutsche übersetzt. Titel, die in Original auf deutsch erschienen oder in deutscher Übersetzung erhältlich sind, werden an Ort und Stelle ergänzt. Am Ende der jeweiligen Kapitel werden zusätzliche Literaturhinweise für deutschsprachige Leser gegeben.

Carl Dahlhaus, Die Musik des 19. Jahrhunderts, Wiesbaden 1980 (= Neues Handbuch der Musikwissenschaft Bd. 6)

Pipers Enzyklopädie des Musiktheaters in 6 Bänden und einem Registerband. Oper, Operette, Musical, Ballett, hrsg. von Carl Dahlhaus und dem Forschungsinstitut für Musiktheater der Universität Bayreuth, Bde. 1–6, München Zürich 1986–1997.

Ulrich Schreiber, *Opernführer für Fortgeschrittene. Eine Geschichte des Musiktheaters*, bisher 2 Bde., Kassel 1988 ff.

Handbuch der Oper, hrsg. von Rudolf Kloiber und Wulf Konold, München [7]1993

Attila Csampai, Dietmar Holland, *Opernführer*, Hamburg [2]1993

Anna Amalie Abert, *Geschichte der Oper*, Kassel/Stuttgart 1984

Sieghart Döhring, *Oper und Musikdrama im 19. Jahrhundert*, Laaber 1998 (= Handbuch der musikalischen Gattungen 12)

Robert Donington, *Geschichte der Oper*, München 1997

Rolf Fath, *Reclams Opernführer*, 35. erweiterte Auflage, Stuttgart 1997

Rolf Fath, *Reclams Opern CD-Rom*, Stuttgart 1997

1. Das siebzehnte Jahrhundert

Das Zeitalter ist in der Literatur umfassend bearbeitet. Im folgenden sind nur die wichtigsten Quellen genannt, denen man weitere Hinweise entnehmen kann. Zur umfassenden Übersicht dient nach wie vor Donald Jay Grout, *A Short History of Opera*, New York 1947; [3]1988 rev. von W. H. Williams, die aber teilweise überholt ist. Robert Donington, *The Rise of Opera*, London 1981, konzentriert sich eher auf philosophische Fragen und Lorenzo Bianconi, *Music in the Seventeenth Century*, Cambridge 1987, behandelt auf neue und oft erhellende Weise soziale, ökonomische und ideologische Fragestellungen.

Nino Pirrottas ausgezeichnete Arbeit *Music and Theatre from Poliziano to Monteverdi*, Cambridge 1982, ist unverzichtbar für den ersten Teil des 17. Jahrhunderts (wie auch für die Vorläufer im 16. Jahrhundert). Oliver Strunk, *Source Readings in Music History: From Classical Antiquity to the Romantic Era*, London 1952, bietet wichtige Quellen in englischer Übersetzung. Die frühe Oper sowie weitere festliche Veranstaltungen in Florenz werden von Tim Carter in seinem Buch *Jacobo Peri (1561–1633): His Life and Works*, New York und London 1989, und von Frederick W. Sternfeld in *The Birth of Opera*, Oxford 1993, behandelt. Zeitgenössische Darstellungen findet man in Aloys M. Nagler, *Theatre Festivals of the Medici 1539–1637*, Nachdruck New York 1976. Robert L. und Norma W. Weaver, *A Chronology of Music in the Florentine Theater, 1590–1750: Operas, Prologues, Finales, Intermezzos and Plays with Incidental Music*, Detroit 1978, bietet wertvolle Verzeichnisse. Über Monteverdi informiert man sich in Paolo Fabbri, *Monteverdi*, Turin 1985, eine englische Übersetzung ist bei Cambridge University Press geplant. Denis Arnold, *Monteverdi*, in der Serie »Master Musicians«, London [3]1990, ist immer noch nützlich. Die wichtigsten Einführungen zu Monteverdis erster und letzter Oper stammen von John Whenham (Hrsg.): *Claudio Monteverdi: »Orfeo«* in der Serie der *Cambridge Opera Handbooks* (1986) und von Iain Fenlon und Peter Miller, *The Song of the Soul: Understanding »Poppea«*, London 1992. Gary Tomlinson, *Monteverdi and the End of the Renaissance*, Oxford 1987, steuert einige wichtige, zum Teil aber auch recht eigenwillige Überlegungen zu der fraglichen Epoche bei.

Über die Oper in Rom informiert man sich bei Margaret Murata, *Operas for the Papal Court, 1631-1668*, Ann Arbor 1981. Ellen Rosand behandelt in ihrem eindrucksvollen Werk *Opera in Seventeenth-*

Century Venice: The Creation of a Genre, Berkeley 1991, die Oper in Venedig. In ihrem Werk gibt sie eine Vielzahl italienischer Quellen in englischer Übersetzung. Ihre Arbeit ersetzt Simon Townley Worsthorne, *Venetian Opera in the Seventeenth Century*, rev. Ausgabe Oxford 1968, und Jane Glover, *Cavalli*, London 1978. Reisende Opernunternehmen werden von Lorenzo Bianconi und Thomas Walker behandelt: *Dalla* Finta pazza *alla* Veremonda*: storie di Febiarmonici*, in: Rivista Italiania di Musicologia 10, 1975, 379–454. Ökonomische und andere Fragen behandeln dieselben Autoren in: *Production, Consumption and Political Function of Seventeenth-Century [Italian] Opera*, in: Early Music History 4, 1984, 209–296. *Il secolo cantante: per una storia del libretto d'opera nel Seicento*, Bologna 1990, von Paolo Fabbri ist ein wichtiger erster Schritt zur Erforschung der Libretti im 17. Jahrhundert. Andere wichtige Details kann man der Arbeit von Renate Döring, *Ariostos »Orlando furioso« im italienischen Theater des Seicento und Settecento*, Hamburg 1973, und den Untersuchungen von Maria Antonella Balsano und Thomas Walker (Hrsg.) in *Tasso, la musica, i musicisti*, Florenz 1988, entnehmen. Die von Michael Collins und Elise K. Kirk hrsg. Aufsätze in dem Band *Opera & Vivaldi*, Austin 1984, beleuchten wichtige Aspekte der Oper im 17. und 18. Jahrhundert. Die Serie *Dramaturgia musicale veneta*, Mailand 1983ff., ist eine wichtige Sammlung faksimilierter zeitgenössischer Quellen.

Über die Operngeschichte Frankreichs informiert nach wie vor James R. Anthony, *French Baroque Music: From Beaujoyeaulx to Rameau*, London ²1978, obwohl Robert M. Isherwood, *Music in the Service of the King: France in the Seventeenth Century*, Ithaca, NY 1973, ebenfalls noch hilfreich ist. Detaillierter Untersuchungen verdanken wir Joyce E. Newman, *Jean-Baptiste de Lully and his Tragédies lyriques*, Ann Arbor 1979, und Cuthbert Girdlestone, *La Tragédie en musique (1673–1750) considérée comme genre littéraire*, Genf 1972. England zu dieser Zeit wird am besten von Curtis A. Price in seiner Studie *Music in the Restoration Theatre, with a Catalogue of Instrumental Music in the Plays 1665–1713*, Ann Arbor 1979, und in *Henry Purcell and the London Stage*, Cambridge 1984, beleuchtet. In der bei Norton erschienenen Kritischen Ausgabe von Purcells Oper *Dido and Aeneas*, New York 1986, finden sich ebenfalls einige wichtige Hinweise.

Quellentexte zur Konzeption der europäischen Oper im 17. Jahrhundert, hrsg. v. Heinz Becker, Kassel etc. 1981

Ulrich Schreiber, *Opernführer für Fortgeschrittene. Eine Geschichte des Musiktheaters. Bd. 1. Von den Anfängen bis zur Französischen Revolution*, Kassel etc. 1988

Herbert Schneider, *Die Rezeption der Opern Lullys im Frankreich des Ancien régime*, Tutzing 1982 (= Mainzer Studien zur Musikwissenschaft 16)

Regine Klingsporn, *Jean Philippe Rameaus Opern im ästhetischen Diskurs ihrer Zeit. Opernkomposition, Musikanschauung und Opernpublikum in Paris 1733–1753*, Stuttgart 1996

Wolfgang Osthoff, *Das dramatische Spätwerk Claudio Monteverdis*, Tutzing 1960

Anna Amalie Abert, *Claudio Monteverdis Bedeutung für die Entstehung des musikalischen Dramas*, Darmstadt 1979

Silke Leopold, *Monteverdi und seine Zeit*, Laaber ²1993

Monteverdi. Briefe 1601–1643, hrsg. und kommentiert von Denis Stevens, München 1989

Heinz-Klaus Metzger (Hrsg.), *Claudio Monteverdi: Um die Geburt der Oper*, München 1995 (= Musik-Konzepte 88)

In Teutschland noch gantz ohnbekandt: Monteverdi-Rezeption und frühes Musiktheater im deutschsprachigen Raum, hrsg. von Markus Engelhardt, Frankfurt/Berlin/Bern/New York/Paris/Wien 1996 (= Perpektiven der Opernforschung 3)

2. Das 18. Jahrhundert: Opera seria

Keine Publikation übertrifft an Reichhaltigkeit und Unmittelbarkeit des ausführlichen Kommentars die Reisenotizen von Charles Burney, *The Present State of Music in France and Italy*, London 1773; dt. *Tagebuch einer musikalischen Reise*, Hamburg 1772/73 (Reprint Wilhelmshaven 1980, ^{3}1991), sowie die *Lettres historiques et critiques sur l'Italie* von Charles de Brosses, Paris 1799. Unter den neueren Werken ist Vernon Lee, *Studies of the Eighteenth Century in Italy*, London 1880, ^{2}1907, nach wie vor eine der elegantesten Einführungen in die Welt der Opera seria in Italien, obwohl Michael Robinsons Studie *Naples and Neapolitan Opera*, Oxford 1972, und Dennis Libbys ausgezeichnetes Kapitel *Italy: Two Opera Centres*, in *Man & Music: The Classical Style*, London 1989, nun eine umfassendere und besser belegte Einführung in diese Epoche bieten. Literarische Aspekte der Hinwendung zu Texten der Schäferdichtung, die in der Oper des siebzehnten Jahrhunderts große Bedeutung erlangten, wird nach wie vor umfassend von Nathaniel Burt, *Opera in Arcadia*, in: Musical Quarterly 41, 1955, 145–170, dargestellt. Alan York-Long gibt reichhaltige Einblicke in das an vier Höfen gepflegte Genre in *Music at Court*, London 1954.

Edward Dents schon klassische Studie *Alessandro Scarlatti*, London 1905, wurde durch Thomas Walker 1960 auf einen neueren Stand gebracht. Winton Dean hat Händels Opern in großer Breite – in seinem Werk *Handel and the Opera seria*, Berkeley 1969 – und äußerst gründlich untersucht: *Handel's Operas 1704–26*, Oxford 1987 (zusammen mit J. Merrill Knapp). Fragen zu Rameau und zur französischen Oper beantwortet am besten James R. Anthony in seinem Buch *French Baroque Music*, London ^{2}1978. Die Opera seria in Deutschland wird von Thomas Bauman, *North German Opera in the Age of Goethe*, Cambridge 1985, dargestellt.

Daniel Heartz hat sich in zwei bisher unübertroffenen Aufsätzen in umfassender Weise mit der Situation der Opera seria in Italien zur Jahrhundertmitte auseinandergesetzt: *From Garrick to Gluck*, in: Proceedings of the Royal Musical Asssociation 94, 1967/68, 111–127, und *Hasse, Galuppi and Metastasio*, in: *Venezia e il melodramma nel Settecento*, Florenz 1981, 309–339. Seine Aufsätze zu Mozarts *Opere serie* in *Mozart's Operas*, Berkeley 1990, ersetzen die eher kursorische Behandlung, die Dent diesen Werken in seiner Veröffentlichung *Mozart's Operas*, London 1913, ^{2}1947, Nachdruck 1991, gab und verdeutlichen so die Veränderungen in der Einschätzung dieses Genres in der heutigen Musikwissenschaft. Man vergleiche hierzu den von Don Neville in *Studies in Music from the University of Western Ontario* 7, 1982, herausgegebenen Abdruck von Symposiumsbeiträgen sowie Marita McClymonds Artikel *Opera seria*, in: *The New Grove Dictionary of Opera*, London 1992, Bd. 3, 698–707 und die dort verzeichnete neueste Literatur.

Reinhard Strohm, *Italienische Opernarien des frühen Settecento (1720–1730)*, 2 Bde., Köln 1976

Reinhard Strohm, *Die italienische Oper im 18. Jahrhundert*, zweite verbesserte und erweiterte Auflage, Wilhelmshaven 1994

Ulrich Schreiber, *Opernführer für Fortgeschrittene. Eine Geschichte des Musiktheaters. Bd. 1. Von den Anfängen bis zur Französischen Revolution*, Kassel etc. 1988

Paul Henry Lang, *Georg Friedrich Händel. Sein Leben, sein Stil und seine Stellung im englischen Geistes- und Kulturleben*, Basel 1979

Händel auf dem Theater. Bericht über die Symposien der Internationalen Händel-Akademie Karlsruhe 1986 und 1987, hrsg. von Hans Joachim Marx, Laaber 1988 (= Veröffentlichungen der Internationalen Händel-Akademie 2)

Aufführungspraxis der Händel-Oper. Bericht über die Symposien der Internationalen Händel-Akademie Karls-

ruhe 1988 und 1989, hrsg. von Hans Joachim Marx, Laaber 1990 (= Veröffentlichungen der Internationalen Händel-Akademie Karlsruhe 3)

Gattungskonventionen der Händel-Opern. Bericht über die Symposien der Internationalen Händel-Akademie Karlsruhe 1990 und 1991, hrsg. von Hans Joachim Marx, Laaber 1992 (= Veröffentlichungen der Internationalen Händel-Akademie Karlsruhe 4)

Zur Dramaturgie der Barockoper, Bericht über die Symposien der Internationalen Händel-Akademie Karlsruhe 1992 und 1993, hrsg. von Hans Joachim Marx, Laaber 1994 (= Veröffentlichungen der Internationalen Händel-Akademie Karlsruhe 5)

Albert Scheibler, *Sämtliche 53 Bühnenwerke des Georg Friedrich Händel*, Köln 1995

Alfred Einstein, Gluck – Sein Leben, seine Werke, rev. Neuausgabe Kassel 1987

Klaus Hortschansky (Hrsg.), *Christoph Willibald Gluck und die Opernreform*, Darmstadt 1989

Gabriele Buschmeier, *Die Entwicklung von Arie und Szene in der französischen Oper von Gluck bis Spontini*, Tutzing 1991

Hanspeter Renggli, *Die frühe Gluck-Rezeption in Frankreich. Ästhetische, kompositionstechnische und gattungsgeschichtliche Aspekte*, Bern 1993

Joseph Haydn und die Oper seiner Zeit. Bericht über das internationale Symposium Eisenstadt, 8.–10. Dezember 1988, hrsg. von Gerhard J. Winkler, Eisenstadt 1992 (= Wissenschaftliche Arbeiten aus dem Burgenland 90)

Regina Wochnik, *Die Musiksprache in den opere semiserie Joseph Haydns unter besonderer Berücksichtigung von »L'incontro improvviso«*, Hamburg 1993 (= Hamburger Beiträge zur Musikwissenschaft 42)

3. Das 18. Jahrhundert: die Opera buffa

Die recht komplexe Situation der Opera buffa in Italien während der ersten Hälfte des 18. Jahrhunderts wird von Michael Robinson in *Naples and Neapolitan Opera*, Oxford 1972, angesprochen. Wegweisende Artikel zur Entstehung der eigentlichen Opera buffa verdanken wir Daniel Heartz, *The Creation of the Buffo Finale in Italien Opera*, in: *Proceedings of the Royal Musical Association* 104, 1977–78, 67–78, und vor allem seinem Aufsatz Vis comica*: Goldoni, Galuppi, and* L'Arcadia in Brenta *(Venedig 1749)*, in: *Venezia e il melodramma nel Settecento*, Florenz 1981, Bd. 2, 33–69.

Über die landessprachlichen Traditionen der Opera buffa mit gesprochenen Dialogen in Frankreich, England und Deutschland informiert man sich am besten in David Charlton, *Grétry and the Growth of Opéra Comique*, Cambridge 1986, in Roger Fiskes umfassendem Werk *English Theatre Music in the Eighteenth Century*, London 1973, ²1987 und in Thomas Bauman, *North German Opera in the Age of Goethe*, Cambridge 1985.

Die zweite Hälfte des Jahrhunderts wird natürlich bestimmt durch Untersuchungen der *opere buffe* Mozarts. (Leider gibt es nur wenige englischsprachige Studien zu Mozarts Zeitgenossen.) Die gleichnamigen Monographien von Edward Dent *Mozart's Operas*, London 1913, ²1947, Nachdruck 1991, und Daniel Heartz, Berkeley 1990, vermitteln ergänzende Information durch zwei der bedeutendsten Mozartforscher Englands. In diesen Zusammenhang gehört auch Wye J. Allanbrooks umfangreiche und kluge Studie *Rhythmic Gesture in Mozart: Le nozze di figaro and Don Giovanni*, Chicago 1983. Andrew Steptoe untersucht den soziologischen Hintergrund der großen *Opere buffe* in *The Mozart-Da Ponte Operas*, Oxford 1988. Eher eigenwilligere Interpretationen werden in William Manns Überblick *The Operas of Mozart*, London 1977, Brigid Brophys physchoanalytischer Studie *Mozart the Dramatist*, London 1964, ²1988, und Ivan Nagels politisch-philosophischen Ausführungen *Autonomie und Gnade. Über Mozarts Opern*, 3. stark veränderte Auflage München 1988.

Helmut Christian Wolff, *Die venezianische Oper in der zweiten Hälfte des 17. Jahrhunderts. Ein Beitrag zur Geschichte der Musik und des Theaters im Zeitalter des Barock*, Berlin 1937 (Reprint Bologna 1975)
Sabine Henze-Döhring, *Opera seria – Opera buffa und Mozarts »Don Giovanni«. Zur Gattungskonvergenz in der italienischen Oper des 18. Jahrhunderts*, Laaber 1986
Zwischen Opera buffa und Melodramma. Italienische Oper im 18. und 19. Jahrhundert. 11 Beiträge, hrsg. von Jürgen Maehder, Frankfurt/Berlin/Bern/New York/Paris/Wien 1994 (= Perspektiven der Opernforschung 1)
Colloquium Alessandro Scarlatti Würzburg 1975, hrsg. von Wolfgang Osthoff und Jutta Ruile-Dronke, Tutzing 1979 (= Würzburger Musikhistorische Beiträge 7)
Alessandro Scarlatti und seine Zeit. L'Opéra-Studio de Genève, hrsg. von Max Lütolf, Bern/Stuttgart/Wien 1995
Rudolph Angermüller, *Mozart. Die Opern von der Uraufführung bis heute,* Frankfurt/Berlin 1988
Hermann Abert, *W. A. Mozart,* Leipzig 1919–1921, [11]1989
Joachim Kaiser, *Mein Name ist Sarastro. Die Gestalten in Mozarts Meisteropern von Alfonso bis Zerlina,* 5. erweiterte Neuausgabe, München 1991
Mozart. Die DaPonte-Opern, hrsg. von Heinz-Klaus Metzger, München 1991 (= Musik-Konzepte, Sonderband 1991)
Wolfgang Willaschek, *Mozart-Theater. Vom* Idomeneo *bis zur* Zauberflöte, Stuttgart 1995
Stefan Kunze, *Mozarts Opern,* Stuttgart [2]1996
In der von Attila Csampai und Dietmar Holland herausgegebenen, leider vergriffenenen Reihe »rororo-Opernbücher« sind zu folgenden Opern Mozarts Einführungsbände mit Texten, Materialien und Kommentaren sowie einem einleitenden Essay erschienen: *Idomeno, Die Entführung aus dem Serail, Le nozze di Figaro, Don Giovanni, Così fan tutte* und *Die Zauberflöte.*
Carl Dahlhaus/Norbert Miller, *Europäische Romantik in der Musik.* Bd. 1: *Oper und sinfonischer Stil 1770–1820,* Stuttgart 1998
In der von Kurt Pahlen herausgegebenen Reihe »Opern der Welt« bei Atlantis/Schott sind zu folgenden Opern Mozarts Einführungsbände erschienen: *Die Entführung aus dem Serail, Figaros Hochzeit, Don Giovanni, Così fan tutte, Die Zauberflöte*

4. Das 19. Jahrhundert: Frankreich

In *The New Grove Dictionary of Opera,* London 1992, findet man zahlreiche Einträge zu einzelnen Städten, Gattungen, zu bühnentechnischen und literarischen Fragen. Auf unterschiedliche Weise wird die vielfältige Kulturgeschichte dieser Zeit in vier Studien dargelegt: Hugh Honour, *Neo-Classicism* und *Romanticism*, Harmondsworth 1968 bzw. 1979, Emmet Kennedy, *A Cultural History of the French Revolution,* New Haven 1989, und in der von D. G. Charlton herausgegebenen maßgeblichen Studie *The French Romantics*, 2 Bde., Cambridge 1984. Für die an autobiographischen Enthüllungen reiche Zeit sind Briefe und Memoirenwerke eine unverzichtbare Quelle. Zu den englischen Beobachtern zählt der Zweite Vicomte Palmerston, dessen Schriften in Auswahl in *Portrait of a Whig Peer*, hrsg. von Brian Connell, publiziert sind, London 1957, und John Moore, *A Journal during a Residence in France...1792,* London 1793. Ins Englische übersetzte Quellen sind unter anderem *The Memoirs of Hector Berlioz*, hrsg. von David Cairns, London 1969 (mehrere weitere Editionen; dt. H. B., *Memoiren*, hrsg. von Wolf Rosenberg, München 1979), *The Journal of Eugène Delacroix*, hrsg. von Walter Pach, New York 1937, (weitere Editionen; dt. E. D. *Mein Tagebuch,* Zürich 1993), und *Giacomo Meyer-*

beer. His Life as Seen through his Letters, hrsg. von Heinz und Gudrun Becker, Portland, Or. 1989; dt. *Giacomo Meyerbeer. Ein Leben in Briefen*, Wilhelmshaven 1983. Berlioz' *Evenings with the Orchestra*, hrsg. von Jacques Barzun, Chicago 1956 (dt. *Hector Berlioz. Abendunterhaltungen im Orchester*, = H. B.: *Literarische Werke* Bd. 8, Leipzig 1909) ist eine typisch romantische Verbindung von musikalischer Kritik und dichterischer Erfindung, bei der die Oper im Mittelpunkt steht. Briefe französischer Komponisten sind herausgegeben von Julien Tiersot (*Lettres de musiciens écrites en français*, Turin 1924 und Mailand 1936) und von Marc Pincherle (*Musiciens peints par eux-mêmes*, Paris 1939).

Darstellungen zur Geschichte von Theater und zum Schauspiel enthalten heutzutage selbstverständlich Informationen über die Oper, deren bedeutendem Platz im Kulturbetrieb des 19. Jahrhunderts Rechnung getragen wird. Umgekehrt können Darstellungen zur Operngeschichte auch politische und literarische Fragen behandeln. Marvin Carlson, *The Theater of the French Revolution*, New York 1966, und Herbert Lindenberger, *Historical Drama*, Chicago 1975, gehören zu der ersten Gruppe von Literatur, dagegen T. J. Walsh, *Second Empire Opera: The Théâtre Lyrique, Paris, 1851–1879*, London 1981, Lindenberger, *Opera: The Extravagant Art*, Ithaca, NY 1984, und Jane Fulcher, *The Nation's Image: French Grand Opera as Politics and Politicized Art*, Cambridge 1987, in die zweite Gruppe. Peter Blooms Sammelwerk *Music in Paris in the Eighteen-Thirties*, New York 1987, enthält wichtige Kapitel zur *grand opéra*, zum Théâtre-Italien und den Boulevard-Theatern. Der überall zu spürende Einfluß des Romans wird von Jerome Mitchell in *The Walter Scott Operas*, Birmingham Ala. 1977, und in einigen neueren Werken, darunter Gary Schmidgall, *Literature as Opera*, New York 1977, untersucht. H. Robert Cohen hat in *The Original Staging Manuals for Twelve Parisian Operatic Premières*, New York 1991, faszinierende Dokumente herausgegeben.

Es gibt nicht viele englische Monographien zu französischen Komponisten. Berlioz wird dabei häufiger behandelt als andere Komponisten, zum Beispiel in David Cairns, *Berlioz: The Making of an Artist*, London 1989, D. Kern Holoman, *Berlioz*, London 1989, und Ian Kemps ausführlichem Handbuch zu *Les Troyens*, Cambridge 1988. Winton Dean, *Bizet*, rev. London 1975 (dt. Stuttgart 1988), gehört zu den klassischen Arbeiten. Zu zwei anderen Komponisten wurden in neuerer Zeit Forschungsergebnisse veröffentlicht: *Jacques Offenbach* von Alexander Faris, London 1980 (dt. Zürich 1982), und *The Operas of Charles Gounod* von Steven Huebner, Oxford 1990. Der besondere Fall von Chabrier wird in dem liebevoll gezeichneten *Emmanuel Chabrier and his Circle* von Rollo Myers, London 1969, beleuchtet. Wagners Aufsätze zu Halévy und Auber sind schwieriger zu finden; sie sind enthalten in *Richard Wagner's Prose Works*, hrsg. von W. A. Ellis (Band V, 1896), 35–55 und Band VIII (1899), 175–200; dt. Richard Wagner, *Gesammelte Schriften und Dichtungen*, Bde. 1–10, Leipzig 1887/88, Reprint Hildesheim 1976, Bd. 1, S. 241–257, *Bericht über eine neue Pariser Oper (»La Reine de Chypre« von Halévy)*, und Bd. 9, S. 42–60, *Erinnerungen an Auber*.

Georg Knepler, *Musikgeschichte des 19. Jahrhunderts*, 2 Bde., Berlin 1961 (Bd. 1)

Heinz Becker (Hrsg.), *Die »Couleur locale« in der Oper des 19. Jahrhunderts*, Regensburg 1976

Carl Dahlhaus, *Die Musik des 19. Jahrhunderts*, Wiesbaden 1980 (= Neues Handbuch der Musikwissenschaft 6)

Anselm Gerhard, *Die Verstädterung der Oper. Paris und das Musiktheater des 19. Jahrhunderts*, Stuttgart/Weimar 1992

Ulrich Schreiber, *Opernführer für Fortgeschrittene. Eine Geschichte des Musiktheaters. Bd. 2. Das 19. Jahrhundert*, Kassel etc. 1993

Frank Labussek, *Zur Entwicklung des französischen Opernlibrettos im 19. Jahrhundert. Stationen des ästhetischen Wandels*, Frankfurt/Berlin 1994 (= Europäische Hochschulsschriften)

Klaus Ley, *Die Oper im Roman. Erzählkunst und Musik bei Stendhal, Balzac und Flaubert,* Heidelberg 1995 (= Studia Romanica 83)
Wolfgang Dömling, *Berlioz und seine Zeit,* Laaber 1986
Giacomo Meyerbeer, *Briefwechsel und Tagebücher,* hrsg. von Heinz und Gudrun Becker, Bde. 1–4, Berlin 1959–1985
Reiner Zimmermann, *Giacomo Meyerbeer. Eine Biographie nach Dokumenten,* Berlin 1991
In der von Attila Csampai und Dietmar Holland herausgegebenen, leider vergriffenenen Reihe »rororo-Opernbücher« sind zu folgenden Opern Einführungsbände mit Texten, Materialien und Kommentaren sowie einem einleitenden Essay erschienen: Georges Bizet, *Carmen* und Jacques Offenbach, *Hoffmanns Erzählungen.*

5. Das 19. Jahrhundert: Italien

David Kimbell gibt in den Kapiteln 21–32 seiner *Italian Opera,* Cambridge 1991, eine aktuelle Untersuchung der italienischen Oper im 19. Jahrhundert. Kimbell räumt Rossini, Bellini und Verdi den ihnen gebührenden Platz ein, während er Donizetti zu knapp behandelt und Puccini ein wenig vernachlässigt. Eine ausgewogenere und reich illustrierte Darstellung dieser Zeit gibt William Weaver, *The Golden Century of Italien Opera: From Rossini to Puccini,* New York 1988.

Die Euphorie, die Rossini in seiner Zeit durch seine Werke auslöste, läßt sich Stendhals teilweise wenig verläßlichem Werk *Life of Rossini,* entnehmen, das in der Übersetzung und mit Kommentaren von Richard N. Coe vorliegt (Seattle 1970; dt. Ausgabe Frankfurt a.M. 1988); Herbert Weinstock, *Rossini,* New York 1968 (dt. *Rossini,* Aldiswil 1981), zeichnet sich eher durch die biographischen Abschnitte denn durch seine Behandlung der musikalischen Werke Rossinis aus. Ein durchaus lesenswertes, wenn auch etwas veraltetes Werk ist Radiciottis dreibändige Biographie *Gioacchino Rossini, vita documentata, opere ed influenza su l'arte,* Tivoli 1927–29. Eine gute Zusammenfassung von Leben und Werk bietet Richard Osborne, *Rossini,* rev. Auflage London 1993 (dt. München 1988).

Die umfassendste Arbeit zu Donizetti ist William Ashbrook, *Donizetti and his Operas,* Cambridge 1982, eine völlige Umarbeitung seiner früheren Biographie *Donizetti,* London 1965. Zusätzliches Material findet man in Herbert Weinstock, *Donizetti and the World of Opera in Italy, Paris and Vienna,* London 1964 (dt. Aldiswil 1983). Robert Steiner-Isenmann gibt im Anhang seiner Biographie *Gaetano Donizetti: Sein Leben und seine Opern,* Bern 1982, dankenswerterweise eine Chronologie, Inhaltsangaben, eine Diskographie und eine Diskussion unterschiedlichster stilistischer Details.

Für Bellini ist eine neue, umfassende Untersuchung in englischer Sprache dringlicher als für alle anderen hier genannten Komponisten. Bis zu einer solchen neuen Arbeit ist die am besten greifbare Untersuchung die Studie von Leslie Orrey, *Bellini,* die im Rahmen der *Master Musician series,* London 1969, veröffentlicht wurde. Für Leser, die das Italienische beherrschen, bringen Adamo und Lippmann in ihrer Arbeit *Vincenzo Bellini,* Turin 1981, zahlreiche neue Erkenntnisse.

Julian Buddens dreibändige Arbeit *The Operas of Verdi,* London 1973, 1979 und 1981, rev. Ausgabe Oxford 1992, gehört zu den Glanzpunkten der neueren Verdi-Forschung. Andere nützliche Bücher sind *The Verdi Companion,* hrsg. von William Weaver und Martin Chusid, New York 1979, David Kimbell, *Verdi in the Age of Italien Romanticism,* Cambridge 1981, und Frank Walker, *The Man Verdi,* London 1962. Zu den problematischsten Büchern im Rahmen der umfassenden Verdi-Literatur gehört Franco Abbiatis vierbändige Arbeit *Giuseppe Verdi,* Mailand 1959, die eine Fülle von Ungenauigkeiten verzeichnet, gleichzeitig aber wichtige Quellen enthält. Mary Jane Phillips-Matz gibt in ihrem Band *Verdi: A Biography*, Oxford 1993, eine detaillierte Darstellung von Verdis Leben mit zahlreichen neuen Einzelheiten.

»Donquichottisch und doch nützlich« – so definiert man Mosco Carner, *Puccini: A Critical Biography*, London 1958, rev. Ausgabe 1974 (dt. Frankfurt a. M. 1996), am besten. William Ashbrook beschränkt sich in *The Operas of Puccini*, Ithaca, NY 1985, auf die Bühnenwerke, die er in einen größeren Zusammenhang stellt. Zahlreiche, aber nicht alle Briefe Puccinis enthält die von Eugenio Gara hrsg. Publikation *Carteggi pucciniani*, Mailand 1958. Weitere Briefe finden sich in Giuseppe Adami, *Giacomo Puccini: Epistolario* (in englischer Übersetzung: New York 1974) und in Vincent Seligman, *Puccini among Friends*, New York 1938.

Erschöpfende Bibliographien zu diesen und weiteren Komponisten werden in *The New Grove Dictionary of Opera*, London 1992, gegeben.

Carl Dahlhaus, *Die Musik des 19. Jahrhunderts*, Wiesbaden 1980 (= Neues Handbuch der Musikwissenschaft 6)

Ulrich Schreiber, *Opernführer für Fortgeschrittene. Eine Geschichte des Musiktheaters. Bd. 2. Das 19. Jahrhundert*, Kassel etc. 1993

Philip Gossett, *Meister der italienischen Oper: Rossini, Donizetti, Bellini, Verdi, Puccini*, Stuttgart/Weimar 1993 (The new Grove – die großen Komponisten)

Zwischen Opera buffa und Melodramma. Italienische Oper im 18. und 19. Jahrhundert, hrsg. von Jürgen Maehder und Jürg Stenzl, Frankfurt/Berlin/Bern/New York/Paris/Wien 1994 (= Perspektiven der Opernforschung 1)

Friedrich Lippmann, *Vincenzo Bellini und die italienische Opera seria seiner Zeit. Studien über Libretto, Arienform und Melodik*, Köln/Wien 1969

Giuseppe Verdi, *Briefe*, hrsg. von Werner Otto und in neuen Übersetzungen von Egon Wiszniewsky, Kassel etc. 1983

Julian Budden, *Verdi. Leben und Werk*, Stuttgart 1987

Markus Engelhardt, *Die Chöre in den frühen Opern Verdis*, Tutzing 1988 (= Würzburger musikhistorische Beiträge 11)

Birgit Pauls, *Giuseppe Verdi und das Risorgimento. Ein politischer Mythos im Prozeß der Nationenbildung*, Frankfurt/M. 1996 (= Politische Ideen 4)

Verdi-Theater, hrsg. von Udo Bermbach, Stuttgart 1997

Karl Georg Berg, *Giacomo Puccinis Opern. Musik und Dramaturgie*, Kassel etc. 1991 (= Marburger Beiträge zur Musikwissenschaft 7)

In der von Attila Csampai und Dietmar Holland herausgegebenen, leider vergriffenenen Reihe »rororo-Opernbücher« sind zu folgenden Opern Verdis und Puccinis Einführungsbände mit Texten, Materialien und Kommentaren sowie einem einleitenden Essay erschienen: *Rigoletto, Der Troubadour, La Traviata, Ein Maskenball, Aida, Othello, Falstaff, La Bohème* und *Tosca*.

In der von Kurt Pahlen herausgegebenen Reihe »Opern der Welt« bei Musik Atlantis.Schott sind zu den folgenden Opern Einführungsbände erschienen: Gioacchino Rossini, *Der Barbier von Sevilla*, Giacomo Puccini, *La Bohème, Madame Butterfly* und *Tosca*, Giuseppe Verdi, *Nabucco, Rigoletto, Der Troubadour, La Traviata, Ein Maskenball, Die Macht des Schicksals, Don Carlos, Aida, Othello, Falstaff*, Pietro Mascagni, *Cavalleria rusticana* und Ruggiero Leoncavallo, *Der Bajazzo*.

6. Das 19. Jahrhundert: Deutschland

Einen generellen Überblick über die deutsche romantische Oper findet man besten in John Warracks meisterlichem Aufsatz *Germany and Austria*, in: *History of Opera* (= The New Grove Handbook, London 1989) oder auch bei Winton Dean im Abschnitt *German Opera*, in: *The New Oxford History of Music*, Bd. 8, Oxford 1982. Warrack ist Englands führende Kapazität in Sachen Weber, dessen Opern er in seinem Werk *Carl Maria von Weber*, London 1968, [2]1976, umfassend behandelt (dt. *Carl Maria von Weber. Eine Biographie*, Hamburg und Düsseldorf 1972). Michael C. Tusa weist in seinem Aufsatz *Richard Wagner and Weber's »Euryanthe«*, in: 19th-Century Music 9, 1985–86, auf überraschende Parallelen zwischen Webers Werk und Wagners Opern *Tannhäuser* und *Lohengrin* hin. Die wichtigste englische Studie zu Spohr ist nach wie vor Clive Brown, *Louis Spohr*, Cambridge 1984. Die andere wichtige Gestalt der entstehenden deutschen romantischen Oper wird von A. Dean Palmer in *Heinrich August Marschner: His Life and Stage Works*, Ann Arbor 1980, behandelt.

Nur in einigen Fällen gibt es wissenschaftliche Untersuchungen für die in diesem Kapitel behandelten Komponisten der zweiten Garde. Gerade Lortzing und Nicolai gehören zu den Komponisten, die entsprechende Beachtung verdienten. Man kann jedoch zu Lortzing und Nicolai die entsprechenden Einträge in *The New Grove Dictionary of Opera*, London 1992, nachlesen – das gilt selbstverständlich auch für alle anderen hier genannten Komponisten. John Warrack behandelt in seinem Aufsatz *Mendelssohn's Operas*, in: *Essays in Honour of Winton Dean*, hrsg. von Nigel Fortune, Cambridge 1987, einen anderen wichtigen Zeitgenossen Wagners.

Der Bayreuther Meister selber und seine Werke wird von Barry Millington in *Wagner*, London [2]1992, gewürdigt, außerdem in *The Wagner Compendium*, hrsg. von Millington, London 1992 (dt. *Das Wagner-Kompendium*, München 1996). Dieser Sammelband enthält einen umfassenden Überblick von Thomas S. Grey zum musikalischen Hintergrund der Wagner-Opern sowie auch zu dem Einfluß, den diese Werke ausübten. Der Sammelband enthält außerdem Studien zum Werk Wagners aus unterschiedlichen Blickrichtungen von Arnold Whittall, Steward Spencer und anderen. Es gibt bemerkenswert wenige Untersuchungen zum Werk Wagners aus rein musikalischer Sicht. Ernest Newmans klassische Arbeit *Wagner Nights*, London 1949, ist hier nach wie vor am detailliertesten. *The Wagner Companion*, hrsg. von Peter Burbidge und Richard Sutton, London 1979, enthält mehrere nützliche Kapitel ebenso wie *The Wagner Handbook*, hrsg. von John Deathridge, London 1992. *Analyzing Opera: Verdi and Wagner*, hrsg. von Carolyn Abbate und Roger Parker, Berkeley 1989, enthält viel Wissenswertes für den an diesen Fachfragen interessierten Leser.

Zu Leben und Werk der Komponisten in der Nachfolge Wagners gibt es nur eine Monographie in englischer Sprache: Frank Walker hat eine Biographie von Hugo Wolf geschrieben (London 1951, dt. Graz 1953). In deutscher Sprache gibt es einen umfassenden, von Helmut Federhofer herausgegeben Band *Peter Cornelius als Komponist, Dichter, Kritiker und Essayist*, Regensburg 1977. Humperdinck wird in zwei Studien behandelt: E. Thamm, *Stilkritische Bemerkungen zum Schaffen Engelbert Humperdincks*, Köln 1974, und H. J. Irmen, *Die Odyssee des Engelbert Humperdinck: eine biographische Dokumentation*, Siegburg 1975. Peter P. Pachl, *Siegfried Wagner: Genie im Schatten*, München 1988, erw. Neuauflage 1994, ist eine wertvolle Arbeit zu Leben und Werk des Sohnes und Erben Richard Wagners.

Georg Knepler, *Musikgeschichte des 19. Jahrhunderts*, 2 Bde., Berlin 1961 (Bd. 2)
Siegfried Goslich, *Die deutsche romantische Oper*, Tutzing 1975
Carl Dahlhaus, *Die Musik des 19. Jahrhunderts*, Wiesbaden 1980 (= Neues Handbuch der Musikwissenschaft 6)

Ulrich Schreiber, *Opernführer für Fortgeschrittene. Eine Geschichte des Musiktheaters. Bd. 2. Das 19. Jahrhundert*, Kassel etc. 1993

Christoph Nieder, *Von der »Zauberflöte« zum »Lohengrin«. Das deutsche Opernlibretto in der ersten Hälfte des 19. Jahrhunderts*, Stuttgart 1989 (= Germanistische Abhandlungen 64)

Wolfgang Becker, Die deutsche Oper in Dresden unter der Leitung von Carl Maria von Weber 1817–1826, Berlin 1962 (= Theater und Drama 22)

Carl Maria von Weber und der Gedanke der Nationaloper. Wissenschaftliche Konferenz im Rahmen der Dresdner Musikfestspiele 1986, hrsg. von Günther Stephan (= 2. Wissenschaftliche Konferenz zum Thema »Dresdner Operntraditionen)

Wolfgang M. Wagner, *Carl Maria von Weber und die deutsche Nationaloper*, Mainz 1995

Louis Spohr, *Lebenserinnerungen*. Erstmals ungekürzt nach den autographen Aufzeichnungen, hrsg. von Folker Göthel, 2 Bde., Tutzing 1968

Gerald Kilian, *Studien zu Louis Spohr*, Karlsruhe 1986 (= Wissenschaftliche Beiträge Karlsruhe 16)

Albert Lortzing. Sämtliche Briefe, hrsg. von Irmlind Capelle, Kassel etc. 1995 (= Detmold-Paderborner Beiträge zur Musikwissenschaft 4)

Heinz Schirmag, *Albert Lortzing. Glanz und Elend eines Künstlerlebens*, Berlin 1995

Petra Fischer, *Vormärz und Zeitbürgertum. Gustav Albert Lortzings Operntexte*, Stuttgart 1996

Ulrich Konrad, *Otto Nicolai (1810–1849). Studien zu Leben und Werk*, Baden-Baden 1986 (= Collection d'études musicologiques 73)

Eric Werner, *Mendelssohn. Leben und Werk in neuer Sicht*, überarbeitete, erweiterte deutsche Fassung, Zürich/Freiburg 1980

Wulf Konold, *Felix Mendelsohn-Bartholdy und seine Zeit*, Laaber 1984

Karl-Heinz Köhler, *Mendelssohn*, Stuttgart/Weimar 1995 (= The new Grove – die großen Komponisten)

Richard Wagner, *Gesammelte Schriften und Dichtungen in zehn Bänden*, Leipzig 1871 ff.

Richard Wagner, *Sämtliche Briefe*, hrsg. von Gertrud Strobel und Werner Wolf, ab Bd. VI von Hans-Joachim Bauer und Johannes Forner, Leipzig 1967 ff. (bisher 8 Bde.)

Susanna Grossmann-Vendrey, *Bayreuth in der deutschen Presse. Beiträge zur Rezeptionsgeschichte Richard Wagners und seiner Festspiele*. Dokumentenbde. 1–3, Regensburg 1977–83 (= Arbeitsgemeinschaft »100 Jahre Bayreuther Festspiele« 10)

Martin Gregor-Dellin, *Richard Wagner. Sein Leben, sein Werk, sein Jahrhundert*, München/Zürich 1980

Oswald Georg Bauer, *Richard Wagner. Die Bühnenwerke von der Uraufführung bis heute*, Zürich 1982

Peter Wapnewski, *Der traurige Gott. Richard Wagner in seinen Helden*, zweite verbesserte und ergänzte Auflage, München 1980

Carl Dahlhaus, *Richard Wagners Musikdramen*, 2. überarbeitete Auflage, Zürich 1985

Richard-Wagner-Handbuch, hrsg. von Ulrich Müller und Peter Wapnewski, Stuttgart 1986

Hans-Joachim Bauer, *Richard Wagner-Lexikon*, Bergisch Gladbach 1988

Martina Srocke, *Richard Wagner als Regisseur*, München etc. 1988 (= Berliner musikwissenschaftliche Arbeiten 35).

Carl Dahlhaus, *Wagners Konzeption des musikalischen Dramas*, München und Kassel ^{2}1990

Carl Dahlhaus, John Deathridge, *Wagner*, Stuttgart 1994 (= The new Grove – die großen Komponisten)

Eckhard Roch, *Psychodrama. Richard Wagner im Symbol*, Stuttgart/Weimar 1995

Richard Wagner: »Der Ring der Nibelungen. Ansichten des Mythos, hrsg. von Udo Bermbach u. Dieter Borchmeyer, Stuttgart/Weimar 1995

Robert Donington, *Richard Wagner's »Ring des Nibelungen« und seine Symbole*, Stuttgart ^{4}1995

Cosima Wagner, *Die Tagebücher*, ediert und kommentiert von Martin Gregor-Dellin und Dietrich Mack, 2 Bde., München/Zürich 1976–1977

Cosima Wagner, *Das zweite Leben. Briefe und Aufzeichnungen 1883–1930*, hrsg. von Dietrich Mack, München/Zürich 1980

Margarete Saary, *Persönlichkeit und musikdramatische Kreativität Hugo Wolfs*, Tutzing 1984 (= Wiener Veröffentlichungen zur Musikwissenschaft 26)

Engelbert Humperdinck. Briefe und Tagebücher, hrsg. von Hans-Josef Irmen, 3 Bde., Bd. 1–2 Köln 1975, 1976, Bd. 3 Berlin 1983

In der von Attila Csampai und Dietmar Holland herausgegebenen, leider vergriffenen Reihe »rororo-Opernbücher« sind zu folgenden Opern Einführungsbände mit Texten, Materialien und Kommentaren sowie einem einleitenden Essay erschienen: Ludwig van Beethoven, *Fidelio*, Carl Maria von Weber, *Der Freischütz*, Richard Wagner, *Tannhäuser, Lohengrin, Tristan und Isolde, Die Meistersinger von Nürnberg* und *Parsifal*.

In der von Kurt Pahlen herausgegebenen Reihe »Opern der Welt« bei Musik Atlantis.Schott sind zu den folgenden Opern Einführungsbände erschienen: Ludwig van Beethoven, *Fidelio*, Carl Maria von Weber, *Der Freischütz*, Albert Lortzing, *Zar und Zimmermann*, Otto Nicolai, *Die lustigen Weiber von Windsor*, Richard Wagner, *Der fliegende Holländer, Tannhäuser, Lohengrin, Der Ring des Nibelungen, Tristan und Isolde, Die Meistersinger von Nürnberg* und *Parsifal*.

7. Russische, tschechische, polnische und ungarische Oper bis 1900

Es gibt keinen Überblick zur Oper in diesem gesamten Bereich. Jim Samsons Aufsatz *East Central Europe: The Struggle for National Identity* in dem von ihm für die Serie »Man & Music« herausgegebenen Band *The Late Romantic Era*, London 1991, gibt jedoch eine hervorragende Einleitung in den historischen und kulturellen Hintergrund und daraus hergeleitete Probleme. Unter all den nationalen Musikidiomen wurde die russische Oper in englischen Untersuchungen mit Abstand am umfassendsten untersucht. Die einzige Monographie zu diesem Thema, Rosa Newmarch, *The Russian Opera*, London ohne Jahr, ist veraltet und bietet häufig wenig mehr als Inhaltsangaben. Gerald Seaman, *History of Russian Music*, Oxford 1967, enthält Material zur frühen Periode der russischen Oper bis Dargomyschski. In Komponistenbiographien werden Opern häufig umfassend behandelt, so in David Brown, *Mikhail Glinka: A Biographical and Critical Study*, London 1974, und in der vierbändigen Studie desselben Autors *Tchaikovsky: A Biographical and Critical Study*, London 1978–92. Rimski-Korsakow wird weniger umfassend behandelt, hat aber seine eigenen Memoiren hinterlassen (*My Musical Life;* dt. N. R.-K., *Chronik meines musikalischen Lebens*, hrsg. und aus dem Russischen übertragen von Lothar Fahlbusch, Leipzig 1968), in denen die Opern umfassend behandelt werden und die in englischer Übersetzung erhältlich sind (New York 1923, revidierte Ausgabe 1942, viele Nachdrucke).

Vor allem zwei Autoren dominieren die im englischsprachigen Bereich erschienene Literatur zur russischen Oper: Gerald Abraham und Richard Taruskin. Obwohl Abraham allgemein gehaltene Überblicke zur russischen Oper in *The New Oxford History of Music*, Bd. 8, 1982 und 9, 1990, veröffentlicht hat, sind seine wichtigsten Beiträge zu diesem Thema kurze Artikel zu einzelnen Werken oder Themen, die in einer Vielzahl von Zeitschriften veröffentlicht wurden. Manche sind in

Sammelbänden zusammengefaßt worden und lassen sich den folgenden Veröffentlichungen von Abraham entnehmen: *On Russian Music*, London 1939, Nachdruck 1980, *Slavonic and Romantic Music: Essays and Studies*, London 1968, und *Essays on Russian and East European Music*, Oxford 1985. Die beiden letztgenannten Bände enthalten auch Artikel über die polnische und tschechische Oper.

Taruskins Dissertation *Opera and Drama in Russia as Preached and Practiced in the 1860s*, Ann Arbor 1981, stellt den heute fast vergessenen Alexander Serow in den Mittelpunkt seiner Darstellung, enthält aber außerdem zahlreiche Essays zu Vorläufern und Nachfolgern, die den Einfluß von Glinka und Dargomyschski beleuchten. Taruskins wichtige Essays zu Mussorgski wurden in dem Band *Musorgsky: Eight Essays and an Epilogue*, Princeton 1992, zusammengefaßt.

Es gibt nur wenig Information über die polnische und ungarische Oper in englischer Sprache. Nützliche und aktuelle Informationen kann man den CD-Beiheften entnehmen, die im Zusammenhang mit Erkels Oper *Hunyadi László* und mit Moniuszkos Oper *Halka* erschienen sind. Zu Moniuszko gibt es zwei schmale Bände auf englisch: B.M. Maciejewskis, *Moniusko: Father of Polish Opera*, London 1979, und Jan Prosnaks mit gutem Bildmaterial ausgestattete Veröffentlichung *Moniuszko*, Krakau 1980. Über Erkel kann man sich in Gyula Vébers Werk *Ungarische Elemente in der Opernmusik Ferenc Erkels*, Bildhoven 1976, infomieren, wo der historische Hintergrund und die einzelnen Opern in genauen Analysen dargestellt werden.

Zu zwei tschechischen Opernkomponisten des 19. Jahrhunderts gibt es Monographien in englischer Sprache, in denen jeweils auch die Opern in eigenen Kapiteln behandelt sind: John Clapham, *Antonín Dvorák: Musician and Craftsman*, London 1966, und *Smetana*, London 1972, sowie Brian Larges umfassendere Studie *Smetana*, London 1970. John Tyrrells Buch *Czech Opera*, Cambridge 1988, stellt die tschechische Oper in einzelnen Kapiteln zu Theater, Komponisten, Librettisten, Themen, Stimmfächern, der Verwendung von volksmusikalischen Elementen und dem Wort-Ton-Verhältnis vor.

Sigrid Neef, *Handbuch der russischen und sowjetischen Oper*, Berlin 1985

Dorothe Redepenning, *Geschichte der russischen und sowjetischen Musik*. Bd. 1: *Das 19. Jahrhundert*, Laaber 1994

Peter Tschaikowski, *Die Tagebücher*, hrsg. und mit einem Vorwort versehen von Ernst Kuhn, Berlin 1992

Vasine-Grossman, Vera Andreeva, *Michail Iwanowitsch Glinka*, hrsg. von Dieter Lehmann, Berlin 1982 (= Reihe Meister der russischen und sowjetischen Musik)

Josif Filipovič Kunin, *Nikolai Andrejewitsch Rimski-Korsakow*, Berlin 1981 (= Reihe Meister der russischen und sowjetischen Musik)

Modest Musorgskij. Aspekte des Opernwerks, hrsg. von Heinz-Klaus Metzger, München 1981 (= Musik-Konzepte 21)

Modest Mussorgsky, *Briefe*, hrsg. von Christoph Lehmann, Leipzig 1982

Modest Mussorgsky. Zugänge zu Leben und Werk. Würdigungen, Kritiken, Selbstdarstellungen, Erinnerungen, Polemiken, mit Beiträgen von Wjatscheslaw Karatygin, ausgewählt und hrsg. von Ernst Kuhn, Berlin 1995

Klaus Döge, *Dvořak. Leben – Werk – Dokumente*, Mainz 1991

In der von Attila Csampai und Dietmar Holland herausgegebenen, leider vergriffenen Reihe »rororo-Opernbücher« sind zu folgenden Opern Einführungsbände mit Texten, Materialien und Kommentaren sowie einem einleitenden Essay erschienen: Peter Tschaikowsky, *Eugen Onegin*, und Modest Mussorgskij, *Boris Godunow*.

In der von Kurt Pahlen herausgegebenen Reihe »Opern der Welt« bei Musik Atlantis. Schott sind zu den folgenden Opern Einführungsbände erschienen: Modest Mussorgski, *Boris Godunow* und Bedřich Smetana, *Die verkaufte Braut.*

8. Das 20. Jahrhundert: Bis 1945

Weiterführende Information über die Oper im 20. Jahrhundert kann man Monographien zu einzelnen Komponisten und Werken entnehmen. Zu den hier relevanten englischsprachigen Monographien gehören Halsey Stevens, *The Life and Music of Béla Bartók,* New York 1953; von Gillies rev. ³1993, George Perles zweibändige Arbeit *The Operas of Alban Berg,* Berkeley 1980 und 1984, Edward Lockspeisers zweibändiger *Debussy, his Life and Mind,* London 1962 und 1965, Antony Beaumont, *Busoni,* London 1985, Jaroslav Vogel, *Leoš Janáček,* London 1962, ²1980 (dt. Prag 1958), John Tyrrells Arbeit *Janáček's Operas: A Documentary Account,* London 1992, William Mann, *Richard Strauss: A Critical Study of the Operas,* London 1964 (dt. *Richard Strauss. Das Opernwerk, München 1967*), Norman Del Mars dreibändiger *Richard Strauss,* London 1962–72, Michael Kennedy, *Richard Strauss,* London 1976, ²1988, Eric Walter White, *Stravinsky,* London 1966, ²1979, und Stephen Walsh, *The Music of Stravinsky,* London 1988.

Die Serie »Cambridge Opera Handbooks« enthält Bände zu *Kát'a Kabanová* von John Tyrrell (1982), *Der Rosenkavalier* von Alan Jefferson (1981), *Pelléas et Mélisande* von Roger Nichols und Richard Langham Smith (1989), *Wozzeck* (1989) und *Lulu* (1991) von Douglas Jarman, *Arabella* von Kenneth Birkin (1989), *Salome* (1989) und *Elektra* (1989) von Derrick Puffett und *The Threepenny Opera* von Stephen Hinton (1990). Die Opernführer, die in London und New York in Zusammenarbeit mit der English National Opera publiziert werden, umfassen Bände zu *Der Rosenkavalier* (1982), *Pelléas et Mélisande* (1982), *Arabella* (1985), *Jenůfa* und *Katya Kabanova* (1985), *Salome* und *Elektra* (1988), *Wozzeck* (1990), *Oedipus rex* und *The Rake's Progress* (1991) sowie *The Stage Works of Béla Bartók* (1991). Hinsichtlich Schreker und Pfitzner vergleiche man Peter Franklin, *The Idea of Music,* London 1985, und John Williamson, *The Music of Hans Pfitzner,* Oxford 1992.

Siegfried Mauser, *Das expressionistische Musiktheater der Wiener Schule,* Regensburg 1982 (= Schriftenreihe der Hochschule für Musik in München 7)
Eckart Kröplin, *Frühe sowjetische Oper. Schostakowitsch, Prokofjew,* Berlin 1985
Michael Walter, *Hitler in der Oper. Deutsches Musikleben 1919–1945,* Stuttgart/Weimar 1995
Jürg Stenzl, *Von Giacomo Puccini zu Luigi Nono. Italienische Musik 1922–1952. Faschismus, Resistenza, Republik,* Buren 1995
Tibor Tallián, *Béla Bartók. Sein Leben und Werk,* Budapest 1988
Heinrich Lindlar, *Lübbes Bartók-Lexikon,* Bergisch-Gladbach 1994
Willi Reich, *Alban Berg. Leben und Werk,* Zürich 1963
Theo Hirsbrunner, *Debussy und seine Zeit,* Laaber 1981
Claudia Feldhege, *Ferruccio Busoni als Librettist,* Anif, Salzburg 1996 (= Wort und Musik 29)
Tibor Kneif, *Die Bühnenwerke von Leoš Janáček,* Wien 1974
Eva-Maria Schön, *Darstellung der Charaktere in Leoš Janáčeks Opern,* 2 Bde., Halle/Wittenberg 1976
Michael Ewans, *Janáčeks Opern,* (erweiterte Übersetzung von *M. E., Janáčeks Tragic Operas*), Stuttgart 1981
Rudolf Hartmann, *Richard Strauss. Die Bühnenwerke von der Uraufführung bis heute,* München 1980

Ernst Krause, *Richard Strauss. Gestalt und Werk*, 6., überarbeitete Auflage, Wiesbaden 1980
Jürgen Engelhardt, *Studien zum Musiktheater bei Strauss und Brecht/Weill*, München Salzburg 1984 (= Berliner musikwissenschaftliche Arbeiten 24)
Volker Scherliess, *Igor Strawinsky und seine Zeit*, Regensburg 1983
Heinrich Lindlar, *Igor Strawinsky. Lebenswege, Bühnenwerke*, Zürich St. Gallen 1994
Wolfgang Burde, *Reclams Musikführer Igor Strawinsky*, Stuttgart 1995
In der von Attila Csampai und Dietmar Holland herausgegebenen, leider vergriffenen Reihe »rororo-Opernbücher« sind zu folgenden Opern Einführungsbände mit Texten, Materialien und Kommentaren sowie einem einleitenden Essay erschienen: Alban Berg, *Wozzeck* und *Lulu*, Igor Strawinsky, *The Rake's Progress* und Kurt Weill, *Die Dreigroschenoper*.
In der von Kurt Pahlen herausgegebenen Reihe »Opern der Welt« bei Musik Atlantis. Schott sind zu den folgenden Opern von Richard Strauss Einführungsbände erschienen: *Salome*, *Elektra* und *Der Rosenkavalier*.

9. Das 20. Jahrhundert: 1945 bis heute

Zu Britten und Tippett gibt es reichhaltige Literatur in englischer Sprache, darunter Arnold Whittall, *Britten and Tippett*, London 1982, ²1990. Weitere Werke zu Britten sind Peter Evans, *The Music of Benjamin Britten*, London 1979, Patricia Howard, *The Operas of Benjamin Britten*, London 1969, *The Britten Companion*, hrsg. von Christopher Palmer, London 1984, und Eric Walter White, *Benjamin Britten*, London 1970, ²1983. »Cambridge Opera Handbooks« gibt es zu den folgenden Werken Brittens: *Peter Grimes* von Philip Brett (1983), *The Turn of the Screw* von Patricia Howard (1985) und *Death in Venice* von Donald Mitchell (1987). In der Serie der in Zusammenarbeit mit der English National Opera in London und New York herausgegebenen »Opera Guides« sind Bände zu Brittens Werken *Peter Grimes* und *Gloriana* (1983) sowie zu *The Operas of Michael Tippett* (1985) erschienen. Über Tippett informieren seine beiden Bände mit Essays, *Moving into Aquarius*, London 1958, ²1974, und *Music of the Angels*, London 1980, sowie Ian Kemps Monographie *Tippett*, London 1984.

Der einzige andere Komponist dieser Zeit, der in der Literatur umfassend behandelt wird, ist selbstverständlich Strawinski. Man vergleiche hierzu die Bibliographie zum vorigen Kapitel und das Cambridge Opera Handbook zu *The Rake's Progress* von Paul Griffiths (1982). Monographien zu jüngeren Komponisten sind David Osmond-Smith, *Berio*, Oxford 1991, Michael Hall, *Harrison Birtwistle*, London 1984, Paul Griffith *Peter Maxwell Davies*, London 1982, *György Ligeti*, London 1983, und *Oliver Messiaen*, London 1985, und Robin Maconie, *The Works of Karlheinz Stockhausen*, Oxford 1976, ²1990. Komponisten, die eigene Sammlungen mit Essays herausgegeben haben, sind Glass, *Opera on the Beach*, London 1988, und Henze, *Music and Politics*, London 1982.

Musiktheater im 20. Jahrhundert, hrsg. von Constantin Floros, Hans Joachim Marx und Peter Petersen, Laaber 1988 (= Hamburger Jahrbuch für Musikwissenschaft 10)
Carl Dahlhaus, *Vom Musikdrama zur Literaturoper. Aufsätze zur neueren Operngeschichte*, überarbeitete Neuausgabe München/Zürich 1989
Sigrid und Hermann Neef, *Deutsche Oper im 20. Jahrhundert. DDR 1949–1989*, Berlin [u. a.] 1992
Angelika Fisher, *Die Bühnenwerke Michael Tippetts*, Frankfurt [u. a.] 1993 (= Europäische Hochschulschriften)
Norbert Dreßen, *Sprache und Musik bei Luciano Berio. Untersuchungen zu seinen Vokalkompositionen*, Regensburg 1982 (= Kölner Beiträge zur Musikforschung 124)

Peter Maxwell Davies, *Ein Komponistenporträt,* hrsg. von Renate Jeutner, Bonn 1983 (Musik der Zeit. Dokumentationen und Studien 3)
Wolfgang Burde, *György Ligeti. Eine Monographie,* Zürich 1993
Maria Kostakeva, *Die imaginäre Gattung. Über das musiktheatralische Werk Györgi Ligetis,* Frankfurt [u. a.] 1996
Theo Hirsbrunner, *Olivier Messiaen. Leben und Werk,* Laaber 1988
Michael Kurtz, *Stockhausen. Eine Biographie,* Kassel etc. 1988
Christoph von Blumröder, *Die Grundlegung der Musik Karlheinz Stockhausens,* Stuttgart 1992 (Beihefte zum Archiv für Musikwissenschaft 21)
Hans Werner Henze, *Musik und Politik. Schriften und Gespräche 1955–1984,* erweiterte Neuausgabe, mit einem Vorwort hrsg. von Jens Brockmeier, München/Zürich 1984
Peter Petersen, *Hans Werner Henze. Ein politischer Musiker*, Hamburg 1988
Hans Werner Henze, *Reiselieder mit böhmischen Quinten. Autobiographische Mitteilungen 1926–1995,* Frankfurt 1996

10. Das Inszenieren von Opern

Bis heute gibt es keine umfassende Monographie zur Geschichte der Operninszenierung in Europa und Amerika. Nur Italien ist bisher überhaupt mit einiger Gründlichkeit auf Inszenierungsfragen hin untersucht worden, und zwar in den Bänden 4 und 5 der von L. Bianconi und G. Pestelli hrsg. *Storia dell'opera italiana*, Turin 1987–88 (dt. Laaber 1990 ff.). Dennoch gibt es zu vielen Teilaspekten Hinweise in Monographien, Aufsätze und Interviews. Für den englischen Leser – die genannte Literatur ist in zahlreichen Sprachen abgefaßt – verzeichnet diese Titel am umfassendsten die Bibliographie der von S. Sadie hrsg. *History of Opera*, London 1989; man vgl. hierzu die Einträge »Staging« in den jeweiligen Abteilungen für die vier Zeitabschnitte. Ausführliche Bibliographien unter den Stichworten »Production«, »Stage Design« und »Costume« gibt auch *The New Grove Dictionary of Opera*, London 1992. Eine hervorragende Einführung in die Thematik bieten die ausführlichen Aufsätze, die in beiden Publikationen diesen bibliographischen Hinweisen vorausgehen.

Die nun folgenden bibliographischen Hinweise, die einen Überblick über das umfassende Material zu diesem Thema geben sollen, sind mit einer Ausnahme in englischer Sprache verfaßt. (Die meisten Zitate im vorliegenden Kapitel entstammen diesen Quellen.) Die Literaturhinweise sind primär fünf Zeitabschnitten zugeordnet. Zunächst werden aber einige Bücher genannt, die mehr als nur eine Epoche beleuchten. Es handelt sich um die folgenden Titel: H. C. Wolff, *Oper: Szene und Darstellung von 1600 bis 1900*, Leipzig 1968, ein gut dokumentierter Bildband aus der Serie *Musikgeschichte in Bildern*, R. und H. Leacroft, *Theatre and Playhouse: An Illustrated Survey of Theatre Building from Ancient Greece to the Present Day*, London 1984, G. Bergman, *Lighting in the Theatre*, Stockholm 1977, H. Pleasants, *The Great Singers: From the Dawn of Opera to our own Time*, London 1967, M. Baur-Heinhold, *Baroque Theatre*, London 1967, und J. Rosselli, *The Opera Industry from Cimarosa to Verdi: The Role of the Impresario*, Cambridge 1984. Daneben gibt es einige prachtvolle Bände über Opernaufführungen im Wandel der Zeit: R. Angermüller, *Mozart's Operas*, New York 1988 (dt. Rudolph Angermüller, *Mozart. Die Opern von der Uraufführung bis heute,* Frankfurt/Berlin 1988), O. G. Bauer, *Richard Wagner: The Stage Designs and Productions from the Premières to the Present*, New York 1982 (dt. Oswald Georg Bauer, *Richard Wagner. Die Bühnenwerke von der Uraufführung bis heute,* Zürich 1982) und R. Hartmann, *Richard Strauss: The Staging of his Operas and Ballets,* New York 1981 (dt.: Rudolf Hartmann, *Richard Strauss. Die Bühnenwerke von der Uraufführung bis heute*, München 1980). Bei Wagner sollte man G. Skelton, *Wagner at Bayreuth*, London ^{2}1976, und B. Millington und S. Spencer (Hrsg.), *Wagner in Performance*, New Haven 1992 ergänzend hinzuziehen.

Zu den Übersetzungen und Untersuchungen italienischer Quellen des 17. Jahrhunderts gehören: B. Hewitt (Hrsg.), *The Renaissance Stage: Documents of Serlio, Sabbattini and Furttenbach*, Coral Gables, Fla. 1958 (Ausstattungsfragen); A. M. Nagler, *Theatre Festivals of the Medici 1539–1637*, New Haven 1964; verschiedene Fassungen von Gaglianos Vorwort zur *Dafne* in J. Erbers Editionen der Oper *Dafne*, London 1978, und in C. MacClintock (Hrsg.), *Readings in the History of Music in Performance*, Bloomington, Ind. 1979; R. Savage und M. Sansone, *»Il Corago« and the Staging of Early Opera: Four Chapters from an Anonymous Treatise* circa *1639*, in: Early Music 17, 1989; M. Murata, *Operas for the Papal Court, 1631–1668*, Ann Arbor 1981; S. T. Worsthorne, *Venetian Opera in the Seventeenth Century*, London ^{2}1968, und E. Rosand, *Opera in Seventeenth-Century Venice*, Berkeley 1991. Untersuchungen zu der Oper in England im späteren 17. Jahrhundert sind J. Powell, *Restoration Theatre Production*, London 1984, und J. Milhous, *The Multimedia Spectacular on the Restoration Stage*, in: S. S. Kenny, *British Theatre and the Other Arts, 1660–1800*, Washington, DC 1984.

Zu den grundlegenden Texten für das 18. Jahrhundert gehören Marcellos *Teatro alla moda*, ins Englische übersetzt von R. Pauly, in: Musical Quarterly 24–25, 1948–49; dt. *Das Theater nach der Mode*, München 1917, und Noverres *Letters on Dancing and Ballets*, ins Englische übersetzt von C. W. Beaumont, London 1930 (dt. *Briefe über die Tonkunst und über die Ballette*, Hamburg und Bremen 1769, Reprint Leipzig 1977, = Documenta choreologica 15). Man vergleiche auch die zugleich als Anthologie und als Studie angelegte Publikation von Dene Barnett, *The Art of Gesture: The Practices and Principles of 18th Century Acting*, Heidelberg 1987. Die Bühne der Opera seria wird in W. Dean, *Handel and the Opera Seria*, London 1970, und in L. Lindgren, *The Staging of Handel's Operas in London*, in: S. Sadie und A. Hicks (Hrsg.), *Handel Tercentenary Collection*, London 1987, untersucht. Die späteren Entwicklungen werden beleuchtet von D. Heartz, *From Garrick to Gluck: The Reform of Theatre and Opera in the Mid–18th Century*, in: Proceedings of the Royal Musical Association 94, 1967–68, M. McClymonds, *Niccolò Jommelli: The Last Years, 1769–1774*, Ann Arbor 1980, und M. Horányi, *The Magnificence of Esterháza*, London 1962. Eine interessante kürzliche Entdekung wird von A. Banducci beschrieben: *Staging a* tragédie en musique*: a 1748 promptbook of Campra's »Tancrède«*, in: Early Music 21, 1993.

J. Warracks Monographie *Carl Maria von Weber*, Cambridge ^{2}1976, dt. *Carl Maria von Weber*, Berlin 1986, bietet wertvolle Hinweise zur Oper im frühen neunzehnten Jahrhundert, wie ebenfalls J. Blacks Aufsatz *Cammarano's Notes for the Staging of »Lucia di Lammermoor«*, in: Donizetti Society Journal 4, 1980, sowie sein Buch *The Italian Romantic Libretto: A Study of Salvadore Cammarano*, Edinburgh 1984. Weiterführende Literatur zu den *livrets de mise-en-scène* der Großen Oper findet man bei H. R. Cohen, *The Original Staging Manuals for 12 Parisian Operatic Premières*, New York 1991, für die italienischen Gegenstücke vgl. man D. Rosen, *The Staging of Verdi's Operas: An Introduction to the Ricordi* Disposizioni sceniche, in: D. Heartz und B. Wade (Hrsg.), International Musicological Society: Report of the Twelfth Congress, Kassel 1981. H. Busch hat zwei nützliche Dokumentationen ins Englische übersetzt: *Verdi's »Aida«: The History of an Opera in Letters and Documents*, Minneapolis 1978, und *Verdi's »Otello« and »Simon Boccanegra« ... in Letters and Documents*, Oxford 1988. Zu Wagner ziehe man die drei weiter oben genannten Titel hinzu, außerdem auch R. Frickes Erinnerungen an die siebziger Jahre des 19. Jahrhunderts in Bayreuth, in der Zeitschrift: Wagner 11–12, 1990–91, dt. *Richard Wagner auf der Probe*, Stuttgart 1983.

Von den neunziger Jahren des 19. Jahrhunderts bis in die sechziger Jahre des 20. Jahrhunderts: Einen einführenden Aufsatz zu den Begründern eines neuen Inszenierungsstils gibt W. Volbach, *Pro-*

blems of Opera Production, New York ²1967; Volbachs Buch bietet insgesamt viele Hinweise zu praktischen Fragen. Gute Arbeiten von Theaterdirektoren oder über diese sind R. Beacham, *Adolphe Appia: Theatre Artist*, Cambridge 1987, C. Innes, *Edward Gordon Craig*, Cambridge 1983, C. Stanislavski und P. Rumyantsev, *Stanislavski on Opera*, New York 1975, E. Braun (Hrsg.), *Meyerhold on Theatre*, London 1969, P. Heyworth, *Otto Klemperer: His Life and Times*, Bd. 1, Cambridge 1983 (zur Kroll-Oper; dt. *Otto Klemperer. Dirigent der Republik. 1885–1933*, Berlin 1988), P. P Fuchs (Hrsg.), *The Music Theatre of Walter Felsenstein*, London 1991, G. Skelton, *Wieland Wagner: The Positive Sceptic*, London 1971, J. Ardoin und G. Fitzgerald, *Callas*, London 1974 (vor allem über ihre Beziehung zu Visconti), D. Herbert (Hrsg.), *The Operas of Benjamin Britten*, London 1979 (darin Artikel von drei Regisseuren von Britten-Uraufführungen).

Zu Inszenierungen seit den sechziger Jahren dieses Jahrhunderts vgl. die Arbeit von M. und S. Harries, *Opera Today*, London 1986; ebenso interessant ist der Bericht über das Aufleben der »frühen Oper« in H. Haskell, *The Early Music Revival: A History*, London 1988. Lebhafte Beiträge zu Karajan als Opernleiter gibt es in R. Vaughan, *Herbert von Karajan: A Biographical Portrait*, London 1986, und zu Peter Hall in J. Higgins, *The Making of an Opera*, London 1978. Am sinnvollsten ist es aber immer wieder, direkt an die Quelle zu gehen: nämlich Interviews, Memoiren und Manifeste der wichtigsten Opernleiter zu untersuchen. Interviews kann man in der Zeitschrift *Opera* finden, beispielsweise mit G. Friedrich in Band 36, 1985, mit D. Alden in Band 39, 1988, mit H. Kupfer und D. Freeman in Band 40, 1989 und mit N. Hytner in Band 42, 1991. Man vergleiche auch das Interview mit P. Sellars in A. Bartow (Hrsg.), *The Director's Voice: Twenty One Interviews*, New York 1988. Zu den Opernregisseuren, die Berichte über ihre Arbeiten veröffentlicht haben, gehören A. Besch in P. Branscombe (Hrsg.), *W. A. Mozart: »Die Zauberflöte«*, Cambridge 1991, F. Corsaro, *The Love for Three Oranges: The Glyndebourne Version*, London 1984, D. Freeman in J. Whenham (Hrsg.), *Claudio Monteverdi: »Orfeo«*, Cambridge 1986, und J. Miller, *Subsequent Performances*, London 1986. Die Haltung moderner Komponisten gegenüber Inszenierungen ihrer Werke werden von P. Glass, *Opera on the Beach*, London 1988, und M. Tippett, *Those Twenthieth Century Blues*, London 1991, verdeutlicht.

Hans Curjel, *Experiment Krolloper 1927–31*, hrsg. von Eigel Kruttge, München 1975 (= Studien zur Kunst des 19. Jahrhunderts 7)
Wihelm Reinking, *Spiel und Form. Werkstattbericht eines Bühnenbildners zum Gestaltwandel der Szene in den zwanziger und dreißiger Jahren*, Hamburg 1979
V. Peusch, *Opernregie, Regieoper, Avantgardistisches Musiktheater in der Weimarer Republik*, Frankfurt/Main 1984
Max Keller, *DuMont's Handbuch der Bühnenbeleuchtung*, Köln 1985
Arne Langer, *Der Regisseur und die Aufzeichnungspraxis der Opernregie im 19. Jahrhundert*, Frankfurt/Berlin/Bern/New York/Paris/Wien 1997 (= Perspektiven der Opernforschung 4)
Adolphe Appia, *Die Musik und die Inscenierung*, München 1899
Edmund Clemente Stadler, *Die Musik und die Inszenierung. Zu Adolphe Appias grundlegenden Werken*, in: Schweizer Theaterjahrbuch 28/29, 1962/63, 119–144
Michael Peter Loeffler, *Gordon Craigs frühe Versuche zur Überwindung des Bühnenrealismus*, Bern 1969
Martin Vogler, *Zur Opernarbeit Stanislawskis und Nemirowitsch-Dautschenkos*. Auswahl und Zusammenstellung von Martin Vogel, Berlin 1980 (= Material zum Theater 131)
Konstantin S. Stanislavskij, Mein Leben in der Kunst, Berlin 1987
Inge Moossen, *Theater als Kunst. Sinn und Unsinn des Stanislawski-Systems*, Frankfurt 1993

Wsewolod Meyerhold, *Aufsätze, Reden, Gespräche,* hrsg. von Alexander Fewralsk, 2 Bde., Berlin 1979
Jörg Bochow, *Das Theater Meyerholds und die Biomechanik,* Berlin 1996
Hellmuth Christian Wolff, *Die Händel-Oper auf der modernen Bühne. Ein Beitrag zur Geschichte und Praxis der Opern-Bearbeitung und Opern-Inszenierung in der Zeit von 1920–1956,* Leipzig 1957
Walter Felsenstein und Siegfried Melchinger, *Musiktheater,* Bremen 1961
Götz Friedrich, *Walter Felsenstein,* Berlin ²1967 (= Theater und Film 2)
Walter Felsenstein, *Schriften zum Musiktheater,* hrsg. von Stephan Stompor und Ilse Kobán, Berlin 1976
Dieter Kranz, *Gespräche mit Felsenstein. Aus der Werkstatt des Musiktheaters,* Berlin 1976
Walter Felstenstein und Joachim Herz, *Musiktheater. Beiträge zur Methodik und zu Inszenierungskonzeptionen,* hrsg. von Stephan Stompor, zweite, veränderte Auflage, Leipzig 1976
Günther Rennert, *Opernarbeit. Inszenierungen 1963–1973. Werkstattberichte,* München 1974
Dietrich Mack, *Der Bayreuther Inszenierungsstil 1876–1976* München/Zürich 1976 (= Arbeitsgemeinschaft »100 Jahre Bayreuther Festspiele« 7)
Götz Friedrich, *Wagner-Regie,* Vorwort von Hans Mayer, hrsg. von Stefan Jaeger, Zürich 1983
Götz Friedrich, *Musiktheater. Ansichten, Einsichten,* Frankfurt 1986
Musik – Theater – Musiktheaterregie. Festschrift anläßlich des 60. Geburtstages von Götz Friedrich, hrsg. von Johannes Krogoll und Dietrich Steinbeck, Frankfurt 1994
Opern-Zeiten. Entwürfe, Erfahrungen, Begegnungen mit Götz Friedrich. Eine Künstlerbiographie in 107 Beiträgen zum 65. Geburtstag, hrsg. von F. Wilhelm Christians, Berlin 1995
Opern und Opernfiguren. Festschrift für Joachim Herz, hrsg. von Ursula Müller, Anif [u.a.] 1989 (= Wort und Musik 2)
Il maestro. Die Karajan-Bilderbiografie, hrsg. von Stefan Siegert, Hamburg 1991
Herbert von Karajan und die Salzburger Festspiele. Dokumentation einer Partnerschaft 1933, 1948–1949, 1957–1989, hrsg. von Gérard Mortier, Salzburg 1994

11. Opernsänger

Eine allgemeine Einleitung in dieses Thema ist Henry Pleasants mit großer Sachkenntnis geschriebene Arbeit *The Great Singers,* New York 1966, revidierte Ausgabe 1981. Stärker spezialisiert aber nicht weniger fesselnd ist Heriot, *The Castrati in Opera,* London 1956. John Steane, *The Grand Tradition,* London 1974, macht präzise Detailangaben und gibt immer wieder umfassende Ausblicke, berücksichtigt aber nur Sänger, von denen Tondokumente überliefert sind. Lanfranco Rasponis Interviews mit Sängern, die sich von der Bühne zurückgezogen haben, *The Last Prima Donnas,* New York 1982, krankt ein wenig an dem verständlichen Tenor, daß die alten Zeiten die besseren waren.

Eine eigene literarische Gattung und für Leser häufig gewöhnungsbedürftig sind die Memoiren von Sängern, die nur allzuhäufig der Selbstdarstellung dienen und in bezug auf das Ausgewählte oder Ausgelassene selektiv zu sein pflegen. Eine praktische Zusammenstellung dieser Memoiren, umfassend und manchmal boshaft kommentiert, bietet Andrew Farkas, *Opera and Concert Singers,* New York 1985.

Ohne Einschränkung zu empfehlen sind April Fitzlyons Biographien der Schwestern García, *Maria Malibran,* London 1987, und *The Price of Genius: A Biography of Pauline Viardot,* London 1964. Ausgewogen und gut recherchiert ist Michael Henstock, *Fernando De Lucia,* London 1990. Umfangreiche originale Quellen bereichern *Enrico Caruso: My Father and his Family* von Enrico Caruso, jun. und

Andrew Farkas, Portland, Or. 1990. Ein faszinierendes Leben wird in Ira Glaken, *Yankee Diva: Lilian Nordica and the Golden Days of Opera*, New York 1963 beschrieben. Ein umfassender Bericht über ihre große Zeitgenossin ist John Hetherington, *Melba*, New York 1967, verläßlicher als ihre von einem Ghostwriter geschriebenen Memoiren. Giacomo Lauri-Volpi vergleicht in *Voci parallele*, Mailand 1955, auf provozierende Art und Weise die von 1900–1950 aktiven Sänger, die er hörte oder mit denen er auftrat.

Wer die einzelnen Schritte einer Sängerkarriere verfolgen möchte, ist am besten bedient mit den chronologischen Darstellungen (*cronistorie*) verschiedener Theater. Hierunter zählten Harold Rosenthal, *Two Centuries of Opera at Covent Garden*, London 1958, und die noch umfangreicheren *Annals of the Metropolitan Opera*, 2 Bde., hrsg. von Gerald Fitzgerald, Boston 1989.

Ernst Haefliger, *Die Singstimme*, Bern 1982
Lucie Manén, *Bel Canto. Die Lehre der klassischen italienischen Gesangsschulen, ihr Verfall und ihre Wiederherstellung*, Heinrichshofen 1986 (= Musikpädagogische Bibliothek 33)
Jürgen Kesting, *Die großen Sänger*, 3 Bde, Düsseldorf 1986
Rodolfo Celletti, *Geschichte des Belcanto*, Kassel etc. 1989
Cathérine Clément, *Die Frau in der Oper. Besiegt, verraten und verkauft*, Stuttgart/Weimar 1992
Jens Malte Fischer, *Große Stimmen. Von Enrico Caruso bis Jessye Norman*, Stuttgart/Weimar 1993
Hubert Ortkemper, *Engel wider Willen. Die Welt der Kastraten. Eine andere Operngeschichte*, Kassel etc. 1995
Silke Leopold und Robert Maschka, *Who's who in der Oper*, München 1997
Dietrich Fischer-Dieskau, *Wenn Musik der Liebe Nahrung ist. Künstlerschicksale im 19. Jahrhundert*, Stuttgart 1990 (Viardot-Garcia und Malibran)
Jürgen Kesting, *Maria Callas*, Düsseldorf 1990
Michael Scott, *Caruso, die Jahrhundertstimme*, München 1993
Michael Brix, *Maria Callas*. Aufführungen, performances, München [u.a.] 1994
Eleni Kanthou, *Maria Callas. Die Interpretin. Leben und Wirken*, Wilhelmshaven 1994
Birgit Nilsson, *Mein Leben für die Oper*, Frankfurt 1997

12. Oper als gesellschaftliches Phänomen

Als gesellschaftliches Phänomen ist die Oper in vielen Romanen dokumentiert. Die Werke von Flaubert, Tolstoi und E. M. Forster sind im Text zitiert. Ein weiterer Romancier, Stendhal, schreibt über die Oper primär in seinen Sachbüchern, vor allem in seinem *Life of Rossini* (dt. *Rossini*, Frankfurt 1988), und in seinem Werk *Rome, Naples et Florence*, 1826 (dt. *Rom, Neapel und Florenz*, Berlin 1980 = Werke, hrsg. von Carsten Peter Thiede). Historiker und Soziologen haben dieses Thema erst kürzlich für sich entdeckt.

Zu den ersten Untersuchungen gehört J. Rosselli, *The Opera Industry in Italy from Cimarosa to Verdi*, Cambridge 1984, J. Mongrédien, *La Musique en France des Lumières au Romantisme*, Paris 1986, und P. Barbier, *La Vie quotidienne à l'Opéra au temps de Rossini et de Balzac*, Paris 1987. Die Frühphase der französischen Oper wird von R. M. Isherwood behandelt, *Music in the Service of the King*, Ithaca, NY 1973. Über die Oper als gesellschaftliches Phänomen in Deutschland und Rußland gibt es noch keine Untersuchungen.

Die beste Quelle sind die zahlreichen historischen Abhandlungen über einzelne Opernhäuser. Aufgrund des starken Lokalpatriotismus, der in Italien und Deutschland üblich und meist mit Sinn für die Oper verbunden war, erschienen einige der besten Untersuchungen dieser Art dort im späten neunzehnten Jahrhundert. Der große Philosoph Benedetto Croce schrieb eine Geschichte *I teatri di Napoli*, erste Fassung 1891. Die beste Quelle für das Opernleben in London sind die zahlreichen Veröffentlichungen von J. Milhous und R.D. Hume, vor allem *Vice-Chamberlain Coke's Theatrical Papers 1706–15*, Carbondalle, Ill. 1982, D. Nalbach, *The King's Theatre 1704–1867*, 1972, und H. Rosenthal, *Two Centuries of Opera at Covent Garden*, London 1958. Über die Oper in den USA gibt es für die einzelnen Städte Publikationen.

Reiseberichte sind nicht immer verläßlich. Zu den anschaulichsten Berichten gehört Lady Morgan, *Italy*, 1821. Bei den Autobiographien ist die des Baritons Charles Santley, *Student and Singer*, London 1892, besonders erhellend, ebenso die kritischen Schriften von George Bernard Shaw (mehrere Bände, jetzt als *Shaw's Music* gesammelt, hrsg. von Dan H. Laurence, London 1989). In Fachzeitschriften kann man wertvolle Hinweise finden; eine der besten ist die *Gaceta Musical* der für die Oper wichtigen Stadt Buenos Aires.

Christoph Helmut Mahling, *Studien zur Geschichte des Opernchors*, Trossingen/Wolfenbüttel 1962

Eugen Schöndienst, *Geschichte des Deutschen Bühnenvereins seit 1945. Ein Beitrag zur Geschichte des Theaters*, Frankfurt/Berlin/Wien 1981

Ludwig Finscher, *Aubers »La muette de Portici« und die Anfänge der Grand-opéra*, in: *Festschrift Heinz Bekker zum 65. Geburtstag am 26. Juni 1982*, hrsg. von Jürgen Schläder und Reinhold Quandt, Laaber 1982, S. 87–105

Hartmut Zelinsky, *Richard Wagner. Ein deutsches Thema. Eine Dokumentation zur Wirkungsgeschichte Richard Wagners 1876–1976*, Berlin/Wien 1983 (3. korrigierte Auflage)

Der schöne Abglanz. Stationen der Operngeschichte, hrsg. von Udo Bermbach und Wulf Konold, Hamburg 1992 (= Hamburger Beiträge zur öffentlichen Wissenschaft 9)

Betriebsformen. Personal- und Finanzmanagement. Planung und Kontrolle, hrsg. von Christiane Zentgraf (= Musiktheater-Managementkurs 1) , Thurnau 1992

Oper von innen. Produktionsbedingungen des Musiktheaters, hrsg. von Udo Bermbach, Berlin 1993 (= Oper als Spiegel gesellschaftlicher Veränderungen 3)

Oper und Werktreue, hrsg. von Horst Weber, Stuttgart 1994

Musiktheater-Marketing, hrsg. von Isolde Schmid-Reiter (= Musiktheater-Managementkurs II), Thurnau 1994

Ute Daniel, *Zur Geschichte des Theaters und der Höfe im 18. und 19. Jahrhunderts*, Stuttgart 1995

Musiktheater und Recht, hrsg. von Christiane Zentgraf (= Musiktheater-Managementkurs III), Thurnau 1995

Michael Walter, *»Die Oper ist ein Irrenhaus«. Sozialgeschichte der Oper im 19. Jahrhundert*, Stuttgart/Weimar 1997

Udo Bermbach, *Wo Macht ganz auf Verbrechen ruht. Politik und Gesellschaft in der Oper*, 1997

Deutschsprachige Opern- und Theaterzeitschriften:

Die deutsche Bühne, hrsg. vom Deutschen Bühnenverein
Seelze, 1909 ff.

Maske und Kothurn. Internationale Beiträge zur Theaterwissenschaft
Wien/Köln, 1955 ff.

Opernwelt. Die internationale Opernzeitschrift
Seelze 1960 ff.
dazu: Jahrbuch, Seelbze 1966 ff.
(Jahrbuch dazu ab 1966)

Theater der Zeit. Zeitschrift für Politik und Theater
Berlin, 1926 ff.

Theater heute. Die deutsche Theaterzeitschrift
Zürich 1960 ff.
dazu: Jahrbuch, Zürich 1962 ff.

BILDQUELLEN

Herausgeber und Verlag bedanken sich bei folgenden Institutionen und Personen
für die freundliche Genehmigung zum Abdruck der Bilder:

2 Board of Trustees of the Victoria and Albert Museum, London

5 Biblioteca Nazionale Centrale, Florenz; Photo: Pineider

6 Civica Raccolta delle Stampe ›Achille Bertarelli‹, Mailand; Photo: Saporetti

9 Galleria Borghese, Rom; Photo: Alinari, Florenz

12 Tobin Collection, McNay Art Museum, San Antonio, Texas

16 Trustees of the British Museum (Department of Prints and Drawings), London

18 Kungliga Biblioteket, Stockholm

19 Biblioteca Nazionale Marciana, Venedig; Photo: Toso

22 Music Division, Library of Congress, Washington D.C.

29 Board of Trustees of the Victoria and Albert Museum, London

30 Deutsches Theatermuseum, München; Photo: K. Broszat

33 (oben) Museo di Roma; Photo: Scala, Florenz

33 (unten) Bibliothèque Nationale, Paris

34 (oben) Trustees of the British Museum (Department of Prints and Drawings), London

34 (unten) Biblioteca Nazionale, Turin

36 (oben) The National Trust, Waddesdon Manor, Aylesbury

36 (unten) Kungliga Biblioteket, Stockholm

39 (oben links) Board of Trustees of the Victoria and Albert Museum, London

39 (oben rechts) Bibliothèque de l'Opéra, Paris; Photo: Bibliothèque Nationale, Paris

39 (unten) Archives Nationales, Paris

40 British Library, London

42 und 43 Trustees of the Chatsworth Settlement, Devonshire Collection, Chatsworth; Photo: Courtauld Institute of Art, University of London

44 Metropolitan Museum of Art, New York (Schenkung von Harry Payne Bingham, 1937; 37.162)

45 Privatbesitz

47 Bodleian Library, University of Oxford

54 Fototeca dell'Istituto per le Lettere, il Teatro e il Melodramma, Fondazione Giorgio Cini, Venedig

55 Kupferstichkabinett, Sächsische Landesbibliothek, Dresden; Photo: Deutsche Fotothek

57 Fototeca dell'Istituto per le Lettere, il Teatro e il Melodramma, Fondazione Giorgio Cini, Venedig

58 Board of Trustees of the Victoria and Albert Museum, London

62 Národní Muzeum, Prag; Photo: Olga Hilmerová

64 Guildhall Library, London

65 © Her Majesty Queen Elizabeth II./Royal Collection Enterprises, Windsor Castle

66 (oben) Kupferstichkabinett, Sächsische Landesbibliothek, Dresden; Photo: Deutsche Fotothek

67 Trustees of the British Museum (Department of Prints and Drawings), London

68 (oben) Archiv für Kunst und Geschichte, Berlin

68 (unten) E. Bücken, *Die Musik des Rokoko und der Klassik* (Wildpark-Potsdam, 1927)

71 (oben) National Gallery of Victoria (Felton Bequest) Melbourne, Australien

71 (unten) Theatermuseum, Universität Köln

72 (oben) Kungliga Teatern, Stockholm

72 (unten) Wadsworth Atheneum, Hartford, Connecticut (The Ella Gallup Sumner and Mary Catlin Sumner Collection Fund)

73 und 74 Bibliothèque Nationale, Paris

78 Istituto di Storia dell'Arte, Fondazione Giorgio Cini, Venedig

81 Civico Museo Bibliografico Musicale, Bologna; Photo: G. Costa, Mailand

82 Kungliga Biblioteket, Stockholm

84 Staats- und Universitätsbibliothek, Hamburg; Photo: Freie Hansestadt Hamburg

87 Trustees of the British Museum (Department of Prints and Drawings), London

88 Herzogin Anna Amalia Bibliothek, Weimar; Photo: Stiftung Weimarer Klassik

95 Museo Teatrale alla Scala, Mailand

97 und 102 Bibliothèque de l'Opéra, Paris; Photo: Bibliothèque Nationale

103 Musée du Louvre, Paris; Photo: Visual Arts Library, London

105 (rechts) Bibliothèque de l'Opera, Paris; Photo: Bibliothèque Nationale, Paris

107 Trustees of the British Museum (Department of Prints and Drawings), London

110 Stadtgeschichtliches Museum, Leipzig

111 Historisches Museum der Stadt Wien

112 bis 118 Österreichische Nationalbibliothek, Wien

120 Národní Muzeum, Prag; Photo: Olga Hilmerová

121 Privatbesitz; Photo: Národní Muzeum, Prag

123 (oben) Schloß Tiefurt, Weimar; Photo: Stiftung Weimarer Klassik

123 (unten) Wallace Collection, London

124 Private Collection

127 Bibliothèque Nationale, Paris

130 Österreichische Nationalbibliothek, Wien

132 Stadt- und Landesbibliothek, Wien

139 Musée du Louvre, Paris; Photo: Réunion des Musées Nationaux

140 Musée Carnavalet, Paris; Photo: Photothèque des Musées de la Ville de Paris

142 Bibliothèque et Musée de l'Opéra; Photo: Bibliothèque Nationale, Paris

147 Jonathan Harris, London

150 bis 158 Bibliothèque et Musée de l'Opéra; Photo: Bibliothèque Nationale, Paris

161 Musée du Louvre, Paris; Photo: Réunion des Musées Nationaux

162 (oben) Bibliothèque et Musée de l'Opéra; Photo: Bibliothèque Nationale, Paris

162 (unten) Trustees of the Wallace Collection, London

165 (oben) Bibliothèque Royale Albert I., Brüssel

165 (unten) Bibliothèque et Musée de l'Opéra; Photo: Bibliothèque Nationale, Paris

166 Board of Trustees of the Victoria and Albert Museum, London

168 Bibliothèque et Musée de l'Opéra; Photo: Bibliothèque Nationale, Paris

169 und 170 Mary Evans Picture Library, London

173 Musée du Louvre, Paris; Photo: Réunion des Musées Nationaux

174 und 177 © SPADEM/ADAGP, Paris, und DACS, London, 1994

178 und 179 (oben) Bibliothèque et Musée de l'Opéra; Photo: Bibliothèque Nationale, Paris

179 (unten) Roger-Viollet, Paris

180 Royal Opera House Archives, Covent Garden, London

182 Mary Evans Picture Library, London; *L'Illustration* (28. April 1883)

183 und 185 Bibliothèque et Musée de l'Opéra; Photo: Bibliothèque Nationale, Paris

192 Harvard Theatre Collection, Cambridge, Massachussetts

194 Fondazione Museo ›Glauco Lombardi‹, Parma; Photo: Tosi

196 Richard Macnutt, Withyham, Sussex

198 Gernsheim Collection, Harry Ransom Humanities Research Center, The University of Texas at Austin

201 (oben) Mary Evans Picture Library, London

201 (unten) Anthony N. Gasson, London

203 Opera Rara, London

204 Museo Donizettiano, Bergamo

205 Civica Raccolta delle Stampe ›Achille Bertarelli‹, Mailand; Photo: Saporetti

207 (oben) Mary Evans Picture Library, London; *L'Illustration* (25. November 1842)

207 (unten) Bibliothèque de l'Opéra, Paris

209 Opera Rara, London

210 Elizabeth Forbes Collection, London

215 (oben) Museo Teatrale alla Scala, Mailand; Photo: G. Costa, Mailand

215 (Mitte) Museo Teatrale alla Scala, Mailand; Photo: G. Costa, Mailand

215 (unten) Trustees of the British Museum (Department of Prints and Drawings), London

216 (oben) Museo Teatrale alla Scala, Mailand

216 (unten) Geschichtsarchiv Ricordi, Mailand

219 Mary Evans Picture Library, London; *L'Illustration* (16. März 867)

220 Geschichtsarchiv Ricordi, Mailand

221 Museo Teatrale alla Scala, Mailand

223 Photo: G. Costa, Mailand

224 Museo Teatrale alla Scala, Mailand

227 Metropolitan Opera Archives, New York

228 Photo: G. Costa, Mailand

233 Kupferstichkabinett Staatliche Museen zu Berlin/ Preussischer Kulturbesitz; Photo: J. Anders

235 Sächsische Landesbibliothek, Dresden; Photo: Deutsche Fotothek

237 Kunstbibliothek Staatliche Museen zu Berlin/Preussischer Kulturbesitz

241 Theatermuseum, Universiät Köln

242 Sächsische Landesbibliothek, Dresden; Photo: Deutsche Fotothek

244 British Library Newspaper Library, Colindale, London

245 Mary Evans Picture Library, London; *Illustrierte Zeitung* (Leipzig, 12. August 1843)

247 und 248 Deutsches Theatermuseum, München; Photo: K. Broszat

251 (oben) Kunstsammlungen, Weimar

251 (unten) Nationalgalerie/ Staatliche Museen zu Berlin/ Preussischer Kulturbesitz; Photo: J. Anders

252 Nationalarchiv der Richard-Wagner-Stiftung, Bayreuth

254 McGraw-Hill Inc., New York; G. C. Izenour, *Theater Design* (1977)

255 Wittelsbacher Ausgleichsfonds, München

256 (oben) Germanisches Nationalmuseum, Nürnberg

256 (unten) Royal Opera House Archives, Covent Garden, London

257 Nationalarchiv der Richard-Wagner-Stiftung, Bayreuth

258 E. Kreowski und E. Fuchs, *Richard Wagner in der Karikatur* (B. Behr's Verlag, Berlin, 1907)

261 Österreichische Nationalbibliothek, Wien

262 Photo: G. Costa, Mailand

272 bis 277 Národní Muzeum, Prag; Photo: Olga Hilmerová

278 Országos Széchényi Könyvtár, Budapest

279 Biblioteka Narodowa, Warschau

282 (rechts) Muzeum Hlavního Mesta, Prag; Photo: Miroslav Jarosík

284 Großes Haus, Warschau; Photo: T. Kazmierski

285 Society for Cooperation in Russian and Soviet Studies, London

287 Magyar Nemzeti Galéria, Budapest

288 (oben) Puschkin-Museum, St. Petersburg; Photo: Aurora Art Publishers

288 (unten) Néprajzi Múzeum Ethnologiai Adattara, Budapest

292 Národní Muzeum, Prag; Photo: Olga Hilmerová

293 Biblioteka Narodowa, Warschau

295 Muzika, Moskau; A. Rozanov, *M. I. Glinka* (1983)

297 und 298 Society for Cooperation in Russian and Soviet Studies, London

300 Národní Galérie, Prag

302 Tschaikowski-Museum, Klin

304 Muzika, Moskau/VEB Deutscher Verlag für Musik, Leipzig; K. Yu. Davidova, I. G. Sokolinskaya and P. E. Vaidman, *P. I. Tschaikowski* (1978)

307 Mary Evans Picture Library, London; *L'Illustration* (16. February 1861)

308 Novosti Photo Library, London

309 Society for Cooperation in Russian and Soviet Studies, London

317 The Illustrated London News Picture Library; *Illustrated London News* (1. Mai 1926)

319 Roger-Viollet, Paris

320 Bartók-Archiv, Magyar Tudományos Akadémia, Budapest

322 Österreichische Nationalbibliothek, Wien

323 Lawrence A. Schoenberg, Pacific Palisades, California

325 Marina Henderson Gallery, London

326 Ashmolean Museum, Oxford; © SPADEM/ADAGP, Paris, und DACS, London, 1994

328 Staatstheater, Stuttgart

329 Theatermuseum, Universität Köln

332 Residenz Verlag, Salzburg; F. Hadamowsky, *Richard Strauss und Salzburg* (1964)

333 Historisches Museum der Stadt Wien

334 Atlantis Verlag, Zürich, Willi Reich, *Alban Berg* (1963)

337 (oben) Theatermuseum, Universität Köln

337 (unten) Archiv für Kunst und Geschichte, Berlin

338 Opernhaus Zürich; Photo: W. E. Baur, Riedikon

340 Opernhaus Zürich; Photo: H. R. Meyer

342 Moravské Muzeum, Brno

343 The London Coliseum; Photo: Angus McBean

345 Glyndebourne Festival Opera; Photo: Guy Gravett

346 (Sovexport Films) und 347 Novosti Photo Library, London

348 Boosey & Hawkes Music Publishers Ltd., London

350 and 351 Bibliothèque et Musée de l'Opéra; Photo: Bibliothèque Nationale, Paris

353 Archive Photos, New York/G. D. Hackett

359 (oben) Trustees of the British Museum (Department of Prints and Drawings), London

359 (unten) Glyndebourne Festival Opera; Photo: Guy Gravett

361 Carl Toms/The Herbert Press Ltd., London
362 (oben) Sipa Press, Paris; Photo: Kleinefenn
362 (unten) Archivio Fotografico Teatro alla Scala, Mailand; Photo: Lelli und Masotti
365 Hulton-Deutsch Collection, London
366 Theatre Museum, Board of Trustees of the Victoria and Albert Museum, London; Photo: H. Rogers
368 Max-Reinhardt-Forschungs- und Gedenkstätte, Salzburg
370 Photo: Reg Wilson, London
371 Photo: Zoe Dominic, London
374 Photo: Nigel Luckhurst, Cambridge
375 Royal Opera House Archives, Covent Garden, London; Photo: Stuart Robinson, Redruth, Cornwall
377 Fototeca ASAC della Biennale di Venezia; Photo: Ferruzzi
379 Deutsche Oper, Berlin; Kranichphoto
380 Kungliga Teatern, Stockholm; Photo: E. M. Rydberg
382 Photo: Clive Barda/Performing Arts Library, London
384 Archivio Fotografico Teatro alla Scala; Photo: Lelli & Masotti
387 The Byrd Hoffman Foundation Inc., New York; Photo: T. Charles Erickson
390 Houston Grand Opera; Photo: Jim Caldwell
399 Museo Civico d'Arte Antica, Turin
400 Biblioteca e Raccolta Teatrale del Burcardo, Rom; Photo: O. Savio
402 (oben) Bibliothèque et Musée de l'Opéra; Photo: Bibliothèque Natoonale
402 (unten) Mary Evans Picture Library, London; *L'Illustration* (2. April 1859)
404 Privatbesitz
409 (oben) Photo: G. Costa, Mailand; *L'illustrazione italiana* (Februar 1887)
409 (unten) Biblioteca Braidense, Mailand
411 (links) Bibliothèque Nationale, Paris
411 (rechts) Photo: Siegfried Lauterwasser, Überlingen/Bodensee
414 Theatermuseum, Universität Köln
416 Verwaltung der Staatlichen Schlösser und Gärten, Schloß Charlottenburg, Berlin; Photo: J. Anders
419 Museum of Fine Arts, Boston (Schenkung von Elizabeth Paine Card, in Erinnerung an ihren Vater, Robert Treat Paine II.)
420 Biblioteca Nazionale Marciana, Venedig
423 Board of Trustees of the Victoria and Albert Museum, London
426 Drottningholms Teatermuseum
429 Kupferstichkabinett Staatliche Museen zu Berlin/Preussischer Kulturbesitz; Photo: J. Anders
430 Bibliothèque et Musée de l'Opéra; Photo: Bibliothèque Nationale, Paris
431 Bibliothèque de la Ville de Paris
433 (oben) Privatbesitz; Photo: G. Costa, Mailand
433 (unten) Nationalarchiv der Richard-Wagner-Stiftung, Bayreuth
436 Bibliothèque et Musée de l'Opéra; Photo: Bibliothèque Nationale, Paris
441 Stiftung Schweizerische Theatersammlung, Bern
442 Bibliothèque Nationale, Paris
447 Photo: Siegfried Lauterwasser, Überlingen/Bodensee
448 Photo: Zoe Dominic, London
450 Photo: Roger Wood, Deal, Kent
453 Josef Svoboda/Laterna Magika, Prag
454 Thames Television/Taverner/The Frame Store; Photo: Gerald Sunderland
458 Archivio Fotografico Teatro alla Scala, Mailand
463 (oben) Glyndebourne Festival Opera; Photo: Roger Wood, Deal, Kent
463 (unten) Summerfare, Purchase, New York; Photo: Peter Krupenye
464 Bayerische Staatsoper, München; Photo: Anne Kirchbach
467 BBC Photo Library, London
476 Opera Rara, London
477 Stuart-Liff Collection, Port Erin, Isle of Man
479 Board of Trustees of the Victoria and Albert Museum, London
480 Biblioteca Apostilica Vaticana, Rome, ottob. lat. 3116, f. 151v-152r
482 G. Strozzi, *Le glorie della signora Anna Renzi romana* (Venedig, 1644)
484 Bibliothèque et Musée de l'Opéra; Photo: Bibliothèque Nationale, Paris
487 (oben) Verwaltung der Staatlichen Schlösser, Gärten und Seen, München
487 (unten) Theatermuseum, Universität Köln
488 (oben links) Museo Teatrale alla Scala, Mailand; Photo: G. Costa
488 (unten links) Opera Rara Archives, London
488 (oben rechts) Anthony N. Gasson, London
488 (unten rechts) Anthony N. Gasson, London
490 Museo Teatrale alla Scala, Mailand
491 (links) Opera Rara, London
491 (rechts) Österreichische Nationalbibliothek, Wien

492 (oben) Royal Opera House Archives, Covent Garden, London

492 (unten) Bibliothèque et Musée de l'Opéra, Photo: Bibliothèque Nationale, Paris

493 Elizabeth Forbes Collection, London

494 Board of Trustees of the Victoria and Albert Museum, London

496 Bibliothèque Nationale, Paris

497 Stuart-Liff Collection, Port Erin, Isle of Man

499 und 501 Royal Opera House Archives, Covent Garden, London

502 Anthony N. Gasson, London

511 (oben) Österreichische Nationalbibliothek, Wien

511 (unten) Tobin Collection, McNay Art Museum, San Antonio, Texas

512 (oben) Photo: J. Feuille, Paris/© CNMHS/© DACS 1994

512 (unten) Callway Verlag, München; Photo: H. Schmidt-Glassner

514 Civica Raccolta delle Stampe ›Achille Bertarelli‹, Mailand; Photo: Saporetti

515 Photo: G. Costa, Mailand; *Il teatro illustrato* (2. August 1882)

517 Civica Raccolta delle Stampe ›Achive Bertarelli‹, Mailand

518 Bibliothèque et Musée de l'Opéra; Photo: Bibliothèque Nationale, Paris

519 (unten links) Deutsches Theatermuseum, München

519 (unten rechts) McGraw-Hill Inc., New York; G. C. Izenour, *Theater Design* (1977)

521 (oben) Royal Opera House Archives, Covent Garden, London

521 (unten) Bibliothèque Nationale, Paris

523 (oben) Deutsches Theatermuseum, München; Photo: K. Broszat

523 (unten) Trustees of the Victoria and Albert Museum, London

524 (unten) Performing Arts Library, London; Photo: Clive Barda

526 Civica Raccolta delle Stampe ›Achille Bertarelli‹, Mailand

529 Muzeum Narodowe, Warschau; Photo: H. Romanowski

530 (oben links) Bibliothèque Nationale, Paris

530 (oben rechts) Anthony N. Gasson, London

532 Archivo General de la Nación, Buenos Aires

533 Privatbesitz

535 Royal Opera House Archives, Covent Garden, London

536 Board of Trustees of the Victoria and Albert Museum, London

539 Bibliothèque Nationale, Paris

540 Opéra de Paris Bastille; Photo: Kleinefenn

541 Photo: Clive Barda/Performing Arts Library, London

In einigen Fällen konnten die Inhaber der Bildrechte nicht vor der Publikation dieses Buches ermittelt werden. Entsprechende Hinweise werden bei weiteren Ausgaben gerne berücksichtigt.

Herausgeber und Verlag bedanken sich herzlich bei allen Beiträgern und allen, die mit der Publikation zu tun hatten, ganz besonders bei Elisabeth Agate, die die Bildredaktion betreut hat, unermüdlich auf der Suche nach ausgefallenen Abbildungen war und bei der Gesamtherstellung Vorzügliches leistete; bei Sue Tipping für das Layout; und bei Paul Cleal für das Schriftbild.

REGISTER DER PERSONEN UND OPERN